作者简介

常鹏翱

　　北京大学法学院教授、博士生导师,北京大学博雅青年学者,教育部长江青年学者;国土资源部首届不动产登记工作专家委员会专家,住房与城乡建设部房地产市场服务专家委员会专家;中国法学会民法学研究会副秘书长,北京市法学会不动产法研究会副会长。参与《民法典》《中共中央　国务院关于完善产权保护制度依法保护产权的意见》《土地管理法》《不动产登记暂行条例》《最高人民法院关于人民法院办理执行异议和复议案件若干问题的规定》等规范文件的论证工作。在《法学研究》《中国法学》等发表学术论文80余篇,出版《物权法的展开与反思》《事实行为的基础理论研究》等专著。

China's Real Estate Law in Practice

实践中的中国房地产法

常鹏翱 / 著

北京大学出版社
PEKING UNIVERSITY PRESS

目 录

凡 例 ·· 001
引 言 ·· 001

第一章 房地产的法律内涵 ·· 001
第一节 不动产的法律内涵 ······································ 002
一、不动产的界定标准：国土空间规划的管制 ············ 002
二、不动产与动产的区别 ··· 007
三、不动产表征着相关的物权 ······································· 009
第二节 建设用地的法律内涵 ······································ 010
一、土地的法律内涵 ··· 011
二、建设用地的法律内涵 ··· 016
第三节 房屋的法律内涵 ··· 028
一、积极内涵 ··· 029
二、消极内涵 ··· 041

第二章 房地产权的权属标准 ·· 045
第一节 不动产物权归属的基本标准 ·························· 046
一、公示标准 ··· 047
二、事实标准 ··· 057
三、意思标准 ··· 061
四、小结 ··· 063
第二节 "房随地走，地随房走"的规范要义 ············ 064
一、规范目的 ··· 064
二、构成要件 ··· 070
三、法律后果 ··· 081
四、小结 ··· 087

第三章 国土空间规划 ·· 090
第一节 国土空间规划的制度构造 ······························ 091

一、国土空间规划的地位 ……………………………………… 092
　　二、国土空间规划的层级 ……………………………………… 092
　　三、国土空间规划的类型 ……………………………………… 093
　　四、国土空间规划的属性 ……………………………………… 096
　　五、国土空间规划的效用 ……………………………………… 097
　第二节　国土空间规划对国有建设用地使用权的影响 ………… 100
　　一、影响国有建设用地使用权的国土空间规划 ……………… 100
　　二、国土空间规划对国有建设用地使用权的具体影响 ……… 105
　　三、小结 ………………………………………………………… 116
　第三节　国土空间规划对"地随房走"规则中"占用范围"
　　　　　的影响 …………………………………………………… 116
　　一、问题的提出 ………………………………………………… 116
　　二、实体方案的不足 …………………………………………… 119
　　三、"地权份额说"的优势 ……………………………………… 124
　　四、"地权份额说"的实践合理性 ……………………………… 130
　　五、"地权份额说"的实践运用：量化登记 …………………… 140
　　六、小结 ………………………………………………………… 142

第四章　土地储备 …………………………………………………… 144
　第一节　储备土地的取得要件 …………………………………… 145
　　一、符合国土空间规划 ………………………………………… 145
　　二、取得方式合法合规 ………………………………………… 145
　　三、补偿到位 …………………………………………………… 157
　　四、土地权属清晰 ……………………………………………… 159
　　五、土地不存在污染等不适格情况 …………………………… 160
　　六、办理不动产登记 …………………………………………… 161
　第二节　征收与补偿 ……………………………………………… 161
　　一、征收决定在公告时生效 …………………………………… 161
　　二、补偿的法律意义 …………………………………………… 165
　第三节　无偿收回闲置土地不影响抵押权的存续 ……………… 175
　　一、财产权相对消灭的法理 …………………………………… 176
　　二、财产权相对消灭法理适用于无偿收回 …………………… 180
　　三、小结 ………………………………………………………… 188

第四节　国有建设用地使用权低价转让时的优先购买权 …………… 190
　　一、权利属性 ……………………………………………………… 190
　　二、行使要件 ……………………………………………………… 192
　　三、法律效果 ……………………………………………………… 200

第五章　土地供应 ………………………………………………………… 202
　第一节　划拨建设用地使用权 ……………………………………… 204
　　一、制度缘起 ……………………………………………………… 204
　　二、制度构造 ……………………………………………………… 206
　　三、判断标准 ……………………………………………………… 210
　　四、主要权能 ……………………………………………………… 213
　第二节　有偿使用方式的制度构造 ………………………………… 215
　　一、有偿使用原则的确立 ………………………………………… 215
　　二、出让 …………………………………………………………… 217
　　三、租赁 …………………………………………………………… 220
　　四、作价出资或入股 ……………………………………………… 223
　第三节　出让合同的属性之辨：民事合同抑或行政协议 ………… 224
　　一、合同订立的对比 ……………………………………………… 226
　　二、合同效力瑕疵的对比 ………………………………………… 228
　　三、合同解除的对比 ……………………………………………… 232
　　四、违约责任的对比 ……………………………………………… 234
　　五、分析与评价 …………………………………………………… 237
　第四节　建设用地使用权的法源 …………………………………… 240
　　一、建设用地使用权法源的基本界定 …………………………… 242
　　二、法律之间的关系 ……………………………………………… 245
　　三、解释法律的法源 ……………………………………………… 248
　　四、作为习惯的政策文件 ………………………………………… 250

第六章　土地二级市场 …………………………………………………… 254
　第一节　划拨建设用地使用权二级市场规范的适用 ……………… 255
　　一、转让规范的适用 ……………………………………………… 255
　　二、出租规范的适用 ……………………………………………… 263
　　三、抵押规范的适用 ……………………………………………… 267

四、小结 …………………………………………………… 268
　第二节　出让建设用地使用权二级市场规范的适用 ………… 269
　　一、25%投资规范的适用 ………………………………… 269
　　二、价格控制规范的适用 ………………………………… 274
　　三、查封的处分禁止规范的适用 ………………………… 276

第七章　开发建设 …………………………………………… 281
　第一节　规划许可的民事效果：以合法建筑为对象 ………… 282
　　一、对房屋所有权的影响 ………………………………… 282
　　二、对相邻权的影响 ……………………………………… 290
　　三、对在建建筑物抵押权的影响 ………………………… 299
　第二节　规划许可的民事效果：以违法建筑为对象 ………… 305
　　一、违法建筑的行政法管制 ……………………………… 308
　　二、建造人对违法建筑享有动产所有权 ………………… 314
　　三、对合同效力的影响 …………………………………… 321
　　四、小结 …………………………………………………… 324
　第三节　建筑许可的民事效果 ………………………………… 326
　　一、建筑工程施工许可的民事效果 ……………………… 326
　　二、从业资格的民事效果 ………………………………… 328

第八章　房地产交易 ………………………………………… 330
　第一节　预售许可与预售合同效力 …………………………… 334
　　一、预售许可的法律内涵 ………………………………… 334
　　二、预售许可对预售合同效力的影响：基于司法实践
　　　　的分析 ………………………………………………… 335
　　三、预售许可对预售合同效力的影响：基于制度功能
　　　　的分析 ………………………………………………… 339
　　四、预售许可不应影响合同效力 ………………………… 345
　第二节　网签备案的法律意义 ………………………………… 347
　　一、网签备案的功能分析 ………………………………… 347
　　二、网签备案的必要性分析 ……………………………… 367
　　三、网签备案的民事后果 ………………………………… 380

第三节　走向住房租赁新市场的长租房及其民法保障 …… 397
 一、不宜把长租房定位成公租房 …… 398
 二、不宜把长租房理解为长租期房 …… 402
 三、宜把长租房界定为内含市场机制的专用租赁住房 …… 405
 四、规范发展长租房市场的民法保障 …… 409
 五、小结 …… 414

第九章　不动产登记 …… 415
第一节　不动产登记制度概况 …… 417
 一、统一登记 …… 417
 二、基本构成 …… 419
 三、法律定位 …… 428
第二节　登记能力 …… 436
 一、有登记能力的不动产物权 …… 436
 二、有登记能力的其他财产权 …… 438
 三、有登记能力的其他事项 …… 454
第三节　不动产登记的程序制度 …… 454
 一、依申请的不动产登记程序 …… 455
 二、依嘱托的不动产登记程序 …… 467
 三、依职权的不动产登记程序 …… 468
第四节　不动产登记的效力制度 …… 468
 一、推定力 …… 469
 二、设权力 …… 472
 三、对抗力 …… 475
 四、宣示力 …… 486
 五、公信力 …… 487

主要参考书目 …… 491

后　记 …… 501

凡 例

1.法律文件名称中的"中华人民共和国"省略,例如,《中华人民共和国民法典》,简称《民法典》。

2.中共中央、国务院《关于建立国土空间规划体系并监督实施的若干意见》,简称"国土空间规划意见"。

3.最高人民法院《关于适用〈中华人民共和国民法典〉时间效力的若干规定》,简称"民法典时间效力规定"。

4.最高人民法院《关于适用中华人民共和国民法典物权编的解释(一)》,简称"物权编解释一"。

5.最高人民法院《关于审理建筑物区分所有权纠纷案件具体应用法律若干问题的解释》,简称"建筑物区分所有权解释"。

6.最高人民法院《关于适用〈中华人民共和国民法典〉有关担保制度的解释》,简称"担保制度解释"。

7.最高人民法院《关于适用〈中华人民共和国担保法〉若干问题的解释》,简称"担保法解释"。

8.最高人民法院《关于审理买卖合同纠纷案件适用法律问题的解释》,简称"买卖合同解释"。

9.最高人民法院《关于审理涉及国有土地使用权合同纠纷案件适用法律问题的解释》,简称"国有土地使用权合同解释"。

10.最高人民法院《关于审理商品房买卖合同纠纷案件适用法律若干问题的解释》,简称"商品房买卖合同解释"。

11.最高人民法院《关于审理城镇房屋租赁合同纠纷案件具体应用法律若干问题的解释》,简称"城镇房屋租赁合同解释"。

12.最高人民法院《关于审理建设工程施工合同纠纷案件适用法律问题的解释(一)》,简称"建设工程施工合同解释一"。

13.《第八次全国法院民事商事审判工作会议(民事部分)纪要》(最高人民法院2016年11月30日发布),简称"八民纪要"。

14.《全国法院民商事审判工作会议纪要》(最高人民法院2019年11月14日发布),简称"九民纪要"。

15.最高人民法院《关于适用〈中华人民共和国民事诉讼法〉的解

释》,简称"民事诉讼法解释"。

16. 最高人民法院《关于人民法院民事执行中查封、扣押、冻结财产的规定》,简称"查封、扣押、冻结规定"。

17. 最高人民法院、国土资源部、建设部《关于依法规范人民法院执行和国土资源房地产管理部门协助执行若干问题的通知》,简称"执行与协助执行通知"。

18. 最高人民法院《关于适用〈中华人民共和国行政诉讼法〉的解释》,简称"行政诉讼法解释"。

19. 最高人民法院《关于审理行政协议案件若干问题的规定》,简称"行政协议规定"。

20. 最高人民法院《关于审理房屋登记案件若干问题的规定》,简称"房屋登记案件规定"。

21. 国务院办公厅《关于完善建设用地使用权转让、出租、抵押二级市场的指导意见》,简称"二级市场意见"。

22. 《国土空间调查、规划、用途管制用地用海分类指南(试行)》(自然资源部办公厅 2020 年印发),简称"用地用海分类指南"。

引 言

在现时的中国,房地产恐怕是最具社会热度的财产形态,其作用面之宽、影响之深,是其他财产难以比肩的。稍稍留意现实,就知道房地产市场冷暖事关中央调控,热门城市土地"流拍"事关地方政府财政,房企"暴雷"和随之而来的"保交楼"硬任务事关社会稳定,商品房和存量房的买卖事关老百姓的身家安全,住房租赁市场的新发展事关新市民、年轻人的安身立命。就此来看,把房地产当作牵扯国计民生的最重要的财产,并不为过。

把思绪往回拽几十年,就知道房地产业的发展与我国改革开放基本同步,起初的试验田在深圳,其房地产业是摸着香港特区经验过河的,彼时香港特区的房地产市场及法律制度有成熟的机制,深圳因此很快有了专门的房地产规范。当然,虽为一国的两个城市,但毕竟体制有差异,深圳没有原封不动地照抄香港特区经验,而是在借鉴其大框架的同时因地制宜地修正,实践对此打了高分。有了深圳的成功经验,其他地方陆续制定各自的规范,它们共同为之后在全国范围适用的规范打下基础。这样的历史表明,主政者自始就把房地产当成天大的事,房地产业的起步明显具有政府操盘设计的制度化迹象。这种迹象在此后的发展中愈来愈突出,典型表现就是相应的规范性法律文件和政策文件汗牛充栋,蔚然大观,并因时因事地"立改废",再加上房地产业的波及面宽、问题点多,以至于这些规范错综交织,宛如迷宫。

无论是在教学科研中琢磨有关规范,还是在解决房地产实务个案问题,笔者都真切地觉得,想顺利走出这座"迷宫"是件难事。因为自己学力浅薄,便利用一切机会求教于学界大家、实务大拿,并细读了数百份主管部门的征收决定、处罚决定等行政文书,以及几千份主要是出自最高人民法院和高级人民法院的二审和再审的法院裁判文书,收获很大。正是在这样的摸索中,笔者认为难以顺利走出"迷宫"的真正原因,不仅仅是房地产规范的数目繁多,更重要的是房地产涉及的环节多、领域杂,但相互间关系密切,只有通盘把握,才能准确找到出路线索。的确如此,不少房地产交易和权属纠纷案例表明,单靠熟稔民法物权、合同和不动产登记制度是不够的,关键还离不了对开发建设制度乃至于国土空间规划制度的准确理解和适用。

就笔者的理解而言,对房地产规范的通盘把握有以下三层意思:一是不能仅把眼光滞留在法律、行政法规、司法解释、部门规章等规范性法律文件的房地产规范,还要扩及中共中央、国务院、国务院主管部门等颁布的与房地产相关的政策文件,因为前者旨在处理房地产的通案问题,稳定性较强,一旦实践需求在其力所不及之处,或实践问题急需具体指导方案,后者就会挺身而出,而它们数量颇多,实践作用很大,忽视它们,会失去泰半的规范资源。二是在学习和理解这些规范时,除了以对应领域的基础学理知识为引导,在理论层面进行阐释和评价,更要结合有关创制素材明了它们的背景和目的,知其然及何以然,以免理论观念先入为主而不能确切掌握其内涵。三是前述规范都是高度实践性的,都以应对实践需求和解决实践问题为导向,大多有行之有年的实务界普遍经验提供支撑,至少也参酌了试点经验或可靠实操,在此现实制约下,凝神静气地深入了解和观察实践,也是系统了解和透彻理解相关规范的必备功课。

说到底,要通盘把握我国的房地产法,在认知上不能"拿豆包不当干粮",仅着眼于规范性法律文件,而把政策文件排除在外;在观念上不能画地为牢,只重视教科书或通说的学理,而忽略规范创制的背景和意图,特别是在面对异于学理的规范构造时,要有"同情的理解";在操作上不能自缚手脚,在了解实践素材时,不能仅关注司法实践,而无视房地产的治理实践、行政实践和交易实践对于法院裁判文书,也不能仅注重其"本院认为"的说理内容,而忽视"经审理查明"的事实部分。

这样讲是想强调,规范源自实践,又用以指引实践,但规范和实践不可能完全无缝贴合,实践因此与理论一样,是解读规范的重要工具,这一点对于高度实践性的房地产法尤为重要。在前面说的三层意思中,房地产规范——无论是规范性法律文件还是政策文件——都体现了党和政府对房地产的治理实践,它们的"立改废"属于创制实践,最终要指引行政实践、交易实践和司法实践,把这些实践整明白、搞透彻,对于通盘把握房地产法,功莫大焉。正因此,本书才命名为"实践中的中国房地产法"。

当然,这并不是说本书只看实践不顾理论——很明显,没有适当的理论指导,是看不清实践的,而是说实践虽然不像成型的理论通说那样规整,但它扎根于现实土壤中,在富有生机地生长。以更认真的态度对待实践,不仅无害反倒有利于理论的合理发展。故而,"实践中的房地产法"就是规范、理论和实践有机结合的房地产法。

基于上述认识,也基于上述操作,笔者发现房地产实践恰似混合器,政府力量和市场作用于此高度融合,呈现出"政府搭台,市场唱戏"的格局,两者水乳交融。与此相应,行政管制和民事交易也是相互搭配和适度调适的,行政法则和民事规范缺一不可。在这样的局面中,政府主导的行政管制起着先行的作用,反映市场交易的民事规则要因应行政管制和行政法则,比如,从由土地到房屋的大方面讲,国土空间规划、土地储备和土地供应基本上或主要是由政府操盘的,出让等有偿使用的市场活动超越不了政府划定的范围;再如,从开发建设、房产交易等具体领域来看,政府的规划许可、预售许可等对民事交易的正当性影响深远。用一句话来概括上述局面,就是"管制先于私权,民事结合行政",这是本书在展开时遵循的基本思路。也正因此,本书关注的问题点都处于行政法和民法结合部分,需调动和调配这两方面资源才能解决,至于单纯的行政法问题(如规划许可等行政行为的合法性判断)或民法问题(如建设工程施工合同无效的后果),本书未予过多关注。

在这种思路下,沿着房地产从无到有、从物理实体到具体权利的发展过程展开论述,是最顺理成章的,因为只要把这些过程进行块状整合,如把房地产法分为管理、权属或其他,均自觉不自觉地会把政府与市场剥离开来,把行政管制和民事权利区隔开来。职是之故,本书第三至九章以"国土空间规划→土地储备→土地供应→土地二级市场→开发建设→房地产交易→不动产登记"为脉络,逐个阐述各环节各自的规律,同时也尽力揭示其相互间的关联。至于头两章,分别阐述了房地产这一基础概念和房地产权属界定的基本规范,属于其余部分的基础。

第一章"房地产的法律内涵"意在阐述房地产这个基础概念。本书把房地产界定为以建设用地为基础、以房屋为定着物形态的不动产。这个界定把不动产作为归属定位,以表明房地产受制于国土空间规划,理解房地产法应从国土空间规划起步;把建设用地作为基础,把房屋作为形态,不仅表明房地产受制于土地用途管制和房屋用途限制,还表明非建设用地的开发建设活动具有特殊性,不能与通常的房地产法混为一谈,更表明建设用地的使用权[1]和房屋所有权具有根脉相连、一体并存的紧密

---

[1] 建设用地使用权和宅基地使用权是两类不同的用益物权,但都属于房地产的权利基础,故本书用了"建设用地的使用权"的行文用语,用其来涵括建设用地使用权和宅基地使用权。

关联。

第一章已指明了房地产不仅是建设用地和房屋组合的物理实体,更是建设用地的使用权和房屋所有权组合的抽象权利,即房地产权。组成房地产权的成分权利都是不动产物权,明了不动产物权的界定标准,主要包括公示标准、事实标准和意思标准,对于准确理解房地产权颇有意义,也有助于理解下文反复提及的建设用地使用权、房屋所有权等物权及与它们相关的内容。不仅如此,房地产权的两种成分权利之间有"房随地走,地随房走"相互依存、一体处分的关系,这种关系体现了前述的事实标准,它在土地储备、土地二级市场、房地产交易、不动产登记等环节颇为常用,在房地产法中属于基础性的共性规范。这些内容被第二章"房地产权的权属标准"所阐述,既延展了第一章,也为后续各章提供了引领。

前述两章属于本书的总论部分,第三章"国土空间规划"则开始分论的部分。我国正在进行"多规合一"的改革转型,"多规"是指主体功能区规划、土地利用总体规划、城乡规划,其"合一"为国土空间规划。这一改革的幅度不小,措施不少,但"规划先行"的根本立场未变。国土空间规划引导着后续各环节,贯穿于房地产的全生命周期,是透彻理解房地产法必须掌握的龙头知识。第三章以城市房地产为例,说明国土空间规划会影响国有建设用地使用权的取得、内容、行使及归属,这是其最直接的民事后果,说明它是城市房地产之母。在此基础上,第三章还指出,根据"地随房走"规则,在房屋转让、抵押或查封时,一并处分或查封的占用范围内的国有建设用地使用权,要以被处分或被查封的房屋面积与宗地上规划的房屋总面积的比例为界定标准,这仍体现了国土空间规划对国有建设用地使用权的影响,同时也接续了和深化了第二章有关"房随地走,地随房走"的讨论。

第四章"土地储备"主要探讨土地储备中的行政和民事的交叉内容,而这些内容主要集中于储备土地的取得。该章先概述了取得要件,重点是取得方式合法合规的判断,在此基础上,分别阐述了征收与补偿、闲置土地无偿收回与抵押权保护、政府的优先购买权。

土地储备的目的是供应土地。在实践中,国有土地供应是土地供应的主力军,其有两类方式,一是划拨,二是出让等有偿使用,对应着不同的国有建设用地使用权,第五章"土地供应"对其展开分析。我国的土地供应制度积极因应着实践需求,而不同时期的实践需求并不相同,故该章特别重视制度发展及其约束要素,以期实事求是地探求制度的目的,便于其准确适用。

权利人在取得国有建设用地使用权后,既可能自行开发建设,也可能转让或出租,更可能用于融资担保,转让、出租和抵押构成了土地二级市场,是第六章"土地二级市场"的论述对象。与土地供应制度类似,土地二级市场制度也须经历时性的分析,该章在此方面用了一番工夫,希冀厘清不同时期、不同样态的规范之间的关系,并能解决诸如批准是否影响划拨建设用地使用权转让合同的效力等常见问题。

国有建设用地使用权人在开发建设时,面对规划许可、建筑许可等行政管制,第七章"开发建设"着重探讨其民事后果。国土空间规划的实施机制是规划许可,是判断房屋建造行为是否合法的重要标准,对所有权、相邻权、在建建筑物抵押权、建设工程施工合同效力等发挥着重要影响,该章对此进行了探讨,这部分内容与第三章的关联密切,属于第三章内容的延伸。此外,第七章还讨论了建筑工程施工许可、从业资格等建筑许可的民事效力。

即便开发建设的商品房尚未建成,即便建成的商品房尚未办理所有权登记,在满足预售许可或现售备案的情况下,房地产开发企业仍能销售并网签备案。预售许可与网签备案是确保销售的正当性、保护购房人利益的重要机制,它们会产生怎样的民事效果,是应予认真探讨的问题,第八章"房地产交易"结合实践机制给出了答案。在住房买卖市场之外,政府通过发展长租房、推动保障性租赁住房,创设了住房租赁市场,民法于其中起到什么作用,也是值得关注的问题,该章也一并进行了探讨。

用一句话来简化概括房地产活动,就是拿地建房,而无论拿地还是建房,均有取得权属的目的,这个目的的完整实现离不开不动产登记。在此意义上,开发建设完成后的不动产登记为房地产活动画上了句号,这是把不动产登记放在最后一个环节——相应地,本书最后一章为"不动产登记"的原因。第九章"不动产登记"主要探讨了登记能力、申请等程序制度和推定力等实体制度,与前述一样,其均在行政法和民法的交错地带。

第一章 房地产的法律内涵

本书研究中国房地产法,房地产是基本概念和起点术语,应先把它讲讲清楚。

正如《城市房地产管理法》《城市房地产开发经营管理条例》等规范性法律文件以及国务院《关于促进房地产市场持续健康发展的通知》、国务院办公厅《关于继续做好房地产市场调控工作的通知》等政策文件的标题所显示的,房地产是法律概念和政策术语,规范意义非常明显。不过,我们在理解"房地产是什么"的问题时,通常无须借助前述文件,因为房地产是社会公众最熟知的日常用语之一,只要有相应的社会常识,就会知道它指什么。显然,房地产既有规范意义,又有日常意义。

房地产的日常意义来自生活实践或交易经验。一提"房地产",大家马上想到具有市场流通性的商品房,因为我们日常接触或听闻的房地产商、房地产企业或房地产老板都是开发、建设、销售商品房的。不过,房地产的日常意义不局限于此。笔者认识一位自称开发房地产的老板,他的营业活动仅限于受地方政府部门委托,建设集资房形式的公务员住宅小区并提供物业服务,其营利来自工程建造和物业服务,与商品房交易无关。笔者不认为他在说大话,相信别人也不会说他是骗子,因其的确在主导经营一家房地产公司,经营活动确实与土地、房屋有关。由此可知,与其他日常用语一样,房地产的日常意义是模糊和多义的。

本书在此无意穷尽收集、详尽罗列房地产的日常意义,而是着眼于其规范意义,解释其法律内涵。之所以如此,除了为后续内容打牢根基,还想提醒读者朋友,要在规范意义上理解房地产,就应把房地产的法律内涵作为理解房地产规范及其行业实践的基础。

通过检索,尚未发现目前有明确定义房地产的法律、行政法规,即便是专门调整城市房地产的《城市房地产管理法》,也只是在第2条界定了房屋、房地产开发、房地产交易:"……本法所称房屋,是指土地上的房屋等建筑物及构筑物(第2款);本法所称房地产开发,是指在依据本法取得国有土地使用权的土地上进行基础设施、房屋建设的行为(第3款);本法所称房地产交易,包括房地产转让、房地产抵押和房屋租赁(第4款)。"从中看不出房地产的确切含义。如何理解房地产的法律内涵,显然是一个需要探讨的知识缺口。

通过系统理解有关的规范性法律文件和政策文件,通过深度观察房地产业的实践发展,充分汲取学理知识,沿着"管制先于私权,民事结合行政"的认知思路,本书对房地产定义为:以建设用地为基础,以房屋为定着物形态的不动产。这一概念有三个内涵:①房地产既是不动产的物理实态,又表征着相关的不动产物权;②建设用地是房地产的物理基础和法律基础,房地产既要以建设用地为建造基底,又要以建设用地的使用权为权利基础;③定着于建设用地的是房屋,而非其他形态之物(见图1-1 房地产的法律内涵简图;图1-6 房地产的法律内涵详图)。这三个内涵分别对应着三个关键词,不动产、建设用地和房屋,以下三节依序分别阐述。

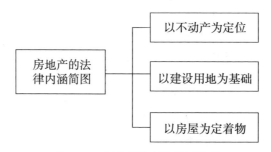

图1-1 房地产的法律内涵简图

第一节 不动产的法律内涵

一、不动产的界定标准:国土空间规划的管制

(一)不可移动标准的欠缺

《民法典》第115条区分了物和权利,前者是有体物,后者是无体的财产权。该条第1句把物分为不动产与动产,不动产因此是有别于动产的一类有体物。在对该句的释义中,最高立法机关的相关人士提供了不动产与动产的界分标准,即不动产是不可移动的物,动产是不动产以外可移动的物。[1] 土

---

[1] 参见黄薇主编:《中华人民共和国民法典释义(上册)》,法律出版社2020年版,第227页。

地和房屋不像运输工具、机器设备那样能自由移动,当属不动产无疑。《不动产登记暂行条例》第2条第2款对此给出了非常明确肯定的态度,它把"土地、海域以及房屋、林木等定着物"归为不动产,没有例外可言。

不过,《城镇国有土地使用权出让和转让暂行条例》第24条第2款给出了例外,它规定:"土地使用者转让地上建筑物、其他附着物所有权时,其使用范围内的土地使用权随之转让,但地上建筑物、其他附着物作为动产转让的除外。"据此,并非所有的房屋都是不动产,也有动产。哪些房屋属于动产? 1992年国家土地管理局《关于对国务院第55号令中"动产"含义的请示的答复》的答案是"整体移动或作为材料转移"的房屋。

先说作为材料转移的房屋这一例外,它主要应指向拆除后建筑余料转给他人所有,但尚未拆除的房屋。比如,A与B签订房屋材料买卖合同,约定A的房屋交给B占有,B自占有之日起取得该房屋所有权,B在约定期间内拆除该房屋,拆除后的建筑余料归B所有,B向A支付材料款若干。在此交易中,标的物看上去是A的房屋,实则是该房屋拆除后的建筑余料,房屋一经拆除就不复存在,它与经拆除而来的建筑余料属不同的物,不能混为一谈。这意味着作为材料转移的房屋其实是房屋拆除后、将来产生的建筑余料这种动产,而不是房屋本身,故其并非房屋属于动产的例外情形。

另一例外是整体移动的房屋。的确,出于保护等实际需要,经相关部门批准后,某栋合法建造的房屋被完好无损地从甲地移动到乙地,是时有发生的实践现象,此即业界常称的房屋迁移或房屋平移。按照前述标准,这样的房屋理应属于动产。但这种认识并不妥当,因为:①技术发展使房屋整体移动成为现实,从理论上讲,只要地理条件和经济条件允许,任何房屋均可随其所有人的心愿而整体移动。照此说来,不光客观上正在整体移动的房屋是动产,其他房屋也可被整体移动,亦应属于动产。这样一来,就没有房屋原则上是不动产,例外是动产之说。但这一结论不仅与前述标准不符,还显然与常识相悖,难以为人所接受。②房屋的整体移动是暂时的、偶发的,处于移动状态的房屋难以实现其正常功用,只有在移动完成而定着于土地后,也即"不动"后,房屋才能按其功能正常使用,这与包括房车在内的运输工具在常规性移动中实现功效的属性着实差异太大。③有人会有疑问,不少机器设备往往要固定在地面上才能正常使用,但它们不也是动产吗? 是的,它们是动产,但它们的固定和移动与国土空间规划无关。与此不同,房屋的建成及其整体移动所受的约束条件不光有地理和经济因素,还受制于规划,若房屋建造及整体移动与规划不符,未经主管部门的规划许可,即便土地归属于房屋所有人,即便该权利人能负担建造和移动成本,单凭其意愿,房屋也不能随便建造和随意移动,否则就是违法行为。④整体移动往往不涉及所有权转移,即便涉及,如位于甲地的 A 的房屋整体移动到乙地,以便归 B 所有,也不是通过整体移动就能完成所有权转移的,B 要想取得,必须按照不动产物权变动规范办理转移登记。

显然,房屋虽然能整体移动,但其与作为动产典型代表的运输工具、机器设备差异太大,实在不宜归为动产。这意味着,把可否移动的物理标准作为界分不动产和动产的标准,并不完全妥当,我们应探寻其他更适宜的标准。

(二)国土空间规划管制标准的提出

这个标准应为是否受国土空间规划的管制,受管制者为不动产,反之则是动产。

随着经济和社会发展,我国正在进行"多规合一"的制度转型,既往的主体功能区规划[1]、土地利用总体规划[2]、城乡规划[3]等分散的空间规划被统一为国土空间规划(见图 1-2"多规合一"构造)。[4]

---

[1] 《全国主体功能区规划》指出,推进形成主体功能区,就是要根据不同区域的资源环境承载能力、现有开发强度和发展潜力,统筹谋划人口分布、经济布局、国土利用和城镇化格局,确定不同区域的主体功能,并据此明确开发方向,完善开发政策,控制开发强度,规范开发秩序,逐步形成人口、经济、资源环境相协调的国土空间开发格局。我国国土空间分为以下主体功能区:按开发方式,分为优化开发区域、重点开发区域、限制开发区域和禁止开发区域;按开发内容,分为城市化地区、农产品主产区和重点生态功能区;按层级,分为国家和省级两个层面。《全国海洋主体功能区规划》是《全国主体功能区规划》的重要组成部分,它依据主体功能,将海洋空间划分为优化开发区域、重点开发区域、限制开发区域和禁止开发区域。

[2] 所谓土地利用总体规划,是指在一定区域内,根据国家生活经济可持续发展的要求和当地自然、经济、社会条件,对土地的开发、利用、治理、保护在空间上、时间上所作的总体安排和布局,是国家实行土地用途管制的基础,其核心控制指标是建设用地总量和耕地保有量。参见魏莉华:《新〈土地管理法实施条例〉释义》,中国大地出版社 2021 年版,第 25 页。

[3] 所谓城乡规划,是指以促进城乡经济社会全面协调可持续发展为根本任务、促进土地科学使用为基础、促进人居环境根本改善为目的,涵盖城乡居民点的空间布局规划。参见全国人大常委会法制工作委员会经济法室、国务院法制办农业资源环保法制司、住房和城乡建设部城乡规划司、政策法规司编:《中华人民共和国城乡规划法解说》,知识产权出版社 2016 年版,第 19—20 页。

[4] 参见魏莉华等:《新〈土地管理法〉学习读本》,中国大地出版社 2019 年版,第 43—49 页。

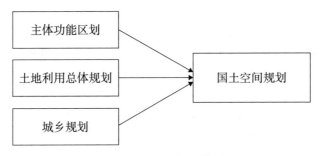

图1-2 "多规合一"构造

对于国土空间规划,"国土空间规划意见"定义为"对一定区域国土空间开发保护在空间和时间上作出的安排",定位为"国家空间发展的指南、可持续发展的空间蓝图,是各类开发保护建设活动的基本依据",管控要求是"科学有序统筹布局生态、农业、城镇等功能空间,划定生态保护红线、永久基本农田、城镇开发边界等空间管控边界以及各类海域保护线"。据此,无论城市发展还是乡村振兴,无论房地产开发等建设活动还是生态环境保护等非建设活动,都离不开国土空间规划的指引和约束,而这些活动均与不动产息息相关。"国土空间规划意见"还明确指出,"发挥国土空间规划体系在国土空间开发保护中的战略引领和刚性管控作用,统领各类空间利用,把每一寸土地都规划得清清楚楚"。由此可知,土地、海域及其定着物无不受制于国土空间规划,它们因此是不动产;从甲地迁移到乙地的房屋尽管可移动,但仍属于不动产。国土空间规划对不动产之外的机器设备、运输工具等物是不能适用的,它们属于动产。[1]

["多规合一"制度转型时期的新老规划关系]"多规合一"的制度转型预期结果,是国土空间规划这一新规划替换主体功能区规划、土地利用总体规划、城乡规划等老规划。在转型完成之前,新规划尚未批准实施,为了防止没有规划可依,老规划仍有其生命力。根据《土地管理法实施条例》第2条第3款,国土空间规划未编制的,继续

---

[1] 亨利·列斐伏尔的这句话能概括上文的意思:"那些大厦、建筑,耸立在地表和平底上,不是为了言说和生产其他的东西,而是为了更好地监管和控制。"〔法〕亨利·列斐伏尔:《空间、空间的生产和空间政治经济学》,李春译,载顾朝林、武廷海、刘宛主编:《国土空间规划经典》,商务印书馆2019年版,第127页。亨利·列斐伏尔(1901—1991),法国著名哲学家和城市社会学家,其有关城市和空间的研究成果在城市研究领域、规划研究领域的影响很大。

执行经依法批准的土地利用总体规划和城乡规划;已经编制国土空间规划的,不再编制土地利用总体规划和城乡规划。2022年自然资源部《关于积极做好用地用海要素保障的通知》第1条也指出:"在国土空间规划批复前,经依法批准的土地利用总体规划、城乡规划、海洋功能区划继续执行,作为建设项目用地用海审查的规划依据。"

不过,在制度转型时期,不动产发展的实践产生突破老规划的实际需求,对此,2022年自然资源部办公厅印发的《用地用海要素保障政策问答》第1点指出:"过渡期,对于超出现行依法批准的土地利用总体规划和城乡规划的建设项目,如进行规划调整,应与'三区三线'管控要求不冲突,符合在编市县国土空间总体规划确定的城镇功能布局、空间结构和时序安排等总体要求,符合项目涉及地区的土地用途、强度和规模,并按照现行法规和法定规划的管控规则与程序要求进行。"也就是说,在符合在编新规划的管控目的、总体要求和所在区域土地可持续发展的前提下,可依法调整老规划,以满足实际需求。

需要说明的是,前述问答中的"三区三线"是对"国土空间规划意见"界定的国土空间规划管控要求的简称。"三区"是指农业空间、生态空间和城镇空间,前者是以农村生活和农业生产为主体功能的国土空间,中者是以提供生态系统服务或生态产品为主体功能的国土空间,后者是以城镇生活、工作、生产等主体功能国土空间。"三线"是指永久基本农田、生态保护红线和城镇开发边界,它们分别农业空间、生态空间和城镇空间对应。[1] "三区三线"业已被法律法规确认。《土地管理法》第18条第1款规定,编制国土空间规划应当坚持生态优先,绿色、可持续发展,科学有序统筹安排生态、农业、城镇等功能空间。《土地管理法实施条例》第3条第1款规定:"国土空间规划应当细化落实国家发展规划提出的国土空间开发保护要求,统筹布局农业、生态、城镇等功能空间,划定落实永久基本农田、生态保护红线和城镇开发边界。"

---

[1] 2019年中共中央办公厅、国务院办公厅《关于在国土空间规划中统筹划定落实三条控制线的指导意见》指出,永久基本农田是为保障国家粮食安全和重要农产品供给,实施永久特殊保护的耕地;生态保护红线是指在生态空间范围内具有特殊重要生态功能、必须强制性严格保护的区域;城镇开发边界是在一定时期内因城镇发展需要,可以集中进行城镇开发建设、以城镇功能为主的区域边界,涉及城市、建制镇以及各类开发区等。

二、不动产与动产的区别

所谓不动产与动产的区别,主要是说它们在法律地位和法律适用上的区别(见表1-1 不动产与动产的区别),以此显示它们不容混同的差异。

表1-1 不动产与动产的区别

	不动产	动产
形态	土地、海域以及房屋、林木等定着物	其他
国土空间规划和用途管制	适用	不适用
用益物权类型	土地承包经营权、建设用地使用权、宅基地使用权等	其他
不动产登记	适用	不适用
诉讼管辖	属地管辖	其他
行政诉讼起诉时限	自行政行为作出之日起20年	自行政行为作出之日起5年

(一)民事实体法的区别

在以国土空间管制为界分标准的基础上,不动产与动产在民事实体法中主要有以下两种区别。

1. 物权种类不同

物权和债权是民法财产权的基础分类。从权利对比的角度来看,物权的基本内涵主要如下:①是支配权。物权人无须借助他人意思,凭自己对物的直接支配,就能实现权利。相应地,物权人对标的物有占有、使用、收益等支配利益。与此不同,债权是请求权,须借助债务人的行为来实现,《民法典》第118条第2款就把债权界定为权利人请求特定义务人为或者不为一定行为的权利。②有排他性。第三人负有尊重物权的义务,物权人能排除第三人的妨害。与此不同,债权约束的是特定债务人,具有相对性,《民法典》第465条第2款特别强调,除法律另有规定外,合同仅对当事人具有法律约束力。③客体特定。作为物权客体的物具有特定性,不仅客观存在,还能与其他物区别开来。与此不同,债权的标的物不特定,不影响债权的存在。《民法典》第114条第2款对物权的定义体现了前述的内涵,即"物权是权利人依法对特定的物享有直接支配和排他的权利,包括所有权、用益物权和担保物权"。

作为与债权相对的民事财产权,物权遵循法定原则,即种类和内容法定,《民法典》第 115 条对此有明文规定。从《民法典》第 114 条第 2 款可知,我国物权有三大类,即所有权、用益物权和担保物权(见图 1-3《民法典》的物权类型)。根据《民法典》第 240 条,所有权是对自己的物进行占有、使用、收益和处分的物权,这表明所有权人能取得物的完全价值,对物享有最充分的支配利益。根据《民法典》第 323 条的规定,用益物权是对他人之物进行占有、使用和收益的物权,它着眼于实现物的使用价值,包括土地承包经营权、建设用地使用权、宅基地使用权、居住权、地役权等。根据《民法典》第 386 条的规定,担保物权是支配他人之物的交换价值的物权,在债务人不能按期履行债务时,担保物权人依法就担保财产优先受偿的物权,包括抵押权、质权、留置权等。《民法典》规定的土地承包经营权、建设用地使用权、宅基地使用权、海域使用权等用益物权,均是动产物权所没有的,质权、留置权等担保物权,则是不动产物权所不涵括的。

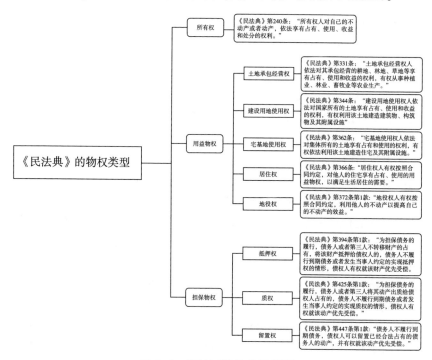

图 1-3 《民法典》的物权类型

2.公示方式不同

为了表征物权,《民法典》第208条把不动产登记作为不动产物权的公示方式,而动产物权的公示方式通常是占有。

(二)程序法的区别

除了民事实体法上的区别,不动产与动产在程序法上也有以下两种区别,主要表现为以下两个方面。

1.诉讼管辖机制不同

根据《民事诉讼法》第34条第1项、《行政诉讼法》第20条的规定,因不动产纠纷提起的民事诉讼以及因不动产提起的行政诉讼,由不动产所在地的法院属地管辖,这种管辖机制与动产无关。

2.行政诉讼起诉时限不同

《行政诉讼法》第46条第2款规定:"因不动产提起诉讼的案件自行政行为作出之日起超过二十年,其他案件自行政行为作出之日起超过五年提起诉讼的,人民法院不予受理。"

三、不动产表征着相关的物权

平时听到有人说"土地是国家的"或"房屋是我的",大家都会知道,这是在强调土地所有权或房屋所有权的归属,在此语境中,土地与土地所有权、房屋与房屋所有权是一回事。就此而言,作为不动产的土地或房屋一语双关,既指土地或房屋的物理实态,又在抽象权利的意义层面表征着土地所有权或房屋所有权。

其实,物在民法中的意义是指代物权客体,不动产也不例外。如果不动产上没有物权,说它是不动产,是一句没有意义的空话,故而,当我们说不动产时,不仅是在描述具有特定物理形态的一类有体物,为不动产物权提供客体,同时还表征着有关的不动产物权。

物权有所有权、用益物权和担保物权三大类,它们在不动产物权均有体现,但不动产不能表征所有的不动产物权。"国土空间规划意见"指出,"以国土空间规划为依据,对所有国土空间分区分类实施用途管制"。在前述的三大类物权中,所有权和用益物权有占有、使用和收益的权能,担保物权没有这些权能,故而,与国土空间规划和用途管制直接紧密相关的是不动产所有权和用益物权。也就是说,不动产所表征的物权限于所有权或用益物权,不包括担保物权。

根据《宪法》第10条、《民法典》第249条的规定,城市的土地属于国家所有;农村和城市郊区的土地,除由法律规定属于国家所有的以外,属于农民集体所有。根据《民法典》第247条、《海域使用管理法》第3条第1款的规定,海域归国家所有。同时,根据《民法典》第246条第2款、《土地管理法》第2条第2款、《海域使用管理法》第3条第1款的规定,国务院代表国家行使土地所有权和海域所有权。[1] 由于土地所有权和海域所有权均不能转让,为了满足用地、用海的实践需求,政府可通过划拨等行政手段,也可通过出让等有偿使用方式,由土地使用者取得建设用地使用权、宅基地使用权,由用海人取得海域使用权,它们分别为房屋所有权以及居住权、地役权等用益物权提供了权利基础。在此意义上可以说,在土地所有权和海域所有权之外,建设用地使用权、宅基地使用权、海域使用权是房屋所有权等其他物权的母权利。正因此,当我们听房地产老板说其买了一块建设用地,听农民说其获批了一块宅基地,就知道前者通过出让取得了建设用地使用权,后者通过审批取得了宅基地使用权。

概括而言,不动产是指土地、海域及房屋、林木等定着物,同时又表征着建设用地的使用权、海域使用权、房屋所有权等相关物权。这样一来,当我们把房地产定位成不动产时,其法律意蕴实际是说房地产受制于国土空间规划,指向房屋所有权及建设用地的使用权,适用不动产登记、属地管辖等法律规范,至于动产法律规范,如以交付作为物权变动要件的民事实体规范,或者允许当事人协议管辖的民事诉讼规范,对其无用武之地。

第二节 建设用地的法律内涵

土地与海洋是两类最重要的自然生成的不动产,建设用地是土地而非海洋,在土地中它不同于农用地和未利用地,这样的简略描述是我们理解建设用地法律内涵的起点(见图1-4 自然生成的不动产)。

---

[1] 在国有土地的具体经营、管理上,国务院可以直接行使有关权利,也可以授权地方政府行使有关权利。参见杨合庆主编:《中华人民共和国土地管理法释义》,法律出版社2020年版,第8页。

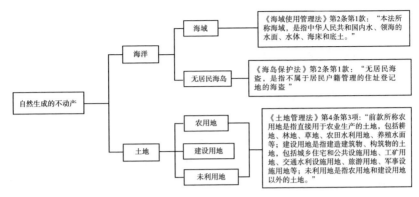

图1-4 自然生成的不动产

一、土地的法律内涵

顾名思义,建设用地是土地的一种,这是理解其法律内涵的始点。

(一)消极内涵

在地理维度上,土地是地球表面除了海洋部分的陆地,土地因此不同于海洋。[1] 土地和海洋的差异是客观的、刚性的,不以人的主观意志为转移,国土空间规划只能达到陆海统筹的地步,无法使土地和海洋完全同质。故而,从"不是什么"的消极意义上讲,土地的法律内涵在于,它不是海洋。

1.海域不是土地

海洋首先指海域。[2] 土地与海域的法律地位差别很大,前者受《城乡规划法》《土地管理法》《城市房地产管理法》《民法典》等法律的调整,海域开发、利用、管理的法律依据主要是《海域使用管理法》。

[填海造地产生的权利] 构堤围割海域并最终填成陆地的围填海在实践中时有发生,这种用海活动就是俗称的填海造地,它要符合《海域使用管理法》、2018年国务院《关于加强滨海湿地保护严格管控围填海的通知》和自然资源部、国家发展和改革委员会《关于贯彻

---

[1] 参见甘藏春:《土地正义:从传统土地法到现代土地法》,商务印书馆2021年版,第84—89页。

[2] 根据《海域使用管理法》第2条第1款规定,海域是指我国内水、领海的水面、水体、海床和底土。根据《海域使用管理法》第2条第2款规定,内水是指我国领海基线向陆地一侧至海岸线的海域。根据1958年《领海及毗连区公约》第1条第1款规定,领海是指国家主权及于其陆地领土及其内水以外邻接其海岸的海域。

落实《国务院关于加强滨海湿地保护严格管控围填海的通知》的实施意见》等相关规定。在符合前述规定相关要求的前提下,根据《海域使用管理法》第 32 条第 1 款的规定,填海项目竣工后形成的土地归国家所有。填海项目基于海域使用权立项、实施并竣工的,根据《海域使用管理法》第 32 条第 1 款、《不动产登记暂行条例实施细则》第 59 条第 2 款的规定,海域使用权人应当在填海项目竣工后,依法申请国有土地使用权登记,并办理海域使用权注销登记。填海项目由政府组织实施并竣工的,政府应按照国土空间规划,根据土地用途,依法通过划拨、出让等方式把土地交给土地使用者使用,土地使用者可依法取得国有建设用地使用权等用益物权。

2. 无居民海岛不是土地

海洋还涉及海岛。[1] 海岛分为有居民海岛和无居民海岛。《海岛保护法》第 23 条规定,有居民海岛的开发建设适用有关城乡规划、土地管理等法律、法规的规定,据此,有居民海岛的法律地位等同于土地。根据《海岛保护法》第 57 条第 2 项的规定,无居民海岛是"不属于居民户籍管理的住址登记地的海岛",也就是没有村庄、街道、住址门牌号、邮政编码和常住户口登记的海岛,它不等于无人岛,不排除人在岛上必要的生产、生活活动。[2] 由于无居民海岛与其周边海域共同构成生态系统,同时还涉及国家海洋权益,故其与土地的法律地位差别很大。

(二)积极内涵

在"是什么"的积极意义上,土地的法律内涵如下:①土地是通过特定技术手段显现出来的不动产。比如,德国法的土地是指以地籍块方式进行测量与标记,并在土地登记簿中以"土地"进行登记的地球表面的一部分。[3] 我国同样也通过地籍[4]、宗地[5]、不动产登记簿来表征土地,登

---

[1] 根据《海岛保护法》第 2 条第 2 款的规定,海岛是指四面环海水并在高潮时高于水面的自然形成的陆地区域。
[2] 参见本书编写组编:《中华人民共和国海岛保护法释义》,法律出版社 2010 年版,第 89 页。
[3] Vgl. Baur/Stürner, Sachenrecht, 18. Aufl., München 2009, S. 175.
[4] 地籍是指国家为一定目的,记载土地的权属、界址、数量、质量(等级)和用途(地类)等基本情况的图册簿,具有空间性、公信性、精确性、连续性等特点。参见魏莉华:《新〈土地管理法实施条例〉释义》,中国大地出版社 2021 年版,第 52 页。
[5] 根据国家标准《不动产单元设定与代码编制规则》(GB/T 37346—2019)第 3.5 条规定,宗地是指土地权属界线封闭的地块或空间。

记簿的宗地信息页对此进行具体展示(表1-2 不动产登记簿的宗地基本信息)。②土地是物权客体。把土地记载于不动产登记簿,旨在为记载物权奠定基础,若不记载物权,建立登记簿的意义不大,故而,土地与物权密不可分。

表1-2 不动产登记簿的宗地基本信息

宗地基本信息				
单位:□平方米 □公顷(□亩)、万元				
不动产类型	□土地 □房屋等建筑物 □构筑物 □森林、林木 □其他			
坐　落				
土地状况	宗地面积		用　途	
	等　级		价　格	
	权利类型		权利性质	
	权利设定方式		容积率	
	建筑密度		建筑限高	
空间坐标、位置说明或者四至描述				
登记时间		登簿人		
附　记				
变化情况	变化原因	变化内容	登记时间	登簿人

(续表)

附　图
(宗地图,可附页)

我国的土地采用公有制,包括国家所有和农民集体所有两种形态。属国家所有的,由国务院及其授权的地方政府代表国家行使相关权利。属农民集体所有的,《民法典》第262条规定了代表集体行使所有权的主体,即代表村农民集体的主体是村集体经济组织或者村民委员会,代表村内农民集体的主体是村内各该集体经济组织或者村民小组,代表乡镇农民集体的主体是乡镇集体经济组织。

[**城中村[1]的土地所有权**] 从《宪法》第10条、《民法典》第249条的字面来看,只要土地处于城市范围,就属于国家所有。按此逻辑推演,随着我国城市化进程的推进,农村和城市郊区逐步成为城市市区,原由农民集体所有的土地因此直接变性为国有土地。现实并不全然如此,以位于城区的城中村为例,其土地仍全部或部分归农民集体所有,归国家所有的土地也是通过征收或政府审批集体的所有权转制申请后才实现的。[2]

对城中村土地所有权的现实归属状况,有两种不同评价,一种是认为这既违背了宪法和法律的前述规定,也不利于保护农民集体和个人的利益[3];另一种则认为只有通过征收等途径实现城中村土地的国有化,才有利于保护农民集体和个人的利益,才符合前述规定的目的。[4] 笔者认为,只要延续1982年之前的城市原住民的房屋所有权不因《宪法》第10条而消灭的经验做法,城中村的土地因城区范围扩张而全部转为国家所有,不会实质损害农民集体和个人的利益。具体

---

[1] 根据《中华全国律师协会律师办理城中村改造法律业务操作指引》第3.1条规定,城中村是指位于城市建成区或者规划控制区范围内,失去或基本失去耕地,仍然实行村民自治和农村集体所有制的村庄以及社区。城中村的形成就是城市建成区和规划区随着城市的不断发展,"包围"了原本不属于建成区和城市规划范围的农村,从而形成的城村共存的一种城市化发展现象。
[2] 参见中国土地矿产法律事务中心编:《国土资源政策法律研究成果选编(2002—2012)》,中国大地出版社2012年版,第262—271页。
[3] 在此评价之下,有观点认为,应修改宪法和法律的规定,允许农民进城建设城市,允许农民集体保有"城中村"土地所有权。参见傅鼎生:《"入城"集体土地之归属——"城中村"进程中不可回避的宪法问题》,载《政治与法律》2010年第12期,第17—27页。也有观点认为,应通过集体转权的方式,将具备一定条件的农民集体的全部土地,在不改变原使用现状的基础上一次性整体转变为国有土地。参见宋志红:《城市化进程中集体土地的整体转权》,载《国家行政学院学报》2010年第4期,第14—18页。
[4] 参见孙煜华:《"城市的土地属于国家所有"释论》,载《法制与社会发展》2017年第1期,第142—156页。

而言,从我国实际出发,国有土地和集体土地的经济价值差别不小,若城中村的土地全部归国家所有,农民集体和个人保有使用权以及房屋所有权,与城中村的土地仍归农民集体所有相比,无论城中村的房屋被征收后再被政府出让,还是城中村就地更新再造,都能使农民集体和个人取得更多的经济回报。就此而言,第一种评价似乎更为适当。

二、建设用地的法律内涵

(一)作为用途管制基础的土地分类:农用地、建设用地和未利用地

1998年修订的《土地管理法》规定了土地用途管制制度,这是本次修订的最大亮点。[1] 所谓土地用途管制,是指国家通过土地利用总体规划规定土地用途,土地使用者必须严格按照该用途使用土地。该制度持续至今,被誉为《土地管理法》的灵魂。[2]

《土地管理法》第4条第2款以土地利用总体规划确定的土地用途为标准,把土地分为农用地、建设用地和未利用地,这是用途管制的基础,被业界称为《土地管理法》"三大类"。《土地管理法》第4条第3款对这"三大类"加以定义:"农用地是指直接用于农业生产的土地,包括耕地、林地、草地、农田水利用地、养殖水面等;建设用地是指建造建筑物、构筑物的土地,包括城乡住宅和公共设施用地、工矿用地、交通水利设施用地、旅游用地、军事设施用地等;未利用地是指农用地和建设用地以外的土地。"据此,建设用地是土地的一种,不同于农用地和未利用地(见表1-3 建设用地、农用地与未利用地的区别)。

---

[1] 参见王世元主编:《改革记忆——当代中国城镇国有土地使用制度构建历程(1978—1998)》,中国大地出版社2021年版,第312页。

[2] 参见魏莉华等:《新〈土地管理法〉学习读本》,中国大地出版社2019年版,第7页。对该制度的批评性反思,参见文贯中:《用途管制要过滤的是市场失灵还是非国有土地的入市权——与陈锡文先生商榷如何破除城乡二元结构》,载《学术月刊》2014年第8期,第5—17页;周其仁:《城乡中国》(修订版),中信出版社2017年版,第315—329页。需要注意的是,中西方土地用途管制的内涵存在差异,我国用途管制如正文所述,对应的英文是 Land Use Regulation,西方用途管制指土地用途分区管制,对应的英文是 Zoning。参见吴次芳、叶艳妹、吴宇哲等:《国土空间规划》,地质出版社2019年版,第31页。

表 1-3　建设用地、农用地与未利用地的区别

	建设用地	农用地	未利用地
界定	建造建筑物、构筑物的土地	直接用于农业生产的土地	建设用地和农用地以外的土地
用途管制	不同于农用地	不同于建设用地	不同于建设用地、农用地
适用法律	《土地管理法》《城市房地产管理法》《民法典》	《土地管理法》《农村土地承包法》《森林法》《草原法》《渔业法》《民法典》	《土地管理法》《农村土地承包法》《民法典》
用益物权类型	国有建设用地使用权、集体建设用地使用权和宅基地使用权	土地承包经营权、土地经营权和国有农用地使用权	土地经营权
不动产登记	建设用地的使用权登记规范	农用地的用益物权登记规范	土地经营权登记规范等

一定要注意,这三大类土地是根据规划用途进行的区分。规划用途与现状用途会重合,但也可能存在偏差,如现状用于农业的土地的规划用途会是建设用地,故而,判断某一宗地的归类标准不是其利用情况的现状,而只能是规划用途。

在实践中,土地使用者依法取得以建设用地或农用地为客体的用益物权,不动产登记簿以及权属证书上会记载土地用途为建设用地或农用地,会记载建设用地用途为住宅、工业或其他,是证明土地用途的有力证据。若在登记后,土地的规划用途发生改变,应以后者为准。比如,在最高人民检察院发布的第二批 5 起民事检察跟进监督典型案例之四"陈某振申请执行监督跟进监督案"中,被法院查封并公开拍卖的国有出让土地的土地证记载土地性质为住宅,估值 40.15 万元,陈某振于 2018 年以 42.105 万元的最高竞价拍卖成交并全额付款。后查明,案涉土地于 2011 年被规划为公共绿地,估值 9.2 万元。经过检察院的监督,广东省高级人民法院(2021)粤执监 1 号执行裁定书认为,本案拍卖财产在拍卖前已经由"住宅"变更为"公共绿地",买受人产生重大误解,购买目的无法实现,故应撤销对案涉土地的拍卖,将拍卖款 42.105 万元返还给异议人陈某振。

不过,不动产登记簿以及权属证书上有关土地用途的记载源自规划文件,两者须保持一致,否则,只要规划未依法变更,登记簿以及权属证书

的记载出现错误,应以规划用途为准。最高人民法院指导案例76号"萍乡市亚鹏房地产开发有限公司(以下简称亚鹏公司)与萍乡市国土资源局(以下简称市国土局)不履行行政协议案"就很典型。在该案中,规划条件明确案涉地块的用地性质为商住综合用地,但冷藏车间维持现状;国有土地使用权公开挂牌出让公告对此加以重述。亚鹏公司竟得该使用权,出让合同约定出让宗地的用途为商住综合用地,冷藏车间维持现状。市国土局向亚鹏公司颁发的国有土地使用证记载的地类(用途)为工业。法院生效裁判认为:亚鹏公司要求市国土局对土地证地类更正为商住综合用地,具有正当理由,市国土局应予以更正。

[综合用地的法律属性] 在前述三大类土地之外,实践中还有综合用地的称谓,它多形成于1998年《土地管理法》修订之前。注意,其称谓就是单纯的"综合用地","综合用地"之前没有任何限定词,不像上述指导案例76号那样表述为"商住综合用地"。综合用地的法律属性究竟是建设用地还是农用地抑或其他,并不明确。如下文所见,建设用地与农用地、未利用地的差别很大,这样一来,对综合用地予以不同的定性,对权利人的利益影响颇大,应慎重对待。

从实践情况而言,说某一宗地是综合用地,是根据不动产登记簿及权属证书的记载所得的结论,但这与作为用途管制基础的《土地管理法》"三大类"不合拍,一旦要在"三大类"中对其重新定位,登记簿及权属证书的记载就没有意义了。由于前述"三大类"的判断标准是规划,那就应依综合用地使用权产生时的规划来定。问题在于,虽然《土地管理法》在1986年制定之始就明确了土地利用总体规划的法律地位,但用途管制是在1998年才确定的,在这个时间段中,若规划对某一宗地的用途存在信息缺失,规划就不能成为综合用地的定性依据。

在规划不能用时,就要衡量综合用地使用权产生时的各种条件,诸如政府部门是否核发建设用地规划许可、权利人是否以建设用地价格支付价款等,进行综合分析判断,而不能根据其现状来定其用途。比如,在"澄迈绿丰农业开发有限公司(以下简称绿丰公司)与海南省澄迈县人民政府、海南省人民政府无偿收回国有建设用地使用权及行政复议案"中,最高人民法院认为,在确定涉案土地具体用途时,不能以土地现状及土地实际使用情况为准,而是应当从当事人取得涉案土地的途径、方式、目的及其办理行政许可、规划报建等情况，以及政府及其职能部门征收出让涉案土地、作出建设规划许可证、项目用地选址意见书等行政事项予以综合、全面地判定，确定涉案土地是否属于国有建设用地。澄迈县人民政府在1995年7月将涉案土地作为建设项目用地予以征收并出让的，绿丰公司以开发建设涉案土地为目的取得涉案土地的使用权，并办理了项目选址意见复函、规划许可证及土地证，故涉案土地性质应认定为国有建设用地。[1]

除了需要在《土地管理法》"三大类"中重新定位的综合用地，在建设用地中也有要重新定位的综合用地。根据《城镇国有土地使用权出让和转让暂行条例》第12条的规定，建设用地的大类中包含了综合用地的小类，实践中也有某一宗地确定为建设用地的前提下，不动产登记簿及权属证书将其用途记载为"综合"。这种类别也是历史产物，国家标准《土地利用现状分类》(GB/T 21010-2017)、行业标准《第三次全国国土调查技术规程》(TD/T 1055-2019)以及"用地用海分类指南"均无这种类别，而这些文件中的土地分类均对应着并具体化了《土地管理法》"三大类"，属于"三大类"各自的下位类别。在甄别这种综合用地的具体属性时，若登记和规划均无法援用，仍要衡量其使用权产生时的各种条件。比如，在"北京日月明建筑工程有限公司(以下简称日月明公司)与北京市规划和自然资源委员会怀柔分局(以下简称怀柔分局)不动产登记纠纷案"中，日月明公司从康怀公司、长兴公司受让案涉土地，转让前康怀公司、长兴公司的国有土地使用证的土地用途分别记载为"工业"和"综合"，转让后日月明公司的案涉土地使用证记载地类用途是"综合"。康怀公司、长兴公司《办理国有土地出让审批表》中的"用途"记载为"工业"，涉案土地使用权出让金为35元/平方米，符合《北京市出让国有土地使用权基准地价表》中的"工业用途"的地价标准。另外，康怀公司、长兴公司与出让人签订的出让合同中均载明，涉案土地使用条件将主体建筑物的性质规定为办公，符合工业用地特点。据此，怀柔分局认为涉案土地用途登记错误，将其从"综合"更正为"工业"。一审、二审和再审法院均认为该行为没有不当。[2]

---

[1] 参见最高人民法院(2020)最高法行再425号行政判决书。
[2] 参见北京市高级人民法院(2021)京行申1132号行政裁定书。

由上可知，无论是在《土地管理法》"三大类"的框架下界定综合用地的法律属性，还是在建设用地的类别中界定综合用地的法律属性，实际上都是法院或自然资源主管部门以该"三大类"及其下位类别为工具，以综合用地使用权设立时的各种条件为依据，对综合用地的用途进行的再定位。在界定时，既可以由法院在诉讼中通过裁判确定，也可以由不动产登记机构通过更正登记等行政行为予以确定。登记机构的行为既可以是依职权更正登记这样的主动行为，也可以是根据当事人申请而变更的被动行为，还可以是为协助法院执行而为的执行行为。至于这种执行行为，根据"行政诉讼法解释"第1条第2款第7项的规定，只要主管部门根据法院的生效裁判、协助执行通知书来确定综合用地的用途，如法院生效裁判把案涉土地用途从"综合"定性为"建设用地"或"工业"，不动产登记机构依据法院嘱托办理变更登记，或者根据综合用地使用权设立时的各种条件进行妥当的认定，如在法院拍卖案涉综合用地后，登记机构在办理转移登记过程中，将其妥当定性为工业用地，就既未扩大执行范围，也未采取违法方式实施，不属于行政诉讼的受案范围。

必须强调的是，前述的综合用地不能归入《土地管理法》"三大类"及其下位类别，由此产生的定性问题属于历史遗留问题。至于现今不少地方推行的混合用地，则是在《土地管理法》"三大类"及其下位类别的基础上，以土地集约使用、产业升级转型等目的而为的改革措施，不能与既往的综合用地混为一谈。比如，中共中央办公厅、国务院办公厅2020年印发的《深圳建设中国特色社会主义先行示范区综合改革试点实施方案（2020—2025年）》指出，支持在符合国土空间规划要求的前提下，推进二三产业混合用地。《深圳市城市规划标准与准则》明确了"单一用地性质的混合使用"和"混合用地的混合使用"两种方式，前者如在工业用地上除了建造工业厂房等主导用途的建筑，还可建造不高于总建筑面积的30%的宿舍等其他用途的建筑；后者如在城市中心区，二类居住用地与商业用地混合使用，建设融合住宅、商业与配套设施等综合用途的商住混合功能，用地性质表达为二类居住用地+商业用地。指导案例76号的"商住综合用地"也属于混合用地，它是商业用地和居住用地的结合。

(二) 建设用地的使用权

作为用益物权的建设用地的使用权包括国有建设用地使用权、集体建设用地使用权和宅基地使用权。

1. 国有建设用地使用权

国有建设用地使用权是以建设为目的而对国有建设用地进行占有、使用和收益的用益物权,有以下主要特性:①主体宽泛,可以是单位或个人,通常没有身份限制。②客体限定,根据《民法典》第345条,以国有建设用地的地表、地上空间或地下空间为客体。③权能特定,基本权能是占有国有建设用地进行建造,并取得建筑物、构筑物及其附属设施的所有权。当然,这不影响权利人利用土地实施与居住或生产经营相关的附属行为,如利用边角地种植花草果蔬。④存续有期,根据《城镇国有土地使用权出让和转让暂行条例》第12条的规定,出让国有建设用地使用权的最高年限因土地用途不同而有差别,即居住用地70年,工业用地50年,教育、科技、文化、卫生、体育用地50年,商业、旅游、娱乐用地40年,综合或者其他用地50年。至于具体期限,由出合同约定;至于起算时点,根据国土资源部、国家工商行政管理总局《〈国有建设用地使用权出让合同〉示范文本》(GF-2008-2601)第7条的规定,自交付土地之日起算;原划拨(承租)国有建设用地使用权补办出让手续的,出让年期自合同签订之日起算。

2. 集体建设用地使用权

目前我国的集体建设用地使用权主要有三类:

第一,公益性建设用地使用权。《土地管理法》第61条:"乡(镇)村公共设施、公益事业建设,需要使用土地的,经乡(镇)人民政府审核,向县级以上地方人民政府自然资源主管部门提出申请,按照省、自治区、直辖市规定的批准权限,由县级以上地方人民政府批准;其中,涉及占用农用地的,依照本法第四十四条的规定办理审批手续。"据此,这类权利的取得,采用申请审批制,法律未赋予其市场流通性。根据《民法典》第399条第3项的规定,该权利是不能抵押的,其上的房屋作为公益设施也不能抵押。

第二,企业建设用地使用权。《土地管理法》第60条第1款规定:"农村集体经济组织使用乡(镇)土地利用总体规划确定的建设用地兴办企业或者与其他单位、个人以土地使用权入股、联营等形式共同举办企业的,应当持有关批准文件,向县级以上地方人民政府自然资源主管部门提出申请,按照省、自治区、直辖市规定的批准权限,由县级以上地方人民政府批准;其中,涉及占用农用地的,依照本法第四十四条的规定办理审批手续。"据此,这类权利的取得,采用申请审批制,法律未赋予其市场流通性。也正因此,根据《民法典》第398条的规定,该权利不能单独抵押,只能随企业房屋一并抵押。

第三,经营性建设用地使用权。根据《土地管理法》第63条、《土地管理法实施条例》第38—43条的规定,国土空间规划确定为工业、商业等经营性用途,已经办理所有权登记的集体经营性建设用地,在满足法定条件的情况下,土地所有权人可以通过出让、出租等方式交由单位或者个人使用,设立经营性建设用地使用权。该权利具有市场流通性,可以转让和抵押。根据2021年自然资源部、国家发展改革委、农业农村部《关于保障和规范农村一二三产业融合发展用地的通知》,在农村产业融合发展用地时,单位或个人可依法取得企业建设用地使用权,也可依法取得经营性建设用地使用权。

3. 宅基地使用权

宅基地使用权以解决本集体成员的居住需求为基本功能,为农民的居住提供了根本的制度保障,其主要特性为:①主体特定,原则上限于本农民集体经济组织成员,并以户为单位[1],其他人必须符合自然资源部办公厅2020年印发的《宅基地和集体建设用地使用权确权登记工作问答》第36条等规定的相关条件。②客体限定,限于宅基地,2010年国土资源部《关于进一步完善农村宅基地管理制度切实维护农民权益的通知》(已失效)将其界定为:农民依法取得的用于建造住宅及其生活附属设施的集体建设用地。③权能法定,权利人只能利用宅基地来建造住宅及其附属设施。宅基地使用权是农民的安身之本,是农民基于集体经济组织成员的身份而享有的保障,其权利边界划到何处,目前正在改革进程中。农业农村部《关于落实党中央国务院2022年全面推进乡村振兴重点工作部署的实施意见》第33条指出:"稳慎推进农村宅基地改革和管理。深化宅基地改革。继续抓好新一轮宅基地改革试点,总结形成一批确权、赋权、活权的制度成果。"④期限不定,只要作为宅基地使用权主体的户未消灭,有居住需求,该权利就没有存续期限限制。

---

[1] 在"王某某等与李某某分家析产纠纷案"中,二审法院认为,农村村民系以户为单位取得宅基地使用权,故宅基地使用权人不仅包括登记的使用权人,还包括所有户口登记在该宅基地所在房屋内的其他成员。李某某从小直至涉案5号院拆迁时,户口一直登记在5号院内。故李某某作为5号院的家庭成员享有相应的宅基地使用权。参见北京市高级人民法院(2022)京民申165号民事裁定书。

(三) 建设用地与农用地的区别

建设用地不同于农用地,区别主要有如下四个方面。

1. 规划用途不同

《土地管理法》第 4 条第 3 款表明,建设用地用以建造建筑物、构筑物,农用地直接用于农业生产。

用以落实农用地用途管制的具体规定主要有:①《土地管理法》第 35 条第 1 款第 1 句规定:"永久基本农田经依法划定后,任何单位和个人不得擅自占有或改变其用途。"②《土地管理法》第 37 条第 2 款规定,禁止擅自在耕地上建房。与此相应,根据《土地管理法》第 75 条规定,违法擅自在耕地上建房,破坏种植条件的,或造成土地荒漠化、盐渍化的,由主管部门责令限期改正或治理。③根据《土地管理法》第 74 条、第 77 条规定,对违反土地利用总体规划擅自将农用地改为建设用地的,限期拆除在非法占用的土地上新建的建筑物和其他设施,恢复土地原状;对符合土地利用总体规划的,没收在非法占用的土地上新建的建筑物和其他设施。与此相应,司法实践通常认定有关合同无效。[1]

[能用于建造房屋的设施农用地] 单从名称上看,建设用地与农用地的界限泾渭分明,但也有名实分离的典型。"用地用海分类指南"在一级类中列明农业设施建设用地(代码06),它对应包含了《土地利用现状分类》二级类中的农村道路(编码1006)[2]和设施农用地(编

---

[1] 比如,在"南京林大农业发展有限公司与南京宁浦驾驶培训学校有限公司租赁合同纠纷案"中,二审法院认为,双方的租赁合同约定将未办理农用地转用审批手续的土地用于经营驾校,系非法改变农用地用途,违反法律强制性规定,应认定为无效。参见江苏省南京市中级人民法院(2019)苏 01 民终 10224 号民事判决书。又如,"上海速跑来体育科技发展有限公司与上海鑫广企业发展有限公司土地租赁合同纠纷案"中,二审法院认为,双方以经营收益为目的,将国有农用地用于非农用途,违反了《土地管理法》的相关规定,虽然国家政策鼓励建设社会足球场地设施,但应在法治的框架内落实该项政策,故合同应认定无效。参见上海市第一中级人民法院(2020)沪 01 民终 6597 号民事判决书。再如,在"陕西诚意实业有限公司与陕西创圆实业发展有限公司土地租赁合同纠纷案"中,二审法院认为,双方的土地租赁合同将农用地用于以木材模板为主的建材仓储物流经营,违反法律强制性规定,一审认定该合同无效,与法不悖。参见陕西省西安市中级人民法院(2021)陕 01 民终 12766 号民事判决书。

[2] 指在农村范围内,南方宽度≥1 米、≤8 米,北方宽度≥2 米、≤8 米,用于村间、田间交通运输,并在国家公路网络体系之外,以服务于农业生产为主要用途的道路(含机耕道)。

码1202）[1]，而这两类土地均对应着《土地管理法》"三大类"中的农用地。这样看来，名为建设用地的农业设施建设用地并非建设用地，而是农用地。

需要特别注意的是，《土地利用现状分类》中的设施农用地能用于建造房屋。根据2019年自然资源部、农业农村部《关于设施农用地管理有关问题的通知》的规定，设施农用地上可建造与农业生产密切相关的房屋，如用于存放农具的仓库、照看鱼塘的看护房等，前提是由农村集体经济组织或经营者向乡镇政府备案，涉及补划永久基本农田的，须经县级自然资源主管部门同意后方可动工建设。从该政策文件来看，利用设施农用地建房是无须规划许可的。这也符合《城乡规划法》第41—42条的规定，即只有在乡、村庄规划区内的建设用地上建造房屋，才需要乡村建设规划许可证，而主管部门不得在规划确定的建设用地范围以外作出规划许可。

举例说明。某村村民A通过拍卖，合法取得该村荒坡经营权50年，并办理了土地经营权登记。A在此投资种草，经批准后办理养殖场。通过向所在的乡政府备案，A在该地上建造看护房若干间，无须办理规划许可，自房屋建成时，A就取得看护房所有权。

2. 适用法律不同

建设用地和农用地均能适用《土地管理法》《民法典》，此外，建设用地主要适用《城市房地产管理法》，农用地则要适用《农村土地承包法》《森林法》《草原法》《渔业法》等。这种不同对权利人的影响很大，以权利人消极不作为为例，国有建设用地使用权人未按照出让合同约定动工，造成土地闲置的，根据《城市房地产管理法》第26条的规定，政府可以收取土地闲置费或无偿收回土地；承包人弃耕撂荒的，《农村土地承包法》未赋予发包人收取闲置费或无偿收回承包地的权利。

3. 用益物权不同

建设用地的用益物权主要包括国有建设用地使用权、集体建设用地使用权和宅基地使用权，农用地的用益物权主要包括土地承包经营权、土

---

[1] 指直接用于经营性畜禽养殖生产设施及附属设施用地；直接用于作物栽培或水产养殖等农产品生产的设施及附属设施用地；直接用于设施农业项目辅助生产的设施用地；晾晒场、粮食果品烘干设施、粮食和农资临时存放场所、大型农机具临时存放场所等规模化粮食生产所必需的配套设施用地。

地经营权和国有农用地使用权。

《民法典》第331条规定:"土地承包经营权人依法对其承包经营的耕地、林地、草地等享有占有、使用和收益的权利,有权从事种植业、林业、畜牧业等农业生产。"土地承包经营权来自集体农用地的家庭承包,它标志着集体农用地上出现了权利分置,即所有权归于农民集体,使用权归于本集体的农户,与此对应的经营体制也即《农村土地承包法》第1条、《民法典》第330条第1款所讲的"以家庭承包经营为基础、统分结合的双层经营体制"。

根据产生机制不同,我国有两种土地经营权:①源自承包地三权分置的土地经营权。根据《农村土地承包法》第36条、《民法典》第339条的规定,土地承包经营权可采取出租(转包)、入股或者其他方式向他人流转土地经营权,从而使经营权从土地承包经营权中分离,结果是承包地有三重产权构造,即农民集体享有所有权,农户享有承包权,经营人享有经营权。根据《农村土地承包法》第46—47条的规定,土地经营权具有商品流通性,可转让或抵押。②源自其他承包方式的土地经营权。根据《农村土地承包法》第3条第2款、第48条的规定,不宜家庭承包的农用地,采用招标、拍卖、公开协商等方式承包的,产生土地经营权。根据《民法典》第342条的规定,这类土地经营权经依法登记取得权属证书的,可以依法采取出租、入股、抵押或者其他方式流转。

根据主体不同,我国有两类国有农用地使用权:①农民集体的使用权。比如,1997年《国家土地管理局对山东省土地管理局有关黄河滩地权属问题的复函》规定,河水冲积形成的滩涂地属于国有,该地由农民集体经济组织开发耕种的,农民集体取得使用权。②国有农场的使用权,即国有农场依法享有对国有农用地的占有、使用、收益的权利。

4. 不动产登记不同

建设用地的使用权登记与农用地的用益物权登记是两套不同的系统,遵循的不同规则。

(四)建设用地与未利用地的区别

建设用地不同于未利用地,区别主要体现在如下四个方面。

1. 用途管制不同

对此可见《土地管理法》第4条第3款。为了落实土地用途管制制度,为了保护生态环境,擅自在未利用地上建造房屋是违法行为。

需要注意的是,名为非建设用地的空闲地,实为建设用地。《土地利用现状分类》中的二级类有空闲地(编码1201),它是指城镇、村庄、工矿范围内尚未利用的土地,包括尚未确定用途的土地,但对应着《土地管理法》"三大类"中的建设用地。

2. 适用法律不同

除了均适用《土地管理法》《民法典》外,建设用地主要适用《城市房地产管理法》,未利用地则要适用《农村土地承包法》等。

3. 用益物权不同

"四荒"属于未利用地,因而可负载土地经营权,此外的未利用地使用权,尚未被法律明文确定为物权,这与建设用地的用益物权明显不同。

4. 不动产登记不同

建设用地的使用权登记与未利用地使用权登记是两套不同的系统,遵循的不同规则。《不动产登记暂行条例实施细则》第52条:"以承包经营以外的合法方式使用国有农用地的国有农场、草场,以及使用国家所有的水域、滩涂等农用地进行农业生产,申请国有农用地的使用权登记的,参照本实施细则有关规定办理。国有农场、草场申请国有未利用地登记的,依照前款规定办理。"

(五)转为建设用地

农用地、建设用地和未利用地之间能进行转换,其他两类土地转为建设用地的法律依据分述如下:

第一,根据《土地管理法》第44条、《土地管理法实施条例》第23—24条以及2020年国务院《关于授权和委托用地审批权的决定》的规定,农用地转为建设用地,应办理农用地转用审批手续;永久基本农田转为建设用地的,由国务院批准;永久基本农田以外的农用地转为建设用地的,主要由省、自治区、直辖市人民政府批准。

第二,未利用地转为建设用地,《土地管理法》未规定行政审批。[1]根据《土地管理法实施条例》第22条,中共中央办公厅、国务院办公厅《关于在国土空间规划中统筹划定落实三条控制线的指导意见》的规定,未利用地转为建设用地,按照省、自治区、直辖市的规定办理,若规定需要办理转用审批手续,那就需要审批。[2]

---

[1] 参见杨合庆主编:《中华人民共和国土地管理法释义》,法律出版社2020年版,第18页。

[2] 参见魏莉华:《新〈土地管理法实施条例〉释义》,中国大地出版社2021年版,第139页。

未利用地转为建设用地的上述规范立场有可议之处,因其会造成法律评价失衡。从《土地管理法》第 40 条、《土地管理法实施条例》第 9 条的规定可知,开发未利用地从事农业生产,也即未利用地转为农用地,一律要批准,否则根据《土地管理法实施条例》第 57 条第 2 款,开发人要承担相应责任。未利用地转为农用地对生态可能造成的影响,低于转为建设用地,后者反而有可能不需审批,这着实有违"举轻明重"的道理。故而,在未利用地转为建设用地时,办理审批手续似更为妥当。

(六)建设用地的下位类别

"用地用海分类指南"和《土地利用现状分类》对规划、土地供应、登记等领域均能适用,它们明确了建设用地的下位类别。在"用地用海分类指南"的一级类中,居住用地、公共管理与公共服务用地、商业服务业用地、工矿用地、仓储用地、交通运输用地、公用设施用地、特殊用地等为建设用地的下位类别。在《土地利用现状分类》的一级类中,商服用地、工矿仓储用地、住宅用地、公共管理与公共服务用地、特殊用地、交通运输用地、水域与水利设施用地[1]等为建设用地的下位类别。这些一级类还各有二级类,如"用地用海分类指南"的一级类居住用地(代码 07)包括二级类城镇住宅用地(代码 0701)、城镇社区服务设施用地(代码 0702)、农村宅基地(代码 0703)、农村社区服务设施用地(代码 0704),《土地利用现状分类》的一级类住宅用地(编号 07)包括二级类城镇住宅用地(编号 0701)和农村宅基地(编号 0702)。

建设用地下位类别的主要意义在于:

第一,是不动产登记的需要。根据 2015 年国土资源部《关于启用不动产登记簿证样式(试行)的通知》附件 1《不动产登记簿样式及使用填写说明》,宗地基本信息中的土地用途按照《土地利用现状分类》的二级类填写。

第二,土地供应方式不同。根据《城市房地产管理法》第 24 条、《土地

---

[1] 商服用地是指主要用于商业、服务业的土地;工矿仓储用地是指主要用于工业生产、物资存放场所的土地;住宅用地是指主要用于人们生活居住的房基地及其附属设施的土地;公共管理与公共服务用地是指用于机关团体、新闻出版、科教文卫、公用设施等的土地;特殊用地是指用于军事设施、涉外、宗教、监教、殡葬、风景名胜等的土地;交通运输用地是指用于运输通行的地面线路、场站等的土地,包括民用机场、港口、码头、地面运输管道和各种道路用地;水域与水利设施用地指陆地水域,滩涂、沟渠、水工建筑物等的土地,不包括滞洪区和已垦滩涂中的耕地、园地、林地、居民点、道路等用地。

管理法》第 54 条的规定,除了国家机关用地和军事用地、城市基础设施用地和公益事业用地等法律、行政法规规定的用地可依划拨方式供应之外,其他用地应通过出让等有偿使用方式供应。

第三,出让方式不同。根据《民法典》第 347 条第 2 款的规定,工业、商业、旅游、娱乐和商品住宅等经营性用地,应采取招标、拍卖等公开竞价方式出让,其他用地可协议出让。

第四,建设用地使用权期限不同。根据《城镇国有土地使用权出让和转让暂行条例》第 12 条的规定,出让方式产生的出让国有建设用地使用权的最高年限按下列用途确定:居住用地 70 年;工业用地 50 年;教育、科技、文化、卫生、体育用地 50 年;商业、旅游、娱乐用地 40 年;综合或者其他用地 50 年。根据《土地管理法》第 63 条第 4 款、《土地管理法实施条例》第 43 条第 2 款的规定,集体经营性建设用地出让的最高年限参照同类用途的国有建设用地执行。

第五,建设用地使用权期限届满后的法律后果不同。根据《民法典》第 359 条第 1 款的规定,住宅建设用地使用权期限届满,自动续期,即住宅所有权人无须申请续期,住宅所有权持续存续;续期费用的缴纳或减免,依照法律、行政法规的规定办理。国土资源部办公厅于 2016 年 12 月 8 日下发《关于妥善处理少数住宅建设用地使用权到期问题的复函》,对实践中少数住宅建设用地使用权到期后的续期提出"两不一正常"的处理方案,即权利人不需要提出续期申请、主管部门不收取费用、正常办理房地产交易和不动产登记手续。非住宅的房屋就有所不同,根据《民法典》第 359 条第 2 款、《城市房地产管理法》第 22 条第 1 款的规定,房屋所有权人需要继续使用土地的,应至迟在建设用地使用权期限届满前一年申请续期,若因社会公共利益需要收回该幅土地的,可不予批准,房屋归属按照约定确定,没有约定或约定不明的,依照法律、行政法规的规定办理;批准续期的,要重新签订出让合同,依照规定支付出让金。

第三节 房屋的法律内涵

房屋是土地的定着物。根据《不动产单元设定与代码编制规则》第 3.11 条的界定,土地的定着物是固定于土地且功能完整、具有独立使用价值的房屋等建筑物、构筑物以及森林、林木等不能移动的物(图 1-5 土地的定着物)。

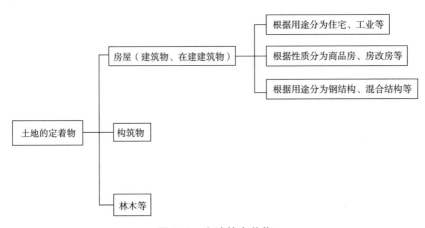

图1-5 土地的定着物

房屋的法律内涵有积极意义和消极意义之分,前者表明它是定着于土地的建筑物,后者表明它不同于其他土地定着物,分述如下。

一、积极内涵

(一)房屋是定着于土地的不动产

作为不动产的房屋定着于土地,可移动、易拆卸的活动房、集装箱屋、棚舍、拖车房屋等虽然具有房屋的功能,但未固定于土地,属于动产[1],并非房屋。

(二)房屋与建筑物可同义替换

1. 房屋与建筑物具有同义性

在日常意义上,房屋多为人力建造产物,但也不妨自然生成的洞穴成为少数人的房屋。与此不同,建筑物一定源自人工。就此而言,房屋和建筑物是两个意义有别的名词。但在法律上,它们可同义替换,房屋就是建筑物。比如,根据《建筑法》第2条第2款的规定,该法调整房屋建筑活动,而房屋建筑是指具有顶盖、梁柱和墙壁,供人们生产、生活等使用的建筑物,包括民用住宅、厂房、仓库、办公楼等各类房屋。[2] 这种界定与《民法典》对建筑物的使用意义是一样的,如《民法典》第271条在表述建筑物区分所有权的专有部分时,就列举了"建筑物内的住宅、经营性用房"。

---

[1] Vgl. Neuner, Allgemeiner Teil des Bürgerlichen Rechts, 12. Aufl., München 2020, S. 312 f.
[2] 参见卞耀武主编:《中华人民共和国建筑法释义》,法律出版社1998年版,第34页。

房屋建筑也往往称为建筑工程。在专业术语上,建筑工程不同于建设工程。国家标准《建设工程分类标准》(GB/T50841-2013)第1.0.3条指出,按照自然属性,建设工程分为建筑工程、土木工程和机电工程。该标准第2.0.1条把建设工程界定为"为人类生活、生产提供物质技术基础的各类建(构)筑物和工程设施";第2.0.2条把建筑工程界定为"供人们生产、生活或其他活动的房屋或场所"。《建设工程质量管理条例》第2条第2款也用建设工程来涵盖土木工程、建筑工程、线路管道和设备安装工程及装修工程。由此可知,建筑工程之外的其他建设工程应与房屋无关。

2. 房屋具有建筑物的物理形态

从物理形态上看,建筑物有以下要素:①是人工建造之物,天然洞穴等非人工建造者不是建筑物;②形成特定的空间场所,虽固定于土地,但没有形成特定空间场所的石碑、雕像等不是建筑物;③具有与生产、生活等特定目的相匹配的可遮蔽风雨的外观,虽有特定空间场所,但不能遮蔽风雨的桥梁、道路等不是建筑物。

房屋应具备前述的建筑物物理形态要素。把这些要素用不动产登记术语表达出来,就是《不动产登记暂行条例实施细则》第5条第4款、《不动产单元设定与代码编制规则》第3.10条对房屋的界定:独立成幢、权属界线封闭的空间,以及区分套、层、间等可以独立使用、功能完整、权属界线封闭的空间。

老子在《道德经》中阐述"有"和"无"的关系时,用了房屋的例子,即"凿户牖以为室,当其无,有室之用",意思就是开凿门窗建造房屋,在有了门窗四壁内的空间这种"无"之后,才有房屋的日常之用这种"有"。故而,我们在理解房屋这种物理实体之"有"时,不要忘了其核心是空间这种"无"。

3. 房屋符合建筑物的法律规制

在具备建筑物物理形态的基础上,房屋还要符合建筑物的法律规制,成为能承载不动产所有权的客体。对建筑物的法律规制主要包括:

第一,符合规划要求。根据《土地管理法》第74条、第77条的规定,对违反土地利用总体规划擅自将农用地改为建设用地的,限期拆除在非法占用的土地上新建的建筑物和其他设施,恢复土地原状。

第二,符合规划许可。根据《城乡规划法》第64—65条的规定,没有建设工程规划许可等规划许可建造的建筑物,或建筑物不符合规划许可的,应限期拆除。

第三,符合竣工验收合格要求。根据《民法典》第799条第2款、《建筑法》第 61 条第 2 款、《不动产登记暂行条例实施细则》第 35 条第 3 项的规定,建筑工程竣工经验收合格后,方可交付使用,未经验收或者验收不合格的,不得交付使用,也不能办理所有权首次登记。

第四,作为专有部分的房屋须符合特别条件。在建筑物区分所有权中,根据《民法典》第 271 条的规定,业主对建筑物内的住宅、经营性用房等专有部分享有所有权,这种权利也称为专有权;对专有部分之外的物业管理用房等共有部分享有共有和共同管理的权利。根据"建筑物区分所有权解释"第 2 条第 1 款的规定,作为专有部分的房屋要符合以下条件:①具有构造上的独立性,能够明确区分;②具有利用上的独立性,可以排他使用;③能够登记成为特定业主所有权的客体。

4. 房屋可适度扩展到在建建筑物

在建建筑物是正在建造的建筑物的通称,也称为在建工程,《不动产登记暂行条例实施细则》第 75 条第 3 款将其界定为"正在建造、尚未办理所有权首次登记的房屋等建筑物"。竣工验收是建设过程的最后一道程序,建筑物是竣工验收合格的房屋,相应地,在建建筑物就是已经建造但尚未竣工验收的房屋。这种界定与建设部《商品房销售管理办法》第 3 条对现售和预售的区分是一致的,该办法第 3 条第 2 款把现售对象界定为竣工验收合格的商品房,第 3 条第 3 款把预售对象界定为正在建设中的商品房,也即已经建造但未竣工验收的商品房。

在建建筑物与建筑物的法律地位差别主要表现为:①转让条件不同。根据《城市房地产管理法》第 39 条第 1 款第 2 项规定,转让在建建筑物,须完成出让合同约定开发投资总额的 25% 以上。前述条件不影响合同效力,不符合该条件的,物权不能变动,不动产登记机构不能办理相应登记。[1] 建筑物转让显然不适用该规定。②抵押权首次登记规则不同。

---

[1] 比如,在"南宁市和基房地产开发有限责任公司案外人执行异议之诉案"中,最高人民法院指出,《城市房地产管理法》第 39 条虽然规定了条件,但该规定是在国有土地使用权发生实际变更登记时,对其物权效力产生影响的规定;而民事主体之间签订的合同,只要符合法律规定的民事法律行为的效力要件,一般应认定该合同依法成立,合法有效。参见最高人民法院(2020)最高法民终 289 号民事判决书。又如,在"保华地产(广东)有限公司、中建二局第三建筑工程有限公司等案外人执行异议之诉案"中,最高人民法院认为,《城市房地产管理法》第 39 条第 1 款第 2 项的规定是转让房地产的条件,本案当事人明知案涉项目转让因不符合法定条件而无法办理建设用地使用权过户登记手续,故对于无法办理过户登记具有一定过错。参见最高人民法院(2021)最高法民终 699 号民事判决书。

《民法典》第 395 条第 1 款将建筑物和在建建筑物分开单列,作为两种不同的抵押财产。建筑物抵押权首次登记以建筑物所有权首次登记为前提,没有所有权首次登记,是不能办理抵押权首次登记的,而在建建筑物无法办理所有权首次登记,在抵押时直接办理抵押权首次登记。

尽管有前述不同,但定着于土地的在建建筑物是所有建筑物的必经阶段,在建建筑物的正常归宿就是建筑物,它们均为建筑类不动产,具有质的相似性,故可把房屋适度扩展到在建建筑物。所谓适度扩展,就是在建建筑物除了优先适用《城市房地产管理法》第 39 条第 1 款第 2 项等特殊规定,还可适用"房随地走,地随房走"等一般规范。而且,在建筑物建成后,若在建建筑物抵押权未转为建筑物抵押权,而在建建筑物抵押权登记未被注销,该抵押权存续于建筑物之上,能切实保护债权人利益。

[建筑物的建成不影响在建建筑物抵押权存续的典型案例]在"谭某某执行异议案"中,2012 年 4 月 6 日,中奥公司将其名下位于江门市蓬江区在建工程全部抵押登记给兴业银行江门分行;2014 年 6 月 13 日,中奥公司将其名下案涉房产(前述在建工程的建成房屋)抵押给兴业银行江门分行;谭某某 2013 年 11 月 12 日租赁案涉房产。最高人民法院认为:

第一,抵押权仅因抵押权的实现、抵押关系的解除和抵押物灭失等法定事由而消灭。在案涉房产取得产权证至尚未重新办理房产抵押登记期间,在建工程抵押并未解除、抵押物没有灭失的情况下,应视为抵押延续,具有对抗第三人的效力,谭某某主张案涉房产的在建工程抵押权效力止于案涉房产办理房产证之时,缺乏法律依据。

第二,案涉在建工程抵押权自 2012 年 4 月 6 日设定,直至案涉房产取得房产证后,案涉房产又重新办理了抵押登记手续,此时在建工程抵押权登记即转为房屋抵押权登记。谭某某主张抵押权人放弃对房产的抵押权与查明事实不符。并且,根据本案执行依据查明事实,案涉在建工程抵押权与房屋抵押权所担保的主债权合同、抵押权人与抵押人均相同,案涉在建工程抵押权与房屋抵押权设立连续,谭某某主张在建工程抵押权与房屋抵押权之间存在空档、其租赁权可以对抗案涉房屋抵押权的申诉理由,缺乏事实依据。

第三,谭某某享有的租赁权系在兴业银行江门分行就案涉房产享有的抵押权设立后取得,因此不能对抗案涉抵押权。

第四,谭某某取得租赁权晚于兴业银行江门分行抵押权的设立时间,由于在标的物上设立的租赁权等用益物权,将直接影响案涉标的物的处置,影响抵押权人担保物权的实现,本案抵押权人对谭某某与中奥公司的租赁合同亦不予认可,据此,执行法院涤除其租赁权拍卖案涉房产符合规定。[1]

需要特别注意的是,"商品房买卖合同解释"第1条与前述对建筑物、在建建筑物的界定不同,它把商品房界定为尚未建成或者已竣工的房屋,其中,尚未建成的房屋既包括达到法定投资比例准予预售的在建房屋,又涵盖了依法获准但尚未投资建造即行预售的待建房屋;已竣工的房屋既有验收合格的房屋,又有尚未验收合格的房屋。之所以如此,是因为房地产开发企业在实践中多违法操作,导致大量纠纷出现,把所有的商品房买卖纠纷纳入该解释的调整范围,有利于全面及时解决纠纷,保护买受人合法利益,稳定社会秩序。[2]

(三)房屋是各种成分组成的合成物

房屋是典型的合成物,它由不同成分组合而成,具有功能一体性,只能承载一个所有权,不能成为不同的所有权客体。房屋的各个成分在物理形态上大多是紧密结合的,它们处于不损坏就不能分离的不可分状态,粘合在墙壁上的瓷砖等装饰装修物就是适例。

[**装饰装修物的法律地位**]国家标准《建筑装饰装修工程质量验收标准》(GB50210-2018)第2.0.1条把建筑装饰装修界定为:"为保护建筑物的主体结构、完善建筑物的使用功能和美化建筑物,采用装饰装修材料或饰物,对建筑物的内外表面及空间进行的各种处理过程。"经过该条规定的过程产生的房屋添饰物,就是装饰装修物。

在装饰装修物与房屋主体结构处于不损坏不能分离的不可分状态时,构成附合,装饰装修物的归属应根据《民法典》第322条进行判断。该条规定:"因加工、附合、混合而产生的物的归属,有约定的,按照约定;没有约定或者约定不明确的,依照法律规定;法律没有规定的,按照充分发挥物的效用以及保护无过错当事人的原则确定。因一方当事人的过错或者确定物的归属造成另一方当事人损害的,应

---

[1] 参见最高人民法院(2021)最高法执监302号执行裁定书。
[2] 参见最高人民法院民事审判第一庭编著:《最高人民法院关于审理商品房买卖合同纠纷案件司法解释的理解与适用》(第2版),人民法院出版社2015年版,第22页。

当给予赔偿或者补偿。"据此会有以下几种标准,它们的结果存有差异:①该条非常重视意思自治,当事人的约定是判断权属的首要标准,一旦当事人约定装修的房屋归装修人所有,就应尊重该约定。当然,只有依法完成转移登记后,装修人才能取得房屋所有权。②没有约定或者约定不明确的,根据相应的法律规定来定。比如,根据"城镇房屋租赁合同解释"第10条第1句的规定,承租人经出租人同意装饰装修,租赁期间届满时,承租人请求出租人补偿附合装饰装修费用的,不予支持,也即装饰装修归出租人所有。③法律没有规定的,为了发挥合成物的最大效用,原则上应由经济效用大的成分决定合成物的归属,而与房屋主体结构的价值相比,装饰装修物的价值通常要低不少,属于经济效用较小的成分,故装饰装修物归房屋主体结构权利人所有。④在他人因过错对房屋主体结构进行装饰装修,而房屋主体结构权利人没有过错的,须考虑无过错权利人的意愿,一旦该权利人不同意装饰装修,装修人就有义务拆除装饰装修物,并赔偿权利人的损失。

装饰装修物与房屋主体结构未形成附合的,前者归装修人所有,无须赘言。

此外,"建设工程施工合同解释一"第37条规定:"装饰装修工程具备折价或者拍卖条件,装饰装修工程的承包人请求工程价款就该装饰装修工程折价或者拍卖的价款优先受偿的,人民法院应予支持。"据此,在非家庭居室装饰装修工程,装饰装修物与房屋主体结构形成附合的,作为合成物的房屋变价的,对于变价款中的装饰装修物价值部分,承包人可优先受偿,这意味着,承包人不能单就装饰装修物请求折价或变价;装饰装修物与房屋主体结构未形成附合的,承包人可单就装饰装修物请求折价或变价并优先受偿。[1]

在判断成分时,除了前述的物理状态不可分标准,还须考虑经济效用标准,也即虽然不损坏也能分离,但会改变性质、降低效用或成本过高的,也为成分,比如,固定于房内的机器根据房屋的构造而特制,或房屋专为放置机

---

[1] 参见最高人民法院民事审判第一庭编著:《最高人民法院新建设工程施工合同司法解释(一)理解与适用》,人民法院出版社2021年版,第389—390页。

器而建造,二者一旦分离就会丧失使用目的,则机器为房屋的成分。[1]

需要注意的是,根据"建筑物区分所有权解释"第 2 条第 2 款的规定,虽然露台与房屋不可分离,但不能仅凭此就认定露台是房屋的成分,还要把握三个要件:①符合规划,由此确保露台是合法建筑;②物理上专属于特定房屋,由此确保特定房屋所有权人能对该露台进行排他使用;③销售合同有约定,由此确保房地产开发企业等建设单位确实把露台出卖给购房人。[2]

(四)房屋的不同类别

1. 根据用途的分类

在通常情况下,房屋用途依不动产登记及权属证书的记载为准,在记载有缺失时,应依建设用地的用途来定。比如,在"陈某某与福建省莆田市城厢区人民政府房屋拆迁行政赔偿案"中,最高人民法院认为,一般而言,已经登记房屋的性质、用途和建筑面积,以房屋权属证书和房屋登记簿的记载为准。涉案房屋的《集体土地建设用地使用证》上明确记载其土地用途为住宅,再审申请人主张按照"店面"给予其安置,理由不能成立。[3] 又如,在"周某某与浙江省舟山市普陀区人民政府房屋征收行政补偿案"中,最高人民法院认为,涉案房屋所有权证未记载房屋性质,但是国有土地使用权证记载的用途为住宅用地,根据房地一致原则,房屋的法定用途应当是住宅。[4] 之所以如此,是因为房屋定着于建设用地,而建设用地有不同类别,建设用地的类别会决定房屋的用途和功能,如与工矿仓储用地对应的是工业厂房,与住宅用地对应的是住房。

在不同的建设用地下位类别的基础上,国家标准《房屋测量规范》(GB/T17986.1-2000)附录 A6《房屋用途分类》把房屋用途分为以下类别:①住宅;②工业、交通、仓储;③商业、金融、信息;④教育、医疗卫生、科研;⑤文化、娱乐、体育;⑥办公;⑦军事;⑧其他。这种分类的主要意义在于:

第一,是不动产权籍调查的需要。根据 2015 年国土资源部《关于做

---

[1] Vgl. Tuor/Schnyder/Schmid/Rumo-Jungo, Das Schweizerische Zivilgesetzbuch, 13. Aufl., Zürich 2009, S. 907.
[2] 参见最高人民法院民事审判第一庭编著:《最高人民法院建筑物区分所有权、物业服务司法解释理解与适用》(第 2 版),人民法院出版社 2017 年版,第 48—49 页。
[3] 参见最高人民法院(2020)最高法行赔申 178 号行政赔偿裁定书。
[4] 参见最高人民法院(2020)最高法行申 1040 号行政裁定书。

好不动产权籍调查工作的通知》附录 C.8《不动产权籍调查表填表说明》，房屋基本信息调查表中的用途要按照本分类填写。

第二，用于经营的条件不同。商业等经营性用房按其用途用于经营，法律不予额外限制，但建筑物区分所有权中的住宅有所不同，为了确保相关业主的居住品质，法律对住宅用于经营设定了限制条件。《民法典》第 279 条规定："业主不得违反法律、法规以及管理规约，将住宅改变为经营性用房。业主将住宅改变为经营性用房的，除遵守法律、法规以及管理规约外，应当经有利害关系的业主一致同意。""建筑物区分所有权解释"第 10 条第 1 款规定："业主将住宅改变为经营性用房，未依据民法典第二百七十九条的规定经有利害关系的业主一致同意，有利害关系的业主请求排除妨害、消除危险、恢复原状或者赔偿损失的，人民法院应予支持。"据此，未经有利害关系业主的一致同意，业主把住宅改为经营性用房的，有利害关系的业主可通过诉请恢复原房屋用途或赔偿损失等来保护自己的权益。

适用前述规定的要点是：①住宅须改为专门用于经营的用房，如网约房等[1]，也即通称的"住改商"，若非如此，住宅的主要用途是居住，业主间或在此从事营利活动，如进行钢琴私教，不能适用前述规定。[2] ②有权提起诉请、作为适格原告的是有利害关系的业主，"建筑物区分所有权解释"第 11 条将其界定为本栋建筑物内的其他业主，以及在建筑区划内，证明其房屋价值、生活质量受到或者可能受到不利影响的本栋建筑物之外的业

---

[1] 在"刘某某与唐某某物权保护纠纷案"中，二审法院认为，刘某某将案涉房屋用于网约房经营活动，未经有利害关系的业主一致同意，属于擅自将住宅改变为经营性用房的行为，唐某某作为有利害关系的业主，其请求刘某某在案涉房屋停止网约房经营活动、排除妨害于法有据，一审法院予以支持，并无不当。二审中，刘某某虽举示证据证明其已将案涉房屋对外长期租赁并履行，但并不能改变本案一审查明的刘某某存在从事网约房经营行为的客观事实，故刘某某关于一审认定其因从事网约房经营，存在侵权行为错误的上诉理由不成立，依法不予支持。参见重庆市第五中级人民法院（2021）渝 05 民终 10122 号民事判决书。

[2] 在"陈某涵与陈某玲相邻关系纠纷案"中，二审法院认为，《民法典》第 279 条立法本意主要针对的是利用住宅从事经营生产企业、规模较大的餐饮及娱乐、洗浴或者作为公司办公用房等动辄给其他业主造成较大影响的情形。本案中，虽然陈某玲在住宅的居住功能上进行了一定的延伸（举办音乐会、进行钢琴私教）并收取了相关费用，但其一家仍居住在案涉 203 号房屋，亦未改变房屋的结构，其行为尚未达到根本上改变房屋住宅性质的程度，陈某涵主张排除妨害，事实依据尚不充分，本院不予采纳。参见福建省漳州市中级人民法院（2021）闽 06 民终 2299 号民事判决书。

主、业主大会、业主委员会或物业服务人员不在其列[1],但管理规约或物业服务合同另有约定的除外[2]。

应注意的是,住房用于经营所涉及的租赁合同等合同,并不因违背前述规定,或因房屋的实际用途与规划用途不一致而被径直认定无效,也不能据此认定为履行不能。比如,在"成都神旺置业有限公司(以下简称神旺公司)与上海瑰丽酒店管理有限公司租赁合同纠纷案"中,最高人民法院认为,案涉租赁合同约定租赁标的物业用于酒店经营,神旺公司主张该物业的规划用途为办公用房,其主要的依据为其单方委托并依据其单方提供资料所形成的《房屋建筑面积测绘成果报告》,本院无法从其举示的证据认定案涉物业的规划用途确定为办公用房。且即使案涉租赁合同对于物业的使用违反了规划用途,但并未侵害国家、集体或者他人利益,不违反效力性强制规范,合同不必然因此无效。在诉讼过程中,神旺公司亦表示有合法途径变更房屋用途,因此不能认定属于法律上不能履行的情形。[3]

第三,征收补偿不同。《国有土地上房屋征收与补偿条例》第17条第1款规定的征收补偿包括房屋价值补偿、搬迁及临时安置补偿、停产停业损失补偿,其中的停产停业损失补偿不适用于住宅,房屋价值补偿也要各行其道,不能按工业厂房价值标准来补偿被征收的住宅价值。

不过,为了解决名为住宅实为经营用房的征收补偿问题,为了保障被征收人的利益,2003年国务院办公厅《关于认真做好城镇房屋拆迁工作维护社会稳定的紧急通知》指出:"对拆迁范围内产权性质为住宅,但已依

---

[1] 在"天津藤博托育服务有限公司与天津市武清区盛世家园业主大会排除妨害纠纷案"中,二审法院认为,在将住宅改变为经营用房诉讼中诉请排除妨害的主体应为有利害关系的业主,业主大会非受到妨害的主体,不能作为原告提起该诉讼,故本案原告主体不适格,应依法由有利害关系的业主提起诉讼。参见天津市第一中级人民法院(2021)津01民终5820号民事裁定书。

[2] 在"何某某与沈阳绿城物业服务有限公司恢复原状纠纷案"中,二审法院认为,上诉人在2018年10月4日在承诺书上签字,同意遵守绿城沈阳全运村蘭园临时管理规约。规约第16条规定:业主、物业使用人应按规划设计用途使用物业。因特殊情况确需改变物业规划设计用途的,应当经有利害关系的业主书面同意后,报规划、国土资源等有关部门批准,并告知业主委员会和物业服务企业。上诉人将住宅改变为经营性用房,未取得有利害关系的业主同意,违反了《民法典》的规定,同时也违反了临时管理规约的规定。故一审法院判决上诉人将案涉住宅恢复住宅用途并无不当。参见辽宁省沈阳市中级人民法院(2022)辽01民终64号民事判决书。

[3] 参见最高人民法院(2019)最高法民终879号民事判决书。

法取得营业执照经营性用房的补偿,各地可根据其经营情况、经营年限及纳税等实际情况给予适当补偿。"在"贾某与内蒙古自治区包头市九原区人民政府房屋征收补偿决定案"中,最高人民法院指出,在为公共利益需要征收房屋时,应充分保障被征收房屋所有权人的合法权益。在城市房屋征收过程中,尤其要注意合法合情合理地解决其中久拖不决的遗留问题。不能"一刀切",完全按照产权性质不给予住改商房屋有关经营方面的任何补偿。涉案房屋虽产权性质为住宅,但贾某提交的证据证实其自1998年起已将涉案房屋用于经营,且已依法取得营业执照。虽贾某仅提交税务登记证,未提供纳税证明,但贾某一直主张其符合免予纳税情形。原审法院未进一步查明相关事实,确有不当。[1]

2. 根据性质的分类

在性质上,房屋有商品房、房改房、经济适用住房、廉租住房、共有产权住房、自建房等类别。这些房屋均涉及住房,但也不局限于住房,如商品房就包含了商业、办公等用途的房屋。这种分类的意义主要在于:

第一,是不动产权籍调查和不动产登记的需要。根据《不动产权籍调查表填表说明》,房屋基本信息调查表中的房屋性质按照本分类填写。根据《不动产登记簿样式及使用填写说明》,房地产权登记信息中的房屋性质按照本分类填写。

第二,法律地位不同。这些房屋属性各异,法律地位差别很大。比如,商品房以出让国有建设用地使用权为基础,具有市场流通性,但经济适用住房等具有保障性质的住房没有这一属性,《经济适用住房管理办法》第7条规定,经济适用住房建设用地以划拨方式供应;第24条规定,经济适用住房由市、县人民政府按限定的价格,统一组织向符合购房条件的低收入家庭出售;经济适用住房供应实行申请、审核、公示和轮候制度。

第三,规范适用不同。因为这些房屋的法律地位不同,规范适用也随之有差异,比如,专门适用于经济适用住房的《经济适用住房管理办法》不能适用于商品房;又如,"城镇房屋租赁合同解释"第1条第3款规定:"当事人依照国家福利政策租赁公有住房、廉租住房、经济适用住房产生的纠纷案件,不适用本解释。"

3. 根据结构的分类

以结构为标准,房屋分为钢结构、钢和钢筋混凝土结构、钢筋混凝土

---

[1] 参见最高人民法院(2017)最高法行申3677号行政裁定书。

结构、混合结构、砖木结构、其他结构。不同结构的房屋有不同的设计和施工，客观上会有质量差异。这种分类的意义主要在于：

第一，影响建设工程合同的成立。无论是建设工程设计合同还是施工合同，均须明确房屋的结构，否则就缺失必要条款，即便当事人对其他条款达成合意，也不能说合同成立。

第二，影响建设工程施工合同承包人的资质。2014年住房和城乡建设部制定的《建筑业企业资质标准》在确定建筑工程施工总承包资质时，把承包过特定规模钢筋混凝土结构或钢结构工程作为标准之一，不满足该标准，就不能取得相应的资质，不能从事相应的业务活动，否则，根据"建设工程施工合同解释一"第1条第1款第1项的规定，建设工程施工合同无效。

第三，影响建设工程施工合同的履行。《建筑法》第60条规定，建筑物在合理使用寿命内，必须确保地基基础工程和主体结构的质量；在竣工时，屋顶、墙面不能留有质量缺陷。根据国家标准《建筑结构可靠性设计统一标准》(GB50068-2018)、《民用建筑设计统一标准》(GB50352-2019)的规定，不同结构的房屋有不同的质量标准。与此相应，不同的结构也有不同的竣工验收合格标准。这些对建设工程施工合同的履行均有重要影响。

[钢结构主体工程验收合格只是初步验收合格，并非终局确定合格，发包人的付款条件因此并未成就] 最高人民法院的下述典型案例清晰地表明钢结构主体工程验收合格标准的特殊性，值得关注：

在"山东宁大建设集团有限公司(以下简称宁大公司)与中天建设集团有限公司、中天建设集团有限公司青海分公司(以下简称中天青海分公司)建设工程施工合同纠纷案"中，最高人民法院指出：根据案涉合同第五条付款方式的约定，中天青海分公司应在主体结构验收合格后支付到工程款的90%，工程竣工验收合格后，支付至95%，中天青海分公司扣除合同总价的5%(无息)作为质量保修金，质量保修期为一年，保修期到后一月内付清质量保修金。一、二审诉讼中，双方当事人对于目前工程主体结构已经验收合格，支付90%的付款条件已成就的事实并无异议，但对于支付95%的付款条件是否成就存在分歧，关键是对合同中约定"工程验收合格"的理解存在争议。宁大公司认为"工程验收合格"是指其所分包的钢结构工程项目验收合格，现该工程已经验收合格，达到支付95%的付款条件,中天青海分公司应支付全部工程款的95%;而中天青海分公司则认为"工程验收合格"是指D楼工程的整体验收合格。最高人民法院认为,根据庭审调查的情况来看,案涉工程的主体工程实质上就是宁大公司所分包的钢结构工程,合同约定"主体结构验收合格"所指的内容应系对案涉钢结构工程的验收,但合同中进一步约定在"主体结构验收合格"之后,待"工程验收合格"后支付95%的付款条件才成就,表明"主体结构验收合格"(钢结构工程验收合格)与"工程验收合格"系两个不同的工程款项支付节点,该两个节点在内容上有所区分,在时间上具有前后顺序。根据建筑行业的特征来看,钢结构主体工程竣工验收后,整个工程的墙体填充等后续工程仍须在钢结构的基础上完成,因此,即便钢结构主体工程初步验收合格,但钢结构是否能够满足墙体填充等后续工程的承重要求,尚须待整体工程完工并验收以后才能最终确定。鉴于此,本案中双方在合同中将"主体结构验收合格"和"整体工程验收合格"作为两个不同的付款条件作出约定,符合客观实际。亦即,案涉合同约定"工程验收合格"后支付至全部工程款的95%,应指D楼整体工程验收合格,并非钢结构工程验收合格。二审中,宁大公司亦认可"主体结构验收合格"与"工程验收合格"两个付款时间节点存在先后顺序,但认为主体结构验收之后,还有连廊工程须待完成,现连廊工程已通过验收,说明工程已验收合格,符合支付95%的付款条件。经查,案涉钢结构主体工程验收时间为2017年5月23日,而根据分项验收报告显示,连廊工程早在2017年1月20日已完成了验收,亦即连廊工程验收时间还早于钢结构主体工程,该事实与宁大公司所述相互矛盾,故宁大公司该诉讼理由不予以采纳。由于现有证据显示,案涉工程仅进行了主体结构验收,而D楼整体工程尚未竣工验收,双方约定支付95%的付款条件尚未成就,故宁大公司请求支付至全部工程款的95%,缺乏事实及法律依据,法院不予支持。[1]

第四,是商品房买卖合同的必要条款。住房和城乡建设部、国家工商行政管理总局《商品房买卖合同(预售)示范文本》(GF-2014-0171)第3条之2和《商品房买卖合同(现售)示范文本》(GF-2014-0172)第3条之2均把商品房所在建筑物的主体结构作为必填事项。

---

[1] 参见最高人民法院(2018)最高法民终1116号民事判决书。

第五,是不动产登记的需要。根据《不动产登记簿样式及使用填写说明》,房地产权登记信息中的房屋结构按照本分类填写。

二、消极内涵

(一)房屋不是林木等定着于土地的绿植

正如《不动产登记暂行条例》第2条第2款、《不动产单元设定与代码编制规则》第3.11条所列举的,房屋和林木是不同的定着物,房屋因而不是林木。除了林木,定着于土地的花草也是不动产。这些绿植不是房屋,因此并非房地产。房地产与林木等绿植的法律属性不同,不能当然适用后者的法律规范。

(二)房屋不是构筑物

根据《建设工程分类标准》第3.1.1条,建筑工程包含了构筑物工程,在此意义上,建筑物能包含构筑物。但法律未混用建筑物和构筑物,而是明确区分,如《民法典》第344条规定:"建设用地使用权人依法对国家所有的土地享有占有、使用和收益的权利,有权利用该土地建造建筑物、构筑物及其附属设施。"最高立法机关相关人士的释义为,建筑物主要指住宅、写字楼、厂房等,构筑物主要是指不具有居住或生产经营功能的人工建造物,如道路、桥梁、隧道、水池、水塔、纪念碑等。[1] 前文把房屋等同于建筑物,构筑物因此不是房屋。

需要特别注意的是,《城市房地产管理法》第2条第2款把房屋界定为"土地上的房屋等建筑物及构筑物",房屋在此是建筑物和构筑物的上位概念,隧道、桥梁、水塔等构筑物因而也属于房屋。最高人民法院有的法官认为,这种界定主要是从房地产管理的角度,为便于统一规范和管理,对所有人工设施做的广泛概括说明。但从房屋买卖法律关系出发,作为买卖合同标的物的房屋应仅限于《城市房地产管理法》规定的建筑物,也即狭义的房屋。[2] 这种观点值得赞同。从房地产管理的角度来看,建筑物与构筑物可一视同仁,把它们归为房屋,不会产生问题,但一旦综合考虑国土空间规划、建设工程施工、房屋买卖、不动产登记等领域,只

---

[1] 参见黄薇主编:《中华人民共和国民法典释义(上册)》,法律出版社2020年版,第675页。
[2] 参见最高人民法院民事审判第一庭编著:《最高人民法院关于审理商品房买卖合同纠纷案件司法解释的理解与适用》(第2版),人民法院出版社2015年版,第16页。

有把构筑物从房屋中剥离出来,才有助于法律关系的清晰。

(三)房屋与其他定着物的关系

虽然房屋不同于林木、构筑物等其他定着物,但它们的关系密切,特别是房屋往往配套建造绿地、围墙等附属设施[1],行业标准《城市绿地分类标准》(CJJ/T85-2017)就明确把附属于居住用地等城市建设用地的绿地称为附属绿地。这些附属设施的形态要么是绿植,要么是构筑物。从实际功能来看,尚不能说这些附属设施是房屋的成分,因为它们分别是独立的不动产。由于附属设施与房屋配套,服务于房屋的使用价值和经济价值,它们之间具有主从关系,房屋是主物,附属设施是从物。

如何界定从物,我国法律未给出明确答案。以瑞士经验来看,从物须符合以下要素:①与主物通常以结合、调适等方式有空间联系,但这种联系异于合成物成分之间的紧密关联,因为它不要求从物一定位于主物之上或之中,如放置于餐厅外的桌椅,关键是能发挥公示作用,使第三人了解这种联系;②持续地服务于主物的经营、使用或保管,仅暂时服务的不是从物,如房客装置的窗帘,仅服务于主物所有人个人目的的也非从物,如住宅中的家具,只有持续用于主物的客观经济目的或行业功能的才为从物,如宾馆或餐厅的家具;③符合交易习惯。[2] 只要具备前述要素,动产和不动产均可成为从物。这种经验可供我国参考。以此为准,作为房屋附属设施的绿植、构筑物属于从物。

《民法典》第 320 条规定:"主物转让的,从物随主物转让,但是当事人另有约定的除外。"这种从物随主物一体处分的规范显然是任意规范,一旦当事人有约定,从物是不随主物转让的。这对附属设施与房屋之间的关系是不能适用的。根据《不动产登记暂行条例》第 8 条第 1 款第 1 句的规定,不动产登记的基本单位是不动产单元。《不动产单元设定与代码编制规则》第 3.12 条界定了定着物单元,即"权属界线固定封闭、功能完整且具有独立使用价值的房屋等建筑物、构筑物以及森林、林木等定着物,是定着物所有权登记的基本单位";第 3.16 条界定了不动产单元,即"权属界线固定封闭且具有独立使用价值的空间,由定着物单元和其所在宗地(宗海)共同组成,是不动产登记基本单位"。显然,作为附属设施的

---

[1] 参见卞耀武主编:《中华人民共和国建筑法释义》,法律出版社 1998 年版,第 34 页。

[2] Vgl. Rey, Die Grundlagen des Sachenrechts und das Eigentum, 3. Aufl., Bern 2007, S. 142 ff.

绿地、围墙是房屋的配套设施,不符合定着物单元的要求,因而不能与房屋分离而单独登记,在实践中只能附记于登记簿。这样一来,一旦房屋转让,这些附属设施随之转让,当事人的相反约定不能影响这种一体处分效果的发生。

《中国人民解放军房地产管理条例》第 2 条规定:"本条例所称房地产,是指依法由军队使用管理的土地及其地上地下用于营房保障的建筑物、构筑物、附属设施设备,以及其他附着物。"该界定是从军队房地产管理角度出发的,所以范围宽泛,但从规划、建设工程施工、不动产登记等领域出发,应认为房地产仅包括了建设用地及房屋,至于构筑物、附属设施设备以及其他附着物并不在其中,但它们构成房屋配套设施的,应附随于房屋一并转让。

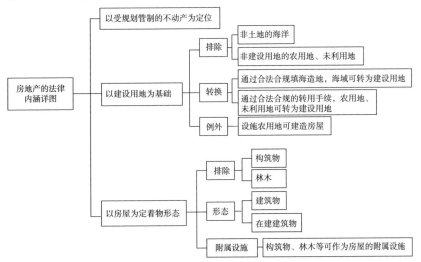

图 1-6　房地产的法律内涵详图

需要强调的是,在建筑物区分所有权中,绿地能成为房屋的组成部分。"建筑物区分所有权解释"第 2 条第 2 款规定:"规划上专属于特定房屋,且建设单位销售时已经根据规划列入该特定房屋买卖合同中的露台等,应当认定为前款所称的专有部分的组成部分。"根据最高人民法院有的法官的释义,其中的"露台等"包含了绿地,也即满足以下三个要件,绿地属于特定房屋的组成部分:①在规划上专属于特定房屋,由此确保绿地合法;②销售合同有约定,由此确保房地产开发企业等建设单位确实把绿地出卖给购房人;③绿地在购买时已被明示,如围了起来,由此确保符合

《民法典》第274条第2句有关属于个人的绿地需明示的要求。至于是否登记,在所不问。[1] 根据这一界定,业主在转让房屋所有权时,是要连带绿地一并转让的,当事人的相反约定对此没有意义。

---

[1] 参见最高人民法院民事审判第一庭编著:《最高人民法院建筑物区分所有权、物业服务司法解释理解与适用》(第2版),人民法院出版社2017年版,第55—57页。

第二章 房地产权的权属标准

通过第一章对房地产这个基础概念的讨论,可知房地产必然涉及建设用地和房屋,必然涉及建设用地的使用权和房屋所有权。事实上,土地使用者利用土地进行开发建设的目的,是在取得建设用地的使用权的基础上,再取得房屋所有权,进而自持利用或转手出售。由此可知,建设用地的使用权和房屋所有权在房地产法中占据核心地位,没有建设用地的使用权,土地使用者就没有开发建设的根基,也不能取得房屋所有权;没有房屋所有权,土地使用者对房屋的自持利用或转手出售都无正当性可言。在此情况下,如何判断土地使用者取得了这些权利,又如何判断购买人受让了这些权利,是房地产法必须回答的根本问题,相应地,这些权利的归属标准就是房地产法的基本规范。

尽管房屋定着于建设用地,但两者分属不同物权的客体,我们不能说依托于建设用地的房屋是建设用地的使用权客体,也不能说建设用地是房屋所有权的客体。故而,建设用地和房屋虽然在物理状态上结合在一起,但各自的法律地位独立,分属不同的不动产。既然如此,法律就必须调整建设用地和房屋的关系,以免出现混乱无序。对应的调整机制是"房随地走,地随房走"规范,在此方面,《民法典》第356—357条、第397条最为典型,它们继受原有的法律经验,明确规定:通过转让或抵押的方式处分建设用地使用权,附着的房屋一并处分;处分房屋的,占有范围内的建设用地使用权一并处分。

"房随地走,地随房走"很形象地表述了建设用地的使用权与房屋所有权的关系,即它们虽是不同的物权,但主体保持同一,不能出现建设用地的使用权人与房屋所有权人不一致的偏差。在物权主体始终同一的前提下,建设用地的使用权与房屋所有权可以合称为房地产权。这种称谓虽在民法中未见踪影,但行政法律规范及实践操作屡见不鲜,《城市房地产管理法》提及的房地产转让、房地产抵押、房地产权属登记、房地产权证书均指向房地产权,《不动产登记暂行条例实施细则》提及的国有建设用地使用权及房屋所有权登记、宅基地使用权及房屋所有权登记同样如此，不动产登记簿更是专门设置了"房地产权登记信息"页，用以记载房屋所有权及与其对应的建设用地的使用权信息。说到底，房地产权并非新种类的不动产物权，它只不过是在物权法定原则的大框架内，基于"房随地走，地随房走"规范，把主体同一的建设用地的使用权与房屋所有权整合在一起的权利状态。

作为不动产物权，房地产权的归属必须遵循《民法典》物权编确立的权属标准。《民法典》物权编对不动产物权设立了三种权属标准：公示标准、事实标准和意思标准。基于绝对权的定位，通常以不动产登记作为不动产物权归属的标准，此即公示标准，但这种标准并不唯一。在法律有特别规定的情形下，如征收等直接导致不动产物权变动的客观事实能成为权属标准，此即事实标准，与该事实不符的登记错误，登记的权利不是真实物权。此外，在法律允许的情况下，土地承包合同等当事人的合意也能成为不动产物权的权属标准，此即意思标准，在不涉及第三人时，应按照意思标准而非公示标准来判断不动产物权的归属。第一节将对此展开详述。

"房随地走，地随房走"是前述事实标准中的一类，是理顺建设用地的使用权和房屋所有权关系的基本规范。该规范看上去简明易懂，但理论和实务的争议不少也不小，如其能否适用于违法建筑、当事人有关"房不随地走或地不随房走"的约定有无法律意义，并无确定答案。要想准确分析和回答这些争议问题，必须通盘考察"房随地走，地随房走"的规范要义。第二节将对此展开详述。

第一节 不动产物权归属的基本标准

"定分止争"典出《管子·七臣七主》，现在常被用以阐述明定物权归属的积极意义。的确，物权归属事关社会秩序的稳定，一旦不能合理确定物权的归属，必然出现"一兔走街，百人追之"的纷扰争端。为了定分止争，《民法典》第205条沿用《物权法》（已失效）第2条第1款的经验，把调整"物的归属和利用"作为物权编核心任务，并在后续条文以大量篇幅细加规定，如第216条把登记作为不动产物权归属和内容的根据、第229条把法院生效法律文书作为物权来源、第333条允许土地承包合同直接产生土地承包经营权。立法的努力很明显，像《民法典》第333条这样的条文还很具体，适用起来很便宜，但从司法实践来看，如何准确确定不动产物权的归属，是远未解决的疑惑。这方面的实例很多,借名登记堪称典型。A 与 B 约定,A 出资,B 出名,从 C 处购买不动产并把物权登记在 B 名下,但该物权实际归 A,这样的约定是借名协议,B 与 C 完成交易办理的物权登记,就是借名登记。围绕借名登记发生的权属争端很常见,司法界的态度相当不一致,在最高人民法院的裁判中,有认为应根据登记将物权确定给出名人 B[1],有认为应根据借名协议把物权确定给借名人 A[2],这种矛盾立场在地方法院有程度不同的体现。[3] 下文通过规范、学理和实践的紧密结合,希冀厘定不动产物权的归属标准并理清它们之间的关系,为解决物权归属的困惑提供一般性的理论方案,并尽力推动《民法典》物权编相关规范的正确理解和适用。

一、公示标准

所谓公示标准,是说基于绝对权的定位,物权通常以法定公示机制展示的物权为真实物权(见图 2-1 公示标准的内涵)。

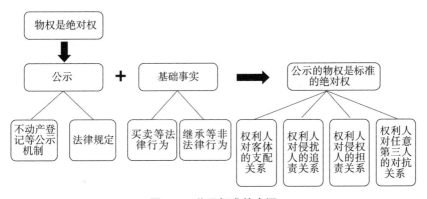

图 2-1 公示标准的内涵

---

[1] 参见最高人民法院(2011)民提字第 29 号民事裁定书。
[2] 参见最高人民法院(2011)民申字第 261 号民事裁定书。
[3] 采用第一种观点的,参见福建省福州市中级人民法院(2019)闽 01 民终 3917 号民事判决书、河南省郑州市中级人民法院(2019)豫 01 民终 10472 号民事判决书;采用第二种观点的,参见内蒙古自治区鄂尔多斯市中级人民法院(2019)内 06 民终 558 号民事判决书、黑龙江省哈尔滨市中级人民法院(2018)黑 01 民终 6568 号民事判决书。另参见范向阳主编:《执行异议之诉的规则与裁判》,人民法院出版社 2019 年版,第 64—73 页;司伟主编:《执行异议之诉裁判思路与裁判规则》,法律出版社 2020 年版,第 255—264 页。

(一)绝对权需要公示

作为相对权的债权与作为绝对权的物权不容混同,这一点在《民法典》有明确体现。该法第118条点明了债权是"请求特定义务人为或者不为一定行为的权利"的内涵;第465条第2款在规定合同约束力时,更特别强调"仅对当事人具有法律约束力",债权的相对权特性跃然纸上;第114条在界定物权时,则明确其"排他"的绝对权特性。正因这样的差别,物权编才与合同编分立而设。

作为绝对权,物权能排斥不特定的社会公众,为他们划定了不可为的行为界限。但物权是抽象的,要想让不特定社会公众的行为不越界,必先要让他们普遍知道物权的存在并知晓该绝对权的势力范围,进而明确自己的行为边界,否则这样的权利过于限缩人们的自由空间,让人不知所措。这实际是要求物权应众所周知,而要达到这种效果,物权就应通过公示机制来公开展示,《民法典》第208条的公示原则因此成为物权编最核心的原则,它引领了后面的诸多具体规范。根据第208条的规定,在法律规定的前提下,不动产登记等公开可视的公示方式与物权一一对应,公示机制因此成为物权归属和内容的根据。这样一来,判断物权归属的首要标准无疑就是公示。

(二)公示机制由法律规定

物权具有强大的排他力,为了妥当照料社会公众的正当利益,不至于无端受到物权的排斥,公示标准遂应运而生,使社会公众能在知悉物权的情况下作出决策并进行行为。公示是展示物权的公开机制,从理论上讲,这些机制源自实践中的认知和创造,而实践需求因人因地因时不同,公示机制因此应难以枚举。不过,对公示机制若不加限制,认为只要能展示物权,任一种公开可视的方式都能承载物权,都能成为判断物权的标准,就会急剧增加社会公众的辨识成本,结果反而不太容易准确判断物权的归属。

具体说来,一种物权只有一种公示机制,在判断其归属是否正当时,只要检视该公示机制即可,省事省力。若非如此,该物权有多种公示机制,而他人又不确知其究竟以何种公示方式来展示时,就要一一审视这些方式,当然费事费力;再若该物权在不同公示机制中均有展示,由于公示方式不同,它们展示物权的切入点和公开度不一定相同,被公开的物权未必信息一致,甄别这些信息就更麻烦费劲,更会提高辨识成本。

为了防止出现这种副作用,公示机制由法律明定,就成为必然的选择,这样一来,不仅公示方式的数目有限,且类型确定,哪种物权采用哪种公示机制是非常明确的。正如我们所见,《民法典》物权编把物权种类与公示方式一一对应起来,每一种物权只有一种公示机制,第 214 条把不动产登记作为不动产物权的公示机制,第 225 条、第 429 条把动产占有作为动产所有权和动产质权的公示机制,第 403 条把抵押登记作为动产抵押权的公示方式,第 441 条第 1 句的前半句把权利凭证占有作为有权利凭证的权利质权的公示机制,第 441 条第 1 句的后半句、第 443—445 条把出质登记作为权利质权的公示机制。

正是通过这些公示机制的公开展示,对应的物权能为世人所周知。若没有对应的公示机制,即便物权的确符合物权法定原则,是法律规定的物权种类,也会因为缺乏公示而无法现实地发挥物权效力。比如,《民法典》第 395 条对抵押财产采用开放态度,法律、行政法规不禁止抵押的商铺承租人的承租权当然能成为抵押财产,其上能负载抵押权,但商铺承租权既不是不动产物权也不是动产,以此为客体的抵押权缺乏对应的公示机制,为了化解这个症结,实践中往往通过地方政府推动,由商铺所有权人或管理人(如经营小商品批发市场的公司或市场管理机构)自建登记簿,记载承租权及以其为客体的抵押权。但根据"担保制度解释"第 63 条、"九民纪要"第 67 条的规定,以商铺承租权为客体的抵押权没有法定的登记机构,缺失对应的法定公示机制,不具有物权效力。

在最高人民法院看来,公示机制的规定不限于最高立法机关制定的法律,还包括行政法规、地方性法规、地方政府规章、部门规章等其他规范性法律文件。最高人民法院《关于审理矿业权纠纷案件适用法律若干问题的解释》第 15 条第 2 款就把自然资源主管部门的矿业权抵押备案视为抵押登记,理由在于法律、行政法规未明确规定矿业权抵押的登记机构,而主管部门根据相关规定办理的矿业权抵押备案的公示效果与不动产登记没有实质区别。[1] 最高人民法院有的法官在解释"担保制度解

---

[1] 参见郑学林、王旭光、贾清林等:《矿业权纠纷案件的审判理念与最新裁判规则——〈最高人民法院关于审理矿业权纠纷案件适用法律若干问题的解释〉的理解与适用》,载《法律适用》2018 年第 5 期,第 82 页。

释"第63条、"九民纪要"第67条时,也隐晦地表明了这个立场。[1]

由前述规范性法律文件规定公示机制的种类,将之与特定物权对应起来,有助于精准地展示物权的绝对性,有助于准确地判断物权归属,便于高效地开展交易,但受制于立法固有的不周延和滞后性,这种做法也有不全面和不及时的缺陷。以商铺承租权为客体的抵押权就是适例,断然否定其在商铺所有权人或管理人自建登记簿上记载的效力,对商铺承租人这样的小微企业、个体工商户或个人的融资极度不利。其实,若某种公示机制在特定地域或行业蔚然成风,客观上为该地域或行业的人所共知,且其展示的确是法律认可的物权,它同样向世人呈现了绝对权信息,理应确认其物权效力。这种情况下的公示机制虽然不是源自规范性法律文件的规定,但有稳定的习惯支撑,认可其承载的物权,并不会危及物权权属的明晰度。这种认识在司法中不乏其例。比如,在最高人民法院指导案例53号"福建海峡银行股份有限公司福州五一支行与长乐亚新污水处理有限公司、福州市政工程有限公司金融借款合同纠纷案"中,法院认为,"因当时并未有统一的登记公示的规定,故参照当时公路收费权质押登记的规定,由其主管部门进行备案登记,有关利害关系人可通过其主管部门了解该收益权是否存在质押之情况,该权利即具备物权公示的效果"。又如,在出租人处办理的商铺承租权质押登记、在物价局办理的企业收费权质押登记、对银行理财产品凭证的占有等在司法实践中也被认为是公示机制。[2]

综上所述,公示机制可由最高立法机关制定的法律规定,也可由其他规范性法律文件规定,还可由地方或行业习惯来确立,但无论哪一种,都只能与特定种类的物权对应,而不能相互交错。

[**交付不动产权属证书不能成为抵押权的公示机制**] "担保法解释"第59条规定:"当事人办理抵押物登记手续时,因登记部门的原因致使其无法办理抵押物登记,抵押人向债权人交付权利凭证的,可

---

[1] 参见最高人民法院民事审判第二庭编著:《最高人民法院担保制度司法解释理解与适用》,人民法院出版社2021年版,第537页;最高人民法院民事审判第二庭编著:《〈全国法院民商事审判工作会议纪要〉理解与适用》,人民法院出版社2019年版,第388—394页。

[2] 参见高圣平:《担保法前沿问题与判解研究》(第四卷),人民法院出版社2019年版,第309—310页;司伟、肖峰:《担保法实务札记:担保纠纷裁判思路精解》,中国法制出版社2019年版,第633—635页、第641—642页。

以认定债权人对该财产有优先受偿权。但是，未办理抵押物登记的，不得对抗第三人。"从字面上看，在因登记机构的原因导致抵押登记客观上无法办理的特定情形，抵押人向债权人交付不动产权属证书，能设立抵押权，交付权属证书由此能成为抵押权的公示机制。在实践中，的确有法院持这种见解。比如，在"武汉市武昌区汉信小额贷款股份有限公司（以下简称汉信小贷公司）与李某某等民间借贷纠纷案"中，2014年4月22日，周某某以涉案房屋（由其与另两人共有）抵押登记给汉信小贷公司，并将案涉房屋的三个房本交给汉信小贷公司。最高人民法院认为，即便抵押登记存在瑕疵，但根据"担保法解释"第59条的规定，在不涉及第三人利益的情况下，汉信小贷公司对涉案房屋享有优先受偿权。[1]

该司法解释虽然已经失效，但法院在处理既往纠纷时，仍会适用该条规定。按照前述观点，交付不动产权属证书属于抵押权的公示机制。这种观点存在以下问题，不应采信：

第一，"担保法解释"第59条的重要时代背景之一，是在不少法律规范和法院实践中，抵押合同等物权变动的原因行为与抵押权设立等物权变动被合并处理，如根据《担保法》第41条规定，抵押合同自抵押登记之日起生效，没有抵押登记，抵押权未设立，抵押合同也没有法律效力，这对债权人相当不利。从"担保法解释"第59条的目的来看，它意在区分抵押合同与抵押权设立，即因为登记机构原因导致当事人无法办理抵押权登记的，在交付权属证书的情形，不能据此认定抵押合同无效。而有效的抵押合同仅约束当事人双方，不能对抗第三人。[2]也就是说，"担保法解释"第59条虽然字面上说"可以认定债权人对该财产有优先受偿权"，但从其目的可知，它只是明确了在特定情形下，未办理登记不影响抵押合同的效力，并未确定交付权属证书即可创设抵押权的后果。2006年最高人民法院《关于担保法司法解释第五十九条中的"第三人"范围问题的答复》就更明确地指出："因登记部门的原因致使当事人无法办理抵押物登记是抵押未登记的特殊情形，如果抵押人向债权人交付了权利凭证，人民法院

---

[1] 参见最高人民法院(2019)最高法民申863号民事裁定书。
[2] 参见李国光、金剑锋等：《最高人民法院〈关于适用中华人民共和国担保法若干问题的解释〉理解与适用》，吉林人民出版社2000年版，第230—231页。

可以基于抵押当事人的真实意思认定该抵押合同对抵押权人和抵押人有效,但此种抵押对抵押当事人之外的第三人不具有法律效力。"

《物权法》(已失效)第15条规定了物权变动的原因行为和结果的区分原则,它实质上替代了《担保法》第41条,这样一来,抵押登记不影响抵押合同的效力,在抵押权未登记的前提下,抵押合同是否有效,取决于它是否符合民法有关法律行为或合同的效力规范。只要当事人未把交付不动产权属证书作为抵押合同的特别生效要件,有该交付行为,不会强化抵押合同的效力,表明它会有效;无该交付行为,也不会弱化抵押合同的效力,表明它不会生效。这表明,原本弥补《担保法》第41条欠缺的"担保法解释"第59条已没有存续意义。

第二,即便不考虑"担保法解释"第59条的目的,基于其文义认为债权人依据其占有的不动产权属证书,对该不动产享有抵押权,也必须考虑另一个重要时代背景,即登记制度不完备,有关部门没有开展抵押登记,客观上存在当事人不能办理抵押登记的情形。[1] 在此背景下,确认债权人取得抵押权,并同时约束其效力范围,使其不能对抗第三人,也有合理性。但时过境迁,在《物权法》(已失效)颁布实施后,不动产抵押登记在全国范围普遍开展,前述情形已非实然情况。而且,《物权法》(已失效)第187条还规定,不动产抵押权在登记时设立,没有例外可言。正因此,交付权属证书是不能设立抵押权的。在"曹某某与孟某某民间借贷纠纷案"中,二审法院就认为,乔某某在借据上注明以房产作抵押担保,且已将房产证、土地证交付给曹某某,二人之间的抵押合同成立并有效,因抵押物未依法办理登记手续,故该房屋的抵押权未设立,曹某某对该房产不享有优先受偿权。[2] 若像最高人民法院的前述见解一样,不顾世事变幻,认为在抵押登记存在瑕疵时,交付权属证书即可设立抵押权,不仅与不动产登记的发展情况不符,也背离了《物权法》(已失效)第187条的规定,实为不妥。

第三,《物权法》(已失效)第15条、第187条分别"化身"为《民法典》第215条、第402条,正如前述的道理,它们使"担保法解释"第

---

[1] 参见李国光、金剑锋等:《最高人民法院〈关于适用中华人民共和国担保法若干问题的解释〉理解与适用》,吉林人民出版社2000年版,第226页、第230页。
[2] 参见湖北省襄阳市中级人民法院(2019)鄂06民终3012号民事判决书。

59条在《民法典》施行后失去实质价值。不仅如此,"担保制度解释"第48条规定,当事人申请办理抵押登记,因登记机构过错致使其不能办理的,当事人有权请求登记机构赔偿,这意味着,在因登记机构过错而不能抵押登记时,即便交付不动产权属证书,也不能设立抵押权,否则当事人没有损失,无权请求登记机构赔偿,"担保制度解释"第48条因此修改和替换了"担保法解释"第59条。[1] 故而,《民法典》和"担保制度解释"的实施,使"担保法解释"第59条彻底失去存续意义和参考价值。

(三)公示机制应与基础事实一致

财产权都有其产生的基础事实,形态可能是合同等法律行为,也可能是其他事实。当物权产生的基础事实具备时,公示机制不过是对这种基础事实的确认,其二者必须相互吻合,否则公示就是错误的,不能成为真实物权的判断标准。

举例来说,通过公开拍卖,市县政府主管部门与房地产开发企业等建设单位签订出让合同,后者申请国有建设用地使用权首次登记,不动产登记机构通过审核,确定双方有创设该权利的真实合意,且满足相关法律要求,就能办理首次登记,建设单位由此取得国有建设用地使用权。在此,市县政府主管部门有权代表国家处分国有土地所有权中的用益权能,它和建设单位基于意思自治,表达了创设国有建设用地使用权的合意,登记机构确认了这种合意并通过登记予以公开,世人因此皆知建设单位从政府处取得了建设用地使用权,登记随之成为国有建设用地使用权的表征。正是当事人双方的合意为登记提供了正当性基础,没有该合意或者与该合意偏离的登记是无本之木、无源之水,不能成为国有建设用地使用权的根据。

不动产登记建立在出让合同等基础事实的基础之上,它们虽然紧密关联,但毕竟是两种不同的法律事实,故而,在行政审判领域,最高人民法院认为,不动产登记是对不动产物权的确认和记载,其本身不直接创设物权,当事人对作为基础事实的民事法律关系有争议的,可通过民事诉讼解决。比如,在"方某某等与衢州市政府林业行政复议案"中,最高人民法院认为,设立、变更、转让和消灭不动产物权的法律行为和事实行为是前

---

[1] 参见最高人民法院民事审判第二庭编著:《最高人民法院担保制度司法解释理解与适用》,人民法院出版社2021年版,第426—427页。

因,随之相应发生的不动产物权变动及其登记是结果。因此,当事人之间发生不动产买卖、赠与、继承、承包等法律关系,经不动产登记部门依法办理相应的不动产物权变动登记后,一方当事人因反悔等原因对物权变动登记行为提出异议的,不宜在基础民事争议尚未解决的情况下径行提起行政诉讼,一般应先行通过民事途径解决基于买卖、赠与、继承、承包等基础民事法律关系发生的纠纷,或者依据《行政诉讼法》第61条的规定,在提起行政诉讼的同时,申请一并解决相关民事争议,人民法院可以一并审理行政和民事争议。在基础民事争议解决、权利归属明确后,权利人可以持生效法律文书申请不动产登记部门依法变更错误的不动产物权登记。[1] 又如,在"杨某某、严某某与湖南省常德市人民政府行政复议案"中,最高人民法院认为,案涉两套房屋已被拆除,征收补偿款已经冻结,尚未支付,本案当事人就案涉房屋登记的争议,实质是杨某某、严某某与王某某之间就房屋及补偿款权属产生的争议,对此,争议双方可直接通过民事确权途径解决。杨某某、严某某提起本案行政诉讼,不具有诉的利益,二审在裁定驳回起诉的同时,释明争议双方可通过民事确权解决补偿款分配问题,处理结果并无不当。[2]

(四)公示标准下的不动产物权内涵

在不动产登记等法定公示机制与基础事实一致的前提下,它是不动产物权的载体,由此展示的物权是标准的绝对权,它有以下内涵:①权利人直接支配不动产,获取法定的支配利益,如建设用地的使用权人利用土地来建设房屋,抵押权人对抵押房屋的变价优先受偿,这体现了权利人对客体的支配关系。②在权利人对不动产的支配期间,借助公示机制的公开性,他人均知悉不动产物权的存在,由此明了自己的行为自由界限,一旦逾越界限而对物权造成可能的或现实的侵扰,权利人有权根据《民法典》第235—236条的规定,通过物权请求权来维护或回复物权本有的完全状态,这体现了权利人对侵扰人的追责关系。③公示确定了不动产物权归属于权利人的信息,物权成为与权利人信用直接挂钩的责任财产,它给权利人的债权人提供了保障,在权利人滥用自由危及债权人时,债权人能行使代位权或撤销权来保全债权,在权利人不清偿或不适当清偿债务时,债权人能请求法院查控责任财产并排除其他人的执行异议,这体现了

---

[1] 参见最高人民法院(2017)最高法行申8483号行政裁定书。
[2] 参见最高人民法院(2020)最高法行申4080号行政裁定书。

权利人对债权人的担责关系。④正由于登记等公示机制是不动产物权的权属标准，任一意欲围绕该物权来进行买卖、抵押、租赁等法律行为之人，都只能与公示的权利人或其授权之人，或在公示的权利人处分权受限时与法律规定的处分权人（如企业破产时的管理人）进行交涉、协商和交易，否则就受物权的排斥，无法实现预期目的，这体现了权利人对任一第三人的对抗关系。概括而言，公示全方位展示了物权的绝对性，权利人对不动产的支配、对侵扰人的追责、对债权人的担责、对第三人的对抗的四重关系相得益彰，自成一体，显示了不动产物权的本来面目。

这样的分析是学理构建的结果，有其深刻的社会基础，正是社会发展和实践需求为这样的学理提供了扎根生长的有机土壤。现代社会工商业发达，社会分工愈发细致，没有人能完全与市场隔绝，生活或生产必需的材料也不能实现全部自我供给，都有与他人进行物权交易的客观需要。而且，劳动力、资本等要素的市场流动规模愈来愈大，频率愈来愈高，这导致人际关系的陌生和相互间的信息隔离成为市场和社会的内在构制，为了确保不动产物权交易的顺畅，人们也都有便捷且准确地判断供给物权的相对方有无相应物权的客观需要。不动产登记等公示机制正是为满足和迎合这些需要而生的。而且，只要进行交易，就一定会发生债的关系，债务人的责任财产起到增加信用、激励交易的基本功能，就此而言，通过公示来准确判定不动产物权的归属，除了有助于权利人支配不动产和抵御侵扰，同时也有助于推动交易并为债权实现提供最基础的保障。

（五）比公示机制还公开的法律规定

从理论上讲，公示机制能为世人所周知，但从实际情况来看，这只是一种形象说法，不是说因为公示，所有的人都知道了物权的归属及其内容，而是说因为公示，物权不是隐秘的权利，不特定的社会公众通过查阅不动产登记簿、了解动产占有的情况，能便利地了解物权归属及其内容。

与公示机制相比，最高立法机关制定的法律无疑更具有公开性，也更容易被更多的人所知晓。法律通过《立法法》规定的程序制定，它们在制定过程中会公开征求意见，在通过后由国家主席签署主席令予以公布，在签署公布后还及时在《全国人民代表大会常务委员会公报》和中国人大网以及全国范围内发行的报纸上刊载，并有形式不同的持续宣传普法活动。正因为法律是公开的，故其直接确定的物权能充分表现绝对性；也正因为法律比公示机制更公开，故其直接确定的物权无须公示机制予以再现。基于这种原因，在法律明确规定国有自然资源的范围后，世人就皆知这种权属,其自然无须再通过登记来展示,在此意义上,《民法典》第 209 条第 2 款规定"依法属于国家所有的自然资源,所有权可以不登记"[1],是有道理的。

法律之所以直接确定物权,是出于重大利益关切来初始配置物权。在此方面,国家所有权最为典型。为了明晰矿藏等自然资源、国防资产等公共资源和财产的权属,保护国家利益,国家通过包括《宪法》《民法典》在内的诸多法律,反复确认它们归国家所有。除了国家利益,法律还会因其他利益而初始配置物权。比如,建筑物区分所有权有单一业主的专有权和全体业主的共有权之分,它们各自对应的专有部分和共有部分虽然在物理上相连,功能上互搭,但边界清晰,《民法典》第 272—275 条以及"建筑物区分所有权解释"第 2—3 条对此有明确规定。之所以如此,是因为专有权是建筑物区分所有权的根本,共有权不过是单一业主取得专有权时的附带权利,并非其关注的重点,再加上全体业主是因专有权才聚在一起的松散利益联盟,无论是成立业主委员会还是投票决策均非易事,这客观上会导致全体业主对共有部分的支配利益存在缺口,容易发生房地产开发企业等建设单位把部分共有部分划归自己私有或调拨给个别业主所有的现象,从而侵害全体业主利益。为了有效应对这种损及全体业主利益的情形,也为了弥补全体业主的决策困难和维权障碍,法律直接明确共有部分及其权属,而不是等着建设单位或全体业主申请把共有部分登记为全体业主共有,的确是效率最高的确权机制。

必须强调的是,物权的初始配置是民事基本制度,根据《立法法》第 11 条第 8 项的规定,应由最高立法机关制定的法律来规定,其他的规范性法律文件不属于在此所谓的法律行列。

出于实际需要,法律明确规定物权权属后,并不排除它们被合适的公示机制再予呈现,如根据《自然资源统一确权登记暂行办法》第 3—4 条、第 9—10 条的规定,国有自然资源所有权能被登记;又如,根据《不动产登记暂行条例实施细则》第 36 条的规定,建筑物区分所有权中的共有权也能记载于不动产登记簿。由于法律直接确定物权的强制色彩十分明显,不容任何组织或个人私加改变,故而,这些物权在实践中被公示机制

---

[1] 该条款源自《物权法》(已失效)第 9 条第 2 款,法律规定比登记有更强的公示力就是该条款的原因之一。参见胡康生主编:《中华人民共和国物权法释义》,法律出版社 2007 年版,第 42 页。

展示时,必须与法律规定保持一致,否则就属于错误。

二、事实标准

所谓事实标准,是说在法律有特别规定的情形,征收等直接导致物权变动的客观事实能成为真实物权的判断标准(见图2-2 事实标准的内涵)。

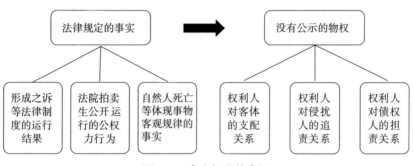

图2-2 事实标准的内涵

(一)事实标准的内涵

基于物权的绝对权定位,无论是何种物权,理应一律公示。不过,物权的生成必定有基础事实,它们是确定物权归属和内容的根基,也是判断法定的公示机制是否正确的基准,在此意义上,公示的目的纯粹是体现物权的绝对性,不是说只有公示,物权才能产生。在基础事实已经具备,无须公示机制物权业已产生之处,仍强求采用公示标准,就不适当。正因如此,凡物权皆公示只是美好的理想,现实中有很多限制因素决定了在不少场合,物权权属无法采用公示标准,只能以相关的客观事实为标准,故称为事实标准。

事实标准突破了公示标准,无须法定的公示机制,为了防止可能给社会公众带来的不测风险,事实标准必须由法律规定,不能任由当事人或法官自由创设。由于事实标准以客观事实来表征物权,客观事实实际上与物权浑然一体,有前者就有后者,为了防止物权法定原则被任意突破,这些客观事实要么由最高立法机关制定的法律规定,要么由习惯法提供补充。

(二)事实标准的功能与类型

事实标准由法律规定,其具体类型是有限的,通过盘点相关的法律规定,能一一罗列清楚作为不动产物权归属标准的客观事实,为实践运用提供清单和指引,但这不能使人知其所以然,故有必要从功能角度入手,对事实标准进行划类。

1. 法律制度的运作结果旨在直接确定或生成不动产物权,不动产登记等公示机制对该结果没有意义,表征该结果的客观事实是物权的判断标准。

该类标准有以下四种典型情形:

第一,当事人对不动产物权归属、内容存在纠纷提起确认请求,法院或仲裁机构确认物权的法律文书生效,表明物权的归属或内容已然确定,物权归属以该法律文书为准。

第二,涉及不动产物权归属或内容的形成之诉旨在直接使既有的物权发生改变,成为请求人所希冀的样态,法律文书生效表明物权业已改变,改变后的物权才是真实物权,根据《民法典》第229条、"物权编解释一"第7条的规定,以物抵债裁定等形成性法律文书是不动产物权的权属标准。在"新蒲公司与程某案外人执行异议之诉案"中,最高人民法院认为,根据法院生效的以物抵债裁定,新民生公司取得案涉房屋的所有权,盛煌公司随之丧失所有权,案涉房屋不属于可供新蒲公司申请执行的盛煌公司财产范围。[1]

第三,我国的土地和房屋分别是独立的不动产,能承载不同的物权,为了简化法律关系等目的,法律强制要求它们一并处分,此即"地随房走,房随地走"。为了落实该制度,《民法典》第397条规定,抵押人未一并抵押建设用地使用权和建筑物的,未抵押的财产视为一并抵押。据此,办理其中一个不动产抵押登记的客观事实,是另一未登记不动产抵押权的判断标准。

第四,我国法律坚守不动产抵押权的从属性,不允许其独立于主债权,顺应该特性,根据《民法典》第407条、第547条的规定,抵押人转让主债权直接导致抵押权转让,债权转让的客观事实是受让人享有抵押权的依据。

2. 不动产物权变动的基础事实是公权力行为,而该行为依法通过公告、听证等广而告之的方式公开运行,这种公开在一定程度上发挥了与不动产登记等公示机制类似的作用,表征该行为生效的文书是物权的权属

---

[1] 参见最高人民法院(2020)最高法民申6510号民事裁定书。

标准。

该类标准在以下两大领域有典型情形：

第一，司法行为。法院强制执行涉及拍卖的，为了保障公正和提高效率，根据最高人民法院《关于人民法院网络司法拍卖若干问题的规定》第2—3条的规定，原则上采取网络司法拍卖方式，在互联网拍卖平台上向社会全程公开，接受社会监督；同时，根据"拍卖变卖规定"第8—9条的规定，即便不采取网络司法拍卖方式，也要先期公告。基于此，被执行人的物权将拍卖归为他人的信息被扩散出去，与该物权有利害关系或对它感兴趣的不特定之人能了解该信息，随着拍卖的进行，他们还能了解拍卖成交的信息，从而产生与公示机制相当的作用。此外，根据"拍卖变卖规定"第16条的规定，在通常情况下，以物抵债发生于拍卖现场，是拍卖不能成交时的后续动作，这同样也能为相关人员所了解。也正是为了防止秘密进行以物抵债，最高人民法院《关于执行和解若干问题的规定》第6条规定，当事人达成以物抵债执行和解协议的，法院不得依据该协议作出以物抵债裁定。综上所述，在拍卖程序完成后，根据《民法典》第229条、"物权编解释一"第7条、"民事诉讼法解释"第491条的规定，生效的拍卖成交裁定或以物抵债裁定就成为判断不动产物权权属的标准。[1]

第二，行政行为。根据《土地管理法》第47条、《国有土地上房屋征收与补偿条例》第11条、第13条的规定，征收必须通过公布、公告或听证来公开进行，故而，《民法典》第229条规定，在征收决定生效时，被征收的物权归国家所有。此外，根据2012年国土资源部修订的《闲置土地处置办法》第11条、第15条的规定，政府无偿收回闲置的国有建设用地使用权，也有公布、听证等公开机制，与前述同理，在收回决定生效时，国有建设用地使用权归国家享有。其他的行政行为虽然会涉及物权归属，但没有前述公开机制的，如通过划拨方式设立国有建设用地使用权，根据《民法典》第349条的规定，就不是在划拨决定书生效时由土地使用者取得建设用地使用权，而是在登记时才能取得。

3. 不动产物权变动的基础事实有其客观规律，在该规律无须不动产登记公示机制加以展示时，应尊重自然正义，以体现该规律的客观事实作为物权权属的判断标准。

---

[1] 需要注意的是，"民事诉讼法解释"第490条规定了不经拍卖变卖的以物抵债，其裁定同样是不动产物权权属的标准。以前文所言的道理来看，这一规定的正当性存疑。

该类标准有以下两种典型情形：

第一，不动产物权以不动产为客体，而不动产的生成、消灭有客观规律，体现该规律的客观事实能确证物权的归属。比如，根据《民法典》第231条、第352条的规定，建设用地使用权人在其土地上合法建造房屋，建成的房屋是其耗费财力和心力的结晶，应归使用权人所有，在此，使用权人在自己的建设用地建成房屋这个客观事实就是物权归属的标准。不过，该标准不具有绝对性，法律直接把建筑物共有部分配置给全体业主的规定，构成了《民法典》第352条但书的例外情形。又如，不动产在生成并公示所承载的物权后，因客观事由而毁损殆尽，如在不动产登记簿中记载的房屋在地震中坍塌成瓦砾，房屋已然不存，何来所有权？此时当然应实事求是地以房屋完全毁损的客观事实来认定物权消灭，这也是《民法典》第231条的题中之义。

第二，自然人必定一死，但财富不随之化为烟云，继承制度能确保这些财富有序地代际传承。无论是激励自然人生前创造财富，还是增加继承人和被继承人之间的亲属粘性，抑或是确保财富不因权利人的死亡而失去稳定性，在被继承人死亡时，无论财富是否在其实际控制之中，全由作为其至亲的继承人自动承受。《民法典》第230条、第1121—1123条反映了这种内在规律，只要被继承人生前的不动产物权能被继承，且被继承人没有遗赠、遗赠扶养协议等额外的生前安排，该物权自被继承人死亡时起自动转归继承人。在此，被继承人死亡的事实，是继承人物权权属的判断标准。

前述的客观事实多没有公开性，即便具有公开性，也无法与不动产登记等法定的公示机制相提并论，以它们作为判断不动产物权归属的标准，与物权的绝对性并不完全契合，为了把可能的副作用保持在可控范围内，这些客观事实必须是法定的，它们在法律规定的框架内数目有限、形态确定。与公示机制法定一样，这种模式一定有疏漏之处，可为习惯法予以补充。

（三）事实标准下的不动产物权内涵

在前述客观事实的支撑下，权利人不仅能对特定的不动产享有支配利益，还能对侵扰其法律利益之人进行追责，而该利益也成为保障其债权人清偿的责任财产，这些权利内涵与公示标准下的不动产物权没有区别。但在事实标准下，不动产物权缺失不动产登记等公示机制，绝对性存在残缺，在特定不动产已承载公示的不动产物权时，客观事实证明公示错误,具备这些客观事实的权利人是真实物权人,当然能对抗公示权利人。不过,为了保护信赖该公示的善意第三人,根据《民法典》第311条的规定,真实物权不能对抗该第三人,这就不像公示标准下的不动产物权那样能对抗任一第三人。

(四)事实标准与公示标准的关系

基于物权绝对权的定位,并基于交易实践需求,把公示作为判断物权归属的一般标准,是具有正当性的。事实标准在公示标准之外存在,它们之间是例外和原则、特别和一般的关系。这意味着,当具体情形落到事实标准的适用范围时,应适用该标准,真实物权与公示机制展示的物权不符的,公示错误。根据"物权编解释一"第2条的规定,不动产物权人通过举证相应的客观事实,就完全能够证明登记错误,并能证明自己是真实权利人,从而可通过确认之诉来保护自己的权利。

当然,在事实标准的基础上,仍不妨再施加不动产登记等公示机制,使真实物权披上公示的"外衣",促成权利实质与形式的统一,此时完全能适用公示标准。

三、意思标准

所谓意思标准,是说在法律允许的情况下,土地承包合同等当事人的合意能成为真实物权的判断标准(见图2-3 意思标准的内涵)。

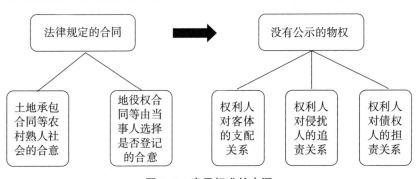

图2-3 意思标准的内涵

(一)意思标准的内涵

在物权人通过转让、抵押等行为处分物权时,要想满足物权的绝对性特质,使物权变动能为世人所知,理应按照公示原则,使相应的公示机制成为物权变动的强制要件。不过,从交易实践来看,强制公示只是理想,现实会击破公示原则,迫使法律留下缺口,使当事人无须借助法定公示机制,仅凭物权变动的合意本身就能达到物权变动的交易目的。这样一来,物权变动的合意能成为物权归属的判断标准。

在此所谓的合意,是指旨在导致物权变动的物权行为,而非产生债权债务关系的债权行为。在实践中,这两类不同的行为完全能共存于同一行为当中,如地役权合同既有供役地人请求地役权人支付使用费等债的内容,也有设立地役权的物权变动内容。

即便是物权行为,合意也是隐秘的,无法体现物权的绝对性,对其不加限制而放任其作为所有物权的判断标准,从根本上抹杀了物权与债权的区别,公示标准也就没有任何意义可言,故而,意思标准只能作为公示标准的例外。为了防止意思标准被滥用而过度侵蚀物权绝对性,法律必须对意思标准的适用情形进行明确规划,形成意思标准法定的机制。只有这样,才不会动摇物权与债权区分的根本,才能为当事人双方以及其他不特定社会公众提供稳定的预期。照此来看,法律未规定能直接产生物权变动结果的合意,如借名协议、国有建设用地使用权人与他人合作建房的协议、夫妻有关物权归属的约定等,只能在当事人之间创设债权债务关系,不能成为确定物权的标准。与规定事实标准的法律一样,规定意思标准的法律也只宜是最高立法机关制定的法律。

通过检索《民法典》物权编等相关法律,从功能的角度来看,意思标准适用于土地承包经营权和地役权。《民法典》第333条第1款规定,土地承包合同是土地承包经营权的依据;第374条则以地役权合同作为地役权的归属标准。

(二)意思标准与公示标准、事实标准的关系

意思标准缺乏公示机制,它与公示标准之间也有例外和原则、特别和一般的关系,但这种关系仅局限于不涉及第三人的情形,此时应适用意思标准来确定物权,如地役权合同生效,地役权就成立。在此情形,意思标准下的不动产物权缺乏绝对性,不能对抗信赖公示的善意第三人。而且,一旦涉及有竞争关系的第三人,如不动产所有人将该不动产抵押登记给第三人,未登记的地役权人不能对抗登记的抵押权人,也即意思标准劣于公示标准,通过意思标准确定的不动产物权不能对抗与其有竞争关系的公示权利。

从适用情形来看,事实标准和意思标准没有交错,泾渭分明。

四、小结

《民法典》物权编对不动产物权的权属判断提供了公示标准、事实标准和意思标准,它们各有独特的内涵,不容混淆(见表2-1 公示标准、事实标准和意思标准的对比)。无论哪一标准,均要有明确法律规定的支持,这突出表现了《民法典》物权编的基调是法定而非自治,不仅物权的种类和内容由法律规定,物权的权属标准也由法律规定。只要具备任一标准,所对应的权利就是物权而非债权,权利人能对特定不动产享有支配利益,而非仅对特定的相对人享有请求权;在权利受到侵扰时能用物权请求权进行保护,而非只能以债权请求权加以救济。

表 2-1 公示标准、事实标准和意思标准的对比

	公示标准	事实标准	意思标准
适用情形	所有形态的物权变动,无须考虑原因事实	非依法律行为的物权变动	依法律行为的物权变动
强制登记还是自愿登记	在买卖房屋、转让国有建设用地使用权等依法律行为的物权变动,强制登记;在其他物权变动,自愿登记	自愿登记;不登记,不动产物权无法处分	自愿登记;不登记,不动产物权不得对抗善意第三人
物权关系	权利人对不动产的支配关系、对侵扰人的追责关系、对债权人的担责关系、对第三人的对抗关系	权利人对不动产的支配关系、对侵扰人的追责关系、对债权人的担责关系	权利人对不动产的支配关系、对侵扰人的追责关系、对债权人的担责关系

[借名登记的法律效果]基于前述标准再来看借名登记,法律未规定借名协议能直接产生物权,故不能适用意思标准。若不顾这一前提,放任借名协议成为确定不动产物权的标准,会动摇债权和物权的二分法。而且,借名协议的当事人和借名登记的当事人存在身份错位,借名人并未出现在借名登记,登记没有错误可言,以登记为标准只能把不动产物权确定归出名人。故而,在借名协议有效的前提下,借名人无权根据该约定请求法院确认权利,也无权向不动产登记机构申请更正登记,但可提起给付之诉,请求出名人履行借名协议,相应地也能与出名人共同向登记机构申请转移登记。

国有建设用地使用权人与他人合作建房的情形同样如此[1]，所建房屋的权属，不能直接按照协议确定，而是应归建设用地使用权人所有，再按照合作建房协议分配。同样地，夫妻之间以离婚协议或其他方式表现的有关物权归属的约定，也不能直接产生物权变动的结果。[2]

第二节 "房随地走，地随房走"的规范要义

法律规范以回应和调整实际问题为主要任务，从哪个角度切入，以什么措施应对，都离不开特定目的指引。也就是说，法律规范服务于特定目的，并按照立法者的社会理想对国家和社会进行调整。[3] 故而，在理解法律规范时，必须紧扣其目的，否则就是盲人摸象。能直接落地解决具体问题的规范包含了构成要件和法律后果[4]，"房随地走，地随房走"规范就是如此，这样说来，把握其规范要义的重点是分析构成要件和法律后果。

基于这种认识，本节将在"房随地走，地随房走"规范目的引导下，讨论其构成要件和法律后果。应予特别指出的是，在这样的分析中，规范目的、构成要件和法律后果形成一体逻辑，对其中的任一部分有认识偏离，结论均难言妥当。

为了论述简便，本节下文把"房随地走，地随房走"规范称为房地一体处分规范，把建设用地的使用权称为地权，把与地权一并处分的房屋所有权等权利称为房权。

一、规范目的

（一）反映土地和房屋的物理状态整体性

只要在土地上建房，无论竣工与否，两者在物理状态上都连为一

---

[1] 有关观点的总结，参见司伟主编：《执行异议之诉裁判思路与裁判规则》，法律出版社2020年版，第265—289页；王雷：《房地产法学》，中国人民大学出版社2022年版，第137—139页。
[2] 参见冉克平：《夫妻团体法：法理与规范》，北京大学出版社2022年版，第171—218页。
[3] 参见[德]魏德士：《法理学》，丁晓春、吴越译，法律出版社2005年版，第91页。
[4] 参见[德]卡尔·拉伦茨：《法学方法论》，黄家镇译，商务印书馆2020年版，第321页。

体,具有整体性。虽然技术发展使房屋整体移动成为现实,房屋似乎未必与土地整合一体,但这种现象不是房屋的常态表现,且被移动的房屋最终还要与土地合为整体,故而,房屋和土地的物理状态整体性应是毋庸置疑的事实。在最高人民法院有的法官看来,把这种整体性投映在法律中,映象就是地权和房权的主体无论如何都要同一。[1] 照此说来,房地一体处分规范无非是对土地和房屋物理状态整体性的法律描画。

不过,稍微把视野打开一点,会发现前述认识有盲区。为了表现并维系土地与房屋的物理状态整体性,德国继受罗马法经验,把房屋当成土地的重要成分,《德国民法典》第94条第1款第1句规定:"土地的主要组成部分为土地定着物,尤其是建筑物以及与土地尚未分离的土地出产物。"房屋因此没有独立的法律地位,不能脱离土地单独成为物权客体。[2] 既然地权之外没有单独的房权,德国当然无须房地一体处分规范。与德国不同,我国从明清到民国时期以及现时的台湾地区未把房屋作为土地的重要成分,但也没有房地一体处分规范,而是允许土地所有权和房权的主体不同一,结果就是"房不随地走,地不随房走"。之所以如此,原因在于我国向来把房屋作为与土地并列的不动产,自明清到民国期间,不动产卖契中会分别写明土地和房屋,有时还会出现仅卖地而不完全转移房权的交易[3],这说明房屋虽然永续固着于土地,但可以为买卖、让与、借贷等交易标的物,从而应在民法中给予独立的不动产地位。[4]

土地和房屋的物理状态整体性不因空间和时间的转换而有差异,但德国、我国明清至民国时期以及台湾地区均没有房地一体处分规范,这意味着,该规范并非土地和房屋物理状态整体性的唯一法律映象。基于此,仅把客观反映土地和房屋的物理状态整体性当作房地一体处分规范的目的,并不到位。

(二)保持房屋的经济效用

土地和房屋在物理状态的整体性,表明二者的经济效用紧密相关,特别是房屋要想发挥本有功能,实现经济效用,离不开地权的支持。道理很

---

[1] 参见李海军:《关于房屋与占用范围内土地使用权欠缺一并处分条件时如何执行的问题》,载《执行工作指导》2010年第4辑,人民法院出版社2011年版,第130页。
[2] 参见〔德〕迪特尔·梅迪库斯:《德国民法总论》,邵建东译,法律出版社2000年版,第879—883页。
[3] 参见臧美华编:《五百年房地契证图集》,北京出版社2012年版,第23页。
[4] 参见邵义:《民律释义》,北京大学出版社2008年版,第81页。

简单,无正当理由占用他人土地建房,地权人有权请求建房人拆房还地,房屋将因此化为乌有。为了防止出现这种危及房屋经济效用的局面,房地一体处分规范干脆通过整合权利主体,使地权和房权归为同一人,不给地权人请求房权人拆除房屋提供可能。这样看来,保持房屋的经济效用应是房地一体处分规范的目的。

但仍有问题,因为保持房屋经济效用并非房地一体处分规范的专利,前述的德国和我国台湾地区的规范也有相同目的,由此不能说明房地一体处分规范的独特意义。德国规范的这一目的一目了然,无须赘言。在我国台湾地区,一旦土地和房屋不归同一人所有,就会面临土地所有权人不允许房权人利用土地,进而危及房屋经济效用的困局,为了走出困局,我国台湾地区"民法"第425条之1、第838条之1等通过推定租赁、法定地上权等手段,限制了土地所有权人请求房权人拆除房屋的权利,从而使土地所有权和房权和谐并存,保持房屋的经济效用。

也许有人会说,德国和我国台湾地区的前述规范都指向土地所有权,而房地一体处分规范中的地权属于用益物权,它们是完全不同的两类权利,这些规范因此不能相提并论。的确如此,若以德国和我国台湾地区的经验为镜鉴来看房地一体处分规范,对标的不应是它们的土地所有权和房屋的关系,而应是与地权大致相当的地上权与房屋的关系。在这一对标范围,德国把房屋作为地上权的重要成分,房屋仍不是独立的物权客体。[1] 在这一反例的映衬下,仍无法把保持房屋的经济效用当成房地一体处分规范的独特目的。

对此可能有人会说,在德国民法中,房屋没有独立的客体地位,而我国并非如此,拿德国规范来对标,并不妥当。那就再看看我国台湾地区的规范,根据其"民法"第838条的规定,地上权和房权虽然各自独立,但不能分离转让或抵押,这与房地一体处分规范没有差异。参与我国台湾地区"民法"起草的著名学者史尚宽先生在解读该规范时,从附合入手,将其目的归为保持房屋的经济作用,即只有房屋和土地结合才能发挥经济效用,故地上权和房权须一并处分。[2] 由此来看,在土地和房屋各有独立法律地位的前提下,把保持房屋经济效用当成房地一体处分规范的目

---

[1] 参见〔德〕鲍尔、〔德〕施蒂尔纳:《德国物权法(上册)》,张双根译,法律出版社2004年版,第648页。
[2] 参见史尚宽:《物权法论》,中国政法大学出版社2000年版,第198页。

的,是海峡两岸的共识。然而,史先生的前述解释难言合理,因为附合制度的着眼点是原来的数物合成为不可分的一物,进而该物只能负载一个所有权,而在我国台湾地区,房屋独立于土地,房权独立于地上权,房屋并非地上权的成分,用附合是无法正当化前述规范的。同样地,我国大陆的房权独立于地权,也无法套用附合来解读房地一体处分规范。

概括而言,保持房屋的经济效用肯定是房地一体处分规范的目的,但单凭它无法证明该规范的独特意义,而且,仅依托这一目的也难以合理解释该规范,前述的附合路径就是失败的例子。故而,在探究房地一体处分规范的目的时,不能止步于保持房屋的经济效用,还应再予深究。

(三)简化权利配置

其实,我国台湾地区之所以采用地上权和房权一并处分的规范,是因为在土地物权中,除了所有权,只有地上权能承载房权,只有地上权人可以在土地上建造房屋,受此制约,地上权和房权不得不一并处分。唯有从这个角度出发,才能理解我国台湾地区著名学者谢在全先生对该规范的解释,即不这样就不能维持房屋对土地利用权的单纯性,房屋会失其土地利用权,从而有违地上权设置的目的。[1] 的确,假设我国台湾地区"民法"允许地上权人在其标的土地上为他人再设立下级地上权,那么,地上权和房权像土地所有权和房权一样分离,就不是不可能,即在地上权和房权各异其主后,只要为房权配以法定的下级地上权,仍不会影响房屋的经济效用。由此可知,地上权与房权一并处分规范与我国台湾地区的土地物权构造——只有地上权能承载房权,且地上权层级的单一化——是匹配的,反过来说,有了该规范,其他土地物权无须承载房权,地上权也无须多层级分置,土地物权及其与房权的关系由此得以简化。故而,简化与地上权、房权相关的权利配置,应是该规范的目的,这正是它异于土地所有权和房权关系规范之处。

房地一体处分规范同样有简化与地权、房权相关的权利配置的目的,具体而言:

第一,从历史发展来看,房地一体处分规范源自改革开放之初的1984年《深圳经济特区商品房产管理规定》(已失效)第2条、第6条,它们把地权和房权的主体合一,且规定房产买卖导致这两个权利一并转移。虽然

---

[1] 参见谢在全:《民法物权论(上册)》(修订七版),新学林出版股份有限公司2020年版,第612页。

其时的《宪法》禁止土地使用权转让,但为了解决经营房地产的国有企业和外商等市场主体的实际用地需求,深圳自1979年起就实践先行,通过土地有偿使用的方式开发商品房小区等,1981年《深圳经济特区土地管理暂行规定》(已失效)则明确允许深圳经济特区国有土地有偿使用[1],土地因此有了所有权和使用权的两权分离,地权是支撑房权的基础。在这样的土地权利架构中,通过房地一体处分规范,无须再假借其他权利,单凭地权就足以保持房权的稳定性。这样就简化了土地物权的结构和层级,只需前述的两权分离,就能保持房屋的经济效用。而且,房地一体处分规范高度确定,受让房权之人确定能取得地权,反之亦然,这大为节省当事人对权利的探知和甄别成本。对于彼时刚刚起步的房地产市场而言,房地一体处分规范简单、明确、实用,堪称交易的助力神器。经过实践检验后,房地一体处分规范在全国范围内推广,并在规范位阶上一步步升格,先被1990年《城镇国有土地使用权出让和转让暂行条例》第23—24条、第33条所规定,后被全国人大常委会制定的1994年《城市房地产管理法》第31条等法律所规定,再后被全国人大制定的《物权法》(已失效)第146—147条、第182条以及《民法典》第356—357条、第397条所规定。

第二,我国大陆房地产市场最初学习的是香港特别行政区经验,采用"认地不认人"的房地产转让原则[2],反映在法律规范中,就是《城镇国有土地使用权出让和转让暂行条例》第21条和1994年《城市房地产管理法》第41条,即房地产转让时,地权出让合同载明的权利、义务随之转移。[3] 根据该原则,地权与出让合同权利义务休戚与共,地权转让,出让合同的权利义务一并转移,无论谁是地权人,都与政府有出让合同关系,这能简化用地关系,便于政府监督地权人按约定开发建设,也便于地权人督促政府按约定供应合适土地。房地一体处分规范与"认地不认人"的原则保持了一致,否则,受让房权之人不同时取得地权,其与政府之间

---

[1] 参见王世元主编:《改革记忆——当代中国城镇国有土地使用制度构建历程(1978—1998)》,中国大地出版社2021年版,第16—23页。

[2] 参见孙佑海主编:《〈中华人民共和国城市房地产管理法〉应用手册》,机械工业出版社1995年版,第78—79页。

[3] 《城市房地产管理法》历经3次修正,该条内容未变,条文序号改变,现为2019年修正的《城市房地产管理法》第42条。本节下文提及的未标注年份的《城市房地产管理法》均为2019年修正版本。

没有出让合同关系,无须承担相关义务,而在房权人合法占地的情况下,地权人履行投资开发建设等出让合同义务的难度将增加,这会使房地产转让关系复杂化。可以说,在"认地不认人"原则的引领下,我国房地产市场自始就以简化交易关系为根本方向,房地一体处分规范与该方向若合符节,从权利配置方面有力支持了该原则,它们共同推动了房地产权利及交易的简便化。

第三,我国大陆土地公有,土地所有权不能转让,这与台湾地区的土地所有权差别很大,从实质功能上看,在我国大陆的房地产市场中,能发挥与台湾地区土地所有权相当作用的是地权。在功能比较的视角中,对比房地一体处分规范与台湾地区的土地所有权和房权关系规范,能清晰看出前者的优势。首先要明确的是,前者看上去限制了意思自治,无论权利人是否情愿,都改变不了两权一并处分的法律命运,后者则充分尊重权利人的意思自治,在土地所有权和房权中,权利人能选择处分,但一旦两权异主,为了保持房屋的经济效用,意思自治往往难以奏效,法律不得不通过推定租赁或法定地上权来限制土地所有权。对比而言,两者均限制了意思自治,只不过前者在权利处分之始予以限制,后者则在权利处分终了时进行限制。前者的限制干脆利落,形成的权利布局简单明确,且当事人对此无从置喙,省却了协商成本以及协商不成时的裁判成本。后者的限制则没有这些便宜,推定租赁或法定地上权固然能保全房屋的经济效用,但土地所有权人毕竟吃了亏,利益平衡是后续制度的必有之义,房权人向土地所有权人付费多少、如何支付等细节,只能由双方协商,协商不成的还要寻求法院裁判,这样的一来一回,成本就大出不少。正因如此,我国台湾地区著名学者苏永钦先生在论及台湾地区相关制度的完善建议时,特别提出"立法"者应多运用一并处分原则。[1] 显然,与事后限制意思自治的"房不随地走,地不随房走"规范相比,房地一体处分规范通过事先限制意思自治,获得了减省成本的巨大优势。

综上所述,基于土地和房屋在物理状态上的整体性,房地一体处分规范把地权和房权的主体强制为同一人,在无须改变土地物权类型、增加地权层级的情况下,简化了地权和房权的关系,为房屋经济效用的保持提供了坚实的制度保障。

---

[1] 参见苏永钦:《寻找新民法》,北京大学出版社2012年版,第233页。

二、构成要件

（一）地权和房权的主体同一

该要件是说，房地一体处分规范适用于地权和房权的主体原本同一的情形。

1. 土地上已然建房

只有土地上已然建房，土地和房屋在物理状态上才具有整体性。如果土地处在尚未动工建设的状态，房地一体处分规范就没有适用空间。

2. 地权和房权原本同一主体

在土地上建房的法律后果是地权和房权归于同一主体，这是适用房地一体处分规范的基础。如果地权和房权的主体因正当事由而不同一，有下列例外情形之一的，房地一体处分规范没有适用余地。

（1）地权人自行建房的例外情形

地权人行使权利自行建房，使土地和房屋在物理状态上具有整体性，受其他法律规范的调整，地权人并未取得房权，房屋的经济效用仍能得以保持。这意味着，地权人建房的过程不一定在房地一体处分规范的适用范围，一旦其他规范介入调整，地权和房权的主体完全可以不同一。这主要包括以下情形：

第一，《民法典》第 352 条规定，地权人建造的房屋所有权属于地权人，但是有相反证据证明的除外。在实践中，作为地权人的房地产开发企业按照规划条件和出让合同约定配建市政公共设施，设施在建成后归国家所有，相应约定属于该条规定的相反证据。[1]

第二，在建筑物区分所有权方面，根据《民法典》第 272—275 条的规定、"建筑物区分所有权解释"第 2—3 条的规定，在房屋建成后，作为地权人的建设单位仅取得专有部分的所有权，共有部分归业主共有。与此相应，根据《不动产登记暂行条例实施细则》第 36 条的规定，建设单位在申请办理房屋所有权首次登记时，应将共有部分一并申请登记为业主共有。

第三，根据 1998 年国务院《关于进一步深化城镇住房制度改革加快住房建设的通知》，以成本价、标准价购买的公有住房属于福利性住宅，未补交出让金的，地权与房权的主体会不同一。比如，在"孟某某等与自然

---

[1] 参见黄薇主编：《中华人民共和国民法典释义（上册）》，法律出版社 2020 年版，第 689 页。

资源部国有土地使用权登记及行政复议决定纠纷案"中,孟某某等四人取得案涉房权,其不动产权证记载的权利性质为房改房(成本价),这些房屋所在的地权人为中铁十六局公司,国有土地使用证记载的使用权类型为划拨,房权人在庭审中自认未缴纳过出让金。二审法院认为,"房改"这一特殊房产转让及取得方式,客观上造成了本案房地分离的实际情况:一方面,孟某某等四人购买了涉案房屋并领取了不动产权证,合法占有和使用了相应的国有土地,另一方面,涉案土地的划拨性质并未因涉案房屋的转让而改变,土地使用权亦未经法定程序由中铁十六局公司转让至孟某某等四人,但客观上因涉案房屋的转让已事实上处于受限制的状态。[1]

(2)非地权人自行建房的例外情形

非地权人在他人土地上建房,并取得房权,出现地权与房权主体不统一的例外情形,这在实践中主要是临时用地的临时建筑。

《土地管理法》第57条、《城乡规划法》第44条、《土地管理法实施条例》第20条、自然资源部制定的《关于规范临时用地管理的通知》规定了临时用地的一般规范,其要点主要包括:①因建设项目施工和地质勘查需要临时使用土地的,无论是建设用地、农用地还是未利用地,由市县人民政府自然资源主管部门批准;使用城市规划区土地的,先经规划主管部门批准;期限一般不超过二年,建设周期较长的能源、交通、水利等基础设施建设使用的临时用地,期限不超过四年。②土地使用者应当根据土地权属,与有关自然资源主管部门或者农村集体经济组织、村民委员会签订临时使用土地合同,并按照约定支付临时使用土地补偿费。③临时使用土地的使用者应当按照临时使用土地合同约定的用途使用土地,不得修建永久性建筑物,并应当在批准的使用期限内自行拆除。④土地使用者应当自临时用地期满之日起一年内完成土地复垦,使其达到可供利用状态,其中占用耕地的应当恢复种植条件。

《土地管理法实施条例》第21条规定了先行用地规范,其中涉及临时用地的特殊规范,即抢险救灾、疫情防控等急需临时使用土地的,无须办理用地审批手续,可以先行使用土地,用后应当恢复原状并交还原土地使用者使用。

前述规范对临时用地的情形进行了严格限定,一般情形限定为建设

---

[1] 参见北京市高级人民法院(2021)京行终2622号行政判决书。

项目施工和地质勘查,特殊情形限定为抢险救灾、疫情防控等急需用地情形。同时,《民用建筑设计统一标准》第3.2.1条把临时建筑的设计使用年限明确为5年,根据《土地管理法实施条例》第52条的规定,在临时使用的土地上修建永久性建筑物的,要责令限期拆除。基于前述规定,符合条件的临时用地的临时建筑,由建造人取得建筑的所有权,从而会导致地权与房权的主体不同一。

[租地建房的法律适用]在地权人不自行建房,而是把地权出租给他人,由承租人在土地上建房的情形,从理论上讲,承租人应对其依法建造的房屋取得所有权;而且,由于承租人和地权人之间有租赁合同,根据《民法典》第725条"买卖不破租赁"的规范,地权人转让该地权,不影响租赁合同的效力,既然租赁合同能为承租人的房权提供支撑,地权的受让人就不能请求承租人拆房还地,当然也不适用房地一体处分规范。我国台湾地区就是这样的,若地上权人A把土地出租给B,B在该地建房取得房权,在A转让地上权给C时,因C、B之间有租赁关系,B的房权不受影响;反之,在B把房权转让给D时,推定A和D之间有租赁关系,D的房权也不受影响。[1] 在这样的理解中,租赁合同成为保持房屋经济效用的基础法律关系,与前述约定配建市政公共设施的出让合同一样,是当事人刻意而为,且法律也予以认可的,这刚好背离了房地一体处分规范旨在简化权利配置的目的,将这种情形排除在房地一体处分规范的适用范围之外,顺理成章。

然而,这种理解放在我国台湾地区尚可,而在我国大陆,除非是临时用地的临时建筑,否则,根据《城乡规划法》第40条的规定,建房需要向主管部门申请建设工程规划许可证,而申请的前提是建房人有地权,故而,地权人A把土地出租给B建房,B是无法以自己名义申办建设工程规划许可证的。B未申办该许可证建造的房屋会被认定为违法建筑,会被限期改正、限期拆除或强制拆除,同时还不能办理登记。在这种限制下,贸然说B取得房权,A、B的租赁合同能支撑该房权,因而不能适用房地一体处分规范,就有失偏颇,还须再分析。在实践中,为了使建造合法,B只能以A的名义申办建设工程规划许可证,建成的房屋也只能登记在A名下,从而产生这样的局面,即B

---

[1] 参见谢在全:《民法物权论(上册)》(修订七版),新学林出版股份有限公司2020年版,第614页。

在A的地上建房,A登记为房权人,B实际使用该土地和房屋。一旦A转让地权给C,C同时取得地权和房权,B只能以"买卖不破租赁"为依托,主张其在剩余的有效租期内占有土地和房屋的权益。

除了租地建房,借地建房等在他人土地上建房的其他情形也能适用前述结论。

在前述例外情形,房地一体处分规范不能适用,比如,在出让合同约定配建市政公共设施的情形,该设施归国家所有,地权人把地权转让给他人,受让人不能取得该设施的所有权;又如,在临时占地上修建的临时建筑,地权人把地权转让给他人,受让人也不能取得临时建筑的所有权。

(二)地权适格

地权适格是说,房地一体处分规范指向的地权在法律上具有正当性,能有效地承载房权,并的确具有物权特质。

1. 地权具有承载房权的法律正当性

(1)法律文义上的地权是国有建设用地使用权

《民法典》第356—357条位于物权编第12章"建设用地使用权"之中。该章首条是第344条,该条规定:"建设用地使用权人依法对国家所有的土地享有占有、使用和收益的权利,有权利用该土地建造建筑物、构筑物及其附属设施。"该章的末条是第361条,该条规定,"集体所有的土地作为建设用地的,应当依照土地管理的法律规定办理。"由此可知,物权编第12章的建设用地使用权限定为国有建设用地使用权,不包括集体建设用地使用权。《民法典》第397条位于物权编第17章"一般抵押权",它与涉及集体建设用地使用权的第398条是分列的,从体系一致性的角度考虑,《民法典》第397条中的建设用地使用权的客体也是国有土地。故而,从文义上看,房地一体处分规范的地权限定为国有建设用地使用权。

(2)制度功能上的地权范围

房地一体处分规范的目的是在土地和房屋有物理状态整体性的事实基础上,保持房屋的经济效用,简化权利配置。在这种制度功能的引导下,地权范围可以适度扩展,主要包括:

第一,集体建设用地使用权,它与国有建设用地使用权一样都是层级单一的用益物权,与这种简化的权利配置一致,只有适用房地一体处分规范,才能保持其上房屋的经济效用。《民法典》第398条就规定,以乡镇、村企业的房屋抵押,其占用范围内的建设用地使用权一并抵押。《土地管理法》第63条第4款规定,集体经营性建设用地使用权的转让和抵押参照同类用途的国有建设用地执行,房地一体处分规范因此得以适用。

第二,宅基地使用权,它是特定主体依法利用农村宅基地建造住宅及其附属设施,并取得住宅及其附属设施所有权的用益物权。《土地管理法》第62条第5款:"农村村民出卖、出租、赠与住宅后,再申请宅基地的,不予批准。"这表明农民住宅是可以转让,其结果是连带宅基地使用权一并转让。《宅基地和集体建设用地使用权确权登记工作问答》第39—40条对此予以细化和明确,即经宅基地所有权人同意,农民集体经济组织成员之间互换房屋,导致宅基地使用权及房屋所有权发生转移;经宅基地所有权人同意,在本集体内部向符合宅基地申请条件的农户转让、赠与宅基地上房屋,导致宅基地使用权及房屋所有权发生转移。

第三,设施农用地承包经营权或经营权。根据《土地管理法》第4条的规定,我国实施严格的土地用途管制,只有建设用地可建房,农用地和未利用地不得建房,但也有例外,正如第一章所说,设施农用地上可以建造仓库、看护房等与农业生产密切相关的房屋。在设施农用地权利转让时,为了维持土地和房屋的经济效用,也为了简化权利配置,房权也应随之转让。比如,某村村民A通过拍卖合法取得该村荒坡经营权50年。A投资种草,经批准后办理养殖场。A办理相应的备案手续,在该地上建造看护房若干间。之后A把荒坡经营权转让给B,看护房应随荒坡经营权转让给B。

2. 地权是物权

(1) 国有建设用地使用权以不动产登记为标准

根据《民法典》第349条的规定,国有建设用地使用权以不动产登记为要件,其归属适用公示标准,如果受让人仅签订了出让合同,尚未登记,仍未取得物权。

(2) 集体建设用地使用权以不动产登记为标准

根据《土地管理法》第63条第4款的规定,集体经营性建设用地使用权的出让参照同类用途的国有建设用地执行,其首次取得也以不动产登记为要件。

至于企业建设用地使用权和公益性建设用地使用权,法律未明确它们的设立标准,参照与其取得机制类似——即均须申请审批——的划拨国有建设用地使用权,它们也应以不动产登记为要件,因为审批没有公开性,根据《民法典》第349条的规定,划拨国有建设用地使用权不是在划拨决定书生效时，而是在登记时才能设立，与此同理，企业建设用地使用权和公益性建设用地使用权也应以登记为准。

(3) 宅基地使用权以政府批准为标准

宅基地专门为了满足农民生活居住的基本需要而设，农民取得宅基地使用权通常是无偿的，为了防止这种福利泛滥化，法律进行了严格限定，如主体身份限定、一户一宅、不得超占等，此外，对宅基地的使用涉及耕地保护、粮食安全等公共利益[1]，宅基地还受制于国家对土地利用的空间管制[2]，这些外在的约束只能依靠政府审批来控制。

在原来的实践操作中，多由农民直接向乡镇政府申请宅基地，在审核后再由县级政府批准，政府审批实际上独立作为宅基地使用权取得的原因事实，这种做法忽视了宅基地所有权归农民集体所有的现实，集体在此过程中失语，不利于宅基地初始配置的公平性，基于此，宅基地制度改革强化了集体的作用。2019年农业农村部、自然资源部《关于规范农村宅基地审批管理的通知》指出："符合宅基地申请条件的农户，以户为单位向所在村民小组提出宅基地和建房(规划许可)书面申请。村民小组收到申请后，应提交村民小组会议讨论，并将申请理由、拟用地位置和面积、拟建房层高和面积等情况在本小组范围内公示。公示无异议或异议不成立的，村民小组将农户申请、村民小组会议记录等材料交村集体经济组织或村民委员会(以下简称村级组织)审查。审查通过的，由村级组织签署意见，报送乡镇政府。没有分设村民小组或宅基地和建房申请等事项已统一由村级组织办理的，农户直接向村级组织提出申请，经村民代表会议讨论通过并在本集体经济组织范围内公示后，由村级组织签署意见，报送乡镇政府。"《土地管理法实施条例》第34条第1款第2句规定："宅基地申请依法经农村村民集体讨论通过并在本集体范围内公示后，报乡(镇)人民政府审核批准。"

在此制度构造下，农民取得宅基地使用权的初步原因事实，应是集体与农户达成的宅基地配置协议，其表现是依法经农村村民集体讨论通过并在本集体范围内公示的申请，政府审批是后续的控制措施，其批准后果也有一定的公示性，《关于规范农村宅基地审批管理的通知》指出："根据

---

[1] 参见韩松：《宅基地立法政策与宅基地使用权制度改革》，载《法学研究》2019年第6期，第77页。

[2] 参见樊保军、彭震伟：《宅基地审批管理中的权利(力)冲突与权利失配——土地发展权配置视角的研究》，载《城市规划》2017年第6期，第36页。

各部门联审结果,由乡镇政府对农民宅基地申请进行审批,出具《农村宅基地批准书》,鼓励地方将乡村建设规划许可证由乡镇一并发放,并以适当方式公开。"正是在公开申请的基础上,批准产生农民取得宅基地使用权的效果,批准因而是宅基地使用权设立的标志。

(4)设施农用地承包经营权或经营权以合同为标准

《民法典》第 333 条第 1 款规定,土地承包合同生效,土地承包经营权设立;第 341 条规定,流转期限 5 年以上的土地经营权,自流转合同生效时设立。根据这些规定,设施农用地承包经营权和经营权均在相关合同成立时设立,无须办理不动产登记,其归属适用意思标准,不登记不得对抗善意第三人。

(三)*房权适格*

房权适格是说,房地一体处分规范指向的房权有适用该规范的必要性。

1. 房权主要是指房屋所有权

以房屋为标的物的其他权利,有相应的制度能保全权利人对房屋的利益,无须适用房地一体处分规范。比如,根据《民法典》第 368 条的规定,居住权因登记而设立,它有"对物不对人"的特点,无论谁是房权人,都不影响居住权。又如,房屋承租人占有房屋后,房权转让不影响租赁,无须房地一体处分规范的介入。

不过,宅基地三权分置的改革扩展了房权的范围,可以包括房屋使用权,比如,宅基地使用权人 A 把该权利转让给 B,期限 20 年,B 对该宅基地及其上的房屋取得 20 年使用权,A 成为宅基地资格权人,B 成为宅基地和房屋使用权人[1],B 再转让时,只能是宅基地使用权和房屋使用权一并转让。

2. 在"地随房走",房权主要是指登记的房权

房屋是人工建造之物,为了防止行为失序,建房行为受到严格管控,如建房前需要规划许可文件、建成后要竣工验收等,只有符合这些管控,房权才能首次登记。我国房权的转让以登记为要件,未登记的房权无法转让,不可能实现"地随房走",与此对应的适格房权因此是登记的房权,违法建筑、在建房屋等不能登记的房屋要被排除在外。不过,在建房

---

[1] 参见肖攀:《农村宅基地"三权分置"登记现状与思考》,载《中国土地》2019 年第 6 期,第 41—43 页。

屋虽然不能办理所有权首次登记,但因其有经济价值,《民法典》第395条将其作为抵押财产,也能办理抵押登记,故在建房屋抵押的,地权一并抵押。概括而言,在"地随房走",房权在转让时的适格形态是登记的房权,在抵押时的形态可以扩及在建房屋。

3. 在"房随地走",房权适格须根据情况而定

在"房随地走",房权如何才算适格,必须根据具体情形来定,不能一概而论:

第一,房权已然登记的,是适格房权,自不待言。

第二,房屋竣工验收合格,尚未登记的,根据《民法典》第230—231条的规定,地权人取得房权,但不能处分。在此所谓处分,指的是依法律行为的物权变动,而"房随地走"是法定原因导致的物权变动,不受前述规范的约束。为了简化权利之间的关系,并保持房屋的经济效用,在地权处分后,未登记的房权应一并处分。在此情形,只要补办登记,就能保持登记连续性。

第三,房屋尚未竣工验收,属于在建房屋的,与地权一并处分。《城市房地产管理法》第39条规定,完成开发投资总额的25%以上的地权才能转让,地权连同在建房屋一并转让的含义相当明确;而且,根据该法第42条的规定,地权转让后,受让人承受出让合同的义务,在房屋尚未建成时,受让人最主要的义务就是按约定把房屋建成。若受让人不能取得在建房屋的权属,建成房屋就会有不少障碍,如必须与原地权人协调好后续建造事宜,否则无法适当履行出让合同的主要义务,这就背离了制度初衷。

第四,房屋未办理或不符合规划许可文件,会被认定为违法建筑。根据"担保制度解释"第49条第2款的规定,当事人以地权依法设立抵押,该抵押权不因土地上存在违法建筑而受影响。但违法建筑能否成为适格房权,要区分以下情况而定:①主管部门要求地权人限期改正的,说明违法建筑具有受法律保护的财产利益,有保持其经济效用的必要,这与房地一体处分规范的目的一致,它应随地权一并处分。②主管部门要求地权人限期拆除,或相关部门依法决定强制拆除的,说明房屋的存续为法律所不容,再保持其经济效用,已失去法律正当性,不是法律的任务,故它不应随地权一并处分。而且,地权受让人有履行出让合同的义务,而应被拆除的违法建筑是其适当履行义务的障碍,在其不愿承受拆除的费用损失时,用房地一体处分规范强制其保有违法建筑,无异于强制其为他人的

违法建造行为"买单",并不妥当。

第五,前述的房屋均为建设用地上的房屋,至于设施农用地上的房屋,依规定按照备案或批准建造的,就是适格房屋。

(四)权利转让或处于不经权利人同意即可转让的状态

该要件是说,地权或房权进行转让,或发生抵押等事由,它们会使地权或房权将来在特定条件下,不经权利人的同意即可转让。

1. 基于法律文义的理解

(1)权利转让或抵押

房地一体处分规范本来就以地权和房权的主体同一为要件,若地权或房权不发生转让,自然无须再用房地一体处分规范。只有在权利转让时,两权异主才有可能,不让这种可能成为现实的任务要由房地一体处分规范来担当。所谓转让,是指物权因主体发生改变而导致易主,如房屋所有权从 A 移转至 B。转让是法律行为,不是某栋房屋从甲地整体移动到乙地的事实行为,这种移动客观上不能导致地权的转移,当然不受房地一体处分规范的调整。《城镇国有土地使用权出让和转让暂行条例》第 24 条第 2 款表明了这个意思:"土地使用者转让地上建筑物、其他附着物所有权时,其使用范围内的土地使用权随之转让,但地上建筑物、其他附着物作为动产转让的除外。"其中的"动产",被国家土地管理局《关于对国务院第 55 号令中"动产"含义的请示的答复》解释为:"建筑物、其他附着物整体移动或将其作为材料转移。"这样就把房屋整体移动排除出房地一体处分规范的适用范围。

以地权或房权为客体设立抵押权,在债务人不能清偿时,不经抵押人同意,抵押权人能请求法院拍卖、变卖抵押财产,为了确保地权或房权的主体在转让中保持同一,要适用房地一体处分规范。

除了转让、抵押,对地权或房权的其他处分或设立负担,比如,地权人出租其空地,承租人用以铺设管线,与房屋没有任何利用关系,当然不适用房地一体处分规范。本要件与第一个要件形成闭环,首尾呼应,以确保主体同一的地权和房权历经转让仍有同一主体。

(2)地权或房权的转让或抵押办理了不动产登记

地权或房权的转让以不动产登记为要件,未经登记就没有转让可言。办理转移登记,须满足相应的法律要求。比如,根据《城市房地产管理法》第 40 条的规定,划拨的地权及其上房权的转让必须经过批准,才能办理转移登记,未经批准,地权和房权不能转移登记。又如,根据《宅基地和集体建设用地使用权确权登记工作问答》第39—40条的规定,通过互换、买卖、赠与宅基地上房屋导致宅基地使用权转让的,须经宅基地所有权人同意,未经同意,宅基地使用权和房权不能转移登记。

地权或房权的抵押也以登记为要件,受房地一体处分规范的约束,不能出现仅其中一种权利抵押登记,另一种权利未抵押登记的情形。在不动产统一登记前,的确存在这种情形,比如,在2010年之前,划拨地权抵押需要批准,实践中出现未经批准仅办理房权抵押登记的现象,对此,最高人民法院的个案裁判认可该抵押的效力。[1] 按照这种裁判结果,在抵押权实现而拍卖、变卖抵押财产时,仍要一并处分划拨的地权,而未经批准,该地权不能转让,从而会导致抵押权难以实现。故而,与房地一体处分规范相协调,对于前述的现象,应认定虽有房权抵押登记,但该登记违法错误,抵押权并未设立,也即最高人民法院在另案裁判中所说的抵押无效。[2] 从理论上讲,在不动产统一登记后,划拨的地权和房权在同一登记簿中,未经批准,它们均不能抵押登记,这就更好地落实了房地一体处分规范。但这只是理论假设,因为2010年国务院《关于第五批取消和下放管理层级行政审批项目的决定》取消了划拨国有建设用地使用权抵押的审批。"二级市场意见"第12条规定:"以划拨方式取得的建设用地使用权可以依法依规设定抵押权,划拨土地抵押权实现时应优先缴纳土地出让收入。""担保制度司法解释"第50条第2款以抵押权实现时的变价先用于补交土地出让金为条件,再次重申了"二级市场意见"的立场。

需要注意的是,土地承包经营权的转让以及土地经营权的转让、抵押均无须登记,故设施农用地上的房屋随这些地权转让或抵押时,不以登记为要件。

2. 基于制度功能的理解

物权转让是依法律行为的物权变动,对此有适用房地一体处分规范的必要,非依法律行为的物权变动也会导致权利转让,在此情况也有实现房屋经济效用,简化权利配置的需要,也应适用房地一体处分规范。比如,征收是导致物权变动的行政行为,根据《民法典》第229条、《国有土地

---

[1] 参见李京平:《单独设定抵押的房产,其附着的划拨取得国有土地使用权是否仍须履行审批手续》,载《民商事审判指导与参考》2008年第1辑,人民法院出版社2008年版,第272页。
[2] 参见郭魏:《单独就国有划拨土地上的房屋设立抵押的效力认定和责任承担问题》,载《审判监督指导》2010年第4辑,人民法院出版社2011年版,第205页。

上房屋征收与补偿条例》第13条第3款的规定,在征收决定生效时,国有土地上的房屋归国家所有,国有土地使用权同时收回。又如,自然资源主管部门有权依法没收违法占地的建筑,同时也取得占用范围内的地权,只有这样,才能在后续处置中,如通过市场交易处置该建筑物,确保地权和房权的主体同一。[1]

抵押使债权人取得地权及房权的处分权,在债务人不清偿债务时,无须权利人同意即可予以处分,也即处于不经权利人同意即可转让的状态。与此类似,法院查封限制了作为被执行人的房地产权人的处分自由,《城市房地产管理法》第38条、《民法典》第399条禁止查封财产的转让和抵押,只有法院能在民事强制执行中通过拍卖、变卖来强制处置查封的地权,根据"二级市场意见"的规定,这种处置遵循的规范与地权转让完全相同,要想在地权转让中实现地权和房权的主体同一,必须在查封时就适用房地一体处分规范,"查封、扣押、冻结规定"第21条对此有明文规定。

需要附带说明的是,查封在此是法院为了达到保全财产、强制执行等目的,依法对权利人的财产进行临时查控的强制措施。在某财产尚未归属于权利人,但权利人已经为取得该财产履行了应尽的义务,将来取得该财产的确定性很强的情形,仍不妨法院对这类财产实施查封性质的限制措施,此即为预查封,"执行与协助执行通知"第13—15条列明了其适用对象,如第13条规定:"被执行人全部缴纳土地使用权出让金但尚未办理土地使用权登记的,人民法院可以对该土地使用权进行预查封。""执行与协助执行通知"第18条第1句规定,预查封的效力等同于查封。据此,除了适用情形以及名称不同,预查封与查封并无实质差异,其二者名异实同。2013年最高人民法院等部门联合颁发的《公安机关办理刑事案件适用查封、冻结措施有关规定》就未再规定预查封。

针对同一权利人的同一财产,会有若干法院先后实施查封,若允许这种情况发生,势必会造成权利冲突,难以有序实现查封目的,从而会损及司法信誉,故我国不允许重复查封,《民事诉讼法》第106条第2款对此有

---

[1] 2020年《北京市没收违法建筑物处置办法(试行)》第10—11条规定,具有经营性功能的没收建筑物,具备市场公开交易条件,按照相关规定进行市场公开交易后,由接收单位协助买受人办理土地使用权手续和不动产权登记手续。2021年《厦门市没收违法建筑物处置办法》第9条规定,符合完善行政审批手续条件的没收建筑物,由接收单位或受托管理单位根据处置方案办理土地使用权手续和不动产权登记手续;手续补办后,可按照招标、拍卖、挂牌或者其他公平竞争方式进行市场配置。

明文规定。但不同法院之间信息不对称,也不即时互联互通,查封在后的法院在依法作出查封裁定前,没有义务也不容易去探知所欲查封的财产是否已被其他法院查封,在此情况下,即便该财产已被查封,法律也允许依法作出的在后的查封裁定保持其确定性,不会因受已有查封的排斥而失效。之所以如此,是因为查封是临时性的限制措施,会因期限届满等事由而消灭,若基于禁止重复查封,而一概让在后的查封裁定受查封的排斥而失效就意味着,在查封消灭后,在后查封的法院需重新作出查封裁定,而此时又会面临所欲查封的财产已被其他法院抢先查封的局面,显然不利于司法权的高效运作。故而,在禁止重复查封的前提下,保持在后查封裁定的确定性,意味着在后查封的法律效力必须延缓发生,即只有查封消灭后,在后的查封才能发生其本有的约束力。"查封、扣押、冻结规定"第26条将这种针对同一财产的查封后的查封称为轮候查封,它与禁止重复查封协调一致,延缓了在后查封的法律效力。禁止重复查封表明查封具有独占性和垄断性,同一财产上因此不可能存在两个以上地位平等的查封,故而,轮候查封虽然也叫查封,但它与查封的地位不平等,实质上并非查封。如果说查封属于已生效的处分限制措施,那轮候查封就是将来可能生效的处分限制措施,至于其能否生效完全是未定之天,不能与查封同日而语。说到底,查封和轮候查封是按照时间先后进行的顺位排列,体现的是先来后到的排队原理,查封已然落地生根,轮候查封只能引而不发。

三、法律后果

(一)权利一并变动或查封

根据房地一体处分规范,在地权和房权之间,无论权利人是同时处分两个权利,还是仅仅处分一个权利,均产生两个权利一并处分、主体同一的结果,这限制了权利人的意思自治和处分自由,该规范无疑是强制规范。而且,在适用房地一体处分规范时,法院对法律后果没有裁量空间,不能根据具体情况来酌情调适,允许权利人仅处分一个权利,故该规范同时属于严格规定。[1] 在法院查封和处置抵押人、被执行人的地权或房权的情形,房地一体处分规范同样是强制规范和严格规定,法院仅仅查

---

[1] 有关严格规定的一般理论,参见黄茂荣:《法学方法与现代民法》(增订七版),植根法学丛书编辑室2020年版,第279—283页。

封或处置一个权利的结果,等同于同时查封或处置了两个权利。在征收、没收等非依法律行为物权变动的情形,也同样如此。基于这样的规范定性,无论是权利人、法院还是其他国家机关,最终都无法改变地权和房权一并转让的结果。

在权利人处分的情形,房地一体处分规范适用于地权或房权的转让和抵押,它因此是物权变动规范。在地权和房权之间,权利人仅处分一个权利的,该规范强制另一个权利同时变动,这是法定的物权变动,不适用依法律行为的物权变动规范,无须登记就能完成变动。需要注意的是,房地一体处分规范强制物权变动的结果必须是地权和房权的主体同一,但这不是说地权和房权一并处分一定属于非依法律行为的物权变动,在权利人同时有处分两个权利的意思,且地权和房权一并办理登记的情形,仍属于依法律行为的物权变动。

在不动产统一登记前,土地登记和房屋登记在我国大多数地方是分离的,地权和房权的转让须分别登记,无法同步进行,结果是地权办理了转移登记、房权未办理转移登记,或者反之。由于房地一体处分规范是强制规范,只要地权和房权中有一权利转让,另一权利必定随之转让,故未办理转移登记的权利实际转让,该登记因此错误。比如,A通过转移登记把房权转让给B,土地登记簿记载的地权人仍是A,该登记即为错误。作为法律规范,房地一体处分规范具有公开性,任何人不得以不知有该规范为理由,从事与其不符的行为并取得行为效果,更不得从该行为中受益,前例中的A就不能援引土地登记来主张其地权人的法律地位,否则就会使房地一体处分规范的目的落空。不仅如此,A把该地权转让给第三人C,C也不能取得地权,因为基于法律规范的公开性,所有人都应知道房地一体处分规范,C从A处受让地权时,负有查询房屋登记簿来确认房权是否转让的义务,不尽该义务就意味着C并非善意,其因此不能善意取得该地权。

抵押与转让一样都是对地权或房权的处分,故前段分析对于抵押同样适用。[1] 在不动产统一登记前,还会出现地权和房权分别为不同债权人办理抵押登记的情形,如A把地权抵押给B,把房权抵押给C。与前述同理,B的抵押财产延及房权,C的抵押财产延及地权。由于地权和房权的客体地位独立,故在权利人仅抵押一个权利时,房地一体处分规范导致

---

[1] 参见最高人民法院(2017)最高法民申3643号民事裁定书。

另一个权利一并抵押,所设立的不是一个抵押权,而是在两个客体上的两个抵押权,即共同抵押。在该抵押中,抵押权人无权选择是就地权还是房权来实现抵押权。[1] 而且,房地一体处分规范强制要求这两个抵押权同步设立,故在前例中,B 的抵押登记时间在先时,B 的顺位优先于 C,C 不能以房屋登记簿上未记载抵押权为由,主张自己取得顺位在先的房屋抵押权。"担保制度解释"第 51 条第 3 款对此有明文规定,在此不赘。此外,在房权抵押登记、地权未抵押登记的情形,租赁地权之人也要受到在先的抵押权的排斥。[2]

法院在民事强制执行中分别查封地权和房权,并分别办理查封登记,在不动产统一登记前也时有所见,如甲法院查封了 A 的地权并在土地登记簿登记,但未在房屋登记簿查封登记房权,乙法院查封了 A 的房权并在房屋登记簿登记。对此,应遵循与抵押登记一样的先来后到的顺位排序,由在先的查封登记波及另一个权利,并排斥在后的查封登记,如甲法院的查封登记在先,则 A 的房权也在其波及范围。由于我国禁止重复查封,再加上房地一体处分规范的公开性,乙法院不能以 A 房权没有查封登记为由来主张自己查封行为的正当性,其查封构成重复查封,不应产生法律效力。鉴于乙法院的查封登记在甲法院的查封登记之后,前者应转成轮候查封登记。[3] 此外,根据"查封、扣押、冻结规定"第 24 条第 3 款的规定,未经登记的查封没有对抗力,故若甲法院对 A 地权的查封未办理登记,乙法院对 A 房权的查封办理了登记,前者即便时间在先,也不能对抗后者。

在不动产统一登记后,《不动产登记暂行条例实施细则》第 4 章第 4—6 节把地权和房权的首次登记、变更登记、转移登记和注销登记整合在一起,都记载于同一登记簿,这样能准确表征它们的一并转让、抵押或查封,从而确保地权和房权不会异主,为落实房地一体处分规范提供牢靠的支撑。

(二) 仅处分一个权利的约定的法律意义

在实践中,当事人会约定在地权和房权之中仅处分一个权利,另一个

---

[1] 参见高圣平:《担保法前沿问题与判解研究》(第四卷),人民法院出版社 2019 年版,第 230 页。
[2] 参见最高人民法院(2014)民申字第 1170 号民事裁定书。
[3] 参见最高人民法院(2016)最高法执监 204 号执行裁定书、最高人民法院(2018)最高法执监 848、847、845 号执行裁定书。

权利的权属状态保持不变,如 A 与 B 约定仅把房权抵押给 B,地权不抵押。这种约定明显背离了强制性的房地一体处分规范,不能产生当事人预期的权利变动后果,结果是 B 的抵押权客体除了房屋还包括地权。而且,在不动产统一登记后,登记簿的记载不可能实现约定目的,不可能仅记载房权抵押权而不记载地权抵押权,A 的房权和地权均要抵押登记给 B。既然这种约定改变不了地权和房权一并处分的法律命运,那就可以像我国台湾地区那样说它无效。[1]

但稍加思考就会明白,这种约定没有改变或排除房地一体处分规范,而是在该规范发挥实效后,在地权和房权主体同一的前提下,对地权和房权之间的价值关系重新进行了安排。就此而言,作为当事人的自我约束,这种约定有法律意义。以抵押为例。抵押权是价值权,抵押权人意在通过支配抵押财产的价值来确保债权优先受偿,只要能达到这一目的,抵押财产的形态和范围完全能变通。在前例中,A、B 达成约定的原因不一而足,如房权的变价足以担保债权实现,地权不归为抵押财产不会影响 B 的利益;又如,A 把其担保责任范围限定为房权的价值,对超出部分不承担责任。可以说,前述约定的真意是在不改变地权和房权主体同一的基础上,分离了地权和房权的价值,把其中一部分价值交由抵押权人支配,另一部分价值留给抵押人继续保有[2],这完全符合抵押权作为价值权的基本定位。

司法实践也有这样的实例。比如,在"交通银行股份有限公司连云港分行与连云港天裕建材有限公司等金融借款合同纠纷案"中,当事人约定以在建工程的价值为借款设定抵押权,抵押权人只能在房地一体拍卖后,就在建工程的价值优先受偿。[3] 又如,在"伊犁昊丰房地产开发有限责任公司与新疆高新典当有限公司(以下简称高新典当公司)民间借贷纠纷案"中,高新典当公司主张对案涉在建工程享有优先受偿权,裕农小贷公司主张对建设用地使用权行使优先受偿权,实现抵押权时,应就建筑物及其占用范围内的建设用地使用权一并变价,高新典当公司及裕农小贷

---

[1] 参见谢在全:《民法物权论(上册)》(修订七版),新学林出版股份有限公司 2020 年版,第 613 页。

[2] 参见最高人民法院民二庭编著:《〈全国法院民商事审判工作会议纪要〉理解与适用》,人民法院出版社 2019 年版,第 368 页。

[3] 参见江苏省高级人民法院(2013)苏商终字第 0217 号民事判决书。

公司仅就其享有抵押权的抵押财产所占变价款中的比例优先受偿。[1] 再如,在"中国长城资产管理股份有限公司山东省分公司与山东省高唐蓝山集团总公司破产债权确认纠纷案"中,二审法院指出,案涉《最高额抵押合同》约定"抵押物详见《抵押清单》",而《抵押清单》列明的抵押物仅为土地使用权,并未包含其他建筑物。抵押权人工商银行高唐支行作为专业金融机构,办理抵押贷款属其常规业务,应当对抵押合同、抵押登记及法律后果具有合理预期,其在签订涉案抵押合同时,未将抵押土地上的已有建筑物列为抵押物,亦未对地上建筑物办理抵押登记,应视为当事人在抵押时仅对涉案土地使用权达成抵押合意,故而本案应按照抵押合同所限定的抵押物范围进行确认。[2]

当然,这种认知限定在地权和房权的价值确能分离、能分别评估的情形。在不动产统一登记前,有的登记机构会特别标明抵押财产的评估价仅是地权的价值,不包括房权的价值,仅办理地权抵押登记,不办理房权抵押登记。[3] 这样的登记当然不影响地权和房权一并抵押,但根据约定,房权的价值不应供债权优先受偿。至于在建筑物区分所有权等地权价值被房权吸收的情形,如高层公寓业主在抵押房屋时,即便与抵押权人有前述约定,客观上也实现不了分离地权和房权价值的目的,因此就没有任何法律意义。

说仅抵押一个权利的约定是在地权和房权一并抵押后,对这两种权利的价值进行分离的见解,不仅是着眼于实践现象的学理分析,也有法律规范的支持。比如,根据《民法典》第 417 条的规定,在地权抵押后,新建的房屋虽然要与地权一并处分,但它不属于抵押财产,原因不仅在于房权不是约定的抵押财产,还在于地权与房权各有独立价值。又如,根据《民法典》第 807 条的规定,承包人就工程价款对建设工程享有优先受偿权,该权利的属性存在极大争议,但其实质功能与抵押权无异,其标的物仅限于房权,虽然实现该优先受偿权要把地权和房权一并处分,但供承包人优先受偿的只是房权

---

[1] 参见新疆维吾尔自治区高级人民法院(2019)新民终 113 号民事判决书、最高人民法院(2020)最高法民申 2427 号民事裁定书。
[2] 参见山东省聊城市中级人民法院(2021)鲁 15 民终 989 号民事判决书。
[3] 参见梁曙明:《经济纠纷中涉及经济犯罪嫌疑的司法审查处理》,载《立案工作指导》2009 年第 1 期,人民法院出版社 2009 年版,第 81 页。

价值,不包括地权的价值。[1] 上述分析表明,当事人的前述约定与房地一体处分规范衔接配合,结果是"房地一体,价值分离"。

这样一来,在经由法院来实现抵押权的情形,应一并拍卖、变卖地权和房权。地权和房权变价中与债权相应的部分会被法院直接付给债权人,如果该部分超过当事人约定的抵押财产价值,抵押人有权根据约定请求抵押权人退还多出的部分。比如,A 用房权抵押担保 B500 万元债权,法院实现抵押权,把价值 400 万元的房权和 500 万元的地权一并拍卖,回款 900 万元,法院向 B 支付 500 万元,该案件终结。根据 A、B 的约定,A 只以价值 400 万的房权抵押,故 B 应向 A 返还 100 万元。当然,A 为主债务人的,B 有权主张抵销。

前述约定具有相对性,仅能约束当事人双方,对其他人没有约束力,这一点对多顺位抵押权具有意义。假设 A 除了为 B 提供前述担保,又以地权和房权为客体为 C 设立抵押权,担保 600 万元债权。根据抵押登记的时间先后,B 的抵押权顺位优先于 C 的抵押权。[2] 在抵押权实现时,法院要把变价付给 B 后的剩余 400 万元付给 C,供其优先受偿。至于 B 应向 A 返还的 100 万元,不在 C 的抵押财产范围,因为 C 在设立抵押权时,已明了抵押客体上存在 B 的先顺位抵押权,C 的抵押财产价值实际是以 A 的地权和房权价值之和扣除 B 的债权价值之后的余值,故得到 400 万元的优先受偿款在 C 的预期之中。更重要的是,A、B 的约定表明,B 有意在其抵押权实现后,部分放弃本来能获得的 500 万元优先受偿利益,承诺将其中多出房权价值的 100 万元返还给 A,这部分价款是 B 向 A 转让利益的表现,与 C 无关,C 当

---

[1] 参见仲伟珩:《〈合同法〉第 286 条规定的建设工程价款优先权的客体不及于建筑物所占用的建设用地使用权》,载《民事审判指导与参考》2010 年第 4 集,法律出版社 2011 年版,第 203 页;本书研究组:《土地是否为建设工程优先受偿权的客体》,载《民事审判指导与参考》2015 年卷,人民法院出版社 2018 年版,第 404 页。在"杭州银行股份有限公司上海虹口支行与浙江宝业建设集团有限公司(以下简称宝业公司)建设工程施工合同纠纷执行案"中,最高人民法院指出,建设工程的价款是施工人投入或者物化到建设工程中的价值体现,法律保护建设工程价款优先受偿权的主要目的是优先保护建设工程劳动者的工资及其他劳动报酬,维护劳动者的合法权益,而劳动者投入到建设工程中的价值及材料成本并未转化到该工程占用范围内的土地使用权中。因此,认定宝业公司享有的工程款优先受偿权及于涉案土地使用权缺乏法律依据。参见最高人民法院(2019)最高法执监 470 号执行裁定书。

[2] 参见程啸:《担保物权研究》(第二版),中国人民大学出版社 2019 年版,第 281—284 页;朱晓喆:《私法的历史与理性》,北京大学出版社 2019 年版,第 127—139 页。

然不能再主张优先受偿。

不仅抵押会有前述约定,转让同样也会有,如 A 与 B 约定仅把房权转让给 B,地权不转让。着眼于地权的支配利益,是难以想象这种分离转让对 A 有何实益的,因 B 连房带地一起占有和使用,A 无法对土地进行物理控制和实际用益。不过,作为物权的地权不光能给权利人带来占有、使用的支配利益,它还有投融资意义上的经济价值。[1] 这方面的典型就是不动产让与担保,债权人取得不动产物权的目的,不在于实际占用,而旨在通过控制其经济价值来担保债权实现。在此角度来看,A 保留地权就有实际意义。比如,A 仅把房权转让给 B,自己保留地权,意在取得因区域发展等因素导致的将来的土地增值,这样一来,在 B 把房权转让给 C 时,C 一并取得房权和地权,但在 C 向 B 支付的价款中,B 要把地权的价值款返还给 A。A 不仅能得到土地增值,还不承担房屋老旧的可能贬值,而 B 只需支付房价即可对房屋进行占有、使用、收益和处分,其成本负担得以减轻。相应地,既然 A 保留地权,在地权到期时,其应办理申请延期手续、补缴土地出让金等义务,B 不用为此承担费用成本。与抵押一样,转让的这种约定也只适用于地权和房权价值能分离的情形。

综上所述,对于那些符合构成要件的情形,无论地权和房权是否均记载于不动产登记簿,都产生一并处分或查封的后果。至于当事人作出的仅处分一个权利的约定,看似与房地一体处分规范不符,但实则不在其目的的射程范围,允许它具备法律效力,只在当事人双方内部产生债权债务关系,不会改变"房随地走,地随房走"的结果,这样一来,就出现"房地一体,价值分离"的局面。

四、小结

从实践情况来看,"房随地走,地随房走"非常形象地描述了地权和房权的关系,并助推《民法典》第 356—357 条、第 397 条的内容广为人知、深入人心,但其口语化的表达以及伴随的日常化理解,往往遮蔽了它的法律意蕴,以至于它在实践中被泛化,出现了只要土地上有房屋,无论何种土地,也无论何类房屋,都要"房随地走,地随房走"的常见观念和做法。针

---

[1] See Bernard Rudden, Things as Thing and Things as Wealth, Oxford Journal of Legal Studies, 1994, Vol. 14, No.1, pp.81-97.

对这样的现象,只有澄清房地一体处分规范的目的、构成和后果,才能起到正本清源的积极效果。

房地一体处分规范与我国土地制度改革和房地产市场发展相伴而来,经过40年的实践打磨和锤炼,它成为我国不动产权利和交易的重要支撑,因此,在认知其规范要义时,一定不能脱离实践。正是在对实践的密切关注中,我们看到,该规范不仅有反映土地和房屋的物理状态整体性,保持房屋经济效用的目的,还有简化与地权、房权相关的权利配置的目的。

在这些目的的指引下,可以看出,用地建房的过程、有为房屋提供载体支撑的其他制度(如配套建设市政公共设施的出让合同)、限期拆除的违法建筑、违法占用他人土地建房、违法占用农用地或未利用地建房等,均不符合房地一体处分规范的构成要件。[1]

对于那些符合构成要件的情形,无论地权和房权是否均记载于不动产登记簿,都产生一并处分或查封的后果。至于当事人作出的仅处分一个权利的约定,看似与房地一体处分规范不符,但实则不在其目的射程范围,允许它具备法律效力,只在当事人双方内部产生债权债务关系,不会改变"房随地走,地随房走"的结果。

概括而言,"房随地走,地随房走"的规范目的不仅在于保持房屋的经济效用,还有简化地权的结构和层级,简化地权与房权关系的目的,这便于界定权利和促进交易。该规范具有严格的构成要件,因而有相应的适用范围,用地建房的过程、限期拆除的违法建筑等不应适用该规范。该规范的法律后果是地权和房权一并转让、抵押、征收、没收或查封。在这两种权利的价值能分离时,当事人约定仅转让或抵押其中一个权利的约定有效,在权利一并转让后,未转让或抵押的权利价值应返还给原权利人(见图2-4"房随地走,地随房走"的规范要义)。

---

[1] 在"郭某某与河南省安阳装饰织物总厂与安阳市雅华织业有限责任公司债权转让纠纷执行案"中,最高人民法院指出,查封地上建筑物或者该地上建筑物使用范围内的土地使用权的效力可以相互及于的前提,是土地使用权和地上建筑物所有权归属同一主体。在案涉房屋归属问题未予查明的情形下,河南高院即按照房地一体原则认定任某某案对案涉土地使用权查封的效力及于该房屋,任某某案对该房屋的查封为首封,适用法律缺乏事实依据。参见最高人民法院(2019)最高法执监626号执行裁定书。

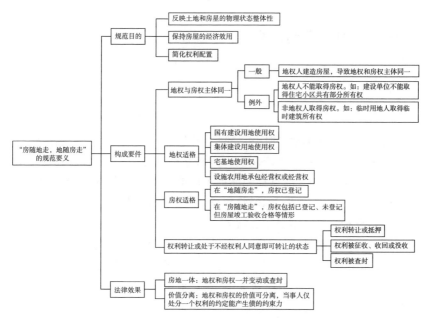

图 2-4 "房随地走,地随房走"的规范要义

第三章　国土空间规划

第一章在阐述不动产时,将受制于国土空间规划作为其界定标准,这表明国土空间规划在不动产制度中占有基础地位。事实上,在我国改革开放以来,空间规划逐渐贯穿和渗透于房地产的全生命周期,形成"先规划后建设,按照规划建设"的经验和观念。作为这一经验和观念的概括总结,《土地管理法》第18条第2款第1句:"经依法批准的国土空间规划是各类开发、保护、建设活动的基本依据。"在此基础上,《土地管理法实施条例》第2条第2款第1句又补充规定:"土地开发、保护、建设活动应当坚持规划先行。""国土空间规划意见"也要求:"坚持先规划、后实施,不得违反国土空间规划进行各类开发建设活动。"可以说,房地产的开发、建设、利用、界权等国土空间活动,必须遵循国土空间规划,遵循规划先行原则。在此意义上,国土空间规划堪称房地产之母,没有国土空间规划,就没有房地产;国土空间规划制度堪称房地产制度的龙头,没有国土空间规划制度的指引,房地产的其他制度就会迷失方向。

房地产涉及国计民生,其全生命周期的每个环节——从土地供应到开发建设再到不动产登记——无不深受国土空间规划的影响,这种影响是全方位的。要想了解国土空间规划对房地产的全方位效用,需要先掌握国土空间规划的制度构造。第一节对此展开分析。

国土空间规划由《城乡规划法》《土地管理法》等行政法调整,其在房地产领域最直接的民事后果是对国有建设用地使用权产生巨大影响,第二节和第三节着重处理这个行政和民事的结合点,第二节从整体上概括国土空间规划对国有建设用地使用权的影响,第三节重点分析国土空间规划对房屋占用范围的国有建设用地使用权的影响。这些分析表明,在理解和确定国有建设用地使用权时,仅寻找民法规定并不足够,还要探寻行政法约束下的实际运作中的国土空间规划。

第二节指出,从城市房地产交易和司法实践来看,作为物权的国有建设用地使用权以及房屋所有权是受制于城乡规划等国土空间规划的,规划及其实施对房地产权有着极其深刻的影响,在此角度来看,想完整地把握房地产权及其规范,除了掌握物权规范,还必须掌握位于其上游的规划。具体来说,规划有多个层级,如果把作为其实施表现的规划许可也算进来,城市总体规划、控制性详细规划、规划条件文件、建设用地规划许可证、建设工程规划许可证共同作用,能影响国有建设用地使用权。房地产权的根基是国有建设用地使用权,城市总体规划、控制性详细规划和规划条件三位一体地构成国有建设用地使用权出让的前提条件,对其取得起着重要影响。同时,建设用地规划许可文件、建设工程规划许可文件与前述三类规划一道,设置了国有建设用地使用权的内容,影响着权利的行使及归属。一言以蔽之,规划是城市房地产之母,在理解和确定房地产权时,需注重规划的影响,注重行政法和民法的结合。

第三节指出,根据"地随房走"规则,房屋转让、抵押或查封时,占用范围内的国有建设用地使用权一并处分或查封。对占用范围的界定,应以被处分或被查封的房屋面积与宗地上规划的房屋总面积的比例为标准,而不能以房屋实际占地面积、建筑占地面积或宗地面积为标准,否则会违背宗地与房屋的功能整体性,不能合理确定宗地权利归属,不能平衡当事人的利益,不能实现房地产的最大效用,也没有普遍解释力。采用前述的比例标准,符合我国城乡规划、房产管理、不动产登记等法律制度和行政规制情况,具有实践合理性。

第一节 国土空间规划的制度构造

目前我国的空间规划正处于转型时期,虽然《土地管理法》明确了国土空间规划的法律地位,但它不像土地利用总体规划、城乡规划那样具有成型的法律制度构造,还处于主要由政策文件提供支持的阶段。不过,国土空间规划与之前的空间规划具有传承性,《土地管理法实施条例》第2条第3款就规定:"已经编制国土空间规划的,不再编制土地利用总体规划和城乡规划。在编制国土空间规划前,经依法批准的土地利用总体规划和城乡规划继续执行。"土地利用总体规划、城乡规划和国土空间规划具有功能共性,在底层逻辑上都是政府主导的用以引导国土空间有序发展的计划手段,在运作机制上都是行政事权与国土空间的组合,在架构原理上都采用类型化和层级化的体系思路,故能对它们的规范性法律文件和政策文件进行综合分析,以充分把握国土空间规划的制度构造。

一、国土空间规划的地位

国土空间规划是我国规划体系的重要组成部分,以国民经济与社会发展规划为编制依据。《土地管理法实施条例》第3条第1款规定,国土空间规划应当细化落实国家发展规划提出的国土空间开发保护要求。中共中央 国务院《关于统一规划体系更好发挥国家发展规划战略导向作用的意见》指出,全国国土空间规划须依据国家发展规划(我国国民经济与社会发展五年规划)编制。"国土空间规划意见"要求国土空间规划体现国家发展规划的战略性。2019年自然资源部《关于全面开展国土空间规划工作的通知》要求各地方编制国土空间规划时,要加强与正在编制的国民经济与社会发展五年规划的衔接。由此可知,国民经济与社会发展规划是国土空间规划的上位规划。

既往的空间规划的定位也与此完全相同。《土地管理法》第15条第1款规定:"各级人民政府应当依据国民经济和社会发展规划、国土整治和资源环境保护的要求、土地供给能力以及各项建设对土地的需求,组织编制土地利用总体规划。"《城乡规划法》第5条:"城市总体规划、镇总体规划以及乡规划和村庄规划的编制,应当依据国民经济和社会发展规划,并与土地利用总体规划相衔接。"

在这样的层级架构中,下位的国土空间规划需符合上位的国民经济与社会发展规划,而前者以15年为周期,后者周期时长5年,一旦后者发生变化,前者就要随之而变。"国土空间规划意见"要求:"建立国土空间规划定期评估制度,结合国民经济社会发展实际和规划定期评估结果,对国土空间规划进行动态调整完善。"2020年自然资源部办公厅《关于加强国土空间规划监督管理的通知》也提出,按照"一年一体检、五年一评估"要求开展城市体检评估并提出改进规划管理意见。

二、国土空间规划的层级

根据"国土空间规划意见",国土空间规划分为国家、省、市、县、乡镇五级,下级国土空间规划要服从上级国土空间规划(见图3-1 五级国土空间规划结构)。自然资源部办公厅《关于加强国土空间规划监督管理的通知》要求:"下级国土空间规划不得突破上级国土空间规划确定的约束性指标,不得违背上级国土空间规划的刚性管控要求。"[1]

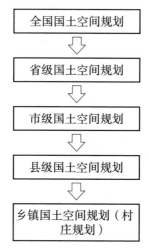

图 3-1　五级国土空间规划结构

既往的空间规划也有层级。《土地管理法》第 16 条第 1 款规定:"下级土地利用总体规划应当依据上一级土地利用总体规划编制。"第 2 款规定:"地方各级人民政府编制的土地利用总体规划中的建设用地总量不得超过上一级土地利用总体规划确定的控制指标,耕地保有量不得低于上一级土地利用总体规划确定的控制指标。"

三、国土空间规划的类型

(一)国土空间规划的分类

根据"国土空间规划意见",国土空间规划分为总体规划、详细规划和专项规划三类(见图 3-2 三类国土空间规划结构):

---

[1] 在现代空间规划鼻祖的英国,规划也有层次性,但因为种种原因,其缺乏国家层面的规划。更普遍的经验表明,国家层面的规划大多数是对空间发展趋势的分析,不是用规划来采取干预行动,这为更好地整合空间政策提供了良好开端。参见[英]巴里·卡林沃思、[英]文森特·纳丁:《英国城乡规划(第 14 版)》,陈闽齐、周剑云、戚冬瑾等译,东南大学出版社 2011 年版,第 87—153 页。

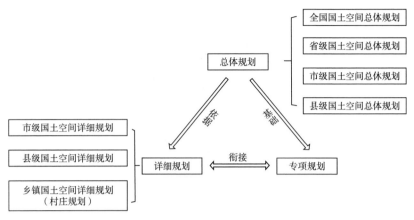

图 3-2 三类国土空间规划结构

第一,国家、省、市、县编制国土空间总体规划,它要统筹和综合平衡各相关专项领域的空间需求,是详细规划的依据、相关专项规划的基础。全国国土空间规划是对全国国土空间作出的全局安排,是全国国土空间保护、开发、利用、修复的政策和总纲,侧重战略性。省级国土空间规划是对全国国土空间规划的落实,指导市县国土空间规划编制,侧重协调性。

第二,市、县、乡镇编制详细规划,它是对具体地块用途和开发建设强度等作出的实施性安排,是开展国土空间开发保护活动、实施国土空间用途管制、核发城乡建设项目规划许可、进行各项建设等的法定依据。详细规划要依据批准的国土空间总体规划进行编制和修改。

村庄规划是详细规划,由乡镇政府组织编制,2019年自然资源部办公厅《关于加强村庄规划促进乡村振兴的通知》和2020年自然资源部办公厅《关于进一步做好村庄规划工作的意见》均要求各地不能脱离实际追求村庄规划全覆盖。

第三,相关专项规划是指在特定区域(流域)、特定领域,为体现特定功能,对空间开发保护利用作出的专门安排,是涉及空间利用的专项规划。相关专项规划要遵循国土空间总体规划,不得违背总体规划强制性内容,其主要内容要纳入详细规划。

(二)城乡规划的分类

根据《城乡规划法》第2条第2款第1句的规定,城乡规划包括城镇体系规划、城市规划、镇规划、乡规划和村庄规划(见图3-3 城乡规划结

构),分述如下:

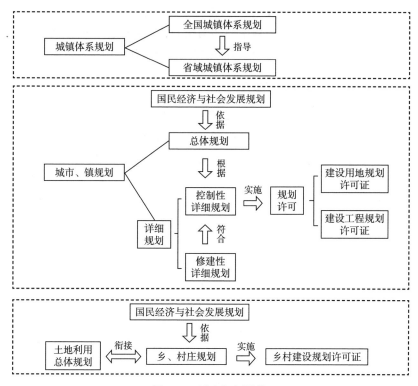

图 3-3 城乡规划结构

第一,城镇体系规划分为全国和省域两级。《城乡规划法》第 12 条规定:"国务院城乡规划主管部门会同国务院有关部门组织编制全国城镇体系规划,用于指导省域城镇体系规划、城市总体规划的编制。全国城镇体系规划由国务院城乡规划主管部门报国务院审批。"第 13 条规定:"省、自治区人民政府组织编制省域城镇体系规划,报国务院审批。省域城镇体系规划的内容应当包括:城镇空间布局和规模控制,重大基础设施的布局,为保护生态环境、资源等需要严格控制的区域。"

第二,城市规划和镇规划一样,主要的构成如下:①根据《城乡规划法》第 2 条第 2 款第 2 句的规定,有总体规划和详细规划两种类型。②根据《城乡规划法》第 2 条第 2 款第 3 句的规定,详细规划的类型包括控制性详细规划和修建性详细规划。③根据《城乡规划法》第 19—20 条的规定,控制性详细规划的编制需符合总体规划的要求。④根据《城乡规划法》第 21 条的规定,修建性详细规划应当符合控制性详细规划。

第三,乡规划和村庄规划一样,没有类型划分。

对比而言,国土空间规划中的详细规划与城乡规划中的控制性详细规划在功能上是相同的[1],它们都是房地产开发建设的法定依据。

四、国土空间规划的属性

在静态意义上,国土空间规划是指名为"国土空间规划"的各类文件,是对将来一段时期内国土空间活动的计划,其源自有关部门的编制、审定、审议、审批等行为,对国土空间规划属性的确定,实际是确定这些行为的范畴归属。

根据"国土空间规划意见",全国国土空间规划由自然资源部会同相关部门组织编制,由党中央、国务院审定后印发,这无疑是一种政治行为。省级国土空间规划由省级政府组织编制,经同级人大常委会审议后报国务院审批,其中的同级人大常委会审议是立法机关的审查和监督,这是必要但非决定性的程序,起实质性决定作用的是省级政府的编制和国务院的审批,它们组合起来,相当于德国法的纯粹的计划与批准的混合[2],属于行政行为。"国土空间规划意见"指出:"在城镇开发边界内的详细规划,由市县自然资源主管部门组织编制,报同级政府审批。"故而,其他的国土空间规划也是编制和审批的组合,同样属于行政行为。

作为行政行为的国土空间规划均须满足行政行为的合法要件,如控制性详细规划的要件包括主体有相应权限、事实依据全面妥当、符合正当程序、内容合法,否则难以通过司法审查。[3] 当然,司法审查的前提是国土空间规划能纳入行政诉讼受案范围,具有可诉性,否则谈不上司法审查。我国目前尚处于"多规合一"的转型时期,国土空间规划与城乡规划具有功能共性,不妨从城乡规划司法审查经验来看国土空间规划的可诉性。

《城乡规划法》中的城乡规划均为行政行为,它们是否可诉,理论和实务的争议颇大。根据最高人民法院法官的分析,全国城镇体系规划、省域

---

[1] 参见魏莉华:《新〈土地管理法实施条例〉释义》,中国大地出版社 2021 年版,第19页。

[2] 参见[德]汉斯·J.沃尔夫、[德]奥托·巴霍夫、[德]罗尔夫·施托贝尔:《行政法(第2卷)》,高家伟译,商务印书馆 2002 年版,第 183 页。

[3] 参见聂帅钧:《论控制性详细规划司法审查的模式与标准——以 43 份裁判文书作为分析样本》,载《行政法学研究》2022 年第 3 期,第 59—63 页。

城镇体系规划是战略性、指导性及原则性的规定,缺乏具体的限制措施,城市总体规划内容也不确定,须通过详细规划实施,它们因此均不应纳入行政诉讼受案范围。控制性详细规划原则上不宜纳入行政诉讼受案范围,但如其具体内容直接限制利害关系人的权利且当地也未编制修建性详细规划的,利害关系人可对控制性详细规划直接限制其权利的特定部分的内容提起行政诉讼,而不宜将整个详细规划作为审查对象。修建性详细规划直接限制当事人权利,并无须借助建设工程规划许可等就能得出明确限制结论的,利害关系人可对修建性详细规划直接限制其权利的特定部分的内容提起行政诉讼,而不宜将整个详细规划作为审查对象。[1]

国土空间规划体系内的全国国土空间规划、省级国土空间规划以及城市国土空间总体规划,分别与城乡规划体系中的全国城镇体系规划、省域城镇体系规划和城市总体规划的地位相当,没有可诉性。国土空间规划体系内的详细规划与城乡规划体系中控制性详细规划、修建性详细规划地位相当,在其内容直接限制利害关系人权利时,利害关系人可对详细规划直接限制其权利的特定部分的内容提起行政诉讼,而不宜将整个详细规划作为审查对象。

五、国土空间规划的效用

国土空间规划是面对将来的国土空间活动安排,是房地产制度的龙头,在规划先行原则的主导下,它主要有以下效用:

第一,是征收的前提。《土地管理法》第 45 条和《国有土地上房屋征收与补偿条例》第 9 条第 1 款规定,实施征收应符合国民经济和社会发展规划、土地利用总体规划、城乡规划和专项规划。据此,征收受国土空间规划的控制,没有规划就无正当的征收,规划从目的和程序上对征收进行了限制,并在一定程度上能替代征收。[2]

第二,是土地储备的依据。2018 年国土资源部、财政部、中国人民银行、中国银行业监督管理委员会修订的《土地储备管理办法》在规定储备计划时,明确要求:"各地应根据国民经济和社会发展规划、国土规划、土

---

[1] 参见耿宝健、田心则、胡荣:《涉城乡规划行政案件裁判规则构建初探——以控制性详细规划案件为切入点》,载《法律适用》2021 年第 11 期,第 99 页。

[2] 参见郑磊:《征收权的规划控制之道》,载《浙江社会科学》2019 年第 10 期,第 42—46 页。

地利用总体规划、城乡规划等，编制土地储备三年滚动计划，合理确定未来三年土地储备规模，对三年内可收储的土地资源，在总量、结构、布局、时序等方面做出统筹安排，优先储备空闲、低效利用等存量建设用地。"

第三，是闲置土地处置的依据。《闲置土地处置办法》第3条规定："闲置土地处置应当符合土地利用总体规划和城乡规划，遵循依法依规、促进利用、保障权益、信息公开的原则。"

第四，是土地利用计划的依据。所谓土地利用年度计划，是指根据土地利用总体规划、国民经济和社会发展规划、国家产业政策和土地利用的实际状况编制的年度内各项用地数量的具体安排。[1]《土地管理法》第23条第2款第1句规定："土地利用年度计划，根据国民经济和社会发展计划、国家产业政策、土地利用总体规划以及建设用地和土地利用的实际状况编制。"

在实践中，建设项目用地能否落实，不仅看其是否符合土地利用总体规划或国土空间规划，还要看按照土地利用年度计划，当地政府是否有年度建设用地指标，土地利用年度计划因而在土地供应中起到至关重要的作用。《土地管理法实施条例》第14条第1款规定："建设项目需要使用土地的，应当符合国土空间规划、土地利用年度计划和用途管制以及节约资源、保护生态环境的要求，并严格执行建设用地标准，优先使用存量建设用地，提高建设用地使用效率。"不过，计划完全出自政府之手，而政府不能完全及时地掌握市场信息，无法对市场变化给予有效的应对是常态现象，"计划赶不上变化"是常见之事，这在土地年度利用计划有突出表现，如项目多的地方没有用地指标，没项目的地方指标富裕；指标集中用于城市发展，乡村振兴陷入无米之炊。面对这种困境，地方发挥实践智慧，在"占补平衡"的基础上进行"增减挂钩"，并通过市场手段交易"占补平衡"指标和"增减挂钩"指标，这些实践经验在不同程度上得到了政策和法律的认可。[2]

第五，是农用地转用的依据。《土地管理法》第44条第3款规定："在土地利用总体规划确定的城市和村庄、集镇建设用地规模范围内，为实施该规划而将永久基本农田以外的农用地转为建设用地的，按土地利用年

---

[1] 参见魏莉华等：《新〈土地管理法〉学习读本》，中国大地出版社2019年版，第55页。
[2] 参见周其仁：《城乡中国》（修订版），中信出版社2017年版，第330—383页；黄奇帆：《结构性改革：中国经济的问题与对策》，中信出版社2020年版，第18—33页。

度计划分批次按照国务院规定由原批准土地利用总体规划的机关或者其授权的机关批准。在已批准的农用地转用范围内,具体建设项目用地可以由市、县人民政府批准。"《土地管理法》第44条第4款规定:"在土地利用总体规划确定的城市和村庄、集镇建设用地规模范围外,将永久基本农田以外的农用地转为建设用地的,由国务院或者国务院授权的省、自治区、直辖市人民政府批准。"根据《土地管理法实施条例》第23—24条的规定,农用地转用方案应当重点对是否符合国土空间规划、土地利用年度计划等情况作出说明。

根据自然资源部办公厅《用地用海要素保障政策问答》第2点,完成"三区三线"划定的,具体项目办理农用地转用、土地征收时,首先应依据市、县、乡国土空间总体规划(城乡总体规划、土地利用总体规划),以确保项目符合规划。在详细规划(控制性详细规划、村庄规划)覆盖到的区域,具体项目办理选址意见书时,可直接以详细规划作为依据,覆盖不到的区域可依据市、县、乡国土空间总体规划。

第六,是土地市场供应的前提。《城市房地产管理法》第10条规定:"土地使用权出让,必须符合土地利用总体规划、城市规划和年度建设用地计划。"《城乡规划法》第38条第1款规定:"在城市、镇规划区内以出让方式提供国有土地使用权的,在国有土地使用权出让前,城市、县人民政府城乡规划主管部门应当依据控制性详细规划,提出出让地块的位置、使用性质、开发强度等规划条件,作为国有土地使用权出让合同的组成部分。未确定规划条件的地块,不得出让国有土地使用权。"《土地管理法实施条例》第39条第1款规定:"土地所有权人拟出让、出租集体经营性建设用地的,市、县人民政府自然资源主管部门应当依据国土空间规划提出拟出让、出租的集体经营性建设用地的规划条件,明确土地界址、面积、用途和开发建设强度等。"

第七,是房地产开发建设的依据。《城市房地产管理法》第25条规定:"房地产开发必须严格执行城市规划,按照经济效益、社会效益、环境效益相统一的原则,实行全面规划、合理布局、综合开发、配套建设。"《土地管理法》第64条规定:"集体建设用地的使用者应当严格按照土地利用总体规划、城乡规划确定的用途使用土地。"

第二节　国土空间规划对国有建设用地使用权的影响

域外情况表明,国土空间规划在城市发展中的地位愈来愈重要,事关"大城市的生与死"[1],事关"城市是胜利还是失败"[2],我国也不例外。鉴于这种重要性,也为了论证方便,本节聚焦于市级国土空间规划,论述其对国有建设用地使用权的影响。市级国土空间规划与县、乡镇、村庄等其他国土空间规划的制定、实施机制会有不同,但法律效力没有根本差异,故本节分析能适用于其他国土空间规划。另外,作为国有土地,城市建设用地的供应方式有出让、租赁、作价出资或入股、划拨等,最常见的是出让。本节的讨论对象限定于出让国有建设用地使用权,但分析思路和结论同样适用于其他国有建设用地使用权。再者,虽然国土空间规划目前尚无完整的法律制度,但市级国土空间规划能与《城乡规划法》的城市规划对应,故本节将市级国土空间规划和城市规划合并讨论,在必要之处把它们统称为城市规划。

一、影响国有建设用地使用权的国土空间规划

(一)不影响国有建设用地使用权的规划

城市的发展,特别是城市房地产的开发建设,在"多规合一"前后分别主要受制于城市规划和市级国土空间规划,这两类规划无疑会影响国有建设用地使用权。不过,多层级的体系化是我国规划最突出的直观特点。故而,在确定影响国有建设用地使用权的国土空间规划之前,有必要辨析上位规划是否会影响国有建设用地使用权。

首先,在市级国土空间规划之上有全国国土空间规划和省级国土空间规划,在城市规划之上有全国城镇体系规划和省级城镇体系规划。总的来说,国家规划和省级规划涉及的事项相当宏观,内容表述相当原则,如根据自然资源部制定的《省级国土空间规划编制指南(试行)》的规定,省级国土空间规划重点管控性内容包括目标定位、空间战略、城镇空

---

[1] 参见〔加拿大〕简·雅各布斯:《美国大城市的死与生(第2版)》,金衡山译,译林出版社2006年版,第1—216页。
[2] 参见〔美〕爱德华·格莱泽:《城市的胜利》,刘润泉译,上海社会科学院出版社2012年版,第125—184页。

间等。由于这两级规划不涉及具体特定的宗地,既不赋权也不限权,故不影响国有建设用地使用权。

其次,国民经济与社会发展规划也是市级国土空间规划和城市规划的上位规划,但它也有事项宏观、内容原则的特点,同时还不是专门指引国土空间的规划,故也不影响国有建设用地使用权。

此外,根据建设部《城市规划编制办法》第43条的规定,修建性详细规划应当包括下列内容:①建设条件分析及综合技术经济论证;②建筑、道路和绿地等的空间布局和景观规划设计,布置总平面图;③对住宅、医院、学校和托幼等建筑进行日照分析;④根据交通影响分析,提出交通组织方案和设计;⑤市政工程管线规划设计和管线综合;⑥竖向规划设计;⑦估算工程量、拆迁量和总造价,分析投资效益。由此可知,修建性详细规划是项目建设的规划设计,其前身是改革开放初期的详细规划,旨在为建筑工程设计提供依据,也即通称的"摆房子",与以出让为核心的土地市场化无关[1],不能影响国有建设用地使用权。

(二)影响国有建设用地使用权的规划

综合相关法律规范、政策文件和实践情况来看,与城市房地产相关的规划是一套体系,其各个组成共同发力,对房地产权具有综合影响力。沿着从基础到具体、从制定到实施的发展脉络,影响产权的规划包括以下的组成(见图3-4 影响国有建设用地使用权的城市规划)。

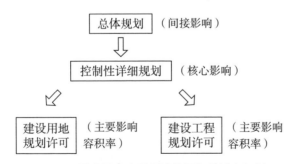

图3-4 影响国有建设用地使用权的城市规划

---

[1] 参见高捷、赵民:《控制性详细规划的缘起、演进及新时代的嬗变——基于历史制度主义的研究》,载《城市规划》2021年第1期,第74页。

第一,总体规划。根据《城乡规划法》第 17 条、自然资源部制定的《市级国土空间总体规划编制指南(试行)》的规定,总体规划涉及城市发展布局、功能分区、空间布局、规划区范围等事项,不是围绕某一或某几宗地进行谋篇布局,具有综合性、战略性、协调性、基础性和约束性,其功能因而主要是为城市国土空间保护、开发、利用、修复和指导各类建设提供纲领性指引,为详细规划提供编制依据。受此功能制约,总体规划一经法定程序制定,在其适用空间内具有普遍约束力。

国有建设用地使用权是特定的、具体的,是以特定宗地为客体的,也是具体主体所享有的,难以在总体规划中找到准确位置,总体规划因此不能直接影响国有建设用地使用权,与特定的权利人利益无关。这样一来,总体规划在行政诉讼中不具有可诉性。[1] 不过,《城乡规划法》第 19 条、"国土空间规划意见"规定,详细规划须符合总体规划的要求,而控制性详细规划直接影响着国有建设用地使用权,故总体规划通过控制性详细规划的传导[2],对国有建设用地使用权起着远距离的间接影响。

第二,控制性详细规划。住房和城乡建设部制定的《城市、镇控制性详细规划编制审批办法》第 10 条规定,控制性详细规划应包括下列基本内容:①土地使用性质及其兼容性等用地功能控制要求;②容积率、建筑高度、建筑密度、绿地率等用地指标;③基础设施、公共服务设施、公共安全设施的用地规模、范围及具体控制要求,地下管线控制要求;④基础设施用地的控制界线(黄线)、各类绿地范围的控制线(绿线)、历史文化街区和历史建筑的保护范围界线(紫线)、地表水体保护和控制的地域界线(蓝线)等"四线"及控制要求。[3] 据此,控制性详细规划通过确定地块

---

[1] 比如,在"黎某某等与吴川市人民政府土地规划纠纷案"中,二审法院指出,总体规划在性质上属于具有普遍约束力的决定、命令,针对的是不特定对象且可反复适用,黎某某等起诉请求撤销涉案总体规划完善方案等,依法不属于行政诉讼的受案范围。参见广东省高级人民法院(2019)粤行终 942 号行政裁定书。

[2] 参见刘宏燕、张培刚:《控制性详细规划控制体系演变与展望——基于国家法规与地方实践的思考》,载《现代城市研究》2016 年第 4 期,第 13 页;陈川、徐宁、王朝宇等:《市县国土空间总体规划与详细规划分层传导体系研究》,载《规划师》2021 年第 15 期,第 75—81 页。

[3] 控制性详细规划借鉴了美国区划(Zoning)的技术手段,把土地分为地块,赋予每一地块相应的使用性质、容积率、建筑密度等指标,以指导和约束未来的土地开发利用行为,它既是规划类型,也是管制制度。参见吴次芳、叶艳妹、吴宇哲等:《国土空间规划》,地质出版社 2019 年版,第 478 页。

用途、开发建设强度等,成为规划条件的依据,借此量化了土地空间,使其成为可用指标度量、可用金钱衡量的利益客体,潜在的受让人在有意取得国有建设用地使用权前,借助公开的控制性详细规划以及规划条件,能明晰建设用地的权利边界,从而决定是否以及如何(以多少价款、什么样的条件)来受让,这能为出让的规范市场化道路铺设基础。可以说,控制性详细规划的主要作用是引导出让[1],对国有建设用地使用权的取得及内容影响甚为深远。与此同时,控制性详细规划又通过划定基础设施、公共服务设施、"四线"等,确保城市的有序发展。概括来说,控制性详细规划细化了总体规划,使建设用地成为具体的利益客体,为市场提供了明确预期,同时又合理配置公益性的城市空间,促进城市空间要素的和谐有序,因而构成城市规划的主干。用规划学界的话来讲控制性详细规划的上述功能,就是其看似设计与分配了城市土地空间,实则分配了空间蕴含的价值。[2]

第三,规划条件文件。从法律规范来看,控制性详细规划必然涉及具体地块,但在实践中,出于解决控制性详细规划刚性管控和弹性开发的矛盾等考虑,控制性详细规划在有些地方会退居"二线",内容不一定对具体地块的开发强度指标进行详尽描述,这些任务转由主管部门的规划条件确定。[3] 在司法实践中,在有些地方控制性详细规划不明的情况下,只要主管部门对出让地块有规划条件文件,法院会予认可。比如,在"山西省忻州市新博雅房地产开发有限公司与忻州市规划和自然资源局、山西省自然资源厅土地行政纠纷案"中,一审法院认为,忻州市规划勘测局出具的《建设用地规划许可条件设计书》对案涉地块用地条件进行了规划设计,忻州市新博雅房地产开发有限公司与忻州市国土资源局签订的出让合同已包含规划条件内容,并非无效;二审法院认为,结合忻州市区城市建设的实际情况,不能认定出让合同无效。[4]

[影响国有建设用地使用权的规划许可] 规划许可在《城乡规划

---

[1] 参见孙睿:《辨析产权与规划权力的关系——中国控规与美国区划法的比较研究》,陈敏译,载《国际城市规划》2021年第1期,第85页。
[2] 参见黄明华、赵阳、高靖葆等:《规划与规则——对控制性详细规划发展方向的探讨》,载《城市规划》2020年第11期,第56页。
[3] 参见刘慧军、罗嘉强、牛梦云:《由专项个案探讨新时期控制性详细规划的变革与转型》,载《城市发展研究》2022年第1期,第30—31页。
[4] 参见山西省忻州市中级人民法院(2019)晋09行终48号行政判决书。

法》中是城市规划的实施,同样也是国土空间规划的实施,自然资源部办公厅《关于加强国土空间规划监督管理的通知》就指出"坚持先规划、后建设。严格按照国土空间规划核发建设项目用地预审与选址意见书、建设用地规划许可证、建设工程规划许可证和乡村建设工程规划许可证。未取得规划许可,不得实施新建、改建、扩建工程"。规划许可也会影响国有建设用地使用权。

根据《城乡规划法》第38条的规定,在签订出让合同后,受让人依法向主管部门申请建设用地规划许可证。主管部门依据控制性详细规划审核建设用地的位置、面积和建设工程平面图,确定建设用地范围,符合条件的,核发建设用地规划许可证。[1] 建设用地规划许可之所以与国有建设用地使用权有关,是因为容积率是与国有建设用地使用权关联的重要规划指标,住房和城乡建设部《建设用地容积率管理办法》第3条第1款规定,"容积率是指一定地块内,总建筑面积与建筑用地面积的比值"[2],建设用地规划许可证确定了建设用地面积,是容积率的分母。

根据《城乡规划法》第40条的规定,在城市规划区内进行工程建设,建设单位或个人应向主管部门提交使用土地的证明文件、建设工程设计方案、修建性详细规划等材料,申请建设工程规划许可证,符合控制性详细规划及规划条件文件的,主管部门核发建设工程规划许可证,并依法公布经审定的修建性详细规划和建设工程设计方案的总平面图。虽然建设工程规划许可证属于规划的实施,但它能更确定、更具体地表明控制性详细规划或规划条件文件设定的指标,由此获得更优的效力。比如,在"佛山市禅城区城市管理和综合执法局、佛山市禅城区人民政府与佛山源海发展有限公司规划行政处罚纠纷案"中,案涉土地的规划条件容积率为≥0.8≤5.0,产权证明确"该地块规划可建地上建筑面积为95万平方米(计算容积率)",建

---

[1] 参见全国人大常委会法制工作委员会经济法室、国务院法制办农业资源环保法制司、住房和城乡建设部城乡规划司、政策法规司编:《中华人民共和国城乡规划法解说》,知识产权出版社2016年版,第91页。

[2] 《民用建筑设计统一标准》第2.0.10条把容积率界定为:"在一定用地和计容范围内,建筑面积总和与用地面积的比值"。国家标准《城市居住区规划设计规范》(GB50180-93)第2.0.29条把建筑面积毛密度等同于容积率,将其界定为:是每公顷居住区用地上拥有的各类建筑的建筑面积或以居住区总建筑面积(万平方米)与居住区用地(万平方米)的比值表示。"

设工程规划许可证计算容积率建筑面积共计949698.02平方米,二审法院认为,应以建设工程规划许可证为准。[1]

概括来说,作为城市规划主干的控制性详细规划划定了土地属性和用途,设定了开发建设指标,是规划条件的根源,是国有建设用地使用权出让的前置要件,对国有建设用地使用权的取得及内容影响深远;总体规划是控制性详细规划的依据,依靠控制性详细规划的传导对国有建设用地使用权的出让发挥作用。建设用地规划许可、建设工程规划许可与容积率关系紧密,在此事项上与控制性详细规划共同影响着国有建设用地使用权。一言以蔽之,控制性详细规划在影响国有建设用地使用权方面发挥着主导作用,总体规划起配合作用,旨在为控制性详细规划的正当性背书,建设用地规划许可、建设工程规划许可则在容积率事项上与控制性详细规划配合发挥作用。

建设用地规划许可、建设工程规划许可是城市规划的实施,与其相关的文件,不应归为规划序列。不过,不少规范性法律文件提及的规划是指规划许可文件。比如,根据《不动产登记暂行条例实施细则》第35条的规定,建设工程符合规划的材料是国有建设用地使用权及房屋所有权首次登记的必备申请材料,此处的规划主要是指建设工程规划许可证明。又如,"建筑物区分所有权解释"第3条第2款在界定业主独有的国有建设用地使用权时,特别强调"属于业主专有的整栋建筑物的规划占地",此处的规划也主要指建设工程规划许可证明。由此可见,在实践中,规划许可文件不仅是城市规划的具体化,更是民事主体最常接触到的国土空间规划载体,在此意义上,把它们归到规划序列之中,不会产生理解歧义,也能融贯理解不同法律规范中的规划。

二、国土空间规划对国有建设用地使用权的具体影响

国土空间规划对国有建设用地使用权的取得、内容、行使和归属产生重要影响(见图3-5 规划对国有建设用地使用权的影响),分述如下。

---

[1] 参见广东省佛山市中级人民法院(2020)粤06行终23号行政判决书。

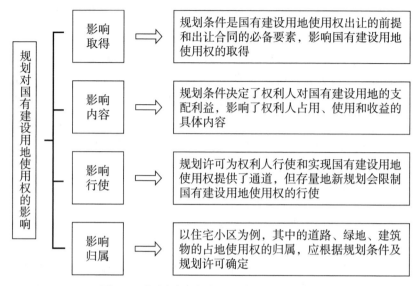

图 3-5 规划对国有建设用地使用权的影响

(一)影响国有建设用地使用权的取得

反映控制性详细规划内容的规划条件影响着国有建设用地使用权的出让,未写明规划条件的出让合同无效,受让人因此无法取得国有建设用地使用权。虽然《不动产登记暂行条例实施细则》第 34 条在规定国有建设用地使用权首次登记的申请材料时,未明确列举符合控制性详细规划或规划条件的材料,但因规划条件是出让的前置要件,直接影响国有建设用地使用权的取得,故而,法院在判断当事人应否通过出让取得国有建设用地使用权时,要分析案涉地块是否符合控制性详细规划或规划条件。在"王某某与河南省漯河市人民政府土地复议职责纠纷再审案"中,最高人民法院就指出,"案涉土地上的建设项目不符合漯河市《西城区控制性详细规划》",办理有关权属证书的条件尚未成就。[1]

控制性详细规划是行政行为,须满足相应的合法要件,包括主体有相应权限、事实依据全面妥当、符合正当程序、内容合法等,规划条件同样也须满足前述要件。在规划条件纳入出让合同的情况下,符合这些要件的控制性详细规划或规划条件无疑影响着出让,但不符合者未必不能影响,因为只要法院依法

---

[1] 参见最高人民法院(2019)最高法行申 11785 号行政裁定书。

不撤销违法的控制性详细规划或规划条件,出让合同不会因控制性详细规划或规划条件违法而无效,违法的控制性详细规划或规划条件对国有建设用地使用权的取得仍有影响力。

根据《城市、镇控制性详细规划编制审批办法》第9条的规定,控制性详细规划的编制除了依据总体规划,还应遵守国家有关标准和技术规范,这对规划条件同样适用,违背的后果会导致规划条件被法院依法撤销。比如,在"株洲市渌口区自然资源局与湖南长源农业发展有限公司城乡建设行政管理纠纷案"中,[2015]023号《株洲县规划条件通知书》指向的出让地块用途为工矿仓储用地,距离已纳入株洲县控制性详细规划的某中型危险化学品仓库1000米内,该地块拟用于建设加工厂房、冷库、仓储用房等。国家标准《危险化学品经营企业开业条件和技术要求》(GB 18265-2000)规定,"中型危险化学品仓库应与周围公共建筑物、交通干线(公路、铁路、水路)、工矿企业等距离至少保持1000m"。再审法院认为,原株洲县住建局应当根据出让地块1000米内有中型危险化学品仓库提出出让地块的位置、使用条件、开发强度等规划条件,而对出让地块的土地用途规划为"仓储用地""工矿仓储用地"乃至"工业用地",对用地者权利义务将产生重大影响,直接影响其用地目的,明显不当,依法应予撤销。[1] 规划条件一经法院撤销,就失去意义,相应的出让合同无效,受让人即便办理了登记,也不能取得国有建设用地使用权。

(二)影响国有建设用地使用权的内容

《民法典》第116条规定了物权法定原则,即物权的种类和内容由法律规定。物权的内容首先指向物权人控制和支配标的物的方式方法,如国有建设用地使用权人能对建设用地进行占有、使用和收益,此即物权人对标的物的支配利益,这是作为支配权的物权的必有内容。支配利益的构造决定了物权的种类,如权利人对建设用地的占有、使用、收益的支配利益构造,决定了此类物权只能是国有建设用地使用权而非其他物权,故某种物权包含哪些支配利益,要由法律规定。国有建设用地使用权的内容是产权人对建设用地所享有的支配利益,根据《民法典》第344条的规定,其一般形态是占有、使用和收益,具体形态是建造房屋。作为物权内容的支配利益能给物权人带来积极利益,但其必有正当限度,物权人因此也要依法负担不作为的消极义务,如国有建设用地使用权人能使用土

---

[1] 参见湖南省高级人民法院(2019)湘行再77号行政判决书。

地,与此同时,根据《民法典》第 350 条的规定,也有合理使用土地,不得改变土地用途的义务。这种消极义务是法律根据物权特性而对支配利益进行限制的要素,是物权内容的内在构成。

法律规定的支配利益都是抽象的,它在现实中必须落实在个案当中,必须具体化为特定的利益形态,在国有建设用地使用权,这样的具体化任务首先由规划来承担。具体而言,国有建设用地使用权人的占有、使用和收益能到什么程度,能建造什么样的房屋,是在《城乡规划法》和《土地管理法》的调整和规范下,通过控制性详细规划、规划条件和建设用地规划许可加以具体限定。

《城市规划编制办法》第 42 条规定,控制性详细规划确定的各地块的主要用途、建筑密度、建筑高度、容积率、绿地率、基础设施和公共服务设施配套规定应当作为强制性内容。相应地,《〈国有建设用地使用权出让合同〉示范文本》第 5 条明确了土地用途,第 13 列举的规划条件包括建筑物性质、建筑总面积、容积率、建筑限高、建筑密度[1]、绿地率[2],附件 3 是全部规划条件。在这些条件中,土地用途决定了建设用地是用以建造住宅、工厂抑或其他房屋,建筑物性质、建筑总面积、容积率、建筑限高、建筑密度分别从用途、面积、舒适度、高度、密集度决定了所建房屋的物理状况,绿地率决定了建设用地的绿化程度。此外,建设用地规划许可确定了建设用地范围和面积。通过这样的限定,权利人对建设用地的支配利益清晰可见,可为不可为的空间非常确定。

作为空间管制措施的国土空间规划是土地利用的开端,是出让的前提,总体规划、控制性详细规划、规划条件和建设用地规划许可合力确定了建设用地的建设方向及强度,确定了建设用地蕴含的可支配利益。规划的这些作用力反射到民法中,就具体化了国有建设用地使用权的内容。就此而言,国有建设用地使用权的内容实际上与前述规划合为一体。

相比于其他社会规范,法律以明确、稳定见长,物权法定因此会使物

---

[1] 《民用建筑设计统一标准》第 2.0.9 条把建筑密度界定为:"在一定用地范围内,建筑基底面积总和与总用地面积的比率(%)。"《城市居住区规划设计规范》第 2.0.31 条把建筑密度界定为:"居住区用地内,各类建筑的基底总面积与居住区用地面积的比率(1%)。"

[2] 《民用建筑设计统一标准》第 2.0.11 条把绿地率界定为:"在一定用地范围内,各类绿地总面积占该用地总面积的比率(%)。"《城市居住区规划设计规范》第 2.0.32 条把绿地率定为:"居住区用地范围内各类绿地面积的总和占居住区用地的比率(%)。"

权的种类明确、内容确定。由于国有建设用地使用权的具体内容靠规划呈现,为了明确权利人的可支配利益,规划就应像法律那样明确、稳定,这就要求规划条件应完整明确,出让地块的用途确定无疑,建筑总面积、容积率、建筑限高、建筑密度、绿地率的数值或上下限范围应用确定的数字表述,如容积率≥0.8≤5.0。若非如此,特别是在规划条件中的土地用途不明或缺失容积率的情形,因缺乏明确的必要内容,意欲取得国有建设用地使用权的受让人无所适从,这违背了行政行为内容明确的实质要求[1],规划条件不能产生法律效力。而且,这样的规划条件表明出让要约并不具体确定,缺乏必要内容,受让人无法有效承诺,出让合同不能成立。

需要提及的是,容积率在我国实施运用的时间晚于出让,实践中存在有产权却无容积率的建设用地。对于这种历史遗留问题,基于《立法法》第104条的法不溯及既往的规定,容积率的缺失不影响出让合同的成立和国有建设用地使用权的取得。但由于容积率是建设用地上所建房屋的舒适度指标,决定着房屋可建面积,影响着建设用地的价值,主管部门必须事后以合法方式补充该指标,以补正规划条件的欠缺,明确国有建设用地使用权的内容以及产权人的义务。比如,在"广州市番禺南英房地产有限公司与广州市规划和自然资源局资源行政管理纠纷案"中,早先的出让合同未约定案涉地块的容积率,主管部门根据土地开发进度,以行政批复的形式确定相应的规划设计条件,二审法院指出,因调整容积率,须变更或补充出让合同,补缴出让金。[2]

此外,在影响权利人对建设用地的可支配利益方面,除了规划条件起着至关重要的作用,文物保护、产业限制、环保评价等也会发挥着重要影响,规划条件须与它们协调一致,否则会导致看似完整明确的规划条件实际落空,国有建设用地使用权的具体内容仍无法确定。"湖州德隆置业有限公司与湖州市自然资源和规划局、湖州太湖旅游度假区管理委员会国有土地使用权出让协议纠纷案"就很典型。案涉出让合同一方面约定出让土地的规划条件为建筑总面积16335.6平方米,另一方面又因出让土地涉及邱城遗址保护,出让文件明确"湖州市规划与建设局于2010年4月26日出具的

---

[1] 参见〔德〕哈特穆特·毛雷尔:《行政法学总论》,高家伟译,法律出版社2000年版,第239页;陈敏:《行政法总论》(第七版),新学林出版股份有限公司2011年版,第239页。
[2] 参见广东省高级人民法院(2017)粤行终1635号行政裁定书。

湖城规 330501201000026 号《太湖度假区梅西片 02-40A 地块国有土地出让主要规划条件》系《拍卖文件》的组成部分。'项目必须经省文物主管部门批复同意后方可组织实施'"。浙江省人民政府于 2014 年 6 月 25 日作出同意对邱城遗址保护范围及建设控制地带进行调整的批复,调整后的规划条件建筑面积为 9557 平方米。再审法院认为,案涉土地出让前的规划条件存在不确定性。在此认识基础上,再审法院以出让合同的解除为审判方向。[1] 不过,既然规划条件不确定,出让合同本就未成立,因此谈不上合同解除。

(三)影响国有建设用地使用权的行使

权利人已取得使用权的建设用地通常称为存量地。从 20 世纪末分税制改革后,地方政府面临巨大的财政压力,土地财政应运而生,并与工业化和城市化的时代潮流相向而行,工业用地、商业用地和住宅用地成为土地市场主力军。[2] 在这种经济动因激励下,地方政府更愿意把存量地重新规划并进行房屋征收拆除后,向市场重新供地,以换取更高额的经济回报。法律对这一过程的规制,重在征收是否符合公共利益、程序是否合法、补偿是否合理到位。

至于规划对产权的影响,法律虽给予关注,但远远谈不上充分。《城市、镇控制性详细规划编制审批办法》第 8 条规定,编制涉及存量地的控制性详细规划,应考虑土地权属。但在规划实践中,特别是在"多规合一"改革前,我国绝大多数地方的土地管理和规划管理长期分别由两个部门主导,为规划编制提供专业和技术支持的规划师深受这种管理分离格局的影响,习惯于物理空间规划,忽视了地块的社会经济属性,忽略了既有的产权[3],这样的实践操作实际上使土地权属因素在控制性详细规划编制中的权重比例微乎其微。正因如此,规划业界和学界呼吁存量地的详细规划须平衡公共利益、产权人利益、投资人利益等各方利益的声音很

---

[1] 参见浙江省高级人民法院(2018)浙行再 4 号行政裁定书。
[2] 参见兰小欢:《置身事内:中国政府与经济发展》,上海人民出版社 2021 年版,第 59—67 页。
[3] 参见于昕田、南明宽:《详细规划与国土空间用途管制逻辑演进与完善策略》,载《规划师》2021 年第 18 期,第 50 页。

响亮。[1]

另外,虽然《城乡规划法》第 50 条第 1 款规定,在建设用地规划许可、建设工程规划许可发放后,因依法修改规划给权利人合法权益造成损失的,应依法予以补偿。但实现难度不小,因为无论是存量地使用权的转移或消灭,还是对存量地使用权的限制,如禁止权利人占有或转让,均要有正当事由,并有法律根据,而依法修改的规划没有这样的法律功用,不会减损权利人的支配利益和处分权能。而且,权利人在规划修改前已合法取得建设工程规划许可证,建设工程规划许可的法律效力还不受影响,权利人仍能建造房屋。在"广德县骨外科医院与广德市人民政府征用、侵占土地纠纷案"中,广德县骨外科医院先取得国有建设用地使用权和建设工程规划许可证,广德市人民政府后编制总体规划和控制性详细规划,修改了案涉地块的用途、容积率等规划条件。二审法院认为,任何单位都不能仅依据新的总体规划、控制性详细规划占用该医院依法取得使用权的土地,该医院的建设工程规划许可也未改变。[2]

这样来看,制定或修改总体规划、控制性详细规划,并不影响存量地权利人的利益,相应地,主管部门基于这些规划就存量地为他人核发的建设用地规划许可证也不会影响产权人的利益。比如,在"闫某某、樊某某与河北省唐山市城乡规划局规划行政许可纠纷案"中,最高人民法院就认为,建设用地规划许可不会直接发生设立、变更、转让或消灭不动产物权的效力,规划局是否为他人核发建设用地规划许可证,不直接影响国有建设用地使用权人的合法权益。[3] 在"李某某与重庆市规划和自然资源局行政许可纠纷案"中,二审法院除了重申最高人民法院的前述立场,还进一步指出,相关法律、法规并未规定,主管部门在作出建设用地规划许可时,须保护或者考量项目用地范围内的土地使用权人权益。[4]

从法理上分析,存量地的新规划虽然不会减损权利人的支配利益和处分权能,但的确会限制国有建设用地使用权的行使,主要表现为:

第一,新规划往往改变建设用地的原用途、容积率等规划条件,会抽

---

[1] 参见胡海波、曹华娟、曹阳:《国土空间规划体系下详细规划再认识与改革方向》,载《规划师》2021 年第 17 期,第 13 页;黄凌翔、梁兴森、张贞等:《基于土地产权关系的国土空间控制性详细规划创新研究》,载《规划师》2022 年第 2 期,第 60 页。
[2] 参见安徽省高级人民法院(2020)皖行终 514 号行政判决书。
[3] 参见最高人民法院(2019)最高法行申 12752 号行政裁定书。
[4] 参见重庆市第一中级人民法院(2020)渝 01 行终 398 号行政判决书。

空国有建设用地使用权的基础,改变其内容,影响权利人行使权利。正因此,《城乡规划法》第 48 条第 1 款规定,修改涉及存量地的控制性详细规划之前,应征求权利人等利害关系人的意见。未尽到该正当程序义务,控制性详细规划的修改违法,在它可以调整时,新的控制性详细规划还会被法院要求再予调整。比如,在"中山市人民政府与李某某规划批复纠纷案"中,权利人取得案涉地块的使用权,依法建造房屋,后中山市人民政府的控制性详细规划调整案涉地块的用途、容积率等。一审和二审法院均认为,控制性详细规划实质改变国有建设用地使用权的内容,影响其实施,主管部门未专门告知权利人,听取其意见保障其权利,不符合正当程序的要求,故而违法;中山市人民政府亦明确表示同意修订案涉地块控制性详细规划,故其应修订相应规划指标,使之不再与案涉地块国有建设用地使用权对应的规划条件冲突。[1]

第二,权利人基于国有建设用地使用权,有权申请建设工程规划许可来建造房屋,这是其权利的本有之义,但新规划会影响权利的行使,导致其不能实现,结果是权利人不能就该地块申请建设工程规划许可证,无法建造房屋。在"梁某某与梧州市住房和城乡建设局行政许可纠纷案"中,梁某某的房屋被认定为危房,为了拆除重建,向梧州市住建局申请建设工程规划许可证,但根据梧州市总体规划、梧州市河东区控制性详细规划,案涉房屋所在地块已规划为道路,该局经审查后作出不予行政许可的决定,一审、二审和再审法院均认为该决定并无不当。[2]

第三,实践情况表明,征收与否在政府制定规划阶段已经基本定下来[3],故而,存量地新规划往往就是征收的冲锋号,而《国有土地上房屋征收与补偿条例》第 16 条第 1 款规定,房屋征收范围确定后,不得在该范围内实施新建、扩建、改建房屋和改变房屋用途等不当增加补偿费用的行为,正如《重庆市国有土地上房屋征收与补偿条例》第 13 条、《山东省国有土地上房屋征收与补偿条例》第 11 条所显示的,其中的"等"在地方实践中具体化为不动产物权变动等,这样一来,借助后续的征收,存量地新规划间接地对国有建设用地使用权的行使施加了更大也更有力的限制。

---

[1] 参见广东省高级人民法院(2018)粤行终 1862 号行政判决书。
[2] 参见广西壮族自治区高级人民法院(2019)桂行申 595 号行政裁定书。
[3] 参见沈岿:《系统性困境中的违宪难题及其出路——以城市房屋征迁制度为例》,载《政治与法律》2010 年第 12 期,第 10 页。

既然存量地的新规划会影响国有建设用地使用权的行使,那就此产生的损失,权利人应依法享有补偿请求权。比如,在"苏州阳澄湖华庆房地产有限公司(以下简称华庆公司)与苏州市人民政府土地收回纠纷案"中,华庆公司于 2000 年 9 月取得涉案地块国有土地使用权,用途为商住。苏州市人民政府根据《阳澄湖保护条例》规定,于 2007 年 8 月 3 日作出案涉控制规划批复,将案涉地块规划变更为生态绿地,并禁止已批未建居住用地开发。2012 年 10 月 30 日,经苏州市人民政府批准,苏州市国土局作出《收回国有土地使用权决定书》,决定收回涉案国有建设用地使用权。最高人民法院指出,华庆公司虽然合法取得案涉国有建设用地使用权,但因客观上的"规划管制",难以再对案涉土地进行房地产开发等项目建设。此前提下,苏州市国土局作为土地行政主管部门,依法启动收回案涉国有建设用地使用权程序,也更有利于对华庆公司合法权益的保护。苏州市国土局并应当结合《城镇土地估价规程》规定,依法确定被收回国有建设用地使用权市场价值,给予华庆公司公平合理的补偿。[1]

(四)影响国有建设用地使用权的归属

国有建设用地使用权的取得,当然是在界定权属,前面说规划影响国有建设用地使用权的取得,因此包含了影响权利归属的意思。不过,本处说的影响建设用地使用权的归属,不包含前述意思,而是限定在同一地块承载多个房屋,房屋不归同一人所有的情形。

涉及建筑物区分所有权的住宅小区最为典型。房地产开发企业等建设单位把小区建成后,规划对国有建设用地使用权归属的影响主要表现为:

第一,根据规划,小区中会有城镇公共道路和城镇公共绿地,根据"建筑物区分所有权解释"第 3 条第 2 款的规定,其占地的使用权既不属于业主专有,也不属于业主共有。

第二,业主专有的整栋建筑物的规划占地为独立宗地,与小区的其他房屋分别处于不同宗地的,根据"建筑物区分所有权解释"第 3 条第 2 款的规定,其使用权归该业主。

第三,业主专有房屋的规划占地不是独立宗地,与小区的其他房屋共处同一宗地的,国有建设用地使用权由全体业主共有,基于容积率、建筑总面积、建设用地面积的规划指标,份额比例应根据房屋建筑面积比例确

---

[1] 参见最高人民法院(2017)最高法行申 1336 号行政裁定书。

定,结果就是与各房屋对应的国有建设用地使用权份额归属于该房屋所有权人。

从"建筑物区分所有权解释"第 3 条第 2 款可知,无论业主专有的整栋建筑物的规划占地是否属于独立宗地,其使用权都属于该业主,而非业主共有。在该规划占地并非独立宗地的情形,该条款的界定颇值商榷。因为业主专有的整栋建筑物的占地必经规划,只要该地块未被规划为独立宗地,而是与其他房屋共同处于同一宗地之上,那么,包括该地块在内的小区宗地使用权由业主共有。而且,只要规划不调整,无论是主管部门还是业主大会,都无法根据不同楼宇的分布来分割小区宗地,在此限定下,业主专有的整栋建筑物占地的使用权不可能归该业主专有。

至于业主共有的份额比例,显然是没有约定的。在此情况下,根据《民法典》第 309 条,有关按份共有份额的确定规则,应先按照出资额确定,也即按照房价确定。但这在实践中明显行不通,不仅因为业主相互不知彼此的房价,还因为房价会随市场变化、购买时间等因素而有波动和差异。不过,出资额之所以成为确定份额的标准,是因为它是共有得以形成的基础,反映了共有物的价值。沿循这一思路,在容积率、建筑总面积、建设用地面积的规划指标基础上,房屋建筑面积能反映国有建设用地使用权的价值,可成为确定份额的标准。

具体说来,作为总建筑面积与建设用地面积之比,容积率表明了房屋及小区的居住舒适度,表明宗地之上能承载多少面积的房屋,与土地价格关联紧密。从市场反映来看,在房产开发限制越严格的地方,容积率的高低就会更直接地关联到地价的高低。[1] 地价表现了国有建设用地使用权的经济价值,而容积率是该价值高低的标杆,这样一来,基于确定的建设用地面积这个容积率的计算分母,建筑总面积这个分子就成为衡量国有建设用地使用权价值的指标。建筑总面积是由宗地上所有房屋的建筑面积加总而成的,房屋建筑面积因而成为确定国有建设用地使用权份额的标准。

---

[1] See Brueckner, Jan et al., "Measuring the Stringency of Land-Use Regulation: the Case of China's Building-Height Limits", Review of Economics and Statistics 99, 2017, no.4, pp. 663—677. 另参见金月赛、张美亮、张金荃:《存量规划的容积率管控机制研究》,载《城市发展研究》2019 年第 3 期,第 82 页。从历史角度对规划与土地商业价值关系的形象阐述,参见〔美〕刘易斯·芒福德:《城市发展史:起源、演变与前景》,宋俊岭、宋一然译,上海三联书店 2018 年版,第 395—399 页。

这个标准是符合实际的。小区住房的成本主要包括两部分：一是地价，二是建安成本等建设费用，受此影响，每套房屋的价格既反映该套房屋所有权的经济价值，又反映与其对应的国有建设用地使用权的价值。无论是成本还是房价，都与建筑面积直接相关，建筑面积愈大，成本就愈高，房价也愈高。而且，只要小区在同一宗地上进行同期规划开发建设，其容积率是一样的。正因如此，在通常的房屋买卖交易中，相比于楼层、朝向等房屋的其他物理要素，建筑面积的大小决定了房价的高低。在这种现实中，以建筑面积作为确定国有建设用地使用权的份额，以表征房屋所对应的国有建设用地使用权价值，能为人们所接受。

需要注意的是，按照容积率计算的建筑总面积包括了物业服务用房等业主共有的房屋，这些共有部分的份额与国有建设用地使用权的份额应是一致的，故而，在计算份额时，作为分母的建筑总面积不应是规划的建筑总面积，而是作为业主专有部分的房屋建筑面积之和。至于每套房屋的建筑面积，可以适用"建筑物区分所有权解释"第8条，按照不动产登记簿记载的面积计算；没有登记的，暂按测绘机构的实测面积计算；尚未实测的，暂按房屋买卖合同记载的面积计算。

举例对前述份额计算进行说明。A公司受让取得一宗国有建设用地使用权，该地面积1500平方米，规划的建筑总面积4000平方米，容积率4，建设占地面积1000平方米。A按照规划建成房屋，其中专有房屋建筑面积3000平方米，共有房屋建筑面积1000平方米。B购买一套300平方米的房屋，C购买一套150平方米的房屋。B的国有建设用地使用权共有份额是1/10(300÷3000)，C的共有份额是1/20(150÷3000)。该份额同时是B、C对共有房屋的份额，也是按照《民法典》第278条的规定进行投票、第281条的规定缴纳维修资金、第282条的规定分配共有部分收入的比例。

第四，在独栋别墅类型的住宅小区，在划定每栋房屋的土地专用面积比例时，可以依照规划的建筑密度指标，以每栋房屋的建筑基底面积与所有房屋的总基底面积之比来计算。比如，前例中的A公司土地规划建筑密度为0.8，其建筑总基底面积就是800平方米（建设占地面积1000平方米×0.8），B房屋基底面积100平方米，C房屋基底面积80平方米，在划分B、C专用的土地面积时，参考的比例分别为1/8(100÷800)和1/10(80÷800)。

三、小结

从规范和实践情况来看,总体规划、控制性详细规划、规划条件文件、建设用地规划许可、建设工程规划许可均对国有建设用地使用权起作用,它们分别处在规划的不同阶段,对国有建设用地使用权发挥着力度不同的影响。总体规划和控制性详细规划是国土空间规划的主要类型,处于下位的控制性详细规划应符合上位的总体规划。规划条件文件直接源自控制性详细规划,在理论上两者的意义可以画等号。建设用地规划许可和建设工程规划许可是实施总体规划和控制性详细规划的主要表现,既然是实施,当然要依据并符合实施总体规划和控制性详细规划。

按理讲,在这样环环相扣的体系性中,这些规划之间不应存在抵牾。但现实是复杂的,受各种因素的影响,这些规划在实践中会有适度分离,如相比于规划条件的容积率弹性数值范围,建设工程规划许可的容积率会更确定,在计算建筑总面积时,面对两者的差异,以建设工程规划许可为准会更符合行政行为的确定性。故而,在观察它们时,既要有体系一致性的理论准备,还要有具体差异性的实践警醒。

国有建设用地使用权是城市房地产权的根基,对它起着直接引导作用的是规划条件,规划条件是国有建设用地使用权出让的前提和出让合同的必备要素,没有规划条件,就没有出让,故规划条件直接与国有建设用地使用权的取得挂钩。规划条件应与控制性详细规划同呼吸共命运,控制性详细规划又必须符合总体规划,总体规划、控制性详细规划和规划条件因而三位一体地影响着国有建设用地使用权。同时,建设用地规划许可和建设工程规划许可分别涉及建设占地面积和建筑总面积,它们也与前述三类规划一道,为权利人设定了行为空间,设置了国有建设用地使用权的内容,并影响着国有建设用地使用权的行使及归属。

第三节 国土空间规划对"地随房走"规则中"占用范围"的影响

一、问题的提出

正如第二章所分析的,《民法典》第356—357条、第397条规定了"房随地走,地随房走"的房地一体处分规范,即国有建设用地使用权转让或抵押的,附着的房屋一并转让或抵押("房随地走"规则);房屋转让或抵押的,占用范围内的国有建设用地使用权一并转让或抵押("地随房走"规则)。查封也适用房地一并处分规范,"查封、扣押、冻结规定"第21条对此有明文规定。[1] 为了论述简便,同第二章一样,本节把国有建设用地使用权称为地权,把房屋所有权称为房权。

在"地随房走"时,房屋"占用范围"内的地权随房权一并处分或查封,"占用范围"的内涵究竟指什么,最高立法机构的释义一贯模棱两可,说它可能是一宗单独的地权,也可能是共有地权中的份额,至于这些"可能"分别针对哪些情形,语焉不详。[2] 通过梳理个案裁判,能看出司法界的分歧更大,主要有四种观点:一是"实占范围说",即"占用范围"指房屋实际占用的土地范围(见图3-6"实占范围说"的模型),如抵押7416.45平方米的房屋,宗地65381.42平方米,一并抵押的是该房屋实际占用的土地面积[3],也即房屋基底占用的土地面积。二是"建筑占地说",即"占用范围"指房屋所在宗地中的建筑占地面积(见图3-7"建筑占地说"的模型),如抵押房屋占地424平方米,宗地1120平方米,权证记载的"建筑占地"656平方米,一并抵押的是该建筑占地面积。[4] 三是"整宗土地说",即"占用范围"指房屋所在的整宗土地(见图3-8"整宗土地说"的模型),如抵押房屋占地547.88平方米,宗地1316.6平方米,一并抵押的是整宗地。[5] 四是"地权份额说",即"占用范围"指以房屋面积在宗地规划建设总面积的比例为标准计算的地权份额(见图3-9"地权份额说"的模型),比如,抵押房屋面积5525.28平方米,规划总建筑面积9933平方米,宗地21905.82平方米,规划建筑占地4417平方米,抵押房屋面积占规划总建筑面积的比例为55.63%(5525.28÷9933),这是抵押房屋分摊的土

---

[1] 不过,该条第1款用的是"使用范围",即"查封地上建筑物的效力及于该地上建筑物使用范围内的土地使用权,查封土地使用权的效力及于地上建筑物"。

[2] 参见胡康生主编:《中华人民共和国物权法释义》,法律出版社2007年版,第330页;黄薇主编:《中华人民共和国民法典释义(上册)》,法律出版社2020年版,第694页。

[3] 参见内蒙古自治区高级人民法院(2015)内民一终字第00027号民事判决书、最高人民法院(2015)民申字第3429号民事裁定书。这种观点也表现在"建筑物区分所有权解释"第3条第2款对业主地权的界定,即属于业主专有的整栋房屋的规划占地,不属于业主共有。参见最高人民法院民事审判第一庭编著:《最高人民法院建筑物区分所有权、物业服务司法解释理解与适用》,人民法院出版社2009年版,第67页。

[4] 参见湖南省高级人民法院(2017)湘民终281号民事判决书、最高人民法院(2017)最高法民申4257号民事裁定书。

[5] 参见辽宁省高级人民法院(2019)辽民终278号民事判决书、最高人民法院(2020)最高法民申2308号民事裁定书。

地权益份额,一并抵押的是该份额[1];又如,抵押房屋的建筑面积为24859.15平方米,规划建设面积55260.05平方米,前者与后者之比为44.99%,一并抵押的是地权权益中的44.99%。[2] 理论界同样也没有共识。[3] 这样的模糊和分歧显然有损法律的确定性和明确性,对推进交易和解决纠纷有百害而无一利,故而,如何准确界定"占用范围",是应认真对待的问题。

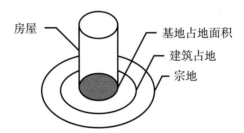

说明:按"实占范围说",房屋的基底占用面积是"地随房走"规则中的占用范围

图 3-6 "实占范围说"的模型

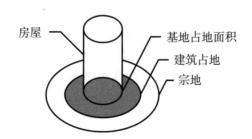

说明:按"建筑占地说",建筑占地面积是"地随房走"规则中的占用范围

图 3-7 "建筑占地说"的模型

---

[1] 参见江苏省南京市中级人民法院(2017)苏 01 民终 10801 号民事判决书。另参见江苏省南京市中级人民法院(2015)宁商终字第 00805 号民事判决书。
[2] 参见最高人民法院(2020)最高法民申 4903 号民事裁定书。
[3] 参见高圣平:《担保法前沿问题与判解研究》(第四卷),人民法院出版社 2019 年版,第 215—219 页;程啸:《担保物权研究》(第二版),中国人民大学出版社 2019 年版,第 277—280 页。

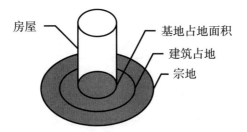

说明：按"整宗土地说"，整宗面积
是"地随房走"规则中的占用范围

图 3-8　"整宗土地说"的模型

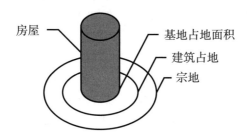

说明：按"地权份额说"，房屋建筑
面积与宗地规划建筑总面积的比例
是"地随房走"规则中的占用范围

图 3-9　"地权份额说"的模型

　　司法界的分歧涵盖了理论界的认识，故本书以司法观点为对象来展开。在前述司法观点中，从词语表达的角度来看，前三种表明了与房屋关联的土地的物理边界，直指房屋在作为实体物的土地中的"占用范围"，它不仅用具体面积表达了土地的大小，还指向了土地的特定区域，基于这种共性，可把它们统称为界定"占用范围"的实体方案。第四种观点与前三种观点相去甚远，它以特定比例来衡量"占用范围"，与按份共有中的份额一样，表征的是观念上的抽象权利比例。本节将证明，恰恰是与"占用范围"规范文义差别最大的"地权份额说"最值得赞同，结论就是房屋被处分或被查封的，与房屋对应的地权份额一并处分或查封。

二、实体方案的不足

　　实体方案看似符合"占用范围"的规范文义，但它们存在各种不足，与房地一体处分规范的目的不完全契合,也不能在当事人之间实现利益平衡,不足为取。为行文简便,本部分以抵押房屋为例展开分析。

(一)"实占范围说"的不足

"实占范围说"最直观地描述了房屋占用的土地范围,符合人们在生活中的通常认知,如学生在图书馆"占座"指的是占用某一特定桌椅,合租时租客占用的是某一间房屋,看上去最符合规范文义。而且,它有精细的"定分"作用,通过把房屋及基底实际占用范围的地权"打包"成内涵特定、外延明确的财产集合,能与该宗地的其他部分及该宗地承载的其他房屋清晰地区隔开来。前文引用的持该观点的二审法院文书就特别指出,法院依据他人的申请,依法对抵押房屋实际占用范围之外的其余地权采取限制性措施,有利于保障申请执行人的权利,并无不妥。[1]

按照"实占范围说",在实现抵押权导致抵押财产易主时,要达到房屋及其实占范围的地权归他人所有的目的,理想的做法是分割作为抵押财产的地权与该宗地的其他部分地权,以清晰厘定受让人与抵押人的地权界限。这种做法将使原来的一宗地变成两宗地,此即通常所谓的土地分宗。在民法中,土地分宗是地权人处分地权的法律表达,只要不违背法律强制性规范和公序良俗,自无不可。[2] 抵押权实现时的土地分宗是地权部分转移的后果,它应通过登记来完成,《不动产登记暂行条例实施细则》第 27 条第 4 项能为此提供依据。

不过,土地分宗不仅是地权人的私事,还牵涉众多的公法管制,实操起来并不容易。举其要者,宗地是国家管理土地的基本单位,地籍调查、不动产登记、土地统计等一系列工作均以其为原点来展开[3],是否应予分宗,须由主管部门根据实际情况酌定。而且,土地分宗还涉及城乡规划或国土空间规划变更,根据《城乡规划法》第 38 条、第 43 条的规定,开发强度等规划条件是针对宗地的,分宗会导致这些规划条件发生变化,需要报主管部门批准,再与地权人重新签订出让合同。[4] 可以说,土地分宗

---

[1] 参见内蒙古自治区高级人民法院(2015)内民一终字第 00027 号民事判决书。
[2] Vgl. Mugdan, Die gesammten Materialen zum Bürgerlichen Gesetzbuch für das Deutsche Reich, 3. Bd., 1899, S. 33 ff.
[3] 参见林增杰、严星、谭峻主编:《地籍管理》,中国人民大学出版社 2001 年版,第 3—11 页。
[4] 参见安建主编:《中华人民共和国城乡规划法释义》,法律出版社 2009 年版,第 82—84 页。

是主管部门的行政事权,能否分宗要由主管部门依法决定。此外,土地分宗涉及相关权利人利益的,还须征得该人的同意。"二级市场意见"第7条就指出:"分割、合并后的地块应具备独立分宗条件,涉及公共配套设施建设和使用的,转让双方应在合同中明确有关权利义务。拟分割宗地已预售或存在多个权利主体的,应取得相关权利人同意,不得损害权利人合法权益。"在这种限定下,前述的抵押权实现途径是否可行,在实践中是未定之数,充满不确定性。这样一来,抵押财产看似明晰,但客观上并非如此,受让人难以获得明确稳定的产权,无法实现"实占范围说"的"定分"效用。

在实践中,有些情形的确无法进行土地分宗。比如,一宗地规划建一栋房屋,房屋实占范围之外的土地用以修通道和种绿植,按照"实占范围说",房屋及其实占面积部分的地权共同为抵押财产,该抵押权的实现不能导致土地分宗,因为其余部分土地的通道和绿植为房屋配套,自身没有独立的经济功用,对这部分土地单独设宗没有实际意义。又如,住宅小区开发商以一栋楼为客体设立抵押权,该抵押权实现也不能导致土地分宗,因为只有利用小区的其他土地等共有部分,该栋楼才能实现其效用,而且,该楼业主必须与其他业主一起组成业主大会,才能妥当治理小区,而土地分宗将对此带来负面影响,产生该楼业主能否利用其他土地、能否参与小区治理等不必要的难题。

显然,土地分宗难以成为前述抵押权实现的理想途径,那就不妨转选他项,以抵押房屋实占范围的土地与该宗地其他部分的面积之比为标准,由受让人和抵押人按份共有地权。这不会改变原来的不动产功能格局,受让人不仅取得房权和对应的地权份额,还能像原权利人那样实现房屋的本有效用。但这仍有问题,因其以房屋实占面积为基准来计算地权份额,忽略了不同部分土地的经济功用,不利于平衡当事人的利益。比如,A取得10亩地权,该地规划建筑占地面积5亩,建一栋房屋,A按照规划建成房屋,剩余5亩修通道和种绿植。在房屋抵押时,其对应的50%份额地权也一并成为抵押财产,50%份额的计算方法是抵押房屋实际占用土地面积5亩与10亩宗地面积之比(5÷10)。客观地看,剩余5亩土地旨在为房屋提供配套,其经济价值远逊于房屋实占的5亩,按照这种面积之比来确定地权份额,贬损了作为抵押财产的地权份额价值,对抵押权人不利。不仅如此,由受让人和抵押人按份共有地权,会发生对抵押人无益的现象。在前例中,C受让抵押财产,A保有道路、绿植以及剩余的地权份额,但A取得并行使地权的目的是取得房权,在失去房权后,保有道路、绿植对A没有实益。而且,由于受让人和抵押人按份共有地权,对建设用地的使用和管理,须经双方协商一致,如C能否或如何使用道路、绿植,要经过A的同意,在此情况下,只要A拿齐卡位,协商会陷入僵局,结果是C出高价给A以换来使用便利,或把房权连同地权份额贱卖给A一走了之,否则就可能在与A剑拔弩张中度日如年。无论哪一种,受让人都不能得其应得的利益。

(二)"建筑占地说"的不足

"建筑占地说"以宗地的规划建筑占地面积作为"占用范围",它与房屋实际占用的土地范围一样,都是宗地的一部分,"实占范围说"的不足因此在"建筑占地说"中都会再现,在此不赘。

与"实占范围说"不同的是,"建筑占地说"的"占用范围"是规划的建筑占地面积,在建筑占地面积尚未完全被用于建筑时,该说还有其他严重不足。比如,A取得10亩地权,该地规划建筑占地8亩,建两栋房屋,A建成一栋(占地3亩),另一栋(占地5亩)未建,其余为道路、绿地用地,A把建成的房屋抵押给B。按照"建筑占地说",在抵押权实现时,若不能进行土地分宗,只能按份共有地权,则受让人C取得该房屋和80%的地权份额,该份额的计算方法是规划的建筑占地面积8亩与10亩宗地面积之比(8÷10)。根据《城市房地产管理法》第42条的规定,出让合同的权利义务随地权一并转移,在本例,建造另一栋房屋是出让合同约定的地权人义务,它要由A、C共同负担。这种结果对受让人提出了高要求,其不仅要有购入抵押财产的财力,还要有建房的能力和行动,否则就会陷入违约,这种额外要求在客观上会降低抵押权实现的机会。不仅如此,即便C有建房的财力和意愿,在如何发包、装修等建房事宜上,还面临与A沟通协商的问题,交易成本势必随之增加,不确定的变数也明显可见。

(三)"整宗土地说"的不足

按照"整宗土地说",在"实占范围说"的前述例子中,抵押财产是房权及10亩地权,至于道路和绿植,它们是房屋的配套,在抵押权实现时要连同房权和地权一并转让,这样根本不会发生"实占范围说"的前述问题。这种结果看似对抵押人A不利,实则不然,因为该地的唯一价值就是供房权存续之用,房权的效用范围遍及整宗地,基于房地一体处分规范,房屋连带地权共同抵押,是抵押人明确可知的结果,只要抵押的确出自其真实意思，就不存在损及抵押人利益之说。前文引用的持"整宗土地说"的法院文书针对的正是这种情形，但该观点能否适用于其他情形，是验证其合理性的必需步骤。事实表明，它无法通过这种合理性检验。

在建筑物区分所有权的情形下，区分所有权包括专有权和共有权，根据"建筑物区分所有权解释"第 3 条第 2 款的规定，整宗地权原则上归全体业主共有。在日本和我国台湾地区，共有权在属性上是按份共有，在权利人未特别约定时，以专有部分的面积与专有部分总面积的比例确定份额，作为业主对共有部分利益归属和费用负担的分配标准。[1] 在我国大陆，《民法典》虽然未明确规定共有方式[2]，但实质上与日本、我国台湾地区一样，用专有部分的面积与专有部分总面积的比例来对业主的共有权益进行了份额配比，比如，第 278 条规定，在业主共同决定维修资金的使用、改变共有部分的用途、利用共有部分从事经营活动等与共有部分密切相关的事项时，以业主的专有部分面积所占比例作为基准；又如，第 283 条规定，共有部分的费用分摊、收益分配等事项，没有约定或约定不明时，按照业主的专有部分面积所占比例确定。故而，业主抵押房屋所对应的"占用范围"并非整宗地权，而是相应的份额。换言之，是该份额而非整宗地权属于抵押财产。只有这样，才不至于侵犯其他业主的地权份额。也就是说，在某一区分所有权人抵押房屋时，是不可能连整宗地权一并抵押的，"整宗土地说"在此不能适用。

"整宗土地说"在其他情形适用起来也有问题。比如，A 取得 10 亩地权，该地规划建筑占地 8 亩，建两栋房屋，均建成（分别占地 3 亩、5 亩），其余为道路、绿植用地，A 把占地 3 亩的房屋抵押给 B。按照该观点，B 的抵押权及于 10 亩地权，抵押权实现时，受让人 C 取得该房屋及 10 亩地权。根据房地一体处分规范，既然 C 受让 10 亩地权，未抵押的另一栋房屋及道路、绿植均应一并转移给 C。这显然背离 A 只愿抵押占地 3 亩房屋的意思，强制处分了其他财产，过度干涉 A 的意思自治和处分自由，难言正当。而且，这客观上增加了抵押权实现的难度，因为它要求受让人必须一并购入 10 亩地权及其承载的所有房屋、配套，受让人的财力

---

[1] 参见〔日〕近江幸治：《民法讲义 Ⅱ 物权法》，王茵译，梁涛审校，北京大学出版社 2006 年版，第 185 页；谢在全：《民法物权论（上册）》（修订七版），新学林出版股份有限公司 2020 年版，第 257—259 页。

[2] 参见黄薇主编：《中华人民共和国民法典释义（上册）》，法律出版社 2020 年版，第 505 页。

相应提高,从而会降低成交机会。反过来,允许 C 只受让抵押财产,A 仍保有其他财产,会产生 A 的这些财产以 C 的地权为依托,地权和房权因此不归为同一人的结果,这与房地一体处分规范完全相悖,也不妥当。显然,在本例情形中,"整宗土地说"进退失据,无合理性可言。

又如,按照"整宗土地说",在"建筑占地说"的前述例子中,抵押权实现的结果是受让人 C 取得该房权、10 亩地权以及道路、绿地。受制于《城市房地产管理法》第 42 条,受让人负担了建设另一栋房屋的义务,这就发生了与"整宗土地说"一样的不足,即降低了抵押权实现机会。不仅如此,A 建造另一栋房屋并取得房权的机会还被剥夺,而这种机会本来已通过由政府信誉背书的规划、出让合同等确定下来,A 对此有稳定的预期,包括 C 在内的其他人也明了该信息,但抵押权实现却能打破这种预期,并为 C 附加前述义务,难言妥当。

概言之,这三种实体方案看似符合"占用范围"的规范文义,在个例情形中也有适宜度,但前述的各种不足加总起来,表明它们实施起来的问题多多,并非准确界定"占用范围"的合理标准。

三、"地权份额说"的优势

归根结底,正因为实体方案不符合宗地与房屋之间的功能整体性布局,不能实现地权归属和房地产利用的平衡,才出现前述的不足,这也导致它们没有普适性,不能为"地随房走"的全部情形提供通透合适的解决方案。"地权份额说"没有实体方案的这些欠缺,具有突出的对比优势。

(一)符合宗地与房屋的功能整体性布局

功能整体性是德国民法学理对不同的物因整体使用而有整体功能现象的概念,比如,农业企业是由房屋、土地、牲口和机器组成的财产整体,汽车是由车身、车架、轮胎、马达等组成的整车。[1] 土地与其承载的房屋之间同样具有功能整体性。

地权的客体是建设用地,它以宗地为单位。宗地是房屋的物理载体,地权是房屋的法律载体。在地权人严格按照规划要求完成全部建设后,土地、房屋、配套等构成关联紧密的财产组合体,它们在整体布局上协调一致,具有功能整体性。特别要看到,我国向来有建墙围地的习惯,前

---

[1] 参见〔德〕鲍尔、〔德〕施蒂尔纳:《德国物权法(上册)》,张双根译,法律出版社 2004 年版,第 24 页。

述的财产组合体——农家院落、住宅小区、机关大院、工矿企业等——无不在各种封闭的院墙之内,这一有形边界划定了不同组合体之间的界限,同时也促成每一组合体的各财产功能必须调适得当,否则宗地不够建设之用,非要破墙而出不可。可以说,地权对房屋的法律载体价值弥散于整宗地,从利益归属上看,作为物理载体的宗地不可分地对应着所有的房屋。

在功能整体性的基础上,受制于房屋的概念不宜界定、格外重视土地的传统观念、建筑物区分所有权情形少见等因素,《德国民法典》把房屋视为土地的重要成分,房屋并无独立的法律地位。[1] 在这样的观念和规范中,宗地承载多栋房屋的,房屋虽然占据宗地的不同部分,但不能按照这些不同部分的区域范围、面积与房屋一一对应,而是宗地包含了所有的房屋,它们的利益浑然一体,在法律上不能分离。

与德国不同,我国传统上向来把房屋看成与土地并列的不动产,包括《民法典》在内的法律与该传统保持一致,均在功能整体性的基础上,采用了"房随地走,地随房走"的房地一体处分规范。"房随地走"典型地表现了功能整体性的布局,它强调整宗地权连同其承载的所有房权一并处分或查封,由此不会发生在宗地中划出一部分,该部分地权或与所有房权、或与部分房权一并处分或查封的局面。"地随房走"同样也应体现功能整体性的布局,否则就会出现错位和扭曲,实体方案就是这方面明证。"实占范围说"和"建筑占地说"在宗地中抽离了部分范围,以求在利益归属上实现该部分土地与部分房屋的对应,"整宗土地说"则用整宗地来对应部分房屋,它们都不符合宗地与房屋的功能整体性布局,都背离了整宗地对应所有房屋的利益归属格局,因而问题多多。

与实体方案不同,"地权份额说"与前述的功能整体性布局是相符的。从利益归属格局上说整宗地对应着所有房屋,是说即便房屋具有可分性,也全部被当作一个整体来对待,该整体的各个部分都均衡地得到整宗地的物理支撑。在这样的整体性结构中,全部房屋受益于整宗地的支撑,这与共有的结构高度类同。若把各房屋比喻成不同的"主体",宗地无非是它们共同支配的对象,这种支配利益蕴含在地权之中,故地权由这些不同"主体"所共有,它们的支配因此遍及整宗地。既然为不同"主

---

[1] Vgl. Mugdan, Die gesammten Materialen zum Bürgerlichen Gesetzbuch für das Deutsche Reich, 3. Bd., 1899, S. 23 ff.

体",支配利益还是要分清楚的,以不同房屋的建筑面积——而非房屋实占范围的土地面积、房屋价格或房屋在功能上的重要性——之比为标尺,划定各房屋在地权中的利益份额,无疑最客观、最公平,也最简便。这样一来,在房屋可分的前提下,各房屋对宗地的支配利益通过面积之比的份额得以量化。

从比较法的角度来看,这种认识具有一定的普遍性。以在土地和房屋关系中法律构造最复杂的建筑物区分所有权为例,正如上文所见,在日本和我国台湾地区,房屋等专有部分在地权等共有部分中都有对应的抽象利益份额。即便《德国住宅所有权与长期居住权法》第6条与日本、我国台湾地区的法律经验完全不同,未把作为专有权的房屋特别所有权视为独立物权,但同样把房屋与地权份额对应,以此量化每一房屋可支配的土地利益。[1]

基于这种理解,对部分房屋的处分或查封,实际上与该房屋的实际占地或其所在宗地的建筑占地范围大小无关,一并处分或查封的不过是与房屋对应的地权份额,房地一体的法律命运完全限定在抽象的权利层面,无须进行土地分宗,不影响宗地的整体性,这是"实占范围说"和"建筑占地说"所不具有的优势。与此同时,部分房屋的处分或查封只波及与其对应的地权份额,受让人取得房权和地权份额,成为房权人和地权的共有人,这足以实现"地随房走"的房权和地权主体同一的目的,因而无须把整宗地权都要收入受让人的囊中,也就不会产生"整宗土地说"的那些不足。

必须说明的是,房屋天然属于物权客体,把它比喻成"主体",显得过分夸张,恰当性因此存疑。但不要忘了,民法物权中的确有"客体为物、主体为物"的"属物权"类型,最典型的是地役权,之所以说其"主体为物",是因为利用供役地,对实现需役地的效用来说是客观上的必要,无论谁是需役地权利人,都改变不了这种客观关联,故把地役权主体比喻成"物"[2],以形象地与为了特定人的利益这一主观要素所设立"客体为物、主体为特定人"的"属人权"相区别。[3] 与此类似,无论房屋是否归

---

[1] 参见何彦陞、陈明灿:《德国住宅区分所有权登记制度之研究》,载《东吴法律学报》2015年第2期,第113—114页。
[2] 参见苏永钦:《走入新世纪的私法自治》,中国政法大学出版社2002年版,第250页。
[3] 参见常鹏翱:《债权与物权在规范体系中的关联》,载《法学研究》2012年第6期,第92页。

同一人所有,也无论谁是房权人,这些房屋都离不开地权的支持,故像地役权那样,把房屋比喻为"主体"具有恰当的解释力。

而且,在宗地与其承载的数栋房屋归同一主体的情形,如企业在宗地上建车间、库房、办公楼、职工宿舍,如果我国不动产登记像《德国住宅所有权与长期居住权法》第 8 条那样,允许地权人按照房屋面积之比,把地权进行份额化分割,并与不同的房屋一一对应,那么,地权实际就是由不同的房屋按照特定份额来共有的,由此把房屋比喻为"主体",更能凸显其解释力。

一言以蔽之,宗地与其承载的房屋之间具有功能整体性,"地权份额说"与这种布局完全契合,它以不同房屋的面积之比为份额,对宗地与房屋之间的利益归属进行明确界定,能有效落实"地随房走"的规范目的。

(二)稳妥实现房地一体处分规范的调整任务

明确物权归属,能最大限度实现物的经济价值,这也是房地一体处分规范的任务,即防止因地权和房权主体不一致导致的权属混乱,以免无法在经济上合理利用房地产并影响其效用的发挥。[1] 实体方案在此方面有欠缺,以房屋抵押为例,正如前文所见,"实占范围说"有抵押权难以实现或抵押财产价值严重失衡的问题,"整宗土地说"会产生抵押人无法再利用土地而受让人不愿利用土地进行建设的窘境,"建筑占地说"则兼有上面的弊端。相比而言,"地权份额说"能更好地落实房地一体处分规范的调整任务,既使地权与房权归为同一主体,明确权利的归属,还能充分发挥房地产的经济效用,促成当事人的利益平衡。

具体而言,按照"地权份额说",在地权和房权的价值能分别评估的情形,随房权一并处分或查封的地权价值能得到公平合理的确定,不至于像实体方案那样致使当事人之间利益失衡。比如,A 取得 10 亩地权,该地规划建筑占地 5 亩,建一栋房屋,剩余 5 亩修通道和种绿植,因为道路、绿植是辅助房屋效用的配套,故该房屋与整宗地关联在一起,房权转移要带动整宗地权一并转移,受让人因此要支付 10 亩地的价格,而按照"实占范围说"和"建筑占地说",受让人仅须支付 5 亩地的价格,这对 A 颇为不利。又如,A 取得 10 亩地权,该地规划建筑占地 8 亩,建两栋房屋,均建成(分别占地 3 亩、5 亩),其余为道路、绿植用地,A 把占地 3 亩的房屋

---

[1] 参见孙佑海主编:《〈中华人民共和国城市房地产管理法〉应用手册》,机械工业出版社 1995 年版,第 66 页。

(面积10000平方米)抵押给B,该房屋虽然占地3亩,但其功用的实现离不开配套的支持,也离不开与另一房屋的协调,在其面积大于另一房屋(面积5000平方米)时,其对整宗地的支配利益大于另一房屋的相应利益,故作为抵押财产的地权价值应以该房屋面积在两栋房屋面积之和中的比例为标准计算,即10亩地价的2/3,而非"实占范围说"的3/10,也不是"建筑占地说"的8/10,还不是"整宗土地说"的10亩地价。

由于"地权份额说"恰当界定了随房权一并处分的地权份额,能使当事人各得其所,进而能有效实现交易目的,降低交易成本。仍以A取得10亩地权,该地规划建筑占地5亩,建一栋房屋,剩余5亩修通道和种绿植的情形为例,按照"实占范围说"和"建筑占地说",该房屋抵押权实现时,受让人要么承担土地分宗的成本及分宗不成的风险,要么在其余土地对A无益的情况下承受高企的协商成本及协商不成的风险,而这些成本和风险在"地权份额说"中根本就不存在。再以A取得10亩地权,该地规划建筑占地8亩,建两栋房屋,均建成(分别占地3亩、5亩),其余为道路、绿植用地的情形为例,按照"整宗土地说",A把占地3亩的房屋抵押后,10亩地权一并抵押,抵押权实现时,要想实现房地一体处分规范的目的,就要处分未抵押的另一房屋,受让人的财力相应地要提高,而按照"地权份额说",受让人只需支付抵押房屋价格及10亩地价的2/3即可,A则如愿地保有另一房屋并继续持有1/3的地权,这完全符合当事人的意愿,能在最大限度上促成交易。

通过使当事人各得其所,"地权份额说"还有利于发挥房地产的最大经济效用。比如,在A取得10亩地权,该地规划建筑占地5亩,建一栋房屋,剩余5亩修通道和种绿植的情形,按照"实占范围说"和"建筑占地说",房权转让会导致A对道路和绿地的保有没有实益,而受制于A的受让人又难以自如利用这些配套,"地权份额说"没有这些问题,受让人能取得整宗地权,从而发挥功能整体性布局的最大效用。又如,在A取得10亩地权,该地规划建筑占地8亩,建两栋房屋,建成一栋(占地3亩),另一栋(占地5亩)未建,其余为道路、绿植用地的情形,A把建成的房屋转让给B,按照"建筑占地说",A、B共同负担建设另一栋房屋的义务,按照"整宗土地说",B有建设另一栋房屋的义务,但建造该房屋源自A的意愿,对A来这是利益最大化行为,对B未必如此,B只要懈怠不建房,就会造成地权效用浪费,并要承担违约责任,而按照"地权份额说",B没有建房义务,A能按照预先计划继续建房,这就能发挥地权的最大效用。

不仅如此,"地权份额说"还有利于房地产的流通,这一优势突出表现在与"整宗土地说"的对比之中。按照"整宗土地说",处分或查封宗地承载的部分房屋,受波及的是整宗地权,这会极大约束其他房屋的流通性。比如,A取得10亩地权,该地规划建筑占地8亩,建两栋房屋,均建成(分别占地3亩、5亩),其余为道路、绿植用地,A把占地3亩的房屋抵押给B,抵押权实现时,受制于房地一体处分规范,受让人还要同时受让另一栋房屋,A无法把它处置给其他人。又如,在前例中,法院查封占地3亩的房屋,整宗地权一并被查封,另一栋房屋也要受牵连,在查封期间,A不能转让或抵押占地5亩的这栋房屋。按照"地权份额说",处分或查封占地3亩的房屋,只波及对此相应的地权份额,另一房屋及其对应的地权份额不受影响,仍能在市场中流通,这对于解决现实问题颇有助益。以住宅小区开发商因负债被法院查封其开发的一栋楼的情形为例,按照"地权份额说",受波及只是对应的地权份额,而不是整宗地权,开发商仍有权出卖并转移其他房权及对应地权份额,以由此获得的资金清偿债务,进而还债来解除查封,实现良性运转。[1]

而且,"地权份额说"还有利于明晰房地产的权利负担,便于法律制度的妥当适用,这一优势突出表现在与"建筑占地说""整宗土地说"的对比之中。以A取得10亩地权,该地规划建筑占地8亩,建两栋房屋,均建成(分别占地3亩、5亩),其余为道路、绿植用地的情形为例,A把占地3亩的房屋抵押给B,之后把另一栋房屋抵押给C,按照"建筑占地说"和"整宗土地说",根据"担保制度解释"第51条第3款的规定,C抵押权在第二顺位,但按照"地权份额说",B、C抵押权的客体并不重叠,不适用前述规定,其好处是C取得第一顺位的抵押权,这有利于A的融资。在该例中,占地3亩的房屋被甲法院查封后,乙法院查封另一栋房屋的,按照"建筑占地说"和"整宗土地说",根据《查封、扣押、冻结规定》第26条第1款的规定,乙法院只能轮候查封,但按照"地权份额说",这两个法院的查封对象不一致,乙法院直接查封即可,这有利于保护乙法院的申请执行人,及时实现其权益。

(三)具有普遍适用性

通过前述可知,实体方案在适用于某个例情形时,结果会与"地权份

---

[1] 参见季峰:《建设用地使用权量化分割登记的必要性与可行性》,载《中国不动产》2020年第11期,第19—23页。

额说"无异,如在 A 取得 10 亩地权,该地规划建筑占地 5 亩,建一栋房屋,剩余 5 亩修通道和种绿植,A 抵押该房屋的情形,按照"整宗土地说"与"地权份额说",都要连同整宗地权一并抵押。但在"地随房走"的其他情形,实体方案都缺乏充足的解释力,"地权份额说"却能给出合理的答案,建筑物区分所有权就是最突出的例子。以住宅小区的业主抵押某一房屋为例,该房屋与同一栋楼的其他房屋共享地基,其自身没有独立的实际占地面积,"实占范围说"无法适用。"建筑占地说"和"整宗土地说"也不能适用,因为包括建筑占地在内的小区整宗地权均由全体业主共有,抵押某一房屋连带这些地权成为抵押财产,会损害其他业主的权益。按照"地权份额说",连带房屋抵押的是相应的地权份额,而正如前文所见,在确定建筑物区分所有权业主对共有部分的利益时,主要按照房屋面积的比例来定,"地权份额说"与此完全契合。

不仅如此,"地权份额说"也能顺利适用于土地改革,而实体方案在此方面有所欠缺。为了提高用地效率,混合用地在城市土地中逐步增加,如《深圳建设中国特色社会主义先行示范区综合改革试点实施方案(2020—2025 年)》就指出:"在符合国土空间规划要求的前提下,推进二三产业混合用地。"混合用地属性的宗地可以建住宅、商业用房、办公用房等。根据《民法典》第 359 条的规定,住宅与非住宅的地权期限不同,期限届满时的法律应对机制也不同,按照"地权份额说",不同属性的房屋分别对应不同属性的地权份额,分别适用不同的法律机制,"建筑占地说"和"整宗土地说"无法做到这样的细致区分。在农村宅基地改革试点中,也出现了混合用地的现象,同宗地既有宅基地属性,也有集体经营性建设用地属性,比如,A 在宅基地上自建两层楼房,自用第一层,把第二层转让给 B,A 的房屋对应宅基地,B 的房屋对应集体经营性建设用地,"地权份额说"对此能恰当区分,实体方案则没有这样的效用。

总的来说,"地权份额说"符合宗地与其承载的房屋之间的功能整体性布局,能实现地权归属和房地产利用的平衡,能适用于"地随房走"的全部情形,这些优势是实体方案所不具备的。

四、"地权份额说"的实践合理性

在我国,土地和房屋及其关系被高度的行政规制。"地权份额说"不仅在民法效果层面具有前述的优势,与相关的行政规制也是完全吻合的,故其并非纸上谈兵,而是有充足的实践合理性。

(一)"地权份额说"符合规划实践

在我国,为了合理安排城乡发展的空间布局,规划处于先行的引导地位,没有规划,就没有土地供应,更没有后续的建设开发。在土地开发建设中,虽然在制定总体规划以及编制控制性详细规划时,宗地可能还不明确,更不存在房屋,但随着后续规划的推进,不仅宗地得以明确,宗地能承载的房屋坐落、面积、层高等要素也被明确勾勒出来,从而清晰展示宗地与房屋的功能整体性布局。

根据《城乡规划法》第38条第1款的规定,在地权出让前,主管部门应当根据控制性详细规划,提出出让宗地的位置、使用性质、开发强度等规划条件,作为出让合同的组成部分,其中的开发强度主要包括建筑容积率、建筑密度、建筑限高等指标。从前述内容可知,容积率是指在宗地范围内,房屋总面积与建筑占地面积的比例;建筑密度是指在宗地范围内,房屋基底占地面积总和与建筑用地面积的比例;建筑限高是指根据特定要求对房屋高度的限制。在这些指标中,容积率最重要,它决定了宗地内可容纳的房屋面积总量。既有的研究指出,土地所处的空间位置、土地周边与居民日常生活息息相关的基础设施的完善程度、土地的自身条件(包括容积率、建筑密度、建筑限高等)等要素综合影响着土地价值,在这些要素中,容积率对地价的影响最大。[1] 不仅如此,作为政府调配城乡发展空间的主要手段,容积率还影响着土地对人口的吸纳和承载能力,影响着日照、绿化、停车等居民的公共利益。[2] 可以说,容积率是衡量土地经济价值和公益属性的重要标尺。

宗地的经济价值和公益属性在客观上融为一体,反映了宗地的整体利益。在这样的框定下,容积率无非以房屋面积为标尺,把无法实际分割的宗地利益进行比例量化,其结果就是在宗地范围确定的前提下,按照各房屋的建筑面积大小,来决定各自配置的土地利益多少,这正是"地权份额说"的内涵。需要注意的是,容积率的计算是以建筑占地面积为分母的,但宗地中的建筑占地面积不仅确定,通常还占据宗地面积的绝大多数比例,建筑占地之外的其他部分土地往往用于配套,故而,把容积率看成整宗地利益相对于房屋的配置标准,完全说得过去。

---

[1] 参见瞿诗进、胡守庚、李全峰等:《城市住宅地价影响因素的定量识别与时空异质性——以武汉市为例》,载《地理科学进展》2018年第10期,第1374—1375页。
[2] 参见郑晓伟、黄明华:《值域化:基于公共利益的城市居住地块容积率控制》,中国建筑工业出版社2014年版,第28—34页。

正因为建筑占地面积是计算容积率的分母,故而,处分或查封部分房屋要连带整个分母的"建筑占地说"是不能适用的,否则,由此计算出来的容积率与规划要求就不相符。在把整宗地面积衍生为计算容积率的分母时,与前述同理,"整宗地权说"也与规划要求不一致。"实占范围说"同样与规划实践不符。该观点实际是把建筑密度看成土地利益在房屋上的分配比例,即在宗地范围内规划建筑占地面积确定的前提下,各栋房屋配置的土地利益多少按照各自的基底大小来定。但建筑密度起不到表征土地利益分配比例的作用,因为土地不仅为各栋房屋提供了二维的基底,还要承载三维的各整栋房屋,必须把各栋房屋的高度计算在内,故而,仅凭建筑密度无法准确计量相应的土地利益比例。可以说,是"地权份额说"而非实体方案符合土地供应时的规划实践。

在土地供应后,前述的规划条件应保持持续稳定性。根据《城乡规划法》第38条第2款的规定,在出让合同签订后,只要出让合同中明确了前述的规划条件,主管部门无须进行实质审查,就能向土地使用者颁发建设用地规划许可证,以明确宗地中的建筑占地面积等事项。[1] 与此同时,根据前述规划条件,土地使用者会进行规划设计,包括地上和地下建筑面积等面积指标明细表、楼座布局等规划结构、地库、户型方案等,还要进行方案设计,包括地库方案、楼座户型方案、配套用房面积等。[2] 根据《城乡规划法》第40条的规定,在这些文件符合前述规划条件时,主管部门颁发建设工程规划许可证,地权人在建设时必须据此实施,否则就属于违法建筑,不仅要受到限期改正、限期拆除等行政处罚,将来也无法办理竣工验收——表明房屋不适于占有使用,还无法办理不动产登记——表明房屋的法律地位不受认可。在此理解下,违法建筑是计划外的产物,其面积不在容积率计算公式之内,不能参与土地利益配置,没有相应的地权份额。在实践中,违法建筑虽然能被查封进而被"现状处置"[3],但因其没有地权份额,会出现"地不随房走"的结果。当然,在规划条件依法变更,或违法建筑限期改正后,违法建筑因符合规划许可要求而成为合法建

---

[1] 参见本书编写组编著:《城乡规划法要点解答》,法律出版社2007年版,第43—44页。

[2] 参见潜进:《一本书看透房地产:房地产开发全流程强力剖析》,中国市场出版社2015年版,第153—156页。

[3] 参见李海军:《违章建筑执行实务》,载《人民司法》2007年第4期,第98—99页;2019年北京市高级人民法院《北京市法院执行局局长座谈会(第十次会议)纪要》第二点第4小点。

筑后,就能在容积率中得到其应有的位置。

概括而言,从控制性详细规划到建设用地规划许可,再到建设工程规划许可,土地开发建设的蓝图细节在规划中完全呈现出来,后续的建设施工是把该蓝图细节进行物理实现,形象地讲,规划是把宗地及其承载房屋的空间进行了功能整体性的布局安排,建设施工是把该布局安排进行实体填充,我们在现实中看到的宗地及其承载的房屋,都是这种实体填充的结果,要认清它们的源头,必须回溯规划,正是规划实践给了"地权份额说"以强大的合理性。

(二)"地权份额说"符合房产管理实践

房产主管部门自房屋建设之始介入管理,并持续至房屋竣工、流通、灭失的全生命周期,为了使管理行之有效,房产主管部门以楼盘表作为重要依托,把它看作房屋交易、使用和安全管理的基础。根据2020年住房和城乡建设部《关于提升房屋网签备案服务效能的意见》以及《房屋网签备案业务操作规范》的规定,楼盘表是由房产主管部门在房产测绘成果的基础上建立的,用以记载房产物理状况、权利状况、交易状况等信息的数据库,规划许可、土地审批、建设审批、测绘成果等是其重要的信息来源。楼盘表记载的信息非常全面,涉及房屋管理所需的所有信息,包括房地产开发项目的信息、整栋楼房的建筑面积等信息、每套房屋的建筑面积等信息、所在的宗地信息、房屋处分或查封等信息,其表现手段也相当丰富,包括平面图、信息模型、三维、全景等方式[1],能充分且具体地显示宗地承载的房屋整体和局部信息。

在这样的房产管理实践中,对某房屋的处分或查封,会记载于楼盘表的相应位置,而通过该房屋面积与宗地承载的所有房屋面积之比,很容易为"地权份额说"提供数据支持。不过,楼盘表主要呈现的是房屋坐落、编码、建筑面积、用途、性质、所有权人、交易状况、土地用途等房屋基础数据,无须全面再现宗地信息,以至于房屋基底占地面积、宗地规划的建筑占地面积乃至于宗地面积可能会空缺,无法为实体方案提供数据支持。

(三)"地权份额说"符合不动产登记实践

为了推行不动产统一登记,《不动产登记暂行条例》第8条第1款以不动产单元作为登记的基本单位。在房屋尚未建成因而无定着物时,宗

---

[1] 参见宋军:《智慧楼盘表支撑房屋实现全生命周期管理》,载《中国房地产》2020年第22期,第66—69页。

地是不动产单元,登记簿以此为基础建立,登记簿的"宗地基本信息"记载了宗地面积、用途、权利类型、容积率等基础信息,与其对应的权利人、地权面积等权利信息记载于"国有建设用地使用权、宅基地使用权登记信息"(见表3-1 不动产登记簿国有建设用地使用权、宅基地使用权登记信息页)。在房屋合法建造并竣工验收后,不动产单元由宗地和房屋定着物单元组成,房权记载于"房地产权登记信息",其中记载房权人、地权人、建筑面积等信息(见表3-2 不动产登记簿房地产权登记信息页)。需要指出的是,房屋的定着物单元不像宗地那样确定不变,以住宅小区为例,它能大到宗地承载的所有房屋,也能小到某一特定房屋。

表3-1 不动产登记簿国有建设用地使用权、宅基地使用权登记信息页

建设用地使用权、宅基地使用权登记信息				
不动产单元号:				
内容＼业务号				
权利人				
证件种类				
证件号				
共有情况				
权利人类型				
登记类型				
登记原因				
使用权面积(m^2)				
使用期限	起 止			
取得价格(万元)				
不动产权证书号				
登记时间				
登簿人				
附记				

表 3-2　不动产登记簿房地产权登记信息页

房地产权登记信息(项目内多幢房屋)			
不动产单元号：		房地坐落：	
内容＼业务号			
房屋所有权人			
证件种类			
证件号			
房屋共有情况			
权利人类型			
登记类型			
登记原因			
土地使用权人			
独用土地面积(m^2)			
分摊土地面积(m^2)			
土地使用期限		起 止	
项目名称			
幢　号			
总层数			
规划用途			
房屋结构			
建筑面积(m^2)			
竣工时间			
总套数			
房地产交易价格（万元）			
不动产权证书号			

(续表)

房地产权登记信息(项目内多幢房屋)		
登记时间		
登簿人		
附记		
附　图 (房地产平面图,可附页)		

房地产权登记信息(独幢、层、套、间房屋)		
不动产单元号：	房地坐落：	
内容 ＼ 业务号		
房屋所有权人		
证件种类		
证件号		
房屋共有情况		
权利人类型		
登记类型		
登记原因		
土地使用权人		
独用土地面积(m^2)		
分摊土地面积(m^2)		

（续表）

房地产权登记信息(项目内多幢房屋)		
土地使用期限		起
		止
房地产交易价格（万元）		
规划用途		
房屋性质		
房屋结构		
所在层/总层数		
建筑面积(m^2)]		
专有建筑面积(m^2)		
分摊建筑面积(m^2)		
竣工时间		
不动产权证书号		
登记时间		
登簿人		
附记		

附　图
（房地产平面图,可附页）

在这样的制度构造中,无论宗地承载的房屋有多少,它们均基于同一地权,因而处于同一不动产登记簿之中。[1] 在宗地规划建一栋房屋的情形,以该宗地为基础建立登记簿,房屋建成办理所有权首次登记的,记载于"房地产权登记信息"页,该信息与"国有建设用地使用权、宅基地使用权登记信息"实质一体,对该房屋的处分或查封连带波及整宗地权。在宗地规划建数栋房屋的情形,已建成的房屋及房权各为定着物单元的,要分别编号,记载于不同的"房地产权登记信息"页,对部分房屋的处分或查封,记载于相应的"房地产权登记信息"页即可。比如,A 取得 10 亩地权,该地规划建两栋房屋,均建成(分别占地 3 亩、5 亩),这两栋房屋分别在两页"房地产权登记信息"中记载,对占地 3 亩房屋的处分或查封,记载于其自身的信息页,与另一栋房屋的信息页无关,甚至也可与"国有建设用地使用权、宅基地使用权登记信息"无关,如占地 3 亩的房屋转移给 B,只要在其信息页中完成转移登记记载,就表明 B 取得了该房权和相应的地权份额,"国有建设用地使用权、宅基地使用权登记信息"的记载完全可保持不变。这意味着,在"房地产权登记信息"记载后,"国有建设用地使用权、宅基地使用权登记信息"仅有形式意义,其内容已经被"房地产权登记信息"所实质吸收。

可以说,只要严格根据规划建房,宗地承载的房屋总建筑面积就是确定的分母,作为定着物单元的房屋是面积确定的分子,分子与分母之比就是与各房屋对应的地权份额。这样一来,房权及其对应的地权份额被量化配置,打包成"房地产权"。由此来看,在不动产登记簿中,"宗地基本信息"和"国有建设用地使用权、宅基地使用权登记信息"衔接配合,在物理形态和法律权利上分别厘定了宗地和地权,对登记簿起着支撑作用,但登记簿的实质内容在"房地产权登记信息",它通过房屋面积的记载,把地权进行抽象的份额化,进而与房权实质整合起来,为房地一体处分规范的落实提供了坚实基础,同时也为"地权份额说"提供了坚实载体。无论如何,这种制度构造都没有给实体方案提供适用空间。

不动产统一登记的上述实践做法并非主管部门的贸然革新,它是房地一体处分规范约束下的必然产物。其实,在我国改革开放后,房地产交易制度发展之初就选择采用了房地一体处分规范,与此一致,各为独立客

---

[1] 参见国土资源部不动产登记中心编:《不动产登记暂行条例实施细则释义》,北京大学出版社 2016 年版,第 17—20 页。

体的土地和房屋被整合为"房地产",地权和房权也被统一整合为"房产权"或"房地产权"。比如,1984年《深圳经济特区商品房产管理规定》(已失效)第2条第2款把房产权界定为房屋所有权和该房屋所占用的土地使用权;又如,1994年《城市房地产管理法》以"房地产"开发、交易等为规范对象,第62条规定了房地产权统一登记。不过,因为行政机构事权配置的原因,在我国不动产统一登记前的大多数地区,土地登记和房屋登记分离,结果往往导致"房不随地走,地不随房走",地权和房权因此无法统合为"房地产权",统一登记的前述做法改变了这种机制。必须强调的是,统一登记只是整合了原来分散的各不动产登记,规划、权籍调查等不动产登记的前置制度均未改变,故即便处理统一登记前发生的房屋处分或查封的纠纷,"地权份额说"仍能适用。

总而言之,规划、房产管理和不动产登记在实践中一脉相承,分别通过控制性详细规划、规划条件、规划许可、竣工规划核实等规划文件以及楼盘表、登记簿明确了宗地及其承载的房屋面积,以房屋面积作为衡量工具,对地权利益进行比例切分,是促成土地与房屋有实质关联,进而实现房地一体处分规范目的的最恰当途径,"地权份额说"因此有实践合理性。而且,这些行政规制形成前后一致的闭环关系,即便登记簿未记载,仍可依规划文件、楼盘表的记载确定地权份额;即便登记簿和楼盘表均未记载,也能依规划文件确定地权份额。

在前述行政规制的引导下,仔细观察房屋从无到有的整个过程,就会发现这是一个从"地实房虚"到"房实地虚"的过程。所谓"地实房虚",是说在土地供应后,宗地是客观存在的,地权也以独有或共有的形态存在,它们通过规划文件、出让合同、不动产登记一再地得以明确,是实实在在的实体和权利,此时房屋仅存身于规划文件当中,是虚化在纸上的蓝图,不是现实的存在。正因如此,业界把这个阶段通称为"拿地"。所谓"房实地虚",是说随房屋建成,房权落实后,它们通过规划文件、楼盘表、竣工验收、不动产登记、买卖合同一再明确,是实实在在的实体和权利,而且,权利人实际占有和使用的是房屋,只不过在房地一体处分规范的支持下,权利人对房屋的支配利益穿透到土地,间接地实现了地权利益。在"房实地虚"阶段,房屋起着主导作用,人们常说的"买房"就形象地表明了这一点。特别是在商品房销售,土地价值被房屋实际吸收,房地产开发企业把土地成本摊入房屋销售价格,购房人在衡量价格时,会考虑房屋所在的区位等地权价值。在这样的现实中,"地权份额说"以抽象份额来界定房屋对应的地权范围,是完全符合通常交易观念的。

从"地实房虚"到"房实地虚"的发展过程不是无序的,规划贯穿始终,它对宗地与其承载的房屋的关系进行空间配置时,宗地面积、建筑占地面积、房屋基底占地面积、单一房屋面积、房屋总面积等无不考虑在内。在规划这种行政规制中,这些面积要素各有其职,如宗地面积、建筑占地面积、房屋总面积是决定容积率不可或缺的要素,它们能否在民法领域发挥作用,或发挥怎样的作用,必须根据它们的功能来定。就确定"地随房走"时的土地占用范围而言,它针对的是宗地承载的部分房屋处分或查封的情形,此时不可避免地导致地权被不同主体共有或共同控制,会实际影响到其他部分房屋,而在前述要素中,只有房屋面积与此直接关联,故而,相比于其他面积要素之间的比例,被处分或被查封的房屋面积与宗地承载的所有房屋面积之比就是最客观、最适当的比例。

五、"地权份额说"的实践运用:量化登记

江苏省盐城市等地的不动产登记实践采用了"地权份额说",这种登记在业内被称为量化登记,其中所谓的"量化",就是按照宗地上某一特定房屋面积与所有房屋面积的比例,来标定与其对应的地权利益。相比于非量化登记,量化登记的合理性很明显。

(一)地权与房权转移的量化登记

房地产开发企业等建设单位以地权为抵押财产进行借贷融资是司空见惯的操作,在债务全部清偿前,抵押权不消灭。在抵押权存续的前提下,不采用量化登记的,在房屋销售后,购房人取得的房屋占有范围的地权是负有抵押权的,而抵押权人为了保障自己利益,往往会要求抵押财产转让须经其同意,未经其同意,购房人无法办理地权与房权的转移登记。量化登记则结果不同,因为作为抵押财产的地权权益已经完全份额化,建设单位只需清偿与已售房屋对应的地权份额所对应的借款,该债务及其对应的抵押权消灭,从而能很便宜地为购房人办理地权及房权转移登记。

举例说明。A 公司以其地权为抵押物,担保 B 银行的借款 5000 万元。A 公司在该宗地上开发建设住宅,规划总建筑面积 10000 平方米,把其中一套面积 100 平方米的房屋出售给 C。采用非量化登记时,为了确保债权实现,B 银行会限制 A 公司转让地权,结果就是未经 B 银行同意,C 无法通过转移登记取得房权及对应的地权。采用量化登记时,作为抵押物的地权权益按照建筑面积比例量化到特定房屋,C 购买的这套房

屋对应的地权份额为 1%，对应的 B 银行贷款债权为 50 万元，只要 A 公司向 B 银行清偿 50 万元，该地权份额的抵押权就消灭，这不影响其余地权份额继续为 B 银行的其余债务提供担保，从而为 C 通过转移登记取得该房权及对应的 1% 地权扫清障碍。

(二) 部分房屋抵押的量化登记

不采用量化登记的，地权人把宗地上的部分房屋抵押给债权人，须以这些房屋连带整宗地权为抵押财产办理抵押登记。在抵押登记后，地权人再把其他房屋抵押给其他债权人，同样要连房带地办理抵押登记，但抵押权劣后于前述抵押权，位列第二顺位。目前的金融机构借贷政策对此持排斥态度，金融机构往往不接受第二顺位的抵押担保，从而会使地权人陷入融资困境。采用量化登记的，地权人抵押部分房屋，连带抵押的是与其对应的地权份额，这样一来，在地权人须从不同债权人处借贷融资时，只要每次抵押的房屋不同，连带抵押的地权份额随之也不同，进而使不同的债权人就不同的抵押财产分别取得抵押权，不会出现抵押顺位问题。

举例说明。A 公司的宗地上有甲、乙两栋房屋，各自建筑面积为 5000 平方米，该宗地的规划总建筑面积 10000 平方米。A 公司先以甲栋房屋担保 B 银行的借款 2000 万元，再以乙栋房屋担保 C 银行的借款 2000 万元。采用在非量化登记时，B 银行的抵押财产为甲栋房屋及该宗地权，C 银行的抵押财产为乙栋房屋及该宗地权，就该宗地权抵押登记来看，C 银行抵押权在第二顺位。采用量化登记时，作为抵押财产的地权权益按照建筑面积比例量化到特定房屋，这两栋房屋各自对应的地权份额均为 50%，故 B 银行的抵押财产为甲栋房屋及 50% 地权，C 银行的抵押财产为乙栋房屋及 50% 地权，它们并列存在，没有先后顺位之分。

(三) 在建建筑物抵押的量化登记

不采用量化登记的，地权人把在建建筑物抵押给债权人，须以在建建筑物连带整宗地权为抵押财产办理抵押登记。在抵押登记后，地权人再把后续新建的建筑物抵押给其他债权人，同样要连带地权办理抵押登记，但该抵押权劣后于前述抵押权，位列第二顺位，不易被金融机构所接受。采用量化登记的，只要每次抵押的建筑物不同，连带抵押的地权份额随之也不同，不会出现抵押顺位问题。

举例说明。A 公司的宗地规划建甲、乙两栋房屋，各自建筑面积为

5000平方米,规划总建筑面积10000平方米。甲栋房屋规划建10层,在乙栋房屋尚未动工时,甲栋房屋已动工尚未竣工,A公司以甲栋房屋中已建成的1—4层房屋(2000平方米)担保B银行的借款1000万元,后以该栋房屋中已建成的5—6层房屋(1000平方米)担保C银行的借款500万元。采用非量化登记时,B银行的抵押财产为甲栋房屋1—4层及该宗地权,C银行的抵押财产为甲栋房屋5—6层及该宗地权,就该宗地权抵押登记来看,C银行抵押权在第二顺位。采用量化登记时,作为抵押财产的地权权益按照建筑面积比例量化到特定房屋,甲栋房屋1—4层和5—6层对应的地权份额分别为20%、10%,故B银行的抵押财产为甲栋房屋1—4层及20%地权,C银行的抵押财产为甲栋房屋5—6层及10%地权,这两个抵押权并列存在,没有先后顺位之分。

(四)查封登记

不采用量化登记的,即便强制执行的债权数额小于部分房屋及其地权权益,法院也只能查封地权人宗地上的部分房屋,对该房屋连带整宗地权办理查封登记。在查封登记后,还须查封其他房屋,同样要连带地权办理查封登记,但就该地权,后续查封只能是轮候查封。采用量化登记的,只要查封的房屋不同,连带查封的地权份额随之也不同,可避免出现超额查封以及轮候查封问题。

举例说明。A公司的宗地上有房屋10间,各自建筑面积为50平方米,该宗地的规划总建筑面积500平方米。A公司到期不能清偿对债权人B、C的欠款各250万元。采用非量化登记时,甲法院为了实现B的债权,查封其中5间房屋,查封登记的客体是这些房屋及整宗地权,即便A在查封期间清偿100万元,也不能解除该宗地权查封。在前述查封后,乙法院为了实现C的债权,只能查封其余5间房屋,并就整宗地权轮候查封。采用量化登记时,地权权益按照建筑面积比例量化到特定房屋,在甲法院查封期间,A清偿100万元,相应地可解除2间房屋及其对应的20%地权份额的查封登记。在前述查封后,乙法院为了实现C的债权,可查封——而非轮候查封——其余5间房屋及其对应的50%地权份额。

六、小结

宗地及房屋是以实物形态呈现的财产,而财产不是那种有真正本质的东西,而是实现多种目的而存在的制度,从来都是手段而非目的[1],这意味着,宗地和房屋并非单纯的实物,而是有规范目的的法律概念。而且,在我们的生活世界中,不动产不仅仅是个概念或观念,其真实存在需要一套法律制度运作来凸显、支撑和强化[2],的确如此,宗地和房屋就是以规划为龙头带动的供地、建设、登记等一连串制度共同作用下的产物,离开了对这些制度的通盘理解,是无法全面把握宗地和房屋及其二者关系的真切意义的。

正是在这样的理解中,我们发现,在界定"地随房走"规则中的"占用范围"时,看上去有直接关联的是转让、抵押或查封,应运用的是民法或民事强制执行法的知识,实则不限于此,还必须把以规划为龙头的行政规制统统纳入进来,并把它们有机衔接、融为一体,只有这样,才能准确厘定"占用范围"的制度内涵。

经过这样的认知分析,我们看到,着眼于土地的实体物理形态,以某种区位面积作为房屋对土地的占用范围,看似贴近占用范围的字面意义,但在应对实践问题时存在各种不足,并与前述的行政规制格格不入,这正是"实占范围说""建筑占地说""整宗土地说"这些实体方案不可取的原因;反之,"地权份额说"着眼于宗地及房屋的法律制度意蕴,以规划为基准,把房屋面积的比例,也即与房屋对应的地权份额作为占用范围,看似与占用范围的规范文义相去甚远,但没有实体方案的那些不足,并与前述的行政规制若合符节,是恰当的观点。

上述分析表明,法院在处理涉及"地随房走"的"占用范围"纠纷时,除了运用与转让、抵押有关的民法规范,或运用与查封有关的民事强制执行法规范,还必须特别注意城乡规划或国土空间规划、土地供应、开发建设、不动产登记等行政规制,在案涉房屋是合法建筑的前提下,从规划文件、出让合同、楼盘表、登记簿等证明材料中确定案涉房屋面积、宗地的总建筑面积,以二者的比例作为"占用范围"的标准。

---

[1] 参见〔美〕斯图尔特·班纳:《财产故事》,陈贤凯、许可译,中国政法大学出版社 2017 年版,第 444—446 页。
[2] 参见苏力:《制度是如何形成的》(第 3 版),北京大学出版社 2022 年版,第 88 页。

第四章　土地储备

土地储备制度是因应我国土地管制需要而产生的。在20世纪90年代中期，我国城市存量土地大多由土地使用者控制，他们可向市场供应土地，而这些土地绝大多数是未开发的"生地"或"毛地"，结果产生土地资产流失严重、政府土地收益减少、土地多有闲置等不良现象。为了实现政府对土地供应的垄断，加强对土地市场的宏观调控，上海、杭州等城市成立专门的土地收购储备机构，受市政府委托，实施土地收购、储备、出让前期开发准备工作，后在全国范围广泛推开。[1] 2007年，国土资源部、财政部和中国人民银行联合制定《土地储备管理办法》，系统地规定了土地储备制度。该办法于2018年1月3日由国土资源部、财政部、中国人民银行和中国银行业监督管理委员会联合修订后发布，有效期5年，到2023年1月2日失效，在该办法失效后，目前尚无新制度出台。

《土地储备管理办法》第2条规定："土地储备是指县级（含）以上国土资源主管部门为调控土地市场、促进土地资源合理利用，依法取得土地，组织前期开发、储存以备供应的行为。土地储备工作统一归口国土资源主管部门管理，土地储备机构承担土地储备的具体实施工作。"据此，土地储备制度包括了紧密关联的三项内容，即取得土地、前期开发土地和储存备供。取得土地是土地储备的基础，土地储备机构未取得储备土地，谈不上前期开发和储存备供。前期开发土地就是常说的土地一级开发，即土地储备机构按照规划要求，对储备土地进行必要的建设和平整，使其成为可向市场供应，能够动工开发的建设用地，这也是从"生地""毛地"变为"熟地""净地"[2]的过程。储存备供就是土地储备机构对储备土地进

---

[1] 参见王世元主编：《改革记忆——当代中国城镇国有土地使用制度构建历程（1978—1998）》，中国大地出版社2021年版，第322—324页。1996年11月15日，我国第一家土地储备机构上海土地发展中心成立。

[2] 在实践中，"生地"通常是指没有完成通路、通水、通电、平整等工作（通称"三通一平""五通一平"等）的土地，"熟地"与此相反；"净地"通常是权属明晰，没有争议的土地，"毛地"与此相反。

行管护,发现、制止并处理侵害储备土地的行为,以便向市场供应。

在这三项内容中,取得储备土地是根本,它涉及不少行政和民事的交叉内容,本章将围绕它们展开论述。取得储备土地的重点是要件,重中之重是取得方式合法合规,第一节对此进行概述。作为取得事由的征收、闲置土地无偿收回和政府优先购买所涉事项复杂,争论较大,内容较多,故接下来的三节分别依序对它们各自的重点问题加以阐述。

需要指出的是,土地储备制度旨在规范建设用地,储备土地因此仅限于建设用地,该制度因而与发端于2000年国土资源部《关于加大补充耕地工作力度确保实现耕地占补平衡的通知》的补充耕地储备制度大异其趣,不能混同对待。

《土地储备管理办法》仅适用于国有土地,包括集体经营性建设用地、农民自愿退出的宅基地在内的农村土地应否采用土地储备制度,目前尚无明确规定,实践还没有迫切需求,故对它们略而不论。

第一节 储备土地的取得要件

储备土地的取得,是说土地储备机构依法取得储备土地的使用权并实际占有储备土地。根据《土地储备管理办法》等规范文件的规定,它包括符合国土空间规划、取得方式合法合规、补偿到位、土地权属清晰、土地不存在污染等不适格情况、办理不动产登记等要件。

一、符合国土空间规划

国土空间规划是包括土地在内的一切不动产的根基,储备土地也不例外,《土地储备管理办法》第7条明确规定:"储备土地必须符合土地利用总体规划和城乡规划。"拟收储的土地一旦与国土空间规划不符,如该土地的规划用途是农用地而非建设用地,则收储行为就没有合法性和正当性,即便符合后续的其他要件,只要规划不依法调整,该土地就不能成为储备土地。

二、取得方式合法合规

《土地储备管理办法》第8条列举的取得方式包括依法收回国有土地、收购、行使优先购买权、征收和其他。该条还要求土地储备机构应对土地取得方式及程序的合规性进行审核,对于取得方式及程序不合规的土地,不得入库储备。

(一)依法收回国有土地

收回国有土地,是法出多门的现象和规范。综合来看,收回国有土地可分为以下几类:①无偿收回闲置土地。为了规范土地使用,防止土地闲置,《城市房地产管理法》第 26 条、《闲置土地处置办法》第 14 条规定,在特定条件下,政府有权依法无偿收回闲置土地。[1] ②权利消灭的收回。《土地管理法》第 58 条第 1 款第 2—4 项、《城市房地产管理法》第 22 条第 2 款规定,国有建设用地使用权因期限届满等原因消灭时,政府有权收回。③协议有偿收回闲置土地。《闲置土地处置办法》第 12—13 条规定,因政府原因或不可抗力原因导致土地闲置的,主管部门和国有建设用地使用权人协议有偿收回。④实为征收的收回。正如第二章所言,国有土地上房屋的征收适用"房随地走,地随房走"规范,房屋征收连带国有建设用地使用权收回,实际就是连房带地一起征收。[2]《土地管理法》第 58 条第 1 款第 1 项规定,为实施城市规划进行旧城区改建以及其他公共利益需要,确需使用土地的,依法可以收回国有土地使用权。该事由与《国有土地上房屋征收与补偿条例》第 8 条规定的征收国有土地上房屋的事由完全一致,有的最高立法机关人士也将《土地管理法》第 58 条第 1 款第 1 项的收回定性为征收。[3]

从实质内容来看,协议收回闲置土地实为买卖属性的收购,故下文将它与收购一并论述;实为征收的收回与征收同理,下文把它与征收一并论述。在此仅阐述无偿收回闲置土地和权利消灭的收回的合法合规。

1. 无偿收回闲置土地的合法合规

《闲置土地处置办法》是国土资源部 1999 年制定的部门规章,并于

---

[1] 《土地管理法》第 38 条第 1 款规定,已经办理审批手续的非农业建设占用耕地,连续二年未使用的,经原批准机关批准,由县级以上人民政府无偿收回用地单位的土地使用权;该幅土地原为农民集体所有的,应当交由原农村集体经济组织恢复耕种。这种无偿收回的土地不再向市场供应,不是储备土地,不是本处讨论的对象。

[2] 在"辽宁省沈阳市浑南区人民政府与金某某等其他行政补偿纠纷再审案"中,最高人民法院认为,国有土地上的房屋征收对象不仅包括房屋,也包括房屋所占用的土地使用权。参见最高人民法院(2020)最高法行申 4319 号行政裁定书。

[3] 参见杨合庆主编:《中华人民共和国土地管理法释义》,法律出版社 2020 年版,第 105—106 页。《城市房地产管理法》第 20 条也规定,在特殊情况下,根据社会公共利益的需要,可以依法提前收回国有土地使用权。学理将这样的收回称为"征收性收回"。参见湛中乐:《我国土地使用权收回类型化研究》,载《中国法学》2012 年第 2 期,第 100—102 页。

2012年修订,它详细地规定了闲置土地及其无偿收回(见图4-1 无偿收回闲置土地的流程),是判断这种收回合法合规的重要依据。根据该办法,对无偿收回闲置土地的合法合规判断有以下要点。

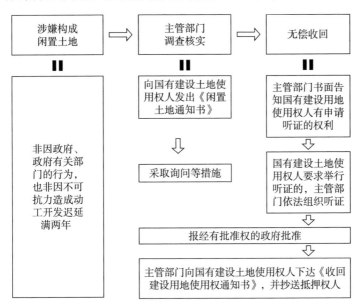

图4-1 无偿收回闲置土地的流程

(1)主体

根据该办法第4条的规定,决定主体是县级以上政府,组织实施主体是市县自然资源主管部门。

(2)客体

根据该办法第2条的规定,闲置土地包括:①国有建设用地使用权人超过国有建设用地使用权有偿使用合同或者划拨决定书约定、规定的动工开发日期满一年未动工开发的国有建设用地;②已动工开发但开发建设用地面积占应动工开发建设用地总面积不足1/3,中止开发建设满1年的国有建设用地;③已投资额占总投资额不足25%,中止开发建设满1年的国有建设用地。该办法第30条解释了两个术语:①动工开发:依法取得施工许可证后,须挖深基坑的项目,基坑开挖完毕;使用桩基的项目,打入所有基础桩;其他项目,地基施工完成1/3。②已投资额、总投资额:均不含国有建设用地使用权出让价款、划拨价款和向国家缴纳的相关税费。

（3）事由

根据该办法第8条、第14条的规定，不是因为政府、政府有关部门的行为或不可抗力造成动工开发迟延满两年。

（4）程序

根据该办法第14—16条的规定，主管部门在收回国有建设用地使用权决定前，应当书面告知权利人有申请听证的权利，权利人要求举行听证的，主管部门应当依法组织听证。主管部门依法报经有批准权的政府批准后，向国有建设用地使用权人下达《收回国有建设用地使用权决定书》。[1]

2. 权利消灭的收回的合法合规

对权利消灭的收回的合法合规判断有以下要点。

（1）事由

事由限定为如下情形：①根据《民法典》第359条第2款、《土地管理法》第58条第1款第2项、《城市房地产管理法》第22条第2款的规定，非住宅国有建设用地使用权期限届满，权利人未申请续期或申请续期未获批准，该权利消灭。至于住宅国有建设用地使用权，因为是自动续期，不因期限届满而消灭。②划拨国有建设用地使用权非经批准，不能进入市场转让流通，在此前提下，一旦用地单位因撤销、迁移、破产、解散等原因而不再使用划拨土地，该权利就失去存续的意义，根据《土地管理法》第58条第1款第3项、《城镇国有土地使用权出让和转让暂行条例》第47条的规定，政府有权收回。至于经批准已经市场化的划拨国有建设用地使用权，不因前述原因而消灭，不能被收回。③政府出资，使用划拨土地建造的公路、铁路、机场、矿场等基础设施经核准报废后，该使用权不再存续，根据《土地管理法》第58条第1款第4项的规定，政府有权收回。至于社会投资，以市场化方式在出让国有建设用地上建造的基础设施，在核准报废后，只要期限未届满，该使用权仍存在。[2]

---

[1] 受澳门廉政公署委托，北京大学法学院成立课题组对闲置土地及其处置进行了较为深入细致的研究，于2019年11月形成研究报告《闲置土地处置法律制度研究：历史、规范与实践》，其中详细梳理了涉及闲置土地的法律规范以及司法案例，资料很翔实，可惜没有公开发表。鲁谷辰的论文《闲置土地处置制度的司法适用》（载《法律适用》2021年第6期）、《土地闲置"政府原因"的司法审查》（载《地方立法研究》2021年第5期）反映了该研究报告的部分内容，可供参考。

[2] 参见杨合庆主编：《中华人民共和国土地管理法释义》，法律出版社2020年版，第106—107页。

(2)程序

根据《土地管理法》第 58 条的规定,由自然资源主管部门拟定收回方案,报经原批准用地的政府(主要是市县政府)批准。[1]

对比可知,闲置土地的无偿收回是政府为了达到特定的管制所实施的行政行为,它导致相对人失去国有建设用地使用权,权利消灭的收回的根基则是国有建设用地使用权因期限届满或目的落空而消灭,政府收回不过是其作为土地所有权代表主体行使所有权,恢复所有权圆满状态的表现,与公权力无关,不应定性为行政行为。而且,根据《城镇国有土地使用权出让和转让暂行条例》第 47 条第 3 款的规定,用地单位因迁移、解散、撤销、破产或者其他原因而停止使用土地的,市、县政府在无偿收回其划拨建设用地使用权的同时,须根据实际情况对其地上建筑物、其他附着物给予适当补偿。

前述内容均在政府收回国有土地的范畴当中,至于集体土地收回,根据《土地管理法》第 66 条的规定,由农村集体经济组织报经原批准用地的政府批准后实施,但政府不能越过农村集体经济组织直接收回集体土地。在"阎某与太原市小店区人民政府土地行政决定案"中,最高人民法院指出,原批准用地的县级人民政府只是通过批准收回的方式对相关收回行为行使监督权,防止村集体经济组织违法收回集体土地使用权侵害集体成员的合法权益。小店区人民政府作的案涉决定,以狄村社区和全体居民为行政相对人,以小店区人民政府的名义决定收回再审申请人的宅基地使用权并注销其使用权证,缺少法律依据,应属违法。[2]

(二)收购

在国有建设用地使用权有效存续期间,政府或其主管部门从权利人处有偿受让该权利,就是收购,这是典型的市场交易活动,通常表现为买卖行为,但也不排除是互易行为,即政府或其主管部门用另一建设用地使用权或其他非货币财产换取权利人的建设用地使用权,当政府或其主管部门用另一建设用地使用权来换取时,其与权利人之间是互易而非出

---

[1] 参见魏莉华等:《新〈土地管理法〉学习读本》,中国大地出版社 2019 年版,第 170 页。
[2] 参见最高人民法院(2018)最高法行申 7569 号行政裁定书。

让,不能适用出让的法律规范。[1] 无论买卖还是互易,均须遵循有关法律行为和合同的民法规范。

土地储备机构在审核收购是否合法合规时,须特别注意权利人处于破产状态的法律规定。在"郭某与湛江市土地储备管理中心(以下简称储备中心)等确认合同无效纠纷案"中,储备中心与国强公司清算小组签订《回收土地使用权协议书》,约定由储备中心收回案涉土地使用权,储备中心向清算小组支付了回收补偿费,将该地块纳入湛江市土地储备库中并办理了转移登记手续。一审、二审法院均认为该协议不符合《企业破产法》第112条第1款有关"变价出售破产财产应当通过拍卖进行"的规定,未经国强公司债权人会议认可,因而无效。[2]

2018年自然资源部办公厅《关于政府原因闲置土地协议有偿收回相关政策的函》规定,协议有偿收回闲置土地遵循协商一致和合理补偿的原则,有偿收回的补偿金额应不低于土地使用权人取得土地的成本,综合考虑其合理的直接损失,参考市场价格,由双方协商确定。这表明协议有偿收回闲置土地实际就是收购,但其比一般的收购特殊,即根据《闲置土地处置办法》第13条第1款的规定,市、县自然资源主管部门与权利人协商一致后,主管部门还须拟定闲置土地处置方案,报本级政府批准,此后才能签订有偿收回协议。故而,协议有偿收回闲置土地合法合规的要点,是有偿收回协议须以政府批准的闲置土地处置方案为基础。

对于应收购土地的情形,政府不得采用强制收回的方式,否则就是违法行为。

(三) 行使优先购买权

《城镇国有土地使用权出让和转让暂行条例》第26条第1款规定:"土地使用权转让价格明显低于市场价格的,市、县人民政府有优先购买权。"据此,在国有建设用地使用权转让价格过低时,市县政府享有法定的优先购买

---

[1] 在"安溪县人民政府与福建长翔房地产开发有限公司(以下简称长翔公司))等建设用地使用权出让合同纠纷案"中,二审法院指出,依据《置换协议》内容,安溪县人民政府为引进建设大型城市综合体对长翔公司的用地进行收储,安溪县人民政府同意另行选址对长翔公司的用地进行置换安置。《置换协议》系为了政府规划需要收储土地而协商进行土地置换,不同于单纯的经营性土地出让,不适用招标、拍卖或者挂牌方式出让国有土地使用权的强制性规定。参见福建省高级人民法院(2021)闽民终757号民事判决书。

[2] 参见广东省高级人民法院(2013)粤高法民二破终字第15号民事判决书。

权。正如其名称所显示的,这种优先购买权首先立足于"购买",在此基础上再赋予其"优先"的机会,它与其他移转财产权有偿交易中的法定优先购买权[1]没有区别,均属于民事权利。

[政府不能以国有建设用地使用权低价转让为由收回土地]与其他法定优先购买权一样,政府行使优先购买权的路径也是意思表示和法律行为,受《民法典》的法律行为规范调整。若非如此,政府以收回决定等行政行为而非法律行为的方式来行使优先购买权,就属于路径错误,既与该权利的民事权利属性不符,也违背了依法行政的基本要求,不应得到承认。同时,根据《民法典》第132条的规定,政府的优先购买权不能滥用,不能损害他人的合法权益,如在土地权利低价转让行为发生多年之后,政府才行使优先购买权,主张以当时的低价收购,就是典型的权利滥用,为法律所不允许。

在此方面,下面这个案例非常典型,可供参考。在"海口市国土资源局与关闭海南发展银行清算组因土地行政管理纠纷案"中,经依法评估,案涉土地于2000年3月20日的价值为3,313,893元,2001年3月6日经法院以物抵债。2014年,海口市国土资源局以当年法院裁定抵债价格低于基准地价为由,根据《城镇国有土地使用权出让和转让暂行条例》第26条的规定,经报海口市人民政府批准,于2014年5月12日作出《收回国有建设用地使用权决定书》,决定按抵债价格3313893元有偿收回该地。二审法院指出,如果该局认为涉案土地使用权抵债价格低于基准地价,可在当时向法院提出由政府收购的主张,如此反而更有利于法院的执行,但并没有证据显示该局在当时曾提出过相关主张,其在事隔十三年之后,才主张当年涉案土地的抵债价格低于基准地价即是低于市场价格,并以此为由作出收地决定,以当时的评估价格收回涉案土地,该行为主要证据不足,适用法律错误,应予撤销。[2]

政府优先购买方式的合法合规重心是要符合法定的行使要件及其法律效果,而行使要件的构成与优先购买权是形成权还是请求权的法律属

---

[1] 比如,《民法典》第305条规定了按份共有人对份额的优先购买权,第726条规定了房屋承租人对出租屋的优先购买权,《公司法》第71条规定了有限责任公司股东对股权的优先购买权,《合伙企业法》第23条规定了合伙人对合伙份额的优先购买权。

[2] 参见海南省海口市中级人民法院(2015)海中法行终字第58号行政判决书。

性关系紧密,属性认定不同,行使要件也随之有别,故要想明确行使要件,得先厘定该权利的法律属性。行使要件中涉及若干行政规制的事项,如主体是否适格、低价转让的判断等,具有行政与民事结合的特性。由于法理模糊和规范缺失,优先购买权的法律属性、行使要件和法律效果在理论和实务上莫衷一是,争论很大。为了能充分讨论,本章第四节将专门探讨这些问题。

(四)征收

根据《宪法》第13条第3款、《民法典》第243条第3款等规定,征收是指为了公共利益的需要,国家以补偿损失为条件,依法强制取得他人财产权的行为。征收方式的合法合规,可从以下五个方面把握。

1. 目的

在目的上,征收是国家为了公共利益的需要,对他人正当财产权的合法剥夺。《土地管理法》第45条、《国有土地上房屋征收与补偿条例》第8条对公共利益进行了类型化列举,可供参酌。为商业利益等非公共利益需要的,不得征收。

需要注意的是,《闲置土地处置办法》第8条第1款把国土空间规划修改、军事管制、文物保护等作为协议有偿收回闲置土地的事由,而它们也往往涉及社会公共利益,会成为征收的事由,故而,在这些事由发生时,政府可选择征收,也可选择协议有偿收回闲置土地。

2. 主体

在主体上,征收直接发生在国家和被征收人之间。

国家是征收权主体,由经法律授权的政府代表国家行使征收权。根据《土地管理法》第46—47条的规定,代表国家行使集体土地征收批准权的主体是国务院或省级政府,行使征收实施权的主体是县级以上地方政府。《国有土地上房屋征收与补偿条例》第4条第1款规定,代表国家行使国有土地上房屋征收权的主体是市县政府;第4条第2款规定,由市县政府确定的房屋征收部门组织实施本行政区域的房屋征收与补偿工作。显然,征收权有决定权和实施权的权力分置,之所以如此,是出于高效行政的考虑,即为了防止行政机关滥用征收权,以免不当侵夺其他主体的合法财产权,征收决定权要由地位相对超然的行政机关承担,但负责具体操作实施的不是这些机关,否则就不仅有违层级制的行政运作机制,还会因其不熟悉被征收不动产的具体信息而不便操作,从而加大管制成本。

[**委托其他主体实施征收与补偿**]在实践中,征收实施权主体会委托其他主体具体负责或参与征收与补偿,对此要进行实质判断,不能仅以具体实施主体并非法定的征收实施权主体就否定该行为不是征收实施行为。在"贾某某与河北省石家庄高新技术产业开发区管理委员会(以下简称高新开发区管理会)等房屋行政强制案"中,最高人民法院认为,东仰陵村委会在原审期间虽承认其自行对贾某某房屋实施强制拆除,但高新开发区管委会、宋营镇政府均不同程度参与,结合法律规定和全部在案证据以及土地的最终用途等情况综合判断,对贾某某房屋的强制拆除,不应当认定系东仰陵村委会自主实施,而应当认定系职权主体与非职权主体在市政项目征收拆迁中基于共同意思联络、共同参与下实施的强制拆除。被诉强制拆除行为虽然形式上表现为东仰陵村委会实施,但村民委员会等自治组织仅系行政机关的行政助手和行政辅助者,犹如其"延长之手"。[1]

在前述委托情形,相关法律责任仍由征收实施权主体承担。在"朱某某等与浙江省绍兴市越城区人民政府不履行拆迁安置法定职责案"中,最高人民法院认为,组织实施征收与补偿的市、县人民政府以规范性文件等方式,委托乡(镇)人民政府、区(县)街道办、区(县)征地事务机构或公司等主体参与征收与补偿相关工作,人民法院通常应予尊重;但不能认为此类主体因此即成为了补偿安置的法定义务主体,也不能认为其实际取得了独立实施补偿安置的行政主体资格,更不能认为市、县人民政府及土地管理部门即因此免除了法定的补偿安置义务,而是应将此类主体视为接受市、县人民政府等委托从事具体的补偿安置事宜。受托主体在受委托的行政权限范围内实施的补偿安置行为,应当视为委托人行使法定职权的活动,应当由委托人承担行政法律责任。在此前提下,要注意甄别、区分受托主体基于行政委托所实施的行为与基于其自主意识所实施的行为。特别是在强制执行领域,后者既可能构成行政委托范围外的其他行政行为,也可能构成民事行为甚至刑事犯罪行为。因此,人民法院既要防止泛化行政委托关系而使受托主体不加区别地成为行政法律责任主体;更要防止无视行政委托权限、突破行政征收活动的公法关系定性,违法阻断受托主体与委托人在行政委托范围内的法律联系,将受

---

[1] 参见最高人民法院(2019)最高法行申3784号行政裁定书。

托主体的相关公法行为不当导入私法框架予以评判。本案中,越城区人民政府系法定的补偿安置主体,其发布的《拆迁公告》虽然将有关补偿安置工作委托给城南建设公司、城南街道办、念亩头村负责实施,但不能据此否定其对受托主体实施补偿安置工作的责任主体地位;在受托主体无法与被征收人达成补偿协议的情形下,特别是在上述《拆迁公告》《越城区城中村改造高层集聚安置补偿实施办法(试行)》和相关方案中并未设定解纷机制,明确在无法达成协议时被征收人可向谁去主张补偿、可采取何种方式寻求救济的情形下,更不能免除越城区人民政府对被征收人的补偿安置法定职责。该人民政府在原审期间的抗辩理由强调《拆迁公告》已规定由城南建设公司等第三人实施补偿,故其作为本案被告不适格。这一主张,于法无据,于理不符,既不利于被征收人合法权益的保护,体现责任政府应有的担当,也不利于在征收拆迁工作中形成预防和化解矛盾的有效机制。[1]

此外,在实践中,往往有地铁公司等涉及运营公共事业的主体请求国家行使征收权,以便利地实现运营公共事业的目的,从法律上讲,它们只是用地申请人,至于国家是否启动征收程序,不受其控制,故这些主体并非征收的主体。

被征收人则是国家以及代表国家保有和行使国有财产权主体之外的其他所有类型的土地权利主体以及房屋所有权人,包括法人、非法人组织和自然人。在被征收的不动产转让,受让人通过买卖等方式占有该不动产,但未登记的情形下,不动产权属转让未完成,转让人仍是被征收人;为了切实保护受让人的利益,在征收补偿款尚未支付时,可将受让人认定为征收补偿款的债权人。在"秦某某与孙某某等买卖合同纠纷案"中,最高人民法院认为,孙某某与秦某某之间有转让房产的意思表示,并且已实际交付,秦某某自2009年起已经与第三人张某某实际占有和使用该房产,该房产的征收补偿费用归其与第三人张某某共同享有,秦某某享有该款项的50%的请求具有事实和法律依据,本院予以支持。[2]

3. 客体

在客体上,他人的各类财产权均能成为征收的客体,并不限于所有

---

[1] 参见最高人民法院(2019)最高法行再199号行政裁定书。另参见最高人民法院(2016)最高法行再61号行政裁定书。
[2] 参见最高人民法院(2017)最高法民再407号民事判决书。

权。不过,因为土地等不动产之外的其他财产权通常有可替代性,国家即便为了维护和实现公共利益,也完全可在市场上购买,无须借助强制性的征收手段,故征收的客体主要是不动产,《民法典》第243条第1款对此有明确表述。

《土地储备管理办法》第8条把征收客体限定为集体土地所有权,但实则并非局限于此,还应包括名为收回实为征收客体的国有建设用地使用权,上文对此已明言。

4. 程序

在程序上,征收是国家对他人财产权的合法强制取得行为,要确保其正当性,就要求征收权主体必须根据法定程序进行,具体如下:

第一,在集体土地征收(见图4-2集体土地征收的制度构造),根据《土地管理法》第47条、《土地管理法实施条例》第26—31条的规定,有以下的程序环节:①县级以上地方政府完成前期工作,包括发布征收土地预公告、拟征收土地现状调查、社会稳定风险评估、拟定征地补偿安置方案、征地补偿安置方案公告、组织听证、签订征地补偿安置协议;②县级以上地方政府申请;③有批准权的政府依法审查批准[1];④县级以上地方政府依法发布征收土地公告,作出补偿安置决定,并依法组织实施。[2]

---

[1] 根据《土地管理法》第46条第1—2款的规定,永久基本农田、永久基本农田以外的耕地超过三十五公顷的土地和超过七十公顷的其他土地的征收,由国务院批准,前列土地之外的其他土地的征收,由省、自治区、直辖市人民政府批准。2007年国土资源部《关于进一步加强和改进建设用地备案工作的通知》指出,各省(区、市)国土资源管理部门将本省(区、市)政府批准的建设项目用地报国土资源部备案,填写"省级人民政府批准的建设项目用地备案表"。故而,在省级政府批准征收后,还有报自然资源部备案的环节。由于该备案行为对被征收人的利益没有实质影响,不属于可诉的行政行为。在"谢某某与中华人民共和国自然资源部行政复议案"中,最高人民法院认为,自然资源部的备案行为符合前述通知的规定,且该备案行为系对全国土地审批、利用进行总体把握,并非土地是否准予征收使用的批准行为,该备案行为对谢某某的权利义务不产生实际影响。参见最高人民法院(2019)最高法行申7262号行政裁定书。

[2] 在征收土地公告后,进入实施阶段。在被征收人无正当理由不接受补偿,也不交出土地时,根据《土地管理法实施条例》第62条、最高人民法院《关于审理涉及农村集体土地行政案件若干问题的规定》第14条的规定,县级以上地方人民政府作出责令交出土地决定,被征收人拒不交出的,可依法申请法院强制执行。这意味着,虽然责令交出土地的行为是征收实施的行为,但其具有独立的法律意义,是可诉的行政行为。在"董某某与济南市市中区人民政府等《责令限期交出土地通知书》案"中,二 (转下页)

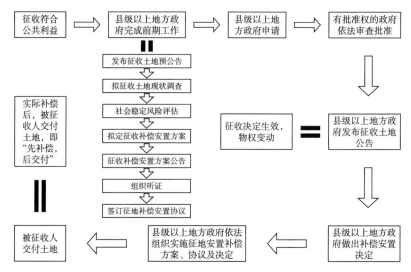

图 4-2 集体土地征收的制度构造

第二,在国有土地上房屋征收(见图 4-3 国有土地上房屋征收的制度构造),根据《国有土地上房屋征收与补偿条例》第 10—13 条的规定,有以下程序环节:①完成前期工作,包括确定征收范围、依法确定征收补偿方案、社会稳定风险评估、征收补偿费用足额到位;②市、县级政府作出房屋征收决定;③市、县级政府及时公告房屋征收决定。

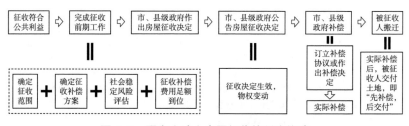

图 4-3 国有土地上房屋征收的制度构造

(接上页)审法院指出,一方面,本案上诉人作出的《责令交出土地通知书》具有特定的具体内容,即要求被上诉人于 2 日内清理地上附着物并交出土地,该内容为被上诉人增设了义务,限制了被上诉人对涉案房屋继续居住或使用的权利,对被上诉人的权利义务产生实际影响。另一方面,该通知内容并不被上诉人作出的其他行政行为所包含,也不是重复引述其他行政决定的内容,而是独立对外产生实际影响。故上诉人作出的《责令交出土地通知书》的决定属可诉行政行为,上诉人区政府和办事处关于涉案通知书仅起督促作用,系阶段性告知行为,不具有可诉性的主张不能成立,本院不予支持。参见山东省高级人民法院(2016)鲁行终 1183 号行政判决书。

第三，对于实为征收的收回，《土地管理法》第 58 条第 1 款除了规定"有关人民政府自然资源主管部门报经原批准用地的人民政府或者有批准权的人民政府批准"，未规定其他程序，在此情况下，为了确保政府依法行政，国有土地上有房屋的，按照特别法优于一般法的法理，应适用《国有土地上房屋征收与补偿条例》的程序；国有土地上没有房屋的，应根据 2020 年自然资源部制定的《自然资源听证规定》，就补偿方案组织听证，并参照适用征收集体土地和国有土地上房屋的程序，对收回决定予以公告。

(五)没收

没收是其他依法取得土地的主要方式，主要适用于没收建筑物的情形。《土地管理法》第 74 条、第 77 条规定，擅自将农用地改为建设用地，对符合土地利用总体规划的，没收该建筑物和其他设施。《城乡规划法》第 64 条规定，未取得建设工程规划许可证或者未按照建设工程规划许可证的规定进行建设，不能拆除的，没收实物。受制于"房随地走，地随房走"的规范，这些建筑物及土地权利是同时被没收的。没收是行政处罚，其决定的作出要符合《行政处罚法》的要求。

三、补偿到位

《土地储备管理办法》第 8 条规定，补偿不到位的土地，不得入库储备。对于该要件，可从以下层次来理解：

第一，对于无偿的取得方式，如闲置土地的无偿收回、没收以及除了用地单位撤销、迁移等原因之外的权利消灭的收回，本要件显然不能适用。

第二，对于政府或其主管部门要支付价金，但该价金并非补偿款的取得方式，本要件也不适用。这些方式包括收购、协议有偿收回闲置土地和优先购买，它们均是买卖型的市场机制，虽然政府或其主管部门按照约定支付价款往往被命名为"补偿款"，但实际是取得土地的对待给付，这些价款是在取得土地之前、同时还是之后支付，取决于双方的约定，不宜把价金支付到位作为取得储备土地的要件。

第三，经过前两点的排除后，主要是征收以及因用地单位撤销、迁移等原因的权利消灭的收回适用于本要件，而后者可参照前者进行补偿方面的法律适用。征收和补偿是唇齿相依关系，有征收必有补偿，无补偿即无征收，正因此，前文在界定征收时，把补偿作为条件。从实践情况来看，未及时向被征收人支付补偿款,是征收纠纷的主要导火线,而这与"补偿到位"的理解有关。从目前的征收法律规范来看,补偿到位至少有三种理解,一是补偿款已到土地储备机构的专款账户;二是签订补偿协议或作出补偿决定;三是被征收人实际得到公平合理补偿。以何者为准,实践中争论很大。对比而言,第三种理解更为可取。只有这样,被征收人才能在失去土地时,获得必要的生活或生产保障。也只有这样,该权利人才不再有拒绝交出土地的抗辩权,土地储备机构才能实际占有土地,才能取得完整产权,这样的土地才是《土地储备管理办法》第5条界定的入库储备土地,土地储备机构才能进行后续的必要的一级开发等工作。第二节将对此予以详述。

[征收补偿、物上代位与侵害抵押权]《民法典》第390条规定了物上代位,据此,抵押财产在抵押期间被征收,抵押权人可以就获得的补偿金优先受偿。学理对物上代位的属性有法定债权质权说和担保物权延续说之争[1],前说更值赞同[2],"担保制度解释"第42条的物上代位效力规定也建立在该说基础之上。[3] 在此前提下,作为抵押财产的不动产被征收的,征收实施权主体应依法补偿抵押人的损失,其履行结果供抵押权人优先受偿,只要表征履行结果的代位物(如安置房屋、补偿金)未与抵押人的其他财产混同而消灭,抵押权在代位物上当然存在。

为了最大限度地保障抵押权人的利益,防止出现征收实施权主体向抵押人赔偿,抵押人处分代位物致其灭失或被他人善意取得,导致抵押权人物上代位权落空的情形,在当事人之间设置促成征收实施权主体对抵押权知情的义务,把补偿给付的相对人从抵押人更改为抵押权人,实现物上代位的目的,就成为稳妥的对策。比如,我国大陆学理认为,在物上代位情形发生后,抵押人应通知抵押权人,征收实施权主体在补偿前,也有义务查阅不动产登记簿,将补偿请求权产生的事实通知抵押权人,征收实施权主体不履行该义务向抵押人

---

[1] 概括介绍可参见高圣平:《民法典担保制度及其配套司法解释理解与适用(上册)》,中国法制出版社2021年版,第341—342页。

[2] 详细论证可参见程啸:《担保物权研究》(第二版),中国人民大学出版社2019年版,第56—60页。

[3] 参见最高人民法院民事审判第二庭编著:《最高人民法院担保制度司法解释理解与适用》,人民法院出版社2021年版,第382页。

赔偿,损害抵押权人利益的,构成侵权行为,应赔偿抵押权人。[1] 又如,在我国台湾地区,抵押权人在知道物上代位的情形发生后,宜尽速通知第三人,第三人因故意或重大过失向抵押人赔偿的,对抵押权人不生效力,抵押权人仍有权请求第三人向自己给付[2],"担保制度司法解释"第 42 条第 2 款与此大致相当。[3]

四、土地权属清晰

《土地储备管理办法》第 8 条规定,入库储备土地必须是产权清晰的土地,土地权属不清晰的土地,不得入库储备。所谓土地权属清晰,是指储备土地的支配利益和处分权能要由土地储备机构排他性的垄断,其上不能承载抵押权、租赁权等权利负担,其主要内涵如下:

第一,经由前述合法合规的取得方式,土地储备机构等部门依法取得国有建设用地使用权,土地权属确定、明晰。通过收购、协议有偿收回、优先购买取得的,是依法律行为的物权变动,根据《民法典》第 214 条的规定,须办理转移登记。通过闲置土地无偿收回、权利消灭收回、征收、没收取得的,是非依法律行为的物权变动,根据《民法典》第 229 条的规定,自收回决定、征收决定、没收决定生效时物权变动,无须办理登记。从实践

---

[1] 参见程啸:《担保物权研究》(第二版),中国人民大学出版社 2019 年版,第 68—72 页。在"中国农业银行股份有限公司宁波鄞州分行(以下简称农行鄞州分行)与竺某某、宁波市奉化区房屋征收办公室(以下简称奉化征收办)等抵押权纠纷案"中,二审法院认为,首先,因奉化征收办在征收过程中未向房产部门调查核实讼争房屋的权属情况、也未及时告知农行鄞州分行变更抵押物,即将讼争房屋拆除导致该抵押物灭失,致使农行鄞州分行丧失了对该抵押物的优先受偿权。同时,奉化征收办未及时告知农行鄞州分行可对征收补偿款提存,即将超过安置房房款的部分补偿金支付给竺某某,在竺某某未将所获补偿金归还农行鄞州分行贷款的情况下,导致农行鄞州分行丧失了对征收补偿款的优先受偿权。故奉化征收办对于农行鄞州分行丧失对讼争房屋及其征收补偿金的优先受偿权存在过错,应当承担侵权责任。其次,因抵押人竺某某在拆迁过程中故意隐瞒被征收房屋的抵押情况导致抵押物灭失,且其将补偿款挪作他用未及时清偿贷款,其应当对农行鄞州分行承担还款责任。奉化征收办并非涉案贷款的主债务人,其应当根据过错程度在竺某某财产不能偿还贷款的基础上,承担补充赔偿责任。参见浙江省高级人民法院(2019)浙民再 496 号民事判决书。

[2] 参见谢在全:《民法物权论(下册)》(修订七版),新学林出版股份有限公司 2020 年版,第 197 页;郑冠宇:《民法物权》(第 5 版),新学林出版有限公司 2015 年版,第 494 页。

[3] 参见程啸、高圣平、谢鸿飞:《最高人民法院新担保司法解释理解与适用》,法律出版社 2021 年版,第 260 页;最高人民法院民事审判二庭编著:《最高人民法院担保制度司法解释理解与适用》,人民法院出版社 2021 年版,第 385 页。

情况来看,征收决定何时生效,法律未予明确,实践没有定论,第二节将展开论述。

第二,该国有建设用地使用权上没有其他权利负担。2012年国土资源部、财政部、中国人民银行、中国银行业监督管理委员会《关于加强土地储备与融资管理的通知》要求土地储备机构要对包括土地上的他项权利进行认真核查,已设立他项权利未依法解除的,不得纳入储备。这意味着,凡是承载抵押权、租赁权等权利负担的国有建设用地,均不能成为储备土地。

这样的实践操作在《民法典》实施之前是有道理的,因为《物权法》(已失效)第191条第2款禁止抵押人自由转让抵押财产,没有抵押权人的同意,土地储备机构是无法收购承载抵押权的土地的。但《民法典》第406条第1款扫清了这个障碍,抵押权的存续不再影响土地收购,也不会影响土地出让,如此一来,仍坚持前述的实践操作,正当性是不充分的。比如,土地储备机构从A处收购土地使用权,而该权利之前抵押给B,根据《民法典》第406条第1款的规定,B的抵押权不影响收购,完成收购后,土地储备机构取得该土地使用权。在抵押权存续的前提下,这不会导致利益失衡,因为在收购前以及在供地时,抵押权的存在通过登记具有公开性,其担保的债权数额是确定的,土地价格的评估要扣除该债权数额,土地储备机构以及建设用地使用权的受让人不会因抵押权的存续而吃亏。

当然,在本要件修改之前,经由前述取得方式,政府或其主管部门取得的承载有抵押权、租赁权等权利负担的国有建设用地使用权,不能成为储备土地使用权。但这不影响它独立存在,并通过合适途径实现其目的,如无偿收回的闲置土地负担有抵押权的,不妨根据《闲置土地处置办法》第19条第1项的规定,由主管部门依据国家土地供应政策,确定新的国有建设用地使用权人开发利用。在此又涉及一个极具争议的问题,无偿收回闲置土地是否导致既有的抵押权消灭,第三节将对此详述。

五、土地不存在污染等不适格情况

《土地储备管理办法》第7条规定,存在污染、文物遗存、矿产压覆、洪涝隐患、地质灾害风险等情况的土地,在按照有关规定由相关单位完成核查、评估和治理之前,不得入库储备。这些不适格情况均危及社会公共利益,土地权利人依法有防范和治理的义务,如《土壤污染防治法》第45条第1款第2句规定:"土壤污染责任人无法认定的,土地使用权人应当实施土壤污染风险管控和修复。"如若放任这些土地可被收储,这种义务就将转嫁到土地储备机构,其不得不用财政资金来治理污染等不适格情况,从而会损害政府利益。

六、办理不动产登记

《土地储备管理办法》第8条规定,应办理相关不动产登记手续而尚未办理的土地,不得入库储备。在此所谓的相关不动产登记,既包括注销原登记,又包括办理新登记。《土地储备管理办法》第10条规定:"储备土地入库前,土地储备机构应向不动产登记机构申请办理登记手续。储备土地登记的使用权类型统一确定为'其他(政府储备)',登记的用途应符合相关法律法规的规定。"

第二节 征收与补偿

一、征收决定在公告时生效

根据《民法典》第229条的规定,征收决定生效时物权变动。该征收决定对应着集体土地的征收批准[1]、国有土地上房屋的征收决定和国有土地的收回决定。在征收决定已现实发生,且符合法定的形式和内容的基础上,从司法实践来看,征收决定生效的时点有四个选项,一是作出之时[2],二是

---

[1] 参见程雪阳:《论集体土地征收决定的识别与司法审查》,载《法学家》2022年第3期,第92—93页。
[2] 比如,在"武汉恒新物资开发有限公司与武汉市人民政府、武汉市国土资源和规划局(以下简称武汉市国土局)注销国有土地使用权行为违法案"中,最高人民法院认为,案涉房产属于江汉区人民政府江汉房征决字[2013]第1号房屋征收决定的征收范围,自征收决定作出之时,物权即发生变更,武汉市国土局注销恒新公司涉案房屋项下的国有土地使用权证,符合法律规定。参见最高人民法院(2017)最高法行申8344号行政裁定书。

公告之时[1],三是实际补偿之时[2],四是救济确定之时,也即被征收人就征收决定提起的行政复议或行政诉讼的法律文书生效之时,或这些救济的法定期限届满,被征收人不寻求救济的事实确定之时。[3]

(一)征收决定在公告时生效的原因

本书认为,应以征收决定公告作为征收决定生效的时点,此时被征收的集体土地及其附着物的所有权归国家所有,被征收的国有建设用地使用权消灭,国有土地上的房屋归国家所有。之所以如此,有两个根本理由:

第一,从行政法的角度来看,行政行为在告知相对人时生效,公告是通过送达而告知的方式之一。[4] 在公告后,征收决定有了信息溢出效应,不仅对被征收人形成负担,还为其他社会公众所周知,为了维护政府信誉和保护社会预期,征收决定权主体必须受征收决定的约束,不得任意撤回。

第二,从民法角度来看,物权是绝对权,须凭借一定的公示机制能为不特定人所共知,征收决定公告就是这样的机制,它通过广而告之方式公

---

[1] 比如,在"李某某等与江苏省徐州市人民政府土地出让案"中,最高人民法院认为,江苏省徐州市泉山区人民政府于2014年5月23日作出徐泉征字〔2014〕第5号《徐州市泉山区人民政府房屋征收决定》,将涉案土地上的房屋进行征收,该征收决定的合法性已经为法院生效判决所确认,自发布之日起已经发生法律效力。李某某等人对涉案土地不再拥有土地使用权,与徐州市人民政府批准江苏省徐州市国土资源局将涉案土地挂牌出让行为无利害关系,不具有提起本案诉讼的原告主体资格。参见最高人民法院(2017)最高法行申1341号行政裁定书。

[2] 比如,在"周某某与南通市人民政府行政复议决定案"中,最高人民法院认为,申请人的承包土地在江苏省人民政府批准征收并进行征收补偿后,相关土地权利即告消灭。参见最高人民法院(2017)最高法行申4487号行政裁定书。

[3] 比如,在"广东省梅州市人民政府与李某某等诉其不予受理行政复议决定案"中,最高人民法院认为,在土地、房屋征收案件中,被征收人在法定期限内未对征收补偿决定申请行政复议、提起行政诉讼,征收补偿决定发生强制执行的效力。至起诉期限届满之日,被征收土地房屋的物权已经转移至国家,被征收人丧失相关土地、房屋的权利,与被征收的土地、房屋不再具有利害关系。参见最高人民法院(2018)最高法行再198号行政判决书。

[4] 参见〔日〕南博方:《行政法》,杨建顺译,商务印书馆2020年版,第61—62页。在"李某某与河南省人民政府未依法送达行政复议决定书违法案"中,最高人民法院指出,行政行为作成后的告知送达,是一种重要的行政程序,一方面是为了使当事人知悉行政行为的内容,另一方面亦为行政行为的生效要件,书面的行政行为自送达相对人及已知的利害关系人时才对其发生效力。参见最高人民法院(2017)最高法行申5817号行政裁定书。

开运行,使被征收的物权变动能为世人所知悉。[1]

(二)其他选项不应采用的理由

其他的三个选项既与行政行为生效的一般原理不符,也与物权绝对性格格不入,再加上它们各有以下的其他弊端,因而不应采用。

1. 征收决定不应作出即生效的理由

首先,行政法虽有作出即生效的行政行为,但限于紧急情况下作出需要立即实施等特殊情形[2],而征收远未达到这样的紧急程度,不宜归为这类行政行为。

其次,采用这一选项,不利于物权权属的确定,因为只要不告知被征收人,征收决定就完全受控于决定权主体,该主体有权根据实际情况撤回该决定,这无益于物权权属的明确性和稳定性。

最后,与我国征收集体土地的法律、政策和实际不符。2004 年国务院《关于深化改革严格土地管理的决定》规定:"农用地转用批准后,满两年未实施具体征地或用地行为的,批准文件自动失效。"[3]2009 年国土资源部《关于严格建设用地管理促进批而未用土地利用的通知》也指出,国务院批准的城市建设用地,自省级人民政府审核同意实施方案后满两年未实施具体征地或用地行为的,该部分土地的农用地转用失效。从前述征收集体土地的程序可知,征收土地公告是征地实施的标志,未公告就表明没有实施具体征地行为,这种状态持续满足前述文件要求的,农用地转用审批文件失效。《土地管理法》第 46 条第 3 款规定,征收农用地的,应当依法先行办理农用地转用审批。据此,农用地转用审批失效,未公告的征收决定也失去根基,没有法律效力。

2. 实际补偿不应作为征收决定生效的理由

尽管征收与补偿之间的关系常被形象地表述为唇齿相依,人们常说无补偿就无征收,日本《土地收用法》第 100 条、我国台湾地区"土地征收

---

[1] 与此同理,根据《闲置土地处置办法》第 11 条、第 15 条的规定,政府无偿收回土地也有公布、听证等公开机制,故在收回决定生效时,闲置土地使用权归国家所有。没收同样如此。

[2] 参见罗豪才、湛中乐主编:《行政法学》(第四版),北京大学出版社 2016 年版,第 136 页。

[3] 为了落实该规定,2004 年国土资源部《关于完善农用地转用和土地征收审查报批工作的意见》第 14 条规定:"农用地转用和土地征收批准文件有效期两年。农用地转用或土地征收经依法批准后,市、县两年内未用地或未实施征地补偿安置方案的,有关批准文件自动失效。"不过,该意见于 2020 年失效。

条例"第 20 条第 2 项也把未实际补偿作为征收决定失效的事由[1],但从我国大陆征收制度构造来看,实际补偿起不到限制征收决定生效的作用。[2] 具体而言,无论是征收集体土地还是征收国有土地上的房屋,征收与补偿的关系虽然相当密切,如在提交集体土地征收申请前,补偿款要足额到位、补偿安置协议要签订,又如在作出征收国有土地上房屋决定前,补偿方案要确定、补偿款要足额到位,但实际补偿均被置于征收实施而非作出征收决定的环节,征收决定公告永远先于实际补偿,实际补偿必然出现在征收决定公告之后。在征收决定公告与实际补偿实际分离的制度构造中,不能把实际补偿作为征收决定的生效要件,否则,就会出现公告虽然引发征收实施以及实际补偿,但征收决定在实际补偿前尚未生效的局面,征收实施由此缺乏根本正当性。概括来说,在征收决定公告与实际补偿分离的架构中,实际补偿与否不影响征收决定的效力,实际补偿因此不是征收决定生效的标志。

而且,从实践情况来看,不少被征收人因征收而起的纠纷,多因不满补偿而非不满征收决定而起,对于这种情形,把实际补偿与征收决定的生效挂钩,对于纠纷的解决没有实益。

3.救济确定不应作为征收决定生效的理由

首先,《行政复议法》第 21 条、《行政诉讼法》第 56 条规定,在行政复议或行政诉讼期间,原则上行政行为的执行不受影响。据此,被征收人对征收决定不服,在行政复议或行政诉讼期间,征收的实施仍能继续进行,这表明,行政复议或行政诉讼的发起不能影响征收决定的效力。对比可知,把救济确定作为征收决定生效的时点,与前述规定不符。

其次,把救济确定作为征收决定生效时点,意味着在征收决定公告后,还不能实施征收,须等待看被征收人是否在法定期限内提起行政复议或行政诉讼,或被征收人提起的行政复议或行政诉讼的结果如何,这样的不确定性导致征收决定的效力处于不确定的状态,既会延迟征收的实施,不利于征收目的的预期实现,还会延迟实际补偿。而作为实际补偿标准的补偿安置方案及补偿协议是在集体土地征收申请前确定的,国有土地上房屋征收的补偿款通常以被征收财产在征收决定公告日的评估价为

---

[1] 参见谢哲胜主编:《土地征收法律与政策》,元照出版有限公司 2016 年版,第 131 页;杨松龄:《实用土地法精义》,五南图书出版公司 2018 年版,第 648 页。
[2] 参见江必新主编:《国有土地上房屋征收与补偿条例理解与适用》,中国法制出版社 2012 年版,第 68 页。

准(详见下文),考虑到通货膨胀的因素,延迟时间愈久,对被征收人就愈不利。可以说,把救济确定作为征收决定生效时点,对国家和被征收人都是不利的。

二、补偿的法律意义

(一)补偿既非价款,也非赔偿

首先可确定的是,尽管被征收人应当且能够获得与被征收财产的市场价格大致相当的公平合理补偿,如根据《国有土地上房屋征收与补偿条例》第19条第1款的规定,对被征收房屋价值的补偿,不得低于房屋征收决定公告之日被征收房屋类似房地产的市场价格,但征收是以强制为基调的国家公权力行为,不是以意思自治为基础的交易行为,不遵循要约承诺这样的合同成立规则,故补偿并非买卖价款、互易标的物这样的对待给付。

而且,征收是正当的合法行为,而非对被征收人财产权的不当侵害,故公平合理补偿旨在弥补被征收人失去财产权的损失,这与基于侵权行为的行政赔偿完全不同,故补偿款不是赔偿款。正因如此,政府在征收过程有侵权行为的,应承担赔偿责任,但这不影响被征收人请求补偿。比如,在"陈某某与河南省郑州市惠济区人民政府行政补偿案"中,最高人民法院认为,惠济区人民政府未依法先进行补偿就强制拆除了被征收人的房屋,其在实施强拆后,以及法院确认其强拆行为违法后,仍然未主动履行补偿职责,在被征收人申请房屋补偿及物品赔偿后,又未尊重被征收人对货币补偿的选择权,也未及时依法作出补偿决定,而是决定赔偿被征收人一套安置房,行政赔偿决定书也未载明对屋内物品赔偿的标准和依据。关于房屋损失,被征收人依法有权选择通过行政补偿程序请求惠济区人民政府补偿,也可以选择通过行政赔偿程序请求惠济区人民政府给予行政赔偿。惠济区人民政府认为案涉房屋拆除行为被确认违法后,被征收人要求补偿安置的前提已不存在,其只能通过行政补偿程序或行政赔偿诉讼要求赔偿,没有法律依据。惠济区人民政府应当就被征收人的房屋补偿申请尽快作出补偿决定,同时可就屋内物品赔偿问题,以及案涉行政赔偿决定一并予以处理。[1]

当然,从有效规范政府的行政行为,减轻当事人诉累的角度来看,就

---

[1] 参见最高人民法院(2020)最高法行再267号行政判决书。

房屋等被征收财产的补偿和针对这些财产的损害赔偿,应该保持大体一致。在"西宁仁杰粮油批发市场有限公司与青海省西宁市城东区人民政府房屋强制拆迁行政赔偿案"中,最高人民法院认为,补偿是房屋征收过程中的主要步骤之一,是关系被征收人核心利益的重要环节。如果在依法给予被征收人补偿之前,房屋被征收机关违法强制拆除,产生国家赔偿责任。原本需要给予被征收人补偿的房屋及相关财产的价值转化为违法强制拆除行为造成的财产损失,被征收人作为赔偿权利人可以请求国家赔偿。由于赔偿与补偿指向的客体基本相同,这种赔偿的范围、标准和方式除依照《国家赔偿法》的有关规定执行外,还可以参照《国有土地上房屋征收与补偿条例》的具体规定。此外,为了防止征收机关"以赔代补"、恶意违法强拆行为的发生,赔偿的金额原则上不能低于补偿的数额。[1]

总的来说,征收补偿既不是价款,也不是损害赔偿。[2]

(二) 先补偿,后交付

实际补偿对征收决定的生效没有影响,且其在征收决定生效之后才能实现,这看上去对被征收人相当不利。不过,制度并未完全偏爱国家这一方,而是把实际补偿与被征收财产交付挂起钩来,先实际补偿,被征收人再交付被征收财产,未实际补偿,被征收人有权拒绝搬迁、腾退,无须交付被征收土地及房屋,以实现对被征收人利益的平衡保护。《土地管理法》第 48 条第 4 款规定,征收宅基地,对住宅应当先补偿后搬迁。《国有土地上房屋征收与补偿条例》第 27 条第 1 款:"实施房屋征收应当先补偿、后搬迁。"在"山西省安业集团有限公司与山西省太原市人民政府收回国有土地使用权决定案"中,最高人民法院指出:"有征收必有补偿,无补偿则无征收。征收补偿应当遵循及时补偿原则和公平补偿原则。补偿问题未依法定程序解决前,被征收人有权拒绝交出房屋和土地。"[3] 在理解该制度时,应把握以下要点。

---

[1] 参见最高人民法院(2017)最高法行申 7437 号行政裁定书。
[2] 日本行政法学理认为,通过公共事业受益的是社会全体,本来应由社会全体负担其实施,但由全体社会成员来提供土地是不可能的,于是被征收人就要特别牺牲,这样就使社会全体以特定人的特别牺牲取得不当得利,它必须返还给特定人。故而,补偿既不是赔偿金,也不是买卖价款,而是类似于民法上不当得利的制度。参见〔日〕南博方:《行政法》,杨建顺译,商务印书馆 2020 年版,第 136 页。
[3] 参见最高人民法院(2016)最高法行再 80 号行政判决书。

1."先补偿,后交付"中的"补偿"是实际补偿

"补偿"一词在征收制度中有三种不同的内涵,一是补偿款足额到位,二是补偿协议或补偿决定,三是实际补偿。"先补偿,后交付"中的"补偿"是指实际补偿,相应地,作为取得储备土地要件之一的"补偿到位"也是指实际补偿。

(1)不是补偿款足额到位的理由

根据2018年财政部、国土资源部《土地储备资金财务管理办法》第5—6条的规定,征收补偿款是土地储备资金的一种,它由财政部门根据土地储备的需要以及预算安排下达,补偿款足额到位,是指补偿款拨付到土地储备机构等政府或其主管部门的专户。[1]

《土地管理法》第47条第4款规定,在征收申请前,政府应保证补偿款足额到位。《土地管理法实施条例》第32条第4款规定,补偿款未足额到位的,不得批准征收土地。《国有土地上房屋征收与补偿条例》第12条规定,作出房屋征收决定前,征收补偿费用应当足额到位。按照这些规定,补偿款足额到位是征收决定生效应具备的前提要件,否则,在补偿款未足额到位会影响被征收人实际利益的情况下,即便征收决定公告,其效力也会受影响[2],物权不能据此变动,其他征收实施措施也没有正当性。在此意义上理解,征收在客观上一定是"先补偿,后交付"的,再专门规定"先补偿,后交付",除了表述客观事实,没有规范意义,无疑是画蛇添足,多此一举。

不过,虽然补偿款未足额到位,但只要政府或其主管部门采用其他措施,不会影响被征收人实际利益,法院通常不会确认征收决定违法或应被撤销。比如,在"陈某某等与江苏省南京市溧水区人民政府房屋行政征收案"中,最高人民法院指出,溧水区人民政府在房屋征收补偿过程中,已提

---

[1] 在实践中,征收补偿款虽然未拨付到政府或其主管部门专户,但只要能被政府或其主管部门控制,法院也认为是足额到户。比如,在"卢某某与北京市平谷区人民政府房屋征收决定及北京市人民政府行政复议案"中,最高人民法院认为,涉案征收补偿资金账户设立在城谷恒泰公司名下,存在一定瑕疵,但该账户系由平谷区住建委与城谷恒泰公司双方监管,对资金安全已有所保障,且补偿资金已足额到账,并未侵犯被征收人的实体权益。参见最高人民法院(2018)最高法行申4378号行政裁定书。

[2] 在"王某某与贵州省安顺市西秀区人民政府房屋征收纠纷再审案"中,最高人民法院指出,案涉征收决定存在违反重大法定程序的问题,即存在不符合经批准的市、县级国民经济和社会发展年度计划,棚户区改造项目立项时间晚于征收决定作出时间,违反征收决定作出的合理顺序和步骤,征收补偿费用未足额到位等问题,应予撤销。参见最高人民法院(2020)最高法行再276号行政判决书。

供大量的安置房源用于产权调换,并多次汇入资金用于货币补偿,并明确表示,无论申请人选择货币补偿还是产权调换,均能依法予以保障,故而,在房屋征收决定作出前,征收补偿费用虽未能足额到位,但未侵犯被征收人合法权益,该程序瑕疵尚不足以导致该决定被撤销或者确认违法。[1] 又如,在"鲁某某与山东省菏泽市牡丹区人民政府房屋征收决定案"中,最高人民法院认为,虽然牡丹区人民政府无法证明在作出被诉房屋征收决定前已达到《国有土地上房屋征收与补偿条例》第12条第2款有关"征收补偿费用应当足额到位、专户存储、专款专用"的要求,但案涉地块征收补偿资金1.3亿元已存入菏泽市牡丹区住房和城乡建设局专有账户,且累计财政金额达6亿余元,故牡丹区人民政府作出被诉房屋征收决定前未审核征收补偿费的行为,对被征收人的权利未产生实际影响。一审以上述问题属于程序轻微违法,且案涉项目已列入山东省棚户区改造计划,撤销会给国家利益、社会公共利益造成重大损害的考虑,作出确认违法的判决,符合法律规定。[2] 在这种情形,补偿款是否足额到位,是不能影响征收决定效力的,当然也不能影响后续的征收实施,这就与"先补偿,后交付"的规定形成逆反现象,由此显然不能把其中的"补偿"界定为补偿款足额到位。

同样地,作为取得储备土地要件的"补偿到位"也不是指补偿款足额到位,因为取得方式合法合规和土地权属明晰这两个要件已表明征收决定生效,内含了补偿款已足额到专门账户,或虽未足额到户,但不损害被征收人利益之意,在此情况下,还要求土地储备机构审核补偿款是否到位,实属没有必要的重复。

(2)不是补偿协议或补偿决定的理由

首先,在国有土地上房屋的征收,补偿协议是市、县级人民政府确定的房屋征收部门与被征收人就补偿达成的协议,它是双方行为;补偿决定是在双方不能如期达成补偿协议时,政府按照征收补偿方案就补偿事项作出的单方行为。

《国有土地上房屋征收与补偿条例》第27条第1款规定,"先补偿,后搬迁",为了明晰其含义,第2款接着规定,"作出房屋征收决定的市、县级人民政府对被征收人给予补偿后,被征收人应当在补偿协议约定或者补

---

[1] 参见最高人民法院(2019)最高法行申10607号行政裁定书。
[2] 参见最高人民法院(2020)最高法行申11227号行政裁定书。

偿决定确定的搬迁期限内完成搬迁。"由此可知,存在有效的补偿协议或补偿决定,是被征收人搬迁的前提,没有补偿协议或补偿决定,征收部门强制拆迁被征收房屋,是违法行为。比如,在"田某某与黑龙江省鹤岗市东山区人民政府强制拆除房屋并赔偿案"中,最高人民法院认为,东山区人民政府在未与被征收人达成安置补偿协议,亦未依法作出征收补偿决定的情况下,强制拆除房屋,一、二审判决认定该拆除房屋行为违法,东山区人民政府应当承担行政赔偿责任,并无不当。[1] 这也意味着,补偿协议或补偿决定必然先于被征收人的搬迁。

那是否意味着,有了补偿协议或补偿决定,即便政府或其主管部门未按照约定或决定给予被征收人实际补偿,被征收人也应按照约定或决定确定的日期搬迁,也即"先补偿,后搬迁"中的"补偿"是指补偿协议或补偿决定?答案应是否定的,否则,《国有土地上房屋征收与补偿条例》第27条第2款存在重大硬伤,其要么是病句,即政府对被征收人给予补偿协议这种双方行为或给予补偿决定这种单方行为;要么是同语反复,即在补偿协议或补偿决定后,被征收人应当在补偿协议约定或者补偿决定确定的搬迁期限内完成搬迁;要么是体系悖论,即该条例第25条把补偿协议的当事人一方明确为市、县级人民政府确定的房屋征收部门,而在把"先补偿,后搬迁"中的"补偿"理解为补偿协议的情况下;第27条第2款把补偿协议的一方确定为市、县级人民政府。

其次,《土地管理法》第47条第4款规定,申请征收集体土地前,政府要与拟被征收人签订补偿安置协议,对个别确实难以达成协议的,应在申请时如实说明。据此,在集体土地征收决定生效前,绝大部分被征收人均已签订补偿协议。与前述对补偿不是补偿款足额到位的分析一样,在补偿协议恒定先于集体土地征收决定生效之前,规定"先补偿,后交付"没有实际意义。而且,补偿协议的成立与生效是分离的,虽然签订补偿协议,但在签约率不够(如大多数拟被征收人不同意签约)征收申请未获审批时,补偿协议是不能生效的[2],此时讲"先补偿,后交付"也没有实际意义。

对于个别未达成补偿协议的,《土地管理法实施条例》第31条规

---

[1] 参见最高人民法院(2020)最高法行申231号行政裁定书。
[2] 参见魏莉华:《新〈土地管理法实施条例〉释义》,中国大地出版社2021年版,第196页。

定,在征收土地公告后,政府应作出补偿安置决定。这种决定与国有土地上房屋征收补偿决定的功能一样,基于相同的道理,它也不应是"先补偿,后交付"中的"补偿"。

至于作为取得储备土地要件的"补偿到位",也不是指补偿协议或补偿决定,因为在集体土地征收,取得方式合法合规和土地权属明晰这两个要件表明征收决定生效,包含了存在补偿协议之意,土地储备机构无须再审核补偿协议;在国有土地上房屋征收以及个别未达成补偿协议的集体土地征收,土地储备机构还要占有集体土地,仅有补偿协议或补偿决定,但未实际补偿,被征收人有权拒绝交付被征收财产,这就不能实现土地储备的目的。

(3)是实际补偿的理由

首先,这符合相关制度的文义和体系。国有土地上房屋征收已如前述,在此不赘。征收集体土地还可补充以下规定,它们与《土地管理法》第48条第4款结合起来,能清楚地展示制度全面。2004年国务院《关于深化改革严格土地管理的决定》规定:"征地补偿安置不落实的,不得强行使用被征土地。"最高人民法院《关于审理涉及农村集体土地行政案件若干问题的规定》第14条第1款第3项规定,被征收人已经依法得到安置补偿或者无正当理由拒绝接受安置补偿,且拒不交出土地,已经影响到征收工作的正常进行的,县级以上人民政府土地管理部门有权申请人民法院执行其作出的责令交出土地决定。根据这些规定,只要未实际补偿不可归责于被征收人,被征收人就有权不交付被征收财产,其主管部门也无权申请法院强制执行。由此也可知,本章所谓的未实际补偿,均是指非因被征收人的原因,政府或其主管部门未按照补偿协议或补偿决定给予被征收人补偿。

其次,这符合土地储备的目的。征收是国家对他人财产权的合法剥夺,民法在调整征收时,重在把它作为物权变动的原因事实,《民法典》第229条就规定征收决定生效时,物权发生变动。顺此思路推演,只要征收决定依法生效,被征收财产就收归国有,被征收人对财产的占有为无权占有,国家有权请求被征收人返还占有。但物权变动与占有事实状态的变化是可分的,"先补偿,后交付"的制度为被征收财产的交付设置了前提条件,在征收决定生效后、实际补偿前,虽然被征收财产不再归属于被征收人,但被征收人仍有权占有被征收财产,国家对被征收人没有返还请求权。这对土地储备目的的实现是必要的。正如前文所见,土地储备不只是国家取得集体土地所有权或国有土地使用权及其房屋所有权,还要进行必要的整理开发,以备供应,满足市场需求,故而,土地储备机构代表国家必须实际控制储备土地,只有这样,才能实现前述目的。也就是说,征收是土地储备的方式之一,国家借此不光是取得相应的土地权属,还要实际占有,在未实际支付前,国家不能取得对土地的完整的支配利益,土地储备的目的无法完全实现。

2. 实际补偿的标准

(1) 征收国有土地上房屋的实际补偿

《国有土地上房屋征收与补偿条例》第 17 条第 1 款规定,补偿包括三项,一是被征收房屋价值的补偿,二是因征收房屋造成的搬迁、临时安置的补偿,三是因征收房屋造成的停产停业损失的补偿。其中最主要的是被征收房屋价值的补偿,根据最高人民法院《关于征收国有土地上房屋时是否应当对被征收人未经登记的空地和院落予以补偿的答复》,该补偿包括了国有建设用地使用权的价值。

《国有土地上房屋征收与补偿条例》第 19 条第 1 款第 1 句规定:"对被征收房屋价值的补偿,不得低于房屋征收决定公告之日被征收房屋类似房地产的市场价格。"据此,征收决定公告之日原则上是被征收房屋价值的评估时点。不过,实践中存在迟延补偿、补偿间断等情形,在给付被征收人迟延利息等方式不足以弥补其损失时,就要根据"居住条件有改善、原有生活水平不降低"的原则,重新设定评估时点,如补偿决定作出之日等。[1] 比如,在"居某等与福州市鼓楼区人民政府房屋征收补偿决定案"中,最高人民法院认为,对"被征收房屋价值评估时点为房屋征收决定公告之日"的规定,应当结合《国有土地上房屋征收与补偿条例》有关"公平补偿"条款,作统一的法律解释,而不能静止、孤立、机械地强调不论征收项目大小、征收项目实施日期,以及是否存在市、县级人民政府及其职能部门的单方责任,也不考虑实际协议签订日或者补偿决定作出日甚至实际货币补偿款支付到位日的区别,均以征收决定公告之日作为评估时点。鼓楼区人民政府于 2013 年 7 月 19 日 32 号进行征收决定公告,于 2016 年 5 月 23 日作出征收补偿决定,其在无正当理由的情况下,迟延履行补偿安置义务,应承担房屋价格上涨带来的风险。被征收房屋价值应

---

[1] 参见金城轩:《房屋征收中的评估时点研究》,载《法律适用》2020 年第 24 期,第 35—45 页。

以 2016 年 5 月 23 日作为评估时点。[1]

《国有土地上房屋征收与补偿条例》第 21 条第 1 款规定了两种补偿方式,即货币补偿和房屋产权调换,被征收人可自由选择。在符合补偿协议或补偿决定的基础上,在货币补偿,实际补偿应以向被征收人足额支付为标准;在房屋产权调换,根据该条例第 22 条,若为现房,应以被征收人实际占有为标准,若为尚未建成的期房,为了确保征收实施的正常进行,应以被征收人取得临时安置费或者实际占有周转用房为标准。

(2)征收集体土地的实际补偿

根据《土地管理法》第 48 条的规定,补偿以保障被征地农民原有生活水平不降低、长远生计有保障为原则[2],包括土地补偿费、安置补助费以及农村村民住宅、其他地上附着物和青苗等的补偿费用,并安排被征地农民的社会保障费用。其中,土地补偿费和安置补助费以省、自治区、直辖市制定公布的区片综合地价为准,其他土地、地上附着物和青苗等的补偿标准由省、自治区、直辖市制定;对农村村民住宅,按照先补偿后搬迁、居住条件有改善的原则,尊重农村村民意愿,采取重新安排宅基地建房、提供安置房或者货币补偿等方式给予公平、合理地补偿,并对因征收造成的搬迁、临时安置等费用予以补偿。

需要指出的是,除了村民住宅,对集体建设用地上的其他房屋,亦应"先补偿,后交付",实际补偿的标准与国有土地上房屋征收补偿一致。此外,根据最高人民法院《关于审理涉及农村集体土地行政案件若干问题的规定》第 12 条第 2 款的规定,在政府未按照补偿协议或补偿决定进行补偿安置的情况下,以至于被征收土地已纳入城市规划区,周边房价明显上涨,被征收人有权请求参照执行国有土地上房屋征收补偿标准;为了避免重复获利,应当扣除已经取得的土地补偿费。[3]

3. 与"先补偿,后交付"不符的法律后果

(1)补偿协议约定"先交付,后补偿"的法律后果

在司法实践中,有法院认为,补偿协议的"先交付,后补偿"的约定无

---

[1] 参见最高人民法院(2018)最高法行再 202 号行政判决书。
[2] 对该原则的详细阐述,参见甘藏春:《土地正义:从传统土地法到现代土地法》,商务印书馆 2021 年版,第 380—384 页。
[3] 参见江必新主编:《最高人民法院关于审理涉及农村集体土地行政案件若干问题的规定理解与适用》,中国法制出版社 2013 年版,第 139 页。

效。[1] 在政府或其主管部门强势的现实中，这种立场无疑有助于提升被征收人的地位，有助于利益平衡。

不过，对被征收人的补偿不是仅有协议这一条路，达不成协议还有补偿决定，被征收人对补偿决定不服还可以行政复议或行政诉讼，在这样的制度构造中，被征收人有选择权，当其选择补偿协议，表明其自愿接受"先交付，后补偿"，基于真意放弃本有的不补偿就不交付的抗辩，这无损社会公共利益，应予尊重。若无条件地一律采用补偿协议的"先交付，后补偿"约定无效的立场，有违契约应予遵守的原理，会反向激励被征收人以约定无效为由任意反悔。而且，这在特定情形下也会损及政府利益，比如，为了激励被征收人及早完成交付，不少地方会提供额外补助或奖励，被征收人以取得这些利益为条件，承诺在实际补偿前先予交付，若认定"先交付，后补偿"的约定无效，除非同时否定被征收人取得这些利益，否则就会额外增加政府的补偿负担。

概括而言，除非存在法定的可撤销或无效事由，否则"先交付，后补偿"的约定应为有效。

（2）补偿决定确定"先交付，后补偿"的法律后果

在司法实践中，有法院认为，只要补偿决定的主体适格，程序合法，就有合法性，其确定的"先交付，后补偿"内容也具有合法性。[2] 这种立场有可议之处。根据《行政诉讼法》第 75 条、最高人民法院《关于适用〈中华人民共和国行政诉讼法〉的解释》第 99 条的规定，重大且明显违法的行政行为无效，减损权利或者增加义务的行政行为没有法律规范依据是典型情形之一。从形式上看，"先交付，后补偿"的补偿决定无疑没有任何法律依据，是无效的行政行为。从实质上看，这种决定会使被征收人丧失本有的抗辩，在获得实际补偿前失去生活或生产的依靠，严重影响其利益，而任何有理智的人都能判断这种决定的违法性，故已到了重大且明显

---

[1] 在"张某某与秭归县房屋征收与补偿管理办公室房屋征收与补偿行政协议案"中，一审法院就持这种立场，并在此基础上作出判决，二审法院维持原判。参见湖北省宜昌市中级人民法院（2017）鄂 05 行终 46 号行政判决书。
[2] 在"高某某与天津市河西区人民政府房屋征收补偿决定案"中，案涉补偿决定书决定：产权调换房屋及其他费用，待被征收房屋承租人将房屋租赁合同交予房屋征收部门并腾空房屋征收部门提供的周转用房后予以办理。被征收房屋承租人应在本决定书送达之日起 15 日内腾空被征收房屋。两审法院均认为，河西区人民政府有作出该决定的主体资格和法定职权，该决定认定事实清楚，程序合法。参见天津市高级人民法院（2021）津行终 284 号行政判决书。

违法的程度[1],应属无效。

即便法院认定"先交付,后补偿"合法有效,它也不能强制执行。从最高人民法院《关于审理涉及农村集体土地行政案件若干问题的规定》第14条第1款第3项可知,只有在被征收人已经依法得到安置补偿,或在被征收人无正当理由拒绝接受安置补偿,且拒不交出土地的情况下,才能强制执行责令被征收人交出土地的决定,而"先交付,后补偿"的补偿决定已经溢出该条的适用范围,是没有强制执行力的。同样地,根据最高人民法院《关于办理申请人民法院强制执行国有土地上房屋征收补偿决定案件若干问题的规定》第6条第1款第2项的规定,征收补偿决定明显缺乏法律、法规依据,是不能强制执行的。

4. 与"先补偿,后物权变动"模式的对比

前文指出,日本和我国台湾地区把未实际补偿作为征收决定失效的事由,补偿因而成为物权变动的先决条件,德国也大致如此[2],这是"先补偿,后物权变动"的模式,与我国大陆"先补偿,后交付"的模式明显不同。在所有权远比占有的地位重要、受保护力度更大的情况下,"先补偿,后物权变动"的模式无疑更有利于被征收人。

不过,从制度整体来看,两者差别没有想象的那样大。为了防止因法律关系复杂化而阻碍征收的进程,《德国建筑法典》第109条、日本《土地收用法》第28条之3、我国台湾地区"土地征收条例"第23条均禁止被征收人在征收期间处分被征收财产,只能基于其现状而占有、使用和收益。也就是说,在"先补偿,后物权变动"模式中,尽管被征收人在实际补偿前是所有权人,但该所有权的处分权能缺失,其经济意义无法完全实现。[3]在我国大陆,在征收决定生效前,正如《国有土地上房屋征收与补偿条例》第16条第1款规定的那样,被征收人虽有所有权,但不能处分被征收财产,只能进行现状利用,这种状态持续到征收决定生效后、实际补偿前。对比而言,就被征收人对财产的支配利益和处分权能而言,这两种模式没

---

[1] 对"重大且明显违法"的解释,参见最高人民法院行政审判庭编著:《中华人民共和国行政诉讼法及司法解释条文理解与适用》,人民法院出版社2015年版,第498—499页。

[2] 参见[德]鲍尔、[德]施蒂尔纳:《德国物权法(上册)》,张双根译,法律出版社2004年版,第581页;袁治杰:《德国法上的土地征收程序及中国镜鉴》,载《比较法研究》2020年第2期,第174—188页。

[3] Vgl. BeckOK BauGB/Petz, Ed. 1.8.2019, §120, Rn. 2.

有实质差异。

此外,根据《民法典》第462条的规定,占有的不动产被侵占的,占有人的返还请求权有1年行使期间的限制,而所有人的返还请求权没有期限限制。照此来看,在征收决定生效后、实际补偿前,一旦被征收的不动产被他人侵占,"先补偿,后物权变动"模式更利于保护被征收人。但设身处地想,被征收人在该期间内不请求返还,足以表明占有的意义对其不大,而且,在征收正常推进中,征收决定生效与实际补偿的间隔通常不会过长,实际补偿会使被征收人丧失占有本权,国家完全可请求侵占人返还财产。故而,前述的返还请求权行使期间限制,不会过分削弱对被征收人的保护,也不会使侵占人过分得利。

第三节 无偿收回闲置土地不影响抵押权的存续

财产权变动是相当常见的法律现象,消灭是其中的一种形态。消灭的本意是说某事物发生了从有到无的变化,结果是其不复存在。与此相应,财产权消灭是说既有的财产权不复存在,权利人不再享有该权利,其常态是财产权客观上消亡殆尽,如房屋在地震中坍塌成灰,曾经存在的房屋不再有任何财产利益,谁都无法成为房屋所有权人。这种状态表明财产权完全失去其本有的财产利益,以至于任何人都不能再取得和享有该利益,此即学理中所谓的绝对消灭。[1]一旦财产权绝对消灭,以其为客体的物权丧失依托,随之消灭,如前例中的房屋设有居住权,该权利也因房屋坍塌而消灭。

为了规范土地利用,防止有限的土地资源因闲置而浪费,根据《城市房地产管理法》第26条、《闲置土地处置办法》第17—18条的规定,国有建设用地使用权人在出让合同约定的动工开发日期满2年未动工开发的,政府有权依法无偿收回使用权,该权利因此消灭,由权利人申请或由主管部门依职权办理注销登记。在此情形,若该使用权先前设有抵押权,根据1993年国家土地管理局《〈关于对"中华人民共和国城镇国有土地使用权出让和转让暂行条例"第十七条有关内容请求解释〉的复函》,抵押权随之消灭。按照前述财产权绝对消灭,其负载的物权同时消灭的规则,闲置土地的使用权与以该权利为客体的抵押权也因无偿收回

---

[1] 参见王泽鉴:《民法总则》,北京大学出版社2009年版,第192页。

而同步消灭,就此来看,该复函有其道理。

不过,正如下文所见,基于财产权相对消灭的法理,虽然无偿收回消灭了闲置土地的使用权,但其负载的抵押权并不消灭。为了简便起见,除非有特别说明,本节下文所称的无偿收回指代在闲置土地被依法认定后,主管部门依法无偿收回国有建设用地使用权的行为;土地使用权指代闲置土地上出让的国有建设用地使用权;抵押权指代以在闲置土地被依法认定前就在国有建设用地使用权上设立的抵押权。

一、财产权相对消灭的法理

(一) 现象描述

财产权绝对消灭是说财产权的消灭达到这样一种程度,以至于任何人都不能再取得和享有其蕴含的利益。与此不同,民法中还有这样一种财产权变动现象,权利人完全丧失了财产权,不再享有相应的财产利益,财产权理应绝对消灭,但在财产权成为他物权客体时,为了他物权人的正当利益,对该他物权人而言,财产权并未消灭,此即财产权相对消灭。

债权人放弃出质的债权是财产权相对消灭的典型适例。债权放弃也即债务免除,它是债权消灭的事由之一,在债权未出质时,债权人放弃债权,只要该行为满足法律行为的生效要件,且债权并非法定赡养、抚养等与身份权关联密切的请求权,则债务人无须再承担债务,这属于债权的绝对消灭。但在债权作为质押财产的情形,债权若因债权人的放弃而消灭,在通常的观念认识里,会使质权失去客体,这对质权人显然不利。为了照料质权人的正当利益,放弃债权虽然仍能产生免除债务的效果,债务人无须再向债权人清偿,债权人由此完全丧失原有的债权,但这不能对抗质权人[1],结果就是相对于质权人而言,债权并未消灭。

债权与债务的混同也是适例。混同导致债权消灭,但在债权承载质权时,混同固然让债权对原债务人失去意义,但为了保护质权人,混同无论如何不发生债权消灭的结果[2],从而与债权放弃一样,也形成了债权相对于债务人消灭,但相对于质权人不消灭的局面。

由这两个例子延伸,能把财产权相对消灭的要件概括为:(1)适用情形限定为财产权负载他物权的权利叠加,财产权在此是基础权利,他物权

---

[1] 参见孙森焱:《民法债编总论(下册)》,法律出版社 2006 年版,第 926 页。
[2] 参见陈自强:《民法讲义 II:契约之内容与消灭》,法律出版社 2004 年版,第 354—355 页。

是衍生权利;(2)消灭事由限定为导致作为基础权利的财产权消灭的适格事由,并不导致财产权消灭的事由或只是消灭他物权的事由被排除之外。这些要件具备后,发生财产权相对于财产权人消灭,但相对于他物权不消灭,进而他物权确定不因财产权的消灭事由发生而消灭的后果。

(二)法理分析

1. 他物权扣减财产权的权能

财产权相对消灭适用于以他物权为衍生权利的权利叠加情形,为何进行这种限制,需要分析讨论。

用以解释在债权放弃和混同中质权为何不消灭的常见理由,是为了保护质权人这种第三人的利益,但这种说理不仅过于简单,还存在疏漏之处。以放弃债权为例,试想,债权人放弃未出质的债权会导致债权绝对消灭,这就减少了其责任财产,影响债务清偿,从而涉及其债权人的利益,那么,为何涉及其债权人利益的放弃会绝对消灭债权,而涉及质权人利益的债权放弃只导致债权相对消灭呢?对此可以想见的惯常解释是,虽然放弃未出质的债权产生绝对消灭的后果,但在确实影响债权人清偿债务的情形,其债权人可基于保全债权的撤销权来撤销该行为,由此保全其利益。这种解释对质权人同样也适用,因为债权人对质权人有出质的义务,质权人也是债权人的债权人,其同样也能用撤销权来保护自己,既然如此,放弃出质的债权产生债权相对消灭的效果,就有违相同事物同等对待的一般要求,正当性存疑。

其实,之所以要把衍生权利限定为他物权,是因为他物权的存在使作为基础权利的财产权构造发生变异,这是财产权相对消灭的关键。仍以放弃债权为例,出质与否决定了债权有不同的构造,故同为放弃债权的行为,会因债权的构造不同而有绝对消灭和相对消灭之分。在未出质时,债权的权能是完全的,且由债权人全面掌控,债权人放弃债权,是建立在处分自由基础之上的有权处分,在债务人的意思对债权放弃的效力不起作用的前提下,债权人单方放弃债权足以导致债权消灭。随着债权出质而设立的质权对该债权进行了实质改造,因为作为担保物权的质权是价值权,质权人获取了针对债务人的求偿权或对债权变价款的优先受偿权[1],其实际控制了债权中与此对应的部分权能,债权人的债权权能相

---

[1] 参见程啸:《担保物权研究》(第二版),中国人民大学出版社2019年版,第728—729页。

应地要扣减该部分权能,这样就形成了质权人与债权人事实上分享债权权能的格局。在此情况下,债权人所放弃的债权,已然不是出质前的债权,而是不包含质权人控制的那部分权能之外的其他权能集合,至于被扣减的那部分权能,除了质权人,包括债权人在内的其他任何人都没有处分权。这意味着,出质使债权的权能产生分化,体现债权人处分自由且为有权处分的,是其放弃自己控制的那些权能集合,属于质权人的那部分权能不受影响,仍然持续存在。换言之,债权人放弃出质的债权,是超出其处分权限的无权处分行为,质权人不同意的,该行为不能产生质权消灭的后果。

也就是说,随着债权的出质,债权人将其基于债权所能取得的财产利益进行切割,然后部分地转移给了质权人,但这种切割和部分转移不改变债权的形态,不是将债权一分为二,一部分归债权人,剩余部分归质权人,而是通过权利叠加的方式,使债权充当基础权利,在其上衍生出质权,质权人通过其获取的权能穿透式地支配了债权,能直接或间接地向债务人有所请求。故而,尽管债权人能放弃被质权扣减后的权能集合,但质权人保留的权能仍弥散于债权,结果看上去债权与原先无异,仍充任基础权利,用以支撑质权。这就是债务人无须向债权人清偿,但不影响质权存续的债权相对消灭。

与此同理,出质的债权与债务混同的,债务人无须再像原来一样有向债权人清偿的义务,但债务人取得的只是被质权扣减后的债权权能,这不影响质权的存续,也属于债权的相对消灭。

正因为作为衍生权利的他物权实际是扣减基础权利部分权能的结果,才有作为基础权利的财产权无法相对于他物权人消灭的后果,这是对财产权相对消灭的适用情形进行前述限定的根本原因。

2. 导致财产权消灭的适格事由

前述的放弃和混同都是导致债权消灭的适格事由,但在基础权利是物权时,它们是否属于导致物权消灭的适格事由,进而能否产生物权相对消灭的后果,还要仔细甄别。

先看权利人放弃承载他物权的物权的行为,如 A 将其房屋为 B 设立抵押权,A 放弃房屋所有权。B 的抵押权以房屋为客体,它扣减了 A 所有权的变价处分权能,A 保有的是该权能之外的其他所有权权能,A 放弃所有权全部权能,显然是无权处分,非经 B 同意,抵押权肯定不消灭。不仅如此,所有权具有绝对性,所有权人放弃他物权之外的其他所有权权能,不可能像债权人放弃出质的债权那样会产生免除债务的实际后果,故 A 放弃房屋所有权的行为无法导致所有权消灭。在实践操作机制中,在房屋所有权登记的前提下,A 对房屋所有权的放弃须经注销登记,在 B 的抵押权未注销登记时,A 的房屋所有权无法办理注销登记,当然不会消灭。由此看来,在基础权利是物权的情形,权利人无法通过放弃来消灭基础权利,放弃并非适格的消灭事由,基础权利不消灭,衍生权利自然也不消灭,这与相对消灭显然不同。

再看混同的情形。仍以 A 将其房屋为 B 设立抵押权为例,在没有其他衍生权利的情形,房屋所有权与抵押权混同的,抵押权的存续没有意义,其绝对消灭,但房屋所有权不受影响,混同在此只是消灭衍生权利的事由,也与相对消灭无关。在有其他衍生权利的情形,如 A 在为 B 设立抵押权后,又把该房屋为 C 设立抵押权,如"担保法解释"第 77 条所规定的,在 B 取得该房屋所有权时,B 的抵押权不消灭,仍优先于 C 的抵押权。之所以如此,原因仍在于后顺位的 C 抵押权是 A 在保留先顺位的 B 抵押权的实现机会后才设定的,C 抵押权的实现顺序当然弱于 B 的抵押权,房屋所有权与 B 的抵押权混同,不消灭该抵押权,维持了原有的权利格局。既对新所有权人 B 没有害处,又对后顺位抵押权人 C 没有不利。此时,混同对基础权利和衍生权利而言都不是消灭事由,这也与相对消灭无关。

不过,在三层物权叠加的情形,第一层的基础权利与第二层的衍生权利混同会产生第二层衍生权利相对消灭的后果,即第三层的他物权以第二层的物权为基础权利,该基础权利因混同而对他人消灭,但对第三层的他物权人并未消灭。这种情形的典型例子为,在我国台湾地区,A 以其所有的土地为 B 设立地上权,B 以该地上权为 C 设立抵押权,所有权和地上权混同归于 A,该地上权对于除 C 之外的其他人均已消灭,但对于 C 并未消灭。[1] 之所以如此,理由仍在于,B 的地上权权能必须扣减 C 抵押权,A 混同取得的是该地上权的剩余权能,故 C 抵押权不因混同而消灭,但由于 B 和 C 的权能弥散于该地上权的全部,以至于 A 有取得 B 地上权的外观,从而产生消灭 B 地上权的结果。当然,B 虽然完全丧失地上权,但地上权自身并未丧失财产利益,该权利内含的财产利益由 A 取得。实务操作也能支撑这种解释,比如,A 继承或受让 B 的地上权,通过转移登记把该地上权记载于 A 名下,B 的地上权消灭,但 C 的抵押权不受影

---

[1] 参见史尚宽:《物权法论》,中国政法大学出版社 2000 年版,第 56—57 页。

响,负载于 A 的地上权之上。

二、财产权相对消灭法理适用于无偿收回

(一)民法角度的分析

财产权相对消灭是针对民事交易和民法规范抽象总结出的法理,其在民法领域有普遍适用性。不考虑无偿收回闲置土地使用权的行政属性,仅从财产权是否消灭的民事后果角度来看,无偿收回负载抵押权的闲置土地使用权,符合财产权相对消灭的要件。首先,土地使用权与抵押权形成叠加关系,前者是基础权利,后者是衍生权利,没有前者,后者将失去根基,且作为土地使用权上的负担,抵押权扣减了土地使用权的处分权能。其次,无偿收回是导致闲置土地使用权消灭的适格事由,其直接后果是注销该使用权登记。既然如此,无偿收回设定抵押权的闲置土地使用权的结果应是使用权人失去该土地使用权,但抵押权仍然存续。

这种结果符合担保物权消灭的规定,在实证法层面具有正当性。《民法典》第393条在规定担保物权的消灭事由时,采用了"列举+兜底"的技术。该条列举了主债权消灭、担保物权实现和权利人放弃担保物权等三类,无偿收回闲置土地使用权显然不属于前述任一列举的消灭事由。该条兜底为"法律规定担保物权消灭的其他情形",这明显是法律保留,只有《民法典》和其他法律才能规定担保物权的消灭事由。之所以如此,无非因为担保物权事关债权实现,其存续对债权人的利益影响极大,对交易秩序的稳定性影响甚巨,任由当事人随意约定或由其他规范设定担保物权的消灭事由,会危及担保物权制度的可预期性。故而,诸如国家土地管理局《〈关于对"中华人民共和国城镇国有土地使用权出让和转让暂行条例"第十七条有关内容请求解释〉的复函》不能成为消灭闲置土地上抵押权的依据。在没有法律明确把无偿收回闲置土地使用权作为抵押权消灭事由的现实中,采用财产权相对消灭的法理,使闲置土地使用权相对于原使用权人消灭,但相对于抵押权人并未消灭,进而使抵押权持续存续,符合《民法典》第393条的规定。

而且,这种结果符合抵押权与土地使用权之间的关系,能维持关系人之间实质上的利益平衡。正如前述,以土地使用权为基础权利设立抵押权,使抵押权人取得对土地使用权进行变价并就变价享有优先受偿的权利,是扣减土地使用权相关权能的结果。在抵押权设立后,使用权人能控制的土地使用权是扣除抵押权之后的权能集合,相应地,无偿收回的也是

这部分权能集合,其应当无损于抵押权,只有这样,才符合抵押权扣减土地使用权的关系构造。若非如此,无偿收回不仅消灭土地使用权,还同时消灭抵押权,结果就是政府能通过出让再供应该闲置土地,再次取得土地出让金,而抵押权人却对该变价一无所获,客观上形成政府与抵押权人争利,利益失衡明显。反之,在无偿收回导致闲置土地使用权相对消灭时,抵押权仍负载于土地使用权上,政府将其投入交易市场再次出让,在扣除抵押权所担保的债权金额后,该土地使用权的价值会在市场竞价中得以确定,结果是抵押权继续存续,政府和新土地使用权人各得其应得,形成政府、抵押权人、新土地使用权人利益平衡的格局。

再者,这种结果与通常的抵押担保交易保持一致,能确保国有建设用地使用权的抵押财产功能,有助于土地的正常开发建设利用。根据《闲置土地处置办法》第5—11条的规定,不是说只要使用权人在出让合同约定的动工开发日期满2年未动工开发,就构成闲置土地,闲置土地的认定还要经过调查和认定,还要进行公示,在闲置土地被认定且公示后,抵押权人仍接受该土地使用权为抵押财产,属于自冒风险,由其承受无偿收回消灭抵押权的后果,能经受意思自治和公平原则的检验。若非如此,在土地使用权抵押时,该土地尚未被依法认定为闲置土地,抵押权人无法了解它是否为闲置土地的确切信息,如果认为无偿收回能消灭抵押权,无异于抵押权人要为抵押财产将来的风险,为抵押人将来的行为负责,在抵押权人没有能力把控土地使用权人动工开发和建设进度的情况下,由其来承受这种未知的风险,无疑强人所难,完全违背了抵押担保交易的常识和规律。这样一来,在融资担保交易市场上,国有建设用地使用权作为重要抵押财产的功能将大打折扣,从而会增加使用权人由于融资困难导致土地闲置的概率,形成既定法政策的自反困局[1],无助于土地的正常开发建设利用。反之,采用无偿收回导致闲置土地使用权相对消灭的思路,前述副作用均不会发生。

还有,这种结果在现实中能够实际操作。无偿收回导致土地使用权消灭,相应地要办理土地使用权注销登记,这样不免让人觉得,土地使用权注销登记了,抵押权登记将成为无本之木,无法呈现出来,照此来看,无偿收回不消灭抵押权的法律效果在不动产登记操作机制中实现不了。但

---

[1] 参见蔡立东、刘思铭:《闲置国有建设用地使用权收回制度的司法实证研究》,载《法商研究》2014年第3期,第77页。

这是误解。《不动产登记暂行条例》第 8 条第 1 款、《不动产登记暂行条例实施细则》第 5—6 条规定,不动产登记采用物的编成,在土地使用权出让时,该宗土地成为一个不动产单元,以此为基础编制一份登记簿,土地使用权注销登记,只表明权利人丧失该权利,但包括抵押权在内的其他记载不因此受影响。

另外,若把出让合同定位成民事合同,无偿收回无非是在使用权人有闲置土地行为时,代表国家行使所有权的政府依法享有的撤销或终止使用权的权利,其结果是该使用权复归于国家,但抵押权不受影响,这一点能获得比较法经验的支持。比如,在德国,土地所有权人 A 为 B 设立地上权,双方约定 B 没有能力按期建造建筑物时,A 能行使地上权复归请求权,后 B 以该地上权为 C 设立抵押权。在出现前述约定事由时,A 依法行使复归请求权,能取得该地上权,但 C 的抵押权不受影响,持续存在。[1] 又如,根据《瑞士民法典》第 779f 条,土地所有权人 A 为 B 设立建筑权,B 以该建筑权为 C 设立抵押权。在 B 的建筑行为不符合约定时,A 有权行使复归权,能取得建筑权,C 的抵押权也转由 A 负担。[2] 再如,《葡萄牙民法典》第 1541 条、《澳门民法典》第 1432 条均规定,有期限的地上权在期限届满前消灭,该地上权上设定的物权仍继续存在,如同地上权未消灭一样。[3] 还如,在我国台湾地区,地上权人积欠地租的,土地所有权人依法有权撤销(终止)地上权,但地上权撤销前已设定抵押权的,土地所有权人不得以撤销对抗抵押权人。[4]

最后,从抵押权制度发展角度来看,这种结果也值得肯定。抵押权在我国是从属于主债权的附属物权,不像土地使用权那样具有独立性,但它是以获取抵押财产的经济价值为目的的价值权[5],这一点使其随着市场发展和财富流通而有变异的可能,即作为担保融资手段,抵押权指向的资

---

[1] 参见:《地上权条例》,李静译,载《中德私法研究》(第 1 卷),北京大学出版社 2006 年版,第 260—261 页、第 270 页。

[2] Vgl. Schmid/Hürlimann-Kaup, Sachenrecht, 3. Aufl., Zürich 2012, S. 379 f.

[3] 参见唐晓晴、曹锦俊、关冠雄等译:《葡萄牙民法典》,北京大学出版社 2009 年版,第 265 页;中国政法大学澳门研究中心、澳门特别行政区政府法律翻译办公室编:《澳门民法典》,中国政法大学出版社 1999 年版,第 357 页。

[4] 参见史尚宽:《物权法论》,中国政法大学出版社 2000 年版,第 201—202 页;叶张基:《民间参与公共建设兴建营运契约提前终止时当事人间权利义务关系之分析》,载《财产法暨经济法》第 52 卷,2018 年 6 月,第 37 页。相反的观点,参见王泽鉴:《民法物权》(第二版),北京大学出版社 2010 年版,第 305—306 页。

[5] Vgl. Kohler, Substanzrecht Und Wertrecht, in: AcP, Heft. 91, 1901, S. 155 ff.

金来源会从借款变成投资[1],从而抵押权本身将具有独立性和流通性。不过,即便抵押权能摆脱主债权的束缚而具有独立性和流通性,但只要它因无偿收回而与土地使用权同时消灭,以土地使用权为客体的抵押权——这是现实中最主要也最常见的抵押权——的独立性和流通性会大打折扣。反之,无偿收回产生闲置土地使用权相对消灭的后果,不会妨碍抵押权的独立性和流通性。

(二)行政法角度的分析

无偿收回虽然事关土地使用权消灭这一民事后果,但其本身是公权力因素的代表,是主管部门主导的产生民法效果的行政行为,要准确辨析其民法效果,除了从民法角度切入和展开的前述分析,还应从行政法角度再加分析,土地使用权相对消灭的这一结果只有再通过行政法规范和原理的检验,才算能完全站得住。

1. 比例原则的检验

认为无偿收回能连带消灭土地使用权及抵押权的一个流行观点,主张无偿收回是国家行政机关行使公权力的公法行为,作为交易行为的抵押不具备对抗公法行为的效力。[2] 这一观点值得商榷。在形态众多的行政行为中,有不少行为都会干涉民事权利,对民事主体的利益影响颇深,为了确保它们妥当运作,法律的限定就不可或缺,它们必须依法而为,这就是常说的依法行政。在符合法定权限和程序的前提下,说行政机关的行政行为具有合法性,通常没有问题。问题在于,在法律未明确规定合法行政行为的效果边界时,把其效果波及的范围划定到哪里,颇费思量,无偿收回的法律效果就是这样的典型问题。对此,行政法提供了比例原则这把打开问题之门的钥匙,不妨用它一试。

在运用比例原则时,首先要甄别行政行为所欲达到的目的有无正当性。根据《闲置土地处置办法》第1条的规定,无偿收回的制度目的是"有效处置和充分利用闲置土地,规范土地市场行为,促进节约集约用地"。在中国人多地少的现实情况下,闲置土地一方面导致已经进入开发市场的土地荒废,不能供给充足的建筑物,这会加大本就不轻的人与地、人与

---

[1] [日]我妻荣:《债权在近代法中的优越地位》,王书江、张雷译,中国大百科全书出版社1999年版,第53页。
[2] 参见蔡红:《土地使用权收回与土地使用权抵押效力研究》,载《当代法学》2002年第8期,第57页。

房的矛盾[1]，另一方面还会使权利人囤积土地，等土地价值随市场抬升而坐享其利，凭空产生食利的"地主"阶层。基于此，法律严格管控闲置土地的行为，通过无偿收回的方式剥夺权利人的土地使用权，这考虑了大众福祉和公共利益，正当性没有疑问。

在目的正当的前提下，比例原则的第一道关是看行政行为能否实现该目的。若无偿收回导致土地使用权绝对消灭，进而消灭抵押权，在理论上讲，这会迫使土地使用权人积极按照出让合同的约定来动工建设开发，否则，债权人会因将来抵押权因无偿收回而消灭，不与使用权人发生融资担保关系。而且，消灭了抵押权，主管部门收回的土地使用权上没有任何权利负担，这便于其自主地根据实际情况，灵活决定是再投入市场出让，还是先纳入土地储备。这无疑符合无偿收回的制度目的，能通过合目的性的检验。

比例原则的第二道关是看符合目的的行政行为是否对民事权益损害最小，若非如此，该行为就没有必要性。在实现无偿收回的制度目的上，有两种可供选择的行为，一是消灭土地使用权和抵押权的无偿收回，另一是仅消灭土地使用权的无偿收回，前者对民事权益的损害较大，在后者也能实现制度目的的情况下，前者就不能通过必要性的检验。从实践情况来看，土地使用权人如期动工建设开发所能获得的收益，远大于土地使用权本身的价值，在不存在政府原因、自然灾害等客观障碍的前提下，只要土地使用权人的财力能够支撑，其肯定会尽快开发建设，以及早回收资金，减少资金沉淀成本。在此前提下，有充足财力的土地使用权人之所以会闲置土地，主要是没有建设开发的动力，如在其看来，坐等土地升值的收益大于建设开发的收益。对此现象，主管部门只要严格执法，及时无偿收回，就足以釜底抽薪，倒逼土地使用权人如期动工建设开发。至于无偿收回有消灭抵押权的后果，会迫使土地使用权人及时动工建设的预设，对财力充足的土地使用权人来说没有实际意义，达不到预期的效果。在相同的前提下，没有财力的土地使用权人闲置土地，通常是在土地使用权抵押融资后仍没有充足财力进行开发，对此情形，无偿收回消灭抵押权的前述预设仍不可能实现，为了达到减少土地资源浪费，无偿收

---

[1] 最高人民法院也指出："土地资源是宝贵的不可再生资源，我国土地管理法律制度要求十分珍惜、合理利用土地，促进社会经济的可持续发展。在当前工业化和城市化推进的过程中，土地资源的供需矛盾尤显突出，而闲置土地造成的供求不平衡是重要原因之一。"参见最高人民法院（2019）最高法行申 9069 号行政裁定书。

回消灭闲置土地使用权即可。而且,在无偿收回不消灭抵押权时,抵押权负载于主管部门收回的土地使用权上,不会影响主管部门对该土地使用权最终动向的决定权。这样一来,消灭土地使用权和抵押权的无偿收回确实无法通过必要性的检验。

经过前述的检验,可以说,不把消灭抵押权当成无偿收回的法律效果,无偿收回产生土地使用权相对消灭的后果,才符合比例原则。

2. 公共利益的检验

无偿收回消灭抵押权的另一个常见理由,是认为无偿收回代表了公共利益,而抵押权是债权人个体利益的代表,个体利益应服从公共利益。[1] 无偿收回针对的是土地使用权人躺在权利上睡觉,以至于土地闲置的行为和状态,确有促进土地资源高效利用的公共利益色彩,就此而言,无偿收回是《宪法》第 10 条第 5 款" 一切使用土地的组织和个人必须合理地利用土地"的具体化制度。要想维持这种公共利益,就必须尽快结束土地闲置状态,主管部门应及时认定和处置闲置土地,在无偿收回后尽早将其投入市场,确定新的使用权人。也就是说,无偿收回制度所表征的公共利益,是进入市场的土地使用权及时实现其使用价值,其具体体现为土地使用权人遵循出让合同约定,如期动工建设开发。照此来看,这种公共利益与遵守合同约定的土地使用权人的个体利益合二为一,难分彼此,它因此与抵押权人的个体利益难有高下之别。其实,尽管行政法以保护公共利益为基本指向,但公共利益和个体利益并无必然的优劣先后之分,保护应得保护的个体利益,也是在实现公共利益。[2] 无偿收回消灭土地使用权,但不消灭抵押权,正体现了公共利益和个体利益之间的这种辩证关系。

还要看到,只有在公共利益和个体利益发生实质冲突时,才有为了前者而牺牲后者的正当性,若两者能和谐并存,断无要后者服从前者的道理。就无偿收回代表的公共利益而言,它与不按照约定使用土地——也即不尽合理使用土地的宪法义务——的使用权人个体利益存在冲突,消灭土地使用权是个体利益服从公共利益的表现。而抵押权人是取得土地使用权经济价值的债权人,不像土地使用权人那样以取得土地的使用价值为目的,其本来就无法承担合理使用土地的义务,其抵押权也就谈不上

---

[1] 参见袁键、李炯:《土地抵押权保障与闲置土地监管的冲突与协调》,载《中国土地科学》2012 年第 12 期,第 14 页。

[2] 参见李惠宗:《行政法要义》(第 7 版),元照出版有限公司 2016 年版,第 4 页、第 146 页。

与无偿收回所蕴含的公共利益有冲突。而且,前文业已提及,抵押权的存续不影响主管部门收回的土地使用权再度被利用,抵押权人的个体利益与土地资源高效利用的公共利益并存不悖。故而,以个体利益服从公共利益为由,使无偿收回产生消灭抵押权的后果,并不能成立。

概括而言,从公共利益和个体利益协调的角度来看,无偿收回的法律效果应是土地使用权的相对消灭。

3. 行政处罚的检验

1997年国家土地管理局《关于认定收回土地使用权行政决定法律性质的意见》第5条把无偿收回定性为行政处罚,法院也认同这种见解。[1] 不过,必须明确的是,作为行政处罚的无偿收回针对的是土地使用权人闲置土地的行为,以土地使用权人违背了按照约定动工建设开发的义务为前提,以闲置土地的行为扰乱土地市场的行政管理秩序为动因。而在设定抵押权时,作为抵押财产的土地使用权尚未被认定为闲置土地,抵押行为是正常市场交易行为,抵押权的设定既未促成土地闲置,也未扰乱土地行政管理秩序,不属于无偿收回的处罚对象。

另外,行政处罚对当事人的影响很大,为了妥当照料当事人的利益,行政处罚必须按照法定程序进行,根据《行政处罚法》第44—45条、第63—65条、《闲置土地处置办法》第15—16条的规定,行政机关在作出行政处罚决定之前,要告知当事人作出行政处罚决定的事实、理由及依据,以使当事人有机会陈述和申辩,行政机关必须充分听取当事人的意见,对当事人提出的事实、理由和证据进行复核,特别是对于无偿收回这样的行政处罚,主管部门在决定之前,应当告知土地使用权人有要求举行听证的权利,土地使用权人要求听证的,主管部门应当组织听证。根据《闲置土地处置办法》第14条第2项的规定,在无偿收回决定作出的过程中,抵押权人不享有土地使用权人前述的程序权利,只是在无偿收回决定作出后,被动接受主管部门的决定,这在一定程度上可说明无偿收回不会对抵押权人带来法律上的利害后果,法律规范没有必要为了有效约束主管部门行政处罚权的行使,而为其提供与土地使用权人一样的程序权利。

既然抵押权人无法承担不应闲置土地的义务,也没有不应在事后被认定为闲置土地的使用权上设定抵押权的义务,其就不受无偿收回这种行政

---

[1] 参见海南省高级人民法院(2016)琼行终第435号行政判决书。

处罚的约束,也没有与行政处罚相应的程序权利保障[1],抵押权并不因无偿收回而消灭,作为行政处罚的无偿收回因此只能产生土地使用权相对消灭的后果。

4. 信赖保护的检验

在行政法中,信赖保护是法治国原则的核心内涵要求,在规范意义上具有宪法原则的地位,其保护的客体是公民基于对国家公权力行为信赖而对自己生活领域所做的行为安排[2],无偿收回导致土地使用权相对消灭,符合信赖保护思想。

在抵押权设定时,只要所涉及的土地尚未完成闲置土地认定程序,抵押权人无从了解闲置土地信息,其基于主管部门未认定闲置土地这种不作为的信赖,相信抵押涉及的土地并非闲置土地,进而做出抵押融资的交易安排,应受法律保护。而且,抵押权的设立不仅意味着土地使用权已登记,还意味着抵押权也已登记,这些登记是依法而为的结果,表明抵押权是不动产登记机构依法确认的授益结果,抵押权人对此产生合理信赖,自有道理。

与抵押权善意取得相比,能更清楚看到在无偿收回中适用财产权相对消灭,与信赖保护思想完全一致。在土地使用权登记错误时,只要抵押权的设定符合善意取得的要件,抵押权就能有效存续,故而,真实权利人虽然能请求撤销错误的土地使用权登记,法院也能作出撤销登记的判决[3],但抵押权不因土地使用权登记的撤销而受影响。而且,抵押权登记由作为抵押人的登记权利人与抵押权人双方共同申请,由于土地使用权登记错误,抵押权登记的申请、审核、登簿也都不合法,但基于信赖保护,根据最高人民法院《关于审理房屋登记案件若干问题的规定》第 11 条第 3 款的规定,为了保护抵押权人的利益,抵押权登记不能撤销。在无偿收回,土地使用权登记并无错误,既然善意取得时建立在错误的土地使

---

[1] 在实践中,有抵押权人以主管部门未把无偿收回决定抄送自己为由,请求法院撤销该决定,在无偿收回决定的作出符合法定权限、要件和程序的前提下,法院认为,主管部门未向抵押权人抄送无偿收回决定的行为是程序轻微违法的行为,不予撤销。参见湖北省荆门市中级人民法院(2019)鄂 08 行终 47 号行政判决书。但无偿收回决定本身不合法的,法院会支持抵押权人请求撤销该决定的诉求,参见海南省高级人民法院(2014)琼环行终字第 1 号行政判决书。

[2] 参见展鹏贺:《德国公法上信赖保护规范基础的变迁——基于法教义学的视角》,载《法学评论》2018 年第 3 期,第 151 页。

[3] 参见北京市第三中级人民法院(2017)京 03 行终 743 号行政判决书。

权登记基础的抵押权尚且应受信赖保护,那么,基于"举重以明轻"的法理,以正确的土地使用权登记为基础的抵押权更应受信赖保护。

再者,土地使用权因为嗣后的土地闲置原因,被主管部门无偿收回,进而依法注销登记,属于合法授益行为的废止,其有法律提供正当性支持。但无偿收回消灭抵押权,并据此注销抵押权登记,不仅没有法律的正当性支持,且正如前述,也没有公共利益的支持,不符合合法授益行为废止的要求,也不符合依法行政和信赖保护的要求。[1]

三、小结

在财产权负载他物权的权利重叠情形,他物权扣减了财产权的部分权能,财产权人享有的是扣减后的剩余权能集合,故而,在财产权消灭的事由发生后,只能导致财产权人丧失这些剩余的权能,而不能波及他物权,这就是财产权相对消灭。财产权相对消灭是从民事法律现象和法律规范中抽象总结出的法理,它在民事领域具有普适性。不仅如此,即便财产权的消灭事由缘起无偿收回这样的行政行为,财产权相对消灭也能通过行政法原理和规范的检验。就此而言,财产权相对消灭在法律秩序的整体框架内具有正当性。

就无偿收回而言,土地使用权相对消灭符合比例原则的要求,符合公共利益和个体利益协调的要求,符合行政处罚的法律要求,符合信赖保护的要求,抵押权因此不消灭。既然如此,抵押权不受无偿收回的影响,抵押权人不是无偿收回的利害关系人,其根本无须通过向法院主张撤销无偿收回的行政诉讼来保护自己利益,无须额外增加不必要的维护权利的成本。若不采用财产权相对消灭的法理,在无偿收回中,抵押权会因土地使用权的消灭而消灭,抵押权人因此是无偿收回的利害关系人,属于能主张撤销无偿收回决定的行政诉讼适格原告。在无偿收回的决定未在法定权限和程序内做出时,通过法院撤销无偿收回决定,固然能保护抵押权人的利益,但实为权宜之计,因为只要有闲置土地之实,在主管部门通过合法程序重新做出收回决定后,抵押权仍逃不了消灭的法律命运。在无偿收回的决定完全合法时,抵押权人的诉求当然无从得以支持,抵押权消灭

---

[1] 参见[德]哈特穆特·毛雷尔:《行政法学总论》,高家伟译,法律出版社2000年版,第290—295页;陈敏:《行政法总论》(第七版),新学林出版股份有限公司2011年版,第460—466页。

也是定局。无论如何,在不采用财产权相对消灭的法理下,只要无偿收回合法,抵押权肯定消灭,抵押权人通过行政诉讼来保护自己利益的预期肯定落空,抵押权人既要承受抵押权消灭的后果,还要承受诉讼成本损失的双重不利。

不仅如此,采用财产权相对消灭的法理,还有助于协调行政权和司法权的关系,实现无偿收回的制度目的。在实践中,因债务人届期不清偿债务,抵押权人为了实现抵押权,请求法院查封土地使用权,在查封期间,主管部门能否认定或处置闲置土地,存在疑问。这个问题涉及支撑无偿收回的行政权与支撑查封的司法权的协调,对此有法院指出,在查封期间,主管部门无偿收回闲置土地使用权,会阻止法院执行,不允许无偿收回。[1] 与此不同,在"蓟县外贸畜产公司与陵水黎族自治县人民政府行政命令、行政确认纠纷案"中,最高人民法院指出,查封土地系司法机关为保证案件的执行而作出的保全措施,收地决定是行政机关依据相应事实和法律作出的行政决定,两者分别是司法权与行政权的运用,两种权力的行使应当互相配合和尊重。司法权不能干预行政权的行使,司法保全措施不影响收地决定本身的合法性。故蓟县外贸畜产公司主张因涉案土地被人民法院查封,就不能予以收回的理由,缺乏相应的法律依据,本院不予支持。[2] 对比而言,前一种观点建立在无偿收回导致土地使用权和抵押权共同消灭的基础上,其有助于抵押权的实现,但无助于无偿收回制度目的的实现。反之,采用财产权相对消灭的法理,前述的行政权与司法权的协调就不成问题,即抵押权与无偿收回无关,无偿收回不影响抵押权的存续及实现,查封也不影响无偿收回决定的作出和完成,这样一来,在查封期间,主管部门能通过无偿收回实现制度目的。

总而言之,财产权相对消灭的法理适用于无偿收回,能得到民法和行政法两个方面的支持,还能保持抵押权的稳定性,降低抵押权人维护权利的成本,还能减轻法院的案件审理负担,减少不必要的行政诉讼,还能有效理顺行政权与司法权的关系,在为实现抵押权而查封土地使用权的情形下有助于落实无偿收回的制度目的。

---

[1] 参见河南省高级人民法院(2018)豫行终 3073 号行政判决书。
[2] 参见最高人民法院(2015)行提字第 27 号行政判决书。

第四节　国有建设用地使用权低价转让时的优先购买权

一、权利属性

优先购买权规范的通常表述是"权利人在同等条件下有优先购买权",以房屋承租人的优先购买权为例,其基础规范《民法典》第726条第1款第1分句规定:"出租人出卖租赁房屋的,应当在出卖之前的合理期限内通知承租人,承租人享有以同等条件优先购买的权利。"《城镇国有土地使用权出让和转让暂行条例》第26条第1款未采用同样的表述结构,缺失了"在同等条件下"这一限定词,但这不意味着政府可不在同等条件下享有优先购买权,否则既无法适当约束政府的行为,也不利于保护当事人的利益,故而,政府仍要在同等条件下才享有优先购买权。

在优先购买权的法律属性上,有形成权和请求权之争,前者应更为可采,理由主要如下。

(一)具有实践优势

首先,把优先购买权定性为形成权,政府与转让人之间的转让合同因政府以同等条件购买土地权利的意思表示到达受让人而成立,无须考虑转让人有无承诺的意思。当然,若政府在诉讼中无法证明该时点,则以转让人收到法院诉讼通知的时点,作为买卖合同的成立时点。

把优先购买权视为请求权,则表明对于政府的购买请求,转让人有成立转让合同的义务,这表明针对政府的诉请,法院可强迫转让人承诺,从而使政府取得受让人的地位,这实际上是强制缔约的机制。由于强制缔约不能替代承诺,因强制缔约成立的合同仍要遵循要约与承诺的一般规律,合同在承诺生效时成立[1],故而,即便政府购买土地权利的意思表示到达转让人,但后者拒绝承诺的,转让合同仍无法成立,只有通过法院生效判决的救济,才能强制成立合同。

其次,基于优先购买权是形成权的定性,其行使直接导致转让合同成立,《城镇国有土地使用权出让和转让暂行条例》第26条第1款足以为该法律效果提供请求权基础,法院的介入只是确认该效果,所涉诉讼应属于

---

[1] 参见王泽鉴:《债法原理》,北京大学出版社2009年版,第62页。

确认之诉。如果政府直接诉求转让人承担该合同的违约责任,在优先购买权依法行使的情况下,产生确认之诉和给付之诉合并的后果,即在确认转让合同成立的基础上,转让人向政府实际履行或承担损害赔偿,诉讼便宜相当明显。

基于优先购买权是附强制缔约义务的请求权的定性,仅凭《城镇国有土地使用权出让和转让暂行条例》第 26 条第 1 款,尚不能给前述效果提供完全的根据,还须强制缔约等其他规范的配合。从德国的经验来看,强制缔约应依据《德国民法典》第 249 条第 1 款的规定,即负担损害赔偿责任的当事人应回复损害前的原状[1],这种责任运用到拒绝缔约的转让人身上,就是应与政府订立转让合同。我国缺乏这样的规范,适用强制缔约并无法可依,还须法官造法。此外,既然强制缔约要遵循要约和承诺的规律,当然还须结合相应的规范。就此来看,这种强制缔约诉讼应为给付之诉。而且,由于政府与转让人的转让合同经由该给付之诉才能成立,只要转让人未把土地权利移转给第三人,政府通常无法在该诉讼中主张转让人承担违约责任。在转让人不履行合同时,政府只能另行起诉,该诉讼仍为给付之诉。显然,两次给付之诉的操作成本高出确认之诉与给付之诉的合并。

综上可知,将优先购买权定位为形成权或请求权,不仅影响到政府与转让人的转让合同成立的方式和时点,还影响到请求权基础、诉讼类型和诉讼成本。对比而言,形成权的法律定性有利于政府尽早进入转让关系,在司法操作上也相对简便,实践优势突出,更为可取。据此,政府依法行使优先购买权的意思表示到达转让人,双方直接成立转让合同。

(二)符合既有的规范

把优先购买权定性为形成权,表明它既不同于自由缔约机制,也不同于强制缔约机制,具有独立的地位。若把优先购买权当成附强制缔约义务的请求权,它就应归于强制缔约机制,在规范适用上还须求助于要约与承诺,无独立存续的意义,这显然与既有规范不符。

(三)有比较法经验的支持

本节的优先购买权是法定优先购买权,而将法定优先购买权定性成形成权,有其他法例可供参考。我国台湾地区有各类具体的法定优先购

---

[1] Vgl. Medicus/Lorenz, Schuldrecht, Bd. I, 18. Aufl., München 2008, S. 44.

买权,主要包括"民法"第 426 条之 2 规定的基地所有人和承租人优先购买权等,它们的规范表述均为"权利人在同等条件下有优先购买权",权利定性为形成权。[1] 瑞士也有具体的法定优先购买权规范,主要涉及《瑞士民法典》第 682 条规定的共有人及建筑权人优先购买权、《瑞士民法典》第 682a 条和《瑞士建筑基地法》第 42—56 条规定的与农业经营和农地有关的亲属优先购买权等,它们同为形成权。[2]

二、行使要件

通过总结我国的学理和实践,并借鉴德国、瑞士等功能接近的法律经验,这些要件主要包括行使主体适格、基础事实具备、符合同等条件和没有抗辩障碍。

(一)行使主体适格

优先购买权行使的前提是有优先购买权,故享有优先购买权是对行使主体的基本资格要求。本节的优先购买权是法定优先购买权,《城镇国有土地使用权出让和转让暂行条例》第 26 条第 1 款是其根本,土地所在地的市、县政府据此是优先购买权人。政府是无须积极证明其资格的,谁质疑其资格,谁来证明土地不在该政府的所属区域、政府已放弃优先购买权[3]等排除事由。

需要注意的是,根据《土地储备管理办法》第 2 条,土地储备的实施工作由土地储备机构具体实施,故不以政府名义,而由土地所在地的市、县土地储备机构作为优先购买权主体,亦为适格。为了规范土地储备行为,2016 年财政部、国土资源部、中国人民银行、银监会《关于规范土地储备和资金管理等相关问题的通知》要求,每个县级以上(含县级)法定行政区划原则上只能设置一个土地储备机构,统一隶属于所在行政区划国土资源主管部门管理;各地区应当将土地储备机构统一划为公益一类事业单位;土地储备工作只能由纳入名录管理的土地储备机构承担,各类城

---

[1] 对例举的这两类优先购买权的分析,分别参见黄立主编:《民法债编各论(上册)》,中国政法大学出版社 2003 年版,第 321 页;史尚宽:《债法各论》,中国政法大学出版社 2000 年版,第 244 页。

[2] Vgl. Schmid/Hürlimann-Kaup, Sachenrecht, 4. Aufl., Zürich 2012, S. 228 ff.

[3] 在"王某盈与王某义、温县人民政府、温县建筑公司土地行政登记纠纷案"中,再审法院指出,政府放弃涉案土地优先购买权,不损害国家利益。参见河南省高级人民法院(2012)豫法行提字第 00011 号行政判决书。

投公司等其他机构一律不得再从事新增土地储备工作。《土地储备管理办法》第3条规定:"土地储备机构应为县级(含)以上人民政府批准成立、具有独立的法人资格、隶属于所在行政区划的国土资源主管部门、承担本行政辖区内土地储备工作的事业单位。国土资源主管部门对土地储备机构实施名录制管理。"

(二)基础事实具备

优先购买权并非在任意情况下均可行使,能促成优先购买权行使的根本条件,就是基础事实。根据《城镇国有土地使用权出让和转让暂行条例》第26条第1款的规定,本节的优先购买权的基础事实是国有建设用地使用权明显低价转让的行为,它以有偿、双务、低价作为内在特质,形态可以是买卖也可以是互易。

基础事实的发生,给优先购买权的行使提供了根基,基础事实因此是优先购买权的行使条件,正是在此意义上,优先购买权被定位成附条件的形成权,即在转让人把标的物有偿转让给第三人时才能行使的形成权。[1] 需要说明的是,把标的物有偿转让行为作为行使优先购买权的基础事实,体现了形成权需以"形成原因"为前提的一般特性,即形成权以法律为根据时,法律规定特定的事实作为形成权的前提条件,该事实就是"形成原因",在形成权的行使遭相对人的反对时,行使人就要证明该事实。[2] 由此可知,把优先购买权界定为附条件的形成权,是说优先购买权能否行使要受到基础事实的限制,而不是说行使优先购买权的行为是附条件的法律行为,两者不可混为一谈。

把本节的优先购买权的基础事实界定为国有建设用地使用权明显的低价转让,终究不太具体,根据我国的实践操作,结合相关的法律经验,它应具体化为以下要件。

1. 转让行为有效成立

该要件包括以下两层意思:

第一,转让行为已然实存,也即转让人与第三人就土地权利成立转让合同,而非仅达成单纯的交易意向。之所以如此,是因为优先购买权受制

---

[1] 参见王泽鉴:《民法学说与判例研究(第1册)》,中国政法大学出版社1998年版,第507页。
[2] 参见[德]卡尔·拉伦茨:《德国民法通论(上册)》,王晓晔、邵建东、程建英等译,法律出版社2004年版,第291页。

于同等条件,而同等条件只能以转让人与第三人之间确定的交易条件为准。至于交易意向,它缺乏法律约束力而没有确定性,一旦优先购买权人的购买竞争导致它变化,会导致转让人或第三人提高了报价,若报价的水平已不再是明显的低价,政府也就没有优先购买权;若报价的水平仍处于明显的低价,政府就须在新的交易条件下重新跟进,这就产生了同等条件不确定的循环怪圈。可以说,以交易意向为基础事实,会徒增交易成本,法律适用的可操作性也不强,而据实存的转让行为来确定同等条件,就没有这些问题。这意味着,只有在转让行为发生后,优先购买权才能行使。

第二,在通常情况下,实存的转让行为还需有效,若因当事人无完全行为能力、价款约定非出于第三人的真实意思等瑕疵而不生效、无效或被撤销,优先购买权的基础事实仍然缺失。[1]

不过,若效力瑕疵不影响同等条件的实质判断,优先购买权仍有行使的前提。比如,效力瑕疵不影响交易的实质存在,如在转让需要批准的情形,因第三人的原因导致转让未获批准,合同因此不生效,但价款约定足以表明当事人的真意,优先购买权就不应受影响。[2] 又如,效力瑕疵仅因干扰优先购买权的行使而产生,如为了规避优先购买权,转让人与第三人恶意串通,虚拟正常价款掩盖低价交易,该无效的虚假约定不影响优先购买权人以真实价款成为受让人。再如,效力瑕疵旨在合法应对优先购买权对转让人带来的不利益,如为了避免承担违约责任,转让人与第三人约定以优先购买权的行使为合同的解除条件,优先购买权的行使会导致转让行为不生效,但这不影响优先购买权行使的法律效果。

2. 意思自治

转让行为出自当事人的自由意思,与意思自治无关的法院强制执行的拍卖或变卖等不是基础事实。

3. 对待给付可被替代

该要件包括以下三层意思:

第一,转让行为是有偿行为,即有对待给付的存在,据此,赠与、遗产分割、继承顺序变更导致的遗产分配、公司清算后的财产分配等无偿行为

---

[1] Vgl. Simonius/Sutter, Schweizerisches Immobiliarsachenrecht, Bd. I, Basel u. a. 1995, S. 367 ff.

[2] Vgl. Schmid/Stöckli, Schweizerisches Obligationenrecht Besonderer Teil, Zürich 2010, S. 81.

不在其列。

第二,转让行为的有偿性基于市场交易规律而定,第三人的身份、地位等个人因素对此没有影响。这一限定非常重要,因为转让行为中的具体交易条件为优先购买权人设置了同等条件,当第三人的个人因素影响到这些交易条件时,这些个人因素已经内置于交易,成为交易不可分离的部分,该交易就不是典型的市场交易,在优先购买权人不具有与第三人类似的个人因素时,肯定无法满足同等条件的要求。在此所谓的个人因素,主要表现为第三人与转让人之间有近亲属、继承、母子公司等特殊关系。

第三,在同等条件的限定下,作为有偿标志的对待给付还应能被替代或复制,若第三人的对待给付有人身属性,如根据《德国民法典》第466条的规定,第三人除了支付价款,还有照料转让人起居生活的从给付义务,该义务对合同有决定作用时,只要它不能用金钱估价,也不能由优先购买权人替代履行,就无法满足同等条件,优先购买权也就不能行使。这种判断同样适用于互易,若对待给付的标的物不是可替代物,互易也就不是优先购买权的基础事实。

4. 以终局移转国有建设用地使用权为目的

该要件包括以下两层意思:

第一,转让行为旨在移转国有建设用地使用权,第三人由此能终局取得并单独继受该权利。这样一来,就剔除了不以移转该权利为目的的有偿行为,如租赁等以提供财产用益为目的的行为,或者建设工程施工等以提供劳务为目的的行为。此外,继承、公司合并等概括继受行为也被排除在外。

第二,尽管移转财产权的目的对转让行为的判断至关重要,但它并非唯一的限定要素,还应从经济分析的角度再予甄别,《瑞士债法》第216c条第1款就规定,在经济地位上等同于买卖的行为也是基础事实。这类行为是指取得人有偿受让事实上的处分权以及经济上的处分权的行为,如房地产公司转让其全部股份,尽管该行为不以移转房地产所有权为目的,但实际后果使股权受让人实际支配了该公司的房地产,转让股权的行为因此与房地产买卖无异。[1]

5. 价格过低

2001年国务院《关于加强国有土地资产管理的通知》指出:"国有土

---

[1] Vgl. Lanz, Von der wirtschaflichen Betrachtungsweise im Privatrecht, in: ZBJV 2001, S. 4 f.

地使用权转让,转让双方必须如实申报成交价格。土地行政主管部门要根据基准地价、标定地价对申报价格进行审核和登记。申报土地转让价格比标定地价低20%以上的,市、县人民政府可行使优先购买权。""二级市场意见"再予重申:"申报价格比标定地价低20%以上的,市、县人民政府可行使优先购买权。"据此,当事人申报的国有建设用地使用权转让价比标定地价低20%以上,就属于"转让价格明显低于市场价格"。

基准地价、标定地价早就出现在规范性法律文件和政策文件中,如国家土地管理局在1992年施行的《划拨土地使用权管理暂行办法》(已失效)第26条,同年国家土地管理局印发的《关于地籍管理几个问题处理意见的通知》的界定是:"所称基准地价,是按不同的土地级别、区域分别评估和测算的商业、工业、住宅等各类用地的平均价格;所称标定地价,是在基准地价基础上,按土地使用年期、地块大小、形状、容积率、微观区位、市场行情条件,修订评估出的具体地块在某一时期的价格"。但标定地价一直未实际落地,直到2017年国土资源部办公厅《关于加强公示地价体系建设和管理有关问题的通知》才明确要求各市县主管部门在2018年开始全面启动城镇标定地价体系建设。与此配合,自然资源部于2018年发布推荐性行业标准《标定地价规程》(TD/T 1052-2017),其第3.3条对标定地价的界定为:"政府为管理需要确定的,标准宗地在现状开发利用、正常市场条件、法定最高使用年期或政策规定年期下,某一估价期日的土地权利价格"。

在这种现实中,法院主要通过国有建设用地使用权转让与出让的对比,对转让价格是否过低形成了以下判断标准:

第一,转让本身不同于出让,再加上地方会针对不同情形而有不同的招商引资优惠等政策,转让因而不能直接套用出让的价格标准,如在"赖某某与福建省永安市马岩水泥有限公司(以下简称马岩公司)清算组等清算责任纠纷案"中,二审法院指出,申请人引用出让土地使用权的最低控制标准规定,不足以证明马岩公司低价转让案涉土地,一审判决参考条件相近的邻近区域的土地成交价格,确定申请人主张涉案地块以500万元转让属于低价转让的依据不充分,并无不当。[1] 又如,在"南通中天棉业有限公司与南通瑶枝户外用品有限公司合同纠纷案"中,二审法院指出,案涉协议中对于土地使用权转让价格的约定是因当时政府招商引资而享受了一定的优惠政策,并未违反国家法律、法规的强制性规定,合法

---

[1] 参见福建省三明市中级人民法院(2020)闽04民终1958号民事判决书。

有效。[1]

第二,在转让和出让的日期相当接近时,可对比转让款与出让金的数额,以判断前者是否过低。比如,在"崔某某与刘某某建设用地使用权转让合同纠纷案"中,再审法院认为,申请人在 2003 年 6 月 19 日以 487830 元的土地出让金取得 1610 平方米土地的使用权,而被申请人 2004 年 11 月 19 日支付的其中 532 平方米土地使用权转让款为 230000 元,申请人所称双方土地使用权转让价格远低于市场价格没有事实依据。[2]

第三,在土地使用人通过出让取得国有建设用地使用权之前,与他人约定把该土地转让给他人的情形,应以该权利首次登记而非转移登记的时点为基准点的土地估价作为转让价款,在土地估价符合规定时,不会出现价格过低的结果。比如,在"安徽友阳置业有限责任公司(以下简称友阳公司)与安徽豪泽置业有限责任公司项目转让合同纠纷案"中,二审法院认为,友阳公司于 2007 年 8 月 7 日取得涉案土地的权证,土地估价报告评估基准日为 2007 年 9 月 1 日,不违反《城镇国有土地使用权出让和转让暂行条例》第 26 条的规定,在友阳公司取得土地使用权后,具备土地使用权转让的履行条件,应以该评估报告认定的 3913.57 万元作为土地价款转让依据。[3]

(三)符合同等条件

基于优先购买权的形成权定性,在转让人低价转让国有建设用地使用权时,只要政府依法行使优先购买权,即可与转让人成立转让合同,优先购买权无疑有限制转让人缔约自由和处分自由的作用。为了避免实质损害转让人的法律地位和交易利益,政府只有与第三人处于同等条件,愿意承受与第三人对待给付义务相当的义务,才能行使优先购买权,符合同等条件因此是优先购买权行使的要件,它同时也是确定转让人与政府的转让合同内容的主要指标。

在判断政府能否承担与第三人同等的对待给付义务时,主要考虑价格因素,要求在价款数额、支付期限和方式等方面,政府和第三人有相同的义务。在判断是否同等条件时,应以第三人的对待给付义务为基本标准,但不能完全受限于此,而是应综合考虑具体情形,把同等条件当成平

---

[1] 参见江苏省南通市中级人民法院(2011)通中商终字第 0164 号民事判决书。
[2] 参见山西省长治市中级人民法院(2013)长民再终字第 044 号民事判决书。
[3] 参见安徽省高级人民法院(2018)皖民终 558 号民事判决书。

衡转让人和政府的利益杠杆,结果是既要实现优先购买权,又不能损害转让人的利益。这表明,同等条件并非绝对等同,若政府的义务高于第三人的义务,仍不妨碍优先购买权的行使,如在基础事实是互易的情形中,与第三人提供的土地相比,政府提供的土地面积更大、地段更好,当然不应妨碍优先购买权的行使。

具体而言,同等条件的判断应注意以下几点:

第一,相同价款的判断。若转让的标的仅为国有建设用地使用权,政府与第三人支付的价款数额只需一致即可;若还包括其他标的,如机器设备等转让人的其他财产,而它们的分离转让对转让人不利,如转让人"打包"买卖总价较低,按此价格计算土地权利的价值比,对转让人显然不利,此时要么由政府以同等价款来购买全部标的,要么就不符合同等条件。

第二,相同付款期限的判断。因转让人和第三人的转让行为成立在前,而政府与转让人的转让合同成立在后,为了保护政府的利益,不能以转让人和第三人约定的付款到期日作为同等条件的标准,而应以合同订立之日至付款到期日的相同期限为标准。此外,若转让人信赖第三人的信用,给第三人以延期付款的优待,允许政府照猫画虎,就不利于转让人,对此,不妨借鉴《德国民法典》第 468 条第 1 款的规定,政府要么按期付款,要么对延期支付的金额提供充分担保。

第三,相同付款方式的判断。第三人一次付款的,政府不得分期付款;若转让人信赖第三人的信用,允许第三人分期付款,政府应一次付款,或对分期付款提供充分担保;若分期付款属于行业交易习惯,与第三人信用无关,则政府可采用相同的分期付款方式。

第四,其他条件相同的判断。其他条件是否相同的判断,仍要遵循不能实质损害转让人利益的根本准则,如根据《德国民法典》第 466 条的规定,第三人对转让人负担从给付义务,尽管该义务对合同有决定作用,但它可用金钱估价,政府支付相应价款就属于同等条件;但若该义务并不妨碍合同订立的,政府不负担该义务,仍不妨碍同等条件的成就。

(四)没有抗辩障碍

1. 没有存续障碍

法律规定给法定优先购买权提供了存在基础,优先购买权因法定情形的发生而产生,但只能在基础事实具备后才有行使的基础,权利产生和行使之间因此有了时间间隔,要确保权利可实际行使,前提是已产生的优先购买权在该时间间隔中仍然存续,即没有权利存续的障碍。

(1)没有相反约定

本节的优先购买权虽然是政府的权利,但仍属于民事权利,主要是给政府提供单向度决定是否与转让人成立合同的优待地位,与不特定的第三人没有紧密的利益关联,故而,政府与转让人在出让合同中特约排除优先购买权的,不会妨碍社会公众利益,应予认可。

(2)没有放弃权利

优先购买权也会因权利人单方放弃而消灭。放弃可以是明示的,如政府明确表示不行使优先购买权;也可以是默示的,比如,在"江苏雅仕园食品宿迁有限公司与王某某等房屋买卖合同纠纷案"中,二审法院认为,根据宿迁经济开发区管委会与第三人签订的投资协议,其同意第三人通过正常买卖取得转让人工业土地、房屋及办公等资产方式进行投资建设,说明宿迁经济开发区管委会认可案涉房屋及土地使用权转让行为,不主张行使优先购买权。[1]

2. 没有行使障碍

(1)标的没有灭失

优先购买权不像物权那样依附于特定的标的,但其功能在于购买特定标的,该标的为优先购买权的存续提供了依托,故一旦标的灭失,优先购买权就失去行使的意义,如 A 把国有建设用地使用权低价转让给 B,该土地因海啸被淹后变成水域,政府就不能行使优先购买权。

(2)权利没有滥用

《城镇国有土地使用权出让和转让暂行条例》第 26 条第 1 款未规定优先购买权的除斥期间,这似乎意味着无论基础事实发生了多长时间,均不妨碍优先购买权的行使。但在已明知基础事实的发生及其具体内容的情形,政府长期不行使优先购买权,对此无限制地予以保护,会危及此前交易形成的稳定秩序,使第三人陷于不安定状态,而且,在土地权利价格上涨时,还会因优先购买权人仍以先前的低价购买,而实质破坏同等条件的法律约束,有违诚实信用原则,属于权利滥用。故而,法院在个案中应综合政府的知情情况、交易价格波动、对既有秩序的冲击等因素进行合理限制。

---

[1] 参见江苏省宿迁市中级人民法院(2019)苏 13 民终 2678 号民事判决书。

三、法律效果

（一）成立转让合同

在实践中，若转让人告知政府土地权利转让事宜，只要符合前述的行使要件，政府即可行使优先购买权。在转让人并无希冀与政府成立转让合同的情况下，告知并非要约，因为要约是希望和他人订立合同的意思表示，政府基于该告知行使优先购买权的意思表示也不是承诺，这再次表明，要约和承诺的规范在优先购买的场合无适用余地。不过，若告知中除了转让人与第三人的合同信息，还有转让人愿以同等条件与政府成立转让合同的意思，后部分内容就符合要约的要求，政府对该要约的同意属于承诺，承诺在要约确定的期限或在合理期限内到达转让人，转让合同成立。当然，这种情形是双方合意的结果，已与优先购买权无关。

政府一经依法行使优先购买权，无论转让人是否愿把国有建设用地使用权转给政府，径直在转让人与政府之间成立转让合同，这说明优先购买权有限制转让人缔约自由的效用。

优先购买权的行使以同等条件为要素，也就是政府对转让人负担的义务应与第三人负担的义务完全相同，结果就是政府须以转让人与第三人的买卖合同（以下简称先前合同）的主要内容为标准，确立其与转让人的转让合同内容。换言之，政府行使优先购买权而成立的转让合同，除了主体不同，在内容上与先前合同并无差别，转让人有义务向政府转让国有建设用地使用权，政府则应与第三人一样，按照约定金额、期限和方式支付价款。

不过，政府与转让人的转让合同毕竟成立在后，在优先购买权行使时，若先前合同约定的价款支付期限届满，强求政府遵守该期限，反而对其不利，此时应认定政府支付价款的期限尚未届至，并无违约问题。与此道理相当，为了避免使转让人陷入不利，若优先购买权在行使时，转让人的债务履行期届至，政府也无违约请求权。

此外，先前合同的成立，除了市场规律的主导，特定交易目的或第三人具体情况可能也起重要作用，为了照料这些特殊因素，就应对政府的合同权利或义务进行适当调整。比如，转让人信赖第三人的信用，给与第三人分期付款或延期付款的优待，若允许政府照猫画虎，就不利于转让人，政府应一次付款或按期付款，或对延期支付的金额提供充分担保。

(二) 形成双重转让

优先购买权的行使客观上导致双重转让,只要符合法律行为的生效要件,转让合同均有效,合同成立时间、方式等因素不影响合同效力。

这并不意味着先前合同绝对不受优先购买权行使的影响,为了避免转让人陷入双重转让困境而承担违约责任,先前合同可约定以优先购买权的行使为解除条件,优先购买权的行使因此会导致先前合同不生效。由于这种约定专为转让人的利益而设,不影响转让人有偿转让国有建设用地使用权的真实意思,故同等条件仍然可得认定,不影响优先购买权的行使。该做法既维持了优先购买权的法律效力,又妥当照料了转让人的利益,可谓两全其美。

(三) 对抗第三人

身陷双重转让的转让人一旦向第三人实际履行,国有建设用地使用权由第三人取得,政府行使优先购买权能对抗该第三人,否定第三人对土地权利的终局取得,转而由政府通过转移登记取得。之所以如此,是因为《城镇国有土地使用权出让和转让暂行条例》第26条第1款除了具有防止土地低价转让、维护土地使用权转让秩序、增加政府财政收入的目的,还有增加土地储备来源、实施公共建设规划等公共功能。[1] 为了实现这些目的,政府的优先购买权应有对抗第三人的法律效果。

从特定的规范目的出发赋予优先购买权的对抗力,是普遍的法律经验。比如,德国公益垦荒企业对农地的法定优先购买权以及乡镇对建筑物的优先购买权有对抗力。[2] 又如,在瑞士,优先购买权人与优先购买权指向的标的之间有特别结合关系的,如优先购买权人是长期承租人、建筑物所在土地的所有人,或优先购买权人与转让人有特别人身关系的;如优先购买权人是转让人的亲属、共有人,为了保护这些特别关系,法律严格限制土地所有权人的处分权,确保优先购买权人终局取得土地所有权。[3]

---

[1] 参见杨遴杰、周文兴:《中国政府土地优先购买权功能分析》,载《中国土地科学》2011年第2期,第29—32页。

[2] Vgl. Baur/Stürner, Sachenrecht, 18. Aufl., München 2009, S. 282.

[3] Vgl. Ghandchi, Das gesetzliche Vorkaufsrecht in Baurechtsverhaeltnis, Diss. Zürich 1999, S. 94; Simonius/Sutter, Schweizerisches Immobiliarsachenrecht, Bd. I, Basel u. a. 1995, S. 350 ff.

第五章　土地供应

我国土地实行公有制,土地要么归国家所有,要么归农民集体所有。为了实现土地效益,解决用地需要,我国国有土地一直采用所有权和使用权分离的模式。在改革开放初期,这种模式的正当性被宪法和法律确定下来。1982年《宪法》第10条第4款规定:"一切使用土地的组织和个人必须合理地利用土地。"1986年《土地管理法》第7条规定:"国有土地可以依法确定给全民所有制单位或者集体所有制单位使用,国有土地和集体所有的土地可以依法确定给个人使用。使用土地的单位和个人,有保护、管理和合理利用土地的义务。"

在土地所有权和使用权分离的背景下,所谓土地供应,就是土地所有人把建设用地交给他人使用,由他人取得建设用地的使用权的用地活动。需要说明的是,在官方话语体系中,有土地一级市场的称谓,即政府作为国有土地所有者的代表,将国有建设用地以划拨、出让等特定方式供应给土地使用者的行为总称。[1] 就国有土地而言,土地供应与土地一级市场是针对同一现象的两个概念,没有实质区别,可以混用。本章之所以未选用土地一级市场作为章名,主要是因为划拨是纯粹采用行政手段的供地方式,把它归为一级市场,会引起不必要的误解。

根据《土地管理法》第54条,土地供应方式分为两大类,一是划拨,二是出让等有偿使用(见图5-1 土地供应方式概览)。这两种方式各有成型的制度,它们都是根据我国实际情况,为了解决实际问题,一步步发展而成的,要透彻地了解和理解它们,必须深度观察不同时期的制度发展及其约束要素,决不能以今日之眼界和观念直接套在昨日之光景和事情之上,更不能以规范性法律文件和政策文件的表述来替代实际情况。

集体建设用地的供应方式,因公益用地、企业用地还是经营性建设用

---

[1] 参见自然资源部自然资源开发利用司编:《土地二级市场改革与探索》,中国大地出版社2020年版,第4页。

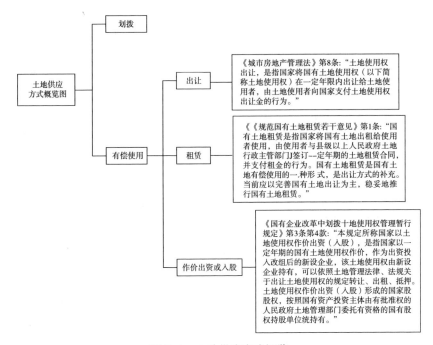

图 5-1 土地供应方式概览

地而有差别,对此可参见第二章有关集体建设用地使用权的简介。通过《土地管理法》第 60—61 条、第 63 条以及《土地管理法实施条例》第 37—43 条有关集体建设用地使用权的规定可知,公益用地、企业用地的供应类似于划拨,经营性建设用地的供应采用出让等有偿使用方式,故国有建设用地供应的法理对于集体建设用地是同样适用的,国有建设用地出让等有偿使用制度可有机地被经营性集体建设用地使用权所参照适用。有鉴于此,本章仅探讨国有建设用地的供应。为了行文方便,本章下文所称的建设用地使用权均指国有建设用地使用权。

在法律、法规的表达以及用地实践中,出让等有偿使用方式是主角,划拨是跑龙套的。但这是现时的角色格局,历时地看,划拨在长时期内占据主导地位,出让等有偿使用是在与划拨的制度竞争中一点点占据优势的。基于此,第一节将先阐述划拨建设用地使用权,也即基于划拨方式产生的建设用地使用权。针对这种权利,实践中产生了如何界定划拨、划拨地可否用于商业经营、划拨地上的房屋是否为破产财产等疑难问题,要想准确回答这些问题,应明辨划拨建设用地使用权的制度缘起及构造、判断标准和主要权能。

根据《土地管理法实施条例》第 17 条的规定,有偿使用方式包括出让、租赁、作价出资或入股,第二节将分别阐述各自的制度构造。在这些方式中,出让最为常见、最为重要,框定了当事人权利义务的出让合同是其根本,但恰恰其法律属性是民事合同还是行政协议充满巨大争议,影响着当事人的权益保障,第三节将对此专门探讨。由于出让合同与租赁合同、作价出资或入股合同具有同质性,故第三节的分析思路同样适用于后两种合同。

《民法典》第 116 条规定了物权法定原则,即物权的种类和内容由法律规定。从司法运用的角度来看,该条中的法律是法院在裁判中用以判断客观存在的某项权利是否是物权、是何种物权、有什么内容的法律依据,可称为物权法源。土地使用者取得建设用地使用权,是土地供应的主要结果之一。作为物权的建设用地使用权要遵循物权法定原则,自无疑问。问题在于,从第一节至第三节可知,不同的土地供应方式会产生不同的建设用地使用权,而用以调整它们的既有全国人民代表大会及其常务委员会制定的法律,还有行政法规、司法解释、部门规章、政策文件等,种类繁多,层次有别,时间有先后,内容有出入,它们是否属于物权法源,如何进行适用,颇有疑问。这些问题具有基础性,因为如若部门规章、政策文件不能作为法源,那以此为据的学理及裁判将失去正当性。本章第四节将对此加以阐述。

第一节 划拨建设用地使用权

一、制度缘起

新中国成立初期的 1949—1952 年是我国国民经济恢复和初步发展时期,其时城市实行市场经济。相应地,城市土地既有国有也有私有,国家机关和国有企事业单位能与个人进行房地产买卖、租赁等交易,国有企事业单位之间也能进行房地产租赁、互易等交易。与此同时,国有土地实行有偿使用,无论单位还是个人,使用国有土地均要缴纳租金或使用费。[1] 1954 年,中央政府层级的两个文件打破了这一局面,它们标志着

---

[1] 参见王卫国:《中国土地权利研究》,中国政法大学出版社 1997 年版,第 152 页。

划拨制度的肇始。

第一个文件是 1954 年 2 月 24 日原政务院《关于对国营企业、机关、部队学校等占用市郊土地征收土地使用费或租金问题的批复》。针对北京市人民政府提出关于对国营企业、机关、部队、学校等占用市郊土地征收土地使用费或租金及地产税问题,该批复第 1 条指出:"由于城市的发展,市郊土地的需要将日渐增多。因此,市郊土地必须有统一的管理和有计划的合理的分配使用原则。否则,将造成土地使用上的浪费。但保证土地合理使用的决定性关键,在于政府批准使用土地时,严格掌握使用原则,按照企业单位、机关、部队、学校的实际需要与发展情况,确定其使用土地的面积。不必采用征收土地使用费或租金的办法。同时,收取使用费或租金,并非真正增加国家收入,而是不必要地提高企业的生产成本和扩大国家预算,并将增加不少事务手续。因此,国营企业经市人民政府批准占用的土地,不论是拨给公产或出资购买,均应作为该企业的资产。不必再向政府缴纳租金或使用费;机关、部队、学校经政府批准占用的土地,亦不缴纳租金或使用费。"

北京市人民政府提出上述问题的目的,是想用土地筹集建设资金,但这一想法被前述批复否定。抚古思今,不免令人感慨,假如当初这一设想能够得到批准,中国当代国有土地使用制度史会是另一种模样。[1] 不过,放在彼时历史背景下,该批复是符合逻辑的。此刻虽然距离 1952 年不远,但国家发展方向和策略有了巨大变化,从社会主义改造到第一个五年计划,均突显了国家的主导力量。与此匹配,城市和工业占用的、能够产生高收益的土地所有权要归国家所有,由政府根据情况支配,该批复指明了这一点。[2] 而且,国家发展国民经济的第一个五年计划及以其为基础的物资分配计划、生产计划、基本建设计划等规范性文件,是国营企业、国家机关对国家财产进行经营管理的法律依据[3],政府把国有土地批准给国营企业、机关、部队、学校无偿使用,是这些依据的题中之义,也与当时接受的苏联的计划经济理论吻合,即在社会主义国家,国营企业履

---

[1] 参见王世元主编:《改革记忆——当代中国城镇国有土地使用制度构建历程(1978—1998)》,中国大地出版社 2021 年版,第 8 页。
[2] 参见温铁军等:《八次危机:中国的真实经验 1949—2009》,东方出版社 2013 年版,第 52—53 页。
[3] 参见中央政法干部学校民法教研室编著:《中华人民共和国民法基本问题》,中央政法干部学校民法教研室 1957 年,第 55 页。

行着国家机关的职能,使用国家土地不应交纳使用费。[1]

第二个文件是1954年4月27日内务部《关于执行国家建设征用土地办法中几个问题的综合答复》,其第5条规定:"国家机关、企业、学校、团体、公私合营企业、私营企业或私营文教企业等经批准按照本办法征用之土地及房屋,根据本办法第十八条的规定,产权均属于国家;并根据本办法第十五条的规定,其产权转移时,一律免纳契税。国家机关、企业、学校、团体及公私合营企业使用国有土地时,由当地政府无偿拨给使用,均不必再交纳租金。"相比于针对市郊土地的第一个文件,该答复的适用范围更广,涵盖了全部的国有土地。

在这两个文件之前,存在通过国家认可而无偿使用国有土地的实践,如国家机关接受使用解放前敌伪等反动势力的土地,但还未形成体现国家意志的法律制度,这两个文件改变了这一切,它们标志着划拨成为土地供应的正式制度。

二、制度构造

自1954年开始,划拨成为土地供应的主导方式,但直到1990年《城镇国有土地使用权出让和转让暂行条例》之前,没有系统规定划拨制度的规范性法律文件,该条例针对既往的存量的划拨建设用地使用权进行了明确规定,在此基础上,1994年《城市房地产管理法》及之后的法律规范有所完善。故而,划拨建设用地使用权制度随时势而发展变化,其构造应分时期区别分析(见表5-1 不同时期划拨建设用地使用权的制度对比)。

表 5-1 不同时期划拨建设用地使用权的制度对比

	1954—1994 年	1995 年至今
目的	综合(非经营性和经营性均可)	受限(以《划拨用地目录》为准)
方式	依法无偿取得	行政创设(申请审批制)
取得	无偿	无偿
规划	前置	前置
期限	不确定	不确定
处分	受限	受限

---

[1] 参见孙宪忠:《论物权法》,法律出版社2001年版,第398页。

（一）1954—1994 年的制度构造

此时期的制度主干是《城镇国有土地使用权出让和转让暂行条例》第 43—47 条，据此可知划拨建设用地使用权的制度构造如下。

1. 目的综合

划拨的目的既能是非经营性的，也能是经营性的。在实践发展中，不仅国家机关、国营企业等"国家人"可通过划拨方式使用国有建设用地，其他主体也能雨露均沾，该条例第 45 条提到的划拨土地使用者就包括公司、企业、其他经济组织和个人。

2. 方式多样

在实践中，国有土地使用权的来源具有多样性，既有城市内的单位、个人、国营企业、学校、医院、监狱等从解放前沿用下来的土地，也有国家机关、国营企事业单位、社会团体等接收使用解放前敌伪和官僚地主等留下来的土地，还有国家拨付的土地等。[1] 只要土地使用者无偿取得建设用地使用权，就属于划拨，该条例第 43 条第 1 款就特别规定："划拨土地使用权是指土地使用者通过各种方式依法无偿取得的土地使用权。"

3. 无偿取得

划拨的核心是土地使用者无偿取得建设用地使用权，无须为此支付出让金，这是其与出让的根本区别之所在。1991 年国家土地管理局《关于对贯彻〈中华人民共和国城镇国有土地使用权出让和转让暂行条例〉若干问题的答复》第 2 条、1992 年国家土地管理局《划拨土地使用权管理暂行办法》均指出，划拨土地使用权是指除出让土地使用权以外的其他各种方式依法取得的国有土地使用权。

4. 规划前置

1984 年《城市规划条例》第 31 条规定，在城市规划区内，申请建设用地的组织和个人，只有经城市规划主管部门审查批准其用地位置、用地面积和范围，并划拨土地，发给建设用地许可证后，方可使用土地。1989 年《城市规划法》第 31 条对前条规定的内容进行了微调，即建设单位或者个人在取得建设用地规划许可证后，方可向县级以上地方人民政府土地管理部门申请用地，经县级以上人民政府审查批准后，由土地管理部门划拨土地。

5. 存续期限不确定

只要用地事业和需求在客观上存续，土地使用者就能使用土地，没有

---

[1] 参见向洪宜主编：《中国土地登记手册》，改革出版社 1994 年版，第 16 页。

期限限制。该条例第 47 条第 1 款规定,在土地使用者因迁移、解散、撤销、破产或者其他原因而停止使用土地时,由政府无偿收回土地。

6. 处分受限

该条例第 45—46 条规定,未经政府批准,土地使用者不能通过转让、抵押、出租的方式处分该权利,否则,市、县人民政府土地管理部门应当没收其非法收入,并根据情节处以罚款。

(二)1995 年至今的制度构造

划拨对我国国民经济和社会发展起到了积极作用,如降低了用地企业的成本、支持了国家机关运行,与此同时也有不少突出问题,如土地浪费严重,多占少用、早占晚用、占而不用现象严重;土地使用结构不合理,工业用地比例大且分布不合理;私下交易和授予现象普遍,国有土地资产大量流失;城市建设资金严重不足,老城区改造、基础设施建设等方面的资金后续乏力。[1] 针对这些问题,应对之策除了推动土地有偿使用,还包括规范和限制划拨方式的运用,1994 年公布的《城市房地产管理法》于 1995 年 1 月 1 日施行,它在此方面打了头炮,为以后增量的划拨建设用地使用权提供了基础规范,后续的其他法律和政策持续跟进。

在《城市房地产管理法》的带动下,划拨建设用地使用权的制度构造主要如下六个方面。

1. 目的受限

该法第 23 条规定,只有以下四类用地的使用权可以划拨的方式取得:①国家机关用地和军事用地;②城市基础设施用地和公益事业用地;③国家重点扶持的能源、交通、水利等基础设施用地;④法律、行政法规规定的其他用地。对此,1998 年修订的《土地管理法》第 54 条再次予以明确。

依据这两条规定,国土资源部 2001 年发布的《划拨用地目录》对前述四类用地进行了明确列举,它是判断某种用地可否采用划拨方式的基础标准,具有十分重要的地位。具体而言,《划拨用地目录》的细化规定主要内容为:①国家机关用地和军事用地,包括党政机关和人民团体用地以及军事用地。②城市基础设施用地和公益事业用地,包括城市基础设施用

---

[1] 参见王世元主编:《改革记忆——当代中国城镇国有土地使用制度构建历程(1978—1998)》,中国大地出版社 2021 年版,第 8 页、第 235 页。

地(包括供水设施、燃气供应设施、供热设施、公共交通设施、环境卫生设施、道路广场和绿地)、非营利性邮政设施用地、非营利性教育设施用地、公益性科研机构用地、非营利性体育设施用地、非营利性公共文化设施用地、非营利性医疗卫生设施用地和非营利性社会福利设施用地(包括福利性住宅等)。③国家重点扶持的能源、交通、水利等基础设施用地,包括石油天然气设施用地、煤炭设施用地、电力设施用地、水利设施用地、铁路交通设施用地、公路交通设施用地、水路交通设施用地和民用机场设施用地。④法律、行政法规规定的其他用地,指监狱、劳教所等特殊用地。

2. 行政创设

根据该法第 23 条的规定,划拨须经县级以上人民政府依法审批,不符合该要求的,任何人都不能成为划拨建设用地使用权的主体,这限定了划拨的运作机制,改变了过去的"通过各种方式依法无偿取得"或"出让之外依法取得"的建设用地使用权均为划拨建设用地使用权的观念认识和经验做法。1998 年《土地管理法实施条例》第 22 条第 1 款规定,建设单位持建设项目的有关批准文件,向市、县人民政府土地行政主管部门提出建设用地申请,由主管部门审查,拟订供地方案,报市、县人民政府或上级人民政府批准;供地方案经批准后,由市、县人民政府向建设单位颁发建设用地批准书;划拨使用国有土地的,由市、县人民政府土地行政主管部门向土地使用者核发国有土地划拨决定书。这样一来,划拨采用申请审批制,市、县以上政府的批准以及主管部门核发划拨决定书,都是典型的行政行为。划拨虽是行政行为,产生的却是典型的民事权利,行政与民事结合的特征相当突出。

3. 无须向国家支付费用

经过政府依法批准,土地使用者取得划拨建设用地使用权,无须支付任何费用,当然是无偿取得。此外,按照 1953 年《国家建设征用土地办法》(已失效)第 8 条、1986 年《土地管理法》第 27—28 条的规定,因建设需要征地,该土地划拨土地使用者使用,土地使用者要向原权利人支付补偿费和安置费。土地使用者这项义务不是因取得建设用地使用权而向国家负担的对待给付义务[1],而是对失地的原权利人负担的弥补损失义务。概括而言,划拨意味着土地使用者无须向国家支付费用。《城市房地产管理法》第 23 条对此给予了明确界定,即"土地使用权划拨,是指县级

---

[1] 参见崔建远:《物权:规范与学说——以中国物权法的解释论为中心(下册)》(第二版),清华大学出版社 2021 年版,第 68 页。

以上人民政府依法批准,在土地使用者缴纳补偿、安置等费用后将该幅土地交付其使用,或者将土地使用权无偿交付给土地使用者使用的行为。依照本法规定以划拨方式取得土地使用权的,除法律、行政法规另有规定外,没有使用期限的限制。"2001年国土资源部《关于对涉及国有划拨土地使用权处置有关问题紧急请示的批复》第1条对此再予明确:"经有批准权的人民政府批准,单位和个人支付土地补偿、安置费用后取得的土地使用权,属于划拨国有土地使用权,不同于依法有偿取得的土地使用权。"

4. 规划前置

根据《城乡规划法》第37条的规定,在城市、镇规划区内以划拨方式提供国有土地使用权的建设项目,经有关部门批准、核准、备案后,建设单位应当向城市、县人民政府主管部门提出建设用地规划许可申请,由主管部门依据控制性详细规划核定建设用地的位置、面积、允许建设的范围,核发建设用地规划许可证。建设单位在取得建设用地规划许可证后,方可向县级以上地方人民政府土地主管部门申请用地。此外,根据《城乡规划法》第36条的规定,按照国家规定需要有关部门批准或者核准的建设项目,以划拨方式提供国有土地使用权的,建设单位在报送有关部门批准或者核准前,应当向规划主管部门申请核发选址意见书。

5. 存续期限不确定

《城市房地产管理法》第23条第2句规定:"依照本法规定以划拨方式取得土地使用权的,除法律、行政法规另有规定外,没有使用期限的限制。"

6. 处分受限

《城市房地产管理法》第40条规定,以划拨方式取得土地使用权的,转让房地产时,应当按照国务院规定,报有批准权的人民政府审批。

三、判断标准

在判断某宗地是否为划拨地时,应把握以下标准。

(一)不动产登记

《民法典》第349条规定:"设立建设用地使用权的,应当向登记机构申请建设用地使用权登记。建设用地使用权自登记时设立。登记机构应当向建设用地使用权人发放权属证书。"该规定适用于划拨建设用地使用权。[1] 划拨决定书之所以不像征收决定那样在生效时产生物权变动,是因其没有征收决定的公开机制,与物权的绝对权属性不匹配,登记因而成为划拨建设用地使用权的设立要件。既然如此,在判断某宗地有无划拨建设用地使用权时,应依据不动产登记,登记簿记载的土地权利性质为"划拨"的,该宗地就是划拨地。

(二)划拨决定书

因为历史原因,有些划拨地未办理登记,有些虽登记但模糊不清或有疏漏,有些甚至登记错误,对此应借助主管部门的划拨决定书加以判断。

但如前述,在1994年之前,有些划拨地是未经政府批准的,对它们也无法借助划拨决定书进行甄别。

(三)其他标准

从法律规范层面来看,不动产登记或划拨决定书是划拨建设用地使用权不可或缺的因素,它们在法律规定的纸面上能平滑如冰,但在复杂的实践中往往不能畅通无阻,以至于法院不得不从以下标准出发来判断。

1. 是否支付出让金

通过上文可知,土地使用者无须向国家支付费用是划拨的核心特质之一,而出让需要土地使用者支付出让金,故而,是否支付出让金成为法院判断某宗地是否为划拨地的重要标准。在"新丰长城联合实业有限公司等与惠州市人民政府行政赔偿纠纷案"中,二审法院认为,根据涉案土地登记发证的档案材料,金山公司是惠州市政府直属的国有企业,其于1992年申请涉案国土证时,未缴纳土地出让金,没有签订土地出让合同,也没有对涉案土地进行过投入和支付相关对价(如三通一平成本等),原审法院结合该公司的具体情况以及惠州市当时土地发证的历史背景,认定涉案土地属划拨性质,并无不当。[2]

即便在不动产登记明确案涉土地为划拨地的情形,也有法院把是否支付出让金作为强化论证的重点所在。在"广西贵港市恒丰化肥有限责任公司与广西贵港市供销合作社联合社管理人责任纠纷案"中,二审法院指出,是否缴纳土地出让金构成划拨和出让之间最主要的区别,西江氮肥

---

[1] 参见黄薇主编:《中华人民共和国民法典释义(上册)》,法律出版社2020年版,第685页。
[2] 参见广东省高级人民法院(2019)粤行赔终30号行政赔偿判决书。

厂向原土地所有人西江农场第九生产队支付的青苗费和土地造田造地补偿费不是土地出让金,案涉土地的使用证又注明使用权为划拨,故案涉土地为划拨取得。[1]

2. 有无政府或有关主管部门的批准文件

在1994年之前,划拨虽然没有主管部门的划拨决定书,但政府或有关主管部门的批准文件可表明,土地是由政府拨付给土地使用者使用的,也能认定该地为划拨地。在"许港剑桥幼儿园与许昌市建安区实验小学租赁合同纠纷案"中,许昌市建安区实验小学自1987年以来一直使用涉案土地用于教育事业,再审法院认为,该小学作为国家教育机构使用涉案土地用于学校基础设施建设、教学活动,符合《土地管理法》第54条第2款规定的公益事业以划拨方式取得用地的方式。结合土地使用现状和许昌县城乡建设环境保护局、许昌县土地管理局、许昌市建安区国有资产管理局相关文件对于土地使用权属的判断,涉案土地使用权手续虽不完善,但属于当地国土部门的遗留问题,从尊重历史的角度出发,原审认定涉案土地为国有划拨土地并无不当。[2] 该法院的论证重点是土地使用者的身份与土地实际用途符合《土地管理法》第54条第2款的规定,政府或有关主管部门的批准文件只起到辅助论证的作用。这种论证思路不够严谨,因为在1994年之前,划拨用地的目的是多样的,不以建设公益事业为限,即便有经营目的,但只要政府或有关主管部门的批准文件能证明属于政府拨付土地,仍不排除为划拨地。

3. 实际供地情况

在土地供应时,因为实际需要,同一建设项目用地会采用划拨与出让两种方式,在辨析时,须综合政府决策、土地价款、土地用途、供地过程等实际情况进行判断。"剑阁县兴伟房地产开发有限公司(以下简称兴伟公司)与剑阁县中医医院委托代建合同纠纷案"就很典型。按照剑阁县人民政府的意愿,涉诉的医疗用地采取划拨方式,但实操时是先将其出让并登记在兴伟公司名下,再由兴伟公司开发,修建剑阁县中医院住院大楼,在该楼修建完工后,将涉诉的医疗用地过户给剑阁县中医院。二审法院认为,虽然兴伟公司通过拍卖方式取得案涉地块的使用权,但在开发过程中,剑阁县人民政府明确部分土地划拨给剑阁县中医院用于建设住院大

---

[1] 参见广西壮族自治区高级人民法院(2020)桂民终1239号民事判决书。
[2] 参见河南省高级人民法院(2021)豫民再12号民事判决书。

楼,且该部分土地价款已退还兴伟公司,兴伟公司接受后未提出异议,因此,剑阁县中医院取得建设住院大楼相应划拨地的使用权。[1]

由上可知,划拨的实践由来已久,法律制度跟随其后,现在最常用的《城市房地产管理法》《土地管理法》中的划拨制度是几经风雨后淬炼而成的,它们为之后的划拨实践提供了模板,但此前的实践却难以妥帖地套进来。在实践和制度之间客观存在的时间差的限制下,不能也无法基于不动产登记或划拨决定书采用形式主义判断,只能从彼时实际情况出发,紧抓划拨的无偿取得、土地由政府拨付的制度构造,采取实质判断,未支付出让金、政府或有关主管部门的批准文件因而成为重要的判断标准。即便1995年划拨制度定型之后,因为实际情况需要,地方政府会在个案中主动调整供地方式,以至于出让和划拨纠缠一起难以分辨,对此除了把供地决策、土地用途、土地价款等供地实际情况掰开揉碎进行分析,似乎也别无他方。

话说回来,虽然我们对实践报以同情的理解,但实践不能借此扶摇直上获得正当性,特别是在划拨制度定型后,地方政府按照对应的制度构造办事,由此以不动产登记或划拨决定书作为划拨地的判断标准,既顺理成章,也便捷高效。

四、主要权能

(一) 用益权能

根据《民法典》第344条的规定,建设用地使用权人能对建设用地进行占有、使用和收益,此即建设用地使用权的用益权能,体现了物权人对标的物的支配利益,这决定了此类物权只能是建设用地使用权而非其他物权,故其具体内容要由法律规定。但法律规定的用益权能都很抽象,它在现实中必须具体化为特定的利益形态。这样的具体化任务只能由物权设定者承担,划拨决定书及以其为基础的不动产登记因此就有了明确划拨建设用地使用权用益权能的功能。

划拨建设用地使用权的用益权能给权利人带来积极利益,但其必有正当限度,权利人要依法负担不作为的消极义务,根据《民法典》第350条的规定,权利人负有合理使用土地,不得改变土地用途的义务。这种消极义务是法律根据物权特性而对支配利益进行限制的要素,是划拨建设用

---

[1] 参见四川省高级人民法院(2020)川民终51号民事判决书。

地使用权的内在构成,也须由不动产登记或划拨决定书加以明确。

[**划拨地用以商业经营的正当性基础**]根据《城市房地产管理法》第24条、《土地管理法》第54条以及《划拨用地目录》的规定,划拨建设用地使用权旨在满足国家治理和社会发展的基本需求,维护、实现国家利益和社会公共利益的导向色彩非常明显,故权利人无须为取得该权利支付对价。但这是1995年之后的制度,此前没有这种限制,实践中不乏划拨地用于商业经营活动的现象。对此不能一棍子打死,认为它们均属违法行为。正如前文所言,在法律规定的框架内,划拨建设用地使用权用益权能的具体内涵取决于不动产登记或划拨决定书,只要有这些表征行政行为的法律文件可予支撑,划拨地用于商业经营是有正当性的。

在"离石供销社与张某合同纠纷案"中,涉案东风市场于1991年开始投资修建,再审法院认为,《城市房地产管理法》第24条仅对国家划拨土地的取得进行了列举说明,对于离石供销社用该土地如何经营并未作出明确限制。离石供销社提供的土地使用权证书复印件载明涉案土地用途为商业用地,其称涉案土地仅能用于非经营性目的的理由没有法律依据。[1] 这种结论可予赞同,但理由有欠缺。《城市房地产管理法》第24条被《划拨用地目录》细化,该目录的土地用途限定了权利人用地范围,权利人是不能拿划拨地用于经营的。但案涉土地最迟于1991年就已划拨,是不能适用《城市房地产管理法》的,而应适用《城镇国有土地使用权出让和转让暂行条例》,这也应是其权证为何载明土地用途为商业用地的原因。

(二)处分权能

作为物权的保有者,物权人还能基于法律规定获取以特定方式处分物权的资格,根据《城市房地产管理法》第39条、第48条第2款的规定,出让建设用地使用权人能转让或抵押该权利,此即作为财产权的物权自身蕴含的处分权能。

不是所有的物权都有处分权能,出于特定的控制目的,法律在配置某种物权的权能时,会扣减其处分权能,比如,为了保护国有不可移动文物,《文物保护法》第24条规定其所有权没有处分权能,不得转让、抵

---

[1] 参见山西省高级人民法院(2021)晋民申1132号民事裁定书。

押,国有不可移动文物因此就完全丧失了商品流通性。

前述的处分权能扣减,是法律的刚性调整,没有缓和空间,除非法律修改,被扣减的处分权能不会因其他事由发生而得以恢复。与此不同,在法律不宜直接扣减处分权能的情形,如划拨的建设用地使用权的转让,是否会损害国家利益、社会公共利益,须根据具体情况进行判断,法律难以硬性抉择,像《城市房地产管理法》第40条第1款规定的那样,交由作为国家利益代表的政府批准,更符合实际情况,无疑是一种优化方案。具体而言,在划拨建设用地使用权现实发生后,客观上会有转让的需求,如一国家机关搬离原办公地址,将其交由另一国家机关使用,这种情形符合该权利的功能导向,受让人无须向政府支付使用费。但换一种情形,结果会不同,如一国家机关搬离原办公地址,在城市规划布局中,该地址为商业用途,受让人也是企业法人,受让人在取得权利时仍无须支付使用费,就完全偏离了该权利的功能导向。既然划拨建设用地使用权有转让的客观需求,而转让又面临着能否维系其功能导向的选择难题,法律就无法通过直接扣减其处分权能来提供通案的解决机制,只能在个案中交由政府根据具体情况来决定,这就是批准这一弹性机制。通过批准,划拨建设用地使用权的处分权能得以补足和强化。

这样一来,划拨建设用地使用权的处分权能被弹性扣减,权利人不能自由转让该权利。在用地企业破产时,《城镇国有土地使用权出让和转让暂行条例》第47条明确规定,市、县人民政府应当无偿收回其划拨建设用地使用权,并根据实际情况,对其地上建筑物、其他附着物给予适当补偿;最高人民法院《关于破产企业国有划拨土地使用权应否列入破产财产等问题的批复》第1条规定,该划拨建设用地使用权不属于破产财产。在这种情况,受制于"房随地走,地随房走"规范,政府无偿收回划拨建设用地使用权的同时,连带收回其承载的建筑物及附属设施,但该建筑物和附属设施的价值归属于破产企业,政府向破产企业支付的补偿金属于破产财产。

第二节 有偿使用方式的制度构造

一、有偿使用原则的确立

在1954年之后,划拨是土地供应的主导方式,但有偿使用土地并未绝迹,集体单位和个人使用国有土地要支付租金,以上海市为例,以每月每平方米为计量单位,市区国有土地的地租一般为 0.01—0.10 元,市区边缘地带土地的地租为 0.0025 元。这样的有偿使用是名义上有偿,实质上无偿。[1] 这无异于变相的划拨。

改革开放把香港特别行政区的市场经济观念带入我国内地,土地有偿使用首先在 1979 年 3 月的蛇口工业区成为现实,同年有了我国内地第一个商品房小区东湖丽苑的开发建设,1979 年《中外合资经营企业法》、1980 年国务院《关于中外合营企业建设用地的暂行规定》、1980 年《广东省经济特区条例》、1981 年《深圳经济特区土地管理暂行规定》等将土地有偿使用制度化,进而又催化了相应的实践。[2]

没有对比就没有伤害。有偿使用凸显了划拨的前述弊端,接下来就是在确定有偿使用正当性的基础上,在法律制度上牢固确立其地位。在此方面,理论界和实务界齐头并进,一方面深入探讨马克思主义地租理论和土地是否为商品和商品化经营问题,另一方面学习香港特别行政区的土地批租制度和启动土地有偿使用试点。共同努力的结果是 1988 年《宪法修正案》删除土地不能出租的条款,增加"土地的使用权可以依照法律的规定转让"的规定,同年修正的《土地管理法》第 2 条增加"国家依法实行国有土地有偿使用制度"的规定,同年国务院第 13 次常务会议原则通过的《城镇国有土地使用权出让和转让暂行条例(草案)》系统地规定了国有建设用地使用权的出让、转让等内容。[3] 至此,土地有偿使用的制度化全面铺开。

值得一提的是,王家福先生在 1988 年撰文论述了有偿使用法律制度,指出它有国家垄断经营与监督、坚持土地国家所有权与提高国有土地利用效益的结合、兼顾土地所有者和土地使用者的利益、开放和管理土地市场等四个特征。[4] 现在看来,这些观点仍当其用,并不过时。

之后,《城镇国有土地使用权出让和转让暂行条例》把出让确立为土地供应的主导方式,其第 2 条第 1 款规定:"国家按照所有权与使用权分

---

[1] 参见王卫国:《中国土地权利研究》,中国政法大学出版社 1997 年版,第 152—153 页。
[2] 参见王世元主编:《改革记忆——当代中国城镇国有土地使用制度构建历程(1978—1998)》,中国大地出版社 2021 年版,第 8—28 页。
[3] 同上书,第 37—160 页。
[4] 参见王家福:《王家福法学研究与法学教育六十年文选集》,法律出版社 2010 年版,第 315—328 页。

离的原则,实行城镇国有土地使用权出让、转让制度,但地下资源、埋藏物和市政公用设施除外。"《城市房地产管理法》进一步明确了有偿使用原则,即没有法定例外,就要采用有偿使用方式,其第3条规定:"国家依法实行国有土地有偿、有限期使用制度。但是,国家在本法规定的范围内划拨国有土地使用权的除外"。自1998年起,《土地管理法》第54条也明确了该原则,即建设单位使用国有土地,应当以出让等有偿使用方式取得;但是,国家机关用地和军事用地等法律、行政法规规定的建设用地,经县级以上人民政府依法批准,可以以划拨方式取得。《物权法》(已失效)第137条、《民法典》第347条也都明确了该原则。

总的来说,从实践情况来看,划拨用地相当于白吃的午餐,必然造成土地浪费,为了节约集约利用土地,中央政府三令五申地要求控制划拨用地范围,扩大有偿使用方式。[1] 在市场和政府的双重合力下,土地有偿使用成为目前土地供应的主要方式。

二、出让

出让是有偿使用的主力。《城镇国有土地使用权出让和转让暂行条例》第8条第1款、《城市房地产管理法》第8条第1款界定了出让,即国家将建设用地使用权在一定年限内出让给土地使用者,土地使用者向国家支付出让金的行为。从相关法律规范来看,出让的制度构造如下。

(一)规划先行

根据《城乡规划法》第38—39条的规定,未确定规划条件的地块,不得出让,规划条件是出让合同的组成部分,未纳入规划条件的出让合同无效。第三章对此有详细论述,在此不再重复。

---

[1] 2008年国务院《关于促进节约集约用地的通知》要求:"今后除军事、社会保障性住房和特殊用地等可以继续以划拨方式取得土地外,对国家机关办公和交通、能源、水利等基础设施(产业)、城市基础设施以及各类社会事业用地要积极探索实行有偿使用,对其中的经营性用地先行实行有偿使用。"自然资源部《节约集约利用土地规定》第21条对此再予重申。国土资源部、国家发展和改革委员会、财政部、住房和城乡建设部、农业部、中国人民银行、国家林业局、中国银行业监督管理委员会《关于扩大国有土地有偿使用范围的意见》指出:"根据投融资体制改革要求,对可以使用划拨土地的能源、环境保护、保障性安居工程、养老、教育、文化、体育及供水、燃气供应、供热设施等项目,除可按划拨方式供应土地外,鼓励出让、租赁方式供应土地,支持市、县政府以国有建设用地使用权作价出资或者入股的方式提供土地,与社会资本共同投资建设。"

(二) 以出让合同为根本

出让是蕴含市场机制的交易行为,出让合同因而是根本,主给付义务就是自然资源主管部门代表国家把特定用途、规划条件、一定期限的建设用地使用权出让给土地使用者,土地使用者支付出让金等费用。在实践中,各地会在《〈国有建设用地使用权出让合同〉示范文本》基础上,根据具体情况另行约定相关权利义务。不过,主管部门与土地使用者有时会不以前述示范文本为基础,而是自行拟定设计出让合同,它们是否属于出让合同,须根据约定内容判断。在"成都维康医疗投资管理有限公司(以下简称维康公司)与成都高新技术产业开发区公园城市建设局合同纠纷案"中,成都国土局高新分局与维康公司签订《土地预付款支付协议》,约定了土地位置、面积、土地价格及其支付等内容,同时又约定,本协议为办理正式土地出让手续的前置协议,待该宗地符合国家规定政策后,再办理正式供地手续,如因不可抗力等原因致使本协议项下的土地不能交付,或本协议不能履行,或不能办理土地出让手续的,双方同意解除本协议。二审法院认为,该协议不是出让合同。[1]

从"商品房买卖合同解释"以及《最高人民法院民事案件案由规定》来看,出让合同是民事合同,由此产生的纠纷属于民事纠纷。不过,自然资源主管部门普遍把出让作为行政许可,相应的不少法院把出让合同作为行政协议,作为行政许可的一个环节对待,由此产生的纠纷应纳入行政诉讼。[2] 由于出让合同是出让的根本之所在,而其法律属性有民事合同和行政协议的巨大分歧,对于这个重要问题,第三节将专门论述。

(三) 公开竞价方式和协议方式并存

在2004年8月31日之前,出让既可通过招标、拍卖或者挂牌的公开竞价方式进行,也可不通过这种方式而由双方协议进行,前者常称为招拍

---

[1] 参见四川省高级人民法院(2020)川民终550号民事判决书。
[2] 比如,在"郭某与襄城县自然资源局土地行政合同纠纷案"中,再审法院认为,出让是由一系列行为组成的行政许可行为,包括计划、批准、公告、申请、竞标、签订成交确认书、签订出让合同、付清全部价款、颁发国有建设用地使用权证书等环节。出让行政许可,不是针对上述某一个环节而言的,只有行政机关完成向相对人颁发国有建设用地使用权证书的最后环节,才标志着出让行政许可行为的完成。行政相对人认为行政机关撤销行政许可、解除出让合同损害其合法权益,应当提起行政诉讼而不是民事诉讼,属于人民法院行政诉讼受案范围。原审按照行政诉讼进行审理,更符合立法精神和本案实际情况。参见河南省高级人民法院(2021)豫行再2号行政判决书。

挂出让,后者则为协议出让。2004年国土资源部、监察部《关于继续开展经营性土地使用权招标拍卖挂牌出让情况执法监察工作的通知》要求,2004年8月31日后,不得采用协议方式出让经营性土地使用权,这就是业界所称的"8·31大限"。此后,出让就有了双轨制。根据《民法典》第347条第2款的规定,工业、商业、旅游、娱乐和商品住宅等经营性用地以及同一土地有两个以上意向用地者,一律采用公开竞价方式,具体操作主要适用国土资源部《招标拍卖挂牌出让国有建设用地使用权规定》《招标拍卖挂牌出让国有土地使用权规范(试行)》。其他土地可采用协议出让方式,主要适用国土资源部的《协议出让国有土地使用权规定》《协议出让国有土地使用权规范(试行)》。根据《土地管理法实施条例》第18条第1句的规定,无论哪种方式,均应当依照国家有关规定通过公开的交易平台进行交易,并纳入统一的公共资源交易平台体系。

在这两种方式中,政府力推的是公开竞价方式,并逐步占据主导地位,由此带来供应方式和土地收入变化十分明显。1993—2000年,土地供应主要以划拨为主,土地出让收入稳定在每年500亿元左右;2001—2006年,有偿供地比例稳步提高,如2004年的比例为70%,土地收入猛增,2003年为5421亿元,2004—2006年在6000亿元左右波动,公开竞价方式出让收入占出让总收入的56%;2006年以来,有偿供地比例稳定在70%左右,土地收入在2010年是2.7万亿,公开竞价方式出让收入占出让总收入的96%。[1]

(四)建设用地使用权自由流通程度高

根据《城市房地产管理法》第39条、第48条第2款的规定,基于出让产生的出让建设用地使用权可转让或抵押,除了第六章提及的个别限制,其能自由流通,与划拨建设用地使用权形成了鲜明对比。这样一来,虽然同为建设用地,但承载划拨建设用地使用权的划拨地本身与市场隔绝,它是供土地使用者建造房屋的实物,流通并非其主要功能,而承载出让建设用地使用权的出让地一开始就是流通的商品,不光能被使用,市场还赋予其经济价值。套用经济学家赫尔南多·德·索托的理论,划拨

---

[1] 参见刘守英:《土地制度与中国发展》(第2版),中国人民大学出版社2021年版,第256—257页。

地是有形资产,出让地是抽象资本。[1] 再看上一段的数字,就知道我国土地供应实现了从资产到资本的升级迭代,由此就不难理解,为何不少地方政府深陷土地财政和土地金融而抽身不得,原因无他,就因为土地资本化给地方主政者带来了巨大的经济激励,以及与此紧密相伴的政治业绩。

三、租赁

租赁是出让的补充。国土资源部 1999 年颁布的《规范国有土地租赁若干意见》是国有土地租赁的系统规定,其第 1 条规定:"国有土地租赁是指国家将国有土地出租给使用者使用,由使用者与县级以上人民政府土地行政主管部门签订一定年期的土地租赁合同,并支付租金的行为。"需要指出的是,专门调整国有土地租赁的《规范国有土地租赁若干意见》虽然是部门文件,地位较低,但其顺着《土地管理法》的基本指向前进,对有关规范的内容进行了细化,为达到这些规范的目的地铺设了更具体的路径,设置了更详尽的坐标,因此在实践中得到行政主管部门和司法机关的普遍重视。从相关法律规范来看,租赁有以下的制度构造。

(一)以租赁合同为根本

租赁合同是国有土地租赁的根本,没有租赁合同,国有土地租赁无从谈起。租赁合同的主义务是国家把建设用地出租给土地使用者使用,土地使用者向国家支付租金,这种权利义务关系不同于出让合同,二者不可混为一谈,要适用不同规范。比如,在"胡某某与萍乡市国土资源局政府信息公开答复案"中,二审法院认为,案涉项目用地是租赁土地,并非通过出让的方式获得,故萍乡市国土资源局向胡某某答复案涉项目的国有土地使用权出让计划、招拍挂出让文件、招拍挂公告、招拍挂出让结果不存在,符合事实和法律规定。[2]

在租赁合同与出让合同不能混为一谈的基础上,《规范国有土地租赁若干意见》第 1 条、第 2 条、第 4 条分别加重了租赁和出让的区别:①租赁不得用于经营性房地产开发用地,而出让无这种限制;②租赁也有公开竞价和协议两种方式,但不像出让那样要求经营性用地必须采用前一种方式;③租赁的租金按年、季等约定单位支付,出让的出让金则由受让人在

---

[1] 参见〔秘鲁〕赫尔南多·德·索托:《资本的秘密》,于海生译,华夏出版社 2017 年版,第 27—54 页。
[2] 参见江西省萍乡市中级人民法院(2017)赣 03 行终 86 号行政判决书。

取得建设用地使用权前一次性付清。

(二) 出租人为代表国家的市、县自然资源主管部门

根据《规范国有土地租赁若干意见》第5条的规定,有权代表国家与土地使用者签订租赁合同的是市、县自然资源主管部门。无论把租赁合同作为民事合同还是行政协议,参照第三节对出让人不适格的出让合同效力的论述,只要出租人不适格,不是市、县自然资源主管部门,租赁合同就应无效。司法实践的确如此,在"清远华侨工业园管理委员会与黄某某等土地租赁合同纠纷案"中,一审法院认为,东华镇政府不具有出租国有土地使用权的主体资格,其未经相关人民政府土地行政主管部门授权,与黄某某签订《租赁土地办厂合同》,将案涉土地使用权出租给黄某某使用,且事后亦未得到相关人民政府土地行政主管部门的追认,是无效合同。二审法院对此予以认可。[1]

在司法实践中,有观点认为,出租人不适格,意味着租赁合同不被《规范国有土地租赁若干意见》所调整。比如,在"韶关市韶信企业咨询服务有限公司与韶关市国土资源局土地行政其他案"中,韶关市人民政府授权新鸿达城市投资经营有限公司实施包括土地储备及出让前准备工作在内的土地一级开发业务,该公司与韶信有限公司签订临时性租赁合同,租赁涉案土地,二审法院认为,该合同与《规范国有土地租赁若干意见》租赁合同不对应。[2] 顺此思路进展,只要该租赁合同符合民法有关法律行为、合同以及租赁合同的规定,就不能认定无效,若承租人因出租人不适格而无法实现合同目的,可解除合同并请求出租人承担违约责任。从出租人没有处分权的角度来理解,这种见解是有道理的。但国家对国有土地出租权的配置,如同与出让权的配置一样,不仅涉及哪级政府及其主管部门有相应的处分权,更事关哪级政府及其主管部门有如此而为的行为能力,除了市、县自然资源主管部门,其他单位没有出租土地的行为能力,其签订的租赁合同因此无效。其实,只要看看临时用地的法律控制,就知道没有县级以上政府自然资源主管部门的同意,即便短期的临时租赁都不具有正当性,遑论动辄建厂造房、打造园区的长期租赁行为。在这种事权层级化、专门化设置的土地供应制度中,认可出租人不适格的租赁合同有效,会打乱既有的制度安排,出现民事与行政不能和谐并存的局面。

---

[1] 参见广东省清远市中级人民法院(2020)粤18民终61号民事判决书。
[2] 参见广东省韶关市中级人民法院(2016)粤02行终11号行政判决书。

(三) 不动产登记后的物权关系

根据《民法典》第 349 条的规定,国有土地承租人在办理首次登记时,取得建设用地使用权,此即租赁建设用地使用权,《规范国有土地租赁若干意见》将之称为承租土地使用权。

承租人作为物权人,可根据租赁合同的约定以及民法有关建设用地使用权的规则对承租地进行占有、使用和收益。同时,根据《规范国有土地租赁若干意见》第 6 条的规定,承租人只有在按规定支付土地租金并完成开发建设后,经出租人同意或根据租赁合同约定,方可以出租、转让、抵押等方式处分该建设用地使用权。

《规范国有土地租赁若干意见》第 7 条规定:"承租土地使用权期满,承租人可申请续期,除根据社会公共利益需要收回该幅土地的,应予以批准。未申请续期或者虽申请续期但未获批准的,承租土地使用权由国家依法无偿收回,并可要求承租人拆除地上建筑物、构筑物,恢复土地原状。"在理解和适用该规定时,应注意以下要点:

第一,根据《民法典》第 359 条第 1 款的规定,承载住宅的租赁建设用地使用权期限届满,即便承租人未申请续期,也自动续期,该权利并不消灭,故其仅适用于不承载住宅的租赁建设用地使用权。

第二,期限届满,承租人申请续期的,以批准为原则,例外仅限于因社会公共利益需要收回该宗土地。

第三,期限届满,承租人未申请续期或者虽申请续期但未获批准的,租赁建设用地使用权客观上已然消灭。比如,在"于某某与敦化市房产管理局、孙某某房屋行政登记案"中,二审法院认为,于某某提起本案诉讼时其租赁建设用地使用权已经到期,且并未得到延续,其不具备基于享有建设用地使用权主张权利的资格。[1] 在此情况下,政府代表国家依法收回只是对权利消灭的客观情况加以确认。

第四,根据《土地管理法》第 58 条的规定,在收回时需由出租人报原批准用地的人民政府或有批准权的人民政府的批准,若不履行该程序,单由出租人作出的收回决定会被法院依法撤销。比如,在"王某某与宜宾市国土资源局临港经济技术开发区分局(以下简称临港国土分局)、宜宾市国土资源局土地行政命令及土地行政复议案"中,二审法院认为,临港国土分局向王某某发出收回临时用地使用权的通知,实质内容是向王某某

---

[1] 参见延边朝鲜族自治州中级人民法院(2016)吉 24 行终 80 号行政裁定书。

发出收回土地使用权的行政决定,但该收回土地使用权的决定未履行法律规定的程序,属于程序严重违法,依法应予撤销。[1]

(四)不动产登记前的租赁之债关系

在租赁建设用地使用权首次登记前,租赁双方基于有效的租赁合同产生租赁之债,当事人的义务、责任、转租、解除等事项,可适用《民法典》租赁合同规范。

唯应注意者,租赁期限不受《民法典》第705条有关最长租期20年的限制,当事人可以约定超过20年的租期。在"重庆山水都市旅游公司与重庆市汽车运输(集团)公司、南川公司确认合同效力纠纷案"中,二审法院认为,案涉土地系国有土地租赁,应适用有关国有土地租赁的特别规定,一审法院认定租期为50年是正确的。[2] 不过,根据《规范国有土地租赁若干意见》第4条的规定,租赁期限不得超过《城镇国有土地使用权出让和转让暂行条例》第12条规定的出让最高年限。既然有这一特殊性,再加上前述的租赁建设用地使用权期限届满的规定,为了制度的整体和谐,在租期届满,出租人对未申请续租的承租人继续使用租赁地没有异议时,不能像《民法典》第734条第1款那样当然认为原租赁合同继续有效,租期为不定期,而应认为租赁关系消灭,承租人就继续使用的不当得利负有返还义务。

四、作价出资或入股

作价出资或入股是另一种有偿使用方式,缘起20世纪90年代初的国有企业改革。国家土地管理局于1998年颁布的《国有企业改革中划拨土地使用权管理暂行规定》第3条第4款对它进行了界定:"国家以一定年期的国有土地使用权作价,作为出资投入改组后的新设企业,该土地使用权由新设企业持有,可以依照土地管理法律、法规关于出让土地使用权的规定转让、出租、抵押。"[3] 由此可见,出让与作价出资或入股可谓近亲。

在前述规定的基础上,后续的规范性法律文件和政策文件逐步扩大作

---

[1] 参见四川省宜宾市中级人民法院(2018)川15行终166号行政判决书。
[2] 参见重庆市第三中级人民法院(2020)渝03民终530号民事判决书。不过,该判决把公司之间签订的土地租赁合同认定为国有土地租赁合同,于法无据,有可议之处。
[3] 在"甘肃农垦金昌农场有限公司与金某公司决议效力确认纠纷案"中,二审法院认为:"金昌市人民政府批复将划拨给金某公司使用的国有土地使用权评估作价 (转下页)

价出资或入股的适用范围,延及政府投资建设不以营利为目的、具有公益性质的农产品批发市场用地、公共租赁住房用地,以及使用划拨土地的能源、环境保护、保障性安居工程、养老、教育、文化、体育及供水、燃气供应、供热设施等项目用地,但仍有具体用途限制。[1]

不过,实践往往走在规范之前,一些地方的城投公司、银行等企业用地源自作价出资或入股,其正当性得到法院的认可。[2] 既然作价出资或入股与出让地位相当,只要能像规范出让那样规范作价出资或入股的运作,似无必要限定其适用范围。

第三节 出让合同的属性之辨:民事合同抑或行政协议

出让是国家把一定期限的建设用地使用权有偿给予土地使用权者的行为,它与行政规制密切有关,如出让方案须报政府批准,但与划拨相比,毋宁说市场机制才是出让的底层逻辑,出让方案的报批等行政规制是为市场机制服务的,以便由此产生的使用权能在市场中成为价值最大化的商品。与此匹配,尽管法律和政策对出让的外部约束很多,但有不少行政规制措施被内置于出让合同之中,成为特定当事人双方意思自治的内容,《〈国有建设用地使用权出让合同〉示范文本》对此有充分的体现,故而,用以调配和衡量双方权利义务的请求权基础主要是出让合同。

涉及出让合同的法律问题不少,诸如无效事由、违约责任等均值得深入探讨。不过,从理论研究和司法实务情况来看,出让合同的最大争议点莫过于其法律属性是民事合同抑或行政协议之辨。在理论界,民法学界多持民事合同的见解,行政法学界刚好相反,两者各执一词,攻防有据,难分高下。持民事合同见解的主要理由在于:在立法上,《民法典》第 348 条

(接上页)后作为对金泥公司增资,金昌市国资委作为代表金昌市人民政府行使国有资产监督管理机构,有权将该土地使用权作为对金泥公司的增资,该六宗土地的使用权也已登记在金泥公司名下,该增资行为并不违反相关法律法规的规定。在金昌市国资委将该六宗土地使用权作为对金泥公司的增资后,金泥公司取得该六宗土地的使用权,金昌市国资委应依法享有相应的股东权益"。参见甘肃省高级人民法院(2020)甘民终 576 号民事判决书。

[1] 参见魏莉华:《新〈土地管理法实施条例〉释义》,中国大地出版社 2021 年版,第 114—115 页。
[2] 参见海南省海口市中级人民法院(2014)海中法行终字第 94 号行政判决书、湖北省荆门市中级人民法院(2018)鄂 08 民终 787 号民事判决书。

对出让合同有明确规定;在主体上,主管部门以民事主体身份参与合同;在内容上,行政机关的行政权力在合同中转化为民事权利,出让金为合同中的商品价格而非管理手段[1];在性质上,合同约定的双方权利义务具有民事属性,双方法律地位平等,并非管理与被管理的纵向关系[2];在法律后果上,若定性为行政合同,行政法救济措施缺乏恢复原状、排除妨害、消除危险等请求权。[3] 持行政协议见解的主要理由在于:在立法上,最高人民法院的司法解释和文件确立了该类协议的可诉性,一些地方规章明确将该合同列入行政合同范畴;在主体上,《城市房地产管理法》将合同一方当事人表述为土地管理部门,作为行政主体看待,行政职权被纳入合同内容当中[4];在内容上,若以"保障公共利益"为价值本位,作为出让方的国家主体负担有保障公共事务之行政职责,而非仅行使民事权利[5];在目的上,出让合同旨在实现社会公共利益,实现土地资源的高效管理,是主管部门实现行政管理职能的法律手段。[6] 在司法界,正如后文所见,通过民事诉讼和行政诉讼解决出让合同纠纷的经验做法各行其道,平分秋色,不分伯仲。客观地看,这个争点与出让的制度构造和实践运作无关,因为说出让合同是民事合同也好,行政协议也罢,均更改不了其法律地位和运作规律。该争点与纠纷发生后的司法处理密切相关,最直接地看,就是应与民事诉讼还是应与行政诉讼对接,这显然是两条不同的道路。

有鉴于此,辨析出让合同的属性,除了抽象的价值分析和常规的规范解释,以前述两种定性有无差异或有何差异为问题,以合同的订立、效力、解除、违约责任这四个要点为线索(见图5-2 出让合同定性为民事合同或行政协议的利益对比),从司法案例中找寻答案,并对这些素材进行有的放矢的综合分析评价,恐怕更有实际意义。很明显,这种思路还能把无效

---

[1] 参见王利明:《物权法研究(下卷)》(第四版),中国人民大学出版社2016年版,第873—876页。

[2] 参见孙宪忠、朱广新主编:《民法典评注:物权编》,中国法制出版社2020年版,第151页。

[3] 参见崔建远:《物权:规范与学说——以中国物权法的解释论为中心(下册)》(第二版),清华大学出版社2021年版,第92页。

[4] 参见梁凤云:《行政协议案件的审理和判决规则》,载《国家检察官学院学报》2015年第4期,第27—39页、第172—173页。

[5] 参见陈天昊:《行政协议的识别与边界》,载《中国法学》2019年第1期,第140—163页。

[6] 参见江必新:《行政协议的司法审查》,《人民司法》2016年第34期,第10页。

事由、违约责任等常见问题纳入进来一并分析,具有突出的整体性。为了聚焦讨论,下文以招标拍卖挂牌等公开竞价的出让合同为分析对象逐次展开。

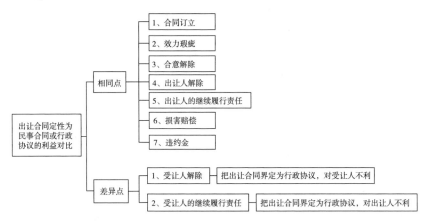

图 5-2　出让合同定性为民事合同或行政协议的利益对比

一、合同订立的对比

从司法实践来看,出让合同订立阶段的纠纷主要涉及出让方案报批和成交确认书这两个环节,民事诉讼和行政诉讼的结果没有实质差异。

(一)出让方案报批

《招标拍卖挂牌出让国有建设用地使用权规定》第 6 条规定,主管部门拟订出让地块的出让方案,报经市、县人民政府批准后实施。主管部门报送政府审批的方案意见,以及政府审批前的会议纪要,是层级制架构下的政府决策机制的表现,在政府内部产生上传下达的信息弥散效应,对相对人没有约束力,属于"行政诉讼法解释"第 1 条第 2 款第 5 项的"行政机关作出的不产生外部法律效力的行为",不在行政诉讼的受案范围。比如,在"颜某某等与浙江省温岭市人民政府土地其他行政行为案"中,最高人民法院认为,涉案批准行为系上下级行政机关之间的内部审批行为,未直接设定再审申请人的权利义务,对其权利义务不产生实际影响,再审申请人的起诉不符合法定的起诉条件。[1] 又如,在"余某某与四川省乐山市人民政府其他行政行为案中",最高人民法院认为,会议纪要并未对外

---

[1] 参见最高人民法院(2020)最高法行申 11024 号行政裁定书。

发布,其内容也并不直接产生外部法律效力,申请人针对该会议纪要提起诉讼,依法不属于行政诉讼受案范围。[1]

在民事诉讼中,只要这样的方案意见或会议纪要的内容不通过出让文件、出让公告等方式向社会公开发布,也未记载于出让合同,它们就不是要约,而是行政机关内部的工作意见或工作安排,对外不能直接产生民事法律关系。在"乌海市锦邦房地产开发有限责任公司与乌海市自然资源局海勃湾分局建设用地使用权出让合同纠纷案"中,案涉的出让方案请示有"土地挂牌超出底价部分收益按照3∶7的比例由区城投公司与合作开发企业分配"的内容,最高人民法院认为,该内容只有转化成希望和他人订立合同的意思表示并到达受要约人才会生效。[2]

对比可知,仅针对这些政府内部文件提起行政诉讼,结果是法院依法不予受理;法院虽然会受理与这些文件相关的民事诉讼,但它们并非具有法律意义的意思表示,对受让人的诉求没有实质价值。

(二) 成交确认书

《招标拍卖挂牌出让国有建设用地使用权规定》第 20 条规定,以拍卖方式确定竞得人后,出让人应当与竞得人签订成交确认书,内容包括双方名称、出让标的、成交时间、地点及价款、签订出让合同的时间、地点等,对出让人和竞得人具有法律效力,出让人改变竞得结果,或者竞得人放弃竞得宗地的,应当依法承担责任。

对成交确认书,最高人民法院行政审判庭《关于拍卖出让国有建设用地使用权的土地行政主管部门与竞得人签署成交确认书行为的性质问题请示的答复》将其定性为可诉的行政行为。在"王某某与九江市人民政府、九江市国土资源局土地行政登记案"中,最高人民法院认为,成交确认书在当事人之间产生债的效力,不发生物权变动,竞得人不能据此主张国有建设用地使用权。[3] 由此可知,产生民事法律关系的成交确认书在行政审判领域被当作行政行为。

与此见解一样,在"赣州市自然资源局与赣州市旺业置业有限公司(以下简称旺业置业公司)建设用地使用权出让合同纠纷案"中,最高人民法院认为,前述答复是从行政法角度作出的认定,并不排斥双方之间存

---

[1] 参见最高人民法院(2020)最高法行申 9418 号行政裁定书。
[2] 参见最高人民法院(2019)最高法民终 2013 号民事判决书。
[3] 参见最高人民法院(2018)最高法行申 2873 号行政裁定书。

在民事法律关系。旺业公司选择民事诉讼程序来解决案涉纠纷系当事人依法行使程序权利的结果。一审法院依据"国有土地使用权合同解释"及《民事案件案由规定》的有关规定认定本案案由为出让合同纠纷并作出判决,并无不当。[1] 而且,在民事诉讼中,成交确认书也仅产生债的效力,违约方要承担违约责任。比如,在"佘某某与阆中市国土资源局建设用地使用权出让合同纠纷案"中,最高人民法院认为,成交确认书以双方最终订立出让合同为目的,但其以拍卖结果为基础,内容确定、具体,双方当事人的民事权利义务关系明确,内容不违反法律规定,对出让人和竞得人具有法律效力,应作为处理双方权利义务关系的依据,双方当事人均应受成交确认书的约束。[2] 又如,在"杭州市城建开发集团有限公司等诉杭州钱塘智慧城管理委员会等合同纠纷案"中,最高人民法院认为,杭州市城建开发集团有限公司通过挂牌方式竞得案涉地块后,即负有与出让人签订出让合同的义务,否则即应当承担相应的违约责任。[3]

二、合同效力瑕疵的对比

合同因当事人双方合意而成立,但成立的合同未必有效,根据《民法典》第144—157条的规定,因不同的障碍情形,会有无效、未生效、可撤销、效力待定等效力瑕疵形态,并产生不当得利返还、缔约过失责任等后果。"行政协议规定"第12—15条分别规定了无效、未生效、可撤销的行政协议及其法律后果,它们的内容与《民法典》的对应规定高度吻合。

这些规定有合同因违法而无效的内容:《民法典》第153条第1款规定,违背法律、行政法规强制性规定的合同无效;"行政协议规定"第12条第1款规定,行政协议存在《行政诉讼法》第75条的重大且明显违法情形的无效。有关出让合同强制性规定不少,相关纠纷主要集中在"毛地"出让、出让人不是市县自然资源主管部门、未采用招标拍卖挂牌的公开竞价机制,围绕这些纠纷的民事诉讼和行政诉讼的结果没有根本区别。

(一)"毛地"出让合同的效力

为了提高用地效率,防止土地闲置浪费,2007年国土资源部《关于加大闲置土地处置力度的通知》规定,实行"净地"出让,出让前,应处理好

---

[1] 参见最高人民法院(2019)最高法民终1197号民事判决书。
[2] 参见最高人民法院(2016)最高法民申1100号民事裁定书。
[3] 参见最高人民法院(2017)最高法民申5074号民事裁定书。

土地的产权、补偿安置等经济法律关系,完成必要的通水、通电、通路、土地平整等前期开发;2010年国土资源部、住房和城乡建设部《关于进一步加强房地产用地和建设管理调控的通知》再次禁止"毛地"出让;《闲置土地处置办法》第21条也有相应的规定。

不过,理想很丰满,现实很骨感。受制于财政资金紧张等因素,尽管有前述规定,不少地方仍实施"毛地"出让。如果一概认定这类出让合同无效,在受让人投入部分拆迁安置改造费用的情况下,对受让人相当不利,因为土地随着这些投入以及市场行情变化而升值,出让合同无效产生的返还和赔偿后果不足以弥补受让人的可得利益损失;在政府财政资金紧张,须由受让人投资把"毛地"变为"净地"时,对出让人不利,因为这种情况的出让金往往较低,受让人是明确接受"毛地"出让的,在其不按约定进行投资,符合土地闲置条件时,构成非因政府原因的土地闲置,出让人依法可收取土地闲置费或无偿收回闲置土地,而认定合同无效,则会让前述措施失去基础。故而,"毛地"出让合同不能因违背前述规定而无效。

司法实践的确采用这种立场。在"乌海市锦邦房地产开发有限责任公司与乌海市自然资源局海勃湾分局建设用地使用权出让合同纠纷案"中,最高人民法院认为,前述禁止"毛地"出让的规定属于部门规范性文件,而非法律或行政法规的强制性禁止规定,"毛地"出让合同不能因此无效。[1] 在行政诉讼中,法院也不否认"毛地"出让合同的效力,而是在合同有效的基础上,主要聚焦于谁应负担"毛地"变"净地"的义务。[2]

(二)出让人不适格的出让合同效力

为了确保出让有序,也为了实现依法行政,根据《城市房地产管理法》第12条、《城镇国有土地使用权出让和转让暂行条例》第11条的规定,有权签订出让合同的出让人是市、县人民政府自然资源管理部门。

对于违背该规定的出让合同,根据《行政诉讼法》第75条、"行政诉讼法解释"第99条第1项的规定,要认定为无效。在"清远盛兴投资有限公司诉广东省清远市清城区人民政府行政协议案"中,最高人民法院认为,无法律、法规、规章授权的行政主体签订的行政协议无效,横荷街道办

---

[1] 参见最高人民法院(2019)最高法民终2013号民事判决书。
[2] 参见海南省高级人民法院(2018)琼行终905号行政判决书、海南省高级人民法院(2018)琼行终1031号行政判决书、海南省高级人民法院(2019)琼行终141号行政判决书。

事处与清城区人民政府均不具备签订出让合同的签约主体资格和行政职权,案涉协议的出让约定应视为自始不能且违反土地管理法强制性规定,应属无效。[1]

在民法中,出让人的前述身份限制表明其要有特定的行为能力,超出该限制,表明出让人无行为能力,根据《民法典》第144条的规定,出让合同因此无效。正是在这种理解基础上,针对开发区无序出让土地的乱象,"国有土地使用权合同解释"第2条第1款专门规定,出让人为开发区管理委员会的出让合同无效。[2]

(三)未采用公开竞价机制的出让合同效力

《民法典》第347条第2款规定:"工业、商业、旅游、娱乐和商品住宅等经营性用地以及同一土地有两个以上意向用地者的,应当采取招标、拍卖等公开竞价的方式出让。"《城市房地产管理法》第13条第2款、《土地管理法实施条例》第18条也有类似规定。违背这些规定的出让合同,因为未通过公开竞价机制充分实现土地价值的最大化,减少了土地出让收入,有损国家利益和社会公共利益,危及正常的土地供应秩序,在民事诉讼和行政诉讼中均被认定为无效。

在此方面有两个典型的民事案例。在"甘肃盛朝建华房地产开发有限公司与武威市自然资源局凉州分局建设用地使用权出让合同纠纷案"中,二审法院认为,盛朝房地产公司与凉州区政府在签订案涉出让合同前就确定了开发项目、地块,涉案土地虽通过公告程序以挂牌方式出让,但涉案土地在挂牌以前,盛朝房地产公司已经实际占有涉案土地,已完成施工前的"三通一平"工作及已经开始场地围挡、基坑开挖工作,该行为事实上排斥了其他竞买人,有违公开竞价的规定;而且,从凉州自然资源局申请法院委托评估机构作出的评估报告结论,可以看出盛朝房地产公司竞得涉案土地的出让价格明显低于出让时的市场价格,损害了国家利益和社会公共利益,因而无效。[3] 在"绍兴市上虞志华商贸有限公司与胶州市胶东街道办事处合同纠纷案"中,最高人民法院认为,双方通过《开发协议书》对投资开发渔乐湖生态园项目进行约定,系真实意思表示。但其中

---

[1] 参见最高人民法院(2020)最高法行申3832号行政裁定书。
[2] 参见最高人民法院民事审判第一庭编著:《最高人民法院国有土地使用权合同纠纷司法解释的理解与适用》(第2版),人民法院出版社2015年版,第34—36页。
[3] 参见甘肃省高级人民法院(2020)甘民终597号民事判决书。

所涉500亩土地系国有规划建设用地,依法应以招标、拍卖等公开竞价的方式出让。胶东街道办事处和志华公司在依法进行公开挂牌程序之前,即在《开发协议书》中约定将500亩土地挂牌出让给志华公司,并约定了每亩25万元的出让价格以及超出约定价格部分的分配比例,有违公开竞价的规定,且损害了国家利益和社会公共利益。应当认定《开发协议书》中关于挂牌出让500亩土地的价格、超出约定价格收益分配及相应违约责任的约定无效。[1]

典型的行政案例为:在"清远盛兴投资有限公司与广东省清远市清城区人民政府行政协议案"中,最高人民法院认为,案涉协议未经竞争性程序出让商住用地,明显违反法律规定,损害公平竞争权人利益与社会公共利益,应属无效。[2]

[**竞得人与受让人不一致的出让合同效力**]竞得人是通过竞价机制取得出让地之人,其通常是出让合同的受让人。不过,竞得人也可以不是受让人,比如,《招标拍卖挂牌出让国有土地使用权规范(试行)》第10.2条第(6)小点规定,申请人竞得土地后,拟成立新公司进行开发建设的,应在申请书中明确新公司的出资构成、成立时间等内容,出让人可以根据招标拍卖挂牌出让结果,先与竞得人签订出让合同,在竞得人按约定办理完新公司注册登记手续后,再与新公司签订出让合同变更协议,也可按约定直接与新公司签订出让合同。在此情形中,竞得人与受让人虽不是同一主体,但两者的利益实质上是一致的,由受让人承受竞得人在出让中的法律地位,既经过出让人的同意,又不改竞价机制产生的利益格局,出让合同的效力因此应得以维系。

在此情形之外,竞得人把其法律地位转让给他人,由他人与出让人签订出让合同,该合同效力是否也应予维系?答案在于,应以是否危及出让的市场秩序、损害国家利益为标准,不危及、不损害的,应予肯定,反之则应予否定,以下两个典型案例可为例证。

在"怀化市神龙房地产开发有限公司(以下简称神龙公司)与芷江侗族自治县自然资源局建设用地使用权出让合同纠纷案"中,振烽公司与神龙公司的实际控制人为同一人,振烽公司按挂牌出让程序

---

[1] 参见最高人民法院(2017)最高法民终131号民事判决书。
[2] 参见最高人民法院(2020)最高法行申3832号行政裁定书。

成为案涉土地的竞得人,之后经芷江侗族自治县县委、县政府同意,振烽公司与神龙公司签订《中标权转让协议》,约定将案涉土地的挂牌中标权无偿转让给神龙公司,神龙公司与芷江侗族自治县自然资源局签订出让合同。最高人民法院认为,前述行为未扰乱招拍挂出让市场秩序,未违反法律、行政法规的强制性规定,出让合同不应认定为无效。[1]

在"呼和浩特市赢金庐房屋开发有限责任公司(以下简称赢金庐公司)与内蒙古自治区呼和浩特市人民政府资源行政管理案"中,春华水务公司与赢金庐公司签订《协议书》,约定后者向前者支付费用,前者协助后者在呼和浩特市土地收储中心摘牌取得土地使用权。赢金庐公司与春华水务公司均报名竞买案涉土地,春华水务公司竞得该地块,赢金庐公司未竞得。经呼和浩特市人民政府研究同意,赢金庐公司与呼和浩特市土地收储中心签订成交确认书,该公司通过登记取得案涉土地使用权。2017年12月25日,法院生效判决确认《协议书》因协议双方恶意串通,损害了国家利益而无效。呼和浩特市土地收储中心确认与赢金庐公司签订的成交确认书无效。最高人民法院认为,《协议书》和成交确认书无效,赢金庐公司通过挂牌出让程序竞得案涉地块的事实和法律基础已不存在。在此情况下,呼和浩特市人民政府因赢金庐公司取得案涉土地使用权存在违反法律强制性规定以及损害国家利益的情形,依法撤销出让合同,同时一并撤销用地批复文件,并不违法。[2]

三、合同解除的对比

出让合同既可被当事人双方合意解除,也可被一方依法解除。合意解除以意思自治为基础,无论将出让合同作为行政协议还是民事合同,都遵循相同的规则。单方解除则不同,应予对比观察。

(一)出让人解除

根据《民法典》第562—563条的规定,在有约定或法定的事由发生时,出让人享有解除权,可依法解除作为民事合同的出让合同。根据"行政协议规定"第16条第1款的规定,出让人解除作为行政协议的出让合

---

[1] 参见最高人民法院(2020)最高法民再230号民事判决书。
[2] 参见最高人民法院(2019)最高法行申4973号行政裁定书。

同的事由,限定在协议履行可能出现严重损害国家利益、社会公共利益的情形。对比而言,两者在形式上有以下区别:前者的解除权以约定或法律规定作为正当性基础,有或无的边界非常清晰;后者的解除权以协议履行严重损害国家利益、社会公共利益作为正当性基础,内涵相当模糊。基于这种区别,把出让合同作为民事合同,无疑更有益于规范出让人的行为,稳定当事人的交易预期。不过,后者体现了行政优益权,该权利的行使情形不是在国家利益或社会公共利益指引下,可由行政机关自由裁量,而是同民事合同解除权一样,源自约定或法律规范的规定。[1] 这样一来,无论把出让合同作为行政协议还是民事合同,出让人解除合同遵循的规则实质是一样的。

正如前文所言,出让合同往往会重现法律规定的内容,如《〈国有建设用地使用权出让合同〉示范文本》第31条就重申了《城镇国有土地使用权出让和转让暂行条例》第16条规定,受让人延期支付出让金超过60日,经出让人催交后仍不支付的,出让人有权解除合同。就此情形,出让人以约定或法定为由行使解除权,均属于正当。此外,在既没有约定,法律规范也未予明文规定的情形,不妨碍出让人参照适用民法规定的解除事由来解除出让合同。比如,在"莆田市荔城区宏达汽车配件有限公司与莆田市国土资源局荔城分局(以下简称荔城国土分局)行政协议案"中,再审法院认为,根据《合同法》第94条、第110条,当事人在履行合同过程中,出现了法律上或者事实上不能履行的情形的,可以解除合同。莆田市人民政府将涉案土地由工业用地调整为商住综合用地,导致出让合同事实上和法律上不能继续履行,因此,荔城国土分局根据本案情势变更的情形单方解除出让合同,并明确将在依法委托评估的基础上另行作出补偿决定,并不违法。[2]

(二)受让人解除

"行政协议规定"第17条规定:"原告请求解除行政协议,人民法院认为符合约定或者法定解除情形且不损害国家利益、社会公共利益和他人合法权益的,可以判决解除该协议。"与民事合同解除权相比,受让人解除行政协议有以下两个显著特点,对受让人颇为不利:

第一,民事合同解除权以约定或法定事由为基础,只要有这些事

---

[1] 参见最高人民法院行政审判庭编著:《最高人民法院关于审理行政协议案件若干问题的规定理解与适用》,人民法院出版社2020年版,第234页。
[2] 参见福建省高级人民法院(2019)闽行申180号行政裁定书。

由,受让人就有解除权,而行政协议解除仅此并不足够,还须"不损害国家利益、社会公共利益和他人合法权益",该举证责任由谁负担,没有明确规定,若由受让人负担该举证责任[1],无疑加重受让人的举证负担,增加解除的难度。

第二,民事合同解除权的行使无须诉讼,根据《民法典》第 565 条第 1 款的规定,受让人解除通知到达出让人时,出让合同解除;根据《民法典》第 565 条第 2 款的规定,受让人未通知,直接以提起诉讼或申请仲裁方式主张解除合同,法院或仲裁机构确认该主张的,出让合同自诉状副本或仲裁申请书副本送达对方时解除。在行政协议解除,只有在受让人提起解除之诉,法院判决解除时,出让合同才于判决生效之日解除,自此才能产生返还财产、赔偿损失等法律后果,与民事合同解除相比,这实际是延迟了对受让人的保护。

四、违约责任的对比

(一) 继续履行

在出让人违约时,只要尚能履行且继续履行有其意义,根据《民法典》第 580 条、《行政诉讼法》第 78 条第 1 款、"行政协议规定"第 19 条第 1 款的规定,受让人可通过民事诉讼或行政诉讼要求出让人继续履行。

在受让人违约时,根据《民法典》第 580 条的规定,出让人可通过民事诉讼要求受让人继续履行。[1] 但受制于"民告官"而不能"官告民"的行

---

[1] 在司法实践中,该举证责任会被转移给出让人。比如,在"葫芦岛鸿亿房地产开发有限公司(以下简称鸿亿公司)与葫芦岛市自然资源局、葫芦岛市龙港区人民政府土地出让行政协议案"中,二审法院指出,《合同法》第 94 条规定:"有下列情形之一的,当事人可以解除合同:(四)当事人一方迟延履行债务或者有其他违约行为致使不能实现合同目的。"案涉出让合同第 37 条约定:"出让人延期交付土地超过 60 日,经受让人催交后仍不能交付土地的,受让人有权解除合同"。双方对合同的解除情形作了明确约定,葫芦岛市自然资源局未能在合同约定的时间内向鸿亿公司提供符合合同约定的土地,且在鸿亿公司多次请求交付土地的情况下,至今仍未能按约定向鸿亿公司净地交付土地,致使鸿亿公司签订土地出让合同的目的无法实现,因 2012 年至今土地市场发生变化,继续履行合同约定的交付土地义务对鸿亿公司已无必要,鸿亿公司根据合同约定和上述法律规定,请求解除与葫芦岛市自然资源局签订的出让合同,有事实和法律根据。同时,葫芦岛市自然资源局也没有提交解除协议将损害国家利益、社会公共利益和他人合法权益的相关证据,故一审法院依法支持鸿亿公司行使解除权并无不当。参见辽宁省高级人民法院(2019)辽行终 1048 号行政判决书。

[1] 参见最高人民法院(2018)最高法民申 3890 号民事裁定书、最高人民法院(2020)最高法民申 2203 号民事裁定书。

政诉讼机制,出让人不能通过行政诉讼要求受让人继续履行,只能根据"行政协议规定"第24条第1款,催告受让人履行,受让人仍不履行的,出让人可作出要求其履行的书面决定,受让人收到该决定后在法定期限内未申请行政复议或提起行政诉讼,且仍不履行,协议内容具有可执行性的,出让人可向法院申请强制执行。[1] 这个救济机制所涉环节颇多,包括催告、书面决定及其送达、等待受让人申请行政复议或提起行政诉讼、申请法院强制执行、法院进行合法性实体审查,与民事救济相比,该机制费时低效是肉眼可见的事实。正因如此,为了更高效地保护自己利益,出让人在实践中一方面会催告受让人并作出要求其履行的书面决定,另一方面还会提起民事诉讼要求受让人继续履行。[2]

(二)损害赔偿

《〈国有建设用地使用权出让合同〉示范文本》第38条第1句指出:"出让人未能按期交付土地或交付的土地未能达到本合同约定的土地条件或单方改变土地使用条件的,受让人有权要求出让人按照规定的条件履行义务,并且赔偿延误履行而给受让人造成的直接损失。"实践中的出让合同纳入该规定的,在出让人有前述违约行为时,其对受让人的赔偿以直接损失为限,这在民事诉讼和行政诉讼没有分别。[3]

在出让合同未约定违约损害赔偿数额范围或计算方法时,民事合同应遵循《民法典》第584条等规定来合理确定损失。在行政协议违约损害赔偿的确定过程中,存在应参照国家赔偿法还是民法的争议,参照前者应以直接损失为限[4],参照后者则不以此为限。很明显,在出让人违约时,仅赔偿受让人的直接损失,违约成本过低,不能有效防止出让人有意违约解除合同后,另行出让土地牟取高利的投机行为,故损害赔偿应参照适用民法的可预见规则、过错相抵规则。[5] 从实践情况来看,因为行政协议违约损害赔偿的规则并不明确,把出让人的赔偿责任

---

[1] 参见最高人民法院行政审判庭编著:《最高人民法院关于审理行政协议案件若干问题的规定理解与适用》,人民法院出版社2020年版,第331—346页。
[2] 参见安徽省高级人民法院(2020)皖民终167号民事裁定书。
[3] 参见四川省高级人民法院(2018)川民终1015号民事判决书、湖北省恩施土家族苗族自治州中级人民法院(2019)鄂28行终214号行政判决书。
[4] 参见沈岿:《国家赔偿法:原理与案例》(第三版),北京大学出版社2022年版,第152页。
[5] 参见最高人民法院行政审判庭编著:《最高人民法院关于审理行政协议案件若干问题的规定理解与适用》,人民法院出版社2020年版,第282—285页。

限定为直接损失的案件时有所见。比如,在"绥中县振兴海产品贸易有限公司与辽宁省绥中县人民政府、辽宁省绥中县自然资源局解除行政协议并赔偿案"中,二审法院和最高人民法院均不支持案涉土地的可得利益损失。[1]

(三)违约金

受让人违约主要表现之一为未按约定足额支付出让金。[2] 对此,国务院办公厅《关于规范国有土地使用权出让收支管理的通知》第7条规定:"土地出让合同、征地协议等应约定对土地使用者不按时足额缴纳土地出让收入的,按日加收违约金额1‰的违约金。违约金随同土地出让收入一并缴入地方国库。"随《〈国有建设用地使用权出让合同〉示范文本》一并下发的《国有建设用地使用权出让合同使用说明》第14条也说明,受让人不能按合同约定及时支付出让金,应当根据前述通知的有关规定和双方当事人权利义务对等原则,本合同第30条的违约金比例按1‰填写。学理和实务通常认为该违约金属于法定违约金,在民事诉讼中,法院多不支持当事人调整的请求。在"昆明市国土资源局与昆明尚信房地产开发有限公司(以下简称尚信公司)建设用地使用权出让合同纠纷案"中,最高人民法院认为,国务院办公厅《关于规范国有土地使用权出让收支管理的通知》对于出让合同中土地使用者不按时足额缴纳土地出让收入的违约金标准作了明确规定,并明确了对违反本通知规定的责任后果,相关当事人均应遵守规范性文件的规定。双方当事人在出让合同中亦按照前述规定进行了明确约定,在没有特殊事由的情况下,应尊重双方当事人的合同约定而不宜行使自由裁量权进行调整。因此,对尚信公司调低迟延支

---

[1] 参见辽宁省高级人民法院(2017)辽行终661号行政判决书、最高人民法院(2019)最高法行申9776号行政裁定书。

[2] 《城镇国有土地使用权出让和转让暂行条例》第14条规定,土地使用者应当在签订出让合同后60日内,支付全部出让金。实务中,若一律将受让人未按期支付出让金认定构成根本违约,会导致大量出让合同被解除,故而,司法实践通常认为受让人应承担违约金责任,而不支持出让人解除出让合同的诉求。参见王永起、柴华:《关于建设用地使用权出让合同的若干问题》,载《山东法官培训学院学报》2021年第5期,第56—76页。

付土地出让金的违约金的上诉请求,本院不予支持。[1] 行政诉讼同样如此。[2]

出让人违约主要表现之一为未按约定交付土地。对此,《国有建设用地使用权出让合同使用说明》第 14 条明确指出,出让人不能按合同约定及时提供出让土地的,应当根据国务院办公厅《关于规范国有土地使用权出让收支管理的通知》的有关规定和双方当事人权利义务对等原则,本合同第 37 条的违约金比例按 1‰填写。虽然该违约金比例不像前述受让人违约金比例那样有前述通知的支撑,但《国有建设用地使用权出让合同使用说明》也是表征中央政府主管部门意愿的规范性文件,出让合同普遍都要填写该比例,故按学理和实务的通常见解,其应归为法定违约金的范畴,不应适用约定违约金的调整规则。[3] 也只有这样,才能与前述受让人违约金不调整的规则对应匹配,避免出现利益失衡。

五、分析与评价

在现实世界中,任何事物都有多样性,因为在不同的知识前提和观察视角下,不同的人对同一事物的定性是不同的。看着地里的庄稼,农人看到的是粮食,操心的是收成;像袁隆平这样的农业科学家看到的是粮食作

---

[1] 参见最高人民法院(2019)最高法民终 343 号民事判决书。不过,也有不同见解,在"大连泉城置业有限公司与大连市自然资源局[原大连市国土资源局和房屋局(以下简称国土资源局)]建设用地使用权合同纠纷案"中,一审法院认为,综合考虑本案合同实际履行情况,大连市国土资源局的主要损失应为资金的利息损失,大连市国土资源局亦未提交证据证明除资金利息损失外其存在其他实际损失及损失的数额;同时,结合双方之间签订的数份补充协议及合同履行期间形成的会议纪要等内容考察本案双方合同履行的具体情况,本案出让合同中约定的日千分之一违约金标准确实存在过高的情形。一审法院以大连市国土资源局的实际损失为基础,兼顾双方当事人的过错程度及预期利益等综合因素,将本案所涉出让合同中约定的违约金标准调整为按年利率 6%计算。二审法院予以认可。参见辽宁省高级人民法院(2019)辽民终 481 号民事判决书。
[2] 参见最高人民法院行政审判庭编著:《最高人民法院关于审理行政协议案件若干问题的规定理解与适用》,人民法院出版社 2020 年版,第 278 页。
[3] 当然,受让人自愿降低违约金比例,是其对自己利益的正当处分,法院没有不允许的道理。在"葫芦岛鸿亿房地产开发有限公司(以下简称鸿亿公司)与葫芦岛市自然资源局、葫芦岛市龙港区人民政府土地出让行政协议案"中,二审法院认为,鸿亿公司考虑到本案的实际情况,在一审中自愿将约定的 1‰违约金调整为 0.5‰,其主动降低违约赔偿标准,未违反合同的约定,而葫芦岛市自然资源局也没有提交赔偿 0.5‰的违约金数额明显大于鸿亿公司实际损失的证据,故本院对鸿亿公司主张的违约金标准予以支持。参见辽宁省高级人民法院(2019)辽行终 1048 号行政判决书。

物,关心的是品种和栽培;律师看到的是财产,惦记的是产权和变价。

同样地,作为出让之根本的出让合同,深嵌在我国土地制度的变革之中,是因应实践需要而由政府进行供给侧结构性改革的产物,民法学者和民庭法官说它是民事合同,行政法学者和行政庭法官说它是行政协议,无非是在不同的学科知识体系背景下,用不同的概念和规范紧扣出让合同本有的合意所进行的定性。只要各自的分析路径合理、逻辑自洽,对出让合同这个同一事物得出不同的定性结论,把它当成民事合同或行政协议,都不能说不正确。说到底,出让合同没有恒定的本质,而是自带多样性,在不同的前提和视角下,它既可以是民事合同,也可以是行政协议。

在此方面,日本行政法学家南博方教授对行政契约性质的阐述可供参考。他说,由于行政契约这种观念是着眼于契约的缔结主体创立的,不是根据契约内容和性质创立的,从整体上把它一概归为公法契约或私法契约,都是不正确的。应对构成行政契约内容的各个条款进行探讨,将那些只有具备行政权能的行政主体才能实现的条款解释为公法性质,将那些私人也能实现的条款解释为私法性质,许多行政契约因此都具有公私混合契约的性质。比如,在市町村与电力等公共垄断企业签订的报偿契约中,有关赋予企业对道路、河川等占有权的条款,是只有行政主体才能实现的涉及行政权能的条款,具有公法性质;而在国有土地的租赁契约、拍卖契约中,即使根据法令被附加了公法上的限制,依然是私人能缔结的契约,基本上应解释为私法契约。[1] 由此可知,同样是给相对人以使用公有财产的合同内容,报偿契约的相关条款与国有土地的租赁契约有着不同的定性,分别对应不同的法律适用和诉讼途径。

归根结底,出让合同的不同定性源自民法和行政法不同的知识体系和观念认知,它们均很成熟,并随着部门化的教育、研究和实践更进一步地加深了它们各自的合理化,同时也加大了相互通约和理解的难度。这样一来,用民法知识和观念来动摇或推翻出让合同之所以是行政协议的根基知识,得不到行政法学者和行政庭法官认可,反之亦然,应是再正常不过的现象。既然如此,本书就不再从民法或行政法的学科知识和认识的角度对出让合同进行定性,这除了加剧头脑风暴,似无他益,而是转向实用主义,着重考察把出让合同分别作为民事合同和行政协议的司法处理后果,以进行对比分析。

---

[1] 参见〔日〕南博方:《行政法》,杨建顺译,商务印书馆2020年版,第84—85页。

前文从出让合同订立、效力瑕疵、解除和违约责任这四个最常见的纠纷切入,简要对比后发现,在大多数场合,把出让合同作为民事合同或行政协议,处理结果是一样的。原因很简单,"行政协议规定"等涉及行政协议的规范,均不乏参照适用民法的规定,从而导致司法处理结果的趋同。这一点不是我国大陆的特有现象。在我国台湾地区,行政契约法制未经过质疑、反省、接受的阶段,而是以民法的契约观念直接套用于公法关系,以求解决问题。[1] 在欧洲大陆,虽然民法和行政法有学科分离,但毕竟在罗马法引领下,民法规范和知识起步早,特别是法律行为和合同制度对单方的行政行为和双方的行政协议都有较大的影响[2],于是,我们看到,德国的行政合同要适用《德国民法典》的有关规定以及在行政法中经常适用的民法原则,只是需要作一定的修正。[3]

不过,在受让人解除合同和出让人请求受让人继续履行合同方面,把出让合同作为行政协议,分别不利于受让人和出让人,对实现土地资源的高效利用、确保土地出让收入的出让合同目的造成了阻碍。明了了这样的欠缺,由受让人或出让人选择适用民事诉讼,也即把出让合同作为民事合同,无疑提供了一条自救的道路。当然,虽然有前述缺陷,但受让人或出让人坚持出让合同是行政协议的定性,非要提起行政诉讼不可,属于主体的自行选择,无可厚非。

面对因制度差异产生的前述欠缺,更有意义的工作是全面检讨行政协议的相应制度,在看到欠缺的同时,更要辨析其在实现出让合同目的或督促当事人适当履行出让合同方面的优势,当优势远远大于缺陷时,保留并完善这些制度,反之则应修改或废止。以笔者目前的认识水平,尚未看到这些制度卓越的优势,故持保守的态度,认为这些制度应朝着对应的民事法律制度修改。但这样一来,行政协议与民事合同高度混同,它们区别的实质意义何在,又成为问题。这表明,以出让合同为标本,透彻辨析民事合同和行政协议的异同,是需要紧密跟踪实践发展,进行深入研究的工作。

其实,在规范教义层面之外,再加入社会效果的观察视角就会发

---

[1] 参见李惠宗:《行政法要义》(第7版),元照出版有限公司2016年版,第430页。
[2] Vgl. Fleiner, Was Sollte das öffentliche Recht vom Privatrecht lernen?, Gauchs Welt, Zürich 2004, S. 85 ff.
[3] 参见〔德〕汉斯·J.沃尔夫、〔德〕奥托·巴霍夫、〔德〕罗尔夫·施托贝尔:《行政法(第2卷)》,高家伟译,商务印书馆2002年版,第150页。

现,即便把出让合同作为民事合同与作为行政协议的司法处理结果高度趋同,也不表明它们的区分没有实际意义,的确是有的。至少从案件分流上说,不至于让出让合同纠纷案件全部涌入民事审判或行政审判,能减轻相应领域法官的案件数量压力。更为关键的是,民事审判庭法官和行政审判庭法官在现实中虽会相互调换,但概率和频率很低,这使他们在各自诉讼领域中高度专业化,并因此形成不同的审判惯习,让他们都审理出让合同纠纷,无异于提供了平行的裁判实践观察点,在一定时期的案件积累之后,通过大数据对比分析,能让人更清晰地看到把出让合同作为民事合同或行政协议的优劣所在,进而为相应制度的调整和完善提供镜鉴。

在几十年的发展历程中,出让制度随时势而有变化,但行政规制和市场机制的相互作用自始未曾变过,这导致出让合同具有饱满的公益色彩,即对出让人而言,在实现土地资源效益最大化的同时,为经济社会发展奠定坚实的基础[1],又具有突出的私益目的,即对受让人而言,通过土地开发建设获取利润。在这种公私合作的模式中,认为出让合同既是民事合同又是行政协议,或者说既包含民事合同的属性又包含行政协议的属性,而不一定非要在二者中取其一,也许更符合现实。

第四节 建设用地使用权的法源

物权法定原则的本意是通过明确物权种类和内容,来增强交易的确定性,而对物权法源的不同理解和适用会直接削弱了这种确定性。要想在建设用地使用权领域发挥物权法定原则本有的效用,就必须深入探讨物权法源,确定其合理范围,只有这样,才能为法院裁判和权利保护提供可靠的法律依据(见表5-2 建设用地使用权的主要法源)。第六章专门阐述土地二级市场,故本章所涉法源不包括建设用地使用权的转让、出租、抵押规范。

---

[1] 通过出让的市场机制,国家发现了土地价值,使其效益能最大化地发挥出来,既高效利用了土地,又增加了收入,而这些收入用以征地拆迁补偿、"三通一平"等土地一级开发,促进了我国的城市化、工业化进程。相关分析参见兰小欢:《置身事内:中国政府与经济发展》,上海人民出版社2021年版,第62—67页。

表 5-2　建设用地使用权的主要法源

法源	划拨建设用地使用权	出让建设用地使用权	租赁建设用地使用权	作价出资或入股建设用地使用权	授权经营建设用地使用权
狭义法律	《民法典》《城市房地产管理法》《土地管理法》《城乡规划法》	《民法典》《城市房地产管理法》《土地管理法》《城乡规划法》	《民法典》《土地管理法》《城乡规划法》	《民法典》《土地管理法》《城乡规划法》《企业国有资产法》	《民法典》《土地管理法》《城乡规划法》
行政法规	《土地管理法实施条例》《城镇国有土地使用权出让和转让暂行条例》	《土地管理法实施条例》《城镇国有土地使用权出让和转让暂行条例》	《土地管理法实施条例》	《土地管理法实施条例》	《土地管理法实施条例》
司法解释	《最高人民法院关于破产企业国有划拨土地使用权应否列入破产财产等问题的批复》	《最高人民法院关于审理涉及国有土地使用权合同纠纷案件适用法律问题的解释》			
部门规章	《不动产登记暂行条例实施细则》	《招标拍卖挂牌出让国有建设用地使用权规定》《协议出让国有土地使用权规定》《不动产登记暂行条例实施细则》	《不动产登记暂行条例实施细则》	《不动产登记暂行条例实施细则》	《不动产登记暂行条例实施细则》
政策文件(习惯)	《划拨用地目录》	《国务院办公厅关于规范国有土地使用权出让收支管理的通知》《招标拍卖挂牌出让国有土地使用权规范(试行)》《协议出让国有土地使用权规范(试行)》	《规范国有土地租赁若干意见》		《国土资源部关于加强土地资产管理促进国有企业改革和发展的若干意见》

一、建设用地使用权法源的基本界定

(一)基本表现

根据《民法典》第116条的规定,物权法源的调整对象是物权种类和内容。在法院裁判中,只有在具体规定的层面上讲法源才有意义,故根据调整对象的不同,物权法源可细分为物权种类规范与物权内容规范。

物权种类规范主要指对物权进行定义的规定,如《民法典》第344条界定了建设用地使用权,其对基于不同土地供应方式产生的所有种类的建设用地使用权起到基本指引作用。这同时意味着,用于定义不同土地供应方式的规定,如《城市房地产管理法》第8条、第23条分别对出让和划拨的界定,《规范国有土地租赁若干意见》第1条对租赁的界定,均属于建设用地使用权的种类规范。

至于物权内容,是指权利人基于物权可得的利益形态和可为的行为权限。根据《民法典》第344条的规定,基于建设用地使用权,权利人对建设用地享有占有、使用和收益的权利,故该条同时是物权种类规范和物权内容规范。不同的建设用地使用权有不同的内容,如《城市房地产管理法》第39条、第40条对出让建设用地使用权和划拨建设用地使用权的处分权能有不同的限制,它们是各自的内容规范。

在法律适用上,物权种类规范为物权提供了基本标准,由此可决定某项权利是否是物权、是哪类物权,能为进一步的法律适用提供正确方向。在此基础上,涉及权利人有无某项权能、是否逾越权限的纠纷,则由物权内容规范提供裁判依据。从实践情况来看,涉及物权内容的纠纷更常见,物权内容规范因此也更常用。

(二)法律地位

从名称上看,物权法源与物权法的法源很类似,但前者的调整对象仅限于物权种类和内容,后者除了调整物权种类和内容,还涉及物权变动、物权公示、物权保护、物权顺位等事项,就此来看,物权法源应属于物权法法源的一部分。

在物权法的调整对象中,物权种类和内容是基础,没有它们,物权变动等其他事项根本无从谈起,物权法源因此起着根基作用。而且,对物权变动等事项的全面的法律调整,往往离不开物权内容规范。比如,基于出让建设用地使用权的处分权能,权利人把该权利转让给他人,既要遵循

《民法典》第355条的登记要件规定,又要遵循《城市房地产管理法》第39条等有关转让的限制规定,后者正是出让建设用地使用权内容规范的具体表现。

(三) 类型划分

基于立法、司法、行政、交易等实践情况,以《立法法》等规定的规范性法律文件为基点,可把建设用地使用权法源分为三类,即属于规范性法律文件的法源、规范性法律文件认可的法源和上述法源之外的法源。

1. 属于规范性法律文件的法源

规范性法律文件是有关国家机关为了体现、贯彻和落实国家意志,依据《立法法》等法律制定的具有普遍约束力的法律文件。规范性法律文件的主要依据是《立法法》,具体形态是成文规范,包括法律、法律解释、行政法规、地方性法规、自治条例和单行条例、规章。此外,《立法法》第119条、《人民法院组织法》第18条第1款、《人民检察院组织法》第23条第1款规定的司法解释也属于规范性法律文件。

从建设用地使用权涉及的规范性法律文件来看,此类法源包括法律、行政法规、司法解释和部门规章。以地位和功能为标准,这类法源能分为以下两类:

第一,立法型法源,也即《民法典》《土地管理法》《城市房地产管理法》等法律。

第二,解释型法源。法律往往通过行政法规等其他规范性法律文件而得以解释和细化。比如,《民法典》第347条第1款规定,设立建设用地使用权,可以采取出让或者划拨等方式,其中的"等方式"被《土地管理法实施条例》第17条细化为租赁、作价出资或入股。显然,为了明晰法律的规定,也为了便于法院适用和操作,像《土地管理法实施条例》这样的能解释和细化法律的规范也是建设用地使用权法源,它们可称为解释型法源。这类法源包括行政法规、司法解释和部门规章,它们的位阶较低,内容不得与法律抵触,只能是法律的具体化。

2. 规范性法律文件认可的法源

这类法源不是规范性法律文件,但规范性法律文件——主要是法律——为它们预留了适用空间,为它们成为物权法源提供了通道。建设用地使用权的这类法源主要是国务院有关规定。法律对于无法刚性确定的内容,会通过引致条款把部分调整任务托付给国务院规定。比如,《土地管理法》第55条第1款规定,权利人须缴纳出让金等土地有偿使用费和其他费用后,方可使用土地,而缴费标准和办法由国务院规定,这方面的规定包括国务院办公厅《关于规范国有土地使用权出让收支管理的通知》等。

3. 其他法源

这类法源既不是规范性法律文件,规范性法律文件也未明确给它们进入司法适用提供通道,但在实践中得到不同程度的认可。建设用地使用权的这类法源主要有以下两类:

第一,合同。合同不仅约束当事人,在当事人之间有相当于法律的效力,还是法院判断当事人有无相应权利的依据,并能优于法律的任意规范而适用,应属于法源。[1] 虽然法律初始配置了物权种类,同时也限定了物权内容,但无法包办一切,特别是对于只有当事人才能把握的具体内容,只能由合同约定填充,如根据《民法典》第 348 条第 2 款,出让建设用地使用权期限需由当事人在法定最长期限内自行约定。这表明,虽然物权法定原则不允许当事人私设物权,但在私法自治的底盘上,法律无法强制安排物权的全部内容,合同约定因此成为物权法源。

第二,政策文件,即《规范国有土地租赁若干意见》这样的并非前述规范性法律文件的政府文件。对此可以授权经营为例再予说明。在上述的土地供应方式之外,还有授权经营。根据《国有企业改革中划拨土地使用权管理暂行规定》(已失效)第 4 条第 1 款的规定,授权经营是指国家根据需要,把一定年期的国有土地使用权作价后授权给经国务院批准设立的国家控股公司、作为国家授权投资机构的国有独资公司和集团公司经营管理,被授权的公司可以向其直属企业、控股企业、参股企业以作价出资(入股)或租赁等方式配置土地。国土资源部《关于加强土地资产管理促进国有企业改革和发展的若干意见》进一步指出:"以授权经营方式处置的,土地使用权在使用年期内可依法作价出资(入股)、租赁,或在集团公司直属企业、控股企业、参股企业之间转让,但改变用途或向集团公司以外的单位或个人转让时,应报经土地行政主管部门批准,并补缴土地出让金。"由此可知,授权经营实际是国家把土地划拨给被授权公司使用,该公司按照市场机制在内部进行有偿配置,走的是以行政(划拨)为外衣,以市场(有偿使用)为内核的道路,因而不同于其他供应方式,具有独特性。虽然法律、行政法规未明确提及授权经营,但根据《不动产登记暂行条例实

---

[1] 参见苏永钦:《私法自治中的经济理性》,中国人民大学出版社 2004 年版,第 14 页。

施细则》第 34 条的规定,其产生的建设用地使用权与其他建设用地使用权一样,均适用建设用地使用权登记规范。

上述法源在法院裁判适用中的地位和功能不同,根据最高人民法院《关于裁判文书引用法律、法规等规范性法律文件的规定》第 4 条、第 6 条的规定,可分为两类:一是裁判依据,即支持裁判结论的法律依据,它们限定为法律、行政法规和司法解释;二是裁判说理依据,即支持裁判文书说理的法律依据,其范围广于裁判依据,还包括部门规章等其他法源。

(四)主要问题

在上述法源中,规范性法律文件认可的法源的适用范围和情形最确定,学理和实践没有太大问题,有问题的是其他法源,主要表现为:

第一,《民法典》《土地管理法》《城市房地产管理法》等法律从不同角度切入调整了建设用地使用权,它们的不少规定存在重叠、交错或冲突,这既不利于确定权利内容,也不利于法律适用,亟须理顺它们的关系,本节第二部分将对此加以讨论。

第二,学理对解释型法源多持怀疑和否定态度,但实务操作显然与学理见解不同,在此情况下,如何认识这类法源的正当性,它们的规范表达和实践运用情况能否印证上述认识,就相当有讨论价值,本节第三部分将围绕这些问题展开。

第三,习惯作为物权法源在我国学理中的共识度颇高,但如何认识其正当性,涉及建设用地使用权的政策文件能否作为习惯,尚需认真思考,本节第四部分将对此进行展开。

二、法律之间的关系

(一)位阶平等

在涉及建设用地使用权的法律中,《民法典》是由全国人民代表大会制定的基本法律,其他则出自全国人民代表大会常务委员会,它们是否因此有位阶差别,见解并不一致。若认为它们有位阶差别,关系理顺起来就相当简单,即下位法与上位法不一致的,适用上位法。但若认为它们位阶平等,就只有进行全盘梳理,才能明确它们的关系。

本书认为,基本法律与其他法律的位阶平等,因为根据《宪法》第 58 条的规定,全国人民代表大会常务委员会虽然无权制定基本法律,但它与全国人民代表大会共享性质和功能完全相同的国家立法权,并在权力行使上高度混同。主要表现为:根据《宪法》第62条第12项的规定,全国人民代表大会虽然有权修改或撤销全国人民代表大会常务委员会不适当的决定,但根据《宪法》第67条第3项的规定,在全国人民代表大会闭会期间,在不抵触基本法律的基本原则的前提下,全国人民代表大会常务委员会也有权对基本法律进行部分补充和修改。既然全国人民代表大会及其常务委员会能相互更改对方的法律,就不宜认为法律之间有位阶高下之别,否则就无法合理化上述的权力配置。

而且,通过与法律解释的对比,能更清晰地证明上述立论。法律解释的功能主要是为了明确法律规定的含义,根据《立法法》第48—53条,其制定程序相对简单,在其对象是基本法律时,它们的位阶平等。与法律解释相比,基本法律之外的其他法律也出自全国人民代表大会常务委员会,若在该法律制定前,已有针对相同调整事项的基本法律,该法律往往会部分补充或修改基本法律。这种结果的影响显然比法律解释深远,与此相应,《立法法》第29—47条规定的法律制定程序也更严谨复杂。从举轻明重的角度来看,旨在明确法律含义且程序简单的法律解释尚与基本法律平等,部分更改基本法律且程序复杂的其他法律更应与基本法律的位阶平等。

《民法典》与其他法律位阶平等,会使问题变得格外复杂,因为它们的时间有先后、内容有出入、角度有差异,要想理顺它们的关系,必须立足于立法的实际情况,根据具体规定,结合审判实践,进行整体盘点和梳理。

(二) 替代关系

根据《立法法》第103条的规定,在新法和旧法之间,能确证新法修改或废止旧法的,新法就替代旧法。在调整建设用地使用权方面,《民法典》充分吸收了之前的法律经验,又有所调整和发展。在主旨相同的事项上,《民法典》与其他法律有不同规定的,就足以表明立法者有意修改或废止其他法律规定,对此只能适用《民法典》。

以建设用地使用权期限届满的制度安排为例。《城市房地产管理法》第22条规定:"土地使用权出让合同约定的使用年限届满,土地使用者需要继续使用土地的,应当至迟于届满前一年申请续期,除根据社会公共利益需要收回该幅土地的,应当予以批准。经批准准予续期的,应当重新签订土地使用权出让合同,依照规定支付土地使用权出让金。土地使用权出让合同约定的使用年限届满,土地使用者未申请续期或者虽申请续期但依照前款规定未获批准的,土地使用权由国家无偿收回。"据此,在包括住宅建设用地使用权在内的所有建设用地使用权到期后,权利人只有申请续期,并获得批准后才能有偿续期,否则,建设用地使用权要被无偿收回。《民法典》第 359 条第 1 款明显不同,其明确规定住宅建设用地使用权到期后自动续期,无须权利人申请。这表明,在住宅建设用地使用权到期后的续期问题上,《民法典》修改了《城市房地产管理法》,重新进行了制度安排,这种制度安排无疑更有利于住宅所有权人,更能维护所有权的稳定性。两相对比,立法者用《民法典》第 359 条第 1 款限缩《城市房地产管理法》第 22 条适用范围的意图相当明显。在这种替代关系中,尽管《城市房地产管理法》第 22 条未被明文废止,形式上仍是有效法条,但就住宅建设用地使用权续期而言,实际已被《民法典》第 359 条第 1 款替代。

必须强调的是,只有新法和旧法均有规定且不一致时,才有上述的替代关系。至于旧法有规定而新法无规定的不一致情形,很可能是新法因旧法有规定而不再重复,旧法由此会对新法起到补充作用。

(三)细化关系

除了被替代的规定,其他法律与《民法典》的规定均并行存在。不过,针对相同主旨的事项,并非与此相关的规定均应付诸适用,两相对比,若某一法律的规定更具体、更详尽,说明其更清晰地反映了立法意图和思路,适用起来更有针对性,就应适用该更具体的规定。这就是细化关系。

在细化关系中,应优先适用更具体的法律规定。比如,《民法典》第 347 条第 3 款规定:"严格限制以划拨方式设立建设用地使用权。"与此相比,《城市房地产管理法》第 24 条更具体,它明确列举了可以划拨方式设立建设用地使用权的情形,适用起来更有的放矢。

在细化关系中,被细化的规定存而不用,看上去好像与被替代的规定一样,没有实际价值。其实不然,因为被替代的规定实质上已不存续,根本无法适用,而被细化的规定仍有效存在,有适用价值,只不过排序在后,一旦更具体的规定因内涵不足而无法适用时,更抽象、更有内涵弹性的规定就有可能补位适用。

(四)补充关系

所谓补充关系,即对于某一法律的规定漏缺,由另一法律进行补充,从而简化文本表述,避免内容重复。补充关系的明显标志是用以援引其他法律规定的引致条款,《民法典》建设用地使用权规范的这种条款主要有以下表现形式：①以"依法""依照法律规定"或"遵守法律规定"的形式出现。比如，《民法典》第350条规定，需要改变土地用途的，建设用地使用权人应当依法经有关行政部门批准，而《土地管理法》第56条对此提供了更具体的方案。②以"法律另有规定"的但书形式出现。比如，《民法典》第353条规定："建设用地使用权人有权将建设用地使用权转让、互换、出资、赠与或者抵押，但是法律另有规定的除外。"其中的"法律另有规定"，就是指《城市房地产管理法》第38—40条等限制这些处分权能的法律规定。

三、解释法律的法源

(一) 本类法源的正当性基础

我国的法制以成文法为主导，法律是最主要的法源，其制定和修改有严格程序，为了保持法律的稳定性和可预期性，立法者主要针对调整领域的通常情况加以规范。在实践运用中，具有解释和细化法律有关规定作用的，主要是行政法规等其他规范性法律文件，即解释型法源。[1] 为了保持法制的同一，防止因法出多门而相互矛盾、冲突，除非立法者有特别授权，或法律有特别规定，否则，不是由立法者操刀的其他规范性法律文件必须遵循法律的目的，通过更具体的表达，来解释和细化法律的规定，以便更有针对性地实施运用。

可以说，我国的法制以法律为根基，以其他规范性法律文件为枝节，这些规范性法律文件沿着法律所设定的方向，通过更细致的调整和更具体的规定，来落实法律的目的和内容，它们相互勾连为有机的法律体系。在这种体系中，就同一规范目的和同一调整事项而言，法律和其他规范性法律文件之间具有普遍和特别、一般和具体的紧密一体关系。在此情况下，要想全面准确地理解法律，离开了与其相关的其他规范性法律文件，恐怕难以达到目的，这些其他规范性法律文件与法律一道同为法源，也就不足为奇。当这些其他规范性法律文件针对的是法律中有关物权种类和内容的规定时，它们就是本文所称的解释型法源。

此外，客观地讲，我国法律的规定大多比较粗疏，实用性和可操作性不是太强，这更加大了解释型法源的分量。从《民法典》等法律的规定来

---

[1] 上文第二部分中的"细化关系"指出，法律中也有解释和细化其他规定的更具体规定，其功能与行政法规等解释型法源相当，只不过解释型法源的位阶低于法律。

看,受体制改革未定型、认识观念有偏差、经验积累不充分等因素的影响,建设用地使用权的不少内容都不够具体,需《城镇国有土地使用权出让和转让暂行条例》《招标拍卖挂牌出让国有建设用地使用权规定》等解释型法源的协力。

当然,行政法规等其他规范性法律文件之所以能成为物权法源,最根本的正当性是它们只有解释和细化功能,只是顺着法律的基本指向前进,并为达到法律的目的地铺设了更具体的路径,设置了更详尽的坐标,因此不会损及法律所框定的物权体系大局的稳定性。为了确保这种正当性,解释型法源从制定到运用均有较严格的机制,如制定中的审查和听取、征求意见、公布后的备案审查、实施中的监督等。只要这些机制落实到位,解释型法源就不会抵触法律。

综上所述,从我国法制的布局特点,以及法律的自身欠缺来看,法律需要解释型法源的配合,这给解释型法源提供了存在基础。解释型法源以解释法律为功能定位,并有严格的程序机制提供保障,这给解释型法源提供了存续的正当性基础。

(二)本类法源的表达

从具体规定来看,解释型法源既然旨在解释和细化法律,它们就应符合法律的目的,对这一点的最直观判断,就是它们的规定明显落在法律规定的文义范围内。比如,《城镇国有土地使用权出让和转让暂行条例》第12条明确了出让建设用地使用权的最高年限,这填充了《城市房地产管理法》第14条有关"土地使用权出让最高年限由国务院规定"的内容。

与上述规定相比,有些规定看上去并未落在法律的文义范围,而是有所超越,但实质不过是根据法律的制定背景和立法思路,揭示了隐藏于法律背后的文义。比如,《民法典》第347条、《城市房地产管理法》第13条等法律规定仅提及出让有公开竞价和协议的方式,《土地管理法》甚至连这两种方式都未提及,《土地管理法实施条例》第18条在明确这些方式的基础上,还规定出让、租赁等应当依照国家有关规定通过公开的交易平台进行交易,并纳入统一的公共资源交易平台体系。从形式上看,这种附加规定无疑限制了当事人依据前述法律规定的交易自由范围,但无论公开竞价出让还是协议出让,均以充分有效实现土地效益最大化为目标,这也正是政府不断限缩划拨而扩大有偿使用方式的原因,通过前述平台进行交易,显然与该目标是完全合拍的。

概括说来,无论解释型法源是否落在法律规定的文义范围内,它们的解释功能都受控于法律的目的,这些法源因此没有背离法律所指定的方向,没有抛开法律另起炉灶,只是在具体内容上针对具体环境或具体问题进行调适,在法律指明的方向上走得远近有所不同而已。

四、作为习惯的政策文件

(一)习惯作为法源的正当性

《民法典》第10条把习惯法归为补充法源,我国学理普遍认为它适用于物权法,并主要在物权法定原则的"法律"中探讨习惯法,认为正是借助这眼活水,物权种类和内容才能跟上现实需求和社会发展。不过,这一结论没有经过《民法典》物权编的检验,若物权编刻意排除习惯作为物权法源的地位,则它无论如何都不能成为法源。故而,习惯能否成为物权法源,还应看它是否与物权编高度契合,只有通过了物权编的检验,它才具有正当性。用物权编进行检验,是说通过对物权编的基本定位、根本宗旨、整体风格、稳定发展等各方面的透视,看习惯作为物权法源是否突兀,若答案为否定,就说明习惯作为物权法源与物权编并不背离,无须再质疑其正当性。

1. 以物权编的基本定位为评判标准

立法者有意把物权编塑造成规范财产关系的基本法,与此相应,《民法典》第205条把该编的调整范围明确为物的归属和利用关系,只要是因物的归属和利用而产生的民事关系,都适用物权编。这一范围具有相当的包容性,除了法律规定的物权,还应包括习惯中的物权,否则,物权编的财产关系基本法地位就会失色不少。

与上述定位相匹配,物权编的建设用地使用权规范布局有相当的包容性,它通过建设用地使用权的定义等共性规范,为《民法典》之外的以国有建设用地为客体的权利是否为建设用地使用权提供了基本判断指针,这些权利既能源自其他法律,也能源自习惯,只有这样,才能充分显示物权编的财产关系基本法的地位。

2. 以物权编的根本宗旨为评判标准

通过明确物的归属,物权编旨在肯定业已形成的合法财富布局,以维护稳定的社会秩序。而习惯是在特定地域或行业内具有高度社会认同感的制度,凝结着人们的共识和惯习,保障着人们的合理预期,象征着稳定的社会秩序,用习惯来补充适当的物权种类或内容,同样是在肯定社会中现存的物权财富,维系与此密切相关的经济秩序,与物权编的上述宗旨完全一致。而且,习惯虽然相当稳定,但其内容和功能会随社会发展和经济变迁而变化,以迎合时势变化产生的新要求,由此导致与其相关的社会秩序在保持基本稳定的同时,又与时俱进地朝着积极面发生变化,这也符合物权编保护深化改革时代背景下的财产格局和社会秩序的目标。

通过促使物尽其用,物权编还有推动经济发展的宗旨,习惯与此也相当契合。法律之所以在物权种类或内容上有漏缺,可能是因为立法者的主观原因而未将立法时已成型的物权表现出来,也可能是因为立法后有了成型的新生物权。无论哪种,这些物权均隐身于习惯当中,若仅因此就不承认其物权地位,结果就会阻碍社会财富向具有排他性的物权转化,挫败权利人凭借这种排他性来实现利益追求的积极性,与物权编促进经济发展的方向背道而驰。还要看到,习惯不只偏居乡村一隅,它在现代工商交易中也不乏身影,认可这样的习惯,更能贴近物权编服务于市场经济的目标。

3. 以物权编的整体风格为评判标准

从整体上看,物权编具有适度谦抑的风格,它既不除旧布新,又不移风易俗。首先,与之前的相关法律相比,物权编没有除旧布新,特别是在物权种类和内容上的根本性变革很少,主要是传承和守成。在具体规定上,物权编对成型的物权着力较多,而在因改革所致的未定之处,如集体建设用地使用权、宅基地使用权等,则保持相当的沉默。其次,物权编通篇不但没有移风易俗,反而通过《民法典》第289条、第321条第2款,在相邻关系和法定孳息归属上认可了习惯的补充地位,为习惯的正当性提供了有力的背书。习惯是活生生的社会现实,代表着基本稳定的社会秩序,把其中的物权作为物权编的对象,完全符合该编适度谦抑的整体风格。

4. 以物权编的稳定发展为评判标准

作为规范财产关系的基本法,物权编既要保持大局稳定,以维护既有的财产布局和交易秩序,又要与时俱进地发展,以获得长足的生命力。把习惯作为物权法源,完全符合物权编稳定发展的需要。物权编规定了地位和作用最重要的几类物权,它们覆盖了生活和交易的基本面,习惯中的物权为数很少,只在特定地域或行业才有生命力,透过国家立法或法院裁判来认可和保护它们,不仅不会从根本上冲击既有的物权格局,还能使习惯中的物权在国家法律层面具有相应的地位,进而可在总结实践经验的基础上,及时通过修法、解释等方式理顺既有物权和这些新型物权的关系，从而确保了物权编的稳定发展。

综上所述，在法律存有疏漏的情形，习惯作为具有补充作用的法源，与物权编高度契合，应予肯定。

(二)政策文件可归为习惯

与传统认知一样，在我国，作为法源的习惯包含两大要素，一是业已形成的民间习惯或商业惯例，二是社会公众对此有"法的确信"，即普遍认为应予遵从。[1] 满足这两个要素的，就是习惯法。作为解决纠纷的依据，习惯法"非经解释不得适用"，而解释习惯法与确认其存在是合二为一的[2]，通过解释来找寻合适的习惯法，因而是适用习惯法的第一步。

通常，习惯法是在生活或交易实践中自发形成的，代表了自生的社会秩序。在学理中，我国的习惯法物权距离市场需求较远[3]，以此为评价对象，涉及物权的习惯法的社会意义和实用价值着实不大，这在一定程度上表明，在复杂、多元的工业化社会，习惯法事实上不太可能存在。[4] 但是，着眼于我国实践，采用功能主义思维，把公房租赁等涉及物权的政策等成文规范吸纳为习惯法[5]，会发现物权习惯法天地广阔。

问题的核心点在于，为何不是自生的社会规范也能当作习惯法？对此展开说明如下。回顾新中国、特别是改革开放以来的发展历程可知，执政党和政府一直保有有机介入并推动社会发展的积极态势，其中的有力手段是力推以注重制度供给、破解制度束缚、推动制度创新的供给侧结构性改革[6]，既在民间惯行做法被确证行之有效时，用代表国家意志的成文规范加以肯定和固化，典型者如农村土地承包经营，又在民间力量无力介入的民生等公共服务领域，国家根据实际情况边干边摸索形成常规性操作，典型者如公房租赁，还在前景可期但民间尚未普遍行动时，用成文

---

[1] 参见黄薇主编：《中华人民共和国民法典释义（上册）》，法律出版社2020年版，第29页。

[2] 参见[德]卡尔·拉伦茨：《法学方法论》，黄家镇译，商务印书馆2020年版，第448—449页。

[3] 参见李敏：《民法法源论》，法律出版社2020年版，第164—166页。

[4] 参见[奥]恩斯特·A.克莱默：《法律方法论》，周万里译，法律出版社2019年版，第189页。

[5] 参见刘贵祥：《〈民法典〉实施的若干理论与实践问题》，载《法律适用》2020年第15期，第11页。

[6] 参见黄奇帆：《结构性改革：中国经济的问题与对策》，中信出版社2020年版，第10—13页。

规范加以阐明和引导,借以更新观念、培育市场、催生实践、形成惯例,典型者如碳交易。显然,国家和民间不是充满紧张张力的二元分离,而是边界模糊的交融合力,二者相互作用,形成稳定有序的实践。在这种布局中,成文规范既表征了应被遵守的国家意志,也反映了隐于社会的民间习惯和藏于市场的商业惯例。

与建设用地使用权密切相关的很多政策文件,如《规范国有土地租赁若干意见》等,就是这样的成文规范。它们实实在在地起着回应需求、引领实践、催发习惯、形成市场的作用,纸面规范与实践惯行融为一体,实质影响着生活、交易和司法,具有本由习惯所发挥的使法律丰富、细致和具体的功能[1],具有推动习惯形成的作用,实为习惯的替身。而且,这些政策文件源于国家意志,遵行者对它们有"法的确信"。基于此,将它们归为习惯法,以补充物权成文法供给机制的不足,并无不妥。

----

[1] 参见苏力:《道路通向城市:转型中国的法治》,法律出版社2004年版,第100页。

第六章 土地二级市场

土地供应产生了建设用地使用权,土地二级市场在此基础上运行。所谓土地二级市场,就是权利人将建设用地使用权转让、出租、抵押等交易行为的总称。[1] 从规范和实践来看,转让、出租、抵押是土地二级市场的三种形态。对比而言,与土地供应同义的土地一级市场的主体是政府所代表的国家和土地使用者,土地二级市场的主体则是建设用地使用权人与其交易相对人,两者不能混淆。正是为了区别,在规范用语上,同为有偿取得建设用地使用权的行为,土地供应用"出让",土地二级市场用"转让";同为租赁,土地供应用"租赁",土地二级市场用"出租"。

自1988年起,土地二级市场被《宪法修正案》(1988)和《土地管理法》认可,自此产生为数颇多的规范,它们有不同来源,内容有一定出入。比如,根据《城镇国有土地使用权出让和转让暂行条例》第45条的规定,只有经过市县主管部门批准,划拨建设用地使用权才能出租,但"二级市场意见"第10条规定,出租人依法申报并缴纳相关收益的,不再另行单独办理出租的批准手续。显然,就划拨建设用地使用权出租的批准而言,时间在先的行政法规和时间在后的政策文件有不同规制策略,如何理顺它们的关系,无疑是重要问题。正如后文所见,类似的例子和问题还有不少。本章将主要围绕这样的问题展开。

在土地有偿使用方式中,出让和作价出资或入股的功能相当,差异仅在于国家通过前者取得了出让金,通过后者取得了出资权益或股权,这两种方式产生的建设用地使用权可共享二级市场规范。"二级市场意见"第6条就规定:"以作价出资或入股方式取得的建设用地使用权转让,参照以出让方式取得的建设用地使用权转让有关规定,不再报经原批准建设用地使用权作价出资或入股的机关批准;转让后,可保留为作价出资或入股方式,或直接变更为出让方式。"

---

[1] 参见自然资源部自然资源开发利用司编:《土地二级市场改革与探索》,中国大地出版社2020年版,第4页。

至于在实践中并不多见的租赁建设用地使用权,虽然不同于出让建设用地使用权,但它们都有商品流通性,二级市场的法理和规范基本一致。唯应注意者,《规范国有土地租赁若干意见》第 6 条强调,租赁建设用地使用权转让、出租或抵押的前提,是承租人按规定支付土地租金并完成开发建设,"二级市场意见"第 12 条在规范租赁建设用地使用权抵押时,又重申了这一前提。出让建设用地使用权的二级市场无需该前提。

由第五章可知,不同的土地供应方式产生不同的建设用地使用权,它们理应各有二级市场规范。不过,既然与出让建设用地使用权相比,作价出资或入股产生的建设用地使用权的功能相当,两者能共享二级市场规范,租赁建设用地使用权的二级市场规范也无多少特殊性,故本章将分两节依次探讨划拨建设用地使用权和出让建设用地使用权的二级市场规范的适用。在阐述中,除了厘清规范适用关系,还将顺势探讨一些在实践中极具争议的关联问题,如批准是否影响划拨建设用地使用权转让合同的效力、查封的出让建设用地使用权能否转让等,以期为实践问题的妥当解决提供可能的参考。

至于集体建设用地二级市场,目前发展相对滞后,交易并不活跃;虽然部分地区已萌芽,形成了地方性的市场制度框架,但从全国层面来看,仍处于探索阶段。[1] 在这种情况下,对集体建设用地二级市场的探讨只能是坐而论道,没有充分的实践素材可供剖析,为了不流于空谈,本章仅探讨国有土地二级市场。

第一节 划拨建设用地使用权二级市场规范的适用

一、转让规范的适用

(一)规范关系的理顺及适用

1. 规范

划拨建设用地使用权的转让规范主要有以下三者:

第一,《城市房地产管理法》第 40 条(以下简称规范一)包括两款,第 1 款规定:"以划拨方式取得土地使用权的,转让房地产时,应当按照国务

---

[1] 参见自然资源部自然资源开发利用司编:《土地二级市场改革与探索》,中国大地出版社 2020 年版,第 325—341 页。

院规定,报有批准权的人民政府审批。有批准权的人民政府准予转让的,应当由受让方办理土地使用权出让手续,并依照国家有关规定缴纳土地使用权出让金。"第 2 款规定:"以划拨方式取得土地使用权的,转让房地产报批时,有批准权的人民政府按照国务院规定决定可以不办理土地使用权出让手续的,转让方应当按照国务院规定将转让房地产所获收益中的土地收益上缴国家或者作其他处理。"

第二,《城镇国有土地使用权出让和转让暂行条例》第 45 条第 1 款(以下简称规范二)规定:"符合下列条件的,经市、县人民政府土地管理部门和房产管理部门批准,其划拨土地使用权和地上建筑物、其他附着物所有权可以转让、出租、抵押:(一)土地使用者为公司、企业、其他经济组织和个人;(二)领有国有土地使用证;(三)具有地上建筑物、其他附着物合法的产权证明;(四)依照本条例第二章的规定签订土地使用权出让合同,向当地市、县人民政府补交土地使用权出让金或者以转让、出租、抵押所获收益抵交土地使用权出让金。"

第三,"二级市场意见"第 6 条(以下简称规范三)规定:"……以划拨方式取得的建设用地使用权转让,需经依法批准,土地用途符合《划拨用地目录》的,可不补缴土地出让价款,按转移登记办理;不符合《划拨用地目录》的,在符合规划的前提下,由受让方依法依规补缴土地出让价款……"

2. 理顺及适用

从字面上对比,这三者差别很大,但从制度历史背景及目的出发,它们并无内在矛盾。由于规范一优于规范二,而规范三细化了规范一,故在适用时应把规范一和规范三结合起来。

(1)规范一排斥规范二

规范一在层级上高于规范二,在内容上涵盖了规范二,在时间上晚于规范二,故在规范一和规范二之间,应优先适用规范一。

(2)规范一的两种方案

在政府准予转让的前提下,规范一提供了两种方案:①根据《城市房地产管理法》第 40 条第 1 款的规定,由受让人办理出让手续,按规定缴纳出让金。②根据《城市房地产管理法》第 40 条第 2 款的规定,政府不办理出让手续,转让人把转让所获的土地收益上缴国家或者作其他处理。

在实践操作中,根据《协议出让国有土地使用权规范(试行)》第 7 条,方案一涉及三方主体、三种关系:①政府与转让人之间消灭划拨建设用地使用权的关系。转让人向市、县自然资源主管部门申请转让划拨建设用地使用权,表明其不愿再继续支配划拨地,有意交由他人支配,主管部门经审查拟定协议出让方案,市、县人民政府对该方案批准后,主管部门向转让人发出准予转让通知书,表明其认可转让人的这种意愿,并按照协议出让方案及后续的公开交易情况,通过注销登记的方式消灭该建设用地使用权。②政府与受让人之间的出让关系。政府批准转让,表明其同时认可该划拨地可协议出让。受让人在适当履行出让合同约定的支付出让金这种主义务后,初始取得出让建设用地使用权。③转让人与受让人之间的转让合同关系。受让人依法取得出让建设用地使用权,是以转让人失去划拨建设用地使用权及其建筑物所有权等为代价的,为了补偿转让人的损失,也为了交付土地,双方签订转让合同,根据"国有土地使用权合同解释"第10条的规定,该转让合同是补偿性质的合同。[1]

方案二也涉及三方主体、三种关系:①政府与转让人之间消灭划拨建设用地使用权的关系,其内涵与第一种方案相同。②政府与受让人之间的划拨关系。政府批准转让,表明其认可受让人取得该使用权,进而下发划拨决定书,将该地划拨给受让人。③转让人与受让人之间的转让合同关系。与第一种方案相似,根据"国有土地使用权合同解释"第11条的规定,该转让合同也是补偿性质的合同。[2]

(3) 规范三对规范一的具体化和合理化

规范三在对规范一进行细化的同时,还进行了适度的合理化调适,使规范一的内容更为具体明确,指引性和可适用性更强,主要表现为:

第一,对两种方案界分标准的具体化。《城市房地产管理法》第24条规定了划拨的适用范围,但其不够具体,而彼时还没有《划拨用地目录》,故规范一把前述两种方案的界分标准定为"国务院规定"。

不过,其时国务院并无这样的规定,相应的规定是1995年建设部《城市房地产转让管理规定》第12条第1款,该款规定,以划拨方式取得土地使用权的,转让房地产时,有以下情形之一的,经有批准权的人民政府批准,可以不办理出让手续:①转让后的土地用途符合《城市房地产管理法》

---

[1] 参见最高人民法院民事审判第一庭编著:《最高人民法院国有土地使用权合同纠纷司法解释的理解与适用》(第2版),人民法院出版社2015年版,第146页。
[2] 同上书,第156页。

第 24 条[1]；②私有住宅转让后仍用于居住；③按照国务院住房制度改革有关规定出售公有住宅；④同一宗土地上部分房屋转让而土地使用权不可分割转让；⑤转让的房地产暂时难以确定土地使用权出让用途、年限和其他条件；⑥根据城市规划土地使用权不宜出让；⑦县级以上人民政府规定暂时无法或不需要采取土地使用权出让方式的其他情形。该部门规章制定时间较早，这些情形是否还有正当性，须一一甄别。

上述情形中具有现实生命力的是：①转让后的土地用途符合《城市房地产管理法》第 24 条，理由不再赘述。②按照国务院住房制度改革有关规定出售公有住宅。根据 1994 年国务院《关于深化城镇住房制度改革的决定》、1998 年国务院《关于进一步深化城镇住房制度改革加快住房建设的通知》，职工以成本价、标准价购买的公有住房，一般住用 5 年后可以依法进入市场，在补交出让金或所含土地收益和按规定交纳有关税费后的收益，按规定归个人所有。以这种方式购买的公有住房属于《划拨用地目录》中的福利性住宅，其所在土地用途符合《城市房地产管理法》第 24 条第 2 项的"公益事业用地"。③根据城市规划土地使用权不宜出让。某宗地是否适合出让，要看其规划用途是否在《城市房地产管理法》第 24 条的范围，如规划为军事用地，当然就不适于出让。

其他情形不合时宜，没有继续存在的合理性，不能适用。具体说来：①私有住宅转让后仍用于居住。第五章已指出，1994 年之前的划拨地可承载私有住宅，只要该房地产符合其时的规范，在 1995 年之后也应受法律保护。但这仅限于权利人对该房地产的保有状态，一旦其实施转让，划拨建设用地使用权的属性不能再予延续，否则，既不符合《城市房地产管理法》第 24 条的要求，也与购买公有住房的职工在转让房地产时须补交出让金的规定不同步，形成相同事物不同对待的不正义后果。②同一宗土地上部分房屋转让而土地使用权不可分割转让。同一宗地上部分房屋转让，无须分割转让建设用地使用权，由权利人按照份额共有建设用地使用权即可，对此可见第三章第三节的详述。③转让的房地产暂时难以确定土地使用权出让用途、年限和其他条件。本书已反复强调，规划先行是土地开发建设利用的基本准则，出让用途难以确定，表明该宗地的规划条件不明确，难以合法合理地利用，为了避免这种状态祸及受让人，它是不能转让的。④县级以上人民

---

[1] 该条源自 1994 年《城市房地产管理法》第 23 条，故《城市房地产转让管理规定》第 12 条第 1 款原文表述的是《城市房地产管理法》第 23 条。

政府规定暂时无法或不需要采取土地使用权出让方式的其他情形。前文指出,某宗地是否适合出让,要看其规划用途是否在《城市房地产管理法》第24条的范围,而规划须依法制定或变更,政府不能用其他规定替代规划,对此第三章业已指出,此不赘述。

显然,在现时的制度框架内,立足于《城市房地产管理法》第24条,规范一的两种方案的界分标准应该是《划拨用地目录》和规划,只要土地用途符合《划拨用地目录》,就应采用第二种方案,反之则适用第一种方案。而这正是规范三的内容,再加上规范三属于国务院规定,可与《城市房地产管理法》第24条第2款无缝衔接,故规范三实际替代了《城市房地产转让管理规定》第12条第1款,为规范一两种方案提供了具体的界分标准。

第二,对方案一的具体化。在方案一,规范一只是笼统说由受让人依照国家有关规定缴纳出让金,规范三则增加了"在符合规划的前提下"的限制条件,这个条件是必要的,原因在于:①在规划先行的指引下,规划对建设用地使用权影响深远,规划条件是出让合同的组成部分,符合规划是出让的前提,因转让划拨建设用地使用权而引发的出让同样不能例外。②为出让方式的确定提供了坐标。《民法典》第347条第2款规定,工业、商业、旅游、娱乐和商品住宅等经营性用地应采用公开竞价方式出让。当划拨地的规划用途改为经营性用地时,出让应采用公开竞价方式,而不能采用协议方式。《协议出让国有土地使用权规范(试行)》第7.3.1条也特别指出,经审查,申请地块用途符合规划,并且符合办理协议出让手续条件的,主管部门才应当拟订协议出让方案。③为出让金的缴纳确定了标准。在采用协议出让方式时,规划用途与原用途一致的,按照原用途评估拟出让时的地价,反之则应按规划用途评估拟出让时的地价,以公平合理地照料国家和受让人的利益。《协议出让国有土地使用权规范(试行)》第7.3.3.1条规定,转让后不改变用途等使用条件的,应缴纳的出让金额=拟出让时的出让建设用地使用权市场价格-拟出让时的划拨建设用地使用权权益价格;转让后改变用途等使用条件的,应缴纳的出让金额=拟出让时的新使用条件下出让建设用地使用权市场价格-拟出让时的原使用条件下划拨建设用地使用权权益价格。

第三,对方案二的具体化。在方案二,规范一的实践做法是政府收回划拨地后,再划拨给受让人,这种做法环节多,效率低,有鉴于此,规范三允许转让人和受让人通过转移登记直接完成划拨建设用地使用权的转移[1],这与《不动产登记暂行条例实施细则》第38条第1款、《不动产登记操作规范(试行)》第8.3.3条有关划拨建设用地使用权转移登记的规定是一致的,可为实践提供更优化的操作方案,借以充实规范一的具体内容。

(二)未批准的法律效果

前述内容以政府批准为前提,在转让合同成立但尚未向政府报批、已报批但政府尚未批准或政府不予批准等未批准的情形,会有怎样的法律效果,前述规范未给出明确答案,值得探讨。

1. 未经批准,受让人不能取得建设用地使用权

划拨建设用地使用权的转让是具体的物权变动形态,而物权变动由民法调整,故划拨建设用地使用权的转让要受民法调整。

民法向来不是纯粹私人自治的乐园,代表国家管制的公法从未离场,自治与管制形成复杂的互动关系。[2] 在国家管制中,行政法支撑的行政许可最常见,其深度嵌入民法并多点开花,除了对合同效力的巨大冲击,在物权变动层面也影响不小。比如,正如第三章所讨论的,《城乡规划法》第40条规定,城市建设房屋须经规划主管部门核发建设工程规划许可证,这种许可旨在规范建设房屋这种事实行为,事关土地使用权人能否根据《民法典》第231条取得房屋所有权,与房屋买卖等合同效力无关。与其对合同效力的常见切入模式一样,行政许可对物权变动的影响力度到底有多大,法律规范往往未予明言。

---

[1] 参见自然资源部自然资源开发利用司编:《土地二级市场改革与探索》,中国大地出版社2020年版,第528页。实践中也确有转移登记的实例,比如,在"刘某某与南雄市人民政府等土地行政登记及行政复议纠纷案"中,刘某某于2002年3月10日与南雄市水泥厂签订案涉划拨地转让协议,前者向后者支付了转让费,并办理转移登记。后刘某某申请把案涉土地使用权性质从划拨改为出让,政府未予批准。二审法院认为,在办理转移登记时,刘某某向南雄市国土资源局提交的土地登记申请书中申请登记内容记载使用权类型为划拨,在办理时未签订出让合同,亦未缴纳出让金,之后南雄市国土资源局核发的《国有土地使用证》记载的使用权类型亦为"划拨"。因此,刘某某起诉主张将上述国有土地使用证的类型更正为"出让",不符合规定。参见广东省高级人民法院(2019)粤行终205号行政判决书。不过,该案例中转让后的土地用途不符合《划拨用地目录》,案涉划拨建设用地使用权的转让程序和后果,理应是在政府批准后,采用出让方式,由受让人取得出让建设用地使用权。

[2] 参见[日]美浓部达吉:《公法与私法》,黄冯明译,周旋勘校,中国政法大学出版社2003年版,第149—251页。

为了明确行政行为附带的民事后果，常见的认识基点是法律秩序的一致性，以确保行政规范和民法规范在目的及运作上不会出现评价矛盾。在这一基点上，未批准，受让人不能取得建设用地使用权，也即物权不能变动，理由主要如下：

第一，《城市房地产管理法》第 40 条以审批这种行政许可的方式对权利人的转让自由进行事先限制，未批准，权利人的行为自由未被恢复，其行为结果不能导致物权变动，否则会不当解禁对转让自由的限制，导致规范目的落空。

第二，《不动产登记暂行条例实施细则》第 38 条第 1 款第 6 项、《不动产登记操作规范(试行)》第 8.3.3 条把有批准权的人民政府的批准文件作为划拨建设用地使用权转移登记的必备材料，批准因而是后续不动产登记的正当性来源，未批准不能办理转移登记，符合《划拨用地目录》的划拨建设用地使用权无法完成转让。

第三，《城市房地产管理法》第 40 条扣减了权利人对划拨建设用地使用权的处分权，将其保留在政府手中，若允许划拨建设用地使用权不经批准即可完成，实际逾越了权利人的本有权限。

第四，有人可能会质疑，虽然政府未批准，但不妨由解决纠纷的法院来认定划拨建设用地使用权转让是否有正当性，从而替代政府批准。这种看法不妥，因为与法院相比，政府处于市场管制和行政服务的第一线，更了解也更熟悉市场运作和行政规律，在政府未批准时，法院不宜替代政府来确认转让是否有正当性；更为重要的是，《城市房地产管理法》第 40 条把判断转让正当性的权力配置给了政府，这是政府专享的权力，包括法院在内的其他国家机关没有这种权力。

2. 未经批准，转让合同的法律效力原则上不受影响

在理论和实践中，未经批准，转让合同的法律效力有未生效、无效和有效三种观点，争论不休。[1]《城市房地产管理法》第 40 条无疑是强制规范，该条把批准作为规制划拨建设用地使用权转让的调节"阀门"，在转让合同当事人双方自始就有意不申请批准，意图就该权利私相授受的情形，应认定该合同无效，否则就有违政府通过批准强行介入的调整机制，与该条的立法目的抵触。除了前述情形，未经批准，转让合同的效力

---

[1] 参见张红、彭跃龙：《论划拨土地使用权转让之效力》，载《武汉大学学报(哲学社会科学版)》2022 年第 2 期，第 164—174 页。

均不应受影响。具体说来：

第一，在转让后的土地用途不符合《划拨用地目录》，采用协议出让的情形，根据前文所述，政府审批的是主管部门的协议出让方案而非该转让合同，这就不能把批准当成转让合同的生效条件，未经批准，转让合同并非未生效。同时，根据《协议出让国有土地使用权规范（试行）》第 7.2 条，转让人向主管部门申请转让划拨建设用地使用权所提交的材料不包括转让合同，主管部门向转让人下发的准予转让通知书也与转让合同无关。这意味着，转让合同不仅与政府的批准事项无关，也与主管部门准予转让事项无关，进而表明《城市房地产管理法》第 40 条第 1 款根本与转让合同无关，转让合同不是其调整对象，以违背该条款的强制性规定为由，认定不批准的转让合同无效，绝对是牛头不对马嘴。

通过前述程序可知，准予转让通知书是主管部门发给转让人的，没有转让合同，受让人不可能合法地从转让人处获取该通知书。《协议出让国有土地使用权规范（试行）》第 7.6 条把转让合同和准予转让通知书作为受让人向主管部门申请办理出让手续应提交的材料，据此，在政府批准后，转让合同对受让人能否与主管部门签订出让合同起着至关重要的作用。不过，转让人取得准予转让通知书的前提，是政府批准了出让方案，没有政府的批准，就没有该通知书，即便有转让合同，受让人也无法取得出让建设用地使用权。故而，《城市房地产管理法》第 40 条第 1 款影响的是出让建设用地使用权的取得。

之所以如此，道理并不复杂。合理限缩划拨的适用范围，扩大土地有偿使用，提高土地效益，是我国土地供应发展的总体趋势，在转让后的土地用途不符合《划拨用地目录》的情形下，采用协议出让的方式，与该趋势是一致的。为了防止当事人私下交易划拨建设用地使用权，饱了转让人的私囊，亏了国家的土地出让收入，通过政府批准的关卡，使受让人既不能受让划拨建设用地使用权，又不能取得出让建设用地使用权，就能实现目的，无须再对转让合同效力进行否定性评价。而且，正如前文指出的，转让合同是补偿性质的合同，主要事关转让人的损失弥补，与《城市房地产管理法》第 40 条第 1 款实现土地有偿使用、保障土地出让收入的目的无关，不能用该条款评价转让合同效力。

第二，在转让后的土地用途不符合《划拨用地目录》，采用公开竞价方式出让的情形，转让人和出让建设用地使用权人之间有转让合同关系的，上述分析仍能适用；若政府收回转让人的权利，并给予一定补偿，转让人和出让建设用地使用权人之间没有转让合同关系的,上述分析就不再适用。

第三,在转让后的土地用途符合《划拨用地目录》的情形,政府的批准起着确保转让具有正当性的作用,未批准,转让的正当性无从说起,划拨建设用地使用权不能通过转移登记完成转让。既然通过批准与转移登记的挂钩,就能实现确保转让正当性的目的,那就无须否定转让合同的效力,否则就下药过猛。

(三)小结

综上所述,划拨建设用地使用权转让规范的适用要点主要包括:①政府批准是转让的前提,未经批准,转让无法进行,但转让合同的效力不因此受影响;②在批准的前提下,须甄别土地用途是否符合《划拨用地目录》;③不符合《划拨用地目录》的,在符合规划的前提下,受让人依法通过出让取得建设用地使用权,并补缴出让金;④符合《划拨用地目录》的,受让人通过转移登记取得划拨建设用地使用权,不补缴出让金(见图6-1 划拨建设用地使用权转让规范的构造)。

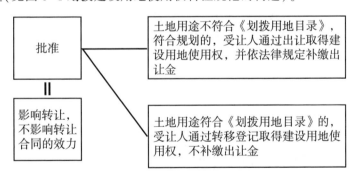

图6-1 划拨建设用地使用权转让规范的构造

二、出租规范的适用

(一)规范

除了规范二,划拨建设用地使用权的出租规范主要还有以下两个:

第一,《城市房地产管理法》第 56 条(以下简称规范四)规定:"以营利为目的,房屋所有权人将以划拨方式取得使用权的国有土地上建成的房屋出租的,应当将租金中所含土地收益上缴国家。具体办法由国务院规定。"

第二,"二级市场意见"第 10 条(以下简称规范五)规定:"以划拨方式取得的建设用地使用权出租的,应按照有关规定上缴租金中所含土地收益,纳入土地出让收入管理。宗地长期出租,或部分用于出租且可分割的,应依法补办出让、租赁等有偿使用手续。建立划拨建设用地使用权出租收益年度申报制度,出租人依法申报并缴纳相关收益的,不再另行单独办理划拨建设用地使用权出租的批准手续。"

(二)适用

对比而言,这些规范有以下主要差异,构成适用的问题点,应予特别探讨。

1. 划拨地能否出租

就划拨地能否出租的问题,规范二持反对态度,认为只有经过批准,把划拨地变性为出让地后,才能出租。规范四持肯定态度,认可权利人有权出租划拨地上的房屋。

规范二之所以持反对态度,与其遏制其时大量存在的划拨建设用地使用权在市场中直接交易,转让人截留大部分地租、地价款,导致国有土地资产流失的现象这一目的紧密相关;与此同时,该规范其来有自,它来自深圳经验,即对之前的划拨地开征土地使用费或税,并禁止转让,如果补交出让金则允许转让进入市场。[1] 1992 年国家土地管理局《关于进一步加快土地使用制度改革的通知》(已失效)也指出:"抓紧清理整顿地产市场严格区分经过出让后的合法转让和未经出让的非法转让两种不同性质的转让行为,逐步将划拨土地使用权未办理出让手续就擅自转让、出租、抵押的交易行为引导到依法出让、转让的轨道上来,建立和完善规范的地产市场。"规范一的目的是良好的,但实践表明,通过堵住划拨地交易,将之引流到出让的措施,难以在全国推开实施,因为划拨地变性为出让地,不仅须权利人补交不菲的出让金,在其财力不足时,没有能力支付该笔费用,或在仅需部分出租或短期出租时,补交出让金得不偿失,而且,根据《协议出让国有土地使用权规范(试行)》第 6 条的规定,还须具备协议出让的条件,而权利人未必符合要求。

规范四未采用堵的策略,而是疏通了划拨地出租的交易渠道,同时强

---

[1] 参见王世元主编:《改革记忆——当代中国城镇国有土地使用制度构建历程(1978—1998)》,中国大地出版社 2021 年版,第 235 页。

调确保国家的土地收益。相比于规范二,规范四的这种策略更符合实际情况,在收取划拨地出租中土地收益的良好机制配合下,能通过细水长流的方式实现国有土地资产的价值,从而异曲同工地达到规范一的目的。既然如此,再加上规范四的层级高于、时间晚于规范二,规范四应排斥规范二而优先适用。

规范四的正当性基础,同时也是其产生实效的关键,在于国家确实能收取划拨地出租中的土地收益,没有该良好机制,国家将在划拨地出租中颗粒无收。近些年,地方政府在此方面用力颇多,有了一些良好经验做法[1],规范五指出的"建立划拨建设用地使用权出租收益年度申报制度",就是集中体现,这将夯实规范四的正当性基础。

需要注意的是,规范四未对划拨地变性为出让地关上大门,权利人完全可以根据自身情况和实际需要,依法完成这种变性。对此,规范五明确提出"宗地长期出租,或部分用于出租且可分割的,应依法补办出让、租赁等有偿使用手续"。

概括而言,在划拨地能否出租方面,规范四排斥了规范二,规范五细化了规范四,这两个规范的配合适用,使划拨地无须变性为出让地即可出租,出租人应依法申报并缴纳相关收益。

2. 批准是否必要

根据规范二,划拨地只有经政府批准变性为出让地后,才能出租,结果就是未批准,划拨建设用地使用权不得出租。规范四允许划拨地出租,但未明言是否应经政府审批。对于规范四的这个缺口,1999年国务院办公厅《关于加强土地转让管理严禁炒卖土地的通知》予以填补,其明确指出,"划拨土地使用权转让、出租等,必须经有批准权的人民政府批准",政府批准由此是必要的。

问题随之而来,未批准是否影响出租的效力,在司法实践中颇有争议。在"广东省电信规划设计院有限公司(以下简称电信规划设计院)与广东省对外贸易职业技术学校租赁合同纠纷案"中,再审法院认为,对外贸易学校将政府无偿划拨给其用于教育和公益用途的土地出租给电信规划设计院,且未按照规范二的要求办理相关手续。电信规划设计院并未提交充分证据证明其租用的土地及上盖房屋用于公益用途而非商业用

---

[1] 参见自然资源部自然资源开发利用司编:《土地二级市场改革与探索》,中国大地出版社2020年版,第490—498页。

途,二审判决认定案涉租赁合同损害社会公共利益,为无效合同并无不当。[1] 在"许港剑桥幼儿园与许昌市建安区实验小学租赁合同纠纷案"中,再审法院认为,双方按照租赁约定使用土地,租赁期间并没有改变划拨用地土地的办学用途,虽然在法庭辩论终结前,双方并没有能提供土地租赁行为已经获得批准的合法有效证据,但这并不影响对于合同有效性的认定。[2]

对于该争议,本书持否定立场,即未批准,出租效力不受影响。主要理由在于,正如前文所述,规范二的目的在于确保国家的土地收益,政府审批是为此目的服务的。《城镇国有土地使用权出让和转让暂行条例》第46条规定,对未经批准擅自出租划拨土地使用权的单位和个人,市、县人民政府土地管理部门应当没收其非法收入,并根据情节处以罚款。实施这种行政处罚,已足以实现规范二的目的,无须再否定出租的效力。

这一结论建立在批准具有必要性的前提之上。但规范五分解了该前提,即为了有效降低行政成本,只要出租人依法申报并缴纳相关收益,政府收取了相关收益,就视为已批准,从而把事前审核转为事中及事后监管。[3] 这样一来,对规范四缺口的填补有了实质转向,即以政府是否取得土地出租收益为标准,来判断政府事先审批的必要性,结果就是在取得土地出租收益的情形,批准是不必要的,反之则为必要。这种结果也表明,规范四和规范五配合起来,替代了规范二。

概括而言,在批准是否必要方面,应适用规范四和规范五,只有在出租人未依法申报并缴纳相关收益,政府未取得土地出租收益的情形,批准是必要的,未批准的,主管部门有权没收非法收入,并根据情节处以罚款。但无论如何,不批准,不影响出租的效力。

(三) 小结

综上所述,划拨建设用地使用权出租规范的适用要点主要包括:①划拨地可以出租,无须转为出让地;②政府批准不是出租的必需要件,只有在出租人未依法申报并缴纳土地出租收益,政府未取得收益的情形,才需批准;③未经批准,主管部门有权没收非法收入并罚款,但不影响出租的

---

[1] 参见广东省高级人民法院(2019)粤民申8857号民事裁定书。
[2] 参见河南省高级人民法院(2021)豫民再12号民事判决书。
[3] 参见自然资源部自然资源开发利用司编:《土地二级市场改革与探索》,中国大地出版社2020年版,第532页。

效力(见图6-2 划拨建设用地使用权转让规范的构造)。

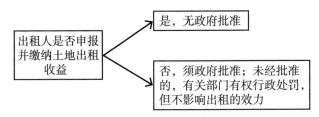

图6-2 划拨建设用地使用权出租规范的构造

三、抵押规范的适用

除了规范二,划拨建设用地使用权抵押规范主要还包括《城市房地产管理法》第51条、"二级市场意见"第10条、"担保制度解释"第50条。在适用时,应注意以下要点:

第一,除了规范二,其余规范均允许划拨建设用地使用权抵押,规范二因此不能再予适用。

第二,规范二之外的其他规范均不要求政府的审批。之所以如此,是任何制度都不是无机存在,而是深植于社会有机成长的,政府审批也不例外。一旦制约因素发生变化,政府审批的必要性会随之变化。这一变化首先来自2004年国土资源部《关于国有划拨土地使用权抵押登记有关问题的通知》(已失效),该通知指出划拨建设用地使用权依法登记的,视同批准,不必再另行办理审批手续。由此可知,虽然未批准,但后续的不动产登记使物权变动成为实然,表明国家已恢复相对人的行为自由。2010年国务院《关于第五批取消和下放管理层级行政审批项目的决定》则彻底取消了国有划拨土地使用权抵押审批。这再次表明规范二是不能适用的。

第三,规范二之外的其他规范均明确要求,在抵押权实现时,划拨建设用地使用权的变价要先用于补交出让金。这表明,政府审批旨在确保国家的土地收益,只要该功能通过抵押权实现机制就能达到,就没必要再用政府审批来限制划拨建设用地使用权人设立抵押权的自由,没有必要把审批作为影响抵押合同效力以及抵押权设立的关卡。

在此应特别强调的是,在抵押权实现后,若划拨建设用地使用权的属性保持不变,仍为划拨,就无需补交出让金,故要求划拨建设用地使用权的变价要先用于补交土地出让金的前述规范,只适用于划拨建设用地使用权在抵押权实现后变性为出让建设用地使用权的情形。在"周某与朱某某等执行案"中,最高人民法院认为,如果将办理了抵押登记的划拨土地作为已经办理了出让手续的土地进行司法拍卖的,买受人竞买所得的,应该也是已经办理了土地出让手续的土地,其所支付的价款中包含了土地出让金,人民法院应当从所得款中扣除土地出让金,将剩余部分扣除执行费等必要费用后支付给抵押权人。如果将办理了抵押登记的划拨土地作为尚未办理出让手续的划拨土地进行司法拍卖的,买受人竞买所得的,也应该是尚未办理出让手续的划拨土地,其所支付的价款中亦不包含土地出让金,人民法院可以将所得款扣除执行费等必要费用后直接支付给抵押权人。通过拍卖平台公布的评估报告和拍卖公告,均明确本案评估拍卖的标的物的土地性质为划拨土地。拍卖公告还明确,拍卖标的物以现状进行拍卖,标的物转让登记手续由买受人自行办理。根据评估公司提交的说明,评估拍卖标的物的价格明显低于周边出让土地上的写字楼价格。因此,申诉人通过竞买所得的,应该是尚未办理土地出让手续的划拨土地,其支付的价款中,亦不包括土地出让金。申诉人关于应该适用《城市房地产管理法》第51条的规定由抵押权人承担缴纳土地出让金义务的主张,缺乏事实和法律依据,本院不予支持。[1]

第四,除了前述规范,还要适用与抵押相关的其他规范。比如,《民法典》第399条第3项、"担保制度解释"第6条规定,以公益为目的的非营利学校、幼儿园、医疗机构、养老机构等的公益设施不能抵押,以这些单位用于公益事业的划拨建设用地使用权为标的物的抵押合同无效。

四、小结

综上所述,划拨建设用地使用权抵押规范的适用要点主要包括:①划拨建设用地使用权可以抵押,但法律另有规定的除外;②政府批准不是抵押的前提;③抵押权实现时,划拨建设用地使用权的属性改变的,变价先用于补缴出让金;④抵押权实现时,划拨建设用地使用权的属性不变的,无须补缴出让金(见图6-3 划拨建设用地使用权抵押规范的构造)。

---

[1] 参见最高人民法院(2021)最高法执监398号执行裁定书。

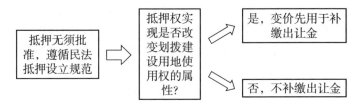

图 6-3 划拨建设用地使用权抵押规范的构造

最后,应强调的是,在划拨建设用地使用权二级市场规范中,虽然规范二未被废止,但其实际上已无适用的价值,对此不可不察。

第二节 出让建设用地使用权二级市场规范的适用

出让是最主要的土地有偿使用方式,出让建设用地使用权具有极高的商品流通性,相比于其他供应方式产生的建设用地使用权,出让建设用地使用权的二级市场所受的法律限制最少。限制最少不等于没有限制,为了维护管理秩序和交易秩序,法律还是为出让建设用地使用权的二级市场设定了若干强制规范,主要包括25%投资规范、价格控制规范和查封财产处分禁止规范,其影响颇大,争论不少,本节分别依次探讨。

一、25%投资规范的适用

为了确保出让合同的适当履行,防止出现土地闲置,对未达到预期投资开发进度的建设用地使用权,法律采用了限制处分的策略。《城市房地产管理法》第 39 条第 1 款第 2 项规定,转让属于房屋建设工程的房地产,应完成出让合同约定开发投资总额的 25% 以上,此即 25% 投资规范。

(一) 25%投资规范不影响转让合同效力

在早些年,违背25%投资规范的建设用地使用权转让合同无效,2003年6月9日发布的最高人民法院《关于土地转让方未按规定完成土地的开发投资即签定土地使用权转让合同的效力问题的答复》(已失效)[1]对此有明文规定。何以如此规定,是因为该规范目的在于遏制其时因"房

---

[1] 根据《最高人民法院关于废止 1997 年 7 月 1 日至 2011 年 12 月 31 日期间发布的部分司法解释和司法解释性质文件(第十批)的决定》,该答复于 2013 年 4 月 8 日废止,理由是"与物权法关于不动产转让合同效力的规定相冲突"。

地产热"而不断涌现的炒地皮、炒项目现象,防范因房地产泡沫带来的危及国家土地收益、损害消费者利益、破坏房地产市场秩序等不良后果[1],与该规范目的背离的建设用地使用权转让合同严重涉嫌损害国家利益和社会公共利益,对此应采用否定合同效力这种防患于未然的机制。

不过,在具体交易中,会出现转让人的确无力投资开发,无法完成25%的投资,受让人又真心愿意且有能力投资开发的情况,这与房地产投机炒作毫不相干,这样的转让合同溢出了25%规范意欲调整的建设用地使用权转让类型,不应归入其适用范围,因而不应无效。若非如此,对这种转让合同的效力仍"一棍子打死",会遏制正常的交易需求,会置转让人于死地,陷土地于闲置状态,这是没有一方赢家的一地鸡毛。此外,还会产生负面的激励,促使觉得吃亏的转让人在转让合同签订后杀个回马枪,以不符合25%投资规范为由,主张合同无效,这样一来,这个规范无异于不守信诺、见利忘义、背信弃义的护身符。对此,法官们都不能容忍。于是,我们看到,最高人民法院的前述答复油墨尚未干透,在2004年8月31日"桂馨源公司与全威公司等土地使用权转让合同纠纷案"二审判决书中,最高人民法院业已指出,25%规范是对土地使用权转让合同标的物设定的于物权变动时的限制性条件,转让的土地未达到25%以上的投资,属合同标的物的瑕疵,并不直接影响土地使用权转让合同的效力,25%规范不是认定土地使用权转让合同效力的法律强制性规定,因此,转让人关于案涉合同未达到25%投资开发条件应认定无效的主张,本院不予支持。[2]

更为关键的是,随着时势变迁和制度变化,25%投资规范所欲达到的目的已是明日黄花,因为经营性建设用地使用权出让的公开竞价机制蔚然成风,建设用地使用权转让须缴纳高企的土地增值税,土地供应后的监管力度和闲置土地处置力度加大,这些制度和措施加总起来,有效地遏制了炒地皮、炒项目的土地投机行为,不顾这种现实,还要用25%投资规范来限制建设用地使用权转让,只会影响土地要素的高效有序流通,不利于

---

[1] 参见房维廉主编:《中华人民共和国城市房地产管理法释义》,人民法院出版社1994年版,第126页。
[2] 参见最高人民法院(2004)民一终字第46号民事判决书(载于《中华人民共和国最高人民法院公报》2005年第7期)。

盘活闲置土地。[1] 与此认识同步,在最高人民法院的前述答复废止一个多月后,在"四川省聚丰房地产开发有限责任公司与达州广播电视大学合资、合作开发房地产合同纠纷案"二审判决书中,最高人民法院重申,当事人对转让土地的投资开发未达到投资总额25%以上的,属转让标的瑕疵,不影响转让合同的效力。[2]

"八民纪要"第13条最后一锤定音,其规定:"城市房地产管理法第三十九条第一款第二项规定并非效力性强制性规定,当事人仅以转让国有土地使用权未达到该项规定条件为由,请求确认转让合同无效的,不予支持。"理由在于,25%投资规范主要针对当时普遍存在的"炒地皮"现象,目前这种现象已经基本得到遏制,但出现的新情况是,在房地产价格上涨时,转让人引用该规范恶意主张合同无效,在房地产价格下浮时,受让人据此作为违约挡箭牌。认定合同无效,助长了当事人不诚信的行为,扰乱了正常市场交易秩序。[3]

由此再来看《城市房地产管理法》第66条"违反本法第三十九条第一款的规定转让土地使用权的,由县级以上人民政府土地管理部门没收违法所得,可以并处罚款"的规定,就会知道,转让合同的成立以及不涉及转移登记的履行,不是其适用对象,因为25%投资规范不影响转让合同的效力,转让合同具有正当性,双方因履行转让合同的所得——转让人取得的价款、受让人对土地的实际占有——不是违法所得,主管部门不能实施行政处罚,否则就产生法律评价矛盾。

(二)25%投资规范影响转移登记

所谓建设用地使用权的转让,不仅指以买卖、互易、赠与等形态出现的、产生债权债务关系的转让合同,还指通过转移登记完成的建设用地使用权的主体变更。25%投资规范有现实生命力,作为纸面上的明明白白的强制规范,它不是没长牙齿的老虎,虽然不能影响转让合同的效力,但能卡住转移登记,使转让合同无法完全履行,从而实现不了合同目的。也就是说,25%投资规范不限制建设用地使用权转让合同的效力,但为转移

---

[1] 参见自然资源部自然资源开发利用司编:《土地二级市场改革与探索》,中国大地出版社2020年版,第223—230页。
[2] 参见最高人民法院(2013)民一终字第18号民事判决书(载于《中华人民共和国最高人民法院公报》2014年第10期)。
[3] 参见杜万华主编:《〈第八次全国法院民事商事审判工作会议(民事部分)纪要〉理解与适用》,人民法院出版社2017年版,第233—234页。

登记限定了门槛,若在合同成立和转移登记的时间差中,当事人仍不能跨越这个门槛,那对不起,转让就不能如当事人所愿地完成。

25%投资规范之所以有这样的作用,原因主要在于:①若没有这种作用,那就意味着其对建设用地使用权的转让没有任何约束力,就不是强制规范,这显然不符合规范现实。②若没有这种作用,会产生体系悖论,因为不符合25%投资规范的建设用地会被依法认定为闲置土地,根据《闲置土地处置办法》第24条,在处理完毕之前,不得办理闲置土地的转移登记以及抵押登记。③若没有这种作用,会产生不良的法律效果和社会效果。《城市房地产管理法》第66条为违反25%投资规范的行为设置了行政处罚后果,在此前提下,不符合25%投资规范的转让顺利通过转移登记而完成之时,就是当事人被行政处罚之时,其结果无异于诱敌深入、关门打狗。

正如前文所说,用25%投资规范作为转移登记的关卡,是"让子弹飞一会儿",为当事人争取满足条件的时间和机会,比如,受让人在签订转让合同,出资完成25%投资开发工作后,可办理转移登记以实现合同目的。为了稳妥实现"先投资后转让"的立法目的,在自然资源部统一部署下,地方在探索未达到25%开发投资额的建设用地使用权转让时,采用了预告登记、交易鉴证转让等实践做法。其中,预告登记实操做法是,在登记机构依法为受让人对转让人的转让建设用地使用权的请求权办理预告登记后,受让人或者按照原出让合同投资建设,或者与自然资源主管部门签订出让合同补充协议,重新约定投资建设时间和条件,在满足25%投资规范后,再由转让双方申请办理转移登记。[1] 国务院办公厅2021年印发的《要素市场化配置综合改革试点总体方案》支持通过土地预告登记实现建设用地使用权转让。这种实践反过来也说明,25%投资规范的确不能影响转让合同效力,否则预告登记将失去根本依托。

(三)《城镇国有土地使用权出让和转让暂行条例》第19条第2款不宜再适用

《城镇国有土地使用权出让和转让暂行条例》第19条第2款规定:"未按土地使用权出让合同规定的期限和条件投资开发、利用土地的,土地使用权不得转让。"在司法实践中,该条款能否影响建设用地使用权转

---

[1] 参见自然资源部自然资源开发利用司编:《土地二级市场改革与探索》,中国大地出版社2020年版,第230—234页、第441—449页。

让合同的效力,存在争议。比如,在"陈某某等建设用地使用权转让合同纠纷案"中,一审法院认为案涉合同因违反该条款,应认定无效;二审法院认为该条款是行政管理性规定,而非效力性强制性规定,一审判决依据该条款规定,确认案涉协议无效,属基本事实不清。[1]

这种认识分歧没有实质意义,因为《城镇国有土地使用权出让和转让暂行条例》第 19 条第 2 款没有法律适用价值。具体而言:①在转让的标的物不满足 25% 投资开发比例的情形,该条款与 25% 投资规范相比,后者不仅位阶更高、日期更新,且内容更为具体详细,应优先适用。②在转让的标的物满足 25% 投资开发比例,但不符合出让合同约定期限的情形,看上去应适用该条款,但因《城市房地产管理法》对于建设用地使用权的转让仅设置了 25% 投资规范的限制,而未从投资开发进度期限的角度进行限制,实际上解禁了投资开发期限对于转让的限制,《城镇国有土地使用权出让和转让暂行条例》第 19 条第 2 款因此是不能适用的。对该结论可强化论证的重要之点是,根据《闲置土地处置办法》第 2 条第 2 款的规定,对于已动工开发的土地,在认定闲置土地时,首要的判断标准是开发面积是否不足 1/3 或投资开发比例是否不到 25%,在此基础上再衡量是否中止开发满 1 年,出让合同的约定期限不在考虑范围,在全国人民代表大会常务委员会法制工作委员会、国务院法制办公室、最高人民法院看来,《闲置土地处置办法》第 2 条第 2 款是不违反《土地管理法》《城市房地产管理法》的[2],由此也表明,《城镇国有土地使用权出让和转让暂行条例》第 19 条第 2 款与上位法冲突,不能再适用。

与前述分析道理相当,《城镇国有土地使用权出让和转让暂行条例》第 28 条第 2 款的规定"未按土地使用权出让合同规定的期限和条件投资开发、利用土地的,土地使用权不得出租"也不宜再适用。

---

[1] 参见河南省高级人民法院(2020)豫民终 1196 号民事裁定书。
[2] 《最高人民法院关于对山东省高级人民法院就国土资源部〈闲置土地处置办法〉第二条第二款第(二)项关于闲置土地认定的规定是否违反上位法规定等问题的请示的答复》指出,经研究并征求全国人民代表大会常务委员会法制工作委员会、国务院法制办公室等部门意见,国土资源部 1999 年发布的《闲置土地处置办法》第 2 条第 2 款第 2 项规定没有违反土地管理法和城市房地产管理法的有关规定。对此应指出两点:①1999 年《闲置土地处置办法》第 2 条第 2 款第 2 项与现行《闲置土地处置办法》第 2 条第 2 款内容一致,该答复同样适用于后者;②现行《闲置土地处置办法》于 2012 年 5 月 22 日修订通过并于 2012 年 7 月 1 日起施行,该答复于 2014 年 12 月 25 日作出。

二、价格控制规范的适用

在我国土地市场形成之初,控制价格就是主政者念兹在兹的重要调控手段,在《城镇国有土地使用权出让和转让暂行条例》施行之时,虽然价格控制机制尚未成型,但其第 26 条第 1 款已明确规定,"土地使用权转让价格明显低于市场价格的,市、县人民政府有优先购买权",此即典型的价格控制规范。与该条例配套的《国家土地管理局关于加强城镇国有土地使用权出让和转让管理的通知》第 7 条也规定,在土地使用权转让、出租、抵押、终止过程中,土地管理部门要审查转让、出租价格是否合理。

在司法实践中,以《城镇国有土地使用权出让和转让暂行条例》第 26 条第 1 款为代表的价格控制规范是否属于导致转让行为无效的强制规范,存在截然相反的观点。在"嘉兴宇达助剂有限公司与嘉兴市秀洲区国有资产管理委员会办公室等建设用地使用权纠纷案"中,一审法院认为,讼争土地使用权的实际成交价仅为 250 万元,远低于评估价和拍卖成交价,损害了国家利益,故确认案涉转让合同无效,二审法院维持原判。[1] 与此不同,在"江门信金资产管理有限公司与江门市益丞物业管理有限公司、江门市蓬江区潮连建设综合开发公司执行异议之诉纠纷案"中,最高人民法院指出,前述条款的立法目的在于更有效地强化对国有土地使用权转让价格合理范围的控制,并未直接否定交易本身的效力或明确了此类合同当为无效的法律后果,均属于带有行政监管色彩的管理性规定。即便在土地使用权转让价格低于市场价格时人民政府未行使优先购买权的,也只是行政部门综合判断有关情况后的选择,难以认定侵害了社会公共利益。有关人民政府未行使优先购买权并不能导致案涉《土地转让合同》归于无效的法律后果。[2] 在这两种观点中,后者更为可取,原因主要在于:

首先,正如最高人民法院所言,前述条款的目的意在合理控制建设用地使用权的转让价格,结合《城镇国有土地使用权出让和转让暂行条例》第 26 条第 2 款,能更清晰地看出这一点。该款规定:"土地使用权转让的市场价格不合理上涨时,市、县人民政府可以采取必要的措施。"转让价格的高低,是交易双方自由合意的结果,没有统一的刚性标准可予衡量,须

---

[1] 参见浙江省嘉兴市中级人民法院(2015)浙嘉民终字第 8 号民事判决书。
[2] 参见最高人民法院(2016)最高法民申 2373 号民事裁定书。

由政府根据具体情形判断。正是基于该款,政府被授权在特定情形进行价格干预。只要政府依法进行适当的价格干预,即便转让行为有效,也不妨碍该条目的的实现,如政府行使优先购买权,按照同样的低价取得土地权利,是能警示他人应以合理价格转让土地权利的。出于比例原则的考虑,该条无须有评判转让行为效力之意,因此不是影响法律行为效力的强制性规范。

其次,影响土地二级市场价格的因素很多,除了当事人的判断和协商,还包括地块、行情、调控等因素,相比于立法和司法,政府对土地二级市场更为了解,正因如此,《城镇国有土地使用权出让和转让暂行条例》第26条才授权政府进行价格干预。政府的干预因时因势而不同,转让价格高低的判断,对于低价或高价转让是否干预,须由政府根据自身财力等具体情况综合判断,司法通常应予尊重。在政府不干预时,只要没有明显的违法或失当,法院不能仅因转让价格过低以及政府不行使优先购买权为由,根据该条认定转让行为无效。在"秦某某与会理县远成工贸有限责任公司确认合同效力纠纷案"中,二审法院就指出:"案涉土地使用权转让价款是否低于当时的市场价,当地人民政府是否主张其优先受让权,是人民政府的权利,人民政府未优先受让,并不当然导致案涉土地转让协议无效"[1]。

再次,正如第四章第四节在"价格过低"部分指出的,从国务院有关政策文件来看,转让价格是否过低,以标定地价为判断标准,但该价格机制直到2018年之后才全面启动建设,该标准实际未扎根于现实中,正因为缺失标定地价,一些地方转而以基准地价作为衡量标准[2],但大部分地

---

[1] 四川省凉山彝族自治州中级人民法院(2019)川34民终1000号民事判决书。同样地,在转让价格上涨时,也不能根据该条否定转让行为的效力。比如,在"宜宾恒道房地产投资有限公司与重庆市巫山县千峰缘大理石有限责任公司、重庆汇源电力安装有限公司南岸分公司合同案"中,二审法院认为,《城镇国有土地使用权出让和转让暂行条例》第26条第2款系对市、县级人民政府为行政行为的授权性规定,而非对相关土地使用权转让合同作出的效力性规定。巫山县国土资源和房屋管理局同意案涉国有土地使用权的转让,可印证案涉土地使用权转让合同约定的价格系在政府许可的合理价格范围内。参见重庆市高级人民法院(2017)渝民终175号民事判决书。
[2] 自1992年开始,国家土地管理局开始推进土地价格工作,在《划拨土地使用权管理暂行办法》中明确要建立城市基准地价和标定地价评估机制,成立"国家土地估价委员会",颁布《城镇土地估价规程(试行)》,使基准地价评估工作在全国迅速开展起来。参见王世元主编:《改革记忆——当代中国城镇国有土地使用制度构建历程(1978—1998)》,中国大地出版社2021年版,第193页、第330—333页。

区的基准地价基本上4—5年才更新一次,再加上其是同类土地的片区平均价,往往远低于具体宗地的市场交易价,很难用作衡量具体地块实际交易价高低的标准。[1] 显然,《城镇国有土地使用权出让和转让暂行条例》第26条第1款缺失走向实践的阶梯,用它来否定建设用地使用权转让合同效力,正当性不足。

最后,政府优先购买权的基础要素之一,是建设用地使用权转让合同有效,若直接依据价格控制规范确认低价转让合同无效,政府的优先购买权将失去存在的基础,未行使的将不能行使,行使的不应具有法律效力,这不仅增加了交易的不确定性,不利于稳定各方的预期,也使《城镇国有土地使用权出让和转让暂行条例》第26条第1款成为逻辑不能自洽的具文。

概括而言,价格控制规范不能影响建设用地使用权转让合同的效力。在低价转让合同有效的基础上,双方办理转移登记,表明政府不行使优先购买权,受让人取得的建设用地使用权受法律保护。

三、查封的处分禁止规范的适用

查封是强制执行和财产保全的最常见措施,其主要针对被执行人、被保全人等义务人的物权。根据《民法典》第399条第5项、《城市房地产管理法》第38条第2项等规定,义务人不得转让或抵押查封财产,此即查封的处分限制规范。在此所谓的处分,指的是所有权转移、抵押权设立等物权变动,与产生债权债务关系的合同无关,"担保制度解释"第37条第2款第2句就规定,抵押合同不因其标的物为查封财产而有效力瑕疵。

从最高人民法院的有关司法解释和司法文件可知,理解查封对物权处分的限制,有两种不同思路:一是限制义务人的处分权,使以查封财产为标的物的买卖、抵押等合同处于履行不能状态,如"执行与协助执行通知"第22条规定,对查封的不动产物权不能办理转移登记、抵押登记,这使查封登记的不动产物权客观上处分不能;二是限制义务人的处分自由,合同仍能履行,但不能对抗善意第三人,如"查封、扣押、冻结规定"第24条规定,被执行人就查封财产所作的移转、设定权利负担或者其他有碍执行的行为,不得对抗申请执行人;查封未登记的,其效力不得对抗善

---

[1] 参见自然资源部自然资源开发利用司编:《土地二级市场改革与探索》,中国大地出版社2020年版,第419页。

意相对人。不同思路下的后果差异很大,有展开深入探讨的必要。

(一)限制处分权

作为处分人与被处分财产之间的关系,处分权既是财产权的权能,又是民事主体处分财产的资格。[1] 与德国一样,我国法院认为查封限制了义务人的处分权,查封财产处于为申请执行人、申请保全人等受益人的利益而可强制处分的状态。[2] 这样一来,查封财产的处分权转由法院取得,义务人丧失了处分的可能性,以查封财产为标的物的合同因而履行不能。这种解释对被查封的物权和处分权进行了错位配置,前者归义务人,后者归查封法院,这样的构造看上去与继承人不得处分遗嘱管理人管理的遗产、债务人不得处分破产财产这两种公认的处分权限制规范的结构完全一致,由此完全可把义务人处分查封财产视为无权处分[3],"物权编解释一"第 15 条第 1 款第 3 项就将处分查封的不动产看成无权处分,要求具备善意取得的要件,相对人才能取得物权。但这种思路存在以下主要问题,需要仔细琢磨:

第一,查封的处分限制规范与前述的处分权限制规范的基础存在重大差异,不能相提并论。继承对死者的原有关系、破产对债务人的原有关系带来重大冲击,继承人之间、继承人与死者的债权人之间、破产债权人之间会有急剧的利益冲突,而这些利益——如死者的继承人及其继承份额、死者的债权人及其债权数额、破产债务人的债权人及其债权数额——往往需要一定程序和时日来甄别确定。面对这样的复杂局面,法律必须防范可能的失序,从而采用了谨慎谦抑的私法调整机制,未把国家公权力引入门内,而是由遗产管理人、破产管理人(以下简称管理人)这样的民事主体作为协调利益和维护秩序的主导者。为了使管理人师出有名并使其调整行之有效,法律只有剥夺继承人和破产债务人的处分权,并将其赋予管理人这一条路可走,这体现了处分权的保护功能[4],处分权限制规范

---

[1] Vgl. von Tuhr, Der Allgemeine Teil des Deutschen Bürgerlichen Rechts, Bd. II, 1. Hälfte, Berlin 1957, S. 365.

[2] 参见最高人民法院修改后民事诉讼法贯彻实施工作领导小组编著:《最高人民法院民事诉讼法司法解释理解与适用(下册)》,人民法院出版社 2015 年版,第 1295—1296 页;[德]奥拉夫·穆托斯特:《德国强制执行法》(第二版),马强伟译,中国法制出版社 2019 年版,第 20 页。

[3] Vgl. Beer, Die relative Unwirksamkeit, Berlin 1975, S. 84.

[4] Vgl. Berger, Rechtsgeschäftliche Verfügungsbeschränkungen, Tübingen 1998, S. 11.

也因此得以成形。与此不同,虽然通过查控义务人的财产,查封有助于实现受益人的利益,看上去是在实现私益,但强制执行和财产保全是国家提供法律保护的形式,处理的是受益人和法院之间的公法关系,而非受益人和义务人之间的民事关系,只要能满足民事诉讼法或民事强制执行法的要求,受益人的实体权利是否有效存在,不构成实质影响。[1] 这意味着,义务人不得处分查封财产是其负担的公法义务,法院对查封财产的处分权也是公法权力,与处分权限制的规范基础有根本区别。

第二,查封的处分限制规范与前述的处分权限制规范的法律效果也不相同。处分权限制规范所保护的继承人利益或债权人利益的具体内容可能不确定,但的确存在这些利益。经过利益衡量,管理人可同意继承人处分遗产或债务人处分破产财产,继承人或债务人未经同意擅自处分的,适用善意取得规范。[2] 与此不同,受益人的利益未必真实存在,在财产保全它可能仅是受益人的"说法",在强制执行时它则会遭受案外人执行异议之诉等法定障碍。受制于这种不确定性,也为了不过度干涉义务人的物权人法律地位,在德国法上,义务人仍能处分查封财产,只不过该行为相对不生效,也即在损害受益人利益的限度内物权不变动,反之则物权变动;同时,为了保护物权处分的相对人,可参照适用善意取得规范。[3] 比如,义务人B把查封房屋转让给C,该行为损害受益人A的,A有权请求法院依法变价该房屋,这种结果相当于B、C之间的转让不能对抗A,但B、C之间的转让符合善意取得的要件,如C无重大过失不知该房屋被查封,就能对抗A。《葡萄牙民法典》第819条、我国台湾地区"强制执行法"第51条第2项等规定与之类似,"查封、扣押、冻结规定"第24条也同样如此。[4]

---

[1] 参见〔德〕康拉德·赫尔维格:《诉权与诉的可能性:当代民事诉讼基本问题研究》,任重译,法律出版社2018年版,第38—64页。
[2] 参见〔德〕雷纳·弗兰克、〔德〕托比亚斯·海尔姆斯:《德国继承法(第六版)》,王葆莳、林佳业译,中国政法大学出版社2015年版,第104—105页;〔德〕莱因哈德·波克:《德国破产法导论(第六版)》,王艳柯译,北京大学出版社2014年版,第75—77页。
[3] 参见〔德〕维尔纳·弗卢梅:《法律行为论》,迟颖译,米健校,法律出版社2013年版,第414—427页。
[4] 参见王飞鸿:《〈最高人民法院关于人民法院民事执行中查封、扣押、冻结财产的规定〉的理解与适用》,载《强制执行指导与参考》总第12集,法律出版社2005年版,第25—26页;吴光荣:《论违反让与禁止的法律后果——兼论〈房地产管理法〉第38条与〈担保法〉第37条的规范性质》,载《法律科学(西北政法大学学报)》2014年第5期,第82页。

这些问题若成立,就表明限制义务人处分权的思路不能成立,结果是查封未限制义务人对查封财产的处分权,以查封财产为标的物的合同并非履行不能,而且,查封的处分限制规范不能归为处分权限制规范,义务人处分查封财产不是无权处分,结果并非效力待定,而是不能对抗受益人的相对不生效。

(二)限制处分自由

只要有处分权,物权人就有处分自由,是否以及如何处分,由物权人在法定框架内基于自由意志决定。处分权是处分自由的基础,没有处分权,遑论处分自由,但有处分权,未必能实现处分自由,因为法律还可能限制处分自由,未能跨过限制的处分,仍不能实现预期效果。

在限制义务人处分自由的思路中,查封虽然未限制义务人的处分权,义务人有处分自由的基础,但查封的处分限制规范限制了义务人的处分自由。从理论上看,限制处分权与限制处分自由是不同的。限制处分权有两种方式,一是从物权内部容量切入,绝对扣减其处分权能,如《民法典》第 369 条规定居住权不得转让,这种内在限制使居住权人这样的物权人没有能力转让权利;二是从主体入手,法律将本属于物权人的处分权授予管理人等他人,即便物权人处分财产的行为客观上成形,也会因为缺乏必要条件而效力待定。在处分自由限制中,物权有处分权能,物权人也有处分权,具备处分行为的必备要件,处分结果不是效力待定,但法律从行为外部规制切入,压缩物权人的行为自由空间,不允许其为处分行为,对于违背者视情况给予不同评价,比如,违背公序良俗的处分行为无效;又如,损害受益人利益的处分查封财产的行为不生效;再如,不损害受益人利益的行为受相应的公法制裁即可,根据《民事诉讼法》第 111 条第 1 款第 3 项、《刑法》第 314 条被罚款、拘留或刑罚,民法无须再给予负面评价。

限制处分权和限制处分自由分属不同的层面,若某行为能适用处分权限制规范,就不必再为维护某个人的利益而禁止相应的处分行为[1],结果就不会产生相对不生效的后果。由此来看,查封是通过限制义务人的处分自由来实现制度目的的。基于此再来理解查封的"处分限制",就知道它不是说要彻底杜绝义务人处分查封财产的行为,而是说要以受益人的利益为标准,对这种行为的效力进行分类评价,只有损害受益

---

[1] 参见〔德〕迪特尔·梅迪库斯:《德国民法总论》,邵建东译,法律出版社 2000 年版,第 501—502 页。

人的处分查封财产行为才受负面评价,原则上不能产生物权变动的效果。

通过上述可知,限制处分权和限制处分自由是两种不同的思路,后者在理论上能更清晰说明查封对物权处分的限制。不过,在我国,建设用地使用权在查封登记后,义务人客观上不能完成以转让、抵押为形式的处分,查封限制的是义务人的处分权还是处分自由,在该规范现实面前没有任何区别,对此不能不察。但是,一旦查封登记不再具有处分禁止功能,处分查封的建设用地使用权就是相对不生效的后果。这表明,在传统观念忽视查封对物权影响的大背景下[1],加深查封与处分自由关系的探讨,寻找合理解释查封限制处分的路径,是很有价值的工作。

---

[1] 参见刘哲玮:《诉的基础理论与案例研习》,法律出版社2021年版,第199—205页。

第七章 开发建设

房地产与国计民生密切相关,其全生命周期的每个环节——从土地供应到开发建设——无不处于行政管制当中。开发建设是房屋从无到有的生成过程,其中最突出的行政管制是规划许可和建筑许可,它们对建设工程施工合同、房屋所有权等影响深远,本章将着重探讨它们的民事效力。

前文再三强调,国土空间规划对房地产有全方位的影响。在开发建设环节,规划的影响通过规划许可这种实施机制传导出来。按照"国土空间规划意见"的要求,应先规划、后实施,开发建设活动不得违反国土空间规划;在城镇开发边界内的建设,实行"详细规划+规划许可"的方式;在城镇开发边界外的建设,按照主导用途分区,实行"详细规划+规划许可"和"约束指标+分区准入"的方式。2020年自然资源部办公厅《关于加强国土空间规划监督管理的通知》要求:"坚持先规划、后建设。严格按照国土空间规划核发建设项目用地预审与选址意见书、建设用地规划许可证、建设工程规划许可证和乡村建设规划许可证。未取得规划许可,不得实施新建、改建、扩建工程。"《城乡规划法》第40—41条、第44条以及2019年农业农村部、自然资源部《关于规范农村宅基地审批管理的通知》也分别规定,在城市、镇规划区内进行建设应办理建设工程规划许可证,在乡、村庄规划区内进行建设应办理乡村建设规划许可证,在城市、镇规划区内进行临时建设应经城市、县人民政府城乡规划主管部门批准。由于前述的各类规划许可和临时建设批准的属性一致,作用相当,为了行文方便,本章把它们统称为规划许可。

建造房屋有无规划许可或是否符合规划许可,是判断建造行为是否合法的重要标准,由此可将房屋分为合法建筑和违法建筑。在合法建筑,规划许可对所有权、相邻权以及在建建筑物抵押权起着至关重要的作用,第一节对此展开讨论。在违法建筑,规划许可对建筑物权属、建设工程施工合同效力等发挥着重要影响,这些是第二节的内容。

《建筑法》规定的建筑许可有两类:一是建筑工程施工许可,这是建设单位在建筑工程开工前应申办的许可;二是从业资格,根据《建筑法》第13条的规定,从事建筑活动的建筑施工企业、勘察单位、设计单位和工程监理单位要有相应的资质,并只能在其资质等级许可的范围内从事建筑活动。它们的民事效力如何,是第三节讨论的问题。

上述讨论再次表明,在理解开发建设所涉及的民事权益时,无论是房屋所有权还是相关合同的效力,仅依靠民法规定并不足够,还要探寻行政法约束下的实际运作中的行政许可。

第一节　规划许可的民事效果:以合法建筑为对象

一、对房屋所有权的影响

(一)规划许可引发的管制框架

规划许可与土地开发建设直接有关,它是控制性详细规划、规划条件和修建性详细规划落地的关键,也是引领开发建设一系列行政管制措施的先锋。

1. 规划许可是建筑工程施工许可的前提

根据《建筑法》第 8 条的规定,规划许可是建筑工程施工许可的前提,没有前者,后者是无法办理的。

2. 规划许可是竣工规划核实文件的前提

在建设单位办理建筑工程施工许可证后,按照规划设计要求施工,待完成全部工作量,建筑物混然成型时,即为竣工。

根据《城乡规划法》第 45 条的规定,主管部门按照国务院规定对建设工程是否符合规划条件予以核实,符合规划条件的,核发竣工规划核实文件,建设单位才能组织竣工验收,并在验收后 6 个月内向主管部门报送竣工验收材料。自然资源部办公厅《关于加强国土空间规划监督管理的通知》要求:"严格依据规划条件和建设工程规划许可证开展规划核实。规划核实必须两人以上现场审核并全过程记录,核实结果应及时公开,接受社会监督。无规划许可或违反规划许可的建设项目不得通过规划核实,不得组织竣工验收。"由此可知,竣工规划核实是规划许可落地的关键,竣工规划核实文件意在确保房屋按照规划许可进行。

3. 规划许可、竣工规划核实文件是竣工验收的前提

为了确保建筑物的质量过关，《建筑法》第61条第1款规定了竣工验收，即"交付竣工验收的建筑工程，必须符合规定的建筑工程质量标准，有完整的工程技术经济资料和经签署的工程保修书，并具备国家规定的其他竣工条件"。由此来看，竣工与竣工验收是紧密关联，但内涵截然不同的两个概念。正如《城乡规划法》第45条、自然资源部办公厅《关于加强国土空间规划监督管理的通知》所规定的，规划许可、竣工规划核实文件是竣工验收的前提。

[完工、竣工、竣工验收、竣工验收备案的关系] 最高人民法院刻意区分了完工和竣工，前者是指建设工程承包人完成施工作业，之后承包人须与作为发包人的建设单位实际交接，还要准备提交竣工验收报告；竣工是说对建筑物法律意义上的验收均完成并通过，实际交付给发包人。[1] 在此意义上，完工表明建筑物在物理状态上成型，竣工则意味着建筑物既符合规划许可，又符合法律规定以及当事人约定的质量标准，它们分别对应了《民法典》第799条和《建筑法》第61条的竣工和竣工验收合格。

《房屋建筑和市政基础设施工程竣工验收备案管理办法》第4条、《房屋建筑和市政基础设施工程竣工验收规定》第9条规定，建设单位应当自工程竣工验收合格之日起15日内向主管部门备案，此即竣工验收备案，这是主管部门进行建筑工程质量管理的手段之一。建筑工程竣工验收合格是竣工验收备案的前提，在竣工验收合格后，建设单位未按照前述规定备案，要承担相应的行政责任，但不能因此就否定竣工验收合格，更不能否定竣工验收的事实。在"江苏新龙兴建设集团有限公司与腾冲县金鹰房地产开发有限公司建设工程施工合同纠纷案"中，最高人民法院就指出，"工程是否在建设行政主管部门或有关部门竣工验收备案，不是确定工程是否竣工验收的标准"。[2]

4. 规划许可、竣工规划核实文件、竣工验收材料是不动产登记的前提

根据《不动产登记暂行条例实施细则》第35条的规定，没有规划许可以及基于竣工规划核实文件的竣工材料，房屋所有权不可能办理首次登

---

[1] 参见最高人民法院民事审判第一庭编著：《最高人民法院新建设工程施工合同司法解释（一）理解与适用》，人民法院出版社2021年版，第102页。

[2] 参见最高人民法院（2018）最高法民终24号民事判决书。

记。农业农村部、自然资源部《关于规范农村宅基地审批管理的通知》要求："农户建房完工后，乡镇政府组织相关部门进行验收，实地检查农户是否按照批准面积、四至等要求使用宅基地，是否按照批准面积和规划要求建设住房，并出具《农村宅基地和建房（规划许可）验收意见表》。通过验收的农户，可以向不动产登记部门申请办理不动产登记。"

[无须竣工验收的农民自建低层住宅]《建筑法》第83条第3款规定，农民自建低层住宅的建筑活动不适用本法，这种住宅因此无须竣工验收。不过，什么样的住宅才是低层住宅，该法未予明确规定。《建设工程勘察设计管理条例》第44条规定，农民自建两层以下住宅的勘察、设计活动不适用本条例，也即无须先设计再建造，设计单位也无须有相应的资质等级。以此为准，农民自建两层以下的住宅无须竣工验收。按照《民法典》1259条的标准，"以下"包括本数，前述的"两层以下"包括"两层"，故而，两层住宅属于低层住宅。但《村庄和集镇规划建设管理条例》第21条第1款规定，在村庄、集镇规划区内，建造二层（含二层）以上的住宅，必须由取得相应的设计资质证书的单位进行设计，或者选用通用设计、标准设计，据此，两层住宅又不属于低层住宅。

《建设工程勘察设计管理条例》和《村庄和集镇规划建设管理条例》均为行政法规，前者于2000年9月25日施行，后者于1993年11月1日施行，根据《立法法》第103条有关新法优先于旧法的规定，在低层住宅的界定上，应以《建设工程勘察设计管理条例》的规定为准，也即两层以下（含两层）住宅是低层住宅。这也与司法实践的立场一致。比如，2012年北京市高级人民法院《关于审理建设工程施工合同纠纷案件若干疑难问题的解答》第6条第1款规定，施工人签订合同承建两层以下（含两层）农民住宅，当事人仅以施工人缺乏相应资质为由，主张合同无效的，一般不予支持。[1]

相应地，虽然《不动产登记暂行条例实施细则》第41条未把房屋竣工材料列为宅基地使用权及房屋所有权首次登记的材料，但基于前述理解，只有宅基地上两层以下（含两层）的住宅所有权首次登记无须竣工材料，三层以上住宅所有权首次登记均应包括竣工材料。

综上所述，正是在规划许可的带动下，办理了建筑工程施工许可证的

---

〔1〕 参见史智军编著：《建设工程合同注释书》，中国民主法制出版社2021年版，第4—5页。

建设单位完成建设实现竣工,进而在竣工规划核实文件的支撑下,建设单位组织竣工验收,在验收合格后,建设单位持规划许可、竣工规划核实文件、竣工验收合格材料,申请办理不动产登记,从而在完成开发建设行政管制的同时,向社会公众公示房屋所有权(见图7-1 开发建设的行政管制)。

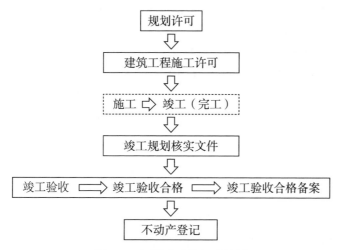

图7-1 开发建设的行政管制

(二)对《民法典》第231条的理解

1. 规划许可、竣工规划核实文件是合法建造的标志

《民法典》第231条规定,合法建造的房屋所有权不以登记为取得要件,只要房屋建成,无须登记,建设用地的使用权人就能取得房屋所有权,这反映了界定物权权属的事实标准。既然登记不是房屋所有权原始取得的要件,那么,有无规划许可或竣工规划核实文件,对房屋所有权的取得不应产生影响才对。

其实不然。根据《城乡规划法》第37—39条的规定,控制性详细规划是国有建设用地使用权划拨和出让的基础,基于该规划的容积率、建设密度、建筑限高等规划条件事先具体化了建设用地使用权的权能,故而,没有或不符合规划许可,建设用地使用权人会逾越本有的权限,对由此产生的房屋当然不能取得所有权。也就是说,规划许可有合理配置房屋所有权的功能,若允许建设用地的使用权人没有或不按规划许可也能取得所建房屋的所有权,会导致产权配置失当。

正因如此,《民法典》第 231 条的合法建造,强调的就是建设用地的使用权人需根据规划许可来建造,取得竣工规划核实文件,否则所建房屋是违法建筑。根据《城乡规划法》第 64 条的规定,违法建筑要么应改正,要么应拆除,要么应没收。与此相应,"八民纪要"第 21 条对违法建筑的权属采用相当审慎的态度,规定违法建筑的认定和处理属于国家有关行政机关的职权范围,应避免通过民事审判变相为违法建筑确权;当事人请求确认违法建筑权利归属及内容的,法院不予受理;已经受理的,裁定驳回起诉。"国有土地使用权合同解释"第 16 条第 1 款也规定房地产项目为违法建筑的,合作开发房地产合同的当事人请求分配房地产项目利益的,不予受理;已经受理的,驳回起诉。由此可知,在把违法建筑界定为不动产的前提下,建设用地的使用权人是无法通过司法途径取得或确认其所有权的。

2. 竣工验收合格是事实行为成就的标志

既然规划许可和竣工规划核实文件共同确保了房屋建造的合法性,那是否只要有它们,建设用地的使用权人就能取得竣工房屋的所有权,至于是否竣工验收、竣工验收是否合格,可在所不问? 也就是说,在合法建造房屋的情形,对《民法典》第 231 条中的事实行为成就,可否理解为竣工,而无须理解为竣工验收合格? 答案为否,主要理由在于:

第一,与规范文义和目的更吻合。竣工验收是建设工程项目建设全过程的最后一道程序,是对工程质量实施控制的最后一个重要环节[1],只有竣工验收合格,才表明建造行为成就,才表明竣工房屋符合法律规制,确属合法建造的产物,同时也符合所有权首次登记的要求,而竣工但尚未验收的状态既说明建造行为尚未成就,还不表明建造行为必然合法,这种状态也不符合所有权首次登记的要求。

第二,不会损及权利人的利益。相比于前一种理解,后一种理解会使权利人取得房屋所有权的时点较晚,但这不会损及权利人的利益,因为在竣工验收合格前,权利人不能占有房屋进行使用,不能实际支配房屋,否则,根据"建设工程施工合同解释一"第 14 条的规定,权利人以使用部分质量不符合约定为由主张权利,法院不予支持;而且,无论采用哪种理解,只要未登记,房屋所有权就不能处分。

第三,不会损及其他人的利益。根据《民法典》第 1252 条第 1 款的规

---

[1] 参见卞耀武主编:《中华人民共和国建筑法释义》,法律出版社 1998 年版,第 165 页。

定,即便权利人不能取得竣工而未验收的房屋所有权,但在房屋倒塌造成他人损害时,其作为建设单位要与施工单位承担连带责任。

第四,与其他法律规范保持体系一致。《民法典》第799条规定,在竣工验收合格后,建筑物才能交付使用,建设工程发包人应按照约定支付价款。"建设工程施工合同解释一"第9条第1项规定,竣工验收合格之日为竣工日期。《商品房销售管理办法》第3条第2款规定,现售的商品房是竣工验收合格的商品房。采用后一种理解能与这些规范保持有机衔接,不会出现不应有的抵牾。

(三)影响建设用地的使用权人对房屋所有权的取得

由上可知,规划许可、竣工规划核实文件是判断房屋建造行为是否合法的标志,是房屋竣工验收的前提,而竣工验收合格是建造房屋这种事实行为成就的标志,它们结合起来,影响了建设用地的使用权人对房屋所有权的取得(见图7-2《民法典》第231条有关合法建造规定的框架结构)。

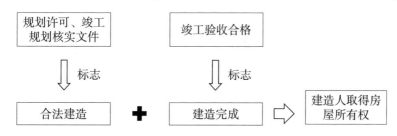

图7-2 《民法典》第231条有关合法建造规定的框架结构

基于这种认识,再结合只有建设用地的使用权人才能申请规划许可,可以得出以下结论:只要建设用地的使用权人依法取得使用权,并以自己名义申办规划许可,完成后续的行政管制,则其就是房屋所有权人,至于其与其他主体之间的合作开发协议等合同约定,不能直接改变这种权属认定。

比如,在"中国信达资产管理股份有限公司陕西省分公司与陕西崇立实业发展有限公司(以下简称崇立公司)等案外人执行异议之诉案"中,最高人民法院认为,根据查明事实,案涉房屋的国有土地使用权证、建筑用地规划许可证、建筑工程规划许可证、施工许可证等记载的权利人均为佳佳公司,即在案涉房屋开发的立项、规划、建设过程中,佳佳公司是相关行政审批机关确定的建设方,崇立公司仅依据其与佳佳公司的联建协议,并不能直接认定其为合法建造人,并因事实行为而当然取得物权。结合《佳家时代广场 B、C 座项目联合开发合同书》约定内容分析,双方联建的佳家时代广场 B、C 座楼位及 B 座以北的地下车库项目,双方共同投资至本项目总价的 25%~30% 时,佳佳公司应无条件将该项目转让、过户给崇立公司,由崇立公司独自建设、经营、销售,收益归崇立公司所有,转让过户的税费由崇立公司承担,即崇立公司、佳佳公司双方亦明知,双方合作开发,崇立公司仅能依据联建协议参与建成房屋分配,项目转让仍须履行相关审批手续。[1]

又如,在"沈阳大德房地产开发有限公司(以下简称大德公司)与辽宁新华天房地产开发有限公司(以下简称新华天公司)一般取回权纠纷案"中,最高人民法院认为,案涉房产所在地块的土地使用权人为新华天公司,大德公司与新华天公司合作开发,由新华天公司具体实施,大德公司实际出资并未参与建设。因合法建造取得物权必须有合法的建设手续,且建成房屋。新华天公司虽取得了建设用地规划许可证,但未取得建设工程规划许可证、建筑工程施工许可证及商品房预售许可证。案涉房产虽已封顶,但没有进行竣工验收,房屋所有权亦未登记在大德公司名下。大德公司不能依据《合作协议》以及对案涉项目投入建设资金的事实主张其取得案涉房屋的物权。[2]

在对取得房屋所有权的影响方面,相比而言,竣工规划核实文件的作用不如规划许可那样重要,因为没有竣工规划核实文件,往往意味着房屋尚未竣工,属于在建建筑物,而在建建筑物只要有规划许可的支撑,不影响建设用地使用权人取得其所有权。在"福达控股集团有限公司与上海金桥出口加工区联合发展有限公司项目转让合同纠纷案"中,最高人民法院就指出,"在建工程尚未进行登记,但所在地块的土地使用权人同时为办理在建工程项目建设手续的申报人或被批准人的,应认定为在建工程的所有权人"。[3]

(四)影响与建筑物区分所有权相关的房屋所有权归属

在住宅小区等涉及建筑物区分所有权的情形,作为建设用地使用权人的房地产开发企业等建设单位按照规划许可完成开发建设后,会有三种房屋所有权归属(见图 7-3 与建筑物区分所有权相关的房屋所有

---

[1] 参见最高人民法院(2016)最高法民终 763 号民事判决书。
[2] 参见最高人民法院(2021)最高法民申 3806 号民事裁定书。
[3] 参见最高人民法院(2021)最高法民申 2155 号民事裁定书。

构造），它们无一例外地受到规划许可的影响：

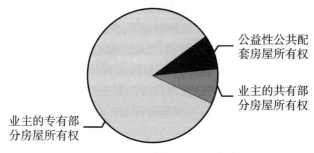

图 7-3 与建筑物区分所有权相关的房屋所有权构造

第一，业主的专有部分房屋所有权。在建设单位合法建造完成后，业主通过转移登记取得专有部分房屋专有权，这是建筑物区分所有权的主干，在规划许可中有明晰的界定。《民法典》第 275 条第 1 款在界定作为专有部分车位、车库时，表述为"规划用于停放汽车的车位、车库"，其中的规划就是规划许可。[1] 不仅如此，根据"建筑物区分所有权解释"第 2 条第 2 款的规定，在判断与专有部分房屋连接的露台等是否属于该房屋的组成部分时，首先就是看规划许可有无这样的显示，若没有，即便露台在物理上专属于该房屋，也因属于违法建筑而无法成为房屋的组成部分。[2]

---

[1] 参见黄薇主编：《中华人民共和国民法典释义（上册）》，法律出版社 2020 年版，第 515 页。司法实践也多如此界定，比如，在"七一酱园高层商住小区业主委员会与新疆天阳房地产开发有限公司、新疆七一酱园综合购物有限公司建筑物区分所有权纠纷案"中，一审、二审法院均以案涉车位按规划建造，未占用业主共有的道路或其他场地为由，否定了业主对车位的共有。参见新疆维吾尔自治区乌鲁木齐市中级人民法院(2021)新 01 民终 4071 号民事判决书。典型的相反观点，比如，在"赵某与天津市天山房地产开发有限公司合同纠纷案"中，二审法院认为，"开发商按照规划建设的地面停车位属于开发商建设的附属设施。该附属设施归属于全体业主，其性质与其他公共附属设施性质并无不同。规划从行政要求的角度确定了开发商的建设义务，开发商有义务按照规划修建小区附属设施，但非依规划建设的附属设施都归属于开发商。因此，本案地面停车位是由开发商依照行政规划建设的物业附属设施，属于业主共有的土地使用权的范畴，其权益应归属于全体业主。"参见天津市第二中级人民法院(2022)津 02 民终 495 号民事判决书。从《民法典》第 275 条第 1 款和"建筑物区分所有权解释"第 2 条第 1 款的规定来看，车位与车库一样，均能成为专有部分，车位未必属于公共附属设施，故这种相反观点的理由并不充分。

[2] 参见最高人民法院民事审判第一庭编著：《最高人民法院建筑物区分所有权、物业服务司法解释理解与适用》（第 2 版），人民法院出版社 2017 年版，第 48—49 页。

第二,公益性公共配套房屋所有权。为了城市发展,政府往往希望进行房地产开发建设的建设单位完成中小学、幼儿园、社区卫生服务中心等公益性配套公共设施建设。在这种情形下,主管部门会通过规划条件、修建性详细规划等确定公共配套设施,出让合同也会约定建设单位无偿建设这些房屋。参照2019年《广州市居住区配套公共服务设施管理暂行规定》、2018年《广州市房地产开发项目公共服务设施不动产登记细则》等规定,这些房屋的建设同样须有规划许可、竣工规划核实文件,建设单位在建成后无偿移交给相关部门。

第三,业主的共有部分房屋所有权。在建筑区划范围内的房屋,除了专有部分和公益性公共配套设施,其余的物业服务用房等属于共有部分,由业主共有。在判断某套或某栋房屋是否属于共有部分时,很重要的标准是看规划许可对房屋用途的标注,只要表述为物业服务用房等,就属于共有部分。比如,在"沈阳方迪房地产发展有限公司与沈阳市皇姑区方迪东阁小区业主委员会返还原物纠纷案"中,二审法院在认定案涉房屋是否为共有部分时,就以规划图纸、竣工图纸对房屋的标注"门卫室"为标准,判定该房屋为共有部分。[1]

综上所述,在建设用地的使用权的基础上,规划许可文件和竣工规划核实文件确保了建造行为的合法性,影响建设用地的使用权人取得房屋所有权,影响与建筑物区分所有权相关的房屋所有权的归属。

二、对相邻权的影响

(一)民法相邻权的法律构造

现代社会中人多地少,毗邻而居是常态,为了促使睦邻友好相处,《民法典》专门规定了相邻关系规范,第288条把"有利生产、方便生活、团结互助、公平合理"明确为处理相邻关系的原则。在毗邻而居的硬性约束下,邻人之间必须适度容让与自谦,否则不可能产生睦邻友好的融洽氛围。在此所谓的邻人范围,应根据具体规范的目的来定,在法律无特别规定时,应限于物权人。[2] 在相邻关系中,权利人的容让和自谦意味着其要在"有利生产、方便生活"的限度内容忍邻居的必要干涉,其物权权能因而有减损,邻居的物权权能则因此有增益,这样的法律地位称为相邻权。

---

[1] 参见辽宁省沈阳市中级人民法院(2021)辽01民终4606号民事判决书。
[2] 参见苏永钦:《私法自治中的经济理性》,中国人民大学出版社2004年版,第217—221页。

以《民法典》第290—292条为例,建设用地使用权人A应为邻居B的用水、通行或建筑提供必要便利,B因此能适度利用A的土地,这是B的建设用地使用权的适度延伸,A负有与此相应的容忍义务,即便B的适度利用给A带来不便,A也不能行使排除妨害请求权。[1]要知道,作为绝对权,物权理应排斥任意第三人的干涉,物权人能对干涉之人主张返还原物、排除妨害、消除危险等物权请求权,这是物权绝对性的首要内核。[2]A不能对B行使排除妨害请求权,表明其建设用地使用权的绝对性打了折扣,权能有所折损。何以如此?原因在于相邻关系是天然的、客观的、无法改变的密切关系,为了睦邻友好,实现"团结互助",由法律初始配置邻人各自的物权权限,是不得已的高效之举,故而,在实现自己土地效用的客观必要限度内,B有适度利用A的土地的法定权限,A的建设用地使用权权限自始就相应地扣减,其当然无权抵制B对其不动产的必要利用。

也就是说,在相邻关系中,邻人的行为空间自始已被法律划定,只要B因实现其土地正常效用的客观需要而适度利用A的土地,就仍在其自由行为的空间范围内,没有跨越人己之间的界限,当然不构成侵权。故而,B的适度利用给A造成损害的行为是合法侵害,是A为了B的高位阶利益的牺牲,A就此损害不能主张侵权责任,只能主张合理补偿[3],以达到"公平合理"。在此意义上,容忍义务只是一种形象比喻,它表明了权利正当行使的一般规律,即对于权利人正当行使权利的行为,任何人都不能反对,都要容忍,在容忍义务的限度内,B的行为必定与侵权无关。

综上所述,着眼于不动产相互邻接的客观事实状态,民法相邻权初始配置了物权的权能界限和邻人的行为空间,在此初始配置的限度内,权利人对邻居行为负有容忍义务,不能行使排除妨害请求权,邻居行为也不构成侵权行为,但权利人因此遭受的损害,也即法律对其权能的初始扣减,可请求邻人予以补偿。

---

[1] 参见王利明:《论相邻关系中的容忍义务》,载《社会科学研究》2020年第4期,第14—15页。
[2] Vgl. Canaris, Die Verdinglichung Obligatorischer Rechte, in: Festschrift fuer Werner Flume zum 70. Geburstag, Bd. I, Koeln 1978, S. 371 ff.
[3] 参见〔德〕埃尔温·多伊奇、〔德〕汉斯-于尔根·阿伦斯:《德国侵权法——侵权行为、损害赔偿及痛苦抚慰金(第5版)》,叶名怡、温大军译,刘志阳译,中国人民大学出版社2016年版,第200—201页。

(二)规划许可对相邻权的影响

在不考虑规划许可的前提下,房屋相邻关系适用民法相邻权规范即可。一旦把规划许可考虑进来,在一定程度上会改变民法相邻权的法律构造,这体现了规划许可对相邻权的影响。从实践情况来看,邻人之间的采光、日照相邻关系与规划许可最紧密相关,以下以此为例,分情形来展开(见表7-1 规划许可对相邻权的影响)。

表7-1 规划许可对相邻权的影响

规划许可是否符合程序要求	规划许可是否符合实体要求	规划许可对相邻权的影响
符合	符合	1.规划未调整的,权利人A有容忍义务,邻居B无须补偿A的损害;2.规划调整的,A有容忍义务,B应予补偿。
不符合	符合	结论同上。此外,法院依法撤销B的规划许可,规划许可部门责令B限期拆除,B逾期不拆除的,A应有权提起行政诉讼,敦促地方政府强制拆除。
符合	不符合	1.A、B事先达成补偿协议,A有容忍义务,B应按约定补偿;2.没有前述补偿协议,法院依法未撤销B的规划许可的,A有容忍义务,B应予补偿;3.没有前述补偿协议,法院依法撤销B的规划许可的,在规划许可部门责令B限期改正或限期拆除后,B逾期不改正或不拆除的,构成侵权行为,A有权要求B改建或拆除,并赔偿损失。
不符合	不符合	1.A、B事先达成补偿协议的,与不符合程序要求、符合实体要求的情形一样;2.没有前述补偿协议的,与符合程序要求、不符合实体要求的情形一样。

1. 规划许可合法的情形

(1)规划许可的合法要求

综合相关法律规定,合法的规划许可需符合以下要求:

第一,符合《行政许可法》第36条、第46—47条的程序规定,此为程序要求。规划许可是行政许可,要满足相应的程序要件。《行政许可法》第36条规定:"行政机关对行政许可申请进行审查时,发现行政许可事项直接关系他人重大利益的,应当告知该利害关系人。申请人、利害关系人有权进行陈述和申辩。行政机关应当听取申请人、利害关系人的意见。"第46条规定:"法律、法规、规章规定实施行政许可应当听证的事项,或者行政机关认为需要听证的其他涉及公共利益的重大行政许可事项,行政机关应当向社会公告,并举行听证。"第47条规定:"行政许可直接涉及申请人与他人之间重大利益关系的,行政机关在作出行政许可决定前,应当告知申请人、利害关系人享有要求听证的权利;申请人、利害关系人在被告知听证权利之日起五日内提出听证申请的,行政机关应当在二十日内组织听证。申请人、利害关系人不承担行政机关组织听证的费用。"根据上述规定,若规划许可涉及公共利益,主管部门应依法公告并听证;若规划许可涉及申请人与他人重大利益关系,应告知利害关系人,给予申请人、利害关系人以陈述、申辩及申请听证的机会,听取他们的意见,并根据申请人、利害关系人的申请组织听证。

第二,符合控制性详细规划、规划条件,此为实体要求,在该要求中,修建性详细规划、建设工程设计方案应符合国家标准是应有之义。根据《城乡规划法》第50条的规定,规划许可需符合控制性详细规划和规划条件,主管部门还应依法将经审定的修建性详细规划、建设工程设计方案总平面图予以公布。《城市规划编制办法》第41—42条把建筑密度、建筑高度作为控制性详细规划的强制性内容,第43条要求修建性详细规划应当包括对住宅、医院、学校和托幼等建筑的日照分析。《城市居住区规划设计规范》《民用建筑设计统一标准》《建筑采光设计标准》(GB50033-2013)《住宅设计规范》(GB50096-2011)等国家标准明确了采光、日照的具体参数,修建性详细规划以及规划许可需符合这些标准。这些标准对于民事相邻权非常重要,《民法典》第293条就规定:"建造建筑物,不得违反国家有关工程建设标准,不得妨碍相邻建筑物的通风、采光或日照。"

(2)合法规划许可对相邻权的影响

根据规划是否调整,合法规划许可有两种情形,它们对相邻权的影响是不同的:

第一,规划未调整的,符合前述要求的规划许可合法,按照该规划许可建造的房屋,是国有建设用地使用权按照初始配置的权能予以实现的标志,即便邻居B的房屋影响了A的房屋采光、日照,A也不能请求排除妨害。不仅如此,B的房屋影响A房屋的采光、日照,是两方取得各自国有建设用地使用权时应知的信息,A在此情况下选择受让国有建设用地使用权,具有自行负担由此产生的不利益后果的意思,因而不能请求 B 予以补偿。用德国学理来理解,规划是对国有建设用地使用权的限制,是权利人要负担的无须赔偿的容忍内容。[1]

举例再予形象说明。在 B 未建房前,A 的房屋日照为 5 小时,B 按照规划许可建房,致使 A 的房屋日照时间缩至 3 小时,A 看上去有日照时间 2 小时的损失。只要 B 的规划许可合法,那就意味着,按照既定规划,A 的房屋日照时间本来就是 3 小时,这是其国有建设用地使用权的权能容量,B 的房屋并未给 A 造成损害。在此情况下,A 既不能向 B 主张排除妨害请求权,也不能主张损害补偿请求权。也就是说,在此套用民事相邻权规范,结果是改变了其法律构造,导致补偿请求权无从发生。[2]

第二,规划调整的,民事相邻权规范可完全适用,法律构造不会改变。比如,按照既定规划,A 的房屋日照为 3 小时,但 B 的土地规划依法调整,B 按照规划许可建房,致使 A 的房屋日照时间缩短至 2 小时,A 有日照时间 1 小时的损害,这实际表明 A 本来的国有建设用地使用权的权能容量发生减损。在此情况下,民事相邻权的法律构造就不改变,A 虽不能向 B 主张排除妨害请求权,但可就该 1 小时的日照时间减损,向 B 主张补偿请求权。

2. 规划许可违法的情形

(1)不符合程序要求,符合实体要求的情形

此情形是说规划许可的作出不符合《行政许可法》第 36 条、第 46—47 条的程序规定,但符合控制性详细规划和规划条件。根据法院是否依法撤销规划许可,该情形又能细分以下两种,它们看上去差别很大,但对相邻权的影响是一样的:

第一,法院依法未撤销规划许可的,表明邻居 B 的房屋建造合乎其国有建设用地使用权的权能,这与规划许可合法的情形没有差异,上述有关合法规划许可对相邻权影响的阐述在此可予适用。司法实践也有适

---

[1] 参见〔德〕鲍尔、〔德〕施蒂尔纳:《德国物权法(上册)》,张双根译,法律出版社 2004 年版,第 568 页。
[2] 在"郑某某与唐山玉龙房地产开发有限公司(以下简称玉龙公司)相邻采光、日照纠纷案"中,玉龙公司按照合法的规划许可建房,导致郑某某房屋南侧窗日照时间为 2 小时 52 分,与无楼房遮挡相比日照时间减少 5 小时 06 分,再审法院认为,玉龙公司符合国家有关工程建设标准,即大于大寒日日照 2 小时的标准,因而没有侵犯郑某某采光权,无须补偿。参见河北省高级人民法院(2017)冀民申 4130 号民事裁定书。

例,比如,在"鲁某某与襄阳弘基房地产开发有限公司(以下简称弘基公司)相邻采光、日照纠纷案"中,再审法院认为,判断弘基公司应否对鲁某某予以赔偿的标准是其建造建筑物是否违反国家有关工程建设标准,根据《城市居住区规划设计规范》对于住宅日照标准的规定,鲁某某的住宅日照时间应不少于3小时。鲁某某在诉讼中称弘基公司的房屋建成后,其住宅日照时间由原来的8小时降为4小时10分钟,由此可见,虽然弘基公司的楼房建成后对鲁某某住宅的日照时间造成了影响,但其日照时间仍符合设计规范规定的标准,原审法院未支持鲁某某要求弘基公司赔偿损失的诉讼请求,具有事实和法律依据。在鲁某某等人诉南漳规划局行政许可一案中,湖北省南漳县人民法院以南漳规划局作出行政许可行为前未进行日照分析,亦未告知利害关系人为由,认定南漳规划局作出行政许可行为的程序违法。南漳规划局收到判决书后,已采取相关的补救措施。该行政判决是针对南漳规划局作出的行政许可行为是否符合法定程序进行的判定,而本案是鲁某某因相邻关系提起的民事赔偿之诉。行政判决书中虽写明南漳规划局作出的建设工程规划许可明显影响鲁某某等人的日照,但并不能以此推定南漳规划局或弘基公司应当对鲁某某的日照减少承担相应的赔偿责任。[1]

第二,法院依法撤销邻居 B 的规划许可后,B 的房屋缺失规划许可的前提要件,应被主管部门依法认定为违法建筑。不过,由于该房屋建造合乎 B 的国有建设用地使用权的权能,故其结果与规划许可未被法院依法撤销的结果一样,即在 B 的土地规划未调整时,权利人 A 要容忍 B 的房屋对自己房屋采光、日照的影响,且不能请求补偿;在 B 的土地规划调整时,A 不能请求排除妨害,但能请求补偿。

需要注意的是,在此情形下,根据《城乡规划法》第 64 条的规定,规划许可部门应责令 B 限期改正或限期拆除。同时,根据《城乡规划法》第 68 条的规定,B 逾期不拆除的,该房屋所在地县级以上地方人民政府可以责成有关部门强制拆除。从德国经验来看,B 逾期不拆除,地方政府也不责成有关部门强制拆除的,权利人 A 有权提起义务之诉,敦促地方政府强制拆除。[2]

---

〔1〕 参见湖北省高级人民法院(2019)鄂民申 641 号民事裁定书。
〔2〕 参见〔德〕鲍尔、〔德〕施蒂尔纳:《德国物权法(上册)》,张双根译,法律出版社 2004 年版,第 562 页。

(2)符合程序要求,不符合实体要求的情形

此情形是说规划许可的作出符合《行政许可法》第36条、第46—47条的程序规定,但不符合控制性详细规划和规划条件,主要表现为邻居B房屋的采光、日照时间达不到国家标准的参数。从实践情况来看,此情形可细分为以下三种:

第一,有地方在规划许可不符合实体要求的情况下,允许邻人之间达成补偿协议,颁发规划许可。比如,《杭州市城乡规划条例》第33条第3款规定:"国家、省、市重点建设工程项目以及其他公共设施建设项目,其建筑间距达不到国家和地方规定的日照标准要求的,建设单位应当取得受影响建筑所有权人的同意,达成日照补偿协议,并向市、县(市)人民政府城乡规划主管部门提交经公证的建筑所有权人放弃权利主张的有效证明。日照补偿的具体适用办法由市人民政府另行制定。"在这种情形下,补偿协议既不违背法律、行政法规的强制性规定,也不违背公序良俗,应为有效。[1] 权利人A据此自愿承受日照损害,且损害可得弥补,因此不宜再认为规划许可违法。[2] 这种结果实际再现了民事相邻权,即A以取得补偿为条件,容忍B对其的损害。

第二,没有前述补偿协议的,邻居B基于对规划许可的合理信赖,按照规划许可建房,虽然影响了权利人A的房屋采光、日照,但B的建房行为没有违法性,B也没有过错,不应构成侵权行为。同时,法院依法未撤销B的规划许可的,A应容忍B的房屋影响自己房屋的采光、日照,不能主张排除妨害,不能要求B改建或拆除房屋,但B应予补偿。也就是说,在这种情形,应适用民法相邻权规范。

[对"山西省古县盐业有限公司(以下简称盐业公司)等与山西新华书店集团临汾有限公司古县分公司(以下简称新华书店)相邻关系纠纷案"的简要分析]在这个典型的采光、日照相邻关系纠纷案中,盐业公司等人的涉诉楼房建设在前,新华书店涉诉楼房建设在后,符合规划许可,该楼建成后,盐业公司等人的涉诉楼房不满足国家日照标准。盐业公司等人未主张规划许可的程序违法,法院对此

---

[1] 参见〔德〕曼弗雷德·沃尔夫:《物权法(第18版)》,吴越、李大雪译,法律出版社2002年版,第190页。

[2] 更进一步的分析,参见肖泽晟:《论规划许可变更前和谐相邻关系的行政法保护:以采光权的保护为例》,载《中国法学》2021年第5期,第220—222页。

也未涉及。再审法院认为,新华书店涉诉大楼影响了盐业公司等人的房屋采光,致使其完全达不到国家日照标准,从而侵犯了盐业公司等人的采光权,应承担民事侵权责任。新华书店涉诉大楼是否符合国家工程建设有关法律规定,所取得的规划许可是否应当受到保护,属行政法律关系调整的范畴,与本案民事法律关系要解决的问题,有联系但不同。在我们国家,行政权与司法权的本质是一致的,但二者也有互相监督制约的一面。新华书店基于涉诉大楼经过相关部门规划批准并领取相关许可证,主张该楼房建设符合国家有关工程建设标准,并没有对盐业公司等人构成侵权,与事实不符,于法无据,本院不能支持。新华书店主张涉诉大楼虽对采光等造成一定影响,但应当视为在容忍限度之内,对方负有容忍义务,属于错误理解法律,本院不能支持。盐业公司等人请求停止侵害,但如实现这一请求,明显导致社会利益失衡、社会财富浪费,故驳回其该项诉讼请求。新华书店所建楼房致盐业公司等人的房屋阴冷,增加了用电量及取暖时间,应予赔偿。[1] 对于该判决说理,本书认为还可再议,主要理由在于:①规划许可是新华书店建造涉诉房屋的基础,只要不能证明其明知该规划许可违法,就难以讲其建房行为构成侵权行为。②规划许可虽然不符合实体要求,但只要不撤销,与此相符的新华书店涉诉房屋无须拆除或改正,盐业公司等人有容忍义务。③民事相邻权的容忍义务会排斥侵权行为的构成,但与损害补偿如影而随,即便认为盐业公司等人不能请求新华书店停止侵害,新华书店仍要负担补偿责任。

第三,没有前述补偿协议,法院依法撤销B的规划许可的,主管部门应依法认定B的房屋为违法建筑。在规划许可部门责令B限期改正或限期拆除前,如前所述,B的建房行为不应构成侵权行为,A不能要求B改建或拆除,B应予补偿。在规划许可部门责令B限期改正或限期拆除后,B逾期不改正或不拆除的,应构成侵权行为,A有权要求B改建或拆除,并赔偿损失。

(3)不符合程序要求和实体要求的情形

此情形是说规划许可的作出不符合《行政许可法》第36条、第46—47条的程序规定,也不符合控制性详细规划和规划条件,主要表现为邻

---

[1] 参见山西省高级人民法院(2015)晋民提字第13号民事判决书。

人房屋的采光、日照时间达不到国家标准的参数。这种情形可细分为以下两种，有不同的规范适用：

第一，在邻人之间达成补偿协议的前提下颁发规划许可的，应忽略不符合实体要求的瑕疵，由此与不符合程序要求、符合实体要求的情形一样，适用相应的规范。

第二，由于规划许可的实体要求实质影响着民事相邻权，故而，没有前述补偿协议的，与符合程序要求、不符合实体要求的情形实质相同，适用相应的规范。

（三）规划许可诉讼与权利人的保护

一如我们所见，房屋建造离不开规划和规划许可，国家公权力借此介入民事财产权，以至于权利人 A 会被邻居 B 的土地规划和规划许可所波及，与规划相当的还有环境评价、产业政策等，与此相关的公法规范是公法相邻关系法，权利人因这些公法规范所得的受保护权利属于公法相邻权。[1] 在我国，《城乡规划法》《土地管理法》《建筑法》等有关房屋建造的行政法规定可归为公法相邻关系法，根据其规范意旨对权利人进行保护的，权利人据此取得公权利，可请求行政主管部门予以保护，并能提起行政诉讼。[2] 放在规划许可，就是 B 基于规划许可建房，受影响的 A 可针对规划许可部门提起行政诉讼，此即规划许可诉讼。"行政诉讼法解释"第 12 条第 1 项把被诉的行政行为涉及其相邻权的情形认定为《行政诉讼法》第 25 条第 1 款规定的"与行政行为有利害关系"，为 A 这样的权利人在针对邻居 B 房屋的规划许可诉讼中的原告资格提供了明确依据。

在规划许可的介入下，相邻房屋会涉及三方主体，即受影响的权利人 A、邻居 B 和规划许可部门，也有了三重关系，即 A、B 之间的民法相邻关系，B 和规划许可部门之间的行政许可关系，A 和规划许可部门的利害关系。这三重关系各会引发不同的诉讼，A、B 之间是处理民法相邻权纠纷的民事诉讼，B 和规划许可部门之间因许可行为引发行政诉讼，A 和规划许可部门之间的规划许可诉讼（图 7-4 规划许可介入下的关系及诉讼）。

---

[1] 参见〔德〕鲍尔、〔德〕施蒂尔纳：《德国物权法（上册）》，张双根译，法律出版社 2004 年版，第 559—562 页；金启洲：《德国公法相邻关系制度初论》，载《环球法律评论》2006 年第 1 期，第 70 页。

[2] 参见赵宏：《规划许可诉讼中邻人保护的权利基础与审查构造》，载《法学研究》2022 年第 3 期，第 86—101 页。

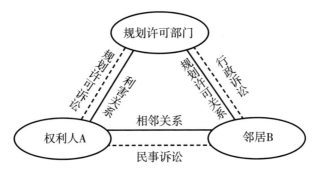

图 7-4　规划许可介入下的关系及诉讼

在上述三重诉讼中,权利人 A 享有诉讼选择权,既可提起民事诉讼,也可提起规划许可诉讼,其二者有紧密关联,主要表现为:①法院的认定和裁判结果不能矛盾,如法院不能在民事诉讼中确认规划许可行为合法,而在行政诉讼中依法撤销该行为。②邻居 B 的房屋影响 A 房屋采光、日照的损害是唯一的,无论是 B 对 A 的补偿,还是规划许可部门对 A 的赔偿,均应以填补损害为标准,故而,在 A 通过民事诉讼得到补偿后,不能再通过规划许可诉讼得到赔偿,反之亦然。③法院在规划许可诉讼中是否依法撤销规划许可,会影响民事诉讼的结果,如前所述,法院依法撤销规划许可,会导致 A 不负容忍义务,有权请求 B 排除妨害。

三、对在建建筑物抵押权的影响

(一)在建建筑物抵押的界定

目前的在建建筑物抵押规范法出多门,层级不同,存在冲突,为了便于展开讨论,在分析规划许可对在建建筑物抵押权的影响之前,有必要在梳理和解释这些规范的基础上,对在建建筑物抵押进行界定。

1. 目的

在建建筑物抵押最初源自建设部《城市房地产抵押管理办法》的在建工程抵押,该办法第 3 条第 5 款把在建工程抵押界定为,"抵押人为取得在建工程继续建造资金的贷款,以其合法方式取得的土地使用权连同在建工程的投入资产,以不转移占有的方式抵押给贷款银行作为偿还贷款履行担保的行为"。由此可知,在建工程抵押的目的在于担保在建工程续造资金贷款。这固然有利于工程续造,但也有副作用,如限制了抵押人的行为自由,不利于实现在建工程的经济价值。试想,抵押人资力充足,无须用在建工程抵押融资就能完成工程建设,出于商业目的考虑,其用在建工程为他人债务提供担保,应无不可。《民法典》承继《物权法》(已失效)的经验,把在建建筑物抵押明确作为一般抵押,未设目的限制,它因而与其他担保物权一样,能担保抵押人或其他人的债务,不再有前述的在建工程抵押的目的限制。

2. 主体

由《城市房地产抵押管理办法》对在建工程抵押的界定可知,抵押人须为工程续造资金贷款的债务人,抵押权人则限定为银行。随着在建建筑物抵押目的的扩张,抵押人既可为主债务人,也可为物上保证人。同时,抵押权人也不限定为银行,可以是其他形态的法人、非法人组织和自然人。早在2012年,最高人民法院《关于〈城市房地产抵押管理办法〉在建工程抵押规定与上位法是否冲突问题的答复》就指出:"在建工程属于《担保法》规定的可以抵押的财产范围。法律对在建工程抵押权人的范围没有作出限制性规定,《城市房地产抵押管理办法》第三条第五款有关在建工程抵押的规定,是针对贷款银行作为抵押权人时的特别规定,但并不限制贷款银行以外的主体成为在建工程的抵押权人"。

3. 客体

在理解在建建筑物抵押的客体时,应把握以下三点:

第一,在建建筑物虽然未竣工,也未办理所有权首次登记,但其业已建造,与土地形成物理形态的整体性,受"房随地走,地随房走"规范的约束,故在建建筑物抵押的客体包括建设用地的使用权。

第二,顾名思义,在建建筑物是正在建造、尚未竣工的建筑物,若尚未建造,则不能设立在建建筑物抵押。从理论上讲,只要建设用地的使用权人取得规划许可,即便现时尚未建造,但在建工程指日可待,不妨认可尚未建造的建筑物成为在建建筑物抵押的客体,"担保法解释"第47条就规定,以依法获准尚未建造的建筑物抵押的,当事人办理抵押登记,法院可以认定抵押有效。但这种理解不妥,不宜采纳,理由主要在于:①尚未建造的建筑物尚非物理存在,与在建建筑物明显不符。②根据《不动产登记暂行条例》第19条第1款第2项,办理在建建筑物抵押登记,通常要实地查看,核实已建成部分是否真实存在,以及核实在建项目的名称、坐落等。[1] 以尚未建造的建筑物为客体进行在建建筑物抵押,前述的实地查看程序要求就没有意义。③根据《城市房地产管理法》第26条的规定,因可归责于国有建设用地使用权人原因,超过出让合同约定的动工开发日期满二年未动工开发的,政府可以无偿收回国有建设用地使用权。在此情形,以尚未建造的建筑物为客体的建筑物抵押与国有建设用地使用权抵押是没有区分的,都受政府收回闲置土地的影响。而在建建筑物是土地已动工开发的结果,以其为客体的抵押,根本无须考虑政府收回闲置土地规范的影响。

第三,在建建筑物未竣工,其法律地位尚不能完全与房屋相提并论,如《城市房地产管理法》第39条第1款第2项规定,完成出让合同约定的开发投资总额的25%以上,才能转让。从规范上讲,可转让、具有市场流通性的财产才是抵押财产,未完成开发投资总额25%的在建建筑物因而不能抵押。但无论是在建工程抵押规范,还是在建建筑物抵押规范,均未提及这个限定条件,这表明在建建筑物的转让和抵押分别遵循不同的条件,故而,即便在建建筑物尚未完成出让合同约定的开发投资总额的25%,仍能作为抵押财产。

4. 设立

《城市房地产抵押管理办法》第34条第2款第1句规定,以在建工程抵押的,登记机构应当在抵押合同上作记载。该规定产生于不动产统一登记之前,彼时房屋登记机构不登记土地权利,而在建工程又未竣工,无法设立房屋登记簿,故只能在抵押合同上记载。在统一登记后,这个障碍不复存在,以宗地为编制基础的不动产登记簿完全能记载在建建筑物抵押权。

根据《民法典》第402条的规定,在建建筑物抵押以不动产登记为要件,未经登记,抵押权不能设立。在建建筑物抵押登记遵循抵押登记的程序规范,产生抵押权的实体效果,因而不能混同于预告登记。不过,在建建筑物与预售商品房均未竣工,均未办理首次登记,故在建建筑物抵押权登记和预购商品房抵押预告登记均不以首次登记为前提,《不动产登记操作规范(试行)》第1.2.3条对此有明文规定,在此不赘。

---

[1] 参见国土资源部政策法规司、国土资源部不动产登记中心编著:《不动产登记暂行条例释义》,中国法制出版社2015年版,第164页。

(二)规划许可的影响

1. 对在建建筑物抵押权设立的影响

根据《不动产登记暂行条例实施细则》第 76 条第 3 项的规定,规划许可是在建建筑物抵押权首次登记的必备材料,没有该许可,就没有抵押权登记。

[建设用地规划许可证并非在建建筑物抵押权首次登记的材料]
《城市房地产抵押管理办法》第 28 条第 1 项规定,在建工程抵押合同除了记载《建设工程规划许可证》编号,还应记载《国有土地使用权证》和《建设用地规划许可证》的编号。能否据此演绎,建设用地规划许可证也是在建建筑物抵押权首次登记的必要材料?答案为否,因为虽然规划许可与建设用地规划许可均为规划实施的表现,但在时序上,前者晚于后者,确定性更高,地位更重要。比如,"李某某与重庆市沙坪坝区人民政府行政征收决定违法纠纷案"中,二审法院指出,建设用地规划许可只是确定建设内容的前置条件和预备条件,建设内容的最终确定应由后续的规划许可予以确认。[1] 也就是说,相比于建设用地规划许可,规划许可与建筑物的建造行为更直接相关,以后者作为在建建筑物抵押权首次登记的材料,足以确保抵押财产的适格,无须再以建设用地规划许可证为申请材料。

2. 对抵押财产的影响

(1)现状登记模式下的影响

在"担保制度解释"颁行之前,我国司法实践就在建建筑物抵押权的客体范围存在巨大争议,即除了建设用地的使用权,建筑物是否包括未建部分。有观点认为,抵押的建筑物限定为抵押登记时已建造的建筑物,比如,在"丽水海西建筑工程有限公司与丽水海西实业有限公司金融借款合同纠纷案"中,再审法院认为抵押财产不包括抵押登记时的未建建筑物,也即在建建筑物抵押权设立后,新建的建筑物不属于抵押财产。[2] 另有观点认为,抵押财产包括抵押登记时尚未建造的建筑物,比如,在"浙商金汇信托股份有限公司与浙江三联集团有限公司金融借款合同纠纷案"中,最高人民法院认为,"在建工程抵押权作为一种单独的抵押权类

---

[1] 参见重庆市高级人民法院(2019)渝行终 620 号行政判决书。
[2] 参见浙江省高级人民法院(2020)浙民再 271 号民事判决书。

型,除当事人在抵押合同中另有约定外,其抵押物范围不仅包括国有建设用地使用权,还包括规划许可范围内已经建造的和尚未建造的建筑物"[1]。

"担保制度解释"第 51 条第 2 款意在消除前述争议,其规定:"当事人以正在建造的建筑物抵押,抵押权的效力范围限于已办理抵押登记的部分。当事人按照担保合同的约定,主张抵押权的效力及于续建部分、新增建筑物以及规划中尚未建造的建筑物的,人民法院不予支持。"该司法解释的起草人指出,前述条款立足于目前在建工程抵押的现状登记,为了确保交易安全,抵押财产仅及于办理登记的部分。[2] 所谓现状登记,是说必须依托于已建成的建筑物,就其全部或部分办理在建建筑物抵押登记。[3] 这种规则反映了我国大多数地方的登记操作经验,比如,2006 年北京市国土资源局、北京市建设委员会《关于房地产开发项目在建工程抵押登记有关问题的通知》第 9 条规定,办理在建工程抵押登记应到现场核实,其抵押部位必须是实际完工部分;2016 年《北京市不动产登记工作规范(试行)》第 14.1.7 条也规定,办理在建建筑物抵押权登记,登记机构须实地查看抵押部位是否已完工。又如,2021 年《上海市不动产登记技术规定》第 13.1.4.2 条规定,在建建筑物抵押权的抵押物范围为当事人约定的在建建筑物已建成部位及相应的建设用地使用权。

照此来看,"担保制度解释"第 51 条第 2 款把在建建筑物抵押权中的建筑物限定为已建成的建筑物,未建建筑物不是抵押财产。比如,A 以规划建 20 层、已建 11 层的在建建筑物为 B 设立抵押权,抵押登记的抵押财产是已建成的 11 层,在抵押权实现时,这栋建筑物完全建成,但剩余的 9 层不是抵押财产。

对于已建成的建筑物,登记机构在办理在建建筑物抵押权首次登记时,须依托规划许可证及其附件、附图,对应地进行实地查看,从而准确记载。相应地,正如 2015 年《天津市不动产登记操作规程(试行)》第 94 条规定的,在建建筑物抵押权首次登记的申请材料,要包括规划许可证及附件、附图,并用红线标注抵押范围,在记载时,除了文字描述抵押财产,还

---

[1] 参见最高人民法院(2018)最高法民再 19 号民事判决书。
[2] 参见最高人民法院民事审判第二庭编著:《最高人民法院民法典担保制度司法解释理解与适用》,人民法院出版社 2021 年版,第 440—441 页。
[3] 参见国土资源部不动产登记中心编:《不动产登记暂行条例实施细则释义》,北京大学出版社 2016 年版,第 209—210 页。

可附图表。这样一来,在当事人约定的基础上,规划许可和不动产登记联手,明确了在建建筑物抵押权的抵押财产。

在现状登记下,即便当事人把未建建筑物约定为抵押财产,也无法办理登记,该约定因此仅有债的效力。这意味着,虽然"担保制度解释"第51条第2款明确把未建建筑物排除出在建建筑物抵押权的客体范围,但不能据此完全否定抵押合同相关约定的效力。在该约定符合法律行为效力要件时,它对当事人双方有法律约束力。在该部分未建建筑物建成后,根据"担保制度解释"第46条第1款以及《不动产登记暂行条例实施细则》第75条第3款的规定,在建筑物未竣工时,债权人有权根据约定请求抵押人办理在建建筑物抵押权变更登记;在建筑物竣工,办理房屋首次登记时,债权人有权根据约定请求抵押人把在建建筑物抵押权登记转为房屋抵押权登记。

(2)非现状登记模式下的影响

有些地方对在建建筑物抵押权首次登记并不采用现状登记模式,即不仅把已建成的建筑物作为抵押财产,还把未建成的建筑物全部或部分作为抵押财产。《天津市不动产登记条例》第54条第2款就规定,全部在建建筑物可办理抵押权首次登记,其中的全部在建建筑物就是指已建成和未建成的建筑物整体。这种登记模式显然超出"担保制度解释"第51条第2款的预设范围,不宜再采用前述的理解,而应根据抵押登记的记载来确定抵押财产的范围。若抵押登记的范围是全部在建建筑物,则以该记载为准确定抵押财产。若抵押登记的范围除了已建建筑物,还包括部分未建建筑物,则已建建筑物和该部分的未建建筑物是抵押财产,之外的其他建筑物不是抵押财产。比如,前例的A抵押登记的抵押财产除了已建成的11层,还包括未建的第12—15层,在抵押权实现时,这栋建筑物完全建成,抵押财产包括第1—15层的建筑物。

这样的理解不仅未溢出"担保制度解释"第51条第2款的字面含义,与非现状登记模式项匹配,同时还有以下实质理由:①符合当事人的意思。不动产登记遵循申请原则,抵押登记的范围取决于当事人的约定及申请,无论当事人约定抵押财产是全部在建建筑物,还是已建建筑物与部分未建建筑物,均是意思自治的产物,理应予以尊重。②不损及债权人的利益。在实践中,在建建筑物抵押权人绝大多数是银行等企业,它们对在建建筑物的估值、贷款风险、抵押风险等有充分考虑,相应地也会采用根据工程进度发放对应的贷款、要求债务人提供其他担保等防险措施,故以未建建筑物为抵押财产,不会实质损害债权人的利益。③在建建筑物的效用最大化。抵押人为取得规划许可证,需要支付费用请人设计相关图纸方案,这种成本实际分摊到将来完成的建筑物,这意味着未建建筑物虽然还是空间,而非实体物,但本身有经济价值,将其作为抵押财产,能充分发挥物的效用,对抵押人也是有利的。④不损及其他人的利益。借助抵押登记的公示,其他人能明确知悉在建建筑物抵押权的客体范围,进而决定是否或以何种条件与抵押人进行交易,不会产生不测风险。

当然,在非现状登记模式下,要想明确在建建筑物抵押权的客体范围,离不开规划许可的支持,与现状登记模式一样,登记机构应根据规划许可证及其附件、附图在登记簿上记载抵押财产,并可附相关图表。

第二节 规划许可的民事效果:以违法建筑为对象

在法律意义上,违法建筑是指未取得规划许可或未按照规划许可规定内容建设的建筑物[1],"八民纪要"第 21 条、《北京市禁止违法建设若干规定》第 2 条等对此有明确表述。由这个界定可知,违法建筑是违法建设行为的事实后果,没有违法建设行为,就谈不上有违法建筑。

[**违法建筑与违法占地建筑的区别**]违法建筑与违法占地建筑很近似,实则差别很大,主要表现为:

第一,违法行为不同。没有权利占用土地之人的占地行为违法,在此基础上进行建造,产生违法占地建筑,故违法在此是说占地行为违法;与此不同,违法建筑建造人有合法使用土地建造的权利,但没有取得或不符合规划许可,故其违法是说建造行为违法。

第二,法律部门不同。合法用地权利是建造的基础,违法建筑有该基础,缺乏的是规划许可所赋予的正当性,因而受《城乡规划法》的调整;违法占地建筑根本就没有该基础,遑论取得或符合规划许可,要受《土地管理法》的调整。

第三,处理措施不同。根据《城乡规划法》第 64 条的规定,未取

---

[1] 在早些年,我国大陆的违法建筑通常被称为违章建筑。有关术语演变的简要梳理,参见林华东、张长立、谢雨:《关于〈城乡规划法〉第 64 条的若干思考》,载《城市规划》2017 年第 12 期,第 105 页。需要说明的是,正如下文所见,我国大陆的违法建筑或违章建筑与我国台湾地区的违章建筑在名称上相似或相同,但内涵不同。

得建设工程规划许可证或者未按照建设工程规划许可证的规定进行建设的,由县级以上地方人民政府城乡规划主管部门责令停止建设;尚可采取改正措施消除对规划实施的影响的,限期改正,罚款;无法采取改正措施消除影响的,限期拆除,不能拆除的,没收实物或者违法收入,可以并处罚款。根据《城乡规划法》第65条的规定,在乡、村庄规划区内未依法取得乡村建设规划许可证或者未按照乡村建设规划许可证的规定进行建设的,由乡、镇人民政府责令停止建设、限期改正;逾期不改正的,可以拆除。根据《土地管理法》第77条第1款的规定,未经批准或者采取欺骗手段骗取批准,非法占用土地的,由县级以上人民政府自然资源主管部门责令退还非法占用的土地,对违反土地利用总体规划擅自将农用地改为建设用地的,限期拆除在非法占用的土地上新建的建筑物和其他设施,恢复土地原状,对符合土地利用总体规划的,没收在非法占用的土地上新建的建筑物和其他设施,可以并处罚款。根据《土地管理法》第78条第1款的规定,农村村民未经批准或者采取欺骗手段骗取批准,非法占用土地建住宅的,由县级以上人民政府农业农村主管部门责令退还非法占用的土地,限期拆除在非法占用的土地上新建的房屋。

第四,强制拆除机制不同。根据《行政强制法》第44条、《城乡规划法》第68条、最高人民法院《关于违法的建筑物、构筑物、设施等强制拆除问题的批复》的规定,违法建筑的强制拆除由行政机关强制执行,法院不受理行政机关提出的非诉行政执行申请。根据《土地管理法》第83条的规定,对责令限期拆除违法占地建筑决定不服的,建设单位或者个人可以在接到责令限期拆除决定之日起15日内,向法院起诉,期满不起诉又不自行拆除的,由作出处罚决定的机关依法申请法院强制执行。最高人民检察院指导性案例第148号"安徽省某县自然资源和规划局申请执行强制拆除违法占用土地上的建筑物行政处罚决定检察监督案"指出,《土地管理法》未授权自然资源主管部门强制拆除违法占地建筑物的执行权,因此自然资源主管部门适用《土地管理法》作出责令限期拆除违法占地建筑物的处罚决定后,占地违法建设行为人逾期不起诉又不自行拆除的,行政机关应当申请法院强制执行,而无权自行强制执行。检察院发现法院对应当受理的强制执行申请不予受理的,应当依法监督纠正。

在现行法中,规划许可受《城乡规划法》的调整,该法第1条指出其目的在于"加强城乡规划管理,协调城乡空间布局,改善人居环境,促进城乡经济社会全面协调可持续发展",与此相应,规划许可能确认城市建设活动是否符合法定规划要求,能作为建设活动进行过程中接受监督检查的法定依据,能作为城乡建设档案的重要内容,具有保障城乡规划有效实施、避免对城乡建设健康、有序发展造成不利影响的作用。[1] 由于违法建设行为侵蚀了城乡发展的公共资源和公共利益,危害了城乡公共安全和综合环境,破坏了社会公平和正常的社会秩序[2],故为法律所禁止。根据《城乡规划法》第64—65条、第68条的规定,主管部门有权对违法建造人采用责令停止建设、限期改正、罚款、限期拆除、没收等处置措施;主管部门作出责令停止建设或者限期拆除的决定后,当事人不停止建设或者逾期不拆除的,违法建筑所在地县级以上地方人民政府可以责成有关部门采取查封施工现场、强制拆除等措施。这些措施都是围绕违法建筑而对违法建设行为进行的行政法管制,是建造人对其违法行为所应承受的法律后果。一旦作为违法建设行为事实后果的违法建筑被改正或拆除,违法建筑的物理状态就受到影响,如违法建筑因拆除而灭失。

前述行政法管制旨在惩治违法建设行为,消除违法建筑的负面作用,引导其他主体进行合法建设,至于建造人对违法建筑能否享有利益或享有何种利益,则属于民法调整的任务。行政法和民法对违法建筑的调整是从不同角度出发的,分别采用了不同的方法,并在不同位阶的规范性法律文件中体现出来,体现了不同权力主体的认识和看法,对它们的理解和适用要遵循法秩序一致性原则,不能出现规制立场和法律评价的矛盾[3],否则,就会产生行政法允许违法建筑在一定条件下存续,民法却一概否定建造人对违法建筑享有利益的偏差。由于违法建筑源自违法建设行为,对该行为的管制出自行政法,基于怎样的出发点进行管制,管制到何种程度,反映了国家和政府对违法建设行为的容忍度,它决定了违法建筑是保留还是拆除的法律命运。在此基础上,民法调整建造人对违法建筑的利益及其交易才能有准确的方向和态度,不然的话,会出现评价矛

---

[1] 参见安建主编:《中华人民共和国城乡规划法释义》,法律出版社2009年版,第77—78页。

[2] 参见范德虎、谢谟文:《城乡规划违法建设的法律界定及要素分析》,载《规划师》2012年第12期,第64—65页。

[3] 参见吴从周:《民事实务之当前论争课题》,元照出版有限公司2019年版,第130—147页。

盾,导致法秩序不一致。这意味着,在违法建筑的法律调整框架中,行政法占据了引领性的主导地位,民法起到的是配合和因应作用。

在这样的规范布局和功能牵制下,要想把违法建筑的民法调整分析到位,离不开对其行政法管制的盘点和梳理,而目前在民法领域探讨违法建筑的大部分著述忽略了这一点,以至于分析和结论都有再探讨的空间。本节意图补上这一点,为了达到这个目的,本节将先整体把握违法建筑的行政法管制,总结其规律性特点,以此为引导,尝试着分析民法因应机制,希望行政法和民法能有机结合、无缝衔接,的确能对违法建筑的法律调整实现法秩序一致性。

一、违法建筑的行政法管制

对于违法建筑,以《城乡规划法》为中心、以其他行政法规范为配套的管制有四种机制,即认定机制、处置机制、征收不予补偿机制和登记禁止机制,它们从不同角度、不同方面入手,牵制着违法建设行为,主导着违法建筑是持续存在还是拆而除之的基本法律命运。从规范表达和实践运作来看,这些管制机制具有重要的规律特点,应予认真对待。

(一)不唯一的认定标准

从规范逻辑上讲,规划许可是违法建筑的认定标尺,凡未取得规划许可或未按照规划许可进行的建设都是违法行为,由此产生的建筑就是违法建筑。至于某一具体建设行为是否违法,该行为建成的建筑是否违法建筑,要由主管部门依托规划许可进行核查确认,此即违法建筑的认定机制。根据《城乡规划法》第 11 条、"八民纪要"第 21 条的规定,违法建筑的认定专属于主管部门,法院没有这个职权。在"李某某与昭通市昭阳区龙泉街道办事处房屋行政强制案"中,二审法院就指出,城乡规划主管部门依法负责城乡规划及违法建筑处置工作,一审判决直接认定"原告所诉房屋未依法经过审批,也未取得权属依据,属于违法建筑"不当,应予纠正。[1]

违法建筑的认定是主管部门依法实施的行政行为,按照前述逻辑,主管部门在认定时,应先核实建造人是否取得规划许可,没有取得的,认定为违法建筑;已取得的,还应核实建造人是否按照规划许可进行建造,未按照的,认定为违法建筑。这样的认定标准单一且刚性,未给主管部门预

---

[1] 参见云南省高级人民法院(2019)云行终 165 号行政判决书。

留自由裁量权。

但现实并非如此。从历史发展来看,在我国城镇地区,各地规划发展的先后不一,规划许可制度适用的时间普遍较晚,此前已有大量建筑存在,若一律采用前述的认定标准,原先的建筑会因缺乏后来的规划许可而属于违法建筑,这显然不符合实际,难为社会公众所接受。正因如此,2003年国务院办公厅《关于认真做好城镇房屋拆迁工作维护社会稳定的紧急通知》特意指出:"对拆迁范围内由于历史原因造成的手续不全房屋,应依据现行有关法律法规补办手续"。

司法实务界的立场相同。在"赵某某与齐齐哈尔市铁锋区人民政府房屋行政强制案"中,最高人民法院指出,我国法律、行政法规规定1984年以后新建房屋应当取得用地审批手续、建房手续,相关规定自1984年1月5日开始延续至今,赵某某主张案涉房屋系其于1996年购买,但本案并无该房取得用地审批手续及规划许可证等的相关证据,而赵某某又不能举证证明案涉房屋于1984年以前建造,原审判决认定铁锋区政府确定案涉房屋为违法建筑并无不当。[1] 在"潘某某与辽宁省沈阳市于洪区人民政府等履行补偿职责案"中,最高人民法院认为,二审法院认定沙岭街道办事处出具的《证明》证实案涉无产籍房屋建成于1976年,原为乡镇人民政府的办公用房,亦系潘某某从沙岭信用社合法购买,没有办理房屋产权证有其历史原因。在于洪区人民政府没有提交充分证据证明其为违法建筑的情形下,不宜认定为违法建筑。[2] 此外,最高人民法院法官指出,1987年房屋普查之前建造且已经成为居民生活的必需房屋,应当本着尊重历史的原则,认定其合法性。[3] 地方法院指出,1990年4月1日《城市规划法》实施前在国有土地上建造的未经登记建筑应认定为合法建筑。[4] 我国农村地区适用规划许可制度的时间更晚,同样存在诸多未经规划许可的建筑,它们在司法实践中也未一概认定为违法建筑。[5]

---

[1] 参见最高人民法院(2018)最高法行申9729号行政裁定书。
[2] 参见最高人民法院(2019)最高法行申7904号行政裁定书。
[3] 参见王达:《比例原则在违章建筑处理中的运用》,载《人民司法·应用》2007年第9期,第77—78页。
[4] 参见江苏省常州市中级人民法院课题组:《关于未经登记建筑征收问题的若干思考》,载《人民司法·应用》2013年第21期,第45页。
[5] 参见江苏省常州市中级人民法院课题组:《关于未经登记建筑征收问题的若干思考》,载《人民司法·应用》2013年第21期,第45页,及北京市高级人民法院(2019)京行终1911号行政判决书。

很明显,虽然有无规划许可是认定是否违法建筑的基础标准,但受制于我国国土空间规划、城乡规划以及规划许可制度发展的实际情况,该标准没有唯一性,在没有规划许可时,需要根据各地实际情况以及建筑物的具体建设时间来认定。这样一来,没有规划许可的建筑既可能是违法建筑,也可能是合法建筑,主管部门的认定有较大的裁量空间。基于这样的标准,违法建筑的认定就不仅仅是主管部门核查有无规划许可,或把建筑物具体情况与规划许可内容进行对照的简单活动,还有探究并确定建设行为有无违法性、建筑物是否为违法建筑的重要意义。

认定机制的存在,表明未经主管部门依法认定,任何建设行为及生成的建筑物——即便没有规划许可或与规划许可内容不符——都不能被定性为"违法"。故而,未经违法建筑的认定,其他管制机制无从谈起,即便实施也是违法,比如,工厂经营人未经规划许可在厂区内搭建钢构雨棚及围墙,未经主管部门依法认定它们为违法建筑,城管部门凭责令改正通知书予以强制拆除,就是违法行为。[1] 由此可知,认定机制是行政法管制违法建筑的首要步骤和初始机制。这同时意味着,认定机制具有独立的法律地位,不能为其他管制机制所包含。

由于违法建筑的认定对建造人影响深远,涉及其切身利益,该行政行为具有可诉性[2],建造人就主管部门的认定行为是否合法发生争议时,可诉诸法院对该行政行为进行司法审查。由于违法建筑的认定标准不唯一,法院在审查时也有相应的自由裁量权,自不待言。

应予提及的是,根据第一章所述,在设施农用地上建造房屋,须报乡镇政府备案,涉及补划永久基本农田的,须经县级自然资源主管部门同意,未经备案或批准,或所建房屋与备案、批准不一致的,也应视为违法建筑。

(二)弹性的处置措施

在违法建筑被主管部门依法认定后,接下来的就是处置机制,其措施包括前文提及的责令停止建设、限期改正、罚款、限期拆除、没收、强制拆除等,这属于违法建筑行政法管制的核心。在上述措施中,最常用的是限期改正和限期拆除,它们在规范表达上区分清晰,针对的情形明确,但理

---

[1] 参见满先进:《仅凭责令改正通知书即实施的强拆行为违法》,载《人民司法·案例》2017年第32期,第95—97页。
[2] 参见最高人民法院(2017)最高法行申6318号行政裁定书。

解和适用起来弹性十足,与认定机制一样需根据具体情况进行具体甄别。

限期改正适用于尚可采取改正措施消除影响规划实施的违法建筑,该措施的结果是改正后的建筑得以合法化,能持续存在。限期改正以能采取改正措施为前提,根据 2012 年住房和城乡建设部《关于规范城乡规划行政处罚裁量权的指导意见》第 4 条的规定,改正措施包括局部拆除等整改措施,由此可知,限期改正的内容会使建造人承担局部拆除违法建筑的行为义务,并达到相应的后果标准,即局部拆除后的建筑物符合规划许可或主管部门的建设工程设计方案审查文件的要求。但在实践中,建造人因为实际需要,会根据《城乡规划法》第 43 条向主管部门申请变更规划许可,在满足相应要求后,主管部门会予以变更。这表明规划许可的内容不是固定不变的,它会因客观情况变化以及建造人的申请而改变。在规划许可内容有可能改变的情况下,把符合规划许可当成限期改正的目标,表明该措施在实践操作中会有灵活度,局部拆除的范围多大、程度如何,并不十分确定。而且,作为行政法的一般原则,比例原则在我国司法实践早就用于限制改正措施,即只要范围小、程度低的局部拆除能达到改正目的,就不应采用范围大、程度高的局部拆除[1],这固然能更好地平衡行政法管制和私人利益,但也加大了限期改正的制度弹性。

作为与限制改正有质的差异的处置措施,限期拆除适用于无法采取改正措施消除影响的违法建筑,这类违法建筑背离或超越了规划许可划定的利益边界,难为国家和政府所容忍,主管部门无论如何都不可能按照违法建筑的现状来补发或变更规划许可,只有让建造人拆除违法建筑,回到建设行为未发生时的原初状态,才能消除其负面作用。不过,实践运用会模糊限制改正和限期拆除的界限,因为并非确定不变的规划许可一旦变更,原本应限期拆除的违法建筑就可能适用限制改正。这样一来,尽管违法建筑的物理状态未变,但只要规划许可变化,处置措施就随之而变,弹性相当明显。而且,既然规划许可能事后变更,那么,规划许可划定的利益边界就有伸缩弹性,该边界到哪里为止,主管部门应否批准变更规划许可的申请,比例原则是重要的判断标准。与此同理,在规划许可未变更时,针对违法建筑是采用局部拆除的限期改正抑或全部拆除的限期拆除,同样也应借助比例原则来确定规划许可实质的利益边界,只要违法建

---

[1] 参见王达:《比例原则在违章建筑处理中的运用》,载《人民司法·应用》2007 年第 9 期,第 75 页。

筑局部拆除后能落入其中,当然就不必要完全拆除。换言之,受比例原则的约束,主管部门在限期改正和限期拆除两者之间取舍时,裁量弹性仍然存在。

为了引导主管部门正确行使裁量权,2012年住房和城乡建设部《关于规范城乡规划行政处罚裁量权的指导意见》第7条限定了限期拆除的适用情形,即该意见第4条之外的违法建设行为,据此,在规划许可或建设工程设计方案审查文件未更改,局部拆除违法建筑不符合它们的要求时,就要限期拆除。不过,拆除在物理上完全毁损了违法建筑,是摧毁作用最猛、惩治力度最大、警示意义最强的处置措施,在适用时必须经受比例原则的检验,这是普遍的法律经验。[1] 我国同样如此。以普通居民建造的违法建筑为例,根据功能用途不同,有营业型、民生型和谋利型之分[2],民生型违法建筑是居民生存和生活的基本保障,即便它的确应限期拆除,但只要拆除的结果会导致居民陷入居无定所、流离失所的生存困顿状态,法院会认为限期拆除有违比例原则。[3] 显然,比例原则的适用,会使限期拆除的适用情形变得不确定,弹性空间仍然很大。

不仅如此,给予信赖行政行为拘束力的相对人以信赖保护是行政法的基本原则之一[4],在主管部门的行为足以使建造人产生信赖,认为所建房屋并非违法建筑,再对该房屋以违法建筑论处,就有违信赖保护原理,这更增加了违法建筑处置机制的弹性空间。比如,在"衢州市柯城兴旺达农牧开发场(以下简称兴旺达农牧场)、衢州市柯城区顺达生猪专业合作社与浙江省衢州市柯城区人民政府行政复议案"中,最高人民法院认为,该临时用地期满之后,本案再审被申请人并未办理续用手续,万田乡人民政府也未对其进行罚款以及责令其恢复土地种植条件并依法收回临时用地权等措施。而是采取一种默认的方式允许其继续使用该块土地直至涉案房屋被认定为违法建筑前。此后,2007年5月,兴旺达农牧场被认定为衢州市农业龙头企业。2007年12月,再审被申请人的法定代表人姜

---

[1] Vgl. Christoph/Peter/ Thomas, Zürcher Planungs-und Baurecht, 5. Aufl., Zürich 2011, S. 475 ff.

[2] 前者主要是在主干街道沿线违法建设的经营店铺,中者主要是居民因家庭生活所需进行的违法建筑,后者主要是为了谋取更多利益而违法建设的房屋。参见刘磊、王会:《谋利空间的形成:对城管违建执法困境的分析——基于湖北省人市调查数据的实证分析》,载《华中科技大学学报(社会科学版)》2015年第4期,第49—50页。

[3] 参见北京市第一中级人民法院(2018)京01行终367号行政判决书。

[4] 参见李惠宗:《行政法要义》(第7版),元照出版有限公司2016年版,第135—142页。

某某被浙江省科学技术协会评为第七批省级农村科技示范户。2008年,经衢州市国土资源局柯城分局同意,并经柯城发改委、农业局批复,兴旺达农牧场在原有规模基础上再扩建猪舍。由此可见,在再审被申请人的临时用地到期并未办理续用手续的情况下,柯城区人民政府相关的职能部门并未以此为由强制再审被申请人停止养殖,相反对于其生猪养殖给予了诸多政策帮持,帮助其扩大生产规模。同时,从现有证据来看,对于再审被申请人及其法定代表人的各项奖励,也表明了政府对于其发展生猪养殖产业的认可。诚然,再审被申请人的用地手续上确实存在一定问题,但是由于相关的政府部门并未及时作出处罚决定,再审被申请人基于对政府的信赖,在涉案土地上兴建了一批养猪设施来满足其养殖产业发展的需要,故以此来认定其所建造的建筑属于违法建筑,不具有合理性。[1]

(三)矛盾的征收补偿机制

经过合理裁量,主管部门依法认定违法建筑后,违法建筑虽然是物理上的实物,并且大多都被占有、使用,但在征收时,违法建筑的价值被视为空无,根据《国有土地上房屋征收与补偿条例》第24条第2款的规定,建造人得不到补偿。不过,这种机制显得过于脱离实际,在实践中并没有被普遍严格遵循。在征收实践中,为了高效推进工作,征收违法建筑给予建造人适当补偿是相当常见的做法,并得到了司法认可。[2] 显然,就征收违法建筑应否补偿上,法律规范的表达与征收实践之间存在矛盾,不能一概而论。

(四)确定的登记禁止机制

根据《不动产登记暂行条例实施细则》第35条第2项的规定,办理建筑物所有权首次登记,申请人须提交规划许可,规划许可由此与不动产登记挂钩,是建筑物所有权首次登记的必备材料,而违法建设行为缺乏与之匹配的规划许可,故违法建筑办不了所有权首次登记,此即登记禁止机制。根据该机制,没有规划许可,就确定不会有建筑物所有权的首次登记,不动产登记机构在此没有任何弹性的裁量空间。这样一来,与前述机制不同,登记禁止机制非常确定。

登记禁止机制体现了法律规范对违法建设行为的否定性评价,在能

---

[1] 参见最高人民法院(2019)最高法行申4750号行政裁定书。
[2] 参见最高人民法院(2013)行监字第26号通知书。

否办理不动产登记的法律地位上,违法建筑与合法建筑有了巨大差异。若没有登记禁止机制,根据《不动产登记暂行条例实施细则》第5条第3款的规定,违法建筑将与合法建筑一样,都能与土地构成不动产单元,成为所有权的客体,记载于不动产登记簿中,规划许可制度会因此失去意义。正因如此,登记禁止机制是违法建筑行政法管制的最基本底线,也是最有确定性的管制机制。

二、建造人对违法建筑享有动产所有权

违法建筑是违法建设行为的事实后果,法律对其调整首先从行政法管制入手,因为如前文所见,某建筑物是否是违法建筑,先要经主管部门认定,未经认定,即便是未取得规划许可或未按照规划许可规定内容建设的建筑物,也不能轻易断言就是违法建筑。而且,违法建筑的认定在实践中通常包含在处置之中,因为单纯认定违法建筑而不进行处置,不符合行政效率要求。只有在依法认定违法建筑并处置后,民法规范才能接手进行对应的调整,"八民纪要"第21条第1句之所以特别强调违法建筑的认定和处理属于主管部门的职权范围,应避免通过民事审判变相为违法建筑确权,原因正在于此。

不仅如此,以《城乡规划法》为中心的行政法规范对违法建筑的处置措施轻重不一,违法建筑的法律命运因此有云泥之别,如限期改正意味着其有转为合法建筑的可能,限期拆除、强制拆除则排除了这种可能。这设定了违法建筑最基本的法律地位,民法规范不能僭越,否则就会体系紊乱、评价矛盾,如在行政法中属于应限期改正的违法建筑,民法却彻底否定其财产利益或其交易行为效力,就与其具有的在改正后成为合法建筑的期待利益明显不符。

还要看到,对于依法认定的违法建筑,只要主管部门依法及时采用限期改正、限期拆除、强制拆除、没收等措施,就足以消除违法建设行为的负作用,达到惩治和警戒的效果,在此基础上还在民法中否定违法建筑的利益属性或其交易行为效力,在法律效果的配置上过于背离比例原则。而且,即便应拆除或应没收的违法建筑是民法认可的利益,客观上不会增加拆除或没收难度,因为违法建筑破坏了国家治理和社会秩序,这些行政法管制是正当的国家公权力行为,相比于它们代表的公共利益,建造人或交易利害关系人的私人利益并没有优越性。

总而言之,在违法建筑的法律规制中,相比于民法调整,行政法管制

不仅恒定地优先实施,还为违法建筑设定了不容背离的基础法律地位,还在消除违法建设行为的负作用方面起着决定作用,故而,行政法管制具有主导地位,对违法建筑的民法调整只是行政法管制的因应。与行政法管制相应,在民法中,建造人对违法建筑享有动产所有权,且不能仅因标的物是违法建筑就径直认定合同无效。

(一)违法建筑是民法认可的利益

违法建筑行政法管制的规律性特点表明,除了登记禁止机制,其他机制均不确定,结果就是没有规划许可或与规划许可不符的建筑未必能认定为违法建筑,被依法认定的违法建筑未必要拆除,在征收时也未必不予补偿。在这一不确定的局面中,由于国家能力的不足,违法建筑的认定和拆除一直处于执法困境当中[1],与违法建筑被依法拆除的实际数量相比,更大概率的常态现象是违法建设行为不被依法追究,应认定为违法建筑的不认定,应拆除的违法建筑不拆除,征收时不应补偿的违法建筑给予补偿,这种现象表明,违法建筑行政法管制的不确定性在实践中朝着有利于建造人的方向发展。

如果把违法建设行为当成建造人在既定制度、社会文化、经济条件和地理环境下个体理性行为选择的结果[2],那么,行政法管制的前述不确定性及其有利于建造人的实践趋势,会使建造人普遍认为违法建筑确属自己的实在财产和现实利益,违法建设行为由此得到激励。除此之外,我国工业化、城镇化加快推进的实际与城市低收入群体的住房需求,两类土地所有权的地位差异与基层治理能力弱化,日常监管乏力和集中整治不按照"严格执法"逻辑运行的实践,均使建造人及买受人等关联主体产生并强化违法建筑尽管不合法,但能承载财产利益的稳定预期[3],这种预期反过来又增加了行政法管制的实践难度,其不确定性进一步转向对建

---

[1] 参见陈柏峰:《城镇规划区违建执法困境及其解释——国家能力的视角》,载《法学研究》2015年第1期,第23—38页。

[2] 参见李凌方、王冰:《城中村居民违建行为的影响因素研究——基于湖北省L市调查数据的实证分析》,载《华中科技大学学报(社会科学版)》2018年第6期,第127页。

[3] 参见王双正:《工业化、城镇化进程中的小产权房问题探究》,载《经济研究参考》2012年第33期,第31—56页;杨磊、李云新:《谋利空间、分利秩序与违建现象的制度逻辑——基于中部地区M县的个案研究》,载《公共行政评论》2017年第2期,第51—64页;刘磊、王会:《谋利空间的形成:对城管违建执法困境的分析——基于湖北省L市调查数据的实证分析》,载《华中科技大学学报(社会科学版)》2015年第4期,第51—56页。

造人有利的方面。

既然行政法在管制违法建筑时,不以拆除为唯一导向,客观上也无法彻底杜绝其物理状态的存续,而社会观念和现实情况又普遍对建造人有利,那么,基于法秩序一致性,行政审判和刑事审判都无法否定违法建筑成为应受法律保护的利益。比如,违法建筑被违法强制拆除的,除了材料毁损灭失可能引发的赔偿,建筑本身的损害能满足行政赔偿条件的,也能得到法院的救济。[1] 又如,故意损坏财物罪保护的法益包括违法建筑,毁损违法建筑的行为构成犯罪的,要受到刑罚。[2] 同样基于法秩序一致性,民法当然也应认可违法建筑的财产属性和利益品质,否则就属于法律评价错位。

(二)建造人对违法建筑没有不动产所有权

说违法建筑是受民法认可的利益,是想表明民法要保护违法建筑,至于以何种民法手段来表征其利益形态,能否把它界定为不动产所有权,还要与行政法管制匹配起来进行综合考虑。

土地及其上的建筑物虽然在物理上密不可分,但我国法律将它们视为两类各有独立地位的不动产,不像德国、瑞士等欧陆国家那样把建筑物定位成土地的重要成分。在欧陆,建筑物无论是否为违法建筑,都是土地的重要成分,只要建造人对土地有所有权或地上权,该权利一定波及违法建筑。我国则不同,作为建筑物的违法建筑是独立于土地权利的不动产,建造人对其能否享有不动产所有权,是民法在定位违法建筑的利益形态时所面对的首要问题。

对此可明确的是,即便勉强套用《民法典》第231条,认为建造人在违法建筑建成时就取得所有权[3],该所有权也因登记禁止机制属于不能登记的所有权,与合法建设行为产生的能登记的建筑物所有权不同。此外,尽管登记禁止机制之外的行政法管制不确定,但仍可能实施,违法建筑所有权因此处于不稳定状态,会因改正、拆除或没收而局部或完全消灭,而合法建筑的所有权没有这种不稳定性。与这些差异相应,即便在征

---

[1] 参见王岩:《强制拆除司法审查中的若干问题》,载《人民司法·应用》2011年第13期,第101页;宋纲、贾亚强:《强制拆除违法建筑案件的司法审查》,载《人民司法·应用》2012年第17期,第93页。

[2] 参见王莉莉:《财物的违法性不成为毁坏财物行为违法性的阻却事由》,载《人民司法·案例》2017年第26期,第42—44页。

[3] 参见最高人民法院(2013)民申字第50号民事判决书。

收时都予以补偿,违法建筑也无法与合法建筑相提并论,两者的补偿标准相差甚远,比如,在最高人民检察院指导性案例第 57 号"某实业公司与某市住房和城乡建设局征收补偿认定纠纷抗诉案"中,征收合法建筑的补偿标准为每平方米约 3 万元,而征收违法建筑的补偿标准为每平方米约 2000 元。这些均表明,违法建筑所有权与合法建筑所有权无法等同对待。

正因如此,在社会观念里,合法建筑所有权属于完全产权、大产权,其不仅能被不动产登记所确认,还具有"商品房"的市场价值,而违法建筑所有权属于不完全产权、小产权,既不能登记,也没有"商品房"的价值。易言之,以合法建筑所有权作为建筑物承载的不动产所有权标准,违法建筑所有权就不能归为其中。

需要注意的是,与我国大陆一样,我国台湾地区也未把建筑物当成土地重要成分,登记禁止也是其行政法管制违章建筑的重要机制[1],但学理和司法普遍认为违章建筑是不动产,建造人原始取得其所有权。[2] 由于登记禁止,违章建筑所有权无法通过登记来转移,为了厘定买受人的法律地位,我国台湾地区"司法"实务创设了事实上处分权,但为何当事人双方转移所有权的合意产生的是事实上处分权,事实上处分权人在违章建筑受侵害时寻求救济的规范基础是什么,事实上处分权人对建造人的债权人能否提起执行异议之诉等疑问丛生。[3] 这种现实提醒我们,在登记禁止机制的刚性约束下,把违章建筑的民法利益界定为不动产所有权,固然能明确建造人的法律地位,但后续会产生一系列的解释难题,就此而言,我国台湾地区界定违章建筑权属的经验不算成功,这也为我国大陆违法建筑的民法利益不宜是不动产所有权提供了反面例证。

(三)违法建筑的民法利益不宜是占有

不把建筑物的民法利益界定为不动产所有权,而是界定为占有,即建

---

[1] 必须指出的是,我国台湾地区的违章建筑是没有建筑执照而兴建的建筑,与我国大陆的违法建筑在内涵上并不一致,但它们共性明显,除了都有登记禁止机制,还都有罚款、停工、拆除等处置措施,故不妨把它们的法律意义等置,进行求同分析。

[2] 参见王泽鉴:《民法物权》(第二版),北京大学出版社 2010 年版,第 83 页;谢在全:《民法物权论(上册)》(修订六版),新学林出版股份有限公司 2014 年版,第 17 页。

[3] 参见林诚二:《论违章建筑事实上处分权之移转》,载《物权与民事法新思维》,元照出版有限公司 2014 年版,第 3—10 页;吴从周:《民事实务之当前论争课题》,元照出版有限公司 2019 年版,第 148—167 页;张永健:《法经济分析:方法论与物权法应用》,元照出版有限公司 2021 年版,第 429—466 页。

造人可通过占有来保护自己对违法建筑的利益,是我国实务界的惯常见解。[1] 相比而言,把违法建筑的利益界定为占有而非不动产所有权,能更清晰地展示行政法限制导致的违法建筑与合法建筑在法律地位上的实际差异,与违法建筑的行政法管制更为匹配。具体来说,违法建筑的占有是事实上的支配状态,并非权利,既没有登记可能性,也没有必要登记。而且,占有受保护的力度远弱于不动产所有权,如根据《民法典》第462条第2款的规定,基于占有的返还请求权有1年期间的限制,而根据《民法典》第196条第2项、第235条的规定,不动产所有权的行使没有期限约束。可以说,从法律地位上讲,违法建筑的占有低于合法建筑的所有权,这能体现违法建筑因行政法管制而与合法建筑的差别。

此外,把违法建筑的利益界定为占有而非不动产所有权,在违法建设行为不影响违法建筑买卖合同效力的前提下,还能为后续的买卖问题提供更为合理的解释和解决路径,因为作为民法上的利益,占有与所有权等财产权一样都能成为买卖合同的对象[2],只要买受人实际控制违法建筑,似无须再借助事实上处分权这样的概念来确定买受人的地位。

但问题在于,作为事实的占有只表明人对物的管领,无法表征更多更复杂的支配利益,在民法中把它当成违法建筑的利益形态,如何在建造人对违法建筑进行物理上的控制之外,正当化建造人对违法建筑的使用、收益和处分,在理论上恐怕不太容易说清楚。

更关键的是,虽然占有在法律规范中有独立地位,但在实际保护时,有进一步区分有无本权的必要,不考虑这一点,径直把违法建筑的民法利益界定为占有,而该利益又无法被不动产所有权所涵盖,建造人对违法建筑的占有就是没有本权的无权占有。当然,受制于违法建筑的行政法管制,没有谁能有权占有违法建筑,在此意义上,把无权占有当成违法建筑的利益形态,不会遭受被有权占有人追夺的风险。但在违法建筑被他人侵害时,由于无权占有无法受过错侵权规则的保护[3],如何给建造

---

[1] 参见朱巍、高为民:《村委会强制拆除违章建筑的法律问题》,载《人民司法·案例》2008年第2期,第96页;上海市闵行区人民法院课题组、徐剑虹、张恩健等:《法律视角下的拆违和环境整治研究》,载《人民司法·应用》2016年第34期,第56页。
[2] 参见邱聪智:《新订债法各论(上)》,中国人民大学出版社2006年版,第49页。
[3] 参见[德]马克西米利安·福克斯:《侵权行为法(第5版)》,齐晓琨译,法律出版社2006年版,第41—43页;吴香香:《请求权基础——方法、体系与实例》,北京大学出版社2021年版,第114页。

人提供妥当的救济,就成问题。

概括而言,建造人能对违法建筑进行事实上的控制是毋庸置疑的,据此将违法建筑在民法中的利益界定为占有,自然能说得通,与违法建筑的利益形态是不动产所有权的定位相比,还更贴近行政法管制,但无法通透解释建造人对违法建筑的支配利益,无法合理说明建造人在违法建筑受侵害时的救济路径,这些缺憾表明占有并非违法建筑民法利益的最佳形态。

(四)建造人对违法建筑享有动产所有权

在违法建筑民法利益形态的选项上,除了占有,还有动产所有权。要强调的是,在此所谓的动产所有权,不是构成违法建筑的材料所有权[1],而是指以可否登记作为是否是不动产的甄别标准,受制于登记禁止机制,由不同建筑材料合成的违法建筑在整体上属于动产,对应的利益形态因此是动产所有权。[2] 这种见解面对的最大质疑是违法建筑明明符合最常见的不动产定义特征和界定标准,是不能自由移动或移动会损害其价值的物,为何要被排除在不动产之外?

的确如此,按照前述的特征和标准,把违法建筑当成动产,会强烈冲击有关不动产认知的法律观念,会让人觉得这种见解是"为赋新词强说愁"。但话说回来,作为法律概念的不动产和动产的划分,除了要考虑能否自由移动的物理要素,社会作用和经济功能也是重要的考虑因素,后者的重要性一旦压过前者,不可移动之物被当成动产,可移动之物不再是动产,就不是什么新鲜见解。比如,在中世纪日耳曼法中,作为建筑物的木屋虽然定着于土地,但容易毁损,故虽不能移动,仍不妨碍其成为动产。[3] 又如,在法国法中,被安置在不动产上并服务于不动产的牲畜、农具等可移动之物是不动产,而现在虽是不动产,但将来要成为动产的待收割种植物、土地上的棚屋等,可作为动产处理。[4] 再如,在荷兰法中,根

---

[1] 我国持动产所有权观点的主要见解,是认为建造人对违法建筑的建筑财产享有所有权。对该观点的总结,参见周友军:《违章建筑的物权法定位及其体系效应》,载《法律适用》2010年第4期,第44页。

[2] 参见苏永钦:《违章建筑与小产权房》,载《法令月刊》2015年第4期,第184—187页。

[3] 参见李宜琛:《日耳曼法概说》,中国政法大学出版社2003年版,第50—51页;高仰光:《〈萨克森明镜〉研究》,北京大学出版社2008年版,第169页。

[4] 参见[法]弗朗索瓦·泰雷、[法]菲利普·森勒尔:《法国财产法》,罗结珍译,中国法制出版社年版,第59—77页。

据用途标准,同为船屋,保持漂流状态的是动产,永远抛锚不再航行的是不动产。[1] 可以说,只要不动产和动产以法律概念的形式出现,就必然是规范创制者在特定功能引导下,对物理形态不同的物进行的规范分类,目的是建立创制者希冀的规范秩序。既然是规范功能在引导并起决定作用,物理形态上可否移动或是否便于移动,就不是判断某物是否是不动产的根本,在物的用途、社会作用、法律限制等诸种因素的影响下,一定会出现不可移动之物与可移动之物归为同类,能适用相同规范的现象,违法建筑只是这类现象之一,并不足为奇。

其实,只要我们不认为法律概念具有确定不变的本质,我们的眼光和思想不受本质主义的约束,那么,法律概念所描述和指称的现象,会因适用情景的不同而有变化。正如就一件财物而言,着眼于其自身的特质,对它的占有、用益和处分都要与其特质相适应,它就是具有独特性的客体;反之,着眼于其财产价值,和其他财物一样,其无非是披着财富外观的投资品而已,由此就会形成两套不同的话语体系和法律系统。[2] 与此同理,违法建筑与合法建筑一样的确是不能自由移动或移动就损害价值的物,但因建设行为的违法性,违法建筑遭受了合法建筑不会经历的登记禁止等行政法管制,受此约束,把违法建筑归为不同于合法建筑的序列,从不动产中剔除出来,自无不可。说到底,在我国的生活世界中,不动产不仅仅是个概念或观念,其真实存在还需要一套法律制度运作来予以凸显、支撑和强化[3],以登记禁止等行政法管制机制为坐标,把违法建筑排除出不动产,完全可行。

当然,本书第一章把是否受国土空间规划管制作为不动产与动产的区分标准,据此,由于违法建筑未通过规划实施机制的检验,是存身于规划管制之外的物,因而不是不动产,只宜为动产。

把违法建筑的民法利益界定为动产所有权,既使建造人据此获得的法律地位弱于合法建筑的所有权人,如只能得到公示效能较弱的占有保护、受诉讼时效的限制等,从而与违法建筑的行政法管制保持一致,又能充分说明建造人对违法建筑的支配利益,并在违法建筑受侵害时能得到

---

[1] 参见〔荷〕亨克·J. 施耐德:《荷兰财产法》,杨悦阳等译,载王卫国主编:《荷兰经验与民法再法典化》,中国政法大学出版社 2007 年版,第 110 页。

[2] See Bernard Rudden, Things as Thing and Things as Wealth, in Oxford Journal of Legal Studies, 1994, Vol. 14, No.1, pp.81-97.

[3] 参见苏力:《制度是如何形成的》(增订版),北京大学出版社 2007 年版,第 71 页。

合理保护,而这些恰恰是把违法建筑的民法利益界定为占有所欠缺的。

三、对合同效力的影响

违法建筑的民法调整主要涉及两个方面,一是建造人对违法建筑能否享有法律认可的利益以及享有何种利益;二是以违法建筑为标的物的交易合同有无法律效力。目前常见的思路是建造人对违法建筑没有所有权,违法建筑不应受法律保护,因而以违法建筑为标的物的合同无效。下文指出,这种思路存在问题。其实,对这两个方面问题的理解和回答,都离不开前述行政法管制的约束和限制,只有时时对它们加以充分关注并进行有机衔接,才能有妥当的回应。

(一) 规范

目前的司法解释认为,以违法建筑为标的物的合同无效,它们主要表现在以下领域:

第一,建设工程施工合同。根据"建设工程施工合同解释一"第3条的规定,只要在起诉前发包人未取得规划许可,或者未按照规划许可的规定进行建设,法院可确认建设工程施工合同无效;在发包人能取得建设工程规划许可但不办理的情形,合同无效是相对无效,发包人不能以此为由请求法院确认合同无效。合同无效的后果是:如果房屋被依法拆除,适用缔约过失责任,因为发包人对合同无效负主要责任,应承担全部或较大的责任;如果房屋实际投入使用,根据《民法典》第793条的规定,参照合同关于工程价款的约定折价补偿。[1]

第二,抵押合同。根据"担保制度解释"第49条第1款的规定,以违法的建筑物抵押的,抵押合同无效,但是一审法庭辩论终结前已经办理合法手续的除外。其理由在于,违法建筑是法律规定的禁止流通物,不能进入市场进行处分收益;如果允许以违法建筑进行抵押,会产生鼓励违法建造行为的后果。[2] 与此理由相当,建筑工程承包人对违法建筑也没有优先受偿权。[3]

---

[1] 参见最高人民法院民事审判第一庭编著:《最高人民法院新建设工程施工合同司法解释(一)理解与适用》,人民法院出版社 2021 年版,第 40—48 页。

[2] 参见最高人民法院民事审判第二庭编著:《最高人民法院民法典担保制度司法解释理解与适用》,人民法院出版社 2021 年版,第 430 页。

[3] 参见最高人民法院民事审判第一庭编著:《最高人民法院新建设工程施工合同司法解释(一)理解与适用》,人民法院出版社 2021 年版,第 396 页。

第三,租赁合同。"城镇房屋租赁合同解释"第2条第1句规定,出租人就违法建筑与承租人订立的租赁合同无效,理由在于建造人对违法建筑没有物权权益。[1]

把前述司法解释的规定予以无条件放大,结论就是以违法建筑为标的物的合同无效。当然,"国有土地使用权合同解释"第16条第1款规定,对于当事人按照合作开发合同约定分配合作开发的违法建筑利益的,法院不予受理,据此,合作开发违法建筑的合同属于法院不介入的"法外空间"。

(二) 分析

本书对上述结论持不同立场,认为不能因标的物为违法建筑就径直认定合同无效,主要理由如下:

第一,正如前述,因应对违法建筑的行政法管制,建造人对违法建筑仍有物权权益,只不过不是不动产所有权,而是动产所有权。

第二,建造人对违法建筑是否有所有权,与合同效力没有直接关联,根本理由是合同在当事人之间产生相对性的债的关系,当事人一方有无所有权对此没有影响,《民法典》第597条第1款对此有明确表述。

第三,买受人、承租人等非建造人的一方在订立合同时不知标的物为违法建筑的,可以根据不同情况以受欺诈、重大误解等为由撤销合同,以保护自己的权益。即便撤销权人不撤销合同,也不影响行政法管制措施的实施,如主管部门仍能要求建造人限期改正、限期拆除或没收等,非建造人一方因此遭受的损失,能通过违约责任得以救济。

第四,对违法建筑的行政法管制指向违法建设行为,只要主管部门依法、及时、正当进行管制,就能消除违法行为的不良影响,没有必要径直认定以违法建筑为标的物的合同无效。而且,即便合同有效,也不影响行政法管制的实施。当然,根据《民法典》第153条的规定,以违法建筑为标的物的合同的确违反法律、行政法规的强制性规定或公序良俗的,自当无效,但这是法律行为判断的一般准则,与标的物是否是违法建筑无关,如买卖危及居民人身安全的危险建筑、租赁制作毒品的厂房、城市居民购买宅基地上的农房等,无论这些标的物是否是违法建筑,合同效力均应无效。

---

[1] 参见杜万华、冯小光、关丽:《〈关于审理城镇房屋租赁合同纠纷案件具体应用法律若干问题的解释〉的理解与适用》,载《人民司法·应用》2009年第21期,第25页。

第五,根据意思自治,当事人在合同中约定买受人或承租人自行拆除违法建筑,消除违法建设行为的负面作用,自无不可。[1] 若仍以标的物是违法建筑为由而认定合同无效,既无助于实现对违法建筑的行政法管制目的,也过度干涉当事人的意思自治,没有正当性可言。

第六,即便没有前述的特别约定,建造人仍有可能在签订买卖合同或租赁合同后补办或变更规划许可,买受人、承租人在占有违法建筑后也有可能按照规划许可自行改正,从而使违法建筑成为合法建筑[2],此时仍否定合同的有效性,除了破坏交易的稳定性,没有任何实益。这实际表明,在签订合同或发生诉讼时,建造人没有规划许可或建设行为不符合规划许可的要求,不代表将来仍如此,以静止而非变动的眼光来审视有无规划许可或是否符合规划许可,并据此决定合同效力,与实践情况显著不符。

第七,在法院强制执行的实践中,着眼于违法建筑的财产利益,为了最大限度地实现申请执行人的权利,法院能通过拍卖、变卖的方式对违法建筑进行"现状处置",由买受人取得违法建筑。[3] 虽然强制执行是公权力活动,但司法拍卖、变卖与通常买卖的交易规律没有实质差异,前者既然可为,后者当然不应无效,否则真的就是"只许州官放火,不许百姓点灯"。

说到底,与会使违法建筑在一定条件下持续存在,但又不能办理登记的行政法管制相应,建造人对违法建筑有动产所有权。而且,对违法建筑的行政法管制只涉及建设行为及其事实后果,而以违法建筑为标的物的合同属于交易流通领域,其效力评价已超出行政法管制的射程范围,与行政法管制不再相关,故不能仅凭违法建筑来认定合同无效。[4]

---

[1] 参见朱爱东:《附有违法建筑的房屋买卖合同的有效性》,载《人民司法·案例》2013年第12期,第4—7页。
[2] 参见广东省广州市中级人民法院(2014)穗中法民五终字第1235号民事判决书。
[3] 参见李海军:《违章建筑执行实务》,载《人民司法·应用》2007年第7期,第98—99页;2019年北京市高级人民法院《北京市法院执行局局长座谈会(第十次会议)纪要》第二点第4小点。
[4] 最高人民法院在个案中也认为《城乡规划法》第40条有关建设单位申请办理规划许可证的规定,是行政机关在规范建筑领域内的管理性强制规定,该规定对民法领域内的商品房买卖合同效力不产生直接影响。参见最高人民法院(2017)最高法民申57号民事裁定书。

四、小结

违法建筑的法律规制包括行政法和民法两个维度,在它们的分工合作中,行政法管制起到主导作用,主要针对建造人生成违法建筑的违法建设行为,以消除该行为的负面影响为目标;民法则具有配合的因应作用,指向违法建筑的利益形态及其交易,以合理定位和评价为任务。这种行政法和民法协力并存、主次分明的布局,是民法准确调整违法建筑的前提性认识和知识。

在规范层面,行政法管制中的认定和处置机制具有不确定性,征收不予补偿和登记禁止机制相当明确。在实践层面,包括国家能力不足在内的各种因素加剧了认定和处置的难度,并出现征收违法建筑予以补偿的常见现象,而登记禁止没有出现突破。在规范和实践的双重约束下,无论在建造人的心里还是在社会观念中,尽管违法建筑违法,不能与合法建筑相提并论,但违法建筑是能给建造人带来实在利益的财产,即便它是从法律和社会的缝隙中强挤出来的,它也是一份实实在在的利益,这会给建造人以激励,增量的违法建设行为和违法建筑因此不断发生和涌现。

沿着这样的规范和实践的轨迹,民法所能做的是曹规萧随,承认违法建筑的财产利益属性。不过,既然违法建筑与合法建筑不同,那当然要分清它们的利益形态,把前者定位成动产所有权的标的物,应是与作为不动产所有权客体的后者的恰当区分。由此再来理解《民法典》第231条,就能更清晰地看出,它是说取得规划许可或按照规划许可的内容建设,在建设行为完成时,建造人取得建筑物的所有权,也即合法建筑的所有权,这是把《城乡规划法》的相关内容引入民法的引致条款,未给法官留下自由裁量的空间。至于未取得规划许可或未按照规划许可的内容建造的建筑物,在未经依法认定前,未必是违法建筑,不一定不能承载不动产所有权;即便确属违法建筑,建造人也能取得动产所有权。故而,对《民法典》第231条不能进行反对解释,既不能说建造人对违法建设的建筑物没有所有权,也不能说建造人在违法建设行为完成时,不能取得建筑物所有权,而只有在补办或变更规划许可时,或者改正违法建筑使其符合规划许可的内容时,建造人才能取得建筑物所有权。与此同时,由于《民法典》第231条的内容是高度确定的,建造人对违法建筑的动产所有权也是确定的,故还不能说它是把《城乡规划法》的相关内容导入民法,至于建造人能否对违法建筑取得所有权,要由法官裁量的转介条款。

建造人对违法建筑享有动产所有权,当然表明在主管部门认定和处置违法建筑前,法院不能通过民事审判确认建造人对违法建筑的不动产所有权,只有违法建筑因补办、变更规划许可或限期改正而质变成合法建筑后,建造人的不动产所有权才能得以确认。这同时也意味着,在违法建筑建成时,建筑人就原始取得所有权,对于建造人确认动产所有权的诉讼请求,法院应予受理;违法建筑后续的物权变动,应遵循动产交付规范,占有违法建筑的受让人或质权人确认动产所有权或动产质权的诉讼请求,法院也应予受理。由此再来审视"八民纪要"第 21 条,应予限缩解释,即认定和处置违法建筑是主管部门的职权,应避免通过民事审判变相确认违法建筑的不动产所有权;当事人请求确认对违法建筑的不动产所有权的,法院不予受理,已经受理的,裁定驳回起诉;当事人请求确认对违法建筑的动产所有权或动产质权的,法院应予受理。对"国有土地使用权合同解释"第 16 条第 1 款的理解同样如此,不再赘述。

虽然建造人对违法建筑有动产所有权,但不意味着以违法建筑为标的物的买卖、租赁等合同因此就有效,因为利益形态的确定与合同效力评价是两个不同的领域,它们可能看上去紧密相关,但其实没有交集,想想现实中诸如宅基地、宅基地上的房屋等可取得权属但不能交易流通的财物,就能明了这一点。对以违法建筑为标的物的合同效力进行评价的基点,仍在于仅指向违法建筑的形成,而并不涉其交易的行政法管制,既然如此,民法完全不应因标的物为违法建筑就直接否定合同效力,而是应根据民法中的法律行为效力规范进行评价。也就是说,仅凭标的物为违法建筑,就剥夺买受人、承租人等交易利害关系人的利益,使其无法获得有效合同的保障,是没有坚强理由支持的。而且,合同有效不会消除违法建筑的违法状态,行政法管制的措施仍能实施。

总的来说,对违法建筑的法律调整,是由行政法与民法携手共同进行的,单凭行政法管制或民事调整,都无法实现规制目的。在行政法管制中,违法建筑的认定标准不唯一,处置措施具有弹性,征收是否给予补偿存在矛盾,但确定无法办理不动产登记。与此相应,违法建筑应是民法认可的利益,建造人对违法建筑享有动产所有权,以违法建筑为标的物的合同也不因此无效。

第三节　建筑许可的民事效果

建筑许可有建筑工程施工许可和从业资格两类,以下分别阐述其民事效果。

一、建筑工程施工许可的民事效果

(一)合同法效果

《建筑法》第7条第1款规定:"建筑工程开工前,建设单位应当按照国家有关规定向工程所在地县级以上人民政府建设行政主管部门申请领取施工许可证;但是,国务院建设行政主管部门确定的限额以下的小型工程除外。"第64条规定,违反本法规定,未取得施工许可证擅自施工的,责令改正,对不符合开工条件的责令停止施工,可以处以罚款。这两条规定是建筑工程施工许可的主要规范,它们组合起来构成完全法条,前者规定了构成要件,把施工许可作为建筑工程施工的前提,后者提供了法律效果,对违反者课以责令改正、停止施工、罚款等责任。

法律之所以要求该许可,意在保证开工建设的工程符合法定条件,在开工后能顺利进行;便于主管部门全面掌握有关建筑工程的数量、规模、施工队伍等基本情况,及时对各个建筑工程依法进行监督和指导,保证建筑活动依法进行。[1] 未办理施工许可即施工的,通过《建筑法》第64条设定的责任,足以实现该目的,无须再否定建设工程施工合同的效力,故而,未取得施工许可证不会直接导致建设工程施工合同无效。在"河南宏奇建筑工程有限公司与邓州市范仲淹公学建设工程施工合同纠纷案"中,再审法院就指出,以涉案工程未取得施工许可证为由主张《工程施工合同》无效缺乏法律依据。[2]

建设单位申请办理建筑工程施工许可是其法定义务,这种法定义务在实践中往往通过建设工程施工合同转化为约定义务,建设单位不适当履行该义务的,要承担违约责任。住房城乡建设部、国家工商行政管理总局《建设工程施工合同(示范文本)》(GF-2017-0201)第2.1条规定,发包人应遵守法律,并办理法律规定由其办理的建设工程施工许可证等许

---

〔1〕 参见卞耀武主编:《中华人民共和国建筑法释义》,法律出版社1998年版,第46页。
〔2〕 参见河南省高级人民法院(2021)豫民申7144号民事裁定书。

可,因发包人原因未能及时办理完毕前述许可,由发包人承担由此增加的费用和(或)延误的工期,并支付承包人合理的利润。在"江西德瓷置业有限公司(以下简称德瓷公司)与江西省建工集团有限责任公司(以下简称建工集团)建设工程施工合同纠纷案"中,最高人民法院认为,根据《建筑法》第 7 条规定和案涉《建设工程施工合同》第 7 条约定,案涉工程开工前,德瓷公司应当按照国家有关规定申请领取施工许可证,提供满足施工需要的施工图纸及技术资料。根据二审查明的事实,在建工集团依约进场施工后,德瓷公司未能提供德瓷商业楼、德瓷酒店的施工许可证和德瓷酒店的有效施工图纸,未按照约定足额支付工程款,未能提供相关施工条件,且明确表示不会承担建工集团因停工所产生的相关损失。二审判决据此认定德瓷公司违约,有事实依据。[1]

总的来说,未办理建筑工程施工许可,不影响建设工程施工合同的效力,但作为发包人的建设单位要承担违约责任。

(二)物权法效果

在规划的统领下,土地供应文件(划拨决定书、出让合同等)、建设用地规划许可、国有建设用地使用权首次登记、规划许可、施工许可环环相扣,步步推进,它们的主体是同一的,否则就会出现断裂性的错误。在这样的管制链条中,只要建设单位依法申办了施工许可,就表明其一定登记为国有建设用地使用权人,一定持有规划许可,而正如前文提及的"中国信达资产管理股份有限公司陕西省分公司与被上诉人陕西崇立实业发展有限公司等案外人执行异议之诉案"所见,这些事实可确定建设单位就是房屋所有权人,建筑工程施工许可因而对建设单位取得房屋所有权起到积极的证明作用。

(三)对闲置土地的认定起决定作用

从第四章可知,是否动工开发属于是否闲置土地的基本判断标准,根据《闲置土地处置办法》第 30 条的规定,动工开发的标志是依法取得施工许可证后,须挖深基坑的项目,基坑开挖完毕;使用桩基的项目,打入所有基础桩;其他项目,地基施工完成三分之一。显然,没有施工许可,即便建设单位客观上已然开始施工,仍不能归为动工开发[2],建筑工程施工许

---

[1] 参见最高人民法院(2019)最高法民申 5559 号民事裁定书。
[2] 参见福建省高级人民法院(2016)闽行申 337 号行政裁定书、海南省高级人民法院(2019)琼行终 301 号行政判决书。

可因此对动工开发起着决定作用,进而对闲置土地的认定起着决定作用。

需要注意的是,在开发建设的管制链条中,没有规划许可就没有施工许可,建设单位缺失这些必要许可的状态超过国有建设用地使用权有偿使用合同约定或者划拨决定书规定的动工开发日期满一年的,根据《闲置土地处置办法》第2条第1款的规定,闲置土地就能被依法认定;满二年的,根据《闲置土地处置办法》第14条第2项,闲置土地可被依法无偿收回。在闲置土地依法无偿收回期间,即便主管部门向原权利人核发规划许可,其也不能依据规划许可再申办施工许可,更不能据此否定闲置土地的认定和收回。在"琼海佳宜置业有限公司(以下简称佳宜公司)因与海南省琼海市人民政府无偿收回国有土地使用权行政处罚行为案"中,最高人民法院认为,规划许可证具有时效性,超过法定期限未动工开发可能会造成土地闲置,应当按照闲置土地依法作出处理,不再适宜补发规划许可证。琼海市规划部门在佳宜公司取得规划许可证6年后,在未征询国土部门的意见、未查清土地是否闲置的情形下,在国土部门正在调查处理佳宜公司闲置土地违法事实的过程中,作出补发规划许可证行为不妥。[1]

二、从业资格的民事效果

为了建立和维护建筑市场的正常秩序,保证建筑工程质量,法律要求建筑施工企业必须有从业资格,主要表现为具备相应的资质条件。[2]《建筑法》第13条规定,建筑施工企业在取得相应登记的资质证书后,方可在其资质等级许可的范围内从事建筑活动。第26条规定:"承包建筑工程的单位应当持有依法取得的资质证书,并在其资质等级许可的业务范围内承揽工程。禁止建筑施工企业超越本企业资质等级许可的业务范围或者以任何形式用其他建筑施工企业的名义承揽工程。禁止建筑施工企业以任何形式允许其他单位或者个人使用本企业的资质证书、营业执照,以本企业的名义承揽工程。"根据该法第65—66条的规定,违背前述规定的建设单位及建筑施工企业要承担罚款等行政后果。根据"建设工程施工合同解释一"第1条第1款的规定,承包人未取得建筑业企业资质或者超越资质等级的建设工程施工合同无效,没有资

---

[1] 参见最高人民法院(2019)最高法行申8134号行政裁定书。
[2] 参见卞耀武主编:《中华人民共和国建筑法释义》,法律出版社1998年版,第57页。

质的实际施工人借用有资质的建筑施工企业名义的建设工程施工合同也无效。

应特别注意的是,根据《建筑法》第83条第3款的规定,临时用地的临时建筑以及农民自建低层住宅是不受该法调整的例外情形,这两类情形因此无须建筑许可。

第八章 房地产交易

建设用地的使用权人对合法建造的房屋取得所有权,可占有、使用和收益,并在符合法律规定的条件下,可通过转让、抵押等方式予以处分。从交易活跃度来看,房地产开发企业在出让国有建设用地上开发建设的商品房(俗称一手房)最具有流通性,它们产生的目的就是通过在房产买卖市场的转手交易,为企业带来利润。商品房交易有预售和现售两种。当商品房交易完成,由买受人购得后,就成为存量房(俗称二手房),存量房交易即二手房买卖。在这些交易中,政府通过预售许可、现售备案、网签备案等方式进行干预和管制(见图 8-1 房地产交易类别及行政管制)。

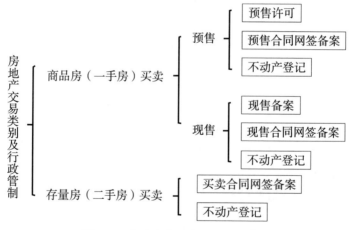

图 8-1 房地产交易类别及行政管制

预售是最常见的商品房买卖行为。根据建设部《城市商品房预售管理办法》第 2 条、《商品房销售管理办法》第 3 条第 3 款,预售是以正在建设中的商品房为标的物的买卖行为。预售的标的物是将来建成的商品房,它因此是典型的将来物买卖,商品房能否如期建成,购房人能否如愿实现买卖目的,是高度不确定的,故对买受人而言,预售是高风险的交易。既然有这样的缺陷,为何要有预售,并通过法律赋予其正统地位,原因无他,是巨大的市场需求决定了预售的正当性。具体而言,自我国从20世纪70年代末、80年代初房屋商品化开始,房地产开发企业这种市场主体成为商品房的供给方,而房地产开发从立项、拿地、开发到建成的时间周期长,投入资金大,若出卖人只能在房屋建成后才能投放市场销售,不仅资金压力很大,会影响开发建设的进度,导致能上市销售的房屋数量有限,买受人也无法提前安排购房计划和资金;反之,通过预售,出卖人能提前回笼资金,缓解资金压力,能更迅速地向市场提供商品房,买受人也能提前安排购房事宜。正因如此,尽管预售的交易风险很大,但市场需求又使它成为必需。

面对预售带来的交易风险,政府显然不能无动于衷,必须采用积极的应对策略进行干预,预售管制由此产生。《城市房地产管理法》第45条提供的管制机制包括预售许可、预售合同的登记备案和预售款专用于工程建设,它们在实践发展中逐步丰富,形成了由预售许可、购房资格审核和房源信息核验、预售合同网签备案、预售资金监管等机制组成的预售管制体系;住房和城乡建设部《房屋交易与产权管理工作导则》第1.3条第2项对此有明文。这些管制机制塑造出公开透明的交易流程,最大限度地消弭了买受人的信息弱势地位,使其能获得标的物能否预售等信息,以决定是否和如何进行交易,并通过资金监管来使预售款专款专用等机制,抵御了买受人先付款可能产生的交易风险,以确保其能如约实现交易目的。

在这些管制机制中,与本书主题紧密相关的是预售许可和预售合同网签备案。所谓预售许可,是指房屋主管部门根据房地产开发企业申请,经依法审查,准予其预售商品房的行为。所谓预售合同网签备案,是指在房屋主管部门的专门网络系统中签订预售合同并予以备案的行为。这二者在实践中环环相扣。根据住房和城乡建设部《房屋交易合同网签备案业务规范(试行)》第5条第2项的规定,没有预售许可证明,不能办理预售合同的网签备案。根据2018年住房和城乡建设部《关于进一步规范和加强房屋网签备案工作的指导意见》,网签备案的预售合同是当事人办理银行贷款、住房公积金提取、涉税业务等的依据,也就是说,预售合同未网签备案,买受人就无法办理贷款及提取公积金,出卖人也无法回笼资金。此外,根据《不动产登记暂行条例实施细则》第38条第2款、第86条的规定,买受人意欲通过转移登记取得房屋所有权,或办理预告登记,网签备案的预售合同是不可或缺的材料,这意味着,预售合同未网签备案,买受人既无法取得房屋所有权,也无法受预告登记的保护。

由此可见,预售许可是预售管制的初步,是预售合同网签备案的前提,而网签备案是预售合同实际履行的必备,预售许可因此对预售合同目的的实现起着决定作用。反之,没有预售许可,预售合同不能网签备案,买受人无法办理借款和提取公积金,无法向出卖人支付价款,出卖人不能提前获得资金,预售就失去其本有的意义,而买受人也不能通过预告登记来保障债权,不能通过转移登记取得房屋所有权。显然,预售许可的作用是强大的,直接影响着后续的预售管制机制。

"商品房买卖合同解释"第 2 条强化了预售许可的作用力,它规定:"出卖人未取得商品房预售许可证明,与买受人订立的商品房预售合同,应当认定无效,但是在起诉前取得商品房预售许可证明的,可以认定有效。"在预售管制的框架中,这一规定是否适当,不无可探讨的空间,这将是第一节的任务。

另一种商品房买卖行为是现售。根据《商品房销售管理办法》第 3 条第 2 款的规定,现售是以竣工验收合格的商品房为标的物的买卖行为。现售不像预售那样需要许可,而是需要备案。《商品房销售管理办法》第 8 条规定:"房地产开发企业应当在商品房现售前将房地产开发项目手册及符合商品房现售条件的有关证明文件报送房地产开发主管部门备案。"现售备案旨在确保现售的商品房在既符合规划许可,又在竣工验收合格的基础上,让主管部门了解现售情况,它没有预售许可那样的强大效力,未经备案不会影响现售合同的效力,但会影响不动产登记,比如,在"冷某等与阳朔县自然资源局不履行不动产登记法定职责案"中,再审法院指出,阳朔县房地产管理所出具的《关于城中城 A130 不能作为商铺销售的告知书》说明没有现售备案,A130 不动产属于公共部分,不能作为商品房进行买卖。阳朔县自然资源局对 A130 不动产不予登记,有事实和法律依据。[1]

房屋为商品房的,尽管《城市房地产管理法》仅在第 45 条要求预售合同登记备案,但实践中的现售也普遍采用网签备案。不仅如此,存量房买卖合同也普遍网签备案。如何理解网签备案的功能和正当性,其民事效果如何,是第二节探讨的内容。

房屋为住房的,以上的住房买卖行为构成房地产交易的主干,1992 年国务院《关于发展房地产业若干问题的通知》(已失效)将之命名为房地

---

[1] 参见广西壮族自治区高级人民法院(2020)桂行申 77 号行政裁定书。

产三级市场。[1] 在这种市场中,住房就是买卖标的物,至于买受人在取得房屋所有权后用于出租,是基于其个人意愿的交易活动,不是内置于该买卖市场的交易形态(见图8-2 住房买卖市场的构造)。

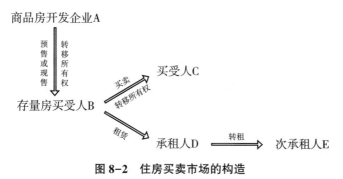

图8-2 住房买卖市场的构造

近些年,中央政策提出发展长租房,从与该政策配合的实践情况来看,这种住房不是买卖标的物,而是租赁标的物,即建造这种房屋的目的是专用于租赁,这就在既有的住房买卖市场之外,创设了住房租赁市场(见图8-3 住房租赁市场的构造)。无须讳言,这些市场都不是完全自发形成的,政府之手起着重要的推动和管控作用,那么,如何理解新的住房租赁市场,民法又能起到什么作用,将是第三节辨析的对象。

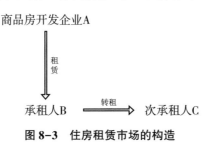

图8-3 住房租赁市场的构造

---

[1] 该通知把土地使用权的出让称为房地产一级市场,把土地使用权出让后的房地产开发经营称为房地产二级市场,把投入使用后的房地产交易,以及抵押、租赁等多种经营方式称为房地产三级市场。这种分类与土地一级、二级市场的分类明显不同。

第一节 预售许可与预售合同效力

一、预售许可的法律内涵

(一) 属性

《行政许可法》第 2 条把行政许可界定为:"行政机关根据公民、法人或者其他组织的申请,经依法审查,准予其从事特定活动的行为。"据此,预售许可属于典型的行政许可。

(二) 功能

作为政府管控和调节房地产交易市场的工具,预售许可的主要功能包括:①调控可上市交易的房屋数量和价格。[1] ②实现土地资源的合理配置和总量控制,抑制和避免房地产投资过热和过度投机。[2] ③政府依法对正在建设的商品房的可买卖性提供了"背书",确保预售能顺利开展,正因此,《城市商品房预售管理办法》第 9 条规定,房地产开发企业进行商品房预售,应当向买受人出示《商品房预售许可证》,售楼广告和说明书也应当载明《商品房预售许可证》的批准文号。④最大限度地减少预售的副作用,增加交易的安全性,使预售合同按照管制轨道得以履行,属于实现交易目的的引导器和通行证。

(三) 程序

根据《城市商品房预售管理办法》第 6—8 条的规定,预售许可的取得程序如下:

第一,申请。房地产开发企业申请预售许可,应当提交下列材料:①商品房预售许可申请表;②开发企业的《营业执照》和资质证书;③土地使用权证、建设工程规划许可证、施工许可证;④投入开发建设的资金占工程建设总投资的比例符合规定条件的证明;⑤工程施工合同及关于施工进度的说明;⑥商品房预售方案。预售方案应当说明预售商品房的位

---

[1] 参见任晨莹:《预售许可证管控——调控升级,短期成效斐然》,载《上海房地》2018 年第 3 期,第 34—37 页。

[2] 参见郭锐、武小平:《论房地产预售方式及其行政许可》,载《中外房地产导报》1998 年第 6 期,第 38 页。

置、面积、竣工交付日期等内容,并应当附预售商品房分层平面图。

第二,受理。房地产开发企业提交上述材料齐全的,房屋主管部门应当当场出具受理通知书;材料不齐的,应当当场或者 5 日内一次性书面告知需要补充的材料。

第三,审核。房屋主管部门对房地产开发企业提供的有关材料是否符合法定条件进行审核。

第四,许可。经审查,房地产开发企业的申请符合法定条件的,房屋主管部门应当在受理之日起 10 日内,依法作出准予预售的行政许可书面决定,发送企业,并自作出决定之日起 10 日内向企业颁发、送达《商品房预售许可证》。经审查,企业的申请不符合法定条件的,主管部门应当在受理之日起 10 日内,依法作出不予许可的书面决定。书面决定应当说明理由,告知企业享有依法申请行政复议或者提起行政诉讼的权利,并送达企业。商品房预售许可决定书、不予商品房预售许可决定书应当加盖主管部门的行政许可专用印章,《商品房预售许可证》应当加盖房屋主管部门的印章。

第五,公示。房屋主管部门作出的准予商品房预售许可的决定,应当予以公开,公众有权查阅。

(四)后果

未取得预售许可证明,房地产开发企业不能进行商品房预售,否则,根据《城市房地产管理法》第 68 条的规定,由县级以上人民政府房产主管部门责令停止预售活动,没收违法所得,可以并处罚款。

问题在于,这会产生怎样的民事后果,是否会影响预售合同的效力,《城市房地产管理法》第 45 条第 1 款第 4 项、《城市房地产开发经营管理条例》第 22 条第 4 项、《城市商品房预售管理办法》第 6 条、《商品房销售管理办法》第 6 条等预售许可的行政法规范未予涉及。理论界和实务界对此相当有争议,下文围绕这个问题展开。

二、预售许可对预售合同效力的影响:基于司法实践的分析

未取得预售许可有四种形态:①未经房屋主管部门许可,既包括房地产开发企业未提出申请,也包括提出申请但主管部门尚未审核或许可;②企业的申请不符合法定条件,主管部门依法不予许可;③预售许可存在违法情形,主管部门依法撤销;④预售许可过期,即预售许可的有效期限届满。未取得预售许可是否会影响预售合同的效力,是实务界最关心的问题,以下基于司法实践分情形进行分析。

(一)未经房屋主管部门许可的情形

1. 一般规范:以起诉作为认定合同效力的时点

根据"商品房买卖合同解释"第 2 条的规定,在起诉前,房地产开发企业未经房屋主管部门许可,未取得预售许可证明,预售合同应被认定无效。[1]

在此情形下,房地产开发企业客观上不可能按照《城市商品房预售管理办法》第 9 条的规定,在预售时向买受人出示预售许可证明,以及在售楼广告和说明书中载明预售许可证明的批准文号,司法实践多会认为出卖人构成欺诈,比如,在"张某某与利川市都银房地产开发有限公司商品房销售合同纠纷案"中,再审法院认为,房地产开发企业在签订预售合同时负有出示预售许可证明的义务,在其明知自己尚未取得该证明的情况下,与买受人签订了预售合同,也未提供证据证实签约时已将该真实情况充分告知买受人,且自 2013 年合同签订至 2017 年 7 月 7 日买受人最后一次至房屋主管部门查询之日长达四年之久,仍未能办理预售许可证明,未以实际行动去积极履行办证义务,上述事实可以证实该企业存在故意隐瞒没有取得预售许可证明的行为。[2] 既然如此,开发企业就是对预售合同无效有过错的一方,应当赔偿买受人由此产生的损失。比如,在"李某某与驻马店市辉煌置业有限公司房屋买卖合同纠纷案"中,再审法院认为,出示预售许可证明是房地产开发企业预售、出售房产时应尽的义务,若未办理预售许可证而故意隐瞒未取得预售许可的事实,应该承担一定的赔偿责任,本案原审仅判处企业返还购房人已付购房款及利息,对于赔偿损失未予处理不当。[3]

不过,在出卖人不是房地产开发企业,合同约定对房屋也有特别说明时,法院会作出不同的判断。比如,在"潘某与河南汉丰科技园开发有限公司房屋买卖合同纠纷案"中,二审法院认为,出卖人并非开发企业,合同约定购买的房屋为"多功能用房",买受人在签订合同时应当注意出售房屋企业资质、房屋描述、房屋价格等与正常商品房买卖合同不同的因

---

[1] 参见最高人民法院民事审判第一庭编著:《最高人民法院关于审理商品房买卖合同纠纷案件司法解释的理解与适用》(第 2 版),人民法院出版社 2015 年版,第 36—38 页。另参见最高人民法院(2013)民申字第 842 号民事裁定书、最高人民法院(2016)最高法民申 551 号民事裁定书、最高人民法院(2016)最高法民再 3 号民事判决书。

[2] 参见湖北省高级人民法院(2018)鄂民申 756 号民事裁定书。

[3] 参见河南省高级人民法院(2018)豫民申 3434 号民事裁定书。

素,其对所购房屋是否具有预售许可证明应负有一定的注意义务,故对合同无效亦有一定过错。而且,买受人亦未能提供证据证明出卖人在售房过程中明确承诺其所建房屋能够作为商品房销售、能够取得商品房预售许可证明,故意隐瞒其不能或没有取得预售许可证明的事实,不构成欺诈。[1]

2.例外情况:合同效力不受影响

不过,在以下情形中,我国的法院裁判否定了预售许可对预售合同效力的影响:

第一,出卖人建成的房屋交付给买受人,并补办相关手续,买受人通过登记取得了房屋所有权,预售合同的目的已实现,作有效处理,自签订之日起生效。[2]

第二,出卖人取得了土地使用权证书和建设用地规划许可证,房屋已交付买受人使用多年,买受人有继续履行合同的愿望和基础,为维护商品房交易秩序的稳定和保护交易现状,预售合同应当认定有效并继续履行。[3]

第三,房屋建成竣工验收合格,预售合同有效。[4]

第四,出卖人具备取得预售许可证明的实质条件,但不申请预售许可,买受人已取得房屋所有权或取得房屋占有,预售合同有效。[5]

第五,把预售许可作为行政管理手段,把《城市房地产管理法》第45条、第68条作为管理性强制性规定,否定其对预售合同效力的影响。[6]

(二) 主管部门不予许可的情形

根据"商品房买卖合同解释"第2条的规定,预售合同确定无效。但也

---

[1] 参见河南省郑州市中级人民法院(2020)豫01民终13476号民事判决书。
[2] 参见广东省广州市中级人民法院(2014)穗中法民五终字第1235号民事判决书。
[3] 参见北京市高级人民法院(2014)高民提字第130号民事判决书、北京市第三中级人民法院(2014)三中民终字第04029号民事判决书。
[4] 参见北京市高级人民法院(2014)高民申字第04462号民事裁定书、广东省东莞市中级人民法院(2015)东中法民一初字第8号民事判决书。《北京市高级人民法院关于审理房屋买卖合同纠纷案件若干疑难问题的会议纪要》第1条、《广东省高级人民法院关于审理房屋买卖合同纠纷案件的指引》第6条均规定,出卖人未取得预售许可证明即签订预售合同,在一审法庭辩论终结前房屋竣工验收合格的,可以认定为商品房现售,当事人以出卖人未取得预售许可证明为由主张合同无效的,不予支持。
[5] 参见湖北省孝感市中级人民法院(2019)鄂09民终293号民事判决书、湖北省高级人民法院(2019)鄂民申3306号民事裁定书。
[6] 参见陕西省高级人民法院(2021)陕民申1374号民事裁定书。

不绝对,若房屋主管部门不予许可的原因不是申请人不满足许可条件,而是协助司法查封等其他原因,法院会例外认定预售合同有效。比如,在"万家共赢资产管理有限公司与王某某等申请执行人执行异议之诉案"中,二审法院认为,德宝公司虽未能取得案涉房屋的预售许可证,但原因系一审法院出具的协助执行通知书中的查封内容,并非不具备办理条件,因此,案涉《商品房认购书》应认定合法有效。[1]

(三)预售许可被撤销的情形

在经济动因的刺激下,出卖人在申请预售许可时会提供虚假的或不合格的材料,而主管部门的认识能力是有限的,未能审查出来,以至于受骗颁发预售许可证明;或者存在道德风险,主管部门寻租,为不符合条件的出卖人颁发预售许可证明。前述的预售许可是违法行为,但买受人对由国家公权力背书的预售许可证明产生的信赖应受法律保护,结果就是事后撤销预售合同签订时的预售许可证明,不影响预售合同的效力。[2]这实际表明,即便预售许可违法,出卖人不具备法定的预售条件,预售合同也不因此无效。

(四)预售许可过期的情形

有些地方的预售许可证明存在有效期,根据《行政许可法》第50条、第70条的规定,在有效期届满后,出卖人不按规定申请续期的,预售许可证明失效,主管部门应予注销,照此来看,预售合同签订时预售许可证明过期的,无异于没有预售许可。不过,出卖人取得预售许可证明,表明其已具备法定的预售条件,这些条件不因该证明过期而灭失,故预售许可证明过期后签订的预售合同仍有效。[3]

(五)小结:"商品房买卖合同解释"第2条的正当性存疑

由前述内容可知,"商品房买卖合同解释"第2条在司法实务中未得到完全贯彻。更进一步还会发现,它与域外的行政法知识有根本差异。德国行政法知识传统区分了民法形成的行政处分和许可,前者是用以设

---

[1] 参见北京市高级人民法院(2020)京民终9号民事判决书。
[2] 参见山东省高级人民法院(2016)鲁民终168号民事判决书、最高人民法院(2017)最高法民申57号民事裁定书。
[3] 参见广东省深圳市中级人民法院(2014)深中法房终字第1136号民事判决书。

立、变更或废弃民法法律关系的行政行为[1],也称为认可,后者是行政机关就个别事件,废弃原有的法律上"禁止",容许相对人从事特定行为的形成处分。[2] 之所以有这种区分,重要原因之一在于,没有前者的行为不发生民法效力,原则上也不发生行政制裁,缺失后者的行为违反了法律禁止,可能发生行政制裁,但不影响行为的民法效力。[3]《行政许可法》第2条对行政许可的定义描述了许可形成的基本过程:申请→审查→准予[4],这种界定下的行政许可的内涵和外延很宽泛,相较于德国行政法知识传统,既包括民法形成的行政处分,还包括许可。《民法典》第502条第2款规定的影响合同生效的"批准",属于典型的民法形成的行政处分,它直接决定合同的效力,未经批准的合同未生效。从前文可知,《城市房地产管理法》等行政法规范规定的预售许可应属于许可,但"商品房买卖合同解释"第2条实则将其归为民法形成的行政处分。

此外,虽然与前述德国行政法知识传统没有认知关联,但我国民法理论界有观点认为预售许可证明不应影响预售合同的效力。[5]

显然,从司法实践来看,"商品房买卖合同解释"第2条的正当性存疑,它还与学理认知存在抵牾,它是否妥当,兹事重大,应予探讨。

三、预售许可对预售合同效力的影响:基于制度功能的分析

对预售许可的功能定位,是我们认识其行政法规范的目的,以及为了实现行政法管制,民法应否或怎样进行配合的出发点。基于这样的出发点,以预售许可的管制作用、靶向目标和约束要素为标准,可得出它不应影响预售合同效力的结论,预售合同不因房地产开发企业未取得预售许可证明而无效。

(一)以管制作用为标准

行政许可是国家对市场和社会进行管制的重要手段,发挥着重要的

---

[1] 参见严益州:《德国法上的私法形成性行政处理》,载《南京大学学报(哲学·人文科学·社会科学版)》2019年第4期,第128—137页。
[2] 参见陈敏:《行政法总论》(第七版),新学林出版股份有限公司2011年版,第335—336页、第341—343页。
[3] 同上注,第343页。
[4] 参见陈端洪:《行政许可与个人自由》,载《法学研究》2004年第5期,第25页。
[5] 参见王轶:《论商品房预售许可证明对合同效力的影响》,载《比较法研究》2018年第6期,第55—63页;耿林:《论商品房预售合同的效力》,载《法学家》2017年第1期,第123—133页。

管制作用。作为行政许可的一种,顾名思义,预售许可是管制预售的重要手段,对预售发挥着重要的管制作用。正如前文所言,预售合同从签订到履行的全生命周期都受到管制,且管制通道是唯一的、连贯的,没有起初的预售许可,即便当事人签订了预售合同,也无法实际履行,不能实现当事人的交易目的。

由于预售许可的行政法规范没有涉及预售合同的效力评价,该评价任务应由民法来完成,而该任务是由行政法规范引起的,民法只起到配合和衔接作用,只有这样,才能确保法律评价无矛盾,保持法秩序的一致性。在行政法管制自身能完全消除交易行为副作用的情况下,民法当然无须对行为效力进行消极评价。从预售许可的管制作用来看,其直接影响预售合同能否网签备案,没有预售许可,即便有效的预售合同能使预售落地生根,但无法开花结果,无法实现目的。而且,在没有预售许可情况下签订预售合同的,根据《城市房地产管理法》第 68 条的规定,出卖人要承担行政处罚等行政责任。这些制度叠加起来,结果使未取得预售许可证明的房地产开发企业在预售中颗粒无收,买受人最终也无法取得房屋所有权,这一两败俱伤的结果足以达到预售许可的管制目的,还要再让民法配合来否定预售合同的效力,力度过猛,实无必要。

易言之,对于违背预售许可行政法规范的行为而言,该规范的法律后果足以实现管制目的,只要房屋主管部门按照预售许可的行政法规范严格执法,就能实现监管目的,至于预售合同是否无效,对监管目的的实现并无助力。

再进一步看,预售许可只是预售管制的开端,管制的核心机制是预售合同的网签备案,其实际运作如何,直接影响着管制所欲确立的秩序能否实现。基于"举轻以明重"的道理,根据"商品房买卖合同解释"第 2 条的规定,管制作用相对较小的预售许可尚且影响预售合同的效力,管制作用更大的网签备案更应影响预售合同的效力,但该司法解释并非如此,其第 6 条规定,只要当事人未特别约定,是否网签备案不影响预售合同的法律效力。反差如此大的原因,是网签备案被认为是行政管理措施,不是确认预售合同效力的必要条件,而预售许可被认为能影响预售合同效力。[1]在预售许可和网签备案同属预售管制机制,且后者的管制作用比前者更

---

[1] 参见韩延斌:《〈关于审理商品房买卖合同纠纷案件适用法律若干问题的解释〉的理解与适用》,载《法律适用》2003 年第 6 期,第 3 页。

大的现实中,该理由显然无法成立。既然如此,在"商品房买卖合同解释"第 6 条具有正当性的前提下,预售许可也不应对预售合同的法律效力产生影响,"商品房买卖合同解释"第 2 条的正当性的确应被质疑。

概括而言,预售许可是预售管制的一个环节,其作用在于引发后续的其他管制机制,没有预售许可,就没有后续的管制,预售合同也就不能通过适当履行来实现目的,同时还会导致行政处罚。这样的管制作用能有效遏制违规预售行为,无须民法介入进行配合,故而,预售合同并不因没有预售许可证明而无效。

(二) 以靶向目标为标准

借用医学上靶向治疗的称谓,所谓靶向目标,是说许可发挥管制作用的着力点和目的区。预售许可管制的是预售,在民法层面上,预售分为预售合同的成立、生效和履行。预售管制的规范和实践表明,预售许可的靶向目标是预售合同的履行,预售合同不会因欠缺预售许可证明而有效力瑕疵。

《城市房地产管理法》第 45 条第 1 款和《城市房地产开发经营管理条例》第 22 条把取得预售许可证明作为预售的条件之一,与此并列的还有预售许可的三个实质要件[1],没有它们就不可能取得预售许可证明,而它们都与预售合同的实际履行有关,以确保作为预售标的物的正在建设的商品房不是"水中月,镜中花"。

仔细来看,出卖人取得土地使用权证书,说明其取得了建设用地使用权,正在建设的商品房在基础权利本源上并非空穴来风;出卖人持有建设工程规划许可证,说明其建造行为符合规划要求,建筑物并非违法建筑;投资比例达标、施工进度和竣工交付日期确定,说明标的物正在建设,成型时间明确可待。根据《不动产登记暂行条例实施细则》第 35 条的规定,土地使用权证书和建设工程规划许可证是出卖人在商品房竣工后办理所有权首次登记的必备材料,没有这些材料,出卖人不能登记为所有权人,无法把所有权转移登记给买受人。有关投资比例达标、施工进度和竣工交付日期确定的要求,是针对商品房的建设而为的,它为房屋交付奠定

---

[1] 根据《城市商品房预售管理办法》第 7 条的规定,预售许可的实质要件有三个:一是已交付全部土地使用权出让金,取得土地使用权证书;二是持有建设工程规划许可证;三是按提供预售的商品房计算,投入开发建设的资金达到工程建设总投资的百分之二十五以上,并已经确定施工进度和竣工交付日期。不符合这三个要件,房地产开发企业就不可能取得预售许可证明。

了基础。在这些条件的支撑下,预售许可的靶向目标无疑指向了预售合同的履行。

这一点能为房屋主管部门的认识所印证。根据《房屋交易合同网签备案业务规范(试行)》第 5 条第 2 项的规定,预售许可的行政法规范并未限制交易主体的资格,不是说没有预售许可证明,出卖人就缺乏预售资格,而是说没有预售许可证明,标的物不具备交易条件,无法办理预售合同网签备案。换言之,预售许可证明与出卖人的交易能力或预售资质无关,这样就不宜从行为能力的角度入手,把没有取得预售许可证明的出卖人当作非完全行为能力人,从而把预售合同的效力评价为效力待定,也不宜从强制规范的角度入手,认为没有预售许可证明的预售合同违背了主体资质规定,从而以违背强制规范为由把预售合同界定为无效合同。法律允许预售,正在建设的商品房是流通物,这一定性与有无预售许可无关[1],预售许可的行政法规范只是限定了预售合同实际履行的轨道,也就是前文看到的,没有预售许可,预售合同不能网签备案,进而不能完成后续的履行,最终购房人无法通过登记取得房屋所有权。

再与商品房现售备案进行对比,也能印证前述见解。根据《商品房销售管理办法》第 7—8 条的规定,现售要具备以下主要条件,并把相应证明文件报主管部门备案:①房地产开发企业法人营业执照和企业资质;②土地使用权证书或者使用土地的批准文件;③建设工程规划许可证和施工许可证;④通过竣工验收;⑤拆迁安置已经落实;⑥供水、供电、供热、燃气、通讯等配套基础设施具备交付使用条件,其他配套基础设施和公共设施具备交付使用条件或者已确定施工进度和交付日期;⑦物业管理方案已经落实。与预售许可相比,现售备案虽然不是许可,主管部门没有审查核准的职责,但其功能与预售许可完全一样。从条件要求来看,现售备案旨在实现买卖合同的目的,使买受人能如约依法取得房屋所有权和占有使用房屋;从管制作用来看,根据《房屋交易合同网签备案业务规范(试行)》第 5 条第 2 项的规定,现售备案是商品房现售合同网签备案的前提。无论在规范性法律文件中,还是在司法实践中,是否现售备案,并非判断

---

[1] 正因此,购买无预售许可的商品房,买受人也能取得对抗执行的权益,参见最高人民法院(2017)最高法民申 2384 号民事裁定书;最高人民法院民事审判第二庭编著:《〈全国法院民商事审判工作会议纪要〉理解与适用》,人民法院出版社 2019 年版,第 637 页。

现售合同效力的要件。[1] 基于"同等事物同等对待,相似事物相似对待"的道理,与现售备案的靶向目标一样,预售许可也指向合同履行,而与合同效力无关。

不采用这种理解,把预售合同的效力当作预售许可的靶向目标,进而以没有预售许可来否定预售合同的效力,的确存在问题。在实践中,存在出卖人一直没有取得预售许可证明,但在房屋建成后交付给买受人,通过补办相关手续,买受人通过登记取得了房屋所有权的现象,这正体现了包括预售许可在内的预售管制所欲达到的结果,即确保预售合同适当履行,实现交易目的。在处理由此产生的纠纷时,严格适用"商品房买卖合同解释"第2条,以没有预售许可证明为由认定预售合同无效,除了浪费交易成本,并无任何益处。但规定明摆在面前,法院又不能罔视不顾,于是,我们看到了前述的例外情况。这种情况把无效合同作有效处理,与无效合同是确定无效的法理明显相悖,但为了追求个案实质正义,法院不得不如此操作,这都是"商品房买卖合同解释"第2条惹的祸,归根结底,其症结就是错把预售合同的效力当成了预售许可的靶向目标。

此外,预售许可的行政法规范针对的是出卖人,要求其必须满足法定条件,以保障预售合同适当履行,保护买受人获得合同履行利益的目的相当明显。若出卖人虽然一直没有取得预售许可证明,但完全具备取得预售许可证明的法定要件,说明具备履行预售合同的基础,实际上达到了预售许可的行政法规范的要求。在此基础上,若出卖人把建成的房屋交付给买受人,说明已经实际履行预售合同,买受人至少获得了取得房屋占有的这一履行利益,这与预售许可的行政法规范目的若合符节。对此情况,仍认为预售许可的靶向目标是合同效力,并以没有预售许可证明为由确认预售合同无效,显然背离了规范目的,反而对买受人十分不利。正着眼于此,该情况成为法院认定预售合同有效的例外。需要附带提及的是,在预售管制中,没有预售许可,无法办理预售合同网签备案,也无法办理所有权登记,故而,预售合同的继续履行,只能表现为买受人请求出卖人办理预售许可证明、预售合同网签备案和房屋所有权首次登记后,再请求出卖人转移房屋所有权,而无法一步到位直接请求出卖人办理房屋所

---

[1] 需要注意的是,建设工程规划许可证是现售备案的条件之一,没有建设工程规划许可证进行建设,会产生违法建筑,同时也不符合现售条件,法院会以标的物不合法为由认定合同无效。参见贵州省贵阳市中级人民法院(2016)黔01民终4405号民事判决书。

有权转移登记。

综上所述,预售许可所要求的各种条件均涉及预售合同的履行,预售许可限制了正在建设的商品房的交易条件,并未限制出卖人的交易资格,故预售许可的靶向目标是预售合同的履行。像"商品房买卖合同解释"第2条那样,用预售合同的效力来置换该目标,在虽然没有预售许可证明,但出卖人具备各项实质要件,且买受人已取得房屋所有权或取得房屋占有的情况下,会陷入无法适用的困局。

(三)以约束要素为标准

任何一种法律制度都有特定的适用范围和运行规律,这是其内在的约束要素,无视这些约束,使法律制度超范围适用,或逆规律运行,必将出现错误。预售许可也不例外,其适用于预售,由出卖人申请,主管部门审核,这是其约束要素。"商品房买卖合同解释"第2条是嫁接到预售许可的民法规范,它要想具有正当性,就应符合预售许可的约束要素,否则难言合理。

先看适用范围。预售许可适用于预售。正如前述,预售的标的物是正在建设、尚未竣工的商品房,属于法律上的将来物,与此相对,现售的标的物是竣工验收合格的商品房,属于法律上的既有物。作为新建商品房销售的两种方式,预售和现售是为了不同管制通道的需要而进行的不同区分,它们各自的内涵是刚性的,不因当事人的约定而改变。职是之故,在商品房竣工验收合格后,当事人虽然约定预售合同,但只能作为现售对待[1],预售许可对此就无适用余地;反之,即便当事人约定为现售,但标的物仍在建设当中,就是预售,应适用预售许可的公法规范。

虽然预售和现售因标的物不同而异,分属预售许可和现售备案的管制范围,但它们均是商品房买卖,合同的主给付义务没有任何差异,这是它们的共性所在。而且,预售的标的物终会建成,在其竣工验收合格时,就成为现售的标的物形态,这是以买卖将来物为内容的合同共同点,即随着时间的推移,将来物终究会成为现实的既有物,就此而言,预售合同无非是现售合同的提前版,或者说,预售合同随着标的物的建成而成为现售合同。这样一来,虽然预售合同签订时没有预售许可证明,但之后房屋建成竣工验收合格,此时预售合同蕴含的现售合同内容成为现实,合同履行没有障碍,无论是房屋交付,还是出卖人在办理现售备案、网签备

---

[1] 参见重庆市高级人民法院(2015)渝高法民申字第01838号民事裁定书。

案、房屋所有权首次登记后向买受人转移所有权,均有可行性,因此不能也无须再用预售许可进行管制。也就是说,虽然预售和现售看上去截然不同,但预售合同具有发展的特性,会因标的物建成的形态改变而凸显现售合同的内容,此时与其说它是预售合同,倒不如说应归入现售合同,其实际已经逸出预售许可的适用范围,不能再适用"商品房买卖合同解释"第2条。从理论上讲,商品房建成竣工验收合格之时,预售合同都要蝶变成现售合同,故前述结论具有普遍适用性。

再看运行规律。办理预售许可,只能由出卖人向房屋主管部门提出申请,主管部门不能依职权主动许可,由此可知,预售许可的相对人被限定为出卖人。既然是否申请取决于出卖人,谁都不能替代,那就不可避免会出现出卖人具备取得预售许可证明的实质条件,但不申请预售许可的情况,当买受人已取得房屋所有权或取得房屋占有时,前文已说明预售合同的效力不受影响。而且,何时申请预售许可,同样完全取决于出卖人的意愿,其可能在签订预售合同前申请,也可能在之后申请,而主管部门审查核准也需要时间,这就会使出卖人取得预售许可证明的时间晚于"商品房买卖合同解释"第2条规定的"起诉前"。说到底,是否或何时申请预售许可,完全由出卖人根据实际情况自行决定,买受人对此没有任何话语权,在出卖人具备取得预售许可证明的所有实质条件,并能实际履行合同时,仅因没有取得预售许可证明就认定预售合同无效,结果会损害买受人的利益,与预售许可的行政法规范目的严重不符。

而且,从管制作用和靶向目标可知,预售许可只引发后续的预售合同网签备案,保护买受人信赖的结果,因此,预售许可证明被撤销,不影响预售合同继续网签备案,与合同效力根本无关。

总而言之,由于预售许可是针对预售的管制机制,而预售会发展成现售,一旦如此,即便在预售合同签订时,出卖人没有取得预售许可证明,但因预售已然成为现售,预售许可就无法再用。同时,预售许可的申请由出卖人主导,也使预售许可不能决定预售合同的效力。

四、预售许可不应影响合同效力

由预售许可开启的预售管制建立了官方的交易管道,它不限制当事人的意思自治,当事人可以不在该管道内成立和履行合同,但买受人无法通过登记取得房屋所有权。这样一来,市场中就有两种预售模式:一种是按照预售管制进行的交易;另一种则相反。在这种制度竞争中,何去何从,由当事人在充分信息的基础上自行选择。根据《城市商品房预售管理办法》第 8 条第 4 项、第 9 条的规定,房屋主管部门要公示预售许可证明,出卖人在预售时也要出示预售许可证明,售楼广告和说明书还应载明该证明的批准文号,买受人由此完全能了解有无预售许可的信息,其基于急需用房、财力有限等实际情况,选择无预售许可的预售交易,并承担不能通过登记取得房屋所有权的风险,自无不可。一律认定这种交易无效,会在出卖人取得预售许可证明或办理现售备案后,堵死该交易进入官方通道的"转正"机会,既不符合当事人的意愿,对买受人不利,也不符合预售管制的目的,还会破坏业已形成的交易秩序,产生新的社会问题。

从司法实践情况来看,买受人要求出卖人履行预售合同,如交付房屋或移转房屋所有权,后者以起诉前未取得预售许可证明为由,主张预售合同无效的情况不少,而在以下情况中,出卖人往往能实际履行,如具备取得预售许可证明的实质条件、房屋已竣工验收合格或办理了房屋所有权首次登记。法院若径直适用"商品房买卖合同解释"第 2 条的规定,认定预售合同无效,无异于鼓励了出卖人的不诚信行为,损害了买受人的利益。为了避免出现这种结果,最高人民法院在一起案例中指出,出卖人以自己违约行为的不利后果来否定预售合同的效力,违反了《民事诉讼法》关于"民事诉讼应当遵循诚实信用原则"的规定,故对其要求认定预售合同无效的申请再审主张不予支持。[1] 其实,在前述的例外情况,仔细阅读法院文书,能看出它们都在努力防止"商品房买卖合同解释"第 2 条成为出卖人规避责任的温床。

既然如此,再加上在民法形成的行政处分与许可的区分下,预售许可属于后者,不产生民事后果,故而,出卖人未取得预售许可证就签订了预售合同,预售合同不应因此无效,"商品房买卖合同解释"第 2 条也应予废止。

将前述分析视角和过程放大,就意味着在判断许可对合同效力有无影响时,必须持非常审慎的态度,必须从许可的行政法规范出发,综合考虑其管制作用、靶向目标和约束要素,只有这样,才能真正在行政法和民法之间搭建起通行无阻的沟通桥梁。在反例及坚强的反证出现之前,本书谨慎地认为,许可与合同效力无关。一言以蔽之,作为民法形成的行政处分的行政许可,属于合同的特别生效要件,没有这种行政许可,合同未

---

[1] 参见最高人民法院(2013)民申字第 1012 号民事裁定书。

生效;作为许可的行政许可,与合同效力没有关联,没有这种行政许可,合同不会因此而不生效或无效。

第二节 网签备案的法律意义

在我国大中城市,房屋买卖多要通过房屋主管部门专门设立的网络系统平台签订合同并备案,这种机制通称为网签备案。网签备案在实践中是房屋所有权转移登记的前提,房屋买卖合同不网签备案,无法办理转移登记,如《北京市不动产登记工作规范(试行)》第10.3.3条规定,当事人因存量房买卖申请权利移转登记,2008年10月15日以后签订存量房买卖合同的,提交网上签订的买卖合同原件。房屋买卖需要网签备案的机制完全是我国自创,具有我国特色,可称为中国式买房。

客观地讲,网签备案在规范交易、防范风险、提高效率、降低成本、维护秩序方面起到显著作用,但其法律地位不明确,这在相当程度上会影响当事人的交易安排,也会影响法院对相关纠纷的解决方案。特别在不动产统一登记后,随着中央政府高度重视营商环境的优化,网签备案有无存续的必要,若有必要,如何协调它与不动产登记的关系,业已成为政府和社会高度关注,但态度不一的现实问题。[1] 说到底,网签备案有何法律意义,是亟需探讨的重要话题,下文将从制度功能、必要性和民事效果三个角度展开分析。

一、网签备案的功能分析

网签备案的功能事关房产交易市场监管和政府治理的模式,涉及每一购房人的切身利益,应予认真对待。本部分将立足于网签备案的制度发展,把它放在我国房产交易的实际背景中,历史地、系统地分析其功能,以求澄清认识,便于问题的解决。

---

[1] 比如,2019年2月28日北京市住房和城乡建设委员会、北京市规划和自然资源委员会、国家税务总局北京市税务局《关于取消企业之间存量非住宅房屋买卖合同网上签约要求的公告》取消了企业之间存量非住宅房屋买卖合同网签备案的要求,买卖双方可持自行签订的买卖合同及相关材料,直接申请非住宅用途房屋转移登记。又如,2019年5月5日青海省住房和城乡建设厅、青海省自然资源厅、国家税务总局青海省税务局《关于切实加强和规范房屋网签备案 进一步完善房地产市场监测工作实施意见》把经网签备案的房屋买卖合同,作为当事人办理不动产登记业务的依据。

(一)制度发展:从登记备案到网上签约备案

1.从登记备案到网上备案

网签备案源自商品房预售合同登记备案,其法律基础是1994年《城市房地产管理法》第44条第2款,即"商品房预售人应当按照国家有关规定将预售合同报县级以上人民政府房产管理部门和土地管理部门登记备案"。[1] 据此,1994年《城市商品房预售管理办法》第10条第1款、1998年《城市房地产开发经营管理条例》第27条第2款进一步明确规定,预售人应当在签约之日起30日内办理预售合同登记备案。在此所谓的登记备案,就是作为预售人的房地产开发企业把预售合同交给主管部门备存,由主管部门了解掌握相关交易信息,其实质就是行政备案。登记备案不像不动产登记那样会产生物权变动的效力,其中的"登记"实为"备案"的同义词,故下文称为备案。

在制度实施之初,预售合同备案主要采用书面记载、归档等方式。不过,此时网络信息技术已经有所发展,这些技术随之在地方房产管理实践中应用起来,如广州市房地产交易所在1996年就运用计算机信息系统进行商品房预售管理。[2] 这种做法确实便利了工作,不久就从地方自行经验上升为中央通盘要求。2002年建设部等七部委的《关于整顿和规范房地产市场秩序的通知》(已失效)要求各级房地产主管部门要将预售合同备案在网上公示,接受社会监督。2003年国务院《关于促进房地产市场持续健康发展的通知》要求完善市场监管制度,建立健全房地产市场信息系统和预警预报体系。2004年建设部修改的《城市商品房预售管理办法》第10条增设"房地产管理部门应当积极应用网络信息技术,逐步推行商品房预售合同网上登记备案"的规定。预售合同备案自此在全国范围内借助网络系统开始推开,此即网上备案。

预售合同网上备案的基础是电子化楼盘表,它要记载预售商品房的建筑结构、层数、建筑面积、分摊情况、竣工日期、每套房屋的房号、用途、户型、建筑面积、套内建筑面积等信息,这样既能直观表现在建的商品房

---

[1]《城市房地产管理法》在2007年、2009年、2019年先后修改,该条款内容未变,序号变为第45条第2款。
[2] 参见姜晓琼:《浅谈微机在商品房预售管理工作上的应用》,载《管理信息系统》1998年第5期,第27—28页。

情况,也能显示房屋的预售情况。楼盘表的信息是房地产开发企业在申请商品房预售许可时需完成的申报事项,2004 年北京市建设委员会《关于建立预售商品房楼盘表有关事项的通知》对此就有明确规定。借助楼盘表,预售合同备案信息得以适时反映,并供社会公众查阅。

2. 从网上备案到网上签约备案

在此过程中,一个变化悄然发生。根据前述规定,预售合同由当事人双方自行订立,只是该合同须在房屋主管部门的专门网络系统中备案,而在实践操作中,预售合同的订立也要在该系统中进行,否则就无法备案,网上备案由此发展为网上签约和备案,此即通常所称的网签备案。以北京市为例,根据 2005 年北京市建设委员会《关于北京市商品房预售合同实行网上签约和预售登记管理工作的通知》、2008 年北京市建设委员会《关于实行商品房预售合同网上联机备案的通知》及其实践做法,网签备案大致包含三个环节:①网上签约,即当事人就预售合同主要条款协商一致后,在主管部门的专门网络系统中在线填写合同内容,系统自动生成合同编号;②签署纸质合同,由于 2004 年《电子签名法》第 3 条第 3 款第 2 项不允许涉及土地、房屋等不动产权益转让的文书使用电子签名[1],故预售人还要把网上填写的预售合同打印成纸介质,双方签字、盖章;③网上备案,即预售人在网上把预售合同联机备案,主管部门在楼盘表上标识房屋已预售、已联机备案的信息。

大致同期,不少政府部门先后出台规范性文件,如 2005 年北京市建设委员会《关于北京市商品房现房买卖合同实行网上签约的通知》、2006 年建设部、中国人民银行《关于加强房地产经纪管理规范交易结算资金账户管理有关问题的通知》、2007 年北京市建设委员会《关于实行存量房买卖合同网上签约和信息公示有关问题的通知》、2010 年国务院办公厅《关于促进房地产市场平稳健康发展的通知》,要求商品房建成后的现售合同和存量房买卖合同也要网签备案,它们的流程与预售合同网签备案大致相同。

经过十余年的发展,新建商品房买卖合同的网签备案在全国已全面铺开,存量房买卖合同的网签备案也在 280 多个地级行政区划单位开展,覆盖全国超过 84% 的地级行政区划单位。不过,网签备案自始缺乏统

---

[1] 2019 年 4 月 23 日第十三届全国人民代表大会常务委员会第十次会议对《电子签名法》进行修改,删除了该项规定。

一的制度设计,各地的实操流程并不一致,为了加强网签备案的制度化建设以及指引实务运作,住房和城乡建设部于 2015 年出台了《房屋交易与产权管理工作导则》,之后经国务院同意,于 2018 年下发《关于进一步规范和加强房屋网签备案工作的指导意见》,于 2019 年颁布《房屋交易合同网签备案业务规范(试行)》,于 2020 年颁布《关于提升房屋网签备案服务效能的意见》,对网签备案的制度配置和业务流程加以规范,并将适用对象扩及房屋抵押合同和租赁合同。

(二) 市场监管:备案的原本功能

1. 市场监管的功能导向

商品房特别是住宅类商品房涉及基本民生,为了防止当事人双方因交易信息不对称、实力不均衡等因素导致市场失灵,国家会通过法律或其他手段来调控商品房市场交易。自 20 世纪 80 年代开始,我国推行房屋尚未建成即出售的预售模式。通过这种模式,购房人能分期分批支付购房款,预售人能边建边卖,双方的资金压力均得以缓解。虽然这种模式备受市场欢迎,但它属于买卖将来物的远期交易,存在诸多不确定因素,现实中发生了不少预售人欺诈购房人的实例。[1]

为了维护市场秩序,保障购房人的合法权益,防止可能发生的欺诈行为[2],1994 年《城市房地产管理法》第 44 条明确了政府对预售行为的干预,其途径主要有二:一是事先规制,即预售人只有满足取得预售许可等特定条件,才能进行预售(第 1 款);二是事后规制,即预售合同登记备案(第 2 款),预售款必须用于有关的工程建设(第 3 款)。这些规制手段来自地方实践经验的总结,此前 1984 年《深圳经济特区商品房产管理规定》(已失效)、1993 年《深圳经济特区房地产转让条例》、1994 年《北京市外销商品房管理规定》(已失效)等业已规定了这些手段。

在这些规制手段中,预售合同备案至关重要,因为一旦预售人不符合事先规制条件就预售的,不能在主管部门办理预售合同备案,这会影响办

---

[1] 我国台湾地区也是如此,即从产品结构层面来看,预售屋为一种广告符号产物,非一般的实物产品,消费者透过代销业者所赋予的文字、图案、符号等元素架构出未来购屋的远景,而升华其预售屋虚幻价值于意识形态的价值增值,预售屋交易不仅是单纯非实体买卖行为,更隐含潜在的未来交易风险及不确定性,由此产生大量纠纷。参见游淑满、曾明逊:《预售屋代销业法制规范之经济分析》,载《财产法暨经济法》第 17 期,2009 年,第 97 页。

[2] 参见王宛生:《城市房地产管理政策解答》,载《中国市场》1994 年第 10 期,第 17 页。

理贷款、转移登记等后续步骤,从而能督促预售人采用积极措施满足各种前置条件,为预售交易的正常开展提供根本保障。此外,通过预售合同备案,主管部门可及时掌握交易规模和价格,备案实质起到汇总交易信息的作用,能为市场调控提供基础平台。故而,在立法者看来,预售合同备案是一种管理措施,目的在于监督检查、宏观调控。[1] 可以说,自制度确立之始,预售合同备案就是政府对商品房预售行为进行监管的抓手,没有它,政府无法切实掌握预售情况,也就谈不上有效监管,故其原本功能确定无疑是市场监管。而且,在最高人民法院看来,备案只是对预售合同的行政管理措施,并非制约预售合同效力的必要条件,根据这种认识,"商品房买卖合同解释"第6条第1款规定,未备案不导致预售合同无效。[2]

商品房的建造涉及城市规划、土地供应、房屋安全等众多事项,政府对此有诸多管制措施,为了防止不符合这些管制要求的商品房进入市场流通,已经建成商品房的现售也有监管的必要,《商品房销售管理办法》有不少条文对此有明确规定。这样一来,与预售合同备案一样,现售合同备案也成为市场监管的把手。

在通常情况下,存量房通过了"一手房"建造和销售的监管关卡,但其买卖面临与一手房销售同样的其他监管需求,主要表现为通过对交易规模和价格的把握,主管部门能根据市场运行趋势进行动态调控,如发出或取消限制销售或购买房屋的"限售令"或"限购令",调整住房贷款的首付款比例和贷款利率等。进行这种调控的基础,仍在于对交易信息的及时和全面掌控,存量房买卖合同网上备案就是这样的基础平台,它同样也是市场监管的把手。

在前述的各类房屋买卖合同备案的过程中,主管部门未实质干涉当事人双方形成合同内容的自由意志,且合同信息明确,备案时间确定,根据国家税务总局、住房和城乡建设部《关于加强信息共享深化业务协作的通知》、住房和城乡建设部、人民银行、银监会《关于规范购房融资和加强反洗钱工作的通知》等文件的规定,房屋买卖中的税收征缴、金融信贷等也以备案为基础。这样一来,备案在再现房屋买卖信息的基础上,具有防止税收流失、防范金融风险等重要功能。可以说,在

---

[1] 参见孙佑海主编:《〈中华人民共和国城市房地产管理法〉应用手册》,机械工业出版社1995年版,第83页。
[2] 参见韩延斌:《〈关于审理商品房买卖合同纠纷案件适用法律若干问题的解释〉的理解与适用》,载《法律适用》2003年第6期,第3页。

网络信息技术的支撑下，只要突破部门利益的壁垒，实现房屋买卖合同备案与税务、商业银行、不动产登记等部门信息平台及时互联互通，就能最大程度地实时反映房产市场动态，从而提高市场监管和调控的准确度和高效性。

2. 未承载市场监管功能的不动产登记不能替代或含括备案

在预售合同备案制度创设时，全国绝大多数地区的土地和房屋主管部门是分设的，土地登记簿和房屋登记簿也随之分设，土地主管部门没有监管房屋市场交易的职责，而预售房屋尚未建成，还没有房屋登记簿可供记载，故预售合同备案不是在彼时的土地登记簿或房屋登记簿记载预售合同，而是由房屋主管部门针对预售合同建立一套记载系统，以集中归拢和再现商品房的预售信息。问题在于，土地登记和房屋登记同样同由政府部门主导，只要赋予登记机构以监管交易的职责，登记也能成为监管平台，预售合同备案由此就能纳入登记制度之中，为何没有进行这样的制度安排？答案在于，基于不动产登记来监管商品房预售，既没有可操作的基础平台，也不能及时有效地进行市场监管，还会不当地增加工作负担，在效率上存在重大缺失，预售合同备案由此就有了在不动产登记机制之外单独存在的必要性。

首先，在预售合同备案制度创设之时，无论在规范上还是在观念上，不动产登记的对象都局限在不动产物权，主要是国有建设用地使用权和房屋所有权，引发物权变动的出让合同或买卖合同产生的是债权债务关系，其主要内容不能完整记载于登记簿，只能归为登记档案材料。在这样的现实操作中，以登记簿为核心的登记系统难以作为再现预售合同完整信息的载体，要围绕预售合同进行市场监管，就只能再设监管平台，此即预售合同备案。

其次，通过改造不动产登记如扩容登记簿，把预售合同纳入其中，或在登记簿之外单设预售合同备案专簿，固然能解决前述的监管平台问题，但登记的延后性决定了其不宜作为市场监管的切入口。就房屋买卖整个交易过程而言，所有权转移登记处于最后一个环节，属于远期交易的商品房预售要推进到这个环节，短则数月，长则数年，其间各种市场因素变数很大，不确定性相当高。而且，不动产登记以当事人申请为原则，在无另外规定时，当事人不申请，登记机构不能主动办理登记，这也导致交易发生和登记完成之间存在较长的时间差。在这种情况下，把登记作为市场监管抓手，虽然登记机构也能掌握交易数量、价款等信息，但这些信息是迟滞的、"过去时"的信息,不能反映"现在进行时"的交易情况,主管部门无法据此采取及时有效的监管措施。与此不同,预售人应当在签约之日起 30 日内办理预售合同备案的规定,能较确定地控制交易发生与备案的时间差,便于主管部门在及时掌握市场交易信息的基础上,采取适当的调控措施。

最后,要求预售人在签约之日起 30 内在不动产登记机构办理预售合同备案,看上去也能解决市场监管迟滞的问题,但这无疑会大幅增加登记机构的工作量,与登记机构专事办理登记的工作职责不符。[1] 我们知道,不动产登记制度旨在表征不动产物权,据此决定或影响不动产物权变动及其归属,为社会公众提供准确的不动产物权信息,保障信赖登记信息的善意第三人。要做到这一点,登记机构就必须基于当事人的申请,依法进行审核,确保登记能准确地反映真实的权利状态,正因此,在房地产买卖活跃的地区和时期,登记机构的工作强度非常大。在此情况下,把预售合同备案也交由登记机构办理,由其全面审核预售是否符合法定条件,进行相关的市场监管,会大幅增加其工作负担,结果不是双赢而是双输,不仅不能达到准确反映权利状态的登记目的,也无法实现基于正当预售合同进行有效市场监管的目的。

正因为前述的原因,在不动产统一登记之前,即便有相应的规定作为依据,登记机构在实践中也未办理预售合同备案。比如,1994 年《城市房地产管理法》第 44 条第 2 款规定的登记备案部门包括土地主管部门,1995 年国家土地管理局《关于贯彻〈城市房地产管理法〉做好土地登记工作的通知》第 4 条就据此要求,预售人必须在预售合同签订之日起 30 日内,持预售合同及其他有关文件到土地所在地土地主管部门办理备案手续,土地主管部门根据预售人的申请,建立商品房预售登记台账,逐项记录预售人和购房人名称、商品房所占土地位置、预售金额、交付使用日期、预售面积等内容,并在预售人预售商品房所占土地的土地登记卡上和土地证书备注栏内予以登记。但从实践情况来看,该规定落实情况并不理想,特别是在 1994 年《城市房地产管理法》第 44 条第 1 款第 4 项、《城市商品房预售管理办法》第 4 条第 3 款、1995 年建设部《关于明确城市商品

---

[1] 不动产登记机构专事登记活动,不涉及其他领域的事项,在世界范围内是普遍的经验。参见楼建波主编:《域外不动产登记制度比较研究》,北京大学出版社 2009 年版,第 31—45 页。这种认识在我国实务界也很普遍。参见赵鑫明:《对房屋交易合同网签备案若干问题的思考》,载《中国房地产》2019 年第 23 期,第 23 页。

房预售管理主管部门问题的复函》把商品房预售管理明确为房屋主管部门职责的情况下,土地登记机构办理预售合同备案的实例少之又少。即便在房屋主管部门,预售合同备案和房屋登记也属于两套不同的系统,由不同的办事机构办理。前述分析同样适用于商品房现售合同备案和存量房买卖合同备案,它们也在土地登记和房屋登记之外独立运行。

而且,在不动产统一登记后,房屋买卖合同备案与不动产登记分离的现象仍在延续,也正因此,《不动产登记暂行条例》第 24 条第 1 款、国土资源部、住房和城乡建设部《关于做好不动产统一登记与房屋交易管理衔接的指导意见》等反复强调要做好包括买卖合同备案在内的房屋交易管理与登记工作的衔接。

3. 备案的可诉性

在房屋买卖合同备案的市场监管功能的导引下,预售人等当事人向主管部门披露房屋买卖合同内容,主管部门对预售人是否满足预售条件等进行检查和监督,以确保法律规制目的不会落空;同时,通过归拢和分析房屋买卖合同的主要信息,主管部门能把握交易市场的规律和问题,借此提出相应的调控方案和政策。在此意义上,作为行政备案的房屋买卖合同备案既可归为监督意义的备案,也可归为告知意义的备案。[1]

有观点认为,由于备案只是记载了房屋买卖合同,既不影响其法律效力,也不影响他人对该合同标的物的既存权利,这符合行政备案仅是对已有权利或事实的记载,不赋予当事人新的权利,不影响已有权利或事实的存在的一般特性,故没有可诉性。[2] 不过,行政备案并非一律没有可诉性,在判断某一行政行为是否可诉时,不是看其属性范畴,而是看其对相对人或利害关系人的权利义务有无实际影响,即公民、法人或其他组织认为行政行为侵犯其合法权益的,就属于行政诉讼的受案范围[3],符合这一标准的行政备案应具有可诉性。从实践情况来看,备案对购房人的权利义务影响很大,在主管部门不当办理或撤销备案

---

[1] 有关这两种行政备案的内涵,参见朱最新、曹延亮:《行政备案的法理界说》,载《法学杂志》2010 年第 4 期,第 61 页。
[2] 参见程琥:《非行政许可审批司法审查问题研究》,载《行政法学研究》2016 年第 1 期,第 20 页。
[3] 参见江必新主编:《中华人民共和国行政诉讼法及司法解释条文理解与适用》,人民法院出版社 2015 年版,第 81—83 页。

时,购房人具有诉的利益,能提起行政诉讼。[1] 比如,主管部门在当事人名下登记了商品房预售合同备案信息,该备案行政行为直接影响当事人的购房资格,对其实体权利义务产生直接影响,法院认为当事人提起行政诉讼符合起诉条件。[2]

在备案具有可诉性的前提下,原告能否胜诉,首先要看其主体资格是否适格,是否为备案的相对人或与备案有利害关系,若没有就会被法院驳回起诉。比如,抵押人把抵押房屋出卖给他人,主管部门对房屋买卖合同进行备案,该行为不影响抵押权人的利益,抵押权人以主管部门为被告提起行政诉讼,就不能得到法院支持。[3] 然后再看备案是否合法适当。比如,主管部门对商品房买卖合同进行备案后,通过调查核实,确定该交易名为买卖实为担保,遂采取自行纠错的方式,撤销了备案,法院认为该撤销行为并无不当,不违反相关法律、法规的规定,依法应予维持。[4]

(三)购房人的债权保护:备案的衍生功能

1. 保护购房人债权的功能

为了落实预售合同备案,不使其流于形式,在实践中,一套商品房只能预售备案一次。根据《不动产登记暂行条例实施细则》第 38 条第 2 款、第 86 条的规定,只有备案的预售合同才能引致预告登记,或引致房屋建成后的所有权转移登记,进而由购房人取得房屋所有权。[5] 要做到这一步,在预售合同备案后,作为其标的物的商品房除了能为购房人的债权提供担保,如作为购房按揭的担保财产,预售人不能再将其作为担保财产,如成为在建工程抵押的标的物。就预售合同备案的这种作用来看,它实质上限制了预售人的处分权[6],使预售人无法通过办理登记的方式转让或抵押商品房,这大为增加了交易的确定性,加持了预售合同的实现概率,保障购房人债权的功能表现得淋漓尽致。

为前述实践提供正当性的理论解释认为,基于备案的公示机能,本来

---

[1] 参见张祺炜、顾建兵:《商品房预售合同登记备案的司法审查》,载《人民司法·案例》2017 年第 5 期,第 93 页。
[2] 参见河南省郑州市中级人民法院(2018)豫 01 行终 605 号行政判决书。
[3] 参见江苏省南通市中级人民法院(2018)苏 06 行终 458 号行政裁定书。
[4] 参见四川省高级人民法院(2017)川行申 337 号行政裁定书。
[5] 参见国土资源部不动产登记中心编:《不动产登记暂行条例实施细则释义》,北京大学出版社 2016 年版,第 90—91 页。
[6] 参见重庆市高级人民法院(2014)渝高法民初字第 00004 号民事判决书。

只能约束当事人双方的预售合同能为社会公众知悉,它由此不仅具有债的效力,还能对抗第三人。[1] 正是基于这种认识,最高人民法院《关于建设工程价款优先受偿权问题的批复》第 2 条规定的优先于建筑工程价款优先受偿权的购房人债权,被限定在备案的预售合同之中。[2] 同样地,根据"执行与协助执行通知"第 15 条第 3 项的规定,在购房人负债时,其债权人可以申请法院预查封备案的商品房。[3] 借助网络信息技术,特别是借助房屋主管部门的楼盘表等公示机制,预售合同备案的公示性不成问题,前述的理论解释因此有切实可行的实践基础。

也正因此,最高人民法院的裁判指出,在《物权法》(已失效)尚未实施、不存在预告登记制度的情形下,预售合同备案具有较强的对外公示效力,在购房人支付全部价款的情况下,购房人的债权能对抗出卖人的其他债权人,进而排除法院基于该债权人申请而对该房屋采取的强制执行措施。[4] 即便在预告登记制度实施后,也有法院指出,备案的预售合同具有排他性,产生防止一房数卖的作用,这一点与预告登记的功能类似。[5] 照此思路来看,在一房数卖时,备案的预售合同能排斥未经备案的预售合同,使后者陷入履行不能的困境,无法实现预期目标。《重庆市城镇房地产交易管理条例》第 19 条第 1 款就规定:"商品房预售人应当按照规定将商品房买卖合同报送住房和城乡建设主管部门登记备案。未经登记备案的商品房买卖合同,不得对抗第三人;由此造成的损失,由预售人承担。"浙江省高级人民法院《关于审理涉及房地产登记民事案件若干问题的意见(试行)》第 8 条第 1 款第 1 项、安徽省高级人民法院《关于审理房屋买卖合同纠纷案件适用法律问题的指导意见》第 3 条第 1 款第 2 项规定,同一商品房被多次预售,购房人均要求履行合同的,法院应支持已备案的预售合同购房人的请求。更通俗一点地讲,就是虽然是否备案不影响预售

---

[1] 参见贾纯:《浅析商品房预售合同的登记备案》,载《中国房地产》1997 年第 4 期,第 46—47 页。

[2] 参见汪治平:《建设工程价款优先受偿权的若干问题》,载《人民司法》2002 年第 8 期,第 6 页。

[3] 参见葛行军、范向阳:《〈关于依法规范人民法院执行和国土资源房地产管理部门协助执行若干问题的通知〉的理解与适用》,载《强制执行指导与参考》总第 9 集,法律出版社 2004 年版,第 31 页。

[4] 参见最高人民法院(2015)民申字第 661 号民事裁定书。

[5] 参见河南省南阳市中级人民法院(2014)南民二终字第 01188 号民事判决书。

合同的效力,但备案的预售合同比未备案的预售合同效力高[1],结果是在一房数卖的情形中,备案的预售合同具有竞争优势,能对抗未备案的预售合同而得以履行。

前述认识在法院系统并不具有独占性和垄断性,也有法院从合同履行的角度出发,把备案与转移登记、预告登记、房屋交付、价款支付等视为预售合同不同的履行阶段和履行行为,在一房数卖时,应给予不同的履行行为以不同的权重,这样一来,备案的预售合同未必一定有竞争优势。比如,广东省高级人民法院《关于审理房屋买卖合同纠纷案件的指引》第24条第1款第1—5项规定,在均没有办理房屋所有权转移登记或预告登记的情况下,因交付而占有房屋的购房人请求继续履行合同的,应予支持;没有前述履行行为,预售合同备案的购房人的履行合同请求,应予支持。据此,只有在权重更大的履行行为未发生时,备案的预售合同才能排斥未备案的预售合同。不过,这种认识仍表明,在没有权重更大的履行行为时,备案的预售合同会因其公示性而在竞争中胜出。

即便法院完全未明确各种履行行为的权重大小,在判断预售合同的竞争力时,法院也会把备案当作重要指标,把它与房屋交付、价款支付等履行行为结合起来综合判断,结果会优于未备案的预售合同。[2] 若非如此,法院未明确包括备案在内的部分履行行为权重大小的,同样会把这些行为综合起来进行判断,如北京市高级人民法院《关于审理房屋买卖合同纠纷案件适用法律若干问题的指导意见(试行)》第13条第1款第3项规定,在一房数卖时,购房人均未合法占有房屋的,应综合考虑各买受人实际付款数额的多少及先后、是否办理备案、合同成立的先后等因素,公平合理地予以确定。

说到底,房屋主管部门操作的备案是一种公示机制,它改变了相对性的预售合同本有的隐秘特点,使该合同能为他人所知,在这种信息完备的基础上,可推知他人了解商品房已预售的信息,其再与预售人就同一商品房签订预售合同,就须承受将来不能实现合同目的的已知风险,这是备案的预售合同能在竞争中占据优势,或备案属于支持购房人请求的重要判断要素的根本原因。此外,预售合同因备案而为世人公知,无论时间还是

---

[1] 参见山东省高级人民法院(2014)鲁民一终字第188号民事判决书。
[2] 参见四川省南充市中级人民法院(2014)南中法民终字第145号民事判决书,山东省青岛市中级人民法院(2015)青民一终字第993号民事判决书。

内容均有高度的确定性和稳定性,一旦发生纠纷,法院会认为备案对合同成立时间以及合同内容有更强的证明力。[1] 这样的司法态度显然有利于预售合同备案在市场上的普及。

与预售合同备案类似,商品房现售合同和存量房买卖合同的备案客观上也能防止一房数卖,也通过楼盘表等公示机制把相对性的合同之债公示出来,有保障购房人债权的效力,对此详见下文。

备案不仅使买卖合同在一房数卖时有了较强的竞争力,有法院甚至认为它能对抗此后设立的抵押权。原因在于,在抵押权设立时,当事人完全可通过查阅房地产公示信息等方式得知该房屋已出售的事实,抵押人明知房屋已出售,不仅未提出异议,反而继续设定抵押权,可视为后者自愿承受抵押权成立前抵押物上已存在的权利负担,并承担可能导致抵押权无法实现的风险,据此判决抵押权人有义务注销抵押权。[2] 这种认识无疑更强化了备案保护购房人债权的功能。

需要注意的是,在一房数卖时,某一买卖合同办理了备案,其他买卖合同的效力不因此受影响;反过来,其他的买卖合同也不能影响备案的买卖合同,故未备案的其他购房人并非相对人,与此也没有利害关系,不具有行政诉讼的原告资格。[3] 当然,若未备案的购房人能证明备案的买卖合同并不真实,如名为买卖实为担保,其提出的撤销备案的请求便能得到法院支持。[4] 此外,在备案后,作为买卖合同标的物的房屋被设立抵押权的,由于抵押权的设立会影响购房人通过转移登记受让房屋所有权,故购房人请求撤销抵押登记的诉求会得到法院支持。[5]

概括而言,就保护购房人债权的衍生功能而言,房屋买卖合同备案在记载并确认合同内容及时间的基础上,成为房屋所有权转移登记的前置要素,使合同有了或强或弱的对抗力,从而加强了购房人的权利保障。

2. 与预告登记的功能差异

出于市场监管需要而创设的预售合同登记备案,衍生出保障购房人

---

[1] 参见山东省滨州市中级人民法院(2014)滨中民一终字第214号民事判决书、吉林省通化市中级人民法院(2015)通中民二终字第364号民事判决书。

[2] 参见上海市第一中级人民法院(2018)沪01民终6620号民事判决书。

[3] 参见辽宁省沈阳市中级人民法院(2018)辽01行终2212号行政裁定书、沈阳市中级人民法院(2019)辽01行终354号行政裁定书。

[4] 参见河北省石家庄市中级人民法院(2018)冀01行终69号行政判决书。

[5] 参见重庆市高级人民法院(2017)渝行申423号行政裁定书、广州铁路运输中级人民法院(2018)粤71行终282号行政判决书。

将来取得房屋所有权的债权实现功能,这一点又是当时的不动产登记制度所缺乏的,因为彼时《物权法》尚未制定,除了南京市、上海市等个别地域,其时的不动产登记普遍没有预告登记制度[1],购房人无法通过预告登记来保障自己的债权实现,这也为预售合同备案在不动产登记之外独立运行提供了正当性。

在预售合同备案制度运行 10 余年后,《物权法》(已失效)第 20 条规定了预告登记,其功能就是保障不动产买受人的债权实现,对于解决商品房预售中一房二卖这样的社会敏感问题有特殊作用。[2] 显然,在保护购房人债权方面,预告登记与预售登记备案的功能发生重叠,但这不意味着前者统合了后者,因为二者是有巨大差异的异质制度[3],对此详见下文。

作为不动产登记的一种,法律规定预告登记以保护购房人债权为天职,且其遵循体现意思自治的申请原则,当事人是否申请、在何时申请预告登记,完全遵循当事人的意愿,法律不强制规定。与此不同,预售合同备案自始就不在不动产登记的范畴内,而是针对房屋买卖所设置的监管措施,有明显的管制色彩,预售人要在特定期间内申请办理,未办理就无法办理房屋所有权转移登记,这种客观运作使其实际具有法律并未规定的保护购房人债权的功能,这是它在落实市场监管时衍生出的功能,一旦实际运作有变,如预售合同备案与房屋所有权转移登记不再关联挂钩,该功能将荡然无存。鉴于这些差异,预告登记与预售合同备案不能混同对待,后者保护购房人债权的功能仅有实践的实然性,而无法律规定的规范性。正因此,不仅有地方法院指出预售合同备案并没有预告登记的法律效力[4],或不具有物权性质的效力,不能对抗第三人[5],而且最高人民法院也指出,预售合同备案不等同于预告登记,购房人的债权不能对抗以

---

[1] 2001 年制定的《南京市城镇房屋权属登记条例》第 29—30 条规定了预告登记,2002 年制定的《上海市房地产登记条例》第 5 章规定了预告登记,与《民法典》的预告登记大致相同。

[2] 参见胡康生主编:《中华人民共和国物权法释义》,法律出版社 2007 年版,第 61—62 页。

[3] 对预售合同备案和预告登记差异的细致总结,参见滕恩荣:《商品房预售合同登记备案行为不具有物权公示效力》,载《审判前沿——新类型案件审判实务》总第 47 集,法律出版社 2014 年版,第 14—16 页;程啸:《不动产登记法研究》(第 2 版),法律出版社 2018 年版,第 783—785 页。

[4] 参见广东省东莞市中级人民法院(2014)东中法民一终字第 767 号民事判决书、湖南省怀化市中级人民法院(2016)湘 12 民终 15 号民事判决书。

[5] 参见陕西省高院人民法院(2015)陕民一终字第 00056 号民事判决书。

其债权标的物为标的物的查封行为。[1]

从确定性的角度来看,与预售合同备案相比,预告登记保护购房人债权的功能更明确、更稳定,应具有更优的地位。照此推演,在《物权法》(已失效)规定的预告登记制度推行后,预售合同备案应被替代才对,但现实情况并非如此。由于预售合同备案处于登记前置阶段,即便就预售合同办理预告登记,也要先备案,这种强化机制大大增强了预售合同备案的生命力,也大大增加了其保护购房人债权功能实现的稳定性。而预告登记不仅具有滞后性,还取决于当事人申请,在靠前的预售合同备案已保障购房人债权的前提下,在后的预告登记的适用空间几近于无。从实际情况来看,除非购房人因为购房按揭贷款的需要,必须办理以预售商品房预告登记为基础的预购商品房抵押预告登记,否则,其着实没有动力再申请办理预告登记。

与前述分析一致,现售合同备案、存量房买卖合同备案与预告登记也有功能重叠,并因其前置而导致预告登记在实践中运用的频率很少。[2]

当然,尽管《民法典》没有明文规定,但学界普遍认为,与德国的预告登记一样,我国的预告登记除了确保购房人实现债权的功能,还有顺位保护效力,即所保护的债权因其目的实现而产生抵押权等物权的顺位依预告登记之时而非登记之时来确定;还有破产保护效力,即预告登记的义务人破产时,购房人并非普通债权人,而是像取回权人一样能实现自己的债权,即取得房屋所有权。[3]"担保制度解释"第 52 条对此也有体现。网签备案没有顺位保护和破产保护的效力,故而,虽然网签备案在实践中严重压缩了预告登记的适用空间,但因为网签备案的功能远不如预告登记那样丰富,即便不考虑其二者实际存在的诸多差异,单就功能来看,网签备案无论如何都无法替代预告登记。

(四)市场服务:网签的主要功能

在实践发展中,预售合同备案的网络系统还为签约预设了管道——出

---

[1] 参见最高人民法院(2014)民申字第 1341 号民事裁定书、最高人民法院(2017)最高法民终字 606 号民事判决书。

[2] 参见常鹏翱:《预告登记制度的死亡与再生》,载《法学家》2016 年第 3 期,第 127—128 页。

[3] 参见孙宪忠:《中国物权法总论》(第三版),法律出版社 2014 年版,第 384—385 页;程啸:《不动产登记法研究》(第二版),法律出版社 2018 年版,第 814—826 页;王利明:《论民法典物权编中预告登记的法律效力》,载《清华法学》2019 年第 3 期,第 6—17 页。

现了网签,强制性的预售合同网上备案的适用范围由此回溯至合同签订,之所以如此,是因为原有制度存在不利于预购人的重大缺陷,需要网签来补救。具体而言,根据《城市房地产管理法》《城市商品房预售管理办法》等法律规范的制度设计,预售合同备案由预售人向主管部门办理,时间是预售合同签订之日起 30 日内,这虽然是强制性规定,但缺乏对应的责任规定,预售人违背该规定不办理或不按时办理备案,主管部门不能追究其法律责任[1],而预购人又无权办理,一旦预售人拖延不办理,预购人只有诉诸法院才能得到救济,权利保障的难度和成本较大。网签则意味着,只要当事人双方在主管部门的备案系统中签订预售合同,主管部门就能掌握相关信息,能推动预售人在法定期限内完成备案,甚至能在更短时间内完成备案,如北京市建设委员会《关于实行商品房预售合同网上联机备案的通知》就要求预售合同备案手续应在 7 日内完成,从而能更好地保护预购人的利益。与主管部门把预售合同网上备案和网上签约整合为网签备案一套机制一样,现售合同和存量房买卖合同也要网签备案,网签在其中同样存在。

网签的出现,显然改变了备案机制,这种变化看似简单,但内涵相当丰富,特别是为了配合网签,还有主管部门核验主体资格、推行合同示范文本等机制,它们和网签融为一体,突出表现出为交易主体提供服务的功能,以下予以具体说明。

首先,主管部门的核验,有帮助当事人判断能否订立买卖合同的便宜功能。出于市场管制和调控的需要,法律或其他规范性文件会对当事人买卖房屋的资格以及房屋的市场流通性进行限制,在网签之前,当事人先通过主管部门进行主体资格核验和房源核验,可确认有无这方面的交易风险,以判断能否订立买卖合同。这样的限制在我国有很多,如预售人须取得商品房预售许可,"限售"或"限购"地区的售房人或购房人须满足相应条件,如国家发改委等 44 部门《关于对失信被执行人实施联合惩戒的合作备忘录》第 21 条规定,失信被执行人不能购房等。在这些限制中,"限售"或"限购"政策是阶段性的,会因时势变化而改变,若全由当事人对这些必要信息进行收集和甄别,成本之大可想而知,而借助主管部门的

---

[1] 1994 年《城市商品房预售管理办法》第 13 条第 3 项规定,预售人未按规定办理备案手续的,由主管部门处以警告、责令停止预售、责令补办手续、吊销《商品房预售许可证》,并可以处罚。2001 年建设部修改该规章,删除了该项规定。

核验,当事人能轻易发现主体及房屋是否适格,并在初步具备交易意向时就知道这些信息,从而能及早决定是否订立合同。如果没有这种机制,双方要么在自行费时费力探寻前述信息后,再决定是否订立合同,要么在签订合同后,到备案或房屋所有权转移登记时才能甄别有无主体或房屋不适格的履行障碍,而一旦这些履行障碍确实存在,损失就实际发生,无论如何,都会产生过大的交易成本和机会成本。

其次,在主管部门的专门网络系统上签订房屋买卖合同,有促进当事人审慎交易的警示功能。无论在哪个国家或地区,房屋买卖都不是小事,为了确保交易安全,法律规范会通过相应机制提醒当事人审慎行事。比如,在德国,当事人双方通过不动产经纪人草签不动产买卖合同后,还须经过公证人公证,否则不能办理登记,借此避免当事人双方仓促缔约,督促他们再慎重考虑买卖价款是否合理,并有机会再听取建筑师或税务师等专业人士的专业意见。[1] 网签也有这样的作用,在当事人双方达成交易意向后,无论是在网签备案系统中签订合同,还是把网签合同打印出来签字盖章,都给当事人更多的思考时间和机会,有助于他们更审慎地订立合同。

再次,推行示范合同文本,有平衡保护当事人双方利益的辅助功能。一项国际比较研究报告指出,在不动产交易的实际运作中,为了确保交易安全,保护当事人的利益,通过公证人、专业证人、律师等专业人士介入,辅助当事人进行交易,是通行的经验。[2] 网签也有这项功能,即当事人网上签订的买卖合同以主管部门推出的业已平衡当事人双方利益的买卖合同示范文本为标准,这些示范文本对一些容易产生纠纷的事项和问题进行了细致的约定,当事人对此无须费心劳神,只要填入交易标的物、价款等必要条款即可,这既便利了交易,降低了交易磋商和订立合同的成本,又平衡了当事人双方的利益。特别是在商品房销售的通常情形中,相比于房地产开发企业或房产中介机构,购房人的协商能力远为逊色,处于实力和信息严重不对称的弱势地位,通过买卖合同示范文本的引导,能有效防止出售人在订立合同时以强凌弱,使购房人处于不利的合同地位。由于我国既无公证员等专业人士介入房屋买卖的强制性法律规范,又无

---

[1] Vgl. Bormann/Hoischen, Ökonomische Aspktennotarieller Tätigkeit im Grundstückerecht, in: RNotZ, 2016, S. 347.

[2] See Jaap Zevenbergen, Andrew Frank and Erik Stubkjær (eds.), *Real Property Transactions: Procedures, Transactions Costs and Models*, IOS Press 2007, pp. 7-277.

专业人士辅助当事人订立房屋买卖合同的交易习惯,而借助于买卖合同公示文本的运用,网签就发挥了相当于域外公证人、律师等专业人士的作用,能填补这种机制的缺失。

复次,网签有落实资金监管制度,确保交易价款安全的功能。房屋买卖价款的资金数额通常较大,在买卖合同成立后,购房人向卖方支付全额价款,会面临一旦卖方违约,自己钱房两空的风险;购房人向卖方支付部分价款,卖方会面临一旦购房人违约,自己不能及时回收资金的风险。对此,德国的经验是依靠公证人来确保卖方能全额收取价款,购房人能通过预告登记来保护自己债权。[1] 我国用资金监管制度来解决价款安全问题,在实践中,购房人把购房款存入监管账户,在商品房预售中,该价款专门用于商品房工程建设;在现售和存量房买卖中,房屋所有权转移登记后,价款划转给卖方。这样能有效确保价款安全,降低价款支付的违约救济成本。实践中通常要求商品房预售和通过房地产经纪机构成交的存量房买卖必须进行资金监管,自行成交的存量房买卖当事人可以约定资金监管,若预售人或房地产经纪机构不落实资金监管,会被主管部门暂停网签,如《北京市商品房预售资金监督管理办法》第26条规定,房地产开发企业有违反预售资金监管规定的行为的,由市、区县主管部门责令其限期改正,未按期改正的暂停违规项目的网上签约,并将其违法违规行为记入企业信用信息系统,情节严重的,暂停该企业在本市全部房地产开发项目的网上签约,并向社会公示,从而能倒逼资金监管制度的落实。

最后,网签具有督促房地产经纪机构提供规范服务的功能。房地产经纪机构在房屋买卖中发挥巨大作用,经其中介服务而达成的买卖合同在市场中占据相当的比例,但如何督促这些经纪机构合规运营,向来是令人头疼的问题。实践证明,对于违规操作的房地产经纪机构,主管部门根据《房地产经纪管理办法》第36—37条的规定停止其进行网签的权限,使其无法继续营业,是行之有效的手段;如若缺失网签机制,主管部门将对房地产经纪机构失去有效的管理手段,不利于督促它们向当事人提供规范服务,也不利于中介服务市场和房产交易市场的健康良性发展。

从网上备案到网签备案的制度发展,看上去只有一字之差,但运作机

---

[1] See Peter L. Murray, Real Estate Conveyancing in 5 European Union Member States: A Comparative Study, August 31, 2007, available at http://www.cnue-nouvelles.be/en/000/aclualites/murray-rcport-final.pdf.

制和实际功能相差甚远。从运作机制来看,备案针对房屋买卖合同本身,而网签的势力范围不仅溯及缔约过程,还延及履行过程,涵括了房屋买卖的全生命周期。从实际功能来看,备案兼具市场监管和保障购房人债权的功能,网签则有内涵丰富的市场服务功能。

房屋买卖从协商、缔约到履行,没有不存在风险的地方,为了防范这些风险,域外主要通过市场机制来解决,即当事人通过购买公证人、律师等专业人士的服务,来确保合同内容公平,履行如期适当,我国则通过网签机制来消解交易风险,两相对比,市场机制可谓成本高的"奢侈消费",网签机制则是主管部门为了通过登记备案来监管市场而溢出的副产品,在实务界人士看来,其大大降低了交易风险,收益大,费用低,几乎人人都可以承受[1],这正是网签的市场服务功能的优势所在。

随着网络信息技术的发展,特别是在房屋买卖合同可以采用电子签名后,当事人双方在网上签订房屋买卖合同,会即时备案,出现网签与备案同步发生,合二为一的局面。[2] 这意味着,房屋买卖合同网签就是房屋买卖合同备案,由此再来理解备案,就知道它不仅把作为当事人双方合意结果的合同予以再现和确认,还把当事人双方就房屋买卖达成合意的过程予以表现和记载,这种时间提前和对象扩张,表明它不仅具有合同成立后的事后告知和监督意义,还有合同成立时的事中告知和监督意义,结果就是合同成立之时,即为备案完成之时,这样就消弭了合同成立与备案的时间差,有助于保护购房人的利益。而且,再把与此紧密结合的主体和房源核验、房屋买卖价款监管等机制考虑进来,前述的网签服务市场的功能也是备案所具备的。由此与预告登记制度进行对比,显而易见的结论是,备案服务市场的功能是预告登记缺乏的,预告登记因此无论如何也替代不了备案。

(五)制度改进:以功能最大化为指引

在目前我国的大多数地域,网签备案与不动产登记都是房屋买卖不可或缺的环节,在其二者制度分离的现实中,实务界有一种认识很突出,它指出《民法典》和《不动产登记暂行条例》及其实施细则详细规定了预告登记的程序和效力,而网签备案没有明确的法律地位,但由于其在房

---

[1] 参见陈诗梦:《关于存量房网签制度的思考与建议》,载《中国房地产》2019年第4期,第17页。

[2] 事实上,重庆市早就通过地方性立法,提出了"网签即备案"。参见胡渝清、汪永明:《关于尽快实现商品房"网签即备案"的工作思路》,载《中国房地产》2017年第31期,第35—36页。

屋买卖中处于前置环节,假以时日,一旦它在全国范围内成为普适于所有类型房屋交易的制度,预告登记制度的实效势必进一步受到影响,为了扭转这一局面,应废止网签备案,同时大力倡导预告登记。

从制度功能来看,网签备案和预告登记均有保护购房人债权的功能,着眼于此,用更确定的预告登记替代网签备案,似无不可。但网签备案还有市场监管和市场服务的重要功能,包括预告登记在内的其他制度难以承载这样的功能,贸然废止网签备案,在没有制度可以补位的情况下,肯定会带来相当的市场动荡和风险。既然如此,那就应立足于现实,优化制度配置,促成网签备案与不动产登记的无缝衔接,这是改进工作的必为之路。[1] 鉴于预告登记是保障不动产物权受让方实现其债权的专门制度,法律基础明确,操作程序完整,宜充分发挥其效用,维持其制度现状。而网签备案尚未完全被法律规定,目前处于完善的过程当中,不妨改进其运行机制,使其不再负载保护购房人债权的功能,从而与预告登记花开两朵,各表一枝。

要想实现这种改革预期,就必然使网签备案与房屋所有权移转登记脱钩,亦即不把网签备案的房屋买卖合同作为转移登记的必备材料,但这样一来,只要未办理预告登记,就不能有效防止一房数卖情形的发生。我们知道,预告登记适用申请原则,当事人不申请,登记机构不能主动办理。由于预告登记是相当专业的制度,在通常情况下,没有专业知识背景的交易当事人难以知悉和运用该项制度,登记机构又不能越俎代庖,预告登记的功能因此难以发挥。正如下文所述,德国的实践经验表明,单靠当事人,预告登记制度是无法实现其功效的,而是深度参与不动产买卖的公证人了解预告登记的功能,会积极运用该制度来确保购房人债权的实现。可以说,在德国的不动产买卖中,公证人是当事人双方进行交易不可或缺的辅导专家,正因为其普遍参与不动产买卖的全程,预告登记才从纸面走向实际,公证人堪称预告登记制度发挥实效的主推者。我国恰恰缺乏这样的主推者,一旦去除网签备案保护购房人债权的功能,预告登记多半会滞留在法律纸面上,无法在实践中体现其生命力。

---

[1] 这一点在实践中正在积极推进,北京的做法可参见2018年4月20日北京市住房和城乡建设委员会、北京市规划和国土资源管理委员会《关于进一步优化营商环境简化房屋交易流程的通知》、2018年12月12日北京市规划和自然资源委员会、北京市住房和城乡建设委员会、国家税务总局北京市税务局《关于印发〈不动产登记、房屋交易及税收征管领域办事"一网、一门、一次"服务规则(试行)〉的通知》。

在此情况下,如何使预告登记能像德国那样有效地嵌入房产买卖的过程中,就成为制度改革的关键。对此,可以借助网签备案的前置性和强制性,把它与预告登记进行实质嫁接,主要表现为网签备案和预告登记的申请环节合一,即在不违背当事人意愿的前提下,当事人在办理网签备案的同时,也是在申请预告登记,从而形成网签备案监管市场和服务交易,预告登记保护购房人债权的配合局面。

具体而言,主管部门可在其提供的网签备案系统中明确表明,在当事人不反对的情况下,当事人办理网签备案,同时也是向不动产登记机构提出的预告登记申请。这样一来,只要当事人没有相反的意思,他们办理网签备案,不仅会引发主管部门据此采取核验等措施,以进行监管和提供服务,同时还会引发不动产登记机构的审核,以决定能否办理预告登记。为了防止网签备案和预告登记的结果出现偏差,如房屋主管部门办理了网签备案,但不动产登记部门不办理预告登记,或者反之,应根据部门职责划分及《民法典》第212条等相关法律规定,由登记机构审核与登记相关的材料,由房屋主管部门审核与交易相关的材料,并对审核情况进行交叉对比,防止出现结果不一致的现象。这种改革思路使网签备案和预告登记实质合一,在同一轨道上运行,与目前两者分离的现实截然有别。

这种改革思路高度契合了房产交易管理与不动产登记全方位衔接的现实需求,只要房屋主管部门与不动产登记机构的信息能实时共享、互联互通,无论它们是合隶还是分立,均不影响网签备案和预告登记的和谐运行。而且,在这种改革思路中,基于网签备案的房屋买卖结构不发生实质变化,预告登记的运行机制也不发生实质变化,但同时能释放这两种制度各自的本有功能,在最大限度上满足交易需求和监管需求,且程序简化,符合便民利企的现实要求。

(六)小结

房屋买卖合同网签备案(网上签约和网上备案)是我国特有的制度,它源自商品房预售合同登记备案,随着网络信息技术发展而成型,与不动产登记截然不同。网上备案以市场监管为主要功能,不动产登记在现实中未承担这一功能。通过与房屋所有权转移登记的挂钩,网上备案在实践中还有保护购房人债权的功能,从而与预告登记功能重叠。网上签约的主要功能是提供市场服务,对于房屋买卖合同的协商、签订、履行均有相当的助益。为了实现既有制度功能的最大化,可实质结合网签备案和预告登记,使其二者能同时启动办理。

从实践情况来看,网签备案实际是让房屋买卖合同在政府搭建的网络平台上签订,它在形式上似乎限制了合同自由,因为当事人要想实现买卖合同目的,就要网签备案,而不能随心所欲地想以何种方式签合同就怎么签。但在实质上未限制合同自由,因为是否签订以及签订什么内容的买卖合同,完全取决于当事人的自治,而且通过提高合同质量、增加其可履行性的方式保障了合同自由,尽可能消除了房屋买卖合同的风险,平衡了双方利益。可以说,在观察房屋买卖的运作规律时,离不开对行政实践的把握,离不开行政法知识。只有把行政实践与民事交易结合起来,把行政法和民法结合起来,才能得出相对全面的结论。

二、网签备案的必要性分析

网签备案在我国已实行二十多年,在住房交易和监管方面发挥着重要作用。在不动产统一登记前,网签备案和房产登记均由房屋主管部门主导,网签备案直接约束着房产登记,即网签备案的买卖合同是所有权转移登记的必需材料,没有网签备案,就没有转移登记。在统一登记后,自然资源主管部门统一办理登记,网签备案仍由房屋主管部门主导,在这种分隶的现实中,网签备案有无必要存续,成为相当尖锐的争论问题。作为自然资源部和住房和城乡建设部分别聘任的专家,笔者在参加他们以及国务院督查办、司法部等主持的与网签备案相关的一系列讨论时,深感争论的激烈程度。这个问题直指网签备案的必要性,事关网签备案的存废,以下提出网签备案的必要性理由,以与同行共同讨论。

(一)从市场管制看网签备案的必要性

质疑网签备案的首要理由,认为买卖是市场交易的基本形态,汽车、珠宝等其他商品买卖无须网签备案,为何住房买卖需要这种机制?这种质疑看上去符合"相同事物应予相同对待"的道理,但住房买卖与汽车、珠宝等其他商品买卖终究不同,主要在于住房买卖事关千家万户利益,市场管制不可或缺,而其他商品买卖没有这样的政策目标,它们并非相同事物,当然应有不同的运行机制。从住房买卖管制的实践来看,网签备案是落实管制的合适把手。

1. 住房买卖的管制

综观世界各域,房产都是价值高昂之物,住房又涉及基本民生,为了防止居无定所或流离失所,政府除了提供公租房等保障用房,还会对住房买卖进行必要的管制,故住房买卖市场向来不是高度自由的交易市场,我国也不例外。更为特别的是,我国住房买卖市场是突破计划经济体制的重重包围产生的,自始带着政府管制的基因,在发展过程中,又因我国民众缺乏合适的投资渠道,住房曾长期成为投资集中点,导致不少城市的房价涨幅过高,以至于"房子是用来住的,不是用来炒的"成为经典的管制总纲。对住房买卖的管制是全方位的,从标的物、主体到行为,无不包含在内。

首先是对作为标的物的住房管制。在过去一段时期,通称为一手房的新建商品房是住房的主要形态,其可以在尚未建成时进行预售,也可以在竣工验收后进行现售。预售是典型的将来物买卖,最大的风险是买受人付了价款,但住房不能预期建成,为了有效控制风险,《城市房地产管理法》第45条第1款第4项要求作为出卖人的房地产开发企业必须取得预售许可证明。根据《城市商品房预售管理办法》第7条的规定,取得预售许可证明的条件是房地产开发企业取得土地使用权、建设工程规划许可证、施工许可证,投入开发建设的资金达到工程建设总投资的25%以上等。对现售房屋的管制,根据《商品房销售管理办法》第7—8条的规定,商品房须满足已通过竣工验收等条件,并报主管部门备案。没有取得预售许可证明或没有进行现售备案的商品房,不能进入市场买卖。买受人已购买的存量房通称为"二手房",此类房屋在买卖市场中的分量越来越重,为了抑制房价,不少城市采用"限售"政策,要求买受人取得住房所有权满一定期限后,才能再予出卖。

其次是对主体的管制。这种管制最常见的形式是不少大中城市的"限购"政策,如通过国籍、户籍、已缴纳社会保险金或纳税时间长短、已拥有住房的套数等限制买受人的购房资格,这些限制条件会随住房供应量、价格等市场因素变化而调整或取消。此外,为了惩戒失信被执行人,根据最高人民法院《关于限制被执行人高消费及有关消费的若干规定》第3条第1款第3项的规定,被执行人是自然人的,一旦被采取限制消费措施,就不得购买包括住房在内的不动产。当然,"限售"住房的所有权人没有卖房资格,无法通过买卖将其所有权转让给他人。

最后是对买卖行为的管制,这是管制的重点,其形态多样。比如,住房买卖合同涉及的事项既多又专业,当事人通常并不精通,为了平衡双方利益,同时也为了确保买卖符合相关法律、法规,主管部门起草并推行买卖合同示范文本,以柔性的方式引导买卖双方据此订立合同。又如,买受人先支付价款,后取得住房所有权,是住房买卖的通常规律,商品房预售更是如此,且价款是建房的重要资金来源,一旦房地产开发企业挪用购房款导致商品房在建工程"烂尾",将严重损害买受人。为了防止出现这种风险,《城市房地产管理法》第45条第3款严令房地产开发企业把购房款专用于在建的商品房工程建设,为了实现这一要求,主管部门就必须采用妥当的管制措施。再如,从住房买卖合同的签订到价款支付再到房屋交付和所有权转让,均存在时间差,期间如何约束出卖人的违约动机,督促和约束其按约履行,主管部门有适当介入进行管制的必要。还如,住房买卖多通过房地产经纪机构进行,经纪机构是否合法合规运作,对交易安全和市场秩序影响深远,在实践中不少经纪机构为了牟取不当利益,损害买卖双方及银行等关联方利益[1],对此乱象也要由主管部门严加管制。

2. 网签备案是落实管制的合适把手

住房买卖需要管制之处众多,妥当实现这些管制,既不抬升交易成本,又能提高管制效率,无疑是最优目标,网签备案制度在相当程度上实现了该目标。

首先,在网络信息技术的支撑下,网签备案系统能与不动产登记、公安、财政、民政、人力资源社会保障、金融、税务、市场监管、统计、法院等部门系统联网互通,实时生成全面权威的数据库。住房和主体是否符合管制要求,在该系统能准确反映出来。而且,"限售""限购"等政策随时势变化而产生或调整时,会实时显现在网签备案系统中。这样能有效防止出现监管漏洞,倒逼交易者满足相关要求,如促使房地产开发企业及时办理商品房预售许可证明或现售备案,否则就无法出卖商品房。

其次,主管部门能把住房买卖合同示范文本内设在网签备案系统之中,买卖双方在签订合同时,只要把协商一致的主给付义务填入即可,至于其他义务、违约责任等内容无须再劳心费神,这不仅便利了双方,也能平衡双方利益,能有效维护交易秩序。不仅如此,网签备案系统准确记载了住房买卖合同的成立时间,这个时间由此得以固定,买卖双方和主管部门都不可能改变,借此很容易准确判断某一住房买卖是早于还是晚于"限售""限购"等管制政策的实施时间,有助于这些管制政策的顺利实施,节约管制成本。

---

[1] 参见《一中院调研二手房交易中金融衍生服务乱象成因并提出建议》,载《北京高院信息》第173期,2017年5月12日;《三中院调研二手房买卖中违规收取"高评费"问题》,载《北京高院信息》第179期,2017年5月16日。

再次，网签备案系统有交易资金监管的功能，即买受人支付的价款交由主管部门委托的银行等第三方保管，在其按照约定取得房屋所有权后，第三人再把价款付给出卖人。该功能能确保价款安全，并实质平衡买卖双方的利益，即在买受人先付款时，能防止因出卖人恶意违约，导致买受人既不能取得房屋所有权，还失去了对价款的控制；在出卖人先转移房屋所有权时，能防止因买受人恶意违约，导致出卖人既得不到购房款，还失去了房屋所有权。而且，根据《北京市商品房预售资金监督管理办法》第26条等规定，通过网签备案系统，主管部门既能事先监督房地产开发企业是否把买受人支付的购房款专用于商品房在建工程建设，又能在房地产开发企业违规操作，不专款专用时，暂停或限制其办理网签备案，使其难以顺利开展商品房预售，从而督促其合规操作。

复次，同一房屋只能网签备案一次，在住房买卖合同网签备案后，出卖人又把同一房屋出卖给他人的，该买卖合同无法办理网签备案，在网签备案与房屋所有权转移登记挂钩的现实中，根据《不动产登记暂行条例实施细则》第38条第2款的规定，未网签备案的买卖合同不能导致房屋所有权转让，这样一来，在住房买卖合同订立和房屋所有权转移登记之间的时间差无法弥补的情况下，能有效防控一房数卖的风险，保障网签备案的买受人如愿取得房屋所有权。

最后，在对房地产经纪机构经营行为的监管方面，网签备案也发挥着重要作用。一方面，网签备案不仅适用于住房买卖合同，还能囊括房地产经纪合同；房地产经纪合同的订立因网签备案而透明化，买卖双方向房地产经纪机构支付的佣金也在资金监管范围内，这就非常有利于主管部门对房地产经纪机构的经营行为进行事先和事中监管。另一方面，根据《房地产经纪管理办法》第36—37条的规定，房地产经纪机构违法违规经营的，主管部门停止为其办理网签备案，这将起到釜底抽薪的效果，导致房地产经纪机构根本无法经营，从而在相当程度上促使房地产经纪机构合法合规经营。缺失网签备案，主管部门对房地产经纪机构没有有效的监管手段，不利于房地产交易市场和中介服务市场的健康良性发展。

概括而言，与汽车、珠宝等普通商品买卖不同，住房买卖并非完全自由的领域，而是存在各种管制，不仅有商品房预售许可、现售备案等前置性的限制，还有"限售""限购"等政策干涉、合同订立和履行的制度约束，主管部门如若没有合适的监管把手，这些管制将悬置高空无法落地，从现实情况来看，网签备案正是这样的把手，其具有高度的实效性。

(二) 从不动产登记的功能看网签备案的必要性

还有一种质疑认为,在住房买卖管制方面,不动产登记也能发挥与网签备案类似的作用,且以登记簿为中心的不动产登记系统与以楼盘表为中心的网签备案系统在内容上高度重叠,均记载了房屋的物理状态和权利状态,而不动产统一登记已在全国推开,存量房买卖的网签备案尚未在全国通行,这样看来,用不动产登记来替代网签备案,无疑是更优的选项。不过,从不动产登记的功能来看,它不能替代网签备案,上述质疑不能成立。

1. 物权登记不能替代网签备案

以不动产物权为对象的不动产登记是物权登记,它是不动产登记的主力,主要功能是为社会公众提供真实的不动产物权信息,以保障交易安全。在此功能引导下,登记机构必须依法审查当事人的申请,最大限度确保登记簿的记载能准确显示物权变动的结果,使登记簿的确如《民法典》第 216 条第 1 款规定的那样,成为不动产物权归属和内容的根据。住房买卖是一个交易过程,单从物权变动的角度来看,买卖合同是发生在先的原因,所有权转移是适当履行合同所产生的结果,它靠物权登记予以表征,就此而言,物权登记处在最后的环节,有明显的结果导向。与此不同,网签备案在客观上虽然通过楼盘表能显示所有权归属,但其重心不在于此,而是旨在保障所有权转移这一结果发生的同时,还确保住房买卖合同恰当订立、内容公平、履行适当,从合同的磋商、订立到履行,为住房买卖的全生命周期提供可靠保障。既然功能不同,物权登记就不能替代网签备案。

首先,买卖双方在缔约磋商时,有了解作为买卖标的物的住房能否交易、自己或对方有无买卖资格等现实需要,网签备案系统能准确且便宜地提供这些信息,从而节省双方的探寻成本,降低交易风险,及早预防损失。由于不动产登记机构没有管理住房买卖的职责,由其同步实时落实"限售""限购"等政策,存在一定的操作难度,而且,根据《不动产登记资料查询暂行办法》第 21 条的规定,买受人作为利害关系人在查询登记资料时,只能查询登记簿中记载的房屋相关信息,不能得知有关出卖人的其他信息,故物权登记难以像网签备案系统那样为当事人的缔约提供充分信息。在此现实约束下,若没有网签备案,买卖双方只有在订立合同后,到登记机构申请所有权转移登记时,登记机构才能通过各种途径来确认标的物能否买卖或主体资格是否受限,这会增加登记机构的审核成本,降低登记机构的办事效率。更重要的是,由于登记是住房买卖的最后环节,若此时才能确知标的物或主体的确受限,住房买卖就成为不可能完成的交易,则当事人缔约磋商、订立合同和履行合同的成本付之东流,还因合同无法实际履行而要承受交易风险,造成社会资源浪费。

其次,结果导向的物权登记以准确表征不动产物权为主要目的,至于住房买卖合同,只要有转移住房所有权的主给付义务即可,其他内容如何,并不在物权登记的关注范围内。而它又处于买卖的最后环节,买卖合同示范文本由此难以借助物权登记而在当事人之间推行,这既无法节省当事人交易磋商和拟定条款的成本,也无法平衡双方的利益。这些欠缺在网签备案系统中就不存在。还要看到,通过登记簿的记载,物权登记能锁定房屋所有权转移的时间,但无法准确锁定买卖合同签订的时间,当事人完全能倒签合同时间再据此申请登记,这完全无助于"限售""限购"等管制政策的实施,而网签备案能锁定买卖合同的订立时间,没有这一缺陷。此外,网签备案系统能适时抓取和固定买卖合同约定的价款,这样既能落实《城市房地产管理法》第35条规定的房地产成交价申报制度,还能成为税务机关征税、商业银行或公积金机构核定发放购房贷款额度和利率等的标准。

再次,从订立住房买卖合同到房屋所有权转移存在时间差,在此期间,只要当事人不办理预告登记,一旦发生住房价格大幅上涨等情形,出于利益最大化的机会主义动机,出卖人不履行合同而将标的物转让给他人后,买受人的交易目的就会落空,只能寻求违约救济。也就是说,在防止出卖人一房数卖,确保买受人取得房屋所有权方面,物权登记无能为力。但网签备案有这样的功用,只要住房买卖合同网签备案,系统会显示标的物已卖,出卖人不能就同一住房再通过网签备案与他人订立买卖合同,甚至也不能以该住房为标的物为他人设立抵押权[1],客观上增强了合同的约束力,能保障买受人实现合同目的,同时也能避免其为寻求违约救济所产生的成本。

复次,物权登记仅注重登记簿记载的住房所有权是否符合当事人转让所有权的合意,至于在买受人取得所有权之前,如何确保其支付的价款不会因出卖人的违约行为而遭受不测风险,就非物权登记的任务。这个

---

[1] 参见重庆市高级人民法院(2017)渝行申423号行政裁定书、上海市第一中级人民法院(2018)沪01民终6620号民事判决书。

任务仍由网签备案来承担,交易资金监管为此提供了完备的解决途径,既能防止出卖人转让了住房所有权却拿不到价款,又能防止买受人支付了价款却取得不了住房所有权;既能有效平衡双方的利益,又能降低违约时的救济成本。还应附带提及的是,在没有预告登记的前提下,物权登记是确定房屋所有权的根据,借此能知悉某人的房产状况,故其是财产公示的重要平台。但实践中出现已支付价款的买受人不办理所有权转移登记的现象,买受人对出卖人享有的请求转移房屋所有权的债权也是其财产,物权登记无法显示这种财产,而网签备案能弥补这一缺口。

最后,作为管制住房买卖的重要把手,网签备案是主管部门管控房地产开发企业和房地产经纪机构的工具,借此倒逼这些企业合法合规经营和运作,这些作用是物权登记先天缺失的。

2. 预告登记不能替代网签备案

与物权登记不同,预告登记以住房买卖合同等产生引致不动产物权变动的债权请求权的合同为对象。在网签备案发展的前些年,我国没有预告登记,这种状况直到21世纪初才稍有改观,如2001年《南京市城镇房屋权属登记条例》(已失效)第29—30条规定了预告登记,2002年《上海市房地产登记条例》(已失效)第5章也规定了预告登记。不过,除了这少数几个地方,我国的其他地方均没有预告登记。《物权法》(已失效)彻底改变了这种状况,该法第20条规定了预告登记,它在实践中主要适用于商品房预售,看上去与商品房预售合同网签备案非常接近,再加上有些法院指出网签备案会发生与预告登记类似的效力[1],以至于不少人认为这两者没有实质差异,预告登记完全能替代网签备案。

这种认识有误,因为网签备案和预告登记的制度差异太大,是两种完全异质的制度,相互间无法替代,主要表现如下:

第一,制度发展不同。网签备案是因应我国20世纪90年代起步发展的商品房预售交易实际需要而逐渐发展成型的,域外没有类似的操作机制,具有鲜明的中国特色;预告登记源自中世纪的德国,除了《德国民法典》《德国土地登记条例》的相关规定,瑞士、日本等也有相应的制度,《民法典》的预告登记借鉴了这些经验,属于法律移植的产物。

第二,制度定位不同。网签备案自始就在不动产登记之外运作,不能

---

[1] 参见河南省南阳市中级人民法院(2014)南民二终字第01188号民事判决书、最高人民法院(2015)民申字第661号民事裁定书。

归为不动产登记,是房屋主管部门主导的行政措施;预告登记是不动产登记的一类,遵循不动产登记的一般规律,是不动产登记机构主导的行政行为。

第三,制度渊源不同。网签备案的制度依据以《城市房地产管理法》为中心,辅以国务院及住房建设部的规范文件、部门规章、政策文件;预告登记的制度依据以《民法典》为中心,辅以《不动产登记暂行条例》及其实施细则、《不动产登记操作规范(试行)》等规范文件。

第四,适用对象不同。网签备案的适用对象目前限定为以房屋为标的物的买卖合同、抵押合同和租赁合同,范围较窄;预告登记虽然在实践中主要用于商品房预售合同和以预购商品房为标的物的抵押合同,但其在法律中的适用对象不限于此,包括以发生不动产物权变动为目的的所有合同,如土地承包经营权设立或转让合同、国有建设用地使用权出让或转让合同、居住权、地役权合同、以国有建设用地使用权为标的物的抵押合同等。

第五,启动机制不同。网签备案以强制性为主要特点,这一点在商品房预售合同上表现得非常明显,根据《不动产登记暂行条例实施细则》第86条第1款的规定,不网签备案,就无法办理预告登记,在商品房建成后也无法办理房屋所有权转移登记;预告登记遵循不动产登记的申请原则,具有自愿性,是否启动,由当事人自行决定。

第六,启动主体不同。在实践中,商品房预售和现售、经由房地产经纪机构成交的存量房买卖要由房地产开发企业或房地产经纪机构办理网签备案;预告登记原则上由当事人双方共同申请,但在商品房预售中,根据《不动产登记暂行条例实施细则》第86条第2款的规定,预售人未按照约定与预购人申请的,预购人可以单方申请。

第七,存续限制不同。网签备案没有存续期限的限制,除非撤销,否则网签备案始终有效,有些地区甚至规定,即便商品房已经建成并登记发证,网签备案也不失效;根据《民法典》第221条第2款,预告登记则因债权消灭或者自能够进行不动产登记之日起90日内未申请登记而失效。

第八,法律效力不同。网签备案因为与房屋所有权转移登记挂钩,客观上起到防止一房数卖的作用,一旦两者脱钩,就没有这种作用;预告登记以保障债权实现为目的,限制了房屋所有人的处分权,防止一房数卖是其不容改变的法定效力。

在前述差异的基础上,还要看到,网签备案是政府针对房屋买卖提供的服务和管理工具,其负载的落实市场管制功能是预告登记所缺乏的,主要表现为:①与物权登记一样,预告登记既难以为当事人的缔约提供标的物或主体的充分信息,无法降低订立合同的成本和履行不能的风险,还会增加登记机构的审核成本;②预告登记旨在记载业已成立的合同请求权,买卖合同示范文本难以借助预告登记得以推行,且其无法准确锁定买卖合同签订的时间,这为"限售""限购"等管制政策的实施增加了难度;③预告登记没有交易资金监管功能,无法在买受人的支付价款义务和出卖人的转移房屋所有权义务之间形成有效制衡;④是否办理预告登记,取决于当事人的意愿,受制于此,即便扩容预告登记,使其具备网签备案的前述功能,只要当事人不申请预告登记,其功能也无法发挥,当然无法成为主管部门管控房地产开发企业和房地产经纪机构的交易活动的把手。这就更能说明,预告登记无法替代网签备案。

(三)从比较法经验看网签备案的必要性

另有质疑指出,从我国住房买卖的制度来看,所有权转移登记以及预告登记受德国制度的影响很大,商品房预售则借鉴了我国香港特别行政区的"楼花"买卖,而它们均无网签备案机制,这说明网签备案没有比较法上的正当性,完全是多此一举。的确,网签备案是立足于我国住房买卖实践而创设出的,我国独有的、比较法上没有的机制。但通过功能主义的比较法观察,不难发现,域外为了确保交易安全,有介入住房买卖的其他机制,而这些机制是我国不具备的,但网签备案刚好能起到这些机制所起的作用,故这种质疑也不能成立。

1.从德国的经验看网签备案的必要性

受历史传统的影响,公证人深度参与不动产买卖在德国等欧陆国家非常常见,不仅法律有明确规定,实践中也普遍如此。从整体上看,公证人全程参与德国的不动产买卖,对买卖合同的成立和履行发挥着保障和推动作用,主要表现为:[1]

首先,根据《德国民法典》第 311b 条、第 925a 条以及《德国住宅所有

---

[1] Vgl. Bormann/Hoischen, Oekonomische Aspktennotarieller Taetigkeit im Grundstueckerecht, in: RNotZ, 2016, S. 345 ff. See also Peter L. Murray, Real Estate Conveyancing in 5 European Union Member States: A Comparative Study, August 31, 2007, available at http://www.cnue-nouvelles.be/en/000/aclualites/murray-report-final.pdf.另参见〔德〕埃尔克·霍尔特豪森·杜克斯:《德国不动产法中确立公证人公证的作用》,刘懿彤、常鸿宾译,载《中国司法》2007 年第 8 期,第 98—102 页。

权法》第 4 条的规定,不动产买卖合同必须公证,以此为契机,公证人全程参与了不动产买卖合同的磋商和成立。在实践中,为了订立买卖合同,公证人会进行查询土地登记簿、向缔约双方调查与买卖合同相关的信息等准备工作,在此基础上起草买卖合同草案,与买卖双方进一步沟通完善。通过前述过程,既能促使当事人慎重考虑是否确定进行买卖,也能借助立场中立、业务精通的公证人的服务确保买卖合同内容公平,防止欺诈、错误、有失公平等影响合同效力情形的发生。

其次,在买卖合同成立后,为当事人履行合同主给付义务进行充分的准备。比如,根据《德国土地转让税法》《建筑法》等规定,公证人将公证的买卖合同通告税务局,并通知负责确定交易价格的鉴定委员会,以使该委员会能履行收集交易价格的法定职责。又如,为了确保出卖人适当履行转移不动产所有权的义务,公证人要取得能转移所有权的相关证明,如消灭土地负担的证明材料、政府放弃法定优先购买权的证明材料等,还要办理预告登记,以防止出卖人另行转让不动产所有权给他人,也可防止出卖人在转让不动产所有权之前因强制执行或破产而使买受人不能取得不动产所有权。

最后,协助并确保当事人适当履行合同主给付义务。在买受人支付价款方面,公证人为买受人购买不动产的融资担保提供公证,并确保该借款专用于支付价款;在确有合理保证利益时,公证人接受买受人的委托,通过公证人托管账户来保管价款;在买受人不按约定支付价款时,公证人应予催告,买受人未完全支付价款的,公证人不办理转移不动产所有权所必须的手续。在出卖人转移不动产所有权方面,根据《德国土地登记条例》第 20 条的规定,转让不动产所有权的合意是登记的必要条件,没有该合意就不能办理登记;而根据《德国民法典》第 925 条第 1 款,该合同由买卖双方同时向公证人表示,故公证人对出卖人转移不动产所有权,办理转移登记起着至关重要的作用。在实践中,该登记的申请是由公证人向登记机构提起的。

可以说,公证是德国不动产买卖中的核心机制,它为买卖双方的意思自治发动机提供着燃料,推动不动产买卖顺利驶抵安全的彼岸。概括而言,德国公证人在不动产买卖中的作用,既能向当事人提供完全的磋商缔约信息、确保合同内容公平、防止一房数卖和保障买卖价款安全,还能外接于其他政府部门,实现必要的管制,如将买卖合同信息提供给鉴定委员会,使其能及时获取价款信息,这与网签备案的部分作用是相当的。

有人会说,既然如此,我国也有公证制度,那就不妨以该制度来替代网签备案,但这种说法不能成立,理由主要在于:

首先,网签备案除了具有与德国公证人相当的作用,还有适合我国实际情况的作用,如据此能便宜地判断标的物或主体是否"限售""限购",监管房地产开发企业和房地产经纪机构等,这些作用是公证制度所缺失的。

其次,从实际情况来看,我国无法稳妥适用德国以公证为不动产买卖核心的机制,因为德国公证制度历史传统悠久,公证人全方位介入不动产买卖,不仅出自法律的强行规定,还是社会公众近乎天然的本能需求和心理惯性,而我国公证制度起步较晚,公证员在社会生活中发挥的作用比较有限,不仅法律不要求住房买卖必须强制公证,社会公众也未形成聘请公证员介入住房买卖的习惯。在没有合适社会土壤的前提下,即便我国通过修法要求住房买卖必须进行公证,能否达到预期效果,也颇值怀疑。

再次,舍弃网签备案而转向公证制度,不仅浪费了主管部门费尽心力建设的网签备案资源,还会使已经形成习惯的住房买卖陷入制度转型的不确定之中,并要由当事人再行支付公证费,社会成本过高。而且,只要法律不强制公证介入住房买卖全程,而是由当事人自行决定是否公证,就无法实现像德国公证人那样的作用。

最后,在我国传统观念中,政府部门更具公信力,不仅社会公众更愿意相信政府部门,政府部门自身的资源和条件也使其能够发挥相应的职责,而公证机构和公证员并非政府部门,在社会观念中没有与政府部门相同的公信力,这是不得不承认的社会现实。这种现实更决定了,相比于公证,政府部门主导的网签备案在我国现时期是更现实的制度选择。

2. 从我国香港特别行政区的经验看网签备案的必要性

香港特别行政区是商品房预售制度的发源地,为了确保交易安全,除了政府通过规划、建筑工程报建等措施进行管控外,从房屋买卖合同的订立到履行,都离不开律师的推动和助力,主要表现为通过核对卖房的土地契据等工作为起草买卖合同作准备、为当事人双方起草买卖合同、办理贷款、办理契据登记、托管购房款等[1],从而能降低当事人获取信息的成

---

[1] 参见石珍:《香港"楼花"出售的一些规定》,载《中国房地产》1996年第3期,第71—73页;申立银、张红:《香港楼宇买卖的法制管理》,载《中国房地产》1997年第7期,第76—78页;李倩:《香港的房地产登记制度及其启示(下)》,载《中国房地产》2001年第1期,第67—68页。

本、防范交易风险、预防纠纷,与我国内地的网签备案的作用大体相当。

在我国内地,与公证制度不能替代网签备案一样,律师也无法替代网签备案,主要因为:①网签备案所具有的高效甄别标的物或主体是否"限售""限购",监管房地产开发企业和房地产经纪机构等作用,律师是没有的;②我国内地住房买卖缺乏寻求律师协助的社会习惯,法律也无正当理由强制住房买卖必须由律师介入引导;③抛开网签备案这种公共品,转由当事人自行付费委托律师介入住房买卖,会浪费巨大的社会资源;④律师的公信力弱于政府信用,用律师来替代网签备案难以为社会普遍认可。

无论德国公证人还是我国香港特区的律师,都是为了实现不动产买卖的平稳安全,减少违法操作的可能,降低事后纠纷的成本,而在不动产买卖中通过法律强制和习惯引导相结合而加入的辅助当事人进行交易的介入机制。这与国际上通行经验——由专业人士介入不动产买卖的实际运作——是一致的。[1] 虽然各个国家或地区的历史传统、交易习惯、法律规定存有不同,对不动产买卖过程的介入机制也各有特色,但有一点是有共性的,就是进行介入的并非政府。这意味着,在政府不介入不动产买卖过程的前提下,又缺乏合适专业人士的适当介入,那当事人就要自求多福,自行化解或承担可能的风险。

概括而言,关注不动产买卖的安全是每个理性法域均要考虑的问题,这是相关制度在本域特定要素制约下所应有的功能,德国公证人和我国香港特区律师介入不动产买卖均体现了这一点。这也说明,对某个法域的某一制度进行考察时,不能仅关注制度构成本身,还要关注与其有关的其他制度,从而才能完整理解。对我国内地而言,网签备案是实践摸索出来的交易介入机制,具有本土特色,符合实际需求。经过长期的社会实践,网签备案在我国内地住房买卖中蔚然成风,适用起来相当稳定。我国内地缺乏域外的交易介入机制,但网签备案发挥着实质相当的作用,这反过来确证了网签备案的必要性。

(四) 小结

网签备案把住房买卖合同的磋商、成立和履行粘合在一起,为有限理性的当事人提供了与交易相关的完全信息,为住房买卖的全生命周期设定了风险可控可测的轨道,为主管部门落实市场管制提供了可靠把手,把

---

[1] See Jaap Zevenbergen, Andrew Frank and Erik Stubkjær (eds.), *Real Property Transactions: Procedures, Transactions Costs and Models*, IOS Press, 2007, pp. 7–277.

自由交易和有效管制较好地结合起来。正因此,在房屋主管部门和不动产登记机构分隶的现实中,无论从市场管制的角度来看,还是从不动产登记的角度来看,抑或从域外经验的角度来看,网签备案均有存续的必要性。

从实践效果来看,除了前述提及的方面,还因为网签备案建立在网络信息技术的基础上,具有公开透明特性,在为当事人的住房买卖提供便利的同时,也便于当事人监督主管部门的行为,能最大程度地避免寻租空间,促进依法行政。再加上网签备案需要与不动产登记、公安、财政、民政、人力资源社会保障、金融、税务、市场监管、统计等系统网络和业务平台互联互通,客观上促成了房产管理的政务信息化顶层设计框架,既有助于这些部门在业务上相互衔接和监督,能提高行政管理的实效性和规范性[1],又能为房地产市场的宏观调控提供准确的现实基础数据,提高宏观调控的准确度和高效性。在我国进一步推进依法行政,进一步深化供给侧结构性改革的时代大背景下,房产管理要有科学合理的政策引导,而与市场高度同步、能准确反应市场动态的网签备案所能发挥的这些积极作用更不容忽视。

网签备案是为住房买卖及其管制提供的系统平台,它有前述的优势作用,着眼于此,凡需要进行管制的交易,无不能借鉴网签备案而建立类似的平台。实践的确如此,山东省、浙江省等地方业已成熟的国有建设用地使用权出让网上交易平台就是典型,其虽未命名为"网签备案",但实际就是在网络平台上签订出让合同并予以备案,功能与网签备案并无二致。[2] 此外,包括国有建设用地使用权出让在内的公共资源交易平台也具有相同功能[3],国有建设用地使用权转让、出租、抵押的线上交易平台同样如此[4],土地承包合同和土地经营权流通合同的网签备案也不例

---

[1] 参见张铠麟、王娜、黄磊等:《构建协同公共服务:政府信息化顶层设计方法研究》,载《管理世界》2013年第8期,第90—100页。
[2] 参见山东省人民政府办公厅《关于全面推进国有建设用地使用权网上交易的通知》、《浙江省国有建设用地使用权出让网上交易规则(试行)》、浙江省国土资源厅《关于规范国有建设用地使用权出让网上交易的通知》。
[3] 参见国务院办公厅《整合建立统一的公共资源交易平台工作方案》、国家发展改革委《关于深化公共资源交易平台整合共享指导意见》。
[4] 参见国务院办公厅《关于完善建设用地使用权转让、出租、抵押二级市场的指导意见》。

外。[1] 这些均说明,网签备案机制在我国并非仅有房屋交易的孤例,其家族成员队伍日渐壮大,"互联网+"的时代潮流凸显了它们的正当性。

任何一项制度建设,都必须立足于本国实际情况,大力吸收实践经验,紧密呼应时代要求,才能发挥其应有的作用,这一点为我国改革开放以来的历史所充分证明。网签备案制度的建设和发展同样如此,只有把它放在我国历史背景下,与关联要素联系起来进行整体分析,才能看出其意义和作用,才能发现其问题和出路,从而能更深刻地认识和评价其必要性。

概括而言,住房买卖合同网签备案是我国特有的制度,随着不动产统一登记的推行,该制度有无存续的必要,成为业界的争议话题。从落实住房买卖的管制、不动产登记的功能以及专业人士介入不动产买卖过程的比较法经验来看,网签备案有存续的必要。它能为买卖双方的合同磋商、订立和履行提供助力,在提升交易安全的同时降低了交易成本,还为房屋主管部门及其他公权力机关的有效监管提供了必要的支持,堪称"互联网+"时代潮流下融交易与监管于一体的典型平台。

三、网签备案的民事后果

以存量房为标的物的买卖是城市中相当常见的商品房交易行为,目前已成为北京等一线城市房产交易的主力军,其重要的社会意义无需赘言。为了推动房产交易市场的规范发展,提升管理部门的监管水平,北京等地在2008年左右开展了存量房买卖合同网签备案,即用房屋主管部门设立的交易信息系统线上记载存量房买卖主体、标的物、价款等信息,在线下生成与上述信息一致的、交由当事人双方签字或盖章的买卖合同书,并将上述信息记载于房屋主管部门掌控的楼盘表及房产交易档案。大体而言,网签备案是由若干环节组成的程序,包括紧密关联的三部分:一是线上记载买卖信息的网上签约;二是当事人在线下签署买卖合同书;三是房屋主管部门在特定载体上显现和保存签约信息的网上备案。

在存量房买卖合同施行网签备案的地方,网签备案是一种强制性的制度安排,只要当事人通过市场交易行为、而非司法拍卖来买卖存量房,就必须办理网签备案,且在网签备案正常存续至房屋所有权转移登记

---

[1] 参见农业部《关于做好农村土地承包经营权信息应用平台建设工作的通知》、农业部《2018年农村经营管理工作要点》。

期间,同一房屋不能再成为网签买卖的标的物,2010年广州市国土资源和房屋管理局《广州市存量房网上交易规则》第14条等对此有明文规定。不仅如此,转移登记以网签备案为前置,2008年北京市建设委员会《关于全面推行存量房买卖合同网上签约有关问题的通知》第1条就指出,自2008年10月15日起,北京市已取得房屋所有权证的存量房进行买卖的,当事人在申请转移登记前均须进行网签。[1]

从实践情况来看,网签备案的推行,既有效降低了一房数卖等市场失信风险,还有效提升了主管部门的市场监管能力,故2010年国务院办公厅《关于促进房地产市场平稳健康发展的通知》要求进一步建立健全存量房交易合同网上备案制度,此后各地纷纷推行网签。毫不夸张地说,在行政的强力推动下,网签备案在全国范围内势必成为存量房交易市场的最基本形态。

虽然网签备案的地位如此重要,但它迄今为止主要是各地房屋主管部门推行的实践做法,尽管有少数规范性文件对此有所涉及,但均未明确其法律效力,这就给理论和实践带来不小的困惑,主要表现在:①网签显然有成立买卖合同的效果指向,但它既要网上签约,又要线下签署合同书,那买卖合同究竟何时成立,不无争议。[2] ②在网签备案之外,买卖双方就同一存量房另订买卖合同,且其内容与网签备案信息不一致,应以何者为准,颇有疑问。[3] ③在完成网签备案后、办理房屋所有权转移登记前,卖方又把房屋出卖给他人,应否把网签当成优先实现买方债权的考量因素,法院见解不一[4];与此相当,在完成网签备案后、办理转移登记前,卖方能否以网签备案的房屋为抵押财产,通过抵押登记为他人设立抵押权,也是仁者见仁,智者见智。[5] 上述问题分别对应网签备案不同的

---

[1] 参见路晓:《浅议存量房交易网上签约备案》,载《科技情报开发与经济》2010年第33期,第127页。

[2] 参见徐娟、胡昌明:《网上签约房屋买卖合同的性质及效力的认定:沈海星与安香云房屋买卖合同纠纷案》,载《法律适用》2012年第9期,第112页。

[3] 参见戴炜:《房屋买卖合同"网签"的法律解析》,载《上海房地》2012年第2期,第55页;徐娟、胡昌明:《网上签约房屋买卖合同的性质及效力的认定:沈海星与安香云房屋买卖合同纠纷案》,载《法律适用》2012年第9期,第113页。

[4] 参见山东省青岛市中级人民法院(2015)青民一终字第993号民事判决书、四川省成都市中级人民法院(2015)成民终字第6441号民事判决书。

[5] 参见曹利华:《存量房网签与房屋登记的冲突辨析》,载《中国房地产》2015年第28期,第56页;郑君、于磊:《存量房网签合同对不动产登记的影响》,载《房地产权产籍》2016年第2期,第8—9页。

民事效果,为了妥当回答,下文将立足于存量房买卖网签备案的实践运作,结合相关法理和制度来展开分析。

(一)买卖合同的成立

网签的环节既有网上签约,又有线下签约,其成立买卖合同的功能设计相当明显。这两个签约环节的核心内容是一致的,当事人须凭借网上签约的信息凭证以及所签署的买卖合同书办理房屋所有权转移登记。问题在于,若合同书的签署是买卖合同成立的标志,那网上签约起什么作用?它与合同书的签署是什么关系?若非如此,那何时成立买卖合同?又怎么理解签署合同书的意义?这些问题事关对网签构造的正确理解,也与当事人利害攸关,必须认真对待。在实践中,买卖存量房的当事人既可能自行协商进行,也可能经由房地产经纪机构来中介居间推动,这两种情形对应的网签程序有所不同,前者称为自行成交的网签,后者称为经纪成交的网签,它们各自的买卖合同成立标志不同。由于北京市推行网签备案的时间较早,交易运用量大,在全国有明显的示范效应,故下文以北京市的网签备案为例展开论述。

1. 自行成交网签中买卖合同的成立

(1)问题的提出

根据北京市建设委员会《关于全面推行存量房买卖合同网上签约有关问题的通知》第 3 条的规定,自行成交的网签应完成三个环节:①当事人填写和签署包括身份信息、房屋权属和性质、土地使用权状况、抵押和租赁情况、成交价款、签约密码等信息的《存量房买卖合同信息表(自行成交)》(以下简称信息表),并将信息表及相关证明材料提交房屋主管部门的服务窗口;②工作人员核对后,通过网签系统录入买卖合同第 1—4 条的相关信息,这些信息就是信息表记载的主要内容,打印后交当事人确认;③当事人确认上述信息无误后,由工作人员将买卖合同文本交当事人,当事人约定填写该合同第 4 条之后的内容后,予以签字或盖章。

在通常的交易观念中,合同书是房屋买卖合同的唯一书面形式,据此,若把上述流程视为订立买卖合同的整体环节,那么,根据《民法典》第 490 条的规定,只有当事人在合同书上签字或盖章后,买卖合同才成立。也就是说,即便网上签约环节完成,也不产生买卖合同成立的法律效果,而只是生成了可供当事人签署的合同书。故而,如果把成立买卖合同比喻成射门,完成网上签约只是运球到球门前,当事人签署合同书才是临门那一脚。

问题在于,在合同书签署之前,当事人还有签署信息表、提交材料等行为,若它们只是当事人协商订立合同的表现,就能进一步印证签署合同书成立买卖合同的结论;但若不是这样,那就要反思该结论的正当性。究竟如何,只有甄别这些行为后,才能得出结论。

(2)签署信息表的法律效果是成立买卖合同

信息表是由房屋主管部门统一设计和提供的格式文书,其中包括当事人、标的物、价款等买卖合同的主要条款,还特别提示当事人应就存量房买卖合同示范文本达成一致意见后填写、卖方应如实告知买方房屋的权属状况、当事人应如实填写等,其设置本身具有警示当事人审慎交易的作用。当事人填写并签署信息表,说明当事人确有买卖的意图,并经过慎重思考达成了合意,显然不是君子协议之类的不受法律调整的情谊行为,而是有法律意义的双方行为。

不仅如此,签署信息表的直接目的是提交房屋主管部门以引发网签备案,为了确保网签备案的稳定性和可信度,该合意行为一定有法律约束力,不仅当事人一方不能擅自变更或撤回,房屋主管部门也要充分尊重,要确保网上签约的信息与信息表的内容相符。否则,若签署信息表不能产生确定的法律约束力,网签备案将是建立在沙滩上的楼阁,没有确定性的根基。就此而言,当事人签署的信息表不能归为没有约束力的意向书、草签协议、初步协议之类的双方行为。

这样看来,签署信息表的结果,是成立了有法律约束力的合同。从交易顺序上看,签署信息表是网上签约的引子,当然更是线下签约的前奏。如果把签署合同书看成买卖合同成立的标志,那仅从交易顺序上看,签署信息表的法律效果,只是成立了以将来成立买卖合同为目的的预约合同。但这一定位并不妥当,因为预约合同总体上有延缓法律效力发生、规范本约订立前的行为、合法规避要式要件或要物要件、建立临时法律约束等功能[1],而签署信息表与上述功能无一吻合,不能归为预约合同。

具体说来,①网签备案是当事人买卖存量房的必经步骤,他们签署信息表,实属推动交易进展的无奈之举,而非因买方当前资金欠缺等因素,故意借此来延缓买卖合同书的签署,显然没有推迟成立本约、延缓法律效力发生的功能。②信息表包括买卖合同的主要条款,签署信息表说

---

[1] 参见唐晓晴:《预约合同法律制度研究》,澳门大学法律学院出版社2004年版,第124—158页。

明当事人已就买卖合同主要事项达成一致,之所以未签署买卖合同书,完全是必须网签这一强制安排惹的祸,故该行为没有规范本约订立前行为的功能。③根据《城市房地产管理法》第 41 条的规定,商品房买卖合同除了书面形式的要求,别无其他额外要求,签署信息表完全不是用以规避要式或要物的要件。④临时法律约束功能指向当事人既希望将来订立合同,又希望还能再考虑以至于还能反悔的矛盾心态。签署信息表不可能有这种功能,因为网签备案控制的正是存量房买卖的信息和过程,说签署信息表有临时法律约束的功能,只会导致网签备案目的落空,不足为取。

既然信息表的签署能成立合同,在存量房买卖过程中又不是成立预约合同,其适当的法律效果就是成立买卖合同。这一结论符合合同成立的标准,即信息表包括了买卖合同的主要条款,当事人填写并签署,足以表明他们就房屋买卖达成确定的合意,买卖合同由此成立。[1]

但仔细分析,会发现上述结论似乎也不周延。当事人把签署的信息表等材料提交房屋主管部门后,房屋主管部门应把相关内容记载于网签系统,故提交信息表属于请求房屋主管部门启动网签的申请行为,在网签的程序性架构中,它是一种程序行为。在此前提下,再结合申请网签这一当事人填写和签署信息表的目的,完全可把信息表当成申请材料,把当事人签署和提交信息表的行为一体化成申请网签的程序行为,这样一来,签署后的信息表似乎不宜看成买卖合同这类实体法律行为。

这种看法站不住脚,因为现实中发生的具体行为自身并没有确定的属性,只有从特定角度并依据具体法律规范进行审视,它才有准确的法律定性,而基于不同的视角或依据,同一行为就会有不同的法律属性。[2]比如,不动产登记申请是启动登记的程序行为,但因其蕴含着处分不动产物权的效果意思,同时也属于实体法上的物权行为。[3] 与此道理相当,虽然从启动网签这一角度来看,当事人签署、提交信息表的行为可合为一体,共享程序行为的属性,但并不妨碍从实体法的角度审视,依据有关成立合同的规范,认定当事人签署信息表会产生成立买卖合同的法律效果。

由于当事人签署信息表能成立买卖合同,那就不应把签署买卖合同

---

[1] 参见王利明:《合同法通则》,北京大学出版社 2022 年版,第 115—116 页。
[2] 参见常鹏翱:《法律事实的意义辨析》,载《法学研究》2013 年第 5 期,第 9—10 页。
[3] Vgl. Deillon‑Schegg, Grundbuchanmeldung und Prüfungspflicht des Grundbuchverwalters im Eintragungsverfahren, Diss. Zürich 1997, S. 30, 37 ff.

书当成买卖合同成立的标志,故而,在网上签约环节完成后,即便当事人未线下签署合同书,也不影响他们之间已成立的买卖合同关系,当事人应按照约定履行合同。[1] 这一效果认定,不仅符合网签备案的设计目的和运作实际,还能尽早确定当事人之间的法律关系,督促当事人依约行事。

(3) 签署买卖合同书的法律意义

虽然当事人签署买卖合同书并不能成立买卖合同,该行为也非多此一举,因为所签署的合同书是当事人申请转移登记的必需材料,故在签署信息表后,向房屋主管部门提交材料、签署合同书也就成为当事人应当履行的合同义务,而当事人实际为这些行为,正是履行合同义务的表现。不仅如此,信息表的内容包括主体、标的物、价款等买卖合同的主要条款,至于何时交付房屋、何时协力申请转移登记、价款如何支付等细节内容,并未体现在信息表当中,而是要靠当事人在买卖合同书中加以约定。就此而言,相对于信息表,买卖合同书实质就是《民法典》第510条提及的补充协议。

2. 经纪成交网签中买卖合同的成立

根据北京市建设委员会《北京市关于完善存量房买卖合同网上签约流程等有关问题的通知》第1条的规定,经纪成交的网签包括三个环节:①草拟阶段。当事人对合同主要条款协商一致后,房地产经纪机构操作人员在网签系统上填写合同并打印《存量房买卖合同信息核对表》,由当事人双方核对并确认相关信息录入是否正确。②打印合同。操作人员打印网上填写的合同,交由交易双方签字或盖章。③完成签约。操作人员在网签系统中点击"签约完成"。

上述程序与自行成交的网签程序不同,它不存在当事人填写、签署、提交信息表的行为,而是由房地产经纪机构主导操作,把当事人协商一致的买卖合同的主要条款录入网签系统。由于是房地产经纪机构在操作网上签约,房屋主管部门无法进行事先或事中监督,这就使房地产经纪机构故意或过失的虚假记载成为可能,为了防止线上信息悖于当事人的真意,房地产经纪机构线上填写买卖合同的内容,不能产生成立买卖合同的法律效果,故上述行为被归为草拟阶段。为了保护当事人,尽管线上信息具备买卖合同的主要条款,对当事人也无约束力,《北京市关于完善存量

---

[1] 参见徐娟、胡昌明:《网上签约房屋买卖合同的性质及效力的认定:沈海星与安香云房屋买卖合同纠纷案》,载《法律适用》2012年第9期,第112—113页。

房买卖合同网上签约流程等有关问题的通知》第 2 条就规定,只要双方未签署合同书,任一方当事人均能单方申请注销该阶段生成的线上信息。照此来看,只有当事人线下签署网签生成的买卖合同书后,才成立买卖合同。至于第三阶段的行为,表明网签完成,房屋主管部门可将网签信息记载于楼盘表。

在自行成交的网签中,当事人在签署信息表之后推动网签进展的行为,如向房屋主管部门提交材料、确认网签信息、线下签署合同书,均属于履行买卖合同义务。与此不同,在经纪成交的网签中,买卖合同成立后的网签程序仍由房地产经纪机构主导,与当事人的买卖合同义务无关,故买卖合同的成立与网签推进之间没有法律关联。

(二) 真实意思的推定

就同一存量房,相同的买卖双方先后成立内容不同的买卖合同,如先完成网签备案,再签署在价款等方面与网签备案信息有异的买卖合同书(以下简称非网签合同),此时应推定自行成交网签中的信息表以及经纪成交网签中的买卖合同书(以下简称网签合同)符合当事人双方的真实意思,对此有异议者应举出相反证明,这就是网签备案对买卖双方真实合意的推定效力。这种效力仅适用于已完成网签备案的情形,不能从未网签备案推定当事人没有买卖的真实合意。

1. 网签备案是对买卖合同的强有力证明

就自行成交的网签来看,当事人把签署的信息表等材料提交房屋主管部门后,就开启了网签备案,其中的环节设置一步步地确认和强化当事人买卖存量房的真实意思,网签备案因此是买卖合同的强有力证明。

详言之,当事人在签署信息表成立买卖合同后申请网签,既是满足交易需要的必需之举,客观上也是对买卖合意的确认。房屋主管部门在把信息表内容载入网签备案系统时,要经过工作人员和当事人的反复核对和确认,这能确保网上签约信息与当事人在信息表中表达的真实意思完全一致。而且,网签系统外在于买卖双方,由房屋主管部门控制,受最强有力的网络安全保护,其中的信息不会因载体毁损而灭失,任一方当事人均不可能任意修改,客观性相当高。再者,网上签约信息还生成买卖合同书,当事人签署该合同书,也起着确认网签交易的作用。正是在上述环节的一步步推进中,信息表、网上签约和线下签约的内容保持了一致性,它们相互印证,强有力地证明了当事人真实的买卖合意。此外,根据 2015 年住房和城乡建设部《房屋交易与产权管理工作导则》第 8.1 条、第 8.3 条的规定,房屋主管部门要确保由网签后资料形成的交易和产权档案的完整、准确和安全,档案信息的权威性也进一步提升了网签对当事人真实的买卖合意的证明力。

不仅如此,还有一系列的保障机制,可确保网签信息具有高度的确定性。比如,在网签完成后、申请转移登记前,除非当事人在信息表中有特别约定,否则当事人一方不能申请注销网签信息,房屋主管部门也不能依职权注销网签信息,这有助于固定网签信息。又如,根据北京市建设委员会《关于全面推行存量房买卖合同网上签约有关问题的通知》第 8 条的规定,买卖双方凭网上签约时设置的密码,可在特定官网对网上签约信息进行核实,这可使当事人进行外部监督,及时发现问题,从而确保网签信息符合当事人的真实意思。再如,根据《房屋交易与产权管理工作导则》第8.6 条,网签后形成的档案信息具有公开性,可供社会公众查询、复制,这为包括当事人在内的社会公众提供了外部监督机制,能确保房屋主管部门不会擅自修改网签信息,也保障了网签信息与当事人的真实意思高度契合。

与自行成交的网签相比,经纪成交的网签程序有所不同,但在证明买卖合同方面,其二者完全一样,因为经纪成交的网签交易信息也记载于网签系统;当事人也要确认网签信息正确与否,在买卖合同正当存续的前提下,当事人一方不能任意申请注销网签信息,房屋主管部门不能擅自注销网签信息[1];也有保持网签信息确定性的保障机制。

概括而言,网签备案有成立买卖合同的效力,且线下签署信息表或买卖合同书,顺势就有书面形式的证明力;更为重要的是,除了这种证明力,网签备案系统的中立性、网签程序的严格性和网签备案结果的确定性,大幅增强了网签备案信息的可靠性,使其证明力远胜于受控当事人的非网签合同,在此意义上,网签属于买卖合同的强有力证明。

2. 网签备案对真实意思的推定

通过行政的强力推动,网签备案在房屋主管部门已有成熟的运作机制,而且,它还不是房屋主管部门一家在存量房买卖监管领域的自说自话,而是有非常明显的溢出效应,已成为与存量房有关的交易机制和管理措施的基础,如金融、市场监管、税务、住房公积金等业务的办理均以网签

---

[1] 参见北京市第二中级人民法院(2016)京 02 行终 212 号行政判决书。

为依据。[1] 这种统筹安排无疑使网签备案深深扎根于存量房的市场交易和政府监管之中,成为相当普适和基础的制度安排。在此背景下,网签备案的证明力因交易的反复得以持续强化,再加上网签备案通常表征当事人真实的买卖合意,在强化的证明力和高度盖然性的基础上,网签合同代表真实的买卖合意,就属于社会共识,它不会因个体认识差异而改变。

这实际意味着,借助网签备案的强有力证明,可推定网签合同的内容符合当事人的真实意思,提出这种主张者无须再额外证明。必须注意的是,推定不是终局的确定状态,而是减轻证明责任的权宜之计,故它无法消除相反主张,提出相反主张者完全能提出反证,并通过证据竞争的优势地位来推翻上述推定。也就是说,网签备案使存量房买卖合同不证自明地体现了当事人的真实合意,但不妨碍被证伪,一旦证伪成立,非网签合同就要浮出水面,成为真实合意的载体。

申言之,在网签合同与非网签合同的内容不一致时,只有能证明网签合同的内容的确不符合当事人的真实意思,如为了避税故意写低成交价款,或证明当事人用非网签合同来替代网签合同,如双方在完成网签备案后,又协商以非网签合同对网签合同信息加以调整,才能采信非网签合同,否则就应以网签合同为准。相比而言,完成上述反证责任的难度不小,这样能提示当事人谨慎行事,力争网签备案信息与真实合意保持一致,从而有助于维护网签备案的确定性,牢固夯实其在存量房交易市场和监管领域的基础地位,使贷款、税收等切实有据。

如果把网签备案产生的上述推定力称为积极推定力,那么,注销网签备案会产生消极推定力,即注销网签备案推定存量房买卖合同解除,当事人不再受买卖合同的约束。之所以如此,是因为注销网签备案须以解除买卖合同为前提,有了注销网签备案的结果,可推定有解除买卖合同的原因。不过,这仍然能被反证推翻。比如,已完成的网签备案会被不当注销,这在经纪成交的网签中表现尤甚,即房地产经纪机构利用其主导网签操作的便利,在当事人签署买卖合同书后,未经当事人双方的同意,擅自注销已完成的网签备案,对此只能说能证明买卖合同的网签备案信息灭失,但已有效成立的买卖合同不因此受影响,当事人仍应履行相应的合同

---

[1] 参见刘旭岚:《存量房备案系统在市场管理中的应用》,载《中国房地产》2010年第6期,第33页;张建伟:《利用互联网思维提升房地产交易管理水平——以平顶山市为例》,载《中国房地产》2015年第16期,第57页。

义务。[1] 也就是说,网签备案注销通常说明当事人有解除买卖合同的真实意思,但一旦能证明网签合同正当存续,就只能说明网签备案注销不当,丧失了相应的证明力。

鉴于网签备案有推定当事人真实意思的效力,当事人要恰当保护自己,就应使网签备案信息与双方成立买卖合同的真意相互匹配。要做到这一点,当事人不仅在成立网签合同时,应深思熟虑,在网签备案完成后解除买卖合同时,还应及时协力申请注销网签备案,以消除其证明力。

3. 未办理网签备案,不影响已成立的买卖合同

实践中有不少当事人在协商存量房买卖时,径直订立了买卖合同,未通过房屋主管部门办理网签备案。在此情形,该买卖合同受民法中的法律行为或合同规范的调整,除非当事人约定以网签备案作为合同的生效要件,否则该合同在成立时生效。即便有的地方房屋主管部门规定存量房买卖合同必须网签才能生效,也不会影响上述结论。[2] 之所以如此,当然是因为这些规定不属于法律和行政法规,无权把网签备案限定为存量房买卖合同的生效要件,《民法典》第502条对此可提供正当性支持。

其实,房屋主管部门推行网签备案的出发点,不是为了压缩当事人的意思自治空间,而是要提升存量房买卖的交易质量,在最大限度上确保当事人能如愿实现各自的交易预期。这意味着,意思自治仍是网签备案制度的根本性制约要素,这不仅体现在网签备案的启动要靠当事人来推动,还表现为在网签备案之外,当事人可另行签订买卖合同,它与网签合同一样对当事人有法律约束力。换言之,网签备案对当事人真实合意的推定力限定在已完成网签备案的情形,而不能由此反面推论,认为未办理网签备案,就推定当事人未成立买卖合同。

既然如此,当事人就要按照合同约定履行义务。合同约定当事人应协力办理网签备案的,进行网签备案属于当事人应尽的合同义务,违背者要承担相应的责任[3],自不待言。问题在于,若合同未约定网签备案,当事人有无协力办理网签备案的义务呢?房屋管理业界有观点指出,网上

---

[1] 参见张园园:《二手房"网上签约"是否影响合同效力?》,载《中国审判》2011年第1期,第98页。
[2] 参见广东省广州市中级人民法院(2015)穗中法民五终字第3234号民事判决书。
[3] 参见广东省广州市中级人民法院(2015)穗中法民五终字第1146号民事判决书。

签约是民事行为,是否网签备案取决于当事人约定。[1] 这种观点有可商讨的空间。根据各地的实际操作,网签备案信息凭证以及网签生成的买卖合同书是不动产登记机构办理转移登记的必需材料,网签备案因此成为房屋所有权转移的前提,当然也就属于合同义务。基于此,在当事人一方不协力进行网签备案时,法院应在确认买卖合同有效的基础上,判令其实际履行网签备案义务。需要注意的是,虽然网签备案与转移登记密不可分,但它们终究不同,前者还有核对购房人资格、保障交易资金安全等功能,这是后者所缺乏的。故而,在上述情形中,法院只宜判令当事人协助网签备案,而不能判令协助办理登记。在法院裁判生效后,一方当事人仍不履行的,另一方当事人可持裁判文书单方到房屋主管部门办理网签备案,或申请法院强制执行,由房屋主管部门办理网签备案。

(三) 买方债权的保障

网签备案的实践结果具有排他性,即同一存量房在网签备案后,不能被同一卖方与其他买方再予网签备案,且该网签备案是通向房屋所有权转移登记的保障,就此而言,网签备案显然有保障买方实现债权的效力。在一房数卖时,即便未网签备案的买卖合同(以下简称竞争合同)的买方占有了房屋,即便不动产统一登记导致主管部门职责分离,都不应影响网签备案的这一法律效力。

1. 网签备案对买方债权的保障

前文已言,网签备案已深入市场交易和政府管控中,在这种统筹安排的约束下,网签备案能确保当事人顺利得到应有的市场参与机会,如买方想以按揭方式从银行贷款取得购房资金,必须先完成网签备案,否则就无从参与按揭交易,这客观上提升了网签备案的影响力。在此基础上,网签备案还与不动产登记挂钩,只有网签合同才是引发房屋所有权转让的基础行为,才是办理转移登记的适格材料,这就进一步提升了网签备案的感召力。假如不是这样,一旦体现交易结果的登记不以网签备案为必要,网签备案就不会实质性地影响买卖目的的实现,那么,即便房屋主管部门强制推行网签备案,即便不进行网签备案会削弱当事人的交易机会,它在市场上仍不可能有强大的生命力。

在不动产登记统一前,房屋主管部门同时负责房屋登记,网签备案和

---

[1] 参见李东娟:《存量房交易网上签约、备案及资金监管——也谈不动产交易安全中的政府行为》,载《青海师范大学学报(哲学社会科学版)》2016年第1期,第29页。

登记很容易协调一致,主要表现为,房屋交易的部分审核管理融合在登记受理和审核中,房屋登记信息和交易信息的部分内容融为一体、交互共享,交易和登记档案一体化。[1] 2012年北京市住房和城乡建设委员会制定的《北京市国有土地上的房屋登记业务分级办理规定及岗位职责》就明确规定,登记受理岗位负有查看申请房屋是否存在网签备案的职责。这实际上是把对交易过程的管理和对物权变动的登记合二为一,网签备案与登记由此难分难解,它们有维护交易安全和保障交易秩序的共同目标。在此限制下,登记机构在对房屋所有权转移或抵押权设立等物权变动的登记申请进行审查时,要审查该房屋是否为网签备案的标的物,若未尽到这份审查义务而径为登记,就属于应予撤销的错误行为[2],这就可确保网签备案的存量房既不能转移登记给竞争合同的买方,也不能抵押登记给卖方的其他债权人。

基于此,有法院对网签备案功能的解读,就是维护交易稳定,防止一房数卖的发生[3],这与该制度的功能完全一致。与此功能对应,在一房数卖时,只有网签备案能与转移登记挂钩,网签买方请求卖方移转房屋所有权的债权由此得以保障,竞争合同其他买方的相同债权因此无法实现,这就体现了网签备案保障买方债权的效力。

2. 不同的司法观念及其分析

说网签备案具有保障买方债权的效力,是对房屋主管部门实操经验以及部分法院裁判的观察和总结,但因缺乏明文的法律依据,其确定性存在严重不足,下面这种司法观念就提出了挑战:在解决一房数卖的司法实践中,有法院认为,数个买方均要求继续履行买卖合同的,网签的买方并不占优,其不能对抗合法占有房屋的其他买方。[4] 照此来看,网签备案并非通向转移登记的唯一途径,其保障买方债权的效力将大打折扣。不过,这种认为占有能对抗网签备案的观念是否合理,值得深究。

在通常情况下,除非法律有优先保护特定债权人的考虑,如《海商法》第22条对船员工资等债权赋予优先权,否则,受制于债权的相对性,内容

---

[1] 参见成琳:《不动产登记与房屋交易管理》,载《中国房地产》2015年第31期,第33页。
[2] 参见北京市第二中级人民法院(2015)二中行终字第1060号行政判决书。
[3] 参见北京市第二中级人民法院(2014)二中民终字第03248号民事判决书。
[4] 参见2010年北京市高级人民法院《关于审理房屋买卖合同纠纷案件适用法律若干问题的指导意见(试行)》第13条、2014年北京市高级人民法院《关于审理房屋买卖合同纠纷案件若干疑难问题的会议纪要》第16条。

上相互竞争的多重债权之间平等,无所谓谁能对抗谁。但这也不是定论,还有一种例外情况,即在某一债权借助特定的公示形式将其信息公布于众,使不特定的社会公众能知悉该信息时,该债权的约束力会扩及第三人,从而产生对抗第三人的效果。比如,根据《德国地上权条例》第2条的规定,地上权的当事人可约定地上权人有向土地所有权人让与地上权等义务,这些约定之债在登记后可对抗第三人。[1] 又如,根据我国台湾地区"民法"第799条之一第4项的规定,业主规约有对抗第三人的效力,其基础在于规约的公开性,即管理负责人不得拒绝利害关系人阅览规约的请求。[2] 细究起来,正是在登记等相关公示机制的作用下,相对性的债权得以公开,进而使第三人能知悉债权的完全信息,作出是否进行交易的抉择,而第三人选择进行交易,就意味着把公开的债权当成交易的部分,因此应承受该债权对其的约束力。

作为事实状态的占有在特定情形下可以充当债权公示机制,为债权的对抗力提供基础,买卖不破租赁就是典型,因为正是承租人的占有公示了租赁关系,致使租赁物受让人要尊重并承受该关系。[3] 与此同理,在存量房买卖中,潜在买方在交易前实地看房属于惯例,当其他买方已占有房屋,由此给潜在买方提供买卖已然发生的信息时,潜在买方仍与卖方进行交易达成买卖合同,就是自冒风险的行为,由此被占有房屋的买方所排斥,也可以理解。网签备案同样能公示债权。在行政的强力推动下,网签备案在存量房交易市场中的公知度相当高,无论是当事人还是其他社会公众,都知道网签备案是存量房买卖的必经途径,潜在买方在交易前到房屋主管部门或通过房地产经纪机构查询网签备案信息也为惯例,由此产生的作用与占有房屋理应相当。就此而言,未经更充分的论证,断言占有能对抗网签备案,结论并不牢靠。

其实,两相对比,不难看出,网签备案的公示效能显然更强。正如前文所见,网签备案信息是在当事人和房屋主管部门的共同参与下形成

---

[1] 参见〔德〕赫尔曼·魏特瑞尔:《物权化的债之关系》,张双根译,载《中德私法研究》(第1卷),北京大学出版社2006年版,第155页。

[2] 参见谢在全:《民法物权论(上册)》(修订六版),新学林出版股份有限公司2014年版,第273页。

[3] 参见〔德〕迪特尔·梅迪库斯:《德国债法分论》,杜景林、卢谌译,法律出版社2007年版,第191页;史尚宽:《债法各论》,中国政法大学出版社2000年版,第221—222页;韩世远:《合同法学》,高等教育出版社2010年版,第457页。

的,有高度的权威性和稳定性,它还记载于楼盘表,形成公开的交易档案,具有相当的公开性。占有就很不相同,占有房屋所表达的信息相当不确定,占有人与房主之间是否确属买卖关系,占有人何时占有房屋,均难以通过占有自身得到确证。这对当事人的影响也很明显。由于网签备案有较强的公示效能,潜在买方的征询和探查成本较低,网签买方的证明成本更低;而占有房屋的公示效能较弱,不仅潜在买方很难据此得出房屋已出卖的确切结论,很难确证自己在查看房屋时其他买方未占有房屋,从而会给卖方提供背信弃义的空间,如拖着不向网签买方交房,转而将房屋出卖并交付给出高价的其他买方。

而且更为重要的是,法律未明文规定的网签备案看上去与预告登记差异甚大,其二者似乎不可同日而语[1],但抛开形式差异,从功能上进行实质分析,能看出它们在存量房买卖交易中高度相似。首先,预告登记旨在通过保障债权请求权,来防止一房数卖[2],为了实现该目的,预告登记产生登记禁止的效果,即根据《不动产登记暂行条例实施细则》第 85 条第 2 款的规定,未经预告登记买方的书面同意,卖方无法通过登记把同一房屋转让或抵押给他人。网签备案也有防止一房数卖的目的,且其后果也类似于登记禁止,即不注销网签备案,同一房屋无法进行第二次网签备案,也无法办理转移登记或抵押登记。其次,预告登记之所以能对抗他人,形式上固然是法律明文规定的结果,但实质是借助登记这一信息平台,将本处于相对权范畴的债权公示出来,使其产生对抗力。[3] 网签备案有与登记基本一致的公示平台,根据《房屋交易与产权管理工作导则》第 2.2 条,记载网签备案信息的楼盘表包括房屋物理状态、交易与权利状况信息等,这简直就是不动产登记簿的翻版,而且,网签备案信息具有公开性,这与登记簿的公开没有不同。

一言以蔽之,网签备案和预告登记均属于干预交易过程的措施,目的均在于强化买方债权,且均通过公开的信息平台发挥作用,功能高度重合。正因此,从实践情况来看,有了强制性的网签备案,自愿的预告登记在存量房买卖中就没有、也不需有适用空间。既然如此,在预告登记于存量房买卖实践中缺位时,肯定网签备案保障买方债权的效力,不仅实用且

---

[1] 参见戴炜:《房屋买卖合同"网签"的法律解析》,载《上海房地》2012 年第 2 期,第 55—56 页。
[2] 参见孙宪忠:《中国物权法总论》(第三版),法律出版社 2014 年版,第 381—382 页。
[3] Vgl. Assmann, Die Vormerkung(§ 883 BGB), Tübingen 1998, S. 7.

必需。

还要看到,网签备案涉及房屋管理、登记、金融、市场监管、税务、公积金等诸多部门和领域,在实践中有牵一发而动全身的体系效应,若推行上述司法观念,在掏空网签备案保全买方债权效力的同时,也将使政府近些年来大力推动网签备案建设的成果付之东流,社会成本的浪费的情况可想而知。而且,在存量房买卖的现实中,网签备案的确起到切实保护买方利益、增强交易确定性的作用,在此基础上,双方可以根据实际情况,设计先付款后交房等多种交易模式,也能增进交易的灵活性。一旦网签备案不能发挥保障买方债权的效力,买卖双方就必须寻找可能的替代机制,如申请预告登记、设立担保等,但与免费的网签备案相比,无论哪种替代机制,都需要额外支付登记费、担保磋商等成本,从交易成本上看并不经济。

3.部门职责分离的影响及其分析

上述分析建立在房屋主管部门统一负责网签备案和登记的基础上,而随着我国不动产统一登记的推进,房屋主管部门不再负责房屋登记,转而由自然资源主管部门负责,网签备案和登记在部门职责上产生了分离,上述分析的基础已然消失。在这种情况下,网签备案保障买方债权的效力能否得到延续,似属未定之天,还要仔细分析才能得出结论。

在部门行政级别同等的情况下,部门职责分离会产生归口约束力,如房屋主管部门有关网签备案的规定只对本部门有效,不能约束自然资源主管部门,后者完全可以另行一套,使转移登记与网签备案脱钩。这一点并非杞人忧天,《不动产登记暂行条例实施细则》第 38 条第 2 款规定,不动产买卖合同依法应当备案的,申请人申请转移登记时,须提交经备案的买卖合同,而它仅指向预售商品房的情形,因为在我国现行法中,只有《城市房地产管理法》第 45 条要求商品房预售合同备案。[1] 照此来看,存量房所有权转移登记与网签备案脱钩,真的是不言自明,网签备案将因此失去其生命力的根本。

不过,该结论源于对《不动产登记暂行条例实施细则》第 38 条第 2 款的文义解释,并将其中的"法"界定为最高立法机关制定的法律,这是一种狭义的解释。与此不同,若宽泛地理解,地方性法规、地方政府规章也属于法的形态,把它们归入上款的"法",也未尝不可,这样一来,由于《天津

---

[1] 参见国土资源部不动产登记中心编:《不动产登记暂行条例实施细则释义》,北京大学出版社 2016 年版,第 90—91 页。

市房地产交易管理条例》第6条、《广州市房屋交易监督管理办法》第8条第1款等均要求存量房买卖网签备案,在这些规定的支持下,网签备案仍要与存量房所有权转移登记挂钩。不仅如此,在没有上述地方规范性法律文件的地域,网签备案实际属于习惯法。学理通常认为,习惯法不仅是事实上的习惯,对一般人而言还有法的确信,即认为应遵从这种习惯。[1] 网签备案完全具备这两个要素:一是经过政府的大力推动,网签备案在存量房买卖中蔚然成风,属于交易习惯,即在交易行为当地通常采用并为交易对方订立合同时所知道或者应当知道的做法;二是房屋主管部门对网签备案的规定、其他职能部门对网签备案的配合以及有关法院裁判对网签备案的支持,均会使社会公众相信网签备案有法律效力,从而产生法的确信。由于习惯法也是"法",在此意义上,网签备案不会因《不动产登记暂行条例实施细则》第38条第2款而与存量房转移登记脱钩。显然,因为对"法"的界定不同,对上款的文义解释也产生两种对立的结论,哪一种结论可得支持,还应再经过其他解释方法的经验。

先看体系解释。《不动产登记暂行条例实施细则》第38条第2款实际上涉及交易管理和权利登记职责的关系,在此主线上,《不动产登记暂行条例》第24条第1款有明文规定,即登记信息与房屋主管部门交易信息应实时互通共享,之所以如此,就是因为这些信息可能直接关系能否办理相应的登记。[2] 就存量房买卖而言,该规定无疑认可网签备案与转移登记的挂钩,据此要求房屋主管部门应及时提供网签备案信息,以便登记机构办理登记,否则,要求房屋主管部门向登记机构提供网签备案信息就是多此一举。《不动产登记暂行条例实施细则》第96条又重申登记机构和房屋主管部门要建立登记信息与交易信息互联共享机制,确保登记与交易有序衔接,并规定房屋主管部门应将交易信息及时提供给登记机构。在此体系背景下,只有宽泛理解《不动产登记暂行条例实施细则》第38条第2款,才能稳妥地摆放其位置,不至于产生规范冲突。

再看历史解释。在制定《不动产登记暂行条例》《不动产登记暂行条例实施细则》时,房屋管理和登记的部门职责分离已确定,但网签备案和登记的挂钩一直是应有之义,如2014年中央编办《关于整合不动产登记

---

[1] 参见王泽鉴:《民法总则》,北京大学出版社2009年版,第46—47页;刘凯湘:《民法总论》(第三版),北京大学出版社2011年版,第34页。

[2] 参见国土资源部政策法规司、国土资源部不动产登记中心编著:《不动产登记暂行条例释义》,中国法制出版社2015年版,第184页。

职责的通知》要求实现土地、房屋等审批、交易和登记信息实时互通共享，2015年国土资源部和住房和城乡建设部联合颁发的《关于做好不动产统一登记与房屋交易管理衔接的指导意见》指出，房屋主管部门实时将房屋转让的交易信息提供给登记机构，登记机构应当依据这些信息进行登记。也就是说，《不动产登记暂行条例实施细则》第38条第2款得以存身的历史背景，就是网签备案和登记的挂钩，只有对其加以宽泛理解，才符合实际的历史情况。

最后是目的解释。《不动产登记暂行条例实施细则》第38条用以规范不动产登记行为的色彩相当明显，但其不是为了规范行为而规范，而是为了确保登记结果与当事人的真意相符，这也正是《不动产登记暂行条例》第1条和《不动产登记暂行条例实施细则》第1条规定的"保护权利人合法利益"这一根本目的的体现。正如前文所言，网签备案能为存量房买卖合同提供强有力的证明，把它与登记挂钩，有助于提升登记效率和正确率，有利于确定物权的最终归属，否则，就不会产生同样的正面效果。故而，只有宽泛理解《不动产登记暂行条例实施细则》第38条第2款，才符合保护权利人合法利益的规范目的。

可以说，在部门职责分离的现实中，《不动产登记暂行条例实施细则》第38条第2款不会导致网签备案与登记脱钩。但问题不因此而终结，因为一旦职责分离在客观上使网签备案与登记不能实时互联互通，登记机构无法便宜地获取网签备案信息，在登记时不以网签备案为必要，也即因客观条件限制而使网签备案与登记脱钩，也会成为无奈的顺理成章之举。不过，这种担忧不成问题。首先，记载网签备案信息的楼盘表与不动产登记簿高度重合，两者在技术上很容易连结，被整合为统一的信息载体，进而实现信息实时共享。[1] 其次，《关于做好不动产统一登记与房屋交易管理衔接的指导意见》不仅要求登记机构根据网签备案等交易信息办理登记，还要求登记机构把登记信息提供给房屋主管部门，以确保交易安全，这意味着在共同目标的指引下，这两个部门职责有了实质交错。这样一来，楼盘表与登记簿能被实质整合，部门职责又有实质交错，网签备案与登记的挂钩仍有现实可能。

---

[1] 有关地方的实践经验，参见李军晶、庄芬芬：《便民利民，宁波统一登记"无缝挂接"》，载《中国不动产》2016年第2期，第16页；李倩：《厘清职责边界，苏州登记交易清爽衔接》，载《中国不动产》2016年第5期，第51页。

概括而言，尽管房屋主管部门和不动产登记机构有了职责分离，但作为登记的前置环节，网签备案仍以禁止登记的方式发挥着防范一房数卖的功能，仍与预告登记保有功能一致性，从而对网签备案保障买方债权的效力不会产生任何消极影响。

（四）小结

根据存量房买卖网签备案的实践运作情况，结合相关法理和规范进行分析，可看出网签备案有上述的民事效果，据此可为开篇的问题提供相应的答案。根据成立买卖合同的效力，在自行成交的网签，签署信息表产生成立买卖合同的法律效果，当事人此后的相应行为均为履行合同义务的表现；在经纪成交的网签，当事人线下签署买卖合同书是成立买卖合同的标志。根据推定真实意思的效力，在网签合同与非网签合同不一致时，推定网签合同符合当事人的真实合意，即原则上以网签合同为准，反对者要负担反证的证明责任。根据保障买方债权的效力，在一房数卖时，应优先实现网签合同买方的债权；在网签后、转移登记前，卖方不能把网签的房屋抵押给他人。

在上述效果中，最重要的是保障买方债权的效力，而预告登记也有这样的效力，就此而言，网签备案与预告登记的功能重叠。由于网签备案具有强制性，是存量房买卖的首要环节，而预告登记不仅滞后，且取决于当事人申请，在网签备案已保障买方债权的前提下，当事人当然没有动力再申请预告登记，后者因此在实践中失去适用空间。问题在于，预告登记是《民法典》第221条明确规定的制度，网签备案或者是地方规范性法律文件规定的制度，或者属于习惯法，从法律位阶上看，预告登记远高于网签备案，但网签备案实践导致预告登记制度成为具文，显然有悖于法律位阶高低应有的结果。要扭转这一现实局面，当然可以通过废止网签备案、倡导预告登记来达到，但这种变革的成本过高，影响面过宽，操作起来不现实。结合房产交易管理与登记衔接的现实需求，不妨使网签备案与预告登记联动，即在当事人申请网签备案时，同时也申请预告登记，这样既能保持网签备案的使用惯性，又能发挥预告登记的实效。但这样一来，网签备案就无需再有保障买方债权的效力，对此不可不察。

第三节 走向住房租赁新市场的长租房及其民法保障

长租房是中央政策在住房领域提出的新名词。2020年《中共中央关于制定国民经济和社会发展第十四个五年规划和二〇三五年远景目标的建议》(以下简称"十四五"规划建议)、2020 年中央经济工作会议、《2021 年国务院政府工作报告》(以下简称 2021 年政府工作报告)、2021 年《中华人民共和国国民经济和社会发展第十四个五年规划和 2035 年远景目标纲要》(以下简称"十四五"规划)、2021 年中央经济工作会议分别采用"完善长租房政策""规范发展长租房市场""加快发展长租房市场"的表述。

前述住房租赁政策的提出,意在与其他制度和政策配合,解决我国的住房问题。因为用语新、语境复杂,业界对长租房的理解争议很大。通过参加国家有关部门组织的会议,笔者总结出三种主要观点:一是认为它是保障房序列的公租房;二是认为它是个人房东长期出租的住房;三是认为它是房地产开发企业等专业机构自持的专用于租赁的住房。这三种观点分别指向不同的问题和思路,代表不同观念,第一种观点的计划机制和福利色彩明显,企望通过政府大力建设和配置公租房来解决中低收入家庭的住房困难问题;第二种观点着眼于目前由个人房东主导的散户租赁市场结构,意在通过长租期房来解决租赁关系不稳定的问题;第三种观点意欲在散户租赁市场之外,开辟专业机构供给专门租赁住房的新市场,进而在市场竞争中解决相关的住房问题。

这三类长租房差异显著,相比而言,本书倾向于第三种观点,并认为市场性租赁住房和保障性租赁住房都是市场化的长租房,都是住房租赁新市场的有机成分。从现实情况出发,这个市场难以自发形成和发展,政府引导和制度保障不可或缺。下文将分析为何不应从公租房、长租期房的角度,而应从发展住房租赁新市场的角度来理解长租房,并分析民法应在哪些方面进行适度改进,以提供必要保障。

一、不宜把长租房定位成公租房

(一)长租房的公租房定位:对政策的文义解释

公租房和保障性租赁住房虽然都是专用于租赁的保障性住房,但差异很明显,主要有两点:①公租房是公共租赁房的简称,其由来较久、实施有年,而保障性租赁住房是新近提出的概念和制度。②根据住房和城乡建设部《公共租赁住房管理办法》第 3 条的规定,公租房可以由政府投资,也可以由政府提供政策支持、社会力量投资,面向的保障对象是符合规定条件的城镇中等偏下收入住房困难家庭、新就业无房职工和在城镇稳定就业的外来务工人员。不过,各地实践并非如此,公租房在整体上具有政府主导投资并设计政策、保障对象以中低收入家庭为主的特点。[1]与此不同,根据国务院办公厅《关于加快发展保障性租赁住房的意见》,保障性租赁住房由政府给予土地、财税、金融等政策支持,充分发挥市场机制作用,引导多主体投资、多渠道供给,主要解决符合条件的新市民、青年人等群体的住房困难问题。

在目前的政策语境中,长租房是保障性租赁住房之外的单列概念,同时与保障性住房关联紧密,如"十四五"规划建议提到"有效增加保障性住房供给……完善长租房政策,扩大保障性租赁住房供给"。公租房在实践中确实存在房源供给不够、地理位置偏远、设施配置不足等欠缺[2],亟须完善。故而,通过对政策的文义解读,把长租房定位成公租房,完全说得过去。

(二)长租房不宜定位成公租房:经由其他解释方法的反证

1. 体系解释的检验

文义解释是理解政策的初步,所得结论还要经过上下文的体系性检验。细读相关政策,会发现前述结论无法有机融入进来。"十四五"规划在"加快培育和发展住房租赁市场"的前提下,提及"完善长租房政策",2020年中央经济工作会议和2021年政府工作报告提出"规范发展长租房市场",2021年中央经济工作会议提出"加快发展长租房市场"。若把长租房定位成公租房,前述政策表述无异于培育和发展公租房市场。然而,从供给的角度来讲,公租房由政府一手推动,主导权在政府,每年供应多少,取决于政府计划及其实施,与市场需求绝缘。从需求的角度来看,根据《公共租赁住房管理办法》第7—15条的规定,能否承租公租房的约束机制,不是租金高低、租期长短等市场因素,而是是否符合特定的准入条件,如本地无住房或住房面积低于规定标准,并满足轮候期限、配置方案等要求。可以说,受制于明确的计划机制和保障指向,公租房的社会福利色彩浓厚,对于满足条件的承租人,政府按先来后到的顺序进行平均分配,虽然承租人要支付租金,但这是其必要的生活成本,因而客观上不

---

[1] 参见邱泽奇、彭斯琦:《城市公共租赁住房的可及性分析》,载《社会政策研究》2021年第3期,第30—33页。

[2] 参见李烨、焦怡雪、高恒等:《我国保障性住房建设情况与特征研究》,载《城市发展研究》2020年第7期,第19—24页。

可能存在公租房市场,遑论规范和加快发展该市场。显然,以政策提及的长租房市场为标准,是不能把长租房定位成公租房的。

而且,"十四五"规划采用"完善长租房政策,逐步使租购住房在享受公共服务上具有同等权利"的表述,表明长租房与租购同权的逻辑关联紧密。把长租房作为公租房,前述的逻辑关联尚能否保持,是体系检验的另一标准。从法律内涵上讲,租购同权是说在宪法平等权的意义上,在同一城市居住的公民——无论是本地户籍还是外地户籍——享有同等的公共服务,作为公民的承租人和购房人同样如此。[1]《公共租赁住房管理办法》第3条并未把公租房的承租人限定为本地户籍,符合条件的外来务工人员也能承租公租房,这未对租购同权设置障碍,"完善长租房政策"无从谈起。

从现实情况来看,公租房因地而异的实践与规范性法律文件的表达有巨大裂隙。有实证研究表明,城镇中等偏下收入的住房困难家庭是公租房优先保障对象,而外来务工人员要么在制度上被地方政府排除在外,要么附加了收入、居住、稳定就业、社保缴纳等严苛条件,以至于有资格承租公租房的外来务工人员比例相当低。[2]既然外来务工人员很难成为公租房承租人,难以享受租购同权的待遇,政策似乎存在完善空间。其实不然,外来务工人员之所以很难进入公租房保障机制,主要因为政府的公租房供给能力有限,而这种能力限制是刚性的,不是说只要政府愿意,就能供给更多的公租房,也不是说上级政府再出台政策,要求下级政府必须为外来公务人员提供公租房就能克服的。话说回来,即便外来务工人员得不到公租房保障,但只要有适于其居住的其他租赁房,仍不妨碍租购同权的实现。故而,从公租房的现实情况来看,不存在通过完善政策来与租购同权建立逻辑关联的必要通道。

以上的体系解释表明,无论是着眼于长租房市场,还是考虑长租房与租购同权的关联,都不宜把长租房定位成公租房。对政策目的的探寻和解读,也能加强这一结论。

2. 目的解释的再检验

目前我国住房市场结构是在买卖基础上叠加租赁,即房地产开发企

---

[1] 参见谢鸿飞:《租售同权的法律意涵及其实现途径》,载《人民论坛》2017年第27期,第100—101页。

[2] 参见马秀莲、范翻:《住房福利模式的走向:大众化还是剩余化?——基于40个大城市的实证研究》,载《公共管理学报》2020年第1期,第114—115页。

业建造的商品房主要供买卖，专门用于租赁而非买卖的住房相当少见，购房人在取得住房所有权后，对不自住的房屋再行出租，形成个人房东主导的散户租赁市场。在各种因素推动下，商品房价格高企，不仅新市民、青年人普遍没有能力购买，其他普通市民也普遍无力购买称心如愿的商品房，已购房普通市民在小孩上学或工作地点调整时也难以再购买合适的商品房，不得已只能租房而居，而稀缺的公租房对这些人群不敞开大门，他们只能在散户租赁市场中租房。在散户租赁市场中，租赁双方大多是个人，因而呈现出点对点的分散结构。出于避税等原因，按《城市房地产管理法》第54条去备案住房租赁合同的少之又少。面对这种高度原子化、隐蔽化的交易形态，主管部门缺乏有效的监管抓手和着力点，难以事先控制和防止可能的矛盾纠纷。这些问题均出自住房交易市场，属于市场发展中的问题，在市场自身调整能力不及和不济时，需要政府出手，但政府不可能替代市场，特别是受财力有限的刚性约束，政府不可能不设门槛限制地向社会敞开供给公租房。显然，用公租房模式来解决前述问题，彻底挠错了痒处。

也就是说，就现实情况来看，普通民众有切肤之痛的住房问题是买卖价格之高和租赁市场之乱，这是城市住房的主要矛盾和主要问题，无论是"加快完善长租房政策"还是"加快发展长租房市场"，都是为有效解决这些问题服务的，都是为了落实"十四五"规划所说的"坚持房子是用来住的、不是用来炒的定位，加快建立多主体供给、多渠道保障、租购并举的住房制度，让全体人民住有所居、职住平衡"的政策目的。既然矛盾焦点在住房市场，而公租房是居住的底线保障，与住房市场八竿子打不着，那么，把长租房定位成公租房，是焦点偏移，无助于问题的解决，与政策目的不合，不能通过目的解释的检验。

3. 历史解释的验证

前述解释结论还能得到历史解释的验证。我国住房制度一路走来，留下政府退出、市场发展的清晰轨迹，正因为有了从住房福利化到住房商品化的供给侧结构性改革，人们的居住条件才有了根本改善，房地产业才成为带动经济增长的国民经济支柱产业。[1] 若用公租房来定位长租房，进而大力、尽力发展公租房，无疑是市场退出、政府进入，这是在开历史的倒车，会使政府因公租房的建设、维护、管理而背负沉重的经济负担，在

---

[1] 参见夏磊、任泽平：《全球房地产》，中信出版社2020年版，第279—287页。

财政资金、土地资源、税收等方面有海量的巨大支出[1],会深陷过往的住房福利陷阱。一句话,前述的住房问题是市场发展和市场改革中的问题,政府不能包办解决,最终要用市场机制和改革办法来应对和化解。

4. 合宪性解释的再验证

不把长租房定位成公租房,也能得到合宪性解释的支持。《宪法》第33条规定,国家要尊重和保障人权,涉及民众生存的住有所居因此是国家对民众承担的基本义务。但因为资源和能力有限,国家只能在力所能及的范围内,对老弱病残、无力生活及遭受非常灾难者,提供合乎人性尊严最低生存标准所需的给付。放在住房保障方面,政府代表国家应为居无定所、流离失所的民众提供必要的生存保障,对于超出此限度的,国家尚不应负有宪法义务。这意味着,政府不贸然扩大公租房的保障范围,不以公租房机制来应对租赁市场问题,是符合宪法的。

综合体系解释、目的解释、历史解释和合宪性解释,可知长租房不是公租房,由此再来审视"十四五"规划建议的"有效增加保障性住房供给……完善长租房政策,扩大保障性租赁住房供给",就能明白,这三个半句话各有所指,据此把长租房理解为公租房并不妥当。"十四五"规划把长租房放在住房租赁市场部分,与保障性住房分别论述的布局,能更清晰地印证上述理解。

二、不宜把长租房理解为长租期房

在个人房东主导的散户租赁市场中,租赁关系不稳定、租期普遍短是很突出的现象,这看上去会严重影响承租人的生活安宁感。对此的直观对策是设置长租期房制度,也即规定最短租期,如3年以上。在此意义上,长租房就是长租期房。但这种观点不仅难以实施,还会产生新弊端,并不妥当。

(一)长租期房制度无法产生实效

住房租赁事关承租人的生存,租赁合同的公平性和租赁法制的健全,对社会安定十分重要,为了维护承租人的生存基础和交易条件的公平性,立法者常会根据社会经济的发展情况、租赁种类、承租人的经济地位、租赁市场的供需状况等,在租赁领域——相较于买卖等其他交易领

---

[1] 参见宫兵、姚玲珍:《中国城镇保障性住房建设政府投入价值测算——以2009—2015年安居工程为例》,载《财政研究》2018年第1期,第80—89页。

域——进行广度、深度和密度更多的干预。[1] 对住房租赁适用《民法典》第 705 条有关最长租期 20 年、第 707 条有关 6 个月以上租期应采用书面租赁合同形式的规定,正体现了前述思路。照此来看,国家对住房租期进行干预,强制规定最短租期的长租期房,看似顺理成章。

不过,与买卖等其他交易一样,租赁也以当事人双方的自愿为基础,在没有战争、灾害等严重影响基本生活秩序的重大事件时,租期长短由双方根据实际需要自由考量,国家没有正当理由强制双方长租,租赁合同一签必须 3 年以上。从实际情况来看,只要双方没有需要,不是你情我愿,是不会长期租房的。正因此,除非发生前述重大事件,否则没有强制规定最短租期的比较法先例。若国家无视这一点,硬把长租期房规定为强制制度,虽然动机和愿景良好,但过度干涉交易自由,市场是不会买账的。反过来说,在没有长租期房制度的现实中,只要租赁双方确有需要并合作良好,是不乏长期租房适例的。

既然国家无法强制租期长短,那手段不妨柔软一些,采用倡导的方式,号召当事人签订长租期合同,"住房租赁条例"(征求意见稿)第 24 条就规定国家鼓励住房租赁企业与承租人签订租期 3 年以上的租赁合同。不过,这种制度实际是没有约束力的道德感召或情感呼吁,对没有长期租赁需要和意愿的当事人而言,效用为零。

要想让这样的制度不沦为具文,就要配以相应的激励机制,一种最常见的思路是提供经济激励,如给出租人以适度的税收优惠,或为承租人提供定额的租房补助,以引导当事人进入长期租赁关系当中。但问题仍不少,抛开这种激励机制的正当性和合法性不谈,抛开优惠和定额的额度大小不谈,抛开实操程序、条件和成本不谈,仅就其对租赁市场可能带来的负面冲击就不容忽视。比如,租赁双方为了相应的实惠,会推动长租期房成为市场供应的主导品,由此导致短租期房的供应短缺,影响有此需求的承租人利益;又如,在经济动因的引诱下,当事人通过虚构长期承租关系来谋取非法利益,也是不难想见的大概率事件。

另一种常见思路是把长租期房与租购同权挂钩,即只有长期租房的承租人才能与购房人在公共服务上享有同等权利。2020 年中央经济工作会议和"十四五"规划均指出:"完善长租房政策,逐步使租购住房在享受

---

[1] 参见黄立主编:《民法债编各论(上册)》,中国政法大学出版社 2003 年版,第 195—196 页。

公共服务上具有同等权利。"单从该表述的字面出发,租购同权看上去的确是对长期租赁的激励。但仔细分析会发现并非如此。租购同权的政策目意在实现公民平权、福利共享,需要在户籍制度改革的基础上,教育、医疗、就业、养老、社保等公共服务制度进行同步改革,这些改革受制于地方政府财政实力、公共设施容量压力和政策执行力[1],正因此,租购同权是逐步实现的。若前述制度改革不到位,只要是外地户籍,无论是购房人、长租承租人还是短期承租人,均无法与本地户籍人享有公共服务上的同等权利,租购同权因而无法成为长租期房的激励机制。而且,租期长短除了表明租赁双方的粘合时间长短外,没有其他标志意义,既不表明短期承租人的社会贡献弱于长期承租人,也不意味着后者比前者在社会地位上更弱势,因而更需要公共服务。而作为宪法平等权的具体表现,租购同权仅在意承租人是否在本地生活工作,以"在地性"为其考虑基点,至于租期长短、租金高低等其他因素,完全不在考量范围。

由上可知,无论是强制规定还是柔性激励,有最短租期的长租期房在制度上的妥适性不够,在实践中难以落地。

(二)把长租房理解为长租期房的弊端

把长租房理解为长租期房,还会产生不容忽视的弊端,主要表现为:

第一,前述的中央政策是解决住房租赁问题的通盘方案和引领住房租赁事业发展的顶层规划,统筹作用和辐射效应相当宽广,只要措施得当,租赁关系稳定应为题中之义。比如,随着住房租赁新市场稳步发展,专用于租赁的住房日渐丰富,承租人能便利地承租性价比合适的住房,即便没有长租期房制度,也一定不乏这种实践。这意味着,把长租房等同于长租期房的理解,只着眼于解决租赁关系不稳定的单一问题,不及其余,局限性十分明显,把这种理解放在前述政策中,其不但有些格格不入,还会扯后腿,不利于通盘方案和顶层规划的顺利实施。

第二,会陷入针对散户租赁市场进行整改的停滞困境,既不能有效解决老问题,还会引发新问题。因为租赁关系不稳定,租期普遍短,就把长租房理解为长租期房,实质是迁就现实提出的应对方案,未采用发展主义的思路考虑扩大宜居租赁房的供给。且不说这种方案难以落地,其就事论事、就现状论对策的思路会产生抬升租金的可预期后果,这对承租人并

---

[1] 参见何芳:《何谓真正的房地产发展长效机制——从租售新政谈开去》,载《探索与争鸣》2017年第11期,第104—105页。

不利好。在宜居租赁房供给不变的情况下,针对一线城市的研究发现,受租购同权的政策激励,不仅房价未下行,房租还有上涨的趋势。[1] 这显然有悖于我国住房市场的发展方向和目标,也与前述政策反复突出的发展市场、扩大供给的立场不合拍。

第三,在目前我国以买卖为基础的散户租赁市场结构下,受制于房主需要收回自用等实际情况,供给本身不稳定,再加上房租上行的行情、对房租上行的预期、追逐利益最大化等因素的综合影响,房主倾向于短期租赁,以便及时上调租金,这是租赁关系不稳定的根源。对于这种高度分散的市场,政府有效介入的空间和力量非常受限,在提升租赁关系稳定性方面难有大作为。可以说,如果不调整住房租赁市场的结构,不大力供给专用于租赁的住房,不采用稳定租金的调节机制,把长租期房作为稳定租赁关系的定海神针,只怕是不对症地下药。

话说回来,稳定的租赁关系对租赁双方当然是好事,能节省双方的成本,但这必须出自自愿,是市场机制运作达成的良性状态,只有这样,才能实现资源最优配置。若非如此,一味追求租赁关系的稳定性,设计具有超高粘性的住房租赁制度,反而会出现出租人无法摆脱承租人,存量的承租人"霸占"租赁房,以至于新市民、青年人难以承租宜居住房的困局,印度对此提供了反面教材[2],值得我们警惕和反思。

三、宜把长租房界定为内含市场机制的专用租赁住房

从前述可知,长租房既不宜局限为政府全面掌控的公租房,也不宜限定为散户租赁市场中的长租期房,而应立足于住房买卖市场独大、散户租赁根基于买卖的现实情况,根据"使市场在资源配置中起决定性作用,更好发挥政府作用"的中央政策指引,充分平衡住房的商品属性和民生属性,把长租房界定为内含市场机制,以开辟、培育和发展住房租赁新市场为目的的专门用于租赁的住房。

(一)长租房包括市场性租赁住房和保障性租赁住房

长租房首先是完全依据市场机制产生的租赁住房,可简称为市场性

---

[1] 参见向为民、甘蕾:《抑制和稳定房价背景的"租购同权"政策匹配》,载《改革》2017年第11期,第155页。
[2] 参见[印]苏科图·梅塔:《孟买:欲望丛林》,金天译,上海文艺出版社2020年版,第133—137页。

租赁住房,其理想图像是这样的:在政府不给予任何补贴和优惠的情况下,房地产开发企业通过招拍挂竞价取得建设用地使用权,根据规划要求建造专用于租赁、不能买卖的住房,自负盈亏地进行维护和运营,并按照市场供需确定租金。在这样的图像中,住房具有完全的商品属性,企业专事住房租赁,房源自持稳定,在市场充分竞争中可发现房租的真实水平,促使企业向市场供给更宜居的住房。

需要强调的是,这类长租房不同于轻资产租赁机构运营的租赁住房,后者虽然包含市场机制,但出租人仍是个人房东,在不同的运营模式中,机构要么是房东的代理人,要么是进行转租业务的承租人(俗称的二房东),这样的房源供应受制于个人房东与机构之间的合同关系,并不稳定可靠,实质还在散户租赁市场中,故轻资产租赁机构运营的租赁住房不宜列为长租房。

前文之所以提市场性租赁住房的理想图像,是因为城市的地价、房价长期居高不下,租售比差别很大,在高额利润的驱动下,房地产开发企业养成了赚快钱的习惯,在地价、建安成本等开发成本相同的前提下,愿意进入租赁市场赚慢钱的企业少之又少,难以形成量大质优的住房租赁市场,故而,上述市场性租赁住房的图像更多的是一种理想。现实一点地分析,必须基于住房具有保障人有所居的民生属性,由政府通过让利、优惠、补贴等方式,让住房租赁有利可图、有钱可赚,进而引导和激励更多的市场主体进入住房租赁事业,由这些主体建造、维护和运营租赁住房,并通过市场竞争的手段,逐渐形成有效市场。保障性租赁住房就属于这类租赁房,根据国务院办公厅《关于加快发展保障性租赁住房的意见》,对于保障性租赁住房,政府给予土地、财税、金融等政策支持,如给予中央补助资金支持,适用住房租赁增值税、房产税等税收优惠政策,免收城市基础设施配套费,等等。

之所以认为保障性租赁住房也内含市场机制,是因为其从无到有、从有到多、从多到优,不完全出于政府一己之力的计划,更不是由政府全部买单,政府只是通过政策引导、利益支持和规则设计,充当了住房租赁市场的"孵化器"和"培育员",在政策和规范相当明确——如租金低于同地段同品质市场租赁住房租金——的前提下,是否进入这个市场,进入后如何进行竞争,由市场主体根据市场规律来决策和行动。正是在此意义上,国务院办公厅《关于加快发展保障性租赁住房的意见》才把保障性租赁住房与市场机制作用挂起钩来,意欲促成各类市场主体成为发展保障性租赁住房的主力军。[1] 这一点也是我国政府在住房保障上一贯秉持的态度,如有学者通过分析166件中央政府层面的住房保障政策文件发现,政府注重营造良好的市场环境,引导企业和社会力量参与住房保障建设中来[2],由此不妨说,保障性租赁住房内含市场机制,不过是表达了政府推动保障住房的惯常观念而已。

从现实需求来看,对租赁住房最为敏感的是大中城市的新市民、青年人等难以得到公租房保障,同时又无力购买或租赁商品房的人群,他们的租赁需求强烈且旺盛,但宜居的租赁房不够,要想有效拓展房源,解决这类人群的需求,必须由政府通过财政资助和政策安排来确保租赁市场供求平衡[3],这样的政府与市场紧密合作的机制,不仅能得到美国和德国经验的佐证[4],也能被其他国家经验所支持。[5]

(二)通过长租房形成住房租赁新市场的意义

把长租房界定为内含市场机制的专用租赁住房,实际意味着,应在住房买卖市场之外——而非在该市场基础上——推动住房租赁新市场的形成,这具有以下重要意义:

第一,一改目前住房买卖市场独大的局面,促使买卖市场与租赁市场平分秋色、并驾齐驱,促使租赁房源既稳定又充足还多元,促使出租机构专业化、职业化,进而通过差异化的租赁房源和出租服务,使不同人群依需选择、各得其所,最终实现供需更均衡、结构更合理的目标。而且,通过同类长租房(如市场性租赁住房)之间以及不同类长租房(市场性租赁住房和保障性租赁住房)之间有序的市场竞争,按照优胜劣汰的市场法则提高住房租赁的规范化程度,改善租赁住房的宜居性,尽早使住有所居升级换代为住有宜居。这些良性势态,正是"加快培育和发展住房租赁市场""扩大保障性租赁住房供给""加快发展长租房市场"的政策方向。

---

[1] 参见倪虹:《以发展保障性租赁住房为突破口破解大城市住房突出问题》,载《行政管理改革》2021年第9期,第46页。

[2] 参见魏丽莉:《政府职能的回归与重塑——改革开放40周年住房保障政策优化的逻辑与方向》,载《兰州学刊》2018年第11期,第13页。

[3] 参见王建业:《用土地之"优"圆安居之梦》,载《中国建设报》2021年9月13日,第001版。

[4] 参见易宪容、郑丽雅:《中国住房租赁市场持续发展的重大理论问题》,载《探索与争鸣》2019年第2期,第124—128页。

[5] 参见田莉、夏菁:《国际大都市租赁住房发展的模式与启示——基于15个国际大都市的分析》,载《国际城市规划》2020年第6期,第7页。

第二,当前的长租房及其新市场尚处于培育阶段,政府在土地、税收、金融支持、财政资助等方面进行了配套和引导,实践效果比较显著。[1]但问题也不少,需要改革的制度和需要落地的措施也很多。比如,房地产开发企业的资本结构过于畸形,资本金和社会资本融资比例在全国范围内保守估计为1∶9,受制于此,这些企业只能进入买卖市场赚快钱来回笼资金偿还贷款,这不仅促成炒地皮现象,还遏制了住房租赁市场的发展,解决对策就是控制这些企业的融资结构,如控制在1∶3,以此提高它们进入土地交易市场的资格门槛。[2]又如,在集体经营性建设用地改革实践经验的基础上,《土地管理法》第63条、《土地管理法实施条例》第37—43条明确了集体经营性建设用地使用权出让、转让等规则,但土地财政和维护房地产市场秩序的需要导致地方政府动力不足,投资成本高和回报低导致开发商投资意愿不足,集体经济组织实力又普遍偏弱,这些现实因素叠加起来,导致很少有市场主体愿意利用集体经营性建设用地来建设和运营租赁住房。[3]很明显,要把集体经营性建设用地的改革红利充分体现在住房租赁中,光靠建设用地使用权的确权以及目前的引导、激励机制是不够的,还需要在土地财政、小产权房治理、拆迁补偿、集体经营性建设用地市场、集体经济组织发展等重要事项上提出切实可行的措施,只有它们协力,才能为住房租赁市场的发展保驾护航。由此可知,住房租赁市场的发展就像是试金石,能检验关联制度的合理性和妥当性,有助于发现问题和解决问题。在此意义上,把长租房界定为内含市场机制的专用租赁住房,具有倒逼关联制度进行必要改革、倒逼改革措施通过合理通道落地的积极效应,这对我国住房市场制度的完善具有重要的推动作用,也是"完善长租房政策"的应有之义。

第三,虽然保障性租赁住房的租金低于同地段同品质市场租赁住房,但它不是完全由政府定价,也不是绝对静态的,而是受市场租金的影响,与后者同频涨跌。在住房租赁新市场发展后,通过充分竞争,会发现真实的租金水准,有助于合理确定保障性租赁住房的租金,确保租赁双方

---

[1] 参见王建业:《规划引领,做好租赁房源增量文章》,载《中国建设报》2021年12月9日,第001版。

[2] 参见黄奇帆:《结构性改革:中国经济的问题与对策》,中信出版社2020年版,第253—254页。

[3] 参见田莉、吴雅馨、严雅琦:《集体土地租赁住房发展:政策供给何以失灵——来自北上广深的观察与思考》,载《城市规划》2021年第10期,第93—94页。

的利益平衡。

第四,住房租赁新市场的充分发展,对商品房价格也有一定的控制作用,主要表现为:①受租购同权的政策引导,住房买卖市场的需求会分流到租赁市场,逐渐促使房价回归合理区间。[1] ②在土地供给总量控制的前提下,长租房的土地供给会挤压商品房土地的供给数量,在需求不变时,理论上商品房的土地价格会上涨,进而引发商品房价格的上涨,但从现实来看,随着土地集中供应、商品住房限价等措施的跟进,应不会导致地价和房价上涨。③长租房的土地成交价格对区域房价的未来预期和走势有一定的引导作用,有助于抑制房地产泡沫。[2] ④住房租赁市场的发展与房屋的区域位置关联紧密,位于偏远区位的长租房难以快步发展起来,正因此,现实中运营较好的长租房基本是市区存量房屋的盘活升级,如将工业用地上的旧厂房、宿舍改造为长租房[3],这样不仅不会影响商品房土地的供应,还通过影响区域内的租金而将价格信息传递到住房买卖市场,能合理抑制房价。

第五,长租房由专业机构主导建设和运营,为了规范运作,这些专业机构需要与监管部门衔接,如及时把租赁合同网签备案[4],以便于监管部门掌握完全而真实的交易信息,在此基础上对租金等要素进行有效调控,有助于住房租赁市场的规范发展。

四、规范发展长租房市场的民法保障

围绕长租房形成的市场是在商品房买卖市场、散户租赁市场之外,与它们形成竞争的住房租赁新市场。这个市场的形成和发展,离不开规划、供地、财税、金融、行业监管、公共服务等行政法、经济法、社会法的制度保障,也离不开民法的制度保障,这些制度相互配合,共同确保长租房市场的规范发展。以下专门探讨规范发展长租房市场的民法保障,集中在合同制度领域。

---

[1] 参见邹旭、马贤磊、石晓平:《保障性住房供应如何影响商品房价挤出供给抑或分流需求?》,载《财经研究》2021年第11期,第61页。

[2] 参见陈杰:《住房供给侧改革与实现人人住有所居》,载《经济资料译丛》2017年第4期,第9页。

[3] 参见王建业:《职住平衡,产业园区建起租赁住房》,载《中国建设报》2021年11月5日,第001版。

[4] 同上注。

(一) 明确长租房合同的服务合同属性

散户租赁表现了典型的租赁合同关系,受《民法典》合同编的租赁合同规则调整,出租人负有交付宜居住房给承租人,并在租期内维持住房宜居状态的主给付义务,至于相关的物业服务,由物业服务人提供。与此不同,为了满足承租人的正常需要,长租房出租人除了前述义务,还要为承租人提供适当的建筑物公共区域服务,如安保、保洁、绿化等[1],该义务与物业服务合同中物业服务人的主给付义务相似,不能被提供财产用益的租赁合同所包含,长租房租赁合同因此属于非典型合同中的类型结合合同,在租赁合同之外还有服务合同的属性。

在这样的合同关系中,出租人的主给付义务与提供公共区域服务的义务有机结合,形成整体关系,除非合同特别明确地区分各项义务的对待给付义务,如承租人支付租金若干、支付服务费若干,否则,租金对应出租人的整体给付。[2] 不过,从功能上看,出租人提供公共区域服务的义务不能决定长租房合同的租赁目的,其作用是配合和辅助出租人的主给付义务,属于从给付义务。该义务旨在保持公共区域的良好有序,为承租人的起居提供适宜的外部环境,在合同没有特别约定时,其内涵与物业服务人的主给付义务类似。参照适用《民法典》第942条,出租人应负责公共区域的妥善维护、养护、清洁、绿化和经营管理,维护公共区域的基本秩序,采取合理措施保护承租人的人身、财产安全,采取合理措施制止公共区域内违反治安、环保、消防等法律法规的行为,并向有关行政管理部门报告和协助处理。

在出租人未适当履行主给付义务,如提供的住房不符合约定,或未尽维修义务导致住房不宜居,以至于长租房合同目的不能实现的,承租人有权解除合同,自无疑义。在出租人未适当履行提供公共区域服务义务时,若合同未把它约定为承租人解除合同的事由,承租人能否解除合同,不能一概而论,须视其是否有违合同目的而定。[3] 若该义务的不适当履行不会从根本上影响承租人的居住目的,如出租人未按约定及时维护室外绿植或提供图书室服务,承租人应无权解除合同;反之,如出租人不维修电梯,导致高层住户不得不爬楼梯上下,则承租人应有解除权。

---

[1] 参见王建业:《"非改租"改出租赁新房源》,载《中国建设报》2021年10月21日,第001版。

[2] 参见陈自强:《民法讲义Ⅱ:契约之内容与消灭》,法律出版社2004年版,第221—223页。

[3] 参见王泽鉴:《债法原理》,北京大学出版社2009年版,第29页。

(二)赋予承租人更大的转让自由空间

从实践情况来看,长租房的出租人主要是以利润为目标的营利机构,承租人则是以安居乐业为目标的自然人。从出租人一方来看,长租房租赁合同的商事特点明显,而从承租人一方来看,长租房租赁合同有突出的消费者合同特点,这两重特点使它与散户租赁合同差异明显,应适用不同的规则。

在散户租赁中,个人房东通常不以此为业,为了防止不良租客带来的不测风险和无尽麻烦,出租人对承租人有高度的人身信赖性,是特定承租人这个独一无二的个体而非其他人,才是出租人意欲建立租赁关系的相对人。基于此,根据《民法典》第555条的规定,未经出租人同意,承租人不得将其合同地位概括转让给他人。出租人的同意是其权利,具有高度的主观性,是否行使该权利,完全属于出租人的自由,只要出租人不同意,即便转让在客观上无害于甚至有利于出租人,也不被法律认可,其结果是转让无法完成,受让人无法与出租人建立租赁关系。

商事化的长租房租赁有所不同,出租人以此为业,追求的是满负荷运营,至少住房闲置率不要太高,在此目标引导下,在不违背法律或政策强制要求的前提下,只要承租人能按约定支付租金,至于承租人是张三还是李四,不是出租人关注的重心,出租人对承租人的人身依赖性远弱于散户租赁。与此相应,承租人转让合同地位给他人,由他人进入并继受既有的租赁关系,不会弱化出租人的地位,不会损害出租人的利益,除非有极个别、极特殊的理由,如受让人是上了黑名单的老赖或承租人尚未结清欠租,否则出租人没有拒绝的必要。这意味着,在长租房租赁中,出租人的同意不仅是权利,同时还是义务,只要没有前述例外,对于承租人合同地位的转让,出租人有同意的义务。抛开例外不谈,义务的属性实质上使出租人的同意蜕变为知情,其功能是让出租人知晓谁是新承租人,以便行使请求支付租金等请求权,同时也能附带完成网签备案的承租人信息变更。当然,在有损出租人利益的前述例外,同意与否是出租人的权利,自不待言。

在长租房供应不足而承租人需求过旺的现实中[1],赋予承租人通过转让合同地位而退出租赁关系的机会,无疑给了承租人免责解除合同的

---

[1] 参见王筱桦、邹婷:《国企当先,勇做住房租赁市场"压舱石"》,载《中国建设报》2021年11月1日。

空间,对承租人相当有利,符合长租房租赁的消费者合同特点。具体说来,在租期届满前,无解除权的承租人因故不愿承租的,在现有制度下唯有违约这一条路可走,这看上去很合理,能保持租赁合同的稳定性,也是租赁合同约束力的内在要求。但在长租房一票难求的现实中,承租人提前走人,不会对出租人带来任何损失,因为承租人搬离之时,就是排队的新租客入住之日,在这种情况下,仍由承租人承担违约责任,并不合理。既然在承租人转让合同地位无害于出租人时,出租人有同意的义务,那么,在承租人提前解除合同无害于出租人时,出租人也不应追究承租人的违约责任,否则就构成权利滥用。

当然,在长租房市场发展起来后,不能转手的承租人免责提前解除合同的机会不会太多,但这是严守合同的本来体现,能促使承租人在签约时审慎行事,可保障租赁关系必要的稳定性,有助于长租房市场的稳步发展。

(三)合理限缩出租人的权利

为了实现交易的高效便捷,长租房出租人普遍会预先提供内容相对齐备的租赁合同格式文本,这是其商事合同特点的外在表现。虽然当事人双方通过签订格式合同,表现出相应的合意,但因为格式合同提供者的地位往往占优,前述合意未必符合实际,为了尽可能使格式合同符合当事人真意,法律采用不利于格式合同提供方的规制策略,《民法典》第496—498条就是明证,它们当然适用于长租房租赁合同。除此之外,根据长租房租赁的实际,还应对出租人的合同权利进行合理限缩。

1. 合理限缩出租人的意定解除权

为了保全自己利益,长租房租赁合同往往约定,承租人轻微违约,如租金迟延支付超过7天的,出租人有权解除合同。从尊重意思自治和合同应得信守的道理出发,只要这种约定不存在不成立、无效或有理解歧义的情形,理应有效并被遵循。

不过,从长租房交易的现实来看,该条款由占据专业优势地位的出租人提供,客观上低于法定的解除事由标准,变相降低了出租人解除合同的门槛,为出租人解除合同提供了更大便利,难言公平;而且,该条款与合同其他条款糅杂交错,承租人往往不了解其确切意义,即便了解,也因出租人的优势地位而无力改变,说到底,它只是出租人将自身利益最大化的手段,难言正当。如若放任这种条款有效,将使承租人承受巨大的解约风险,对长租房租赁关系的稳定性带来极大的威胁,不利于长租房市场的有而且,即便非格式化的合同约定的解除事由发生,守约方主张解除合同的,法院也须根据诚实信用原则进行判断,违约程度显著轻微,不影响守约方合同目的实现的,守约方不能解除合同。[1] 举轻以明重,长租房租赁合同的前述约定不应具有法律效力。

总的说来,应合理限缩出租人的合同解除权,只有承租人的违约程度严重、影响合同目的实现时,出租人才有意定解除权。

2.合理限缩出租人的违约金酌减请求权

在实践中,长租房租赁合同会约定出租人的违约金,如出租人未按照约定交付房屋的,应按照 1000 元/日的标准向承租人支付违约金。根据《民法典》第 585 条的规定,违约的出租人认为该标准过高的,有权请求酌减。但这种权利应予合理限缩,主要理由如下:

第一,违约金条款由出租人提供,它与合同其他条款组合成出租人的信诺,表现了出租人的真实意思,体现了出租人的自我约束,承租人对此无力变更,唯有合理信赖。在违约的出租人要承担违约金责任时,允许其请求酌减,实质就是赋予其随意改变信诺、破坏承租人正当预期的自由,这种结果无异于任由占交易优势地位的出租人翻手为云覆手为雨,与不利于格式合同提供方的规制策略并不合拍。

第二,相比于承租人,出租人是专事住房租赁的行家,充满市场理性和专业经验,包括违约金条款在内的格式条款,无不是其计算收益、风险等因素后达成的理性结果,不能说完全有利于自己,起码是最不坏的方案。违约金条款针对的违约事由,往往是出租人通过风险评估,自恃不会发生,或者即便发生,违约金也在可控范围,至少不会超出租赁收益。有了这样的理性计算,违约金条款构成出租人可预期、可接受的交易风险,这是其从事这个行业自愿承担的成本,在其违约时不酌减,不会损害其利益,不会导致承租人利用该条款获取暴利,不会致使双方利益显著失衡。

第三,由出租人践行违约金承诺,而不是支持其请求酌减违约金,是把违约金作为内嵌于社会、交易之中的控制手段,是通过市场本身实现对

---

[1] 参见最高人民法院民事审判第二庭编著:《〈全国法院民商事审判工作会议纪要〉理解与适用》,人民法院出版社 2019 年版,第 313—315 页。

租赁市场的监管[1],这能督促出租人诚信运营,有助于长租房租赁市场的健康发展。

五、小结

从我国住房实际情况和中央政策引领方向出发,长租房应是专业出租人自持的、内含市场机制的、专用于租赁的住房。这样的定位意味着住房市场结构的重大变化,除了住房买卖市场及其衍生的散户租赁市场,还有长租房租赁这个住房租赁新市场。显然,长租房的改革布局,具有通过打造新市场来改造旧市场的意蕴。

在政府的大力引导下,试水长租房的专业机构日渐增多,这个新市场呈现出令人乐观的发展前景,不过,没有规划、土地、财税等配套的政策支持和制度改革,新市场将步履维艰,甚至可能胎死腹中,这一点业已为国家有关部门清醒认识到,并着手落实。相较于此,业界对长租房市场微观运作机制所涉及的民法制度保障关注甚少。堤溃蚁穴、气泄针芒,细节往往决定成败,在长租房市场发展之初未雨绸缪地提出可能的民法保障机制,以便随着交易实践而更新完善,为时不早。

总的说来,长租房是新近中央政策的用语,它不应是公租房,也不应是个人房东在散户租赁市场中长期出租的住房,而应是专业机构自持、内含市场机制、专用于租赁的住房,包括市场性租赁住房和保障性租赁住房。长租房市场是住房租赁新市场,与住房买卖市场、散户租赁市场具有竞争关系,其长足发展具有提高住房租赁的规范化程度、合理控制商品房价格等积极意义。根据长租房市场的特点,稳妥适用民法关联制度,是其发展的必要制度保障。

---

[1] 参见[德]格哈德·瓦格纳:《损害赔偿法的未来——商业化、惩罚性赔偿、集体性损害》,王程芳译,熊丙万、李羽中校,中国法制出版社2012年版,第131页。

第九章 不动产登记

不动产登记是指不动产登记机构依据法定程序将不动产及其权利等事项记载于不动产登记簿,产生相应法律效果的法律事实。它有两层内涵:

第一,在动态意义上,不动产登记指向不动产登记机构的登记行为,在法治国的大背景下,它能细分出以下两重意义:①国家治理活动,即不动产登记机构的登记作业,要冠以国家名义并由国家信誉提供支持。为了实现国家对不动产的管理、征收税赋、进行宏观调控等治理目的,登记机构具有审查登记申请、决定是否登记等法定职权。②法律程序过程,即不动产登记是登记机构依据法定程序进行登记作业的过程,包括申请、受理、审查、登簿等程序,其最终目的要落实在登记簿的记载结果之上。此外,登记机构还要进行与登记相关的其他作业,如登记资料的查询等。无论如何,这些作业过程都以程序化的构造体现出来,从而将权利人、利害关系人等民事主体与登记机构等行政主体连接起来,让它们在登记程序进展中各有其位、各负其责。

第二,在静态意义上,不动产登记指向不动产登记簿的记载事项,它直接决定了不动产及其权属状态。静态意义上的不动产登记有不同的法律形态,从不同的角度划分则有不同的分类。以记载事项的属性形态为标准,可分为标示登记、物权登记和其他登记,前者用以记载不动产种类、面积等物理状况;中者用以记载不动产物权;后者用以记载异议、查封等其他事项。以记载事项的功能形态为标准,可分为首次登记、变更登记、转移登记和注销登记,主要与不动产物权的设立、变更、转让和消灭分别对应,同时也能适用于其他登记。以记载事项的位置形态为标准,可分为主登记和附记登记,前者是在登记簿中占据主导地位的登记,如建设用地使用权首次、变更、转移、注销登记等;后者是在登记簿的"附记"栏中所为的记载,主要是对不动产物权及其他事项登记情况进一步说明的信息,如国有建设用地使用权出让合同的编号、建筑区划内全体业主共有情况等。

综上,不动产登记既是体现国家在不动产领域进行治理的程序过程,也是能产生不同实体法律意义的法律事实,故对它的完整理解,应把握动态和静态的两面性,前者重在规范登记机构的记载,后者重在表现登记记载的法律意义,不动产登记因而是兼顾记载行为和记载后果的法律事实。

不动产登记是重要的财产权公示机制,它为不动产物权及与其相关的其他财产权提供了基础信息平台,在国家治理和经济运行中占有举足轻重的地位,对房地产权属及交易起着强基固本的作用。

历史地看,我国不动产登记经历了从分散到统一的历程,形成了多层次的法律制度。用以调整不动产登记的,有《民法典》等法律、《不动产登记暂行条例》等行政法规、《不动产登记暂行条例实施细则》等部门规章、《不动产登记操作规范(试行)》等政策性文件、不少地方性法规、地方政府规章或地方政策文件。而且,不动产登记制度还在发展完善当中,不动产登记法也在制定中。要想透彻理解不动产登记制度,首先是要了解其概况,主要包括发展过程、基本构成和法律定位,第一节将对此加以概括。通过第一节的描述,我们会知道不动产登记制度主要由组织制度、程序制度、类型制度和效力制度构成(见图 9-1 不动产登记制度的构造)。

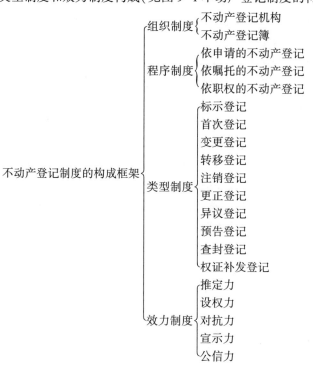

图 9-1　不动产登记制度的构造

不动产登记簿是不动产登记的最基础要素，是不动产登记组织制度的重要组成，其记载的事项以不动产物权为主，此外的其他事项虽然不是物权，但也与不动产物权有关，如根据《民法典》第221条的规定，预告登记的对象是买卖合同等产生的引致不动产物权变动的债权。登记簿记载的事项必须具备相应的资格，这种资格被称为登记能力。登记能力融合了行政法和民法的有关规范和知识，第二节予以专门讨论。

不动产登记程序制度包括依申请的登记程序制度、依嘱托的登记程序制度和依职权的登记程序制度，它们均程度不同地涉及民事与行政的融合，第三节将展开分析。

不动产登记机构在登记簿上的记载是行政行为，由此产生的法律效果受民法的评价，此即效力制度，主要有推定力、设权力、对抗力、宣示力和公信力，但它们在适用时还会涉及行政诉讼，第四节将逐一阐述。

第一节　不动产登记制度概况

一、统一登记

（一）从分散登记到统一登记

在2015年之前，我国的不动产登记是分散的，根据主管机关不同，土地、房屋等不动产由不同机构登记。这种状况产生了不少现实问题，对此，孙宪忠教授从20世纪90年代开始呼吁制定统一的不动产登记法[1]，逐渐在理论界达成共识，并引起实务部门的共鸣。

在这一背景下，2007年《物权法》（已失效）表明要统一不动产登记制度，该法第10条第2款规定，由法律、行政法规来规范统一的不动产登记制度，并在第二章第一节抽象出当事人的登记申请、登记机构的审查等若干纲要性的程序规范，但受制于其本身的法律地位和调整范围，这些条文相当简略，缺乏足够的操作性。为了弥补这一缺憾，应对现实需要，在登记不统一的现实情况下，国务院主管土地、房屋等不动产的部门相继制定不动产登记的部门规章，如2007年原国土资源部制定的《土地登记办法》（已失效）、2008年原建设部制定的《房屋登记办法》（已失效）等。

---

[1] 参见孙宪忠：《论物权法》，法律出版社2001年版，第24—27页，第456—457页，第462—466页。

自 2013 年开始,在中央的推动下,我国开始统一不动产登记。所谓统一登记,就是把登记从不同主管部门的不动产管理事权中分离出来,整合到一个部门来办理,形成统一的登记机构,遵循统一的登记制度。[1]这一项工作于 2015 年定型,其标志是 2015 年 3 月 1 日起实施的《不动产登记暂行条例》,该行政法规是不动产统一登记的根本性规范文件,它确定了由统一的登记机构按照统一的制度来办理登记的大方向。在此基础上,作为不动产登记行政主管部门的国土资源部现称(自然资源部)相继制定了《不动产登记暂行条例实施细则》《不动产登记资料查询暂行办法》等部门规章,制定了《不动产登记操作规范(试行)》等政策文件,成为不动产登记机构办理业务所遵循的主要规范。与此同时,不少地方结合本地实际,相继颁布了地方性的不动产登记规范,对不动产登记工作也起到相当大的推动作用。

(二)统一登记的根本观念

客观地讲,我国的不动产登记制度相对分散,尚不系统。《民法典》物权编在第二章第一节"不动产登记"及其他章节规定了登记申请、登记机构权责、登记效力、异议登记、预告登记、登记簿的公开等重要规定,但条文数目和内容非常有限,是框架性、概略性的规定,《土地管理法》《城市房地产管理法》等涉及不动产登记的条文更有限,规定更粗犷,而且,属性各异,颁布时间有先后,都不以专门调整不动产登记为己任,有关不动产登记的规定存在缺口和冲突。以这些法律为基础的《不动产登记暂行条例》《不动产登记暂行条例实施细则》《不动产登记资料查询暂行办法》《不动产登记操作规范(试行)》等专事调整不动产登记的法规、规章、政策相对具体细致,并尽可能做出了适合实践需求的制度创新,的确发挥了良好作用。但囿于上位法的现状,这些下位规范无法越界充分弥补上位法的缺口,也无法协调上位法之间的冲突,存在不少遗珠之憾,不能完全满足实践需求。在此情况下,实务界要求进一步完善不动产登记制度,制定《不动产登记法》的呼声很高。第十三届全国人民代表大会常务委员会将不动产登记法的起草纳入立法规划,2020 年 3 月 30 日中共中央 国务院《关于构建更加完善的要素市场化配置体制机制的意见》也提出"推动制定不动产登记法",而自然资源部业已受命起草法律草案。只要规划不

---

[1] 参见王利明:《构建统一的不动产物权公示制度——评〈不动产登记暂行条例(征求意见稿)〉》,载《政治与法律》2014 年第 12 期,第 2—7 页。

变、步骤跟紧,在不久的将来,不动产登记法这部系统化、法律化的不动产登记制度文本有望问世。

我国实质推动不动产统一登记制度建设不到十年时间,目前还有不少遗留问题和新增问题亟须解决,但在经历从分散登记到统一登记的转型阵痛后,实践证明统一登记的大方向是对的,正是在这样的背景下,不动产登记法将成为夯实和保障统一登记的根本制度保障。我国不动产统一登记是一场改革,它结束了过往分散登记的局面,《不动产登记法》是对这场改革经验的总结和推广。无论什么改革,都不可能推翻过去的一切,既往的可用资源仍会发挥其应有的作用,统一登记也是如此。目前发挥中坚作用的诸多制度都源自分散登记时的土地登记和房屋登记,它们的可用性和正当性经历了长时间的实践检验。正因此,虽然统一登记的时间不长,但其渊源脉络的时间跨度并不短,这是《不动产登记法》最坚实的基础,该法要成为夯实和保障统一登记的根本法。

综上所述,我们对现行不动产登记制度以及将来的不动产登记法的理解,必须秉持统一登记的根本观念。

二、基本构成

基于不动产登记的法律内涵及制度内容可知,其主要包括组织制度、程序制度、类型制度和效力制度。

(一)组织制度

所谓组织制度,是指不动产登记得以正常运作的组织保障制度,包括登记机构和登记簿,前者主导登记进程,后者反映登记结果。

1. 不动产登记机构

在不动产统一登记之前,我国的不动产登记机构处于分散设置的状态。统一登记后,登记机构基本实现了统一,《不动产登记暂行条例》第6条规定:"国务院国土资源主管部门负责指导、监督全国不动产登记工作。县级以上地方人民政府应当确定一个部门为本行政区域的不动产登记机构,负责不动产登记工作,并接受上级人民政府不动产登记主管部门的指导、监督。"据此,在中央层面,自然资源部作为全国不动产登记唯一行政主管部门的法律地位得以确定,其对下级政府设立的不动产登记机构具有指导权和监督权;在地方层面,地方政府只能确定一个部门为不动产登记机构。

[**不动产登记的管辖**]不动产登记的管辖权排他性地归属于登记机构,《不动产登记暂行条例》第7条对此有明确规定。据此,不动产登记管辖有三种机制,即属地管辖、特别管辖和跨域管辖。

第一,属地管辖。不动产登记以属地管辖为原则,《民法典》第210条第1款规定:"不动产登记,由不动产所在地的登记机构办理。"不过,"不动产所在地的登记机构"是个弹性概念,如对位于甲市乙区的不动产而言,甲市的登记机构和乙区的登记机构均属于"不动产所在地的登记机构",究竟如何限定,就成了问题。从方便当事人就近申请,特别是便于大中城市的郊区、农村地区的当事人申请,也便于登记机构审查的角度来看,由乙区登记机构这样的最基层登记机构来登记,最为适当。《不动产登记暂行条例》第7条第1款第1分句就进行了这种细化,即"不动产登记由不动产所在地的县级人民政府不动产登记机构办理"。不过,为了简化机构设置,根据《不动产登记暂行条例》第7条第1款第2分句的规定,只要直辖市和设区的市政府确定本级不动产登记机构统一办理所属各区的不动产登记,则区政府不必设置登记机构,这样一来,直辖市、设区的市的登记机构就成为本市区域内的统一登记机构,这仍然是属地管辖的表现。

属地管辖使不动产所在地的县级不动产登记机构或直辖市、设区的市不动产登记机构对本行政区域内的不动产享有排他性的登记办理权,只要不动产处于本行政区域,登记机构无须通过法律程序,也无须举证证明,即可依法取得管辖权,这是登记机构享有的积极权限。正是基于这种积极权限,登记机构在登记业务办理上有充足信息,它因此对登记管辖欠缺信息者有告知义务。比如,《不动产登记暂行条例》第4条第2款规定了方便群众的原则,遵循该原则,并依据该条例第17条第1款第4项的规定,登记机构既应告知当事人自己有无管辖权,还应在没有管辖权时,告知其有管辖权的登记机构。

第二,特别管辖。《不动产登记暂行条例》第7条第3款规定,国务院确定的国有重点林区、国务院批准项目的用海、用岛以及中央国家机关用地等不动产,由国务院国土资源主管部门会同有关部门规定。《不动产登记暂行条例实施细则》第4条规定:"国务院确定的重点国有林区的森林、林木和林地,由自然资源部受理并会同有关部门办理,依法向权利人核发不动产权属证书。国务院批准的项目用海、用岛的登记,由自然资源部受理,依法向权利人核发不动产权属证书。"(中央国家机关使用的国有土地等不动产登记,依照自然资源部《在京中央国家机关用地土地登记办法》等规定办理。)

第三,跨域管辖。某一不动产跨越若干不动产登记机构的行政区域的,除非该不动产可适用特别管辖机制,否则无法靠属地管辖来办理登记,这就会产生管辖权之争。对于这个问题,我国采用了以下的解决方案:①分别管辖,即相关的不动产登记机构分别登记本行政区域内的不动产部分,《不动产登记暂行条例》第7条第2款第1句规定:"跨县级行政区域的不动产登记,由所跨县级行政区域的不动产登记机构分别办理。"②协商管辖,即不能适用分别管辖的,由相关不动产登记机构协商管辖,《不动产登记暂行条例》第7条第2款第2句第1分句规定:"不能分别办理的,由所跨县级行政区域的不动产登记机构协商办理。"该规定借鉴了民事诉讼的协商管辖机制[1],属于不动产登记管辖规范的创新,它体现了便民利民的特点,登记不能以跨区域为由,要求当事人自行向上一级主管部门寻求解决之道。③指定管辖,即在分别管辖和协商管辖均不能适用的情形下,由有权机构指定某一不动产登记机构管辖,《不动产登记暂行条例》第7条第2款第2句第2分句规定:"协商不成的,由共同的上一级人民政府不动产登记主管部门指定办理。"

鉴于不动产的跨域特点,为了便于各自行政区域内权利人或利害关系人的查询,也为了能保持该不动产物理状态和法律状态的完整和特定,根据《不动产登记暂行条例实施细则》第3条的规定,负责办理的不动产登记机构在完成登记后,应把登记信息通知其他登记机构。

2. 不动产登记簿

我国的不动产登记簿采用物的编成,即以特定不动产为基础来编制登记簿。《不动产登记暂行条例实施细则》第6条规定:"不动产登记簿以宗地或者宗海为单位编成,一宗地或者一宗海范围内的全部不动产单元编入一个不动产登记簿。"《不动产登记暂行条例》第8条第2款规定:"不动产登记机构应当按照国务院国土资源主管部门的规定设立统一的不动

---

[1] 参见孙宪忠主编:《不动产登记条例草案建议稿》,中国社会科学出版社2014年版,第32—33页。

产登记簿。"与此相应,2015年《国土资源部关于启用不动产登记簿证样式(试行)的通知》附件1《不动产登记簿样式及使用填写说明》提供了不动产登记簿的模板。

(二)程序制度

所谓程序制度,是指不动产登记运作的程序制度,详见第三节的论述。不动产登记程序制度和类型制度相互交错,构成不动产登记制度的主干。

(三)类型制度

不动产登记主要有以下十种类型。

1. 标示登记

标示登记以不动产的自然状况为登记对象,反映出不动产种类、面积、坐落、坐标、用途等自然状况信息,是不动产登记的基础。

2. 首次登记

首次登记是指为不动产物权第一次记载于不动产登记簿而办理的登记,包括总登记和初始登记。[1] 所谓总登记,即此前的土地总登记,《土地登记办法》第21条将其界定为"在一定时间内对辖区内全部土地或者特定区域内土地进行的全面登记"。所谓初始登记,是指总登记之外的设立权利的登记。初始登记标志着权利的新生,其能涵盖的形态是首次取得所有权登记和设立他物权的登记,至于通过合同、继承等取得已经登记的权利,是权利在不同主体之间的移转,由此引发的是转移登记。必须提及的是,初始登记并不限定于通过登记来设定权利的情形,如房屋抵押权登记,还包括通过登记的方式将已经设定的物权表现出来,如地役权登记。

3. 变更登记

变更登记是指因主体姓名等自身信息、不动产坐落等客体信息或内容、期限等信息发生变化而办理的不动产登记。其事由主要包括:①权利人姓名或名称变更;②不动产坐落、名称、用途、面积等自然状况变更;③不动产权利期限发生变化;④同一权利人分割或合并不动产;⑤抵押权顺位、担保范围、主债权数额,最高额抵押债权额限度、债权确定期间等发生变化;⑥地役权的利用目的、方法、期限等发生变化。

---

[1] 参见国土资源部政策法规司、国土资源部不动产登记中心编著:《不动产登记暂行条例释义》,中国法制出版社2015年版,第24—27页。

4. 转移登记

转移登记是指因不动产物权转让而办理的不动产登记。转移登记的事由主要是不动产物权在不同主体之间的转让，主要包括：①买卖、继承、遗赠、赠与、互换不动产；②以不动产作价出资（入股）；③法人或者其他组织因合并、分立等原因致使不动产权属发生转移；④不动产分割、合并导致权属发生转移；⑤共有人增加或减少以及共有不动产份额变化；⑥因法院、仲裁机构的生效法律文书导致不动产权属发生转移；⑦因主债权转移引起不动产抵押权转移；⑧因需役地不动产权利转移引起地役权转移。

5. 注销登记

注销登记是指因不动产物权消灭而办理的不动产登记。通过注销登记，登记簿上既有的记载被涂销，从而向社会公众表明不动产物权消灭的信息。注销登记的事由具体包括：①不动产灭失；②不动产权利终止；③权利人放弃不动产权利；④依法没收、征收、收回不动产权利；⑤因法院、仲裁机构的生效法律文书致使不动产权利消灭。

6. 更正登记

更正登记是指因更正不动产登记簿的错误记载而办理的不动产登记。变更登记与更正登记在名称上接近，但两者完全不同，后者适用于登记错误的情形，前者与此无关。

7. 异议登记

异议登记是指以登记权利可能有误的信息为对象的不动产登记。在不动产登记簿中，异议登记信息页包括申请人、异议事项等栏目（见表9-1 不动产登记簿异议登记信息页）。根据《不动产登记暂行条例实施细则》第83条第2款的规定，异议登记申请人应当在异议登记之日起15日内，提交人民法院受理通知书、仲裁机构受理通知书等提起诉讼、申请仲裁的材料；逾期不提交的，异议登记失效。第84条规定："异议登记期间，不动产登记簿上记载的权利人以及第三人因处分权利申请登记的，不动产登记机构应当书面告知申请人该权利已经存在异议登记的有关事项。申请人申请继续办理的，应当予以办理，但申请人应当提供知悉异议登记存在并自担风险的书面承诺。"

表 9–1　不动产登记簿异议登记信息页

异议登记信息				
不动产单元号：				
内容＼业务号				
申请人				
证件种类				
证件号				
异议事项				
不动产登记证明号				
登记时间				
登簿人				
注销异议业务号				
注销异议原因				
登记时间				
登簿人				
附记				

8. 预告登记

预告登记是指为保全以不动产物权变动为内容的债权请求权而办理的不动产登记。在不动产登记簿中，预告登记信息页包括权利人、义务人、预告登记种类、登记类型、登记原因、土地使用权人、规划用途、房屋性质、所在层/总层数、建筑面积、取得价格/被担保主债权数额等栏目（见表9–2：不动产登记簿预告登记信息页）。

表 9-2　不动产登记簿预告登记信息页

预告登记信息				
不动产单元号：			不动产坐落：	
内容＼业务号				
权利人证件种类				
证件号				
义务人				
证件种类				
证件号				
预告登记种类				
登记类型				
登记原因				
土地使用权人				
规划用途				
房屋性质				
所在层/总层数				
建筑面积(m^2)				
取得价格/被担保主债权数额(万元)				
不动产登记证明号				
登记时间				
登簿人				
附记				

预告登记主要有以下效力：①保全债权请求权。根据《民法典》第221条、《不动产登记暂行条例实施细则》第85条第2款的规定，未经预告登记的债权人同意，不动产物权人不得处分物权，登记机构也不能办理处

分该物权的登记。②保全顺位。根据"担保制度解释"第52条第1款的规定,抵押权自预告登记之日起设立。这样一来,在同一不动产上有A的抵押权和B的抵押预告登记时,应按各自登记的先后排列顺位,若B的抵押预告登记时间在前,只要不动产已办理首次登记,且预告登记不存在失效等情形,B的抵押权就从预告登记之日起设立。③破产保护。"担保制度解释"第52条第2款规定:"当事人办理了抵押预告登记,抵押人破产,经审查抵押财产属于破产财产,预告登记权利人主张就抵押财产优先受偿的,人民法院应当在受理破产申请时抵押财产的价值范围内予以支持,但是在人民法院受理破产申请前一年内,债务人对没有财产担保的债务设立抵押预告登记的除外。"

9. 查封登记

查封登记是指以把法院等国家机关的查封为对象的不动产登记。在不动产登记簿中,查封登记信息页包括查封机关、类型、文件、文号、期限、范围等栏目(见表9-3不动产登记簿查封登记信息页)。

表9-3 不动产登记簿查封登记信息页

查封登记信息				
不动产单元号:				
内容＼业务号				
查封机关				
查封类型				
查封文件				
查封文号				
查封期限	起 止			
查封范围				
登记时间				
登簿人				
解封业务号				
解封机关				

(续表)

查封登记信息			
解封文件			
解封文号			
登记时间			
登簿人			
附记			

查封登记主要有以下效力：①宣示力。有关国家机关的查封决定或裁定的生效有其自身标准，登记与否不影响查封的法律效力。就此而言，查封登记对外宣示了查封信息，从而扩大了查封信息的公众知悉度。②对抗力。根据《查封、扣押、冻结规定》第7条第2款第2句，已登记的查封能对抗未登记的查封。比如，甲法院查封A的房屋，但未办理登记，乙法院也查封该房屋，办理了查封登记，在这种查封竞争中，乙法院的查封能胜出，因为查封登记能排除其他查封，致使其他查封失去本有意义。③禁止力，即禁止处分查封财产的效力。根据"执行与协助执行通知"第22条、2013年最高人民法院等15部门联合下发的《公安机关办理刑事案件适用查封、冻结措施有关规定》第14条的规定，查封登记的不动产权利人转让或抵押该权利的，登记机构不能办理相应的登记。

10. 权证补发登记

《不动产登记暂行条例实施细则》第20条第1、2款规定："不动产登记机构应当根据不动产登记簿，填写并核发不动产权属证书或者不动产登记证明。除办理抵押权登记、地役权登记和预告登记、异议登记，向申请人核发不动产登记证明外，不动产登记机构应当依法向权利人核发不动产权属证书。"不动产权属证书或登记证明遗失、灭失的，权利人可向不动产登记机构申请补发，将补发信息记载于登记簿的不动产登记即权证补发登记。权证补发登记的前提是权利人在登记机构门户网站或当地公开发行的报刊上刊登遗失、灭失声明。登记机构在向权利人补发权证时，应在登记簿上记载相应信息，并在权属证书或登记证明上注明"补发"字样，注明首次登记日期。

不动产权证或登记证明发生污损、残缺等破损的,当事人可向不动产登记机构申请换发。符合换发条件的,登记机构应换发,并收回原权证。与补发不同,换发权证无须登记。

(四)效力制度

所谓效力制度,是指不动产登记簿的记载所产生的实体法律效力的制度,详见第四节的论述。

三、法律定位

(一)混合法

不动产登记制度是混合法,它将行政法与民法、程序法与实体法融为一身、混为一体。不动产登记制度既有行政法属性又有民法属性,前者主要表现为作为行政机关的登记机构依法享有以管制为目的、具有实现公益功能的公共管理职责,并在相关程序进展中推进和落实这种职责,在此过程下,登记机构与申请人处于不平等的法律地位;后者主要表现为登记对物权等民事权利的承载和再现。不动产登记制度既有程序法规范又有实体法规范,前者主要表现为登记的启动、开展和终结等环环相扣的程序机制,后者主要表现为登记产生的实体法律效力。[1]

之所以有这种认识,源自对不动产登记运行规律的观察。登记是作为登记机构依法在登记簿上进行记载的行为,在从事该行为时,登记机构行使着诸如查验材料、询问当事人、实地查看等公共职责,以准确确认不动产物权及其相关信息,附带还能完成征收税赋、规划管理等治理事项。[2] 在我国,登记机构一直是行政机关,根据《行政诉讼法》第 61 条、"房屋登记案件规定"第 1 条的规定,登记行为属于可诉的行政行为。登记机构必须按照法定程序作业,登记由此表现为从受理登记申请到审核再到登簿的环环相扣的程序机制。不仅如此,登记还指向登记簿上记载的不动产物权及其相关信息,这是登记行为的结果,在依申请登记的情形下,登记结果的正当性源自当事人的意思,并依法产生法律效力,这影响着权利人以及利害关系人的实体利益。概括而言,登记把登记机构在登

---

[1] 参见常鹏翱:《不动产登记法的立法定位与展望》,载《法学》2010 年第 3 期,第 105—111 页。

[2] Vgl. Pfäffli, Zur Pfüfungsflicht des Grundbuchverwalters, in: AJP 1992, S. 1512. 另参见蔡卫华:《土地登记实务精解》,中国法制出版社 2010 年版,第 11 页。

记簿上记载的行为和结果合二为一,前者具有行政法属性和程序法属性,后者具有民法属性和实体法属性。作为调整登记的专项法律制度,不动产登记制度不可避免地属于混合法。

的确如此。比如,《不动产登记暂行条例》第 6 条有关不动产登记机构的规定,第 31 条有关登记机构收缴伪造、变造的不动产权属证书、不动产登记证明的规定,突显了行政法属性。又如,《不动产登记操作规范(试行)》第 5.1.1 条有关涉及权利顺位的登记簿记载时点的规定,民法属性很突出。再如,这些规范中的登记程序规定、查阅登记资料的程序规定,均属于程序法规范。还如,《不动产登记暂行条例实施细则》第 85 条第 2 款有关未经预告登记权利人书面同意,登记机构不能办理处分该不动产物权的登记的规定,实际上限制了预告登记义务人的处分权,是典型的实体法规范。实践验证这些制度没有问题,它们的生命力应得以保持。

明确不动产登记制度的混合法定位,意在表明对其规范的理解和适用不能像纯粹行政法、民法、程序法或实体法规范那样,采用单一的定型思维模式,而是应先准确定性相关制度究竟是行政法规范还是民法规范,是程序规范还是实体规范,精准把握其规律特点和适用范围,在此基础上,促成这些制度之间的无缝衔接。[1] 以登记申请为例,它以自治为基础,是否申请、申请什么完全取决于当事人的意愿,法律无法也无须强制,民法规范的意蕴很明显,但以什么形式提出申请,递交什么申请材料,是判断登记机构是否依法履行职责的基础,也是判断登记结果是否准确的重要标准,故申请形式和材料规范属于行政法规范。申请启动了登记程序,引发登记机构的受理及后续的审查,无疑是程序行为[2],其应遵循程序不可逆原则,在登记完成后,不容许申请人再撤回申请。不过,在房屋所有权转移等以登记为必备要件的不动产物权变动,申请包含着权利人处分登记权利的意思,它还可归为物权行为[3],应遵循法律行为规范。这样一来,申请在不同侧面和层次上展示出不同属性,在理解相关规范时就应分门别类地予以对应,只有这样,才能有序混合而不会错乱混搭。

---

[1] 参见尹飞:《不动产登记行为的性质及其展开——兼论民法典编纂中不动产登记制度的完善》,载《清华法学》2018 年第 2 期,第 43—58 页。

[2] Vgl. Holzer/Kramer, Grundbuchrecht, München 1994, S. 50; Demharter, Grundbuchordnung, 21. Aufl., München 1994, S. 179.

[3] Vgl. Zobl, Grundbuchrecht, 2. Aufl., Zürich 2004, S. 156 f.

(二) 公共法

这一定位是说不动产登记制度旨在调整不动产登记,而不动产登记涉及的法律领域众多[1],与此相应,不动产登记制度要全面顾及这些领域,与它们相互配合,而不限定在某一特定领域,也不能仅以调整登记机构的行为为限,这种跨不同法律领域的特性可称为公共性,故不动产登记制度是公共法。

不动产登记以不动产物权为基石,没有不动产物权,不动产登记无从谈起,不动产登记制度因此必须调整不动产物权登记。受制于物权法定原则,不动产物权主要由《民法典》物权编以及《土地管理法》《城市房地产管理法》《海域使用管理法》等法律来调整,它们还把不动产物权的得丧变更与登记建立了关联,《不动产登记暂行条例》《不动产登记暂行条例实施细则》《不动产登记操作规范(试行)》等予以全方位的对接,全面呈现了各种不动产物权登记规范。这也表明,作为展示不动产物权存续与否或对抗他人的公示机制,登记服务于不动产物权得丧变更的法律需求,没有后者,登记将失去意义。

不动产登记还服务其他的法律需求。在不动产物权登记的基础上,其他相关的财产权也需要登记,如《信托法》第10条把登记作为不动产信托财产权的设立要件,《不动产登记暂行条例实施细则》第106条对此有所体现。此外,《监察法》第25条第1款,《民事诉讼法》第106条、第251条,《刑事诉讼法》第102条、第141条,《行政诉讼法》第101条,《行政强制法》第22条,《税收征收管理法》第38条第1款第2项,《证券法》第180条第6项等规定监察机关、司法机关、行政机关有权查封相关的不动产物权,并各有差别地规定了查封的要求、程序、时限等,与此对应,《不动产登记暂行条例实施细则》第90—93条、《不动产登记操作规范(试行)》第18.1—18.3条专门规定了查封登记。

为了最大限度地实现前述法律对登记的需求,不动产登记制度必须与这些法律无缝对接,既不能存在衔接缺口,更不能发生冲突。与前述法律相比,不动产登记制度是辅助法,要充分尊重既有的法律规定,以形成严密规整的法律之网。

不过,不动产登记制度专事调整不动产登记,在其他法律对登记的规定有漏缺时,不动产登记制度完全能够加以补充,促成制度完备。比

---

[1] 参见孙宪忠:《不动产登记基本范畴解析》,载《法学家》2014年第6期,第12—25页。

如,《民法典》物权编未明确预告登记能否限制义务人的处分权,《不动产登记暂行条例实施细则》第 85 条第 2 款予以补足。又如,为了实现查封,前述的公权力机关有查询登记资料的需要,相关法律虽然没有明确规定,但《不动产登记暂行条例实施细则》第 97 条、《不动产登记操作规范(试行)》第 20.1 条对此有明文规定。就此而言,不动产登记制度不仅与其他法律对接,还有细化和补充其他法律规定的功效,充分表现了其涉足事关不动产登记的整个法律领域的公共法定位。

不仅如此,虽然不动产登记机构是不动产登记的主角,不动产登记制度以明确登记机构的职责、规范登记机构的行为为主要导向,但这并非其唯一使命,在此之外,它还调整其他主体与不动产登记相关的行为。具体而言,登记的办理往往需要其他公权力机关或公共事务主体的协力,如公安机关或市场监管机关对申请人身份的验证、民政机关对当事人婚姻关系的证明等,明确这些协力主体与登记相关的权责,对于登记的效率和质量至关重要,《不动产登记暂行条例》第 25 条对此规定到"国土资源、公安、民政、财政、税务、工商、金融、审计、统计等部门应当加强不动产登记有关信息互通共享"。自然资源部也与相关主管部门就合作事项共同发文,比如,自然资源部办公厅、国家市场监督管理总局办公厅《关于推动信息共享促进不动产登记和市场主体登记便利化的通知》指出,不动产登记机构可根据申请人提供的市场主体名称和统一社会信用代码,查询市场主体登记信息,对申请人出示的电子营业执照进行核验并获取市场主体登记信息和电子营业执照。这样看来,不动产登记制度不仅调整登记机构的行为,还要调整其他主体的关联行为,其因此并非登记机构这一家部门的法律制度,而是波及社会各界的公共法。

(三)信息法

1.制度内涵

不动产登记簿是信息平台,呈现了不动产物权及与其相关的信息,不动产登记制度因此是信息法。这一定位在现时尤为重要,因为网络信息技术的发展强烈冲击了纸介质登记,后者日渐式微,电子登记则愈发普及,登记制度也因此产生重大变化,这已引起国务院及其不动产登记主管机关的高度重视。[1]

　　首先,是信息生成机制的重大变化。《不动产登记暂行条例》第15条在2019年修订前,规定申请人要到登记机构办公场所现场申请登记,第16—21条规定申请人应严格按照规定提交申请材料,登记机构要当场审查并书面告知是否受理,在受理后再进行审核,并在应予登记时登簿。这一套流程下来,不动产物权等信息得以在纸介质登记簿上生成。与纸介质登记相比,电子登记的信息生成机制更便捷高效,不仅申请人能随时随地申请登记,还能把房屋所有权转让、抵押等关联事项"打包"一并申请登记,有些材料也无须在申请时提交,登记机构可通过信息共享方式提取相关材料,并在线核验,在应予登记时实时登簿并形成电子证书。

　　其次,是信息衔接机制的重大变化。在纸介质登记中,以登记簿为核心的登记资料自成体系,除非法律、法规特别规定或主管部门有特别需要,通常不会也难以与其他部门的信息衔接联动。在电子登记中,登记信息与其他信息衔接的范围越来越广,程度越来越深。《不动产登记暂行条例》除了第25条的前述规定,还在第23条规定建立统一的不动产登记信息管理基础平台,第24条规定登记信息与住房城乡建设、农业、林业、海洋等部门审批信息、交易信息等实时互通共享。在此基础上,国务院办公厅《关于压缩不动产登记办理时间的通知》提出了数据共享交换平台,涉及公安、市场监管、机构编制、住房城乡建设(房管)、税务、银保监、自然资源、法院、民政、公证、国有资产监督管理、卫生健康等部门。

　　再次,是信息利用机制的重大变化。在纸介质登记,信息利用主要表现为登记资料的查询、复制。而在电子登记,除了登记资料的查询、复制更迅捷简便,登记机构还能利用其他部门的相关信息,有关决策部门或市场主体还能使用通过数据共享交换平台形成的大数据。

　　复次,是信息安全机制的重大变化。在纸介质登记中,确保信息安全的根本是妥当保管登记资料,防止其毁损、灭失。在电子登记中,信息难以出现物理形态上的毁损、灭失,但容易出现不当泄漏、黑客攻击等现象,为了保障信息安全,在《网络安全法》《个人信息保护法》等法律的指

---

[1] 国务院及其不动产登记主管机关近期对此有密集的关注,下发的主要文件包括国务院办公厅《关于压缩不动产登记办理时间的通知》,自然资源部《关于全面推进不动产登记便民利民工作的通知》,自然资源部办公厅《关于完善信息平台网络运维环境推进不动产登记信息共享集成有关工作的通知》,自然资源部办公厅《关于推广京沪两地优化营商环境登记财产指标主要改革举措的函》等。

引下,登记机构要承担与电子登记特点相应的信息安全保护义务。

最后,是信息责任机制的重大变化。在纸介质登记中,《不动产登记暂行条例》第16条第1款规定,申请人必须对申请材料的真实性负责,因提供虚假材料导致登记错误的,要承担法律责任;《不动产登记操作规范(试行)》第4.2.1条规定登记机构也须审核相关材料的真实性,其未尽审核义务导致登记错误的,要承担法律责任。在电子登记,申请人无须提交全部材料,登记机构能通过信息共享方式提取材料,这些材料的真实性由提供者和确认者负责,因这些材料导致登记错误的,参照"房屋登记案件规定"第2条第1款的规定,登记机构不应承担责任。

2.对物权法的影响

(1)三位一体的物权法结构原则

作为与债权对立的法律概念,物权缘起于德国,在物权绝对性的基础上,公示、法定、特定等原则搭建了物权法的体系结构,使它得以区别于债法。这一区分是潘德克顿的法学实证主义产物,同时也符合工业革命的发展情况,符合市民经济社会的利益[1],对同处工业革命时代的其他物权法影响深远。

为了表明绝对性,物权须有公然可见、众所周知的外观,此即公示原则的意蕴。在公示机制中,不动产登记远比动产占有稳定、可靠、精准,故占据中心地位。不动产登记在中世纪欧洲业已流行,但彼时只能凭人工在羊皮或纸质登记簿上记载与不动产有关的信息,而记载的信息越多,耗费的人力和材质就越多,错误疏漏也越多[2],这样的客观限制导致登记成本高、效能低。《德国民法典》对前述限制的突破,是对可登记的信息进行缩身,除了不动产物权及与其密切相关的异议登记、预告登记等信息外,其他事项不能登记。

法定原则借助法律的公开性和稳定性,能使民众便宜地知晓现实中的物权有哪些,相应地也能把握自己有怎样的、不会损及物权的行为空间。通过法定原则的协力,公示原则可落到实处,这一点在不动产登记中最为明显,因为物权种类已被法律逐一列明,只要在登记簿上记载权利主体、物权名称等必要事项,就足以应对实际需要,登记成本因此减少,效率

---

[1] 参见〔德〕弗朗茨·维亚克尔:《近代私法史:以德意志的发展为观察重点》,陈爱娥、黄建辉译,上海三联书店2006年版,第415—463页。

[2] Vgl. Buchholz, Abstraktionsprizip und Immobiliarrecht, Frankfurt am Main 1978, S. 52 ff.

随之提升。

特定原则也有助于物权公示[1]，道理很简单，以土地为例，若其四至范围不特定，不动产登记簿则无法建立。

总之，在物权绝对性特质的基础上，以公示原则为龙头，以法定原则、特定原则为辅助的原则三位一体，支撑了物权法的体系结构。[2]

(2) 不动产登记电子化对物权法的影响

现时的信息革命极大地改变着政治、经济、社会、人类的身体和思想[3]，它是否会解构物权法，是应认真思考的问题。公示是引发问题的导火线。有研究指出，信息革命对不动产登记产生剧烈冲击，会削弱法定原则的必要性，在物权自由的转向下，债的关系能替代他物权，孤木不成林的所有权不能独自提纲物权法，它只宜与其他绝对权构成规范群，物权法因此不复存在。[4] 在21世纪初，有德国学者就深刻反思了债权与物权的关系，认为物权法规范要么能被债法吸收，要么能分解到《民法典》其他编，物权法因此丧失了独立地位。[5] 若这一结论成真，物权法要么实质缩水为所有权法，要么在形式上被其他规范整合，这种剧变不能不引起重视。

具体说来，在信息技术推动下，合同订立可电子化，不动产登记簿和申请材料也采用电子介质，能轻而易举地再现合同约定过程；申请、审核、记载均可线上实现，甚至人工智能的审核、记载在实践中业已展开；区块链技术使整个登记流程踏铁有痕、全然可视；移动互联网则使信息查阅不受时空限制。这样的革新同样见诸动产和权利担保登记以及其他担保登记。相比于从前，登记公示效能的提高何止千万里。在这样的变化下，登记完全能把交易全貌展示给世人，再仅仅截取其中的物权变动部分加以确认，把登记仅定位成物权公示机制，那真是杀鸡用了牛刀。

随着信息革命的发展，登记的运行成本会愈发低下，效能会愈发高

---

[1] 参见张双根：《物权公示原则的理论构成——以制度正当性为重心》，载《法学》2019年第1期，第56页。

[2] Vgl. Rey, Die Grundlagen des Sachenrechts und das Eigentum, 3. Aufl., Bern 2007, S. 77.

[3] 参见[以色列]尤瓦尔·赫拉利：《未来简史》，林俊宏译，中信出版社2017年版，第202—361页。

[4] 参见苏永钦：《大民法典的理念与蓝图》，载《中外法学》2021年第1期，第73—74页。

[5] Vgl. Säcker, Vom Deutschen Sachenrecht zu einem Europäischen Veröegensrecht, in: Festschrift für Apostolos Georgiades zum 70. Gebürtstag, München u.a. 2006, S. 359 ff; Füller, Eigenständiges Sachenrecht?, Tübingen 2006.

企。只要允许物权和债在登记中共生并存,均能为他人轻易知悉,绝对性就不再是专属于物权的特质。在三位一体的物权法结构原则中,既然最主要的公示机制不再以物权为限,法定、特定原则的辅助作用也随之荡然无存;既然这些结构原则被摧枯拉朽,物权法的大厦将倾,就不是杞人忧天。

不过,换个视角再审视信息革命对公示机制的冲击,结果也许不是解构物权法,而是通过结构原则的变化再塑物权法,主要表现为:

第一,信息革命促使信息爆炸,在信息过剩的局面中,简约易得就是美德。在历史上,法定原则的重要功能有去除对不动产所有权的人为约束,使分割所有权等产生于封建时代的处分限制所形成的约束无处可藏,从而能形成绝对的、抽象的所有权观念,这便于不动产流通,符合自由经济交易的需求。[1] 若登记信息过于庞杂,只要与物相关的债均能记载并能产生物权效力,封建时代的约束将换个马甲卷土重来,这会增加识别成本,不利于权利流通。为了防止这种负面效用,法定原则能否退出历史舞台,颇值三思。

想在登记信息丰沛化和可掌握信息简约化之间走出一条平衡道路,《美国统一商法典》第9章、《欧洲示范民法典草案》第9卷的动产担保功能化思路也许值得借鉴,即根据权利功能的差异,设置用益权(如建设用地使用权、租赁)、担保权(如抵押权、让与担保)、取得权(如优先购买权、回购)等种类,当事人按需申请记载相关信息,以解决权利识别和交易问题。比如,当事人约定以房屋提供担保,不动产登记机构根据申请将其记载于登记簿的"担保"部分,至于具体形态是抵押、让与担保还是其他,查阅约定内容即一目了然。根据这种思路,随着登记机制的巨大革新,法定原则仍有必要,只不过权利种类和内容要从形式主义转向功能主义。

第二,信息革命能使各路信息即时互联互通,不留信息孤岛,会使物理形态完全不同的数物成为同一特定物,承载同一物权,从而改变特定原则的内涵。举例说明,不动产登记与动产担保登记汇成统一的信息平台后,不动产和动产能整合为一个特定物。比如,在按照特别参数建造仓库

---

[1] 参见〔德〕沃尔夫冈·维甘德:《物权类型法定原则——关于一个重要民法原理的产生及其意义》,迟颖译,王洪亮校,载张双根等主编:《中德私法研究》(第2卷),北京大学出版社2007版,第92—104页。

以储藏特别货物的情形,把仓库及货物一体作为同一担保财产,在担保权实现时避免对仓库和货物分别估价和变价,能实现效用最大化,为此可通过登记记载把它们配置为功能一体的特定物,成为同一担保权的客体。不仅如此,随着物联网、传感网、动态二维码等信息技术的发展,动产占有不只有对物的实际控制这种传统形态,还包括在线感应控制的新形态,这种新形态之间很容易互联互通,从而能把不同动产合一为特定物进行占有。而且,对动产的在线感应信息与登记信息互联互通后,还能促成占有与登记共存于同一平台的新格局,产生同一客体既有登记型物权又有占有型物权的新样态。"担保制度解释"第53条允许动产担保的财产概括描述,表明特定原则在此领域具有空间特定与观念特定相结合的内涵。[1] 信息革命带来的前述变化能印证这一点,并使特定原则的内涵变化对所有的物权都雨露均沾。

第二节 登记能力

物权是登记簿中的主角,既然其登记能力法定,物权之外的其他法律关系似更无理由跳出圈外,理应遵循相同的游戏规则。职是之故,法律关系的登记能力规范可简化为登记能力法定,即能在登记簿中记载的法律关系必须出于法律的明确规定。

一、有登记能力的不动产物权

从理论和规范上演绎,为了在不动产登记簿中营造有序的权利秩序,特别是因为受制于物权法定原则,具有登记能力的物权要有明确的法律根据支持。也就是说,与物权法定原则一致,只有法律规定的不动产物权才有登记能力。[2]《不动产登记暂行条例》第5条在提及可登记的不动产权利时,第10项兜底表述就是"法律规定需要登记的其他不动产权利"。

《民法典》及相关法律规定的房屋所有权、建设用地使用权、宅基地使

---

[1] 参见谢鸿飞:《担保财产的概括描述及其充分性》,载《法学》2021年第11期,第104—105页。

[2] 参见程啸:《我国法上的不动产权利体系与不动产登记能力》,载《中国不动产法研究》2016年第1期,第39—58页。

用权、居住权、地役权、不动产抵押权均与房地产相关,《不动产登记暂行条例》等规范赋予它们以登记能力。

在此应特别提及储备土地使用权。在实践中,依法通过征收、收回等途径收储,准备向市场供应的土地是储备土地,它是国有建设用地使用权的来源。在储备土地通过市场交易设立出让国有建设用地使用权之前,土地储备机构能进行前期开发、管护、出租、临时利用等,但这些占有、使用和收益主要是为了保持地力,并确保土地符合市场供应条件,故储备土地使用权不同于国有建设用地使用权,也不同于其他任何一类用益物权,自成一体。根据《土地储备管理办法》第10条的规定,在储备入库前,土地储备机构应向不动产登记机构申请办理登记手续,储备土地登记的使用权类型统一确定为"其他"(政府储备),登记的用途应符合相关法律法规的规定,故储备土地使用权具有登记能力。

为了最大限度地满足市场主体的需要,不动产登记簿要全面展示有登记能力的不动产物权(见图9-2 有登记能力的不动产物权),进而作为物权归属和内容的根据,就此而言,不动产登记无疑是承载和表征物权的权利平台。

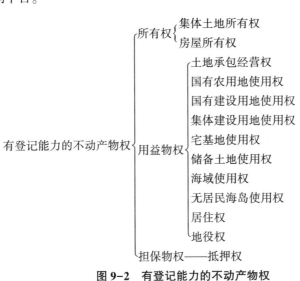

图9-2 有登记能力的不动产物权

二、有登记能力的其他财产权

（一）主要类型

其他财产权主要类型有以下四种。

1. 不动产信托

《信托法》第 10 条规定不动产信托应登记。《不动产登记暂行条例实施细则》第 106 条规定："不动产信托依法需要登记的，由自然资源部会同有关部门另行规定。"目前尚无这方面的具体规定。

2. 债权请求权

买卖合同、抵押合同等约定的引致不动产物权变动的债权请求权，它们是预告登记的对象。根据《不动产登记暂行条例实施细则》第 85 条的规定，预告登记适用于商品房预售、预购商品房抵押、不动产买卖或抵押等法律、行政法规规定的情形。在实践中，预告登记主要适用于商品房预售，涉及买卖预告登记和抵押预告登记，前者以买受人基于预售合同对房地产开发企业等建设单位享有的转移商品房所有权的债权请求权为对象，后者以银行等贷款人基于抵押合同对买受人享有的以其将来取得的商品房为标的物设立抵押权的债权请求权为对象，前者是后者的基础，没有前者就没有后者。

3. 共有人的处分权

《民法典》第 301 条规定："处分共有的不动产或者动产以及对共有的不动产或者动产作重大修缮、变更性质或者用途的，应当经占份额三分之二以上的按份共有人或者全体共同共有人同意，但是共有人之间另有约定的除外。"据此，共有人有关共有物的处分权限归为某一共有人、全体共有人抑或其他的约定，《不动产登记操作规范（试行）》第 2.0.3 条允许该约定载入登记簿，这有助于准确判定共有人的处分权限。

4. 抵押财产的处分权限制

抵押财产的处分权限制事关财产流通性，涉及《民法典》第 406 条对《物权法》（已失效）第 191 条的改革，下面予以详述。

众所周知，能抵押的财产应具有流通性，其价值能在交易市场中发现和确定。与此对应，在抵押期间，只要抵押人不存在破产等法定例外情形，就有权以转让、抵押等方式自由处分抵押财产。但为了最大限度地保护抵押权人，《物权法》（已失效）第 191 条限制了抵押人的处分自由，即未经抵押权人同意，抵押人不得转让抵押财产，抵押权人同意在此成为抵押财产转让的前置要件。不仅如此,《物权法》(已失效)第 191 条还有意阻断抵押权的追击力,抵押权人同意成为抵押权消灭的事由,抵押财产受让人无须承受抵押权。[1] 不动产登记制度对此因应衔接,《不动产登记操作规范(试行)》第 9.3.4 条规定,被抵押的国有建设用地使用权等不动产物权的转移登记,以办理抵押权注销登记为前提。这样一来,不经抵押权人同意,又没有抵押权消灭的其他正当事由,就无法注销抵押权,被抵押的不动产物权也无法办理转移登记,客观上转让不能。在这样的法律框架中,被抵押的不动产物权在抵押期间实际上失去"转让"这一具体的处分权能,抵押人相应地没有自由转让该物权的资格。

《民法典》第 406 条努力恢复抵押财产的这一处分权能以及抵押人的处分自由,第 1 款第 1 句规定"抵押期间,抵押人可以转让抵押财产",并配套以抵押权的追击力,第 1 款第 3 句规定"抵押财产转让的,抵押权不受影响"。但这种恢复并不彻底,《民法典》第 406 条同时给当事人的相反约定预留了空间,第 1 款第 2 句规定"当事人另有约定的,按照其约定"。从这种规范布局很明显就能看出,《民法典》第 406 条是任意规范,以抵押财产自由转让为原则,以约定限制为例外。"担保制度解释"第 43 条对此予以明确,并规定该约定有登记能力。2021 年自然资源部《关于做好不动产抵押权登记工作的通知》第 3 条规定:"当事人申请办理不动产抵押权首次登记或抵押预告登记的,不动产登记机构应当根据申请在不动产登记簿'是否存在禁止或限制转让抵押不动产的约定'栏记载转让抵押不动产的约定情况。"

由前述规定可知,禁止转让抵押财产的约定有登记能力,相比而言,同样允许抵押财产自由转让,又同样允许当事人约定限制,但《德国民法典》第 1136 条特意强调,不得转让抵押土地或设定其他负担的约定无效。如何评价这样的差异,应予认真分析。

(1) 绝对限制与相对限制的区分

约定表现了当事人的创意,而创意是具体的,当事人会根据实际需要而有不同创意,就此而言,限制抵押财产转让约定的内容五花八门,不一而足。不过,从约定对转让抵押财产的限制程度出发,完全能将其类型化。从限制程度来看,限制抵押财产转让约定有两种:一是完全否定,如约定"不得转让""禁止转让"等,此即绝对限制,"担保制度解释"第 43 条

---

[1] 参见胡康生主编:《中华人民共和国物权法释义》,法律出版社 2007 年版,第 418 页。

等将其表述为"禁止";二是未完全否定,而是设定了限制条件,如"未经抵押权人同意,不得转让""清偿80%的债务后,方可转让""另行提供等值担保,才能转让"等,此即相对限制,"担保制度解释"第43条等将其表述为"限制"。这两种约定的意图不同,前者意在使抵押财产在抵押期间无法转让,后者则增加了转让的难度,能否转让系于约定的条件是否成就。正如下文所见,两者的差异是实质性的,不能混为一谈,应分别探讨。

在相对限制中,"未经抵押权人同意,不得转让"之类表明,抵押财产能否转让完全系于抵押权人的主观意愿,这种约定可称为主观限制;"清偿80%的债务后,方可转让""另行提供等值担保,才能转让"之类约定表明,抵押财产能否转让,取决于债务人是否清偿80%的债务或另行提供等值担保这样的客观事实,这类约定可称为客观限制。在主观限制中,抵押权人起着实质控制作用。与主观限制相比,客观限制的确定性高,只要约定的客观事实成就,抵押财产的转让就无可指责。尽管有这种差别,但仔细分析不难看出,客观限制实际是抵押权人同意的客观量化表现,即债务人只要满足清偿80%的债务或另行提供等值担保的条件,就达到了抵押权人的要求,其没有不同意的理由。就此说来,这些约定的客观条件无非是抵押权人同意的替代,客观限制因此是主观限制的细化。由于主观限制与客观限制有实质相同之处,下文涉及相对登记之处,主要以主观限制为对象进行分析。

(2)绝对限制没有登记能力

与《物权法》(已失效)第191条相比,《民法典》第406条以抵押财产自由转让为根本导向,在不动产抵押中,只有否定绝对限制的法律效力,才能与《民法典》第406条的导向匹配,绝对限制因此没有登记能力。

第一,绝对限制之所以没有登记能力,是因其无效,没有载入不动产登记簿的资格。

绝对限制实质是抵押人承诺在抵押期间不转让抵押财产,这是权利人放弃其本有利益的表现,在无害于公序良俗和他人合法利益的前提下,法律当然没有否定的必要。不过,比较法的经验并非如此。比如,为了保持和促进经济活动的自由,根据《德国民法典》第1136条,不得转让抵押土地的约定无效,故而,即便有该绝对限制,抵押人对抵押权人也不负担不得转让土地的义务。[1] 又如,《瑞士民法典》第 27 条第 2 款规定,任何人不得以违反法律或违背道德的方式阻碍他人的自由;第 812 条规定,抵押人放弃在抵押财产上再设立负担的行为无效,综合这两个条文,旨在禁止抵押人设立负担的绝对限制无效[2],与此相关的违约责任约定也无效。[3] 英国也有类似经验,即抵押人不能行使回赎权的约定无效。[4] 可以说,在德国、瑞士和英国,与抵押人的处分自由相比,与抵押财产持续的流通性相比,绝对限制的意思自治价值不值一提,没有法律意义。

若以抵押人的处分自由为至高准则,将之视为抵押领域的公序良俗,那很显然,绝对限制自当没有法律效力。然而,在《物权法》(已失效)第 191 条的长期强力约束下,无论在规范上还是在实践中,抵押人并没有自主转让抵押财产的自由,既然抵押人自由转让抵押财产并非现实,那就无从成为从现实中渐进生成的公序良俗[5],至多是抵押人的美好向往,未经规范推动和实践积淀,它不会在《民法典》和"担保制度解释"等新制实施、《物权法》等旧制废止之时,一跃成为稳定秩序和良好习惯。这意味着,在我们缺失德国、瑞士和英国经验做法的情况下,还真不能以违背公序良俗为由来否定绝对限制的法律效力。

再看我国台湾地区,其"民法"没有与《德国民法典》第 1136 条相当的条文,学理对绝对限制的效力认定非常谨慎,认为其并非无效,而是不能对抗抵押财产受让人。[6] 这种认识为肯认绝对限制的效力提供了有力佐证,但其理论缺陷很明显,不足为训。具体说来,我国台湾地区"民

---

[1] 参见〔德〕鲍尔、〔德〕施蒂尔纳:《德国物权法(下册)》,申卫星、王洪亮译,法律出版社 2006 年版,第 163—164 页。

[2] Vgl. Leemann, Kommentar zum §812, in: Berner Kommentar zum ZGB, Band IV, 2. Aufl., Bern 1925, Rn. 37.

[3] Vgl. David/Daniel, Kommentar zum §805-823, in: Zürcher Kommentar zum Schweizerischen Zivilgesetzbuch, Band/Nr. IV/2b/2, 2. Aufl., Zürich 2013, Rn. 47.

[4] See Fairclough v Swan Brewery Co Ltd [1912] AC 565; Victoria Sayles, *Land Law*, 5th Edition, Oxford : Oxford University Press, 2016, pp.229-233. 需要提及的是,英国不动产抵押需要将不动产以租赁或转让的方式转给抵押权人,抵押人享有回赎权,这与德国、瑞士以及我国的抵押权构造不同。

[5] 公序良俗不是超然于现实的美好图景,其要么是在实证法中存在的概括性原则,要么是事实上存在于国民生活意识的规则,具有源于现实、长于实践的特色。参见黄立:《民法总则》(修订四版),元照出版有限公司 2005 年版,第 326—327 页。

[6] 参见姚瑞光:《民法物权论》,中国政法大学出版社 2011 年版,第 149 页;谢在全:《民法物权论(下册)》(修订七版),新学林出版股份有限公司 2020 年版,第 206 页。

法"不像《物权法》(已失效)第191条那样禁锢抵押人的转让自由,而是一贯秉持这种自由。而且,在转让被抵押的不动产之际,我国台湾地区有注销抵押权的交易习惯,这种习惯以便于抵押财产流通、简化权利关系为动因和导向[1],绝对限制无疑与此格格不入。基于此,在法律规范、社会观念和交易实践的长期浸淫下,抵押人的转让自由在我国台湾地区可谓公序良俗,与此相悖的绝对限制只有无效这一个归宿。若非如此,台湾地区的学理认识就会陷入自我背反,因为在其学理传统和司法实践中,过度限制经济行为自由被认为是违背公序良俗的典型形态。[2] 在此前提下,完全否定抵押人转让自由的绝对限制反而有效,在说理标准和逻辑上明显缺乏正当性。

可以说,在德国、瑞士、英国和我国台湾地区,抵押人自由转让抵押财产,不仅是写入法律、法院裁判文书和教科书的抵押人权利,还是深潜于交易现实的通常观念和常规做法,绝对限制在实践中属于罕见的异数。在这样的背景下,无论像《德国民法典》第1136条那样直接否定绝对限制的效力,还是借助抵押人自由转让抵押财产这一公序良俗来否定其效力,都不会造成副作用。

但我国大陆没有这样的现实基础,不能用前述理由来否定绝对限制的效力,我们不能单纯地借助或套用比较法经验来正当化自家的认识。解铃还需系铃人,既然问题出在从《物权法》(已失效)第191条到《民法典》第406条的转型,那我们必须考察这一转型目的,看绝对限制能否融入其中,进而判断其有无法律效力。

在整体上看,《民法典》第406条把抵押人从《物权法》(已失效)第191条的禁锢中解放出来,恢复其转让抵押财产自由的努力很明显。在《物权法》(已失效)第191条的背景下,抵押权人同意是抵押财产转让的唯一关卡,即便当事人约定了绝对限制,但只要抵押权人同意,抵押财产仍能现实转让,绝对限制在此没有法律意义。在《民法典》第406条比《物权法》(已失效)第191条更倾向于抵押财产自由转让的导向下,无疑更应否定绝对限制的法律效力,否则,像"担保制度解释"第43条第2款规定的那样,在绝对限制登记后,只要受让人没有代替债务人清偿债务导致抵

---

[1] 参见林清汶:《对于民法第八六七条抵押权追及性之研究与建议》,载《月旦法学杂志》2013年第9期,第268—270页。
[2] 参见陈自强:《民法讲义Ⅰ:契约之成立与生效》,法律出版社2002年版,第153页。

押权消灭,抵押财产转让绝对不发生物权效力,会使《民法典》第 406 条的实际效果反而比《物权法》(已失效)第 191 条更限制抵押人的转让自由,这显然不是立法者所乐见的。

而且,绝对限制以照料抵押权人的利益为导向,其目的旨在固定和强化抵押关系双方的人身属性,不容许抵押人的主体身份变更。出于维护抵押权人最大利益的考虑,这种导向完全可以理解,但不一定非要采用绝对限制这样的决绝手段,双方完全可以约定主观限制,把抵押权人同意作为抵押财产转让的先决条件,由抵押权人拿捏抵押财产是否适宜转让的分寸,同样也能达到目的。两相对比,主观限制比绝对限制对抵押人的处分自由限制要小,但同样能实现后者意欲的目的,从比例原则的角度来看,前者能替代后者。说这些是想表明,即便绝对限制无效,但通过无效法律行为转换的法理,仍能把隐含于该约定当中的主观限制的意思凸显出来,赋予其法律约束力,从而既在相当程度上尊重了当事人的意思自治,不至于彻底抹煞该约定的利益导向,又能消除其副作用,可谓两全其美。也就是说,尽管《民法典》未规定无效法律行为转换的规则,但裁判者只要像既有的司法经验一样,妥当运用该法理[1],仍能轻松解决问题。这样一来,无论当事人基于何种考量,不动产抵押中的绝对限制应一律无效。

可以说,正因为抵押人自由转让抵押财产并非我们现实中可用的公序良俗,我们无法据此来否定绝对限制的法律效力,才更有必要探查《民法典》第 406 条的目的和导向,把绝对限制从该条第 1 款第 2 句的约定中扣除出来,使其不能发生法律效力。与此同时,在司法中把这种无效行为转换为主观限制,不会过分忽略当事人想照料抵押权人利益的目的。故而,绝对限制没有登记能力。

第二,认定绝对限制无效的规范路径。

上面的话虽然十分确定,但仍有解释难题,究竟应依怎样的规范路径来认定绝对限制无效?

从形式上看,《民法典》第 406 条是任意规范,正是它给绝对限制提供了生存土壤,此外也没有其他强制规定来非难这种约定,故而,即便把民事

---

[1] 参见常鹏翱:《无效行为转换的法官裁量标准》,载《法学》2016 年第 2 期,第 42—51 页;最高人民法院民事审判二庭编著:《〈全国法院民商事审判工作会议纪要〉理解与适用》,人民法院出版社 2019 年版,第 345—347 页。

强制规范纳入《民法典》第 153 条第 1 款的"法律、行政法规"范围[1],也无法说绝对限制违背强制规定而无效。同时,正如前文所言,也难以根据《民法典》第 153 条第 2 款的规定,说绝对限制因违背公序良俗而无效。

这看似无解,其实不然,从规范目的出发,完全能得出绝对限制无效的结论。《民法典》第 406 条扭正了《物权法》(已失效)第 191 条的指向,以引领抵押财产的自由转让为目的,这一点是确定无疑的。[2] 绝对限制与该目的刚好相悖,放任其发生效力,特别是在其登记后,发生"担保制度解释"第 43 条第 2 款规定的对抗第三人的效果,不仅无异于回到了《物权法》(已失效)第 191 条限制抵押财产自由转让的局面,还有过之而无不及。因为《物权法》(已失效)第 191 条还有抵押财产因抵押权人同意而转让的闸门,而"担保制度解释"第 43 条第 2 款却可以通过绝对限制封上这道闸门。而且,虽然《民法典》第 406 条通过当事人约定来保护抵押权人的利益,但用比例原则来衡量,绝对限制对抵押权人的保护力度过大,不是适格的手段。既然绝对限制与《民法典》第 406 条的目的不合,那就不能认可其法律效力,其规范依据无需取道他径,用《民法典》第 406 条自身即可。

这样的分析思路并非孤案,流押条款是大家更为熟知的适例。《物权法》(已失效)第 186 条明定禁止流押条款,《民法典》第 401 条未同样明定禁止,而是将其法律效果表述为抵押权人"只能依法就抵押财产优先受偿",但无论基于哪个条文,流押条款都没有法律效力。[3] 造成这一结果的规范依据无他,正是这两个条文本身。

说到底,无论是基于《民法典》第 406 条否定绝对限制的效力,还是基于《民法典》第 401 条否定流押约定的效力,均是从条文目的出发进行的功能考量。

第三,认定绝对限制无效的实益。绝对限制无效与有效有天壤之别,最明显的,无效的绝对限制不能发生当事人预期的约束力,正如德国

---

[1] 参见黄薇主编:《中华人民共和国民法典释义(上册)》,法律出版社 2020 年版,第 304—305 页。

[2] 同上书,第 786—787 页。

[3] 参见高圣平:《担保法前沿问题与判解研究》(第四卷),人民法院出版社 2019 年版,第 347 页;黄薇主编:《中华人民共和国民法典释义(上册)》,法律出版社 2020 年版,第 778 页。

和瑞士的法例显示的那样,即便有绝对限制,抵押人也能自由转让抵押财产,无须承担违约责任,把这种做法放在我国,结论就是绝对限制不应在"担保制度解释"第 43 条的适用范围。

不过,按照前文所述,无效的绝对限制能转换为有效的主观限制,这样一来,抵押人负担了转让抵押财产须经抵押权人同意的义务,抵押人违背该义务的,要适用"担保制度解释"第 43 条,照此来看,认定绝对限制无效似乎没有实益。其实不然,正如下文所见,在主观限制中,抵押权人同意虽然使抵押权人取得单向控制抵押财产转让的权利,但在抵押财产转让无害于抵押权时,同意还是抵押权人的义务,抵押权人违背该义务的,抵押人可不经抵押权人同意就能转让抵押财产,无须承担违约责任。若非如此,根据"担保制度解释"第 43 条第 1 款的规定,绝对限制有效的,未经抵押权人同意,抵押人转让抵押财产,应承担违约责任。

不仅如此,无效法律行为的转换是裁判规范,不动产登记机构不能援用,对登记机构而言,无效的绝对限制没有转圜的生机。限制抵押财产约定具有登记能力的前提是其有效,否则,即便登记,也不改绝对限制无效的后果,更不会使其对抗第三人。而且,由于当事人的约定借助登记会产生信息溢出效应,能约束第三人,这在相当程度上限制了权利人的处分自由,若这种限制不符合制度目的,也不能登记。比如,地役权当事人约定供役地人不能转让供役地,一旦该约定成为地役权的内容,供役地人就不再有处分权,供役地只能"烂"在供役地人手中,无论需役地是否转让,也无论需役地转让给谁,供役地人都不能转让供役地,这与地役权的制度目的不合,故而,虽然这种约定在当事人之间产生债的效力,但不能登记。[1] 以此为标准来看,限制权利人处分自由的约定虽然有效,但因登记会过度限制处分自由时,该约定没有登记能力。与此相比,绝对限制本身已过度限制抵押人的处分自由,背离了《民法典》第 406 条的规范目的,基于举轻以明重的道理,更不应贸然允许其有登记能力。

(3)主观限制具有登记能力

主观限制与绝对限制有根本不同,前者在满足法律行为生效要件时具有法律效力。而且,正是保护抵押权人的法定手段不周延,主观限制才

---

[1] 参见〔德〕鲍尔、〔德〕施蒂尔纳:《德国物权法(上册)》,张双根译,法律出版社 2004 年版,第 715—716 页;谢在全:《民法物权论(下册)》(修订七版),新学林出版股份有限公司 2020 年版,第 54—55 页。

有用武之地,具有实质正当性,并具有登记能力。由于主观限制的法律效果与《物权法》(已失效)第191条的适用结果存在实质差异,不能认为肯定主观限制是在"复辟"《物权法》(已失效)第191条。这些分析对客观限制同样适用。

第一,主观限制与绝对限制没有效力等同性。与绝对限制一样,对主观限制也要进行效力评价。在评价前,应先解决这两种约定是否同质的问题,若其二者实质等同,在绝对限制无效的前提下,基于同等事物同等对待的原理,主观限制也应无效。

有人会说,绝对限制含有抵押财产转让须经抵押权人同意的意思,与主观限制实质等同。这种认识看到了两者的共性,而在假设主观限制有效的前提下,这种共性正是无效的绝对限制转换成主观限制的根基。不过,对意思表示的解释首先立足于文义,就文义而言,绝对限制彻底否定了抵押财产转让的可能性,而主观限制以抵押权人同意为条件,保留了抵押财产转让的可能性,其二者因此不能混为一谈。这一点在德国法上有清晰表现,尽管《德国民法典》第1136条否定绝对限制的效力,但主观限制得到允许,在该限制的约束下,抵押人未经抵押权人同意而转让抵押财产,能成为抵押权实现的条件。[1] 至于在绝对限制的框架下,经抵押权人同意,抵押人转让抵押财产的,不过是双方协商废止绝对限制,新订并履行主观限制的表现。

有人会从结果出发提出疑问,在主观限制中,抵押权人占据着主动地位,即便抵押财产转让无害于甚至有利于抵押权,如受让人是世界500强企业,其接手被抵押的商场房产,会使财产价值大幅提升,抵押权人对此仍有不同意的权利,其结果与绝对限制不还是一样吗?这种疑问相当有力,若其成真,前述对绝对限制和主观限制的差异化分析,不过是头脑风暴和概念游戏,没有实际价值。其实不然,绝对限制彻底否定了抵押财产的转让,未给抵押关系双方预留一丁点的意思介入空间,这意味着,面对抵押人转让抵押财产的表示,抵押权人既没有同意的权利,也没有同意的义务。与此不同,主观限制为抵押权人预留了是否同意的意思介入空间,其因此占有主动地位,就此而言,同意是抵押权人的权利,是否同意或在何种条件下同意,取决于抵押权人。但不要忘了,合同解释还要看交易

---

[1] 参见〔德〕鲍尔、〔德〕施蒂尔纳:《德国物权法(下册)》,申卫星、王洪亮译,法律出版社2006年版,第158—159页。

目的,主观限制的目的是防止抵押财产转让危及抵押权,在这个目的指引下,同意还是抵押权人的义务,即在抵押财产转让不会危害抵押权时,抵押权人有同意的义务,而不能借此拿翘。相应地,在这种情况下,为了防止抵押权人滥用主动地位,对抵押财产转让不表示同意或消极不表态,抵押人应有反制措施,有权请求抵押权人履行同意义务。这种机制在德国不乏其例。比如,根据《德国地上权条例》第5条、第7条的规定,当事人可约定,地上权人转让地上权,须经土地所有权人的同意,若转让未根本性地妨害或危害地上权的设定目的,且受让人的人品能够确保其依照约定履行地上权内容中的义务,则地上权人有权要求土地所有权人同意其转让地上权。[1] 又如,《德国住宅所有权与长期居住权法》第12条允许约定住宅所有权人转让住宅须经其他住宅所有权人或第三人的同意,但这些人只能出于重要原因才有权拒绝同意,而且,该限制能通过住宅所有权人的多数决来取消。[2] 正是通过这样的相互牵制,主观限制能有效实现其目的,并实质平衡双方利益,进而与绝对限制有云泥之别。

既然主观限制不同于绝对限制,当然也就不能以后者无效为由直接否定前者效力,在符合主体适格、意思表示适当、满足法律规定的特别要件等合同有效要件时,主观限制有效。

第二,主观限制具有实质正当性。从根本上看,主观限制之所以存在,并应赋予其法律约束力,是因为在抵押财产转让时,《民法典》对抵押权人的保护存在力所不及之处,主观限制则能给予必要的填补。

《民法典》对抵押权人的这种保护包括以下手段:①根据第406条第1款第3句的规定,抵押财产转让不影响抵押权,取得财产的受让人是抵押人,其对抵押财产可能或实际造成损害时,抵押权人能行使第408条的保全请求权,这样就能应对受让人滥用抵押财产、贬损其经济价值、损害抵押权的隐患。②根据第406条第2款第2句的规定,在有证据证明抵押财产转让可能损害抵押权时,转让款要供抵押权人优先受偿,这样就在抵押权之外,抵押财产转让款也实际负载了担保作用,为抵押权人提供了双保险。这些手段很强力,但不足也很明显。单就适用情形来看,它们均着眼于抵押财产完成转让,在米已成粥时为抵押权人提供救济,而不能未雨

---

[1] 参见李静译:《地上权条例》,载《中德私法研究》(第1卷),北京大学出版社2006年版,第261—262页。
[2] 参见胡晓静译:《德国住宅所有权与长期居住权法(德国住宅所有权法)》,载《中德私法研究》(第5卷),北京大学出版社2009年版,第167—168页。

绸缪,无法把危及抵押权的抵押财产转让扼杀在摇篮之中,不让其现实发生。也正因为允许抵押人自由转让抵押财产、并承认抵押权追及效力的方案是"亡羊补牢"的事后救济,《物权法》(已失效)才选择了第191条的方案,以求能事先保护抵押权人,避免破坏抵押财产转让后形成的财产秩序。[1]

受制于抵押权的结构,在抵押财产转让时,未雨绸缪的保护非常重要。抵押制度对抵押财产的使用价值和交换价值在当事人之间进行了分配,只要抵押权人未租用或借用抵押财产,抵押人通过控制抵押财产能保有其使用价值,抵押权人则能支配其交换价值。不过,虽然抵押财产的价值在制度上有这样的分离,但它们实则浑然一体,道理很简单,抵押人一把火把抵押房屋烧了,哪儿还有交换价值;反之,抵押人把商场等经营类的抵押房屋盘活了,交换价值自然跟着水涨船高。这说明抵押财产的交换价值与使用价值唇齿相依,休戚相关,要确保抵押财产的交换价值,抵押权人就应能排除使用人有损抵押财产价值的用益行为。[2] 也就是说,在实践中,抵押人不仅控制着抵押财产的使用价值,还实实在在地会影响其交换价值,故而,抵押财产是什么,抵押人是谁,对抵押权人是否成立主债权债务关系、是否设立抵押权的交易决策而言,都是至关重要的信息。与此同理,在抵押财产转让时,受让人是谁,会影响抵押财产将来的交换价值,当然也是抵押权人的关切所在。

《民法典》第406条第2款第1句注意到了抵押权人的这种利益关切,要求抵押人在转让抵押财产时,应及时通知抵押权人。这固然能使抵押权人知悉抵押财产的转让事宜,但未赋予其话语权,抵押权人除了被动接受抵押财产的转让,别无回天良法。因为抵押财产的转让遵循不动产物权变动规则,即便抵押人不履行通知义务,也不会影响抵押财产的转让。不过,在抵押人有转让抵押财产的动议,但尚未实施或完成转让之前,抵押权人对受让人不满意,并有证据表明转让可能有害于抵押权,如受让人向来经营不善,没有能力像抵押人那样能经营好被抵押的商场房屋,若抵押权人能行使《民法典》第408条的保全请求权,及时叫停抵押财产的转让,就能保全自己的利益。问题在于,抵押权人的保全请求权是与

---

[1] 参见王胜明:《物权法制定过程中的几个重要问题》,载《法学杂志》2006年第1期,第35—38页。
[2] 参见曾品杰:《论不动产利用权与抵押权之关系》,载《月旦法学杂志》2016年第6期,第112—130页。

抵押权的结构匹配的,它以抵押人滥用抵押财产,可能危及或现实损害抵押财产使用价值的情形为对象[1],这种滥用行为是事实行为,不包括抵押人转让抵押财产这一法律行为。而且,受让人经营不善的过去,只说明历史,仅凭此无法确定其未来,谁能说失败者一定不会东山再起?因此,《民法典》第408条不能为抵押权人事先阻止抵押财产转让提供有力支持。

这样看来,仅凭前述的保护手段,抵押权人无法事先防止会贬损抵押财产交换价值的抵押人替换,正因此,抵押权人不得不进行自救,主观限制随之产生,它使抵押权人能提前卡位,判断抵押财产能否转让给某一受让人,从而填补前述保障手段的空缺。

事实上,即便在适用《物权法》(已失效)第191条的情形,包括商业银行等金融机构制定的格式抵押合同在内的各种抵押合同往往会明确约定主观限制[2],对此现象,固然可以理解为当事人对《物权法》(已失效)第191条的无知或无视,但从另外一个角度来看,反而更能说明抵押权人对抵押财产的转让具有天然的敏感度,通过在抵押合同中重复《物权法》(已失效)第191条的内容,再次强调抵押权人的同意对抵押财产转让的关卡作用。

第三,主观限制具有登记能力。"担保制度解释"第43条以是否登记为标准,对主观限制的法律效果予以分类规制。这隐含了主观限制能记载于不动产登记簿这一前提,也即主观限制具有登记能力,自然资源部《关于做好不动产抵押权登记工作的通知》第3条对此有明确确认。

主观限制具有登记能力的规定是非常必要的,因为《民法典》第406条的制度转型备受抵押融资交易业界的关注,业界对于主观限制应能记载于不动产登记簿的呼吁声音很高,这的确事关抵押融资交易能否正常开展,是优化营商环境必须考量的重要方面,自然资源部负责指导、监督全国不动产登记工作,同时在优化营商环境的财产登记指标方面发挥牵头和负责作用,故其有动力扩大登记能力的范围,把主观限制等约定纳入

---

[1] 参见谢在全:《民法物权论(下册)》(修订七版),新学林出版股份有限公司2020年版,第225、228页;王利明:《物权法研究(下卷)》,中国人民大学出版社2016年版,第486—487页。
[2] 参见甘肃省庆阳市中级人民法院(2014)庆中民初字第67号民事判决书、吉林省高级人民法院(2016)吉民终42号民事判决书、陕西省西安市中级人民法院(2019)陕01民终7176号民事判决书。

进来。而且,赋予主观限制等约定以登记能力,在我国是切实可操作的,因为信息技术的迅猛发展,使电子登记成为不动产登记的主流业态。从理论上讲,登记能显示的信息无穷多,查询也能实现在线化、即时化和全景化,这样一来,登记机构在登记簿中准确地再现主观限制等约定,并向社会公众提供便利的查询,成本负担完全内化于其正常工作,不会额外增加登记成本。

(4)小结

综上所述,《物权法》(已失效)第191条在我国施行多年,商业银行等金融机构围绕它形成稳固成型的交易机制,在法律和交易的强力推动下,未经抵押权人同意,抵押人不得转让抵押财产,业已成为抵押融资交易中根深蒂固的观念。《民法典》第406条针对《物权法》(已失效)第191条进行了制度转型,在松绑对抵押财产转让的限制的同时,又允许当事人进行例外约定。《物权法》(已失效)第191条在稳定交易秩序、实现物尽其用等方面的作用明显,《民法典》第406条第2款规定的抵押财产转让可能损害抵押权的情形不明[1],为了确保交易安全,金融机构在进行抵押融资时,会普遍延续既往的经验做法,通过约定限制抵押财产转让。在此情况下,该约定有何法律效果,就成为事关重大的问题。"担保制度解释"第43条回应了该问题,所持方案的基本立场值得赞同,但仍有进一步探讨的空间。

限制抵押财产转让约定源自《民法典》第406条,而该条是在恢复抵押人处分自由的目的引导下,才背离《物权法》(已失效)第191条进行制度转型,此目的对该约定的法律效果起着重要的指引作用。在不动产抵押中,绝对限制过分约束了抵押人的处分自由,与《民法典》第406条的方向相悖,不应产生法律效力,不应具有载入不动产登记簿的登记能力,"担保制度解释"第43条等规定的"禁止"因此不宜包括这种绝对限制。不过,法院在处理绝对限制的纠纷时,可通过无效法律行为的转换,认定它发生主观限制的效力。对于不动产登记机构而言,则不宜将这种绝对限制记载于登记簿。

(二)适用范围的扩张

1.初步分析:以"昆山城开锦亭置业有限公司与昆山市国土资源局不

---

[1] 参见程啸:《担保物权研究》(第二版),中国人民大学出版社2019年版,第454—458页。

动产行政登记及行政赔偿案"为对象。

在我国不动产统一登记的制度建设中,主导部门曾认为,除了预告登记,具有登记能力的权利被限定为不动产物权。[1] 但如前述,为了因应实际需要,具有登记能力的其他财产权的范围有了适度扩大。从实践情况来看,不动产登记机构以及法院深受登记能力法定原则的影响,除了前述类型非常有限的财产权,共有人对不动产的管理、分割等被《民法典》明文规定的约定内容也没有登记能力,不能记载于登记簿,遑论未被法律规定的其他约定。

以一个典型案例为例。在"昆山城开锦亭置业有限公司(以下简称城开公司)与昆山市国土资源局(以下简称昆山国土局)不动产行政登记及行政赔偿案"中,城开公司与昆山国土局及花桥开发区管委会就案涉土地签订出让合同,取得土地使用权。城开公司在案涉土地建造6754.91平方米商业地下室,昆山花桥经济开发区规划建设主管部门明确它不对外销售;该区管委会及城开公司均向昆山国土局提交材料,重申该地下室不对外销售;昆山市人民政府向城开公司颁发的国有土地使用权证也有相同记载;昆山市住房和城乡建设局向城开公司颁发的商品房屋交付使用备案证书的备注栏载明:某商业中心地下室1—43室,商业面积6754.91平方米,共43套,办理自用房手续,已在商品房信息管理系统中冻结,不得对外销售;根据花桥管委会意见,须在初始登记和房产证上注明"如需进行二手房转让,必须先行征得花桥管委会同意"。昆山国土局颁发的不动产权证书附记栏中注明:"新建,办理自用房手续,不得对外销售。如需进行二手房转让,必须先行征得花桥管委会同意。"一审法院认为,《不动产登记暂行条例》第8条对不动产登记簿的记载事项已作出明确规定,登记中任何涉及对不动产的权利限制、提示的事项均必须有法律依据。本案的前述附记内容"不得对外销售。如需进行二手房转让,必须先行征得花桥管委会同意"系对该原告物权的限制,不属于《不动产登记暂行条例》第8条规定的应当登记的涉及不动产权利限制的事项范围,该附记记载行为缺乏法律依据,予以撤销。[2]

---

[1] 参见国土资源部法规司、国土资源部不动产登记中心编著:《不动产登记暂行条例释义》,中国法制出版社2015年版,第43—66页;国土资源部不动产登记中心编:《不动产登记暂行条例实施细则释义》,北京大学出版社2016年版,第55—57页。

[2] 参见苏州市姑苏区人民法院(2018)苏0508行初214号行政判决(载《最高人民法院公报案例》2022年第8期)。

在该案中,前述附记内容限制了城开公司的处分权,这种限制并非空穴来风,而是有一系列行政行为的铺垫和支撑,只要这种限制确属事出有因且公平合理,如城开公司支付的案涉土地出让金低于市场价,同意建成的地下室转让时要经花桥管委会的同意,则其法律效力应予认可。在花桥管委会可代表出让人的前提下,这种限制的意思是说,不经出让人的同意,城开公司不能转让地下室及其建设用地使用权。不允许这种限制记载于不动产登记簿,则它只能产生内部约束力,一旦城开公司未经花桥管委会同意转让地下室时,前者应对后者承担损害赔偿的违约责任,至于控制这些地下室流通的原初目的,就不能得以保障。反之,若允许其登记并进而产生对抗力,即未经花桥管委会同意,从城开公司处受让地下室的人不能取得所有权,就能实现该目的。

以登记能力法定为由,否定前述附记内容的登记能力,自有其道理。问题在于,该附记内容所为的限制与抵押财产主观限制除了发生场合不同,没有实质差异,后者可登记,而与其功能完全一致的前者却不能登记,有违相同事物同等对待的自然正义。

其实,不动产登记制度在明确权属的基础上,有引导交易有序发展的独特目的,认可诸如前述限制这样的与不动产物权密切相关的约定有登记能力,便于受让人了解不动产物权的状态,以决定是否或如何进行交易,能节省交易成本,并避免可能的纠纷解决成本,同时还能恰当实现法定的物权内容与当事人约定搭配的规范目的。正因此,在德国、瑞士,法律规定的与不动产物权密切相关的约定都有登记能力[1],这些法域与我国的物权法、不动产登记制度高度同质,只要没有特殊的强力事由,我国不应有例外。故而,我国的有登记能力的财产权的范围应再予扩大。

2. 延伸分析:登记能力扩张的实益

在实践中,不动产物权变动通常是交易的结果,登记机构在登记簿中准确记载该结果,能为以该物权为标的物的交易提供可靠基础,这是登记作为物权平台能发挥的作用。它并不止步于此,通过对合同约定内容的记载,还能为相关交易搭建平台,展现交易过程,以推动交易的便捷化,提高交易效率,就此而言,登记还是交易平台。借助这个平台,交易相对人能准确且便宜地确定不动产物权信息,减少交易成本。此外更重要的

---

[1] 参见《德国地上权条例》第 2 条、第 5 条,《德国住宅所有权与长期居住权法》第 5 条、第 10 条、第 12 条等;《瑞士民法典》第 730 条、第 741 条、第 782 条、第 792 条等。

是,这个平台有助于增加交易确定性,有助于创新交易模式。这些都是登记能力扩张会带来的实益。

(1)确定物权信息、减少交易成本

信托交易、预告登记都依托于不动产物权来展开,底层的不动产物权是这些交易得以成型的基础,若它们不能在登记中显示,就需要另设其他交易平台[1],而这些平台没有底层的不动产物权信息,当事人还要再通过查询登记资料才能确知,这就徒增交易成本。除了前述交易,以房屋及建设用地使用权等为标的物的租赁,通过 BOT、PPP 等方式取得的房屋经营权或收益权,对承租的房屋等享有的优先购买权,也有借助底层不动产物权信息的需求,理应记入登记簿。

(2)增加交易确定性

不动产登记增加交易确定性的途径很多,不一而足。其能从主体入手,明确相关权限,对共有人处分权限的登记就是适例。与此相当,共有人对共有物使用、管理、分割的约定,小区规约对业主使用共有部分权限的规定,也应能登记。[2] 其还能从客体入手,明确不同客体的关系,比如,像《瑞士民法典》第 805 条第 2 款、第 946 条第 2 款那样,在登记簿中明确不动产的从物,进而使从物随主物处分的规则适用起来更为确定;又如,明确不同不动产分别是需役地和供役地的法律地位,即便它们同归一人,仍能像《瑞士民法典》第 733 条、我国台湾地区"民法"第 859 条之 4 那样设立自己的地役权,以便权利人事先规划不动产的利用。其还能从内容入手,明确权利人对标的物的支配利益,如登记地役权的利用目的和方法、抵押权担保的债权范围等。

登记是公示机制,对社会公众公开,当事人进行交易的约定被登记后,能被公众知悉,进而产生约束第三人的效力,这样一来,第三人在查询登记后就能决定是否或如何进入该交易,减少其信息获取成本和决策成本,还能维持交易的稳定性,减少不必要的协商成本和纠纷解决成本,如在共有物使用、管理、分割的约定登记后,某一共有人将其份额转让给第三人,第三人就必须遵守该约定,不能要求推翻重来。

---

[1] 比如,登记机构一直未实际开展不动产信托登记,实务业界为了解决需求,只能自设上海信托登记中心等交易平台。

[2] Vgl. Rey, Die Grundlagen des Sachenrechts und das Eigentum, 3. Aufl., Bern 2007, S. 186; Brehm/Berger, Sachenrecht, 3. Aufl., Tübingen 2014, S. 81.

（3）创新交易模式

从根本上讲，不动产交易的创新源自交易主体的创意和交易业界的认可，而法律的限制越少，创新的空间就越大。比如，实践中不少房屋租赁企业没有自有房屋，而是在承租他人房屋后进行租赁经营，在房屋租赁能被登记后，以这些企业的租赁权为担保财产进行融资，并通过登记来表征该担保权利，就非天方夜谭，在江浙地区比较流行的以商铺租赁权为客体的担保就是先例。其实，只要具有流通性的财产权记载于不动产登记簿，就能通过登记来设立担保权利，这种交易的面向是相当宽阔的。又如，实践中以转让房屋所有权等不动产物权的方式来担保债权的不动产让与担保屡见不鲜，根据"担保制度解释"第68条、"九民纪要"第71条的规定，债权人不能确认其享有不动产物权，只能对标的物享有优先受偿权，既然如此，就不妨把当事人的约定记载于登记簿，以明确让与担保的法律地位。再如，通过信息衔接机制，不动产登记与企业信息、交通运输工具登记、知识产权登记、动产融资统一登记公示系统等联通互动，就能完整显示企业财产信息，从而推动以企业整体财产为客体的担保。

纸介质登记的承载能力相当有限，但通过预告登记等，已然发挥了交易平台的作用。与纸介质登记相比，在网络信息技术的加持下，电子登记的承载能力在理论上是无限的，操作的便捷度也有云泥之别，它能很方便地把表现交易过程的约定载入登记簿，由此扩张有登记能力的财产权范围，是完全可行的。

三、有登记能力的其他事项

这些事项不是财产权，主要包括：①根据《民法典》第220条第2款、《不动产登记暂行条例》第3条，权利人、利害关系人认为不动产登记簿记载事项错误的异议是异议登记的对象。②根据《不动产登记暂行条例》第3条，因诉讼保全、强制执行等原因而对不动产的查封是查封登记的对象。

第三节　不动产登记的程序制度

不动产登记程序制度包括依申请的登记程序制度、依嘱托的登记程序制度和依职权的登记程序制度(见图9-3 不动产登记的程序制度框架),以下依次展开。

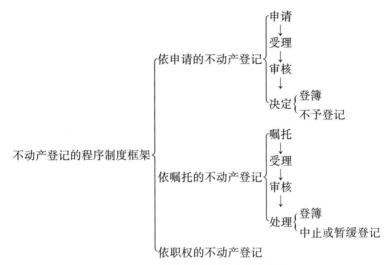

图9-3 不动产登记的程序制度框架

一、依申请的不动产登记程序

为了保护申请人的正当权益,也为了规范不动产登记机构的行为,不动产登记制度详尽合理地规定了登记程序,《不动产登记暂行条例》第14—22条对此有所体现,其程序环节包括申请(第14—16条)、受理(第17条)、审核(第18—19条)和决定(第20—22条)。上述规定针对的是依申请的不动产登记程序,它是登记程序的主干,在实践中最为常见。

(一)申请

1. 基本界定

不动产登记虽然由登记机构主导,但其内容多涉及民事主体的权利归属和利益变化,为了防止登记机构滥用权力,不当干涉民事主体的权利和利益,应严格限制登记机构依职权主动进行的登记,要实现该目的,就应由所涉及的民事主体来启动登记,以指引登记机构的职权运行范围和方向。在这种架构中,登记机构必须在民事主体这种外力因素的引导下,才能依法从事相应行为,它处于被动位置,这种登记启动机制属于被动机制。在被动机制中,处于主动地位的是与登记事项有利害关联的民事主体,如不动产物权人或受让人,他们为了达到所有权移转等物权变动的目的,或为了保护自己的权利,具有启动登记程序的动力和压力,由这类民事主体发起的登记启动机制就是申请。申请在此是登记机构依法开展工作的基础,没有申请就没有登记,故有申请原则之称。

2. 共同申请

在不动产登记事项涉及多数当事人时,由这些当事人共同向登记机构申请,就是共同申请,它主要在以下两种意义上适用:

第一,在买卖、交换、赠与、抵押等依交易行为导致的不动产物权变动,由当事人双方共同参与,如合同需要双方协商订立,事关双方的利益,根据《不动产登记暂行条例》第14条第1款的规定,无论作为标的的不动产物权是独有还是共有,均须双方共同申请,以确认他们的物权变动合意,从而确保不动产登记的正当性。

第二,当事人一方为两个以上多数人的,他们应协调一致行动,即便不动产登记事项与他人无关或无需他人介入,如《不动产登记暂行条例》第14条第2款规定的单方申请情形,也要由当事人共同申请,如A和B是房屋的按份共有人,在法律没有特别规定,他们也没有特别约定时,其中任一权利人均无权处分该房屋所有权,故他们想放弃房屋所有权,须共同申请注销登记。由于这种物权变动只涉及当事人一方,而该方为多人,故属于单方共同申请,不同于上述的双方共同申请。

3. 单方申请

在不动产登记事项与他人无关或无需他人介入时,可由与登记事项相关的一方当事人向登记机构申请登记,就是单方申请,《不动产登记暂行条例》第14条第2款明确规定了其适用情形,主要包括:

第一,尚未登记的不动产首次登记。这种情形对应的是不动产所有权或有关用益物权的初始创设。比如,房屋所有权因合法建造而产生,只能由权利人单方申请。又如,在通过公开竞价形式出让国有建设用地使用权的情形中,根据《招标拍卖挂牌出让国有土地使用权规定》第5—22条的规定,在政府批准的交易方案的基础上,由主管部门组织交易,并与中标人或竞得人签订出让合同,予以公告,中标人、竞得人根据出让合同缴纳价款,在申请不动产登记时,由受让人单方申请。

第二,继承取得不动产权利。《民法典》第230条规定:"因继承取得物权的,自继承开始时发生效力。"第1121条第1款规定:"继承从被继承人死亡时开始。"据此,在被继承人死亡时,继承人取得了作为遗产的不动产物权。在继承人确定后,由其单方申请不动产登记即可。

第三,法院、仲裁机构生效的法律文书或政府生效的决定等设立、变更、转让、消灭不动产权利。在此情形,由于权利已经变动,根据《不动产登记暂行条例实施细则》第19条第1款的规定,当事人无需他方协助即可单方申请不动产登记。否则,在相关方不协助申请时,权利人只能依法申请法院强制执行,法院再要求登记机构协助执行,这会增加时间、人力和财力成本,不能及时保护权利人。

第四,权利人姓名、名称或不动产自然状况发生变化。这些情形均与他人无关,权利人持变化事由的证明材料,单方申请变更登记即可。

第五,不动产灭失或权利人放弃不动产物权。不动产灭失导致物权消灭,这是客观存在的事实,与此对应的注销登记宣示了这种客观事实,即便与此相关的权利人为多数,任一权利人均可单方申请注销登记。权利人放弃不动产物权也是物权消灭的事由,这属于依法律行为的物权变动,根据《民法典》第214条的规定,须注销登记后才能产生权利消灭的后果。对此,权利人单方申请注销登记即可。需要注意的是,房地产承载居住权、地役权、抵押权或预告登记的,所有权人或用益物权人因放弃房地产权而申请注销登记的,为了保护相关权利人的利益,须获得他们的同意,故应提供居住权人、地役权人、抵押权人或预告登记权利人同意的证明材料。

第六,申请更正登记或异议登记。更正登记和异议登记都旨在消除登记错误,保护真实权利。一旦登记错误涉及他人权利,登记簿记载的权利人和利害关系人就成为利益关联方,为了减少不必要的协商成本,也为了高效便捷地保护权利人,应允许其单方申请。否则,在利害关系人认为登记错误时,要求其应与登记簿记载的权利人共同申请更正登记或异议登记,只要对方态度消极而不配合,或因客观情况而不能配合,更正登记或异议登记将无法及时完成,就难以达到及时保护真实权利人的目的。

4. 申请材料

根据《不动产登记暂行条例》第16条的规定,申请人应向不动产登记机构提交以下申请材料:①登记申请书,其中填写申请人的基本情况、不动产坐落情况、申请的具体事项等内容;②身份证明材料;③由代理人申请的,要提交代理关系证明材料;④不动产界址、空间界限、面积等自然状况信息材料,包括不动产界址坐标、空间界限、权籍调查表、权属界线协议书、宗地图或宗海图、房屋测绘报告、房屋平面图等;⑤不动产权属来源证明、登记原因证明、不动产权属证书等与不动产权属信息相关的材料;

⑥与他人利害关系的说明材料;⑦其他材料。这些材料根据不同申请事项而有不同,如涉及税收,应提交税收缴纳凭证;涉及出让国有建设用地使用权的,应提交出让金缴纳凭证;涉及境外自然人购买住房,根据2006年建设部、商务部、国家发展和改革委员会、中国人民银行、国家工商行政管理总局、国家外汇管理局《关于规范房地产市场外资准入和管理的意见》以及2010年住房和城乡建设部、国家外汇管理局《关于进一步规范境外机构和个人购房管理的通知》的规定,应提交该当事人在境内工作、学习时间超过1年以及在境内无其他住房的材料。

上述这些材料是登记的根本,根据《不动产登记暂行条例》第16条第1款的规定,申请人必须确保它们的真实性,要对真实性负责。

[**作为监管平台的不动产登记**]我国对不动产的利用和交易进行严格监管,比如,根据《城市房地产管理法》第24条、《土地管理法》第54条的规定,以划拨方式设立国有建设用地使用权,必须经过县级以上人民政府的批准,但仅有批准文件而未经不动产登记,仍不能设立划拨国有建设用地使用权。这表明,尽管划拨并非法律行为,但划拨国有建设用地使用权的设立不遵循非依法律行为的不动产物权变动规范,不动产登记仍是不可或缺的要件,行政审批这样的监管措施不能替代登记。既然登记是划拨国有建设用地使用权设立的临门一脚,由它来把关前述的监管,是现实且有效的途径,《不动产登记暂行条例实施细则》第34条第2款就把国有建设用地划拨决定书作为办理划拨国有建设用地使用权登记的必备材料,由此使登记成为落实监管的平台。

对于依法律行为的不动产物权变动,登记同样是落实监管的平台。商品房销售是我国最主要的不动产交易方式,为了维护安定有序的交易机制,其全生命周期都受到高度监管,如开发建设需要取得建设工程规划许可证,竣工需要竣工验收合格文件,而为了调控房价,有些城市还通过"限售""限购"等限制商品房或交易主体的资格,同时,为了解决执行难,失信的被执行人被限制购买不动产,如此等等的监管措施均要落实到位,方能实现预期目的。由于销售的目的指向房屋所有权转移,不动产登记决定该目的能否实现,借由这一最关键的环节,把不符合监管要求的交易过滤掉,使之不能实现交易目的,当然是合理且高效的便宜之举,如《不动产登记暂行条例实施细则》第35条把建设工程符合规划的材料、房屋已经竣工的材料等作为办理国有建设用地使用权及房屋所有权首次登记的必备材料。

通过把监管证明材料作为办理不动产物权登记的必需材料,实际上是在倒逼交易当事人必须满足监管要求,并督促有关主管部门积极行使职权,依法及时、切实落实监管措施,在此意义上,登记担当着监管平台的作用。2021年自然资源部《关于加快解决不动产登记若干历史遗留问题的通知》明确指出,"要坚持'疏堵结合'严控新增,加快实现用地审批、规划许可、土地供应、开发利用、执法监察等全业务链条封闭动态监管,从源头上避免出现新的历史遗留问题。要总结推广'交地即交证''交房即交证'等经验做法,将不动产登记中发现的问题及时向上游环节反映,促进依法履职、加强监管、完善制度"。

除了通过登记来倒逼落实监管措施,登记还能作为监管的前置,如前文提及的储备土地使用权,没有登记,就不能入库储备,监管无法进行,登记在此也起到监管平台的作用。

为了落实"放管服"改革,为了优化营商环境,也为了促使监管及时到位,不动产登记制度充分发挥其信息法的作用,确保登记机构和监管部门建立通畅无阻的实时信息互联互通机制,并合理配置规范,进而把登记搭建成高效的监管平台。

5. 撤回申请

申请是申请人依据自主意思所为的行为,既然建立在意思自治的基础之上,那申请人也有权撤回。由于申请引发不动产登记机构的受理、审核等程序行为,一旦登记完成,就说明申请已经达到目的,登记程序也因此终结,申请就不再有撤回的可能,故而,《不动产登记暂行条例》第15条第2款规定,"不动产登记机构将申请登记事项记载于不动产登记簿前,申请人可以撤回登记申请"。撤回申请与申请对立,在内容上应足以表明否定已提出的申请。有权撤回申请的人,应当是申请人。单方申请的,撤回人应是申请人;共同申请的,撤回人应是申请人全体。在撤回申请时,只要满足上述内容和形式要求即可,申请人无须阐述撤回的实质理由,登记机构应尊重申请人的这种表示,负有准许撤回的义务,不能擅自限制。

6. 建立和完善便民利民的登记申请制度

不动产统一登记自始以便民利民为导向,《不动产登记暂行条例》第

1条、第4条第2款对此有明确表达,在此指引下,登记申请制度在相当程度上突出了便民、利民的特点。比如,《不动产登记暂行条例实施细则》第19条第1款规定,当事人可以持法院、仲裁机构的生效法律文书或政府的生效决定单方申请登记。这方便了当事人申请登记,减少了当事人办理登记、实现权利等办事成本。

在便民、利民的导向下,不动产登记申请制度还有完善空间。比如,基于混合法的定位,可扩展《民法典》第535条代位权规范的适用范围,把申请登记的权利作为代位权的适用对象,即在有权申请登记之人怠于申请登记,与其有利害关系之人为了保全自己利益,有权以自己名义代位申请登记,这能适用于部分继承人代位其他继承人申请继承登记等情形。又如,基于公共法的定位,在总结证明事项告知承诺制成功经验做法的基础上[1],可把该制度合理引到登记申请之中。再如,基于搭建便捷的交易平台和高效的监管平台的功能,不动产登记制度应遵照比例原则,允许不违背监管目的的事项载入登记簿,如在满足"限售""限购"等条件之前,当事人进行房屋买卖的,尽管不能办理所有权转移登记,但只要买卖合同有效,应允许申请预告登记,并在符合条件后办理转移登记。还如,在公共法和信息法的定位下,基于搭建便捷的交易平台和高效的监管平台的功能,不动产登记制度可以规定并行的监管和登记同时开展,相互配合,如房屋交易网签备案的办理与预告登记的申请完全能够并联,即当事人到房屋主管机关办理网签备案,只要不明确表示反对,就视为同时申请预告登记,反之亦然。这样房屋主管部门和登记机构就能齐头并进,同时展开工作,提高办事效率,并通过信息互联及时核对,避免出现结果不一致的矛盾冲突。所有这些制度措施都意在保持和提升登记的便民、利民的程度,使不动产登记制度在最大限度上便民、利民。

不动产统一登记的改革伴随着"互联网+""放管服"改革、优化营商环境等重大革新,它们的共性很明显,除了改革和创新,还在信息化基础上便民利企。

(二)受理

1. 基本界定

申请到达不动产登记机构,是登记程序启动的标志。根据《不动产登

---

[1] 参见国务院办公厅《关于压缩不动产登记办理时间的通知》、司法部《关于印发开展证明事项告知承诺制试点工作方案的通知》。

记暂行条例》第17条的规定,对于申请人提交的申请,登记机构不能直接拒收,而是必须按照法定程序接受,并展开必要的审查工作,以决定是否受理。也就是说,登记机构在接受申请后,要先予初步审查,再决定是否受理,审查由此构成受理的必要前奏。这能避免给此后的审查带来不必要的负累,也避免会拖延申请人修正申请瑕疵的时机,从而有效维护登记的严肃性和审查的高效性。

2. 初步审查

在申请到达不动产登记机构后,登记机构应为初步审查,根据《不动产登记暂行条例》第17条的规定,主要审查以下内容:①申请事项是否与不动产登记有关,如申请所涉及的标的物是否是不动产、申请登记的事项有无登记能力;②申请事项是否在本登记机构的管辖范围;③申请方式是否符合相应的要求,如在房屋所有权转让时,申请人是否为当事人双方;④申请材料是否齐全、是否符合法定形式。显然,上述初步审查的目的只是将明显不合法的申请筛选出来,以减轻登记机构的工作负担,至于登记申请材料是否真实、内容是否合法,不在初步审查的范围,当然,如其内容明显违法,登记机构也可通过进一步的甄别,作出不予受理的决定。

3. 当场决定

不动产登记机构在收到申请后,是否以及如何受理,是登记能否顺利往前推进的第一步,这不仅对当事人的权利影响深远,还决定着申请人要跑几趟登记机构。《不动产登记暂行条例》第17条对此的态度相当慎重,秉持登记便民的原则,在时间上要求登记机构当场决定是否受理,在程序上要求登记机构书面告知申请人,这样就能确保申请人及时知道申请有无瑕疵及可能的补救措施。

具体而言,根据《不动产登记暂行条例》第17条第1款的规定,不动产登记机构受理申请的工作规范主要包括:①申请事项属于登记职责范围,申请材料齐全且符合法定形式的,登记机构应当受理,以进入后续的审查阶段,并将受理情况书面告知申请人,以证明登记机构受理了申请,接收了相应的申请材料;②申请材料存在可以当场更正的错误的,如申请书有错别字,应当告知申请人当场更正,申请人当场更正后,应当受理并书面告知申请人;③申请材料不齐全或不符合法定形式的,应当当场书面告知申请人不予受理并一次性告知需要补正的全部内容;④申请登记的不动产不属于本机构登记范围的,应当当场书面告知申请人不予受理,并告知申请人向有登记权的机构申请。一旦登记机构未按照这些规范从事行为,如未当场书面告知申请人不予受理,根据《不动产登记暂行条例》第 17 条第 2 款的规定,结果视为受理。

(三)审核

1. 在对象上以实质审查为方向

为了落实不动产登记的法律效力,并切实保障不动产物权交易安全,不动产登记机构的审核对象包括物权变动的原因事实,只有这样,才能在根本上保证登记结果的正当性,这种审查是实质审查。不过,出于提高登记效率的考虑,同时也顾及登记机构自身的权限,尽管审查的对象涉及不动产物权变动的原因事实,但登记机构在审查时,重点查验其涉及的主体、标的物、权利与登记申请书、登记簿、权属证书或登记证明等材料是否一致,并不当然涉及其有效性,如无须查明引致不动产物权变动的合同是否有效。在审核时,正如后文所见,登记机构可采用审查书面材料、询问申请人、实地查看等方式,它们均是实质审查的表现形式。

2. 在方式上以书面审查为主导

所谓书面审查,是指不动产登记机构对申请材料进行查验,并据此作出决定的审核机制。书面审查是占主导地位的审核机制,它无须申请人再行积极配合,可避免申请人花费额外的时间和精力,体现了登记便民的原则。在进行书面审查时,登记机构要遵循以下规范:

第一,查验申请材料的真实性和适格性。申请材料中诸多证明材料起着建构交易事实和场景的作用,是申请事项应否登记的重要支撑,它们必须货真价实。为解决这个问题,登记信息与交易信息等相关信息的互通互享机制非常必要,这能有效防止申请人在身份、税收缴纳、主管部门的批准等证明材料上作假。此外,不动产登记机构还要查验申请材料的适格性,这主要针对须由一定资质的专业机构出具的材料,如房屋测绘报告等。

第二,在查验申请人的资格和能力的基础上,查验申请人与申请事项的关联性和适格性。这主要表现为:①查验申请人有无权利能力,申请人必须是有权利能力的民事主体。②查验申请人有无完全行为能力,没有完全行为能力的,同时查验法定代理人的资格;委托申请的,同时查验授权的正当性。③查验申请人与申请事项的关联性,如其是否为买卖合同等原因行为的当事人、是否为登记簿或权属证书记载的权利人。④查验申请人与申请事项的适格性,如在实施"限购"的城市,购房人是否满足相应条件。

第三,查验不动产界址、空间界限、面积等材料与申请登记的不动产状况的一致性。在查验时,不动产登记机构应注意对比用以表征不动产上述自然状况的材料,如登记簿或地籍图,与申请书标明的不动产自然状况是否吻合。

第四,查验有关证明材料、文件与申请登记的内容的一致性。在查验时,不动产登记机构会对比用以表征不动产物权或其他事项的材料——如登记簿、权属证书、登记证明、原因事实证明材料——与申请书描述的内容是否吻合。

第五,查验申请的合法性,即申请是否违反法律、行政法规规定。

3. 在必要时以其他机制为辅助

书面审查虽然有快捷高效之利,但不动产登记机构会陷入信息不完全的困局,为了消除这个弊端,登记机构还能采用其他辅助性审核机制,主要包括:

第一,询问申请人。不动产登记机构在审查申请材料时,为了作出准确判断,有权就须进一步明确的有关事项,对申请人进行询问。在询问时,登记机构应制作询问记录,经申请人签字确认后,作为申请材料由登记机构妥善保管。

第二,调查申请人、利害关系人或有关单位。与询问机制相比,调查机制有以下特点:①在对象上除了申请人,还包括利害关系人、有关单位;②在适用上,主要针对可能存在权属争议或可能涉及他人利害关系的申请,而询问不限于此,只要不动产登记机构认为申请存在应进一步明确的地方,均可询问申请人;③在手段上,登记机构在调查时,除了口头问询和书面记录之外,还可要求被调查人提供相应证据或信息。在调查时,登记机构应制作调查记录,经被调查人签字确认后,作为登记材料由登记机构妥善保管;对于被调查人提供的证据或信息,登记机构无法提取原件的,可采用拍照、复制等方式予以记录。

第三,实地查看。根据《不动产登记暂行条例》第 19 条第 1 款的规定,对于房屋所有权首次登记、在建建筑物抵押权登记、因不动产灭失导致的注销登记、登记机构认为需要实地查看的情形,应进行实地查看。

第四,公告。为了达到兼听则明的效用,在其他审查机制用尽后,针对法律、行政法规规定的情形,不动产登记机构应公告相关申请事项,听取利害关系人或社会公众的意见,以最大限度地排除可能不正当的申请事项,为审查结果的正当性提供坚实基础。公告适用于集体建设用地使用权及其房屋所有权首次登记、宅基地使用权及其房屋所有权首次登记等法律、行政法规规定的情形。

(四)决定

决定环节是不动产登记机构在审查后,依法对申请事项作出最终结论的阶段。在此环节,须明确规定登记机构的权限范围和类型,以防止它滥用自由裁量权。以申请是否符合法律规定的条件为标准,决定有肯定和否定两类,前者就是登簿,即把申请事项记载于登记簿,后者就是不予登记。无论哪一种结果,均表明登记的办结。

1. 办结时限

为了确保申请人的利益,也为了督促不动产登记机构及时作为和高效工作,登记机构必须在法定期限内完成审查,进行登簿或作出不予登记的决定,否则,其正当性就受质疑。对此,《不动产登记暂行条例》第20条规定:"不动产登记机构应当自受理登记申请之日起30个工作日内办结不动产登记手续,法律另有规定的除外。"

2. 办理登记

根据《不动产登记暂行条例》第21条的规定,不动产登记申请事项完全符合法律规定要件的,登记机构应办理登记,将申请内容记载于登记簿,以实现申请人的申请目的,从而完成登记。之后,登记机构依法向申请人核发权属证书或者登记证明。也就是说,只要申请事项记载于登记簿,无须申请人再行申请,登记机构就应核发权属证书或登记证明。这完全符合我国民众希望持有产权证书的交易习惯和心理预期,也有助于持证人监督登记机构的行为,即证书与登记簿的记载应一致,登记机构不得擅自更改登记簿的信息。

[登记完成的标志是登簿而非发证] 根据《不动产登记暂行条例》第21条的规定,只要权利主体、土地用途等必要事项全部记载于登记簿,登记就算完成,至于登记机构向权利人核发不动产权属证书或登记证明,是完成登记后的后续动作。故而,只要完成登记,物权就发生变动,是否核发不动产权属证书或登记证明,对此没有影响。在"温某某与广州市国土房管局房屋行政登记案"中,最高人民法院指出,只要登记机构将房屋权利和其他应当记载的事项记载于登记

簿,便发生效力。[1]

在登簿后,不动产登记机构还应按照有关规定整理相关材料,建立登记档案,这不仅能为之后的调查核实、查询复制、统计研究等提供翔实可靠的依据,还是评价登记办理质量和对登记人员进行考核的重要依据。

3. 不予登记

不动产登记的申请有根本缺陷而不能补救的,如违反法律、行政法规规定、申请登记的不动产因不能特定或不具有独立利用价值而无法建立登记簿、存在尚未解决的权属争议、申请登记的不动产物权超过规定期限、申请处分的不动产被依法查封登记等,登记机构应不予登记。不予登记完全否定了申请,故而不存在允许部分申请事项登记,部分申请事项不予登记的结果。不予登记使申请人的目的不能实现,严重影响申请人的利益,为了保证不予登记决定的严肃性,也为了给申请人提供法律救济,根据《不动产登记暂行条例》第 22 条的规定,登记机构必须以书面形式通知申请人,应述明理由、法律依据以及救济途径。这样既能使申请人知道问题所在,又知道能否或如何采用其他补救措施,从而可安排进一步的行为。自登记机构作出不予登记决定之日起,申请丧失法律效力,登记机构应把申请材料的原件发还申请人。

[**不动产登记应以提高质量为指针**]随着"放管服"和优化营商环境的改革,不少地方的不动产登记机构以提高办事效率为宗旨,提出国有建设用地使用权及房屋所有权转移登记、抵押登记等登记业务"立等可取""秒批秒结",即从当事人申请到登记机构受理、审核、登簿等,实现"一条龙"式的"现场办结"。这种做法以效率为导向,体现了便民利企原则,在市场上颇受欢迎。不过,立足于登记自身的规律性,不动产登记需要重效率,但更需要重质量。

首先,尽管不动产登记是行政行为,但其不仅事关国家在不动产领域的治理秩序,还直接决定并表征不动产物权的归属。就此来看,登记属于确定和保护不动产物权的基础性机制,事关千家万户的

---

[1] 参见最高人民法院(2018)最高法行再 165 号行政判决书。在"山东省博兴县发达物资有限公司(以下简称发达公司)与魏某某等担保物权确认纠纷案"中,最高人民法院认为,发达公司并未获得涉案土地的他项权利证明书,故发达公司并未完成涉案土地的抵押登记。参见最高人民法院(2015)民抗字第 59 号民事判决书。这种见解显然不值赞同。

切身利益,必须以提升质量为重,登记结果要与真实权利保持高度一致,而要做到这一点,不动产登记制度就必须把登记程序规范明确为强制性规范,登记机构也必须严格按照规范要求进行操作,切不可为了追求效率而从简办事。换言之,作为不动产物权归属和内容的根据,登记与不涉及私权的其他行政行为明显不同,登记机构在主导操作时,必须慎重对待,不能受制于"立等可取""秒批秒结"的要求而操之过急,否则就很容易造成登记错误,一旦给权利人造成损失,在房屋等不动产价值日益高企的今天,其结果不仅是要由登记机构承担天价赔偿,更重要的,这样的情形一多,还会损及登记的社会公信力,不利于统一登记的推行。

其次,不动产登记是一种程序构造,包括申请、受理、审核、登簿等环节,这些环节的功能各异,在每个环节中,登记机构的职责也不相同。登记机构在主导操作时,必须根据这些规范而为,只有这样,才算是依法行政。"立等可取""秒批秒结"单纯追求效率的导向会导致程序环节的合并或省略,这在客观上会导致登记机构难以依法办事。不仅如此,为了促进当事人慎重行事,确保交易安全,在登记完成前,当事人有撤回申请的权利,这实际上是把申请后、登簿前的期间当成当事人的犹豫期,"立等可取""秒批秒结"无疑使当事人丧失撤回权这种程序性权利,与不动产登记的制度宗旨并不切合。

再次,不动产统一登记整合了原来的分散登记,这一过程既要打破旧制度,还要建立新秩序,在此破旧立新之时,要想在高效率的同时确保登记正确率,就必须夯实不动产的基础信息并使之完全齐备,必须促进不动产交易管理和登记的无缝衔接,必须建立一支人数充足且素质良好的登记人员队伍,必须借助高科技措施辅助登记人员进行审核,缺少上述的任一条件,都难以兼顾高效率和高质量。若上述条件具备,要求"立等可取""秒批秒结",自然没有问题。但从实践情况来看,各地普遍不完全具备上述条件,比如,已建成且居住的住宅有土地证而无房产证,或有房产证而无土地证,能否或如何办理这样的住宅转移登记,成为各地不动产登记最突出的历史问题之一,这表明不动产登记基础信息不齐备;又如,在房屋主管部门的推动下,新建商品房乃至二手房在交易时均须网签备案,与此相关的材料是否为登记机构办理所有权转移登记必备的材料,在实践中也颇有争议。这表明不动产交易管理和登记的衔接还亟待进一步加强,在这样的现实要件制约下,强行要求并推广"立等可取""秒批秒结",有些不实事求是,有些脱离实际,容易出现问题。

最后,从比较法经验来看,房屋所有权转移登记基本上没有"立等可取"的适例。我国《民法典》的物权规范深受德国民法的影响,目前我国不动产登记采取的申请原则、一体登记原则、连续性原则和属地原则也与德国不动产登记的法律原则基本一致,而在德国,登记机构办结房屋所有权转移登记的时间虽然有区域性差异,但通常在15—30日。此外,就笔者所知,瑞士、日本等对我国物权法学理和规范产生不同程度影响的大陆法区域也没有"立等可取"的刚性要求。之所以如此,目的无他,仍在于通过严格遵循程序要求,确保登记质量。

二、依嘱托的不动产登记程序

为了履行公共职责,有关国家公权力机关依法对不动产登记机构提出办理相应登记的要求,即为嘱托。基于嘱托而引发的登记程序,称为依嘱托登记。进行嘱托的国家公权力机关即嘱托机关,《不动产登记暂行条例实施细则》第19条列举的嘱托机关有法院、检察院、公安机关和政府,此外相关法律、行政法规规定的其他机关也属于嘱托机关,如根据《税收征收管理法》第38条、第40条的规定,税务机关可嘱托办理查封登记。无论如何,嘱托机关的权限由法律或行政法规而定,没有这些规范基础提供支撑,即便为国家公权力机关,也不能成为嘱托机关。

依嘱托登记的基本程序主要包括以下环节:

第一,嘱托,即嘱托机关要求不动产登记机构办理相应登记。在此环节,为了确保嘱托的正当性,送达嘱托文件的人员(嘱托人员)应出示本人工作证、执行公务的证明文件,并提交符合要求的嘱托文书,如法院查封的裁定书、协助执行通知书等。

第二,受理,即登记机构接受嘱托人员提交的上述证明和文书。

第三,审核,即登记机构依法对上述证明和文书进行审查。嘱托是国家公权力机关旨在通过登记实现特定公共治理目的和体现国家意志的行为,这种定性决定了登记机构只能积极协助,无权对嘱托事项的合法性和妥当性进行实体审查。故而,在此所为的审核旨在核查嘱托的真实性和形式适格性,其要点主要为:①核对嘱托人员身份的真实性,如查看工作证和执行公务证明、与嘱托机关核实。②审查嘱托材料是否齐全、是否符合规定,如法院查封裁定和协助执行通知书是否均送达,它们的记载是否一致。③嘱托材料齐备并符合规定的,进一步审查其中对相对人、不动产、期限等记载是否清晰、完备。④嘱托文书记载清晰、完备的,进一步审查相关事项与登记簿的记载是否一致。

第四,处理,即通过上述真实性和形式适格性审核的,登记机构即应按照嘱托内容办理相应的登记;反之,则应向嘱托机关提出审查建议,中止或暂缓登记。

三、依职权的不动产登记程序

在前述的不动产登记程序之外,还有登记机构依职权主动启动的登记程序,即登记机构无需外部因素介入,依法主动办理登记。这种登记也称为主动登记,体现了职权主义,在实践中适用范围较窄,发生概率较小。根据《不动产登记暂行条例实施细则》第81条的规定,只有在登记权利与真实权利发生错位、当事人又不及时申请更正登记时,不动产登记机构才能依职权登记。在"谭某某与广东省湛江市人民政府颁发国有土地使用证案"中,最高人民法院认为,因案涉土地使用证时间久远,华兴公司所属兴华广场项目早已出售,若依照《行政诉讼法》第70条的规定,直接撤销该证后由湛江市人民政府重新颁证,必然对众多业主已取得的相关不动产登记产生影响,须耗费的行政成本亦不小。基于此,本着行政诉讼实质化解行政争议的立法目的,并结合登记机构更正登记职责的设定,本案由湛江市人民政府责成辖区内不动产登记机构或者其他实际履行该职责的职能部门予以更正登记更为适宜。[1]

第四节 不动产登记的效力制度

不动产登记在不同情形有不同效力,主要包括推定力、设权力、对抗力、宣示力和公信力(见图9-4 不动产登记的效力制度框架),它们在实践中非常常见和常用,应予重点把握。

---

[1] 参见最高人民法院(2021)最高法行再131号行政判决书。

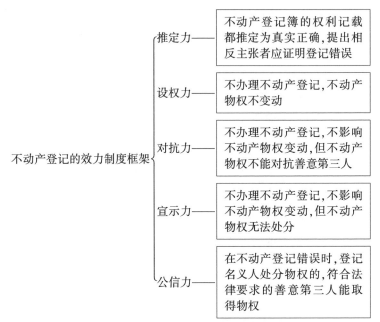

图 9-4 不动产登记的效力制度框架

一、推定力

不动产登记标志着不动产物权的存续状态,登记簿记载的权利状态、内容、权利人均被推定为正确,谁对这些记载提出相反主张,谁应负担举证责任,再由登记簿记载的权利人举证推翻这种相反见解,故而,推定力实际移转了举证责任。《民法典》第 216 条第 1 款规定了推定力,即"不动产登记簿是物权归属和内容的根据"[1],但其未清晰表达出该效力,更明确的表述是"物权编解释一"第 2 条规定:"当事人有证据证明不动产登记簿的记载与真实权利状态不符、其为该不动产物权的真实权利人,请求确认其享有物权的,应予支持。"

(一)法律内涵

对于推定力的法律内涵,可从以下角度理解:

第一,不动产登记簿的记载已有力证明了物权状况,权利人对其权利

---

[1] 参见黄薇主编:《中华人民共和国民法典释义(上册)》,法律出版社 2020 年版,第 423—424 页。

无须再积极证明,法律推定该权利符合真实情况,此为积极推定;同样地,物权在登记簿中被注销的,法律推定该权利不复存在,被注销的原权利人不再是权利人,此为消极推定。

第二,不动产登记簿的记载不能终局确定地表征物权状况,在有更强力的反证证明登记错误时,该记载可被推翻,所表征的物权不能当真,登记簿记载的物权人不能实际享有该法律地位。在"孙某等与上海市普陀区人民政府房屋征收补偿决定案"中,最高人民法院认为,生效法律文书确认不动产物权后,当事人未及时办理登记,致使不动产登记簿显示的权属状态与生效法律文书确立的权属状态不一致,该情形并不影响当事人依据生效法律文书对该不动产享有物权。在生效法律文书依然有效的情况下,不动产登记簿所记载的"权利人"提起行政诉讼,与被诉行政行为不具有行政诉讼意义上的利害关系,不具有原告主体资格。[1]

第三,在未被推翻前,不动产登记簿的证明力强于其他证据。比如,根据《民法典》第 217 条的规定,不动产权属证书的记载与登记簿不一致的,除有证据证明登记簿确有错误外,以登记簿为准。又如,根据"担保制度解释"第 47 条的规定,登记簿有关抵押财产、被担保的债权范围等记载与抵押合同约定不一致的,人民法院应当根据登记簿的记载来确定相应事项。这样一来,登记在证明物权真实性的力度方面要远远大于其他证据,在实践中想通过证明登记错误来推翻推定力,并非易事。

(二)登记错误

推定力意味着,认为登记错误之人要先证明登记错误,再由不动产登记簿记载的权利人证明登记正确。所谓登记错误,是指登记簿的记载与真实权利状态不符,从实践情况来看,其主要有以下情形:

第一,物权变动的原因可以是合同等法律行为之外的事实,如征收集体土地、建造房屋,此即非依法律行为的物权变动,根据《民法典》第 229—231 条的规定,只要原因事实生效(如征收决定生效)或成就(如房屋竣工),即便未登记,物权变动也已完成。在此情形下,只要物权变动未在登记簿上记载,登记明显属于错误。

第二,登记采用申请原则,除非另有规定,否则登记机构要依据当事人的申请或有关机关的嘱托展开受理、审核和登簿等职权活动,若登记簿的记载与申请或嘱托不符,就表明登记错误。由此再来看"担保制度解

---

[1] 参见最高人民法院(2017)最高法行申 5914 号行政裁定书。

释"第47条,在登记簿的有关记载与抵押合同约定不一致时,应认定登记错误,除非涉及后顺位的抵押权人等第三人保护,否则应以合同约定为准。比如,A把价值1000万元的房屋抵押给B,约定担保债权1000万元,但登记机构把担保的债权数额记载为100万元,在不涉及其他人时,应以合同约定的1000万元为准,这也符合当事人双方的期许;但在A又把该房屋抵押给C,担保C 1000万元债权的情况下,该房屋担保的B的债权数额应以登记簿记载的100万元为准,否则会给C带来不测风险。

第三,买卖合同、抵押合同等原因行为是依法律行为的不动产物权变动的基础,征收决定等是非依法律行为的不动产物权变动的基础,它们是登记的必备材料,在这些基础无效或被依法撤销时,登记失去正当性根基,出现错误。

第四,登记机构存在违法行为,将依法不予登记的情形加以登记。比如,根据《不动产登记暂行条例》第22条第2项的规定,存在尚未解决的权属争议的,不能登记,否则就构成登记错误。在"孙某某与沈阳市房产局核发房屋产权证案"中,最高人民法院认为,无论是登记机构主动发现,还是利害关系人提出异议,只要客观上申请转移登记的房屋权属存在争议的情形,登记机构不得办理转让登记手续。如果相关当事人就申请转移登记的房产纠纷提起诉讼,完全可以证明房屋权属有争议。孙某某拿着法院判决,向沈阳市房产局提出了权属异议。该份判决足以证明孔某某申请办理转移登记的房屋产权客观上已经发生争议。沈阳市房产局在涉案房屋客观上存在权属争议、孙某某提出权属异议的情况下,继续为孔某某办理转让登记,颁证行为主要事实不清、违反法定程序,应当予以撤销。[1]

(三)救济机制

在不动产权属登记错误后,不动产登记簿记载的权利人为登记名义人,真实权利人为了保护自己利益,有以下的救济机制:

第一,申请异议登记,以防止登记名义人处分物权而被第三人善意取得。异议登记通过公示,向社会公众提醒登记可能有误的信息,使大家均有机会知悉该信息,根据"物权编解释一"第15条第1款第1项的规定,从登记名义人处取得物权的第三人并非善意,无法终局地善意取得物权,这就起到保全作用,为真实权利人申请更正登记或提起诉讼争取到了

---

[1] 参见最高人民法院(2015)行监字第353号行政裁定书。

时间。当然,根据《民法典》第220条第2款、《不动产登记暂行条例实施细则》第83条第2款的规定,真实权利人自异议登记之日起15日内不提起诉讼,异议登记失效,前述的保全作用不复存在。

第二,申请更正登记,以消除登记错误,将真实权利人记载于登记簿,成为登记权利人,对此可见《民法典》第220条第1款的规定。

第三,提起民事诉讼,请求法院确认自己为物权人。符合"物权编解释一"第2条的要求,法院生效法律文书确认真实权利人为物权人的,其可持该文书申请更正登记。

第四,提起行政诉讼,请求法院撤销错误登记行为。根据《行政诉讼法》第61条、"房屋登记案件规定"第8条的规定,当事人以作为登记行为基础的买卖等民事法律关系无效或者应当撤销为由,对登记行为提起行政诉讼的,当事人要么应申请一并解决民事争议,要么应先解决民事争议。

二、设权力

在依法律行为的不动产物权变动中,如基于当事人的合意来设立建设用地使用权、转移房屋所有权、不动产抵押权,登记起到决定作用,只有通过登记才能完成不动产物权变动。简言之,设权力的内涵就是"不登记,不动产物权不变动"。这样的登记称为设权登记、强制登记、绝对登记。《民法典》第214条规定了设权力的一般规范,即"不动产物权的设立、变更、转让和消灭,依照法律规定应当登记的,自记载于不动产登记簿时发生效力"。此外,《信托法》第10条第2款也规定,不办理登记,信托不产生效力,信托登记也有设权力。

(一)前提条件

只有满足以下前提条件,不动产登记才有设权力:

第一,不动产登记机构在格式规范的登记簿上记载,否则不能算有效的登记,不能产生法律效力。在"吴某某与甘肃广盛房地产开发有限公司案外人执行异议之诉案"中,吴某某与黄某某于2017年1月12日到民勤县不动产登记事务中心办理登记,该登记机构工作人员在《民勤县生态文化广场西路商铺登记表》中黄某某12-115-A-(9-10)一栏载明:抵某某2017.1.12。吴某某据此主张其就案涉房产的抵押权已完成登记。最高人民法院指出,《民勤县生态文化广场西路商铺登记表》不是民勤县不动产登记事务中心的不动产登记簿,在形式和内容上均不符合规定,不是合法有效的登记介质,民勤县不动产登记事务中心工作人员在该表上书写的内容不能认定为在不动产登记簿上登记了抵押权。[1]

第二,不动产登记机构严格按照程序制度和类型制度在登记簿上记载,否则不是有效记载,不能产生设权力。在"谭某某与衡阳市人民政府等批准注销国土使用证及行政复议决定案"中,最高人民法院认为,天创公司虽与衡阳市国土局签订了出让合同,但没有按照相关法律规定申请国有土地使用权设定登记。其通过预登记申请获得的衡国用(预登)字第99048号《国有土地使用证》,并非国有土地使用权正式登记确权证书,该预登记行为不产生物权登记的法律效果。原审判决根据前述预登记行为认定天创公司已经享有涉案土地使用权,不符合法律规定。[2]

第三,不动产登记机构依法把申请的必要事项全部在登记簿上加以记载,否则就表明登记簿的记载尚未完成,不能产生设权力。至于登记机构向当事人核发不动产权属证书或登记证明,并非登记的必要环节,只要登簿,即便未发证,物权变动也已完成。这意味着,是不动产登记簿而非不动产权属证书或登记证明有设权力。

第四,不动产登记簿反映出来的信息与民众利益息息相关,其内容应当让普通的与该内容无利害关系的理性人无障碍地了解和理解。[3] 要达到这一点,就必须意义清晰、内涵准确、外延确定,不能有歧义或者意思模糊,否则登记将丧失法律效力。在"新疆聚鼎典当有限责任公司与杨某某申请执行人执行异议之诉案"中,最高人民法院认为,不动产登记簿上记载的抵押财产是克拉玛依市白碱滩区芙蓉花园的2220.01平方米商铺,但芙蓉花园第58-25号商铺是否包括其中,由于登记簿上对此没有记载,社会上通常的第三人只能认为不包括。[4]

(二)法律内涵

对于设权力"不登记,物权不变动"的法律内涵,应把握以下要点:

第一,通常情况如此,在不损害国家利益、社会公共利益以及他人合法权益时,不妨存在例外,即不登记物权也能变动。比如,出让国有建设用地使用权的取得以登记为要件,但实践存在与出让有关的审批手续业

---

[1] 参见最高人民法院(2020)最高法民再57号民事裁定书。
[2] 参见最高人民法院(2018)最高法行再97号行政判决书。
[3] 参见〔德〕曼弗雷德·沃尔夫:《物权法(第18版)》,吴越、李大雪译,法律出版社2002年版,第218页。
[4] 参见最高人民法院(2017)最高法民申2253号民事裁定书。

已完成,受让人全部缴纳出让金并占有土地,但未办理登记的情形,对此若认为受让人已取得该使用权,它能作为受让人的责任财产而予强制执行,既无害于国家利益和社会公共利益,也有利于保护受让人的债权人,可归为设权力的例外情形。在"白城市元亨城建开发有限公司(以下简称元亨公司)与国某借款合同纠纷执行案"中,最高人民法院指出,元亨公司作为案涉土地使用权申报用地单位,填报了《建设用地审批表》和《国有土地使用权出让审批表》,白城市国土资源局、白城市人民政府在审批意见栏中加盖公章确认。据此,白城市中级人民法院认定案涉土地使用权是元亨公司财产,在元亨公司作为被执行人未及时履行生效判决确定义务的情况下,依法处置案涉土地使用权,并无不当。[1]

第二,设权力规范适用于物权变动,至于买卖合同、抵押合同等导致物权变动的原因行为,不在其适用范围,根据《民法典》第 215 条的规定,不登记,不影响原因行为的效力,债务人不履行合同的,债权人可依法请求其承担继续履行、损害赔偿等责任。在不动产抵押未办理登记的情形,根据"担保制度解释"第 46 条并参照最高人民法院 168 号指导案例"中信银行股份有限公司东莞分行与陈某某等金融借款合同纠纷案",可以得出以下结论:①未办理抵押登记,不影响抵押合同的效力;②债权人有权请求抵押人办理抵押登记手续;③抵押财产因不可归责于抵押人自身的原因灭失或者被征收等导致不能办理抵押登记,抵押人已经获得保险金、赔偿金或者补偿金等,债权人有权请求抵押人在其所获金额范围内承担赔偿责任,但无权请求抵押人在约定的担保范围内承担责任;④因抵押人转让抵押财产或者其他可归责于抵押人自身的原因导致不能办理抵押登记,债权人有权请求抵押人在约定的担保范围内承担责任,但是不得超过抵押权能够设立时抵押人应当承担的责任范围,也即债权人有权依据抵押合同主张抵押人在抵押物的价值范围内承担赔偿责任。抵押权人对未能办理抵押登记有过错的,相应减轻抵押人的赔偿责任。

第三,设权力规范适用于物权变动,至于原因行为的债权人的其他权利,不在其适用范围。在此方面,业主身份的认定相当典型。"建筑物区分所有权解释"第 1 条第 2 款规定,基于与建设单位之间的商品房买卖合同,已经合法占有建筑物专有部分但尚未依法办理所有权登记的人,可以认定为业主。但在此所谓的业主,不是说房屋买受人是所有权人,而是说

---

[1] 参见最高人民法院(2021)最高法执监 435 号执行裁定书。

其有利用公共部分和管理公共事务的权利。[1]

三、对抗力

(一)物权登记的对抗力

在依法律行为的不动产物权变动中,如根据《民法典》第335条、第374条的规定,基于当事人的合意来转让土地承包经营权、设立地役权,只要合同生效,物权就变动,登记不是必备要件,不登记不影响物权变动,但不能对抗善意第三人。简言之,对抗力的内涵就是"不登记,不影响物权变动,但不得对抗善意第三人"。体现对抗力的登记称为对抗登记、任意登记。

(二)合同约定登记的对抗力:以限制抵押财产转让约定登记为分析对象

在不动产物权和信托之外的有登记能力的财产权,均由合同约定,限制抵押财产转让的约定登记就是适例,它在登记后产生对抗力,以下以它为例说明合同约定登记的对抗力。

1. 问题的提出

前文说过,《民法典》第406条改变了《物权法》(已失效)第191条,就抵押财产的转让进行了制度转型。《民法典》第406条看上去很明晰,但实则模糊,原因出在约定这一例外,因为《民法典》第406条对该约定的法律效果语焉不详,它在理论上和实践中会面临着在哪些情况仅有债的约束力、在哪些情况下能排斥第三人的疑问。这些疑问若不能妥当解决,《民法典》第406条在理解和适用起来会出现巨大障碍。

最高人民法院关注到这些疑问,在几经讨论修改后,"担保制度解释"第43条提供了答案。概括来看,其要点为:①在符合合同成立生效的条件下,无论约定内容如何,只要意在限制抵押财产转让,它就对抵押当事人双方有约束力,抵押人违反约定转让抵押财产,买卖合同、以物抵债协议等产生债权请求权的基础行为不因此无效。②该约定未登记的,抵押人违反约定,通过交付或登记完成抵押财产转让,受让人仍取得财产,但知道抵押人违约的恶意受让人除外;受让人取得财产的,抵押人应向抵

---

[1] 参见最高人民法院民事审判第一庭编著:《最高人民法院建筑物区分所有权、物业服务司法解释理解与适用》(第2版),人民法院出版社2017年版,第32页。

权人承担违约责任。③应该约定登记的,抵押人违反约定,通过交付或登记完成抵押财产转让;应该转让行为不发生效力,受让人不得取得财产,但因受让人代替债务人清偿债务导致抵押权消灭的除外。

"担保制度解释"第43条立足于限制抵押财产转让约定的债的属性,并实质区分了抵押财产转让过程中的基础行为和完成转让的履行行为,强调该约定与基础行为的效力无关,并以该约定是否登记为准,明确了它对履行行为的影响。这些规定符合债的相对性、公示增强债的对抗力、在债权和物权二分基础上法律行为因效果不同而应有区分等民法规范、学理和实践的共识,值得赞同。但也有疑问,比如,虽然限制抵押权财产转让约定未登记,但恶意受让人受其约束,不能取得财产,该规定突破了债的相对性,缘由何在,是亟须探讨的问题。

不仅如此,"担保制度解释"第43条是法院处理纠纷时遵循的规范,对不动产登记机构的职责行为没有当然的拘束力,但它无疑会对登记机构的行为产生直接影响。"担保制度解释"第43条以是否登记为标准,区分了限制抵押财产转让约定的法律效果。与此相对应,登记机构必须考虑该约定能否登记、如何登记,登记的信息能否与"担保制度解释"第43条的效果匹配,这涉及登记制度的调适。不仅如此,"担保制度解释"第43条实际表明未登记的约定能约束恶意者,它是对恶意者行为的指引规制,与其背离的恶意者行为不受保护。这一道理能否适用于登记机构,也是问题。比如,当事人申请不动产抵押登记,但不申请登记限制抵押财产转让约定,登记机构知悉该约定的,它能否约束登记机构,登记机构在办理抵押财产转移登记时应否查询受让人是否善意,不无疑问。

对前述问题的梳理,均以《民法典》施行后发生的抵押、抵押财产转让及其纠纷为预设对象,而对于当事人在《民法典》施行前设立抵押权,限制抵押财产转让约定未登记,抵押人在《民法典》施行后违背该约定转让抵押财产的情形,根据"民法典时间效力规定"第1条第3款的规定,应适用《民法典》第406条和"担保制度解释"第43条,其结果对抵押权人显然不利。这种不利是抵押权人因《民法典》第406条的制度变革所承受的代价,而这种变革不受抵押权人的左右,让抵押权人为此买单,合理性存疑。随着《民法典》的施行,在尊重"民法典时间效力规定"的前提下,如何寻求合适的途径来纾解这种抵押权人利益保护之难,是当务之急。

2. 未登记的主观限制仅能约束抵押当事人双方

可从以下层面进行理解：

(1) 未登记的主观限制对抵押当事人双方有约束力

作为抵押当事人双方的合意,主观限制是对抵押人处分自由的限制,只有在抵押权设立后才有意义,抵押权未设立,主观限制不能产生实效。在抵押权设立后,未载入不动产登记簿的主观限制具有隐秘性,产生的是相对性的债的关系,仅能约束当事人双方。在主观限制的约束下,诚实守信的抵押人在转让抵押财产前,会征询抵押权人的意见,由其一锤定音。不过,这种约束力很低,抵押人完全能以承担违约金或损害赔偿责任为代价,换取不实际履行的自由。这意味着,未登记的主观限制不能有效防止抵押人霸王硬上弓,其完全可不经抵押权人同意就转让抵押财产,结果正如"担保制度解释"第43条第1款规定的,转让合同不因此无效,抵押人向抵押权人承担违约责任。

在实践中,当事人双方会把主观限制与抵押权的实现关联起来,如约定"未经抵押权人同意转让抵押财产,抵押权人有权实现抵押权",这是当事人对抵押权实现条件的约定,据此,在抵押人未经抵押权人同意而转让抵押财产后,根据《民法典》第394条第1款的规定,无论债务清偿期是否届满,抵押权人都能实现抵押权。将这种约定与《民法典》第406条、"担保制度解释"第43条第1款结合起来,结果就是在主观限制未登记的情形中,抵押人违背约定转让抵押财产的,受让人虽然能取得被抵押的不动产物权,但在其取得该物权之际,抵押权人能实现抵押权。

主观限制在抵押当事人双方创设了债的关系,抵押权人据此享有的请求权旨在保护抵押权,没有抵押权,该请求权失去根本,没有该请求权,抵押权的效用无法最大化,抵押权和该请求权之间形成主权利和从权利的关系。在抵押权人转让主债权时,抵押权随之转让,抵押权人基于主观限制的请求权也要随之转让,债权受让人由此受制于主观限制,但这是从权利附随于主权利——抵押权从属于主债权、抵押权人的前述请求权从属于抵押权——的结果,不能因此得出主观限制能约束第三人的结论。

(2) 未登记的主观限制不能对抗恶意受让人

在不动产领域,约定的债要想具备对抗第三人的物权效力,必须以载入登记簿为正途,正是借助这种法定的公示机制,债才能为世人周知,进而取得与物权相当的对世性。《德国地上权条例》第2条把债的约定当成地上权内容,《瑞士民法典》第730条使约定义务对抗需役地或供役地的受让人、我国台湾地区"民法"第826条之1第1项关于共有不动产的管理约定约束份额受让人等,无不以登记为依托。至于未登记的约定,因为只能约束当事人双方,即便第三人知道约定,也不受约束。但"担保制度解释"第43条第1款与这种认识并不完全一致,其规定主观限制未登记,受让人知道抵押人违约转让抵押财产的,转让不发生物权效力。该例外用一句话表达,就是未登记的主观限制,能对抗恶意受让人。如此显著的例外是否合理,应予探讨。

首先应明确的是,《民法典》物权编有不少条文对于不适宜一概进行刚性调整的物权内容事项,通过授权机制交由下位规范、相关机构或当事人根据具体情况进行安排[1],但主观限制并非《民法典》第406条授权当事人直接限制抵押财产的处分权能。原因在于,《物权法》(已失效)第191条事关抵押财产的市场流通,事关抵押人的处分自由,属于民事基本制度的范畴,根据《立法法》第8条的"法律保留",只能由法律规定才算正当。若允许当事人通过主观限制打破这种保留,那就表明,受让人要想免受抵押人无权处分抵押财产之害,就必须事先探知有无这样的约定,而在主观限制未登记的情形中,受制于约定的隐秘性,受让人的探知难度和代价之大可想而知,抵押财产转让的基本交易秩序由此被扰乱。这意味着,未登记的主观限制局限在债的层面,仅使抵押人对抵押权人负担相应的债务,并未渗透到被抵押的不动产物权本身来扣减"转让"这一处分权能。既然如此,虽然有主观限制,但其不影响抵押人对抵押财产的完整处分权,主观限制未登记,不表明被抵押的不动产物权登记错误,也不表明抵押权登记错误,抵押人转让被抵押的不动产物权是有权处分。在这种情形下,无论如何都无法参照善意取得的法理,把受让人是否善意作为抵押财产转让的要件,只要转让合同有效并完成转移登记,无论受让人是否知道主观限制,都不应妨碍其取得该物权。

此外,主观限制与土地承包经营权等物权变动有实质差异,不能套用不动产登记的对抗力规范。以土地承包经营权为例,《农村土地承包法》

---

[1] 比如,根据《民法典》第346条的规定,设立建设用地使用权应当遵守行政法规关于土地用途的规定;又如,根据第255条的规定,国家机关对其直接支配的不动产和动产,享有依照国务院的有关规定处分的权利;再如,根据第373条的规定,作为地役权核心的对供役地的利用目的和方法,由地役权合同约定。

第 35 条规定,土地承包经营权的互换、转让在合同生效时完成,未经登记,不得对抗善意第三人。之所以如此,是因为土地承包经营权源自集体经济组织成员公开商议的承包方案和承包合同,并存续于信息高度透明、人员流动低频的农村社会结构中,无须借助登记就众所周知,其绝对性实属农村社会结构的塑造产物,与此相应,无须登记,承包合同成立即产生土地承包经营权。土地承包经营权互换、转让在同一集体经济组织内部进行,并要向发包方备案或经发包方同意,这会使物权变动信息溢出当事人双方,为他人所了解,因而仍不以登记为要件。[1] 但互换或转让毕竟是小概率的具体事件,不像公开商议的承包方案和承包合同那样能覆盖集体经济组织的全部成员,互换或转让后的土地承包经营权绝对性由此打了折扣,不能约束那些的确不知道的成员。主观限制显然不能套用上述的规范和法理,因其原本仅有相对性,除了登记,没有任何能让其为不特定的多数人知悉的机制,这使其本来就不能约束他人,受让人知道它的存在,不会改变它本无约束力的既有属性。

　　再者,在法律未限制的情况下,财产具有流通性是社会的公共观念,财产流通也是经济运转的常态,当事人通过约定来限制财产自由流通,是用私人安排来打破社会常规,若这种私人安排没有充分的正当理由,法律对其法律效果持非常审慎的保守态度。最典型的如《德国民法典》第 117 条,它鼓励财产流通,只允许这种约定有债的效力,即便受让人明知该约定,仍能取得财产,其目的旨在促进法律交易的定位安全,谁想取得某项通常可以转让的权利,谁就能直接信赖该权利的流通性不会被约定限制的事实。[2] 我国《民法典》第 545 条第 2 款也基本如此,它在债权流通性和约定保护的债务人利益之间进行细致的权衡,只在后者的重要性的确不容忽视时,才设置了相应的救济。具体来说,金钱债权转让对债务人没有实质影响,流通性压倒债务人保护,该债权不得转让的约定因此对受让人——无论其善意还是恶意——没有约束力;对于非金钱债权,不得转让的约定能对抗恶意受让人,以实现债务人利益的保护,但仍要顾及债权流通性,结果就是恶意受让人仍取得债权,债务人能主张债权

---

[1] 参见杜涛主编:《中华人民共和国农村土地承包法解读》,中国法制出版社 2019 年版,第 200 页。
[2] 参见[德]迪特尔·梅迪库斯:《德国民法总论》,邵建东译,法律出版社 2000 年版,第 506 页。

不得转让的抗辩。[1] 与这两个例子相比,"担保制度解释"第 43 条第 1 款的例外显得很突兀,它实质背离了当事人约定通常不影响财产流通性的通常观念,也未考虑抵押财产转让对抵押权有无实质影响,就直接否定受让人取得抵押财产,正当性并不充分。

(3)未申请办理登记的主观限制不能约束不动产登记机构

抵押合同是办理抵押登记的必备材料,该合同约定主观限制的,登记机构在受理抵押登记申请时,基于审核职责会知悉存在主观限制,在当事人不申请登记主观限制时,基于不动产登记的申请原则,登记机构应尊重当事人的选择,既不能依职权主动登记主观限制,也不能要求当事人一并申请登记抵押权和主观限制。在这种情形下,抵押权登记的信息与抵押合同约定出现偏差,这种偏差是当事人刻意为之的结果,不是登记错误。

在当事人仅申请抵押登记而不申请登记主观限制时,表明当事人不欲主观限制产生对世性,它仅有债的效力,是抵押人对抵押权人负担的债务,不能附在抵押财产之上,直接限制抵押财产的流通性,故而,知悉主观限制的登记机构不受其影响,不被其约束。与此相应,登记机构就抵押财产转让办理转移登记,既无须抵押权人参与共同申请,也无须申请人提供抵押权人同意的证明材料,更无须查询受让人对主观限制的知悉情况。

3.登记的主观限制对抵押财产转让的事先限制

未登记的主观限制具有相对性和隐秘性,它无法达到未经抵押权人同意,抵押人无法转让抵押财产的效果,而在抵押财产转让木已成舟后,再让抵押人承担违约责任,不过是事后诸葛亮,这显然并非抵押权人所愿。要想破局,出路只有一条,就是把主观限制记载于不动产登记簿。

当事人申请登记主观限制,既可以与抵押登记一并申请,也可以在抵押登记后单独申请。在登记后,世人已周知主观限制,这使受让人能事先知悉抵押权人同意是抵押财产转让的约束条件,进而决定是否与抵押人进行交易。从理论上讲,主观限制在登记后影响被抵押的不动产物权转让,它在登记簿中应记载于相应的不动产物权信息页,但为了便于受让人了解信息,也为了防止出现信息混淆和疏漏,主观限制应记载于抵押权信息页。

在主观限制登记后,根据"担保制度解释"第 43 条第 2 款的规定,未经

---

[1] 参见黄薇主编:《中华人民共和国民法典释义(中册)》,法律出版社 2020 年版,第 1046 页。

抵押权人同意,抵押财产转让合同不因此无效,但转让不发生物权效力。这与《民法典》第221条对预告登记的效力界定完全一致。虽然我国的预告登记主要借鉴了德国制度,但差异很大,最明显的是德国预告登记不禁止不动产物权的处分,只是该处分对于预告登记权利人不生效力[1],我国的预告登记有事先限制不动产物权处分的效力,根据《不动产登记暂行条例实施细则》第85条第2款的规定,未经预告登记权利人书面同意,登记机构不办理处分该不动产权利的登记。对于特定人不生效力,是法律行为效力瑕疵的一种,其构造的学理争议很大[2],我国的民法理论和实务对此比较陌生,而从实践情况来看,预告登记的事先限制效力没有副作用,故而,"担保制度解释"第43条第2款中的转让不发生物权效力,应与预告登记的效力内涵一样。

也就是说,在主观限制登记后,登记机构要替抵押权人把关,在没有抵押权人参与共同申请,或没有其同意的证明材料时,登记机构不能办理抵押财产的转移登记,从而事先限制抵押财产的转让。这样一来,"未经抵押权人同意转让抵押财产,抵押权人有权实现抵押权"的实现条件约定没有意义,因为不经抵押权人同意,抵押财产转让不了,该约定条件无法成就。

在主观限制登记的情形下,抵押权人的同意,只表明抵押权人愿意承受抵押财产转让的法律效果,而不表明其愿意承受抵押权消灭的后果,也不表明其愿意终止主观限制,故而,在经抵押权人同意的抵押财产转让后,抵押权和主观限制都继续存在。这意味着,抵押财产转移登记的办理,既不以注销抵押登记为前提,也不带来注销主观限制登记的结果。

借助登记的公示作用,主观限制与抵押权都扎根于抵押财产,初始的抵押人以及抵押财产受让人均要承受这些负担,抵押财产受让人想再转让抵押财产,仍要事先取得抵押权人的同意。需要注意的是,被抵押的不动产物权和抵押权都是物权,受物权法定原则的制约,抵押人和抵押权人就抵押财产享有的支配利益和处分权能都由法律规定,而主观限制产生的是债的关系,是抵押当事人双方在法定的物权内容之外所做的安排,不能纳入被抵押的不动产物权或抵押权的内容,仍在合同之债的范畴。只不过,登记使主观

---

[1] 参见[德]曼弗雷德·沃尔夫:《物权法(第18版)》,吴越、李大雪译,法律出版社2002年版,第237—238页。

[2] Vgl. Beer, Die relative Unwirksamkeit, Berlin 1975, S. 1 ff. 另参见[德]维尔纳·弗卢梅:《法律行为论》,迟颖译,法律出版社2013年版,第420—427页。

限制突破了合同之债固有的隐秘性和相对性,成为存在于抵押财产上的物上之债[1],只要没有适格的消灭事由且登记未被依法注销,主观限制将与抵押财产共存亡,具有相当牢固的稳定性。

还应强调的是,主观限制也会与抵押预告登记并存,它应记载于登记簿的预告登记信息页,只要当事人未申请注销,在预告登记转本登记时,主观限制要一并进行登记。

4. 主观限制与《物权法》第 191 条的根本差异

行文至此,细心的读者会有这样的疑问,既然《民法典》第 406 条允许主观限制,若当事人在交易中普遍延循适用《物权法》(已失效)第 191 条所形成的习惯,使主观限制蔚然成风并普遍予以登记,这与《物权法》(已失效)第 191 条在效果上有什么区别?

的确如此,在《物权法》(已失效)第 191 条的长期作用下,对商业银行等专业提供融资的债权人而言,经抵押权人同意抵押财产才能转让,是根深蒂固的观念认识和行为习惯,在实践中形成一套交易规范和监管机制,如中国银监会颁布的《商业银行押品管理指引》第 26 条就规定,商业银行应对抵押人情况进行调查并形成书面意见,内容包括抵押人的担保意愿、与债务人的关联关系等,这些是牵制抵押人能否自由转让抵押财产的约束因素,只要它们不变,主观限制一定极其常见。[2] 更何况,在抵押融资交易中,债权人的话语权往往占有压倒性地位,只要债权人没有动力去更改过去的惯常做法,通过主观限制来排斥抵押人的转让自由,肯定是很现实的做法,而在失去抵押财产转让自由和获得急需融资之间,理性的债务人(在自己提供抵押的情形)一定会——或督促提供抵押的第三人——用前者来换取后者。也就是说,虽然《民法典》第 406 条的方向很美好,但只要允许登记的主观限制嵌入其中,它估计只能是方向很美好,实践的结果会大概率地重复《物权法》

---

[1] 参见常鹏翱:《物上之债的构造、价值和借鉴》,载《环球法律评论》2016 年第 1 期,第 5—23 页。

[2] 在我国台湾地区,金融机构征信不动产、提供资金借贷时,通常对抵押人与债务人进行审核后才授予信用核准贷款。正因此,学界认为,抵押人自由转让抵押财产,会使金融机构的这种信用评估机制失灵。而且,金融机构在审核抵押财产时,也要考虑其用途,抵押财产转让会使抵押财产用途发生变化,从而破坏征信机制。参见林清汶:《对于民法第八六七条抵押权追及性之研究与建议》,载《月旦法学杂志》2013 年第 9 期,第 257—259 页。从这种现实情况来看,主观限制在我国台湾地区具有正当性。不过,我国台湾地区盛行转让抵押财产即注销原抵押权登记的习惯,主观限制因此在客观上没有必要。

(已失效)第 191 条的事实结局,抵押财产仍不能自由转让。这样看来,主观限制与《物权法》(已失效)第 191 条在效果上看似没有差异。

一个可能的辩驳回答是,正如前文所言,主观限制有防止抵押权人随心任意、保障抵押人转让利益的平衡调节机制,即在抵押财产转让无害于抵押权时,抵押权人有同意的义务,但《物权法》(已失效)第 191 条的抵押权人同意源自法律规定,并无相同的机制可用,两者的区别因此很明显。这个回答不能令人满意,因为尽管在实践中,存在债权人没有正当理由不同意抵押财产转让的情形,可的确少有抵押人通过法院或仲裁机构的裁判来强制抵押权人同意,但这不意味着《物权法》(已失效)第 191 条的抵押权人同意是单方的任意机制,只要抵押权人不同意,任谁都无法转让抵押财产。在涉及转让自由的大问题上,法律向来态度审慎,虽然为了某特定人的利益而赋予其对他人转让财产以拍板同意的法律地位,但不是说这只是不受任何限制的权利,在财产转让对其无害时,同意是其应为的义务。在此方面,《农村土地承包法》第 34 条就很典型,它规定土地承包经营权的转让须经发包方同意,而该同意不是任意的,只要转让符合法定条件,发包方应予准许[1],与此相应的最高人民法院《关于审理涉及农村土地承包纠纷案件适用法律问题的解释》第 13 条也规定,承包方未经发包方同意转让土地承包经营权的,转让合同无效,但发包方无法定理由不同意或者拖延表态的除外。与此同理,无论是《民法典》第 406 条中的主观限制,还是《物权法》(已失效)第 191 条中的抵押权人同意,均包含了利益平衡机制,在抵押权人无正当理由不同意时,抵押人均有通过法院或仲裁机构来进行正当反制的机会,就此而言,它们的确具有共性。

然而,这种共性掩盖不住他们的根本差异:①《民法典》第 406 条以抵押人自由转让抵押财产为基本立场,主观限制是例外的当事人约定,它在实践中完全可能不发生,而《物权法》(已失效)第 191 条的基本立场是限制抵押人的转让自由,抵押权人的同意是转让抵押财产的前提,这是法定的普遍要求。故而,主观限制是抵押财产转让自由的例外,《物权法》(已失效)第 191 条则是抵押财产不得自由转让的一般化表达。②主观限制是产生债的关系的约定,既受制于合同成立和生效的要件,也受制于诉讼时效制度,而《物权法》(已失效)第 191 条不存在这些约束。③未经不动

---

[1] 参见杜涛主编:《中华人民共和国农村土地承包法解读》,中国法制出版社 2019 年版,第 200 页。

产登记簿的记载,主观限制局限于抵押当事人内部,对其他人没有约束力,而《物权法》(已失效)第191条的抵押权人同意凭借法律的公开性而为世人皆知,无需登记簿的记载,就对受让人以及登记机构产生约束力,未经抵押权人同意,登记机构不能办理转移登记,受让人也不能取得抵押财产,主观限制想达到这种效果,必须记载于登记簿。④在《物权法》(已失效)第191条,抵押权人同意抵押财产转让的,抵押权因此消灭,没有追击力可言[1],而在主观限制登记的情形中,抵押权人同意抵押财产转让的,受让人取得的不动产物权不仅承载抵押权,还承载作为物上之债的主观限制,也即抵押权和主观限制均有追及力。

还必须看到,在一些抵押融资交易情形中,如债权人是初入抵押融资交易市场的新手,根本没有抵押财产经过抵押权人同意才能转让的观念羁绊,又如当事人双方的经济地位势均力敌(如债务人与债权人一样是世界500强企业),甚至抵押人的实力更为出色(如提供抵押的债务人是信誉良好的世界500强企业,债权人是区域性的商业银行),在抵押合同中不约定主观限制是不难想见的,这样一来,《民法典》第406条允许抵押财产自由转让的作用就凸显出来。

5. 客观限制的法律效果

与前述分析的道理相当,在满足合同成立和生效要件后,客观限制具有法律效力,对抵押当事人双方具有约束力,并在登记后能事先限制抵押财产的转让。

需要注意的是,尽管客观限制包含了抵押权人同意的条件,但它和主观限制的内容毕竟有差异,相应地,抵押财产转移登记的申请材料也有差别。在主观限制登记后,想通过转移登记来转让抵押财产,抵押权人应参与共同申请,不能参与共同申请的,其同意的证明材料不可或缺,该材料既可以是抵押权人自愿表示的同意,也可以是在抵押权人没有正当理由不同意时,法院或仲裁机构要求抵押权人同意的生效法律文书。在客观限制登记后,约定的客观条件是否成就,登记机构无法实质判断,就抵押财产转移登记来说,抵押权人应参与共同申请,否则,抵押权人对此加以认可的证明材料必不可少,抵押权人不予认可的,抵押人必须通过诉讼或仲裁确定客观条件成就,再持相关生效法律文书申请抵押财产转移登记。

---

[1] 参见司伟、肖峰:《担保法实务札记:担保纠纷裁判思路精解》,中国法制出版社2019年版,第374—378页。

6.《民法典》施行对相对限制法律效果的影响

前文所述适用于《民法典》施行后发生的限制抵押财产转让约定及由其引发的纠纷,对于这些约定出现在《民法典》施行前,纠纷发生在《民法典》施行后的情形,不宜一概根据"民法典时间效力规定"的第1条第3款,无条件地适用第《民法典》406条、"担保制度解释"第43条,而应根据不同情况来分别处理。

在《民法典》施行前,《物权法》(已失效)第191条是实施不动产抵押活动的背景,无论抵押当事人双方是否约定主观限制,该条都深嵌于抵押活动当中,可以说,该条与当事人的具体约定相辅相成,共同为当事人提供明确预期,共同保障当事人的交易信心。如若允许《民法典》第406条对《物权法》(已失效)第191条的事后改变溯及既往,那一定会破坏基于《物权法》(已失效)第191条而确定的交易秩序。从实践情况来看,在商业银行等金融机构的格式抵押合同中,普遍存在主观限制,它们是通过约定方式重复了《物权法》(已失效)第191条对抵押财产转让的限制条件,意在强化抵押权人对抵押财产转让的控制权。如果认为它们只有在登记后,才能产生事先限制抵押财产的法律效果,那一定会在业界引发申请登记主观限制的热潮,而这除了徒增成本,实无益处。对此,应参照适用"民法典时间效力规定"第3条的规定,以明显减损当事人合法权益、增加当事人法定义务、背离当事人合理预期为由,排除适用《民法典》第406条和"担保制度解释"第43条,继续适用《物权法》(已失效)第191条。也只有这样,那些既往没有约定主观限制的当事人才无须补充该约定并申请登记。相应地,不动产登记机构在注销抵押登记前,均不能办理抵押财产转移登记,这样的不作为不属于违法行政行为。自然资源部《关于做好不动产抵押权登记工作的通知》第3条对此明确规定为:"《民法典》施行前已经办理抵押登记的不动产,抵押期间转让的,未经抵押权人同意,不予办理转移登记。"

客观限制把抵押财产能否转让系于特定的客观条件,它不同于主观限制的内容,与《物权法》(已失效)第191条的限制条件也不同,是当事人在《物权法》(已失效)第191条基础上,对抵押财产转让条件的细化,原本就仅有债的效力,它应适用《民法典》第406条和"担保制度解释"第43条,在登记后产生事先限制的效力。

附带说明的是,绝对限制过分抑制抵押人的处分自由,过度限制财产的流通性,不仅与《民法典》第406条的规范目的有冲突,也与《物权法》

(已失效)第191条的规范目的不合拍,无论在《民法典》施行前后,都应将其认定无效。

7. 小结

在《民法典》施行后,抵押财产转让的主观限制未记载于不动产登记簿的,基于合同的相对性,它仅对抵押当事人双方有约束力,即便抵押财产受让人知道该约定,也不受其拘束,因此,未经抵押权人同意,既不会导致抵押财产转让的基础行为出现效力瑕疵,也不会影响抵押财产的转让。不仅如此,只要当事人未向登记机构申请登记主观限制,它对登记机构也没有约束力,登记机构既不能主动登记,也不能以存在主观限制为由拒绝办理抵押财产转移登记。既然未登记的主观限制仅有债的效力,不能约束抵押财产受让人和登记机构,那么,"担保制度解释"第43条第1款有关受让人知道约定会导致抵押财产转让不发生物权效力的规定是否合理,颇值商榷。当然,在抵押财产转让后,抵押人应对抵押权人承担违约责任。

登记的主观限制对社会公众公示,它因此不仅约束抵押当事人双方,还能约束抵押财产受让人和登记机构,在未经抵押权人同意时,抵押财产转让的基础行为不因此无效,但抵押财产客观上不能通过转移登记完成转让。而且,虽然抵押权人的同意为抵押财产转让扫清了障碍,但主观限制和抵押权并存于抵押财产,受让人取得的抵押财产仍负担有抵押权和主观限制。

四、宣示力

在非依法律行为的物权变动中,物权人是否申请登记,取决于其意愿,即便物权人选择不登记,物权不会因此就不归属于该权利人。在"上海民润公司与王某某执行异议纠纷案"中,最高人民法院指出,因人民法院的法律文书导致物权变动的,自法律文书生效时发生效力,是否进行登记,是物权人的权利,并无法律规定该权利因未及时办理登记而丧失。物权人取得权利后,其他法院对涉案房屋采取保全措施并不能影响权利人已经取得的物权。[1] 同样地,根据"物权编解释一"第8条的规定,物权也不因权利人不登记而失去保护。

在非依法律行为的物权变动,为了使不动产物权被世人公知,权利人

---

[1] 参见最高人民法院(2015)民申字第2747号民事裁定书。

能通过登记来表彰物权的存在,并借此使物权能被处分。《民法典》第232条就规定,处分非依法律行为取得的不动产物权,依照法律规定需要办理登记的,未经登记,不发生物权效力。简言之,宣示力的内涵就是"不登记,不影响物权变动,但物权不能处分"。体现宣示力的登记称为宣示登记、相对登记。

五、公信力

从实质内容上看,公信力就是常说的善意取得[1],用以解决不动产登记错误时的登记权利变动及其归属确定问题,其规范基础是《民法典》第311条以及"物权编解释一"第14—20条。

(一)适用范围

从前述公信力规范的字面表述来看,其适用于不动产物权登记,与预告登记等其他不动产登记无关,其他登记似乎没有公信力。不过,公信力旨在保护对登记的权利内容产生信赖之人,只要这种信赖确实会给其带来实在的利益,无论登记的权利是物权、债权还是其他财产权,均应纳入公信力的适用范围。

在比较法上,德国的预告登记就能产生公信力。比如,E的土地为H设立抵押权,但所担保的债权早就清偿。H转让该抵押权给D,就该转让做了预告登记,善意的D就成为预告登记的权利人。[2] 我国司法实践同样如此,在"石嘴山市千禧房地产开发有限公司(以下简称千禧公司)与宁夏贺兰回商村镇银行有限责任公司(以下简称回商银行)申请执行人执行异议之诉案"中,最高人民法院认为,千禧公司与吴某某签订的商品房买卖合同因双方通谋虚伪表示而被确认无效,但回商银行基于对上述商

---

[1] 在登记错误的前提下,公信力意在保护善意第三人,它与善意取得是意义相同的两个概念,它们共用一套制度。参见〔德〕鲍尔、〔德〕施蒂尔纳:《德国物权法(上册)》,张双根译,法律出版社2004年版,第488—507页。司法实践有观点认为公信力与善意取得是两种制度,比如,在"曲靖市商业银行股份有限公司与崔某等金融借款合同纠纷案"中,最高人民法院认为,不动产登记不具有绝对的公信力,这一公信力受到善意取得制度的限制,因此曲靖商业银行股份有限公司以涉案房产登记在崔某个人名下为由来否定共同共有不能成立,其也不能直接根据不动产登记的公信力获得保护,而只能适用善意取得制度。参见最高人民法院(2019)最高法民申5907号民事裁定书。这种观点所谓的公信力,与本书的公信力有不同内涵,分属两套制度。

[2] 参见〔德〕鲍尔、〔德〕施蒂尔纳:《德国物权法(上册)》,张双根译,法律出版社2004年版,第428页。

品房买卖合同、房款收据、房屋预告登记的信任,与吴某某等人签订借款、抵押合同,并办理案涉房屋的抵押预告登记,属善意第三人。商品房买卖合同的无效不能对抗基于信赖预告登记公示公信效力而为后续交易的善意第三人,不影响之后回商银行与吴某某等人之间借款、抵押合同及抵押预告登记的效力。抵押预告登记虽非现实的抵押权,但对其后发生的违背预告登记内容的不动产物权处分行为具有排他效力和优先性,对于回商银行基于抵押预告登记而对案涉房屋享有的权益应予保护。[1]

为了简便起见,下文着重讨论不动产物权登记的公信力,其道理适用于其他不动产登记。

(二) 构成要件

公信力主要有以下构成要件:

第一,不动产登记错误,即登记记载与真实权利不符。不动产登记既是一种设计周延、运作严谨的法律制度,又是国家机构主导的职权活动,登记记载通常能反映真实权利状况,登记错误是概率非常低的偶发事件,它不足以撼动登记通常正确的事实和观念,在此前提下,人们可无条件地信赖登记,可放心大胆地交易。这种信赖实际是人们对法律制度以及国家权力的信赖,要把对它的保护落到实处,就是即便登记错误,但只要信赖者对此不知情,法律就要拟制为正确,结果就出现信赖者善意取得不动产物权的结果。

可以说,不动产登记错误是公信力的前提,若非如此,在登记正确的情形,谈公信力是没有意义的,不能适用公信力规范。如 A 是房屋所有权人,登记簿的记载正确,A 将房屋所有权转让给 B,要适用设权力而非公信力规范。这同时意味着,在登记正确的前提下发生的冒名处分,如 A 和 B 是孪生兄弟,B 自称是 A,擅自拿着 A 的身份证和房本,通过出卖方式把 A 的房屋所有权转移给善意的 C,是不能适用公信力规范的。在此情形,A 的房屋所有权登记正确,出错的是转让人,C 误把 B 当成 A,这种信赖不是公信力规范所保护的信赖,能对症下药的是表见代理等其他规范,而不是公信力规范。[2]

第二,登记名义人处分了登记权利,即在未得到真实权利人授权的情况下,登记名义人进行了无权处分。登记名义人对不动产物权的转让、抵押等处分既可亲力亲为,也可由代理人而为,只要真实权利人未事先同意

---

[1] 参见最高人民法院(2020)最高法民申 131 号民事裁定书。
[2] 参见杨代雄:《法律行为论》,北京大学出版社 2021 年版,第 655—656 页。

或事后追认,均为无权处分。

第三,处分相对人善意,即其在受让不动产物权时,不知登记错误,且无重大过失。对该要件,要把握以下要点:①善意的内涵。根据"物权编解释一"第 14 条第 1 款的规定,善意是指受让人不知道转让人无处分权,且无重大过失。这种界定通常问题不大,但严格说来,受让人的不知道,不是不知转让人无处分权,而是不知登记错误,否则受让人的信赖就不是对不动产登记的信赖,而是对转让人这个人的信赖,这种扩张能把冒名处分纳入公信力规范的适用范围,幅度过大。②善意的时点。根据《民法典》第 311 条第 1 款第 1 项、"物权编解释一"第 14 条第 1 款的规定,相对人的善意是依法完成不动产登记之时,也即登簿之时。③善意的证明。根据"物权编解释一"第 14 条第 2 款、第 15 条的规定,真实权利人负担相对人不是善意的证明责任,但只要其有证据证明相对人应当知道登记错误,就应认定相对人具有重大过失。

第四,价格合理,即引致无权处分的交易行为价格合理。《民法典》第 311 条第 1 款适用于不动产所有权转让,其第 2 项要求"以合理的价格转让",这样就把赠与等无偿行为以及低价交易行为排除在外。至于抵押权等他物权善意取得,参照适用《民法典》第 311 条第 1 款。由于抵押权的设立是无偿的,故抵押权善意取得无需本要件。

第五,买卖合同、抵押合同等原因行为有效,否则,根据"物权编解释一"第 20 条的规定,相对人不能善意取得物权。在此须注意的是,导致物权变动的原因行为是否有效,要根据民法有关法律行为或合同效力的规范进行认定。在"小河农商行与振华公司等执行异议之诉案"中,最高人民法院认为,登记名义人抵押不归己有的房屋,是恶意处置他人财产的无效行为,抵押权人对案涉房屋不享有优先受偿权。[1] 这种立场值得再议,因为根据《民法典》第 597 条第 1 款的规定,买卖合同不因出卖人无处分权而无效,与此同理,登记名义人签订的抵押合同等其他导致物权变动的原因行为,也不因其没有处分权而无效,故在该案例指向的情况,抵押合同应为有效,只要抵押权人符合公信力的其他要件,应能善意取得抵押权,对案涉房屋享有优先受偿权。

第六,依法完成登记,即相对人成为不动产登记簿记载的权利人。若双方仅成立买卖合同等原因行为,尚未完成登记,相对人并非物权人,无

---

[1] 参见最高人民法院(2014)民申字第 1716 号民事裁定书。

需适用公信力规范。

(三)法律效果

在满足前述要件后,相对人善意取得相应的不动产物权,至于登记名义人与真实权利人之间的关系,根据《民法典》第 311 条第 2 款的规定,真实权利人有权请求登记名义人损害赔偿。

在相对人善意取得房屋所有权或建设用地使用权时,如 A 是真实的房屋所有权人,登记簿错误地记载权利主体为 B,善意的 C 从 B 处受让该权利,A 完全失去该权利,不再是物权人,其以登记错误为由向法院提起撤销 B 或 C 的所有权登记或确认 B 或 C 的所有权登记违法的行政诉讼,是不能得到法院支持的。

在相对人善意取得不动产抵押权的情形中,如 A 是真实的房屋所有权人,登记簿错误记载权利主体为 B,B 把该房屋抵押给 C,善意的 C 取得该权利,A 仍是房屋所有权人,其以 B 的所有权登记错误为由向法院提起行政诉讼,根据其诉求,法院既可确认该登记行为违法而不撤销,也可撤销该登记行为。对此应注意以下在实践中容易产生的认识误区:①法院有权撤销登记名义人 B 的所有权登记行为,但登记类型中没有撤销登记,与此对应的是注销登记。②在 A 未向登记机构申请办理更正登记,或法院也未嘱托为 A 办理所有权登记的前提下,登记机构注销 B 的所有权登记,只是表明该房屋的所有权主体不明,但该房屋承载 C 的抵押权是确定的,B 的所有权注销登记不会影响 C 的抵押权。故而,法院在撤销 B 的所有权登记行为时,无须因为担心影响 C 的抵押权,只确认该登记行为违法而不撤销。[1] ③不动产权属证书以登记为基础,在 B 通过伪造材料办理所有权登记时,法院撤销该登记行为的结果,不仅导致登记机构注销 B 的所有权登记,还连带导致 B 的不动产权属证书失去效力,C 的抵押权不受影响的原因是 C 为善意取得,而非 B 的不动产权属证书不是抵押财产。[2]

---

[1] 在"黄某某等与顺德区政府等房屋行政登记案"中,最高人民法院认为,案涉房屋登记本应判决撤销,但撤销将影响抵押登记的效力,影响抵押权的实现,故应当判决确认房屋登记行为违法,保留房屋登记的效力。参见最高人民法院(2017)最高法行再 95 号行政判决书。

[2] 在"灵宝市宏福塑化有限责任公司因与灵宝市人民政府颁发土地使用权证案"中,最高人民法院认为,抵押权的标的为债务人的财产,而非财产的物权凭证,即使作为抵押财产物权凭证的国有土地使用权证因违法被撤销,亦不应影响中国邮政三门峡支行对涉案土地所享有的抵押权。参见最高人民法院(2018)最高法行再 183 号行政判决书。

主要参考书目

(一) 中文

1. 安建主编:《中华人民共和国城乡规划法释义》,法律出版社 2009 年版。
2. 本书编写组编著:《城乡规划法要点解答》,法律出版社 2007 年版。
3. 本书编写组编:《中华人民共和国海岛保护法释义》,法律出版社 2010 年版。
4. 卞耀武主编:《中华人民共和国建筑法释义》,法律出版社 1998 年版。
5. 蔡卫华:《土地登记实务精解》,中国法制出版社 2010 年版。
6. 陈敏:《行政法总论》(第七版),新学林出版股份有限公司 2011 年版。
7. 陈自强:《民法讲义 I:契约之成立与生效》,法律出版社 2002 年版。
8. 陈自强:《民法讲义 II:契约之内容与消灭》,法律出版社 2004 年版。
9. 程啸:《不动产登记法研究》(第 2 版),法律出版社 2018 年版。
10. 程啸:《担保物权研究》(第二版),中国人民大学出版社 2019 年版。
11. 程啸、高圣平、谢鸿飞:《最高人民法院新担保司法解释理解与适用》,法律出版社 2021 年版,第 260 页。
12. 崔建远:《物权:规范与学说——以中国物权法的解释论为中心》(第二版),清华大学出版社 2021 年版。
13. 杜涛主编:《中华人民共和国农村土地承包法解读》,中国法制出版社 2019 年版。
14. 杜万华主编:《〈第八次全国法院民事商事审判工作会议(民事部分)纪要〉理解与适用》,人民法院出版社 2017 年版。
15. 范向阳主编:《执行异议之诉的规则与裁判》,人民法院出版社

2019 年版。

16. 房绍坤主编:《房地产法》(第六版),北京大学出版社 2020 年版。

17. 房维廉主编:《中华人民共和国城市房地产管理法释义》,人民法院出版社 1994 年版。

18. 甘藏春:《土地正义:从传统土地法到现代土地法》,商务印书馆 2021 年版。

19. 高富平、黄武双:《房地产法学》(第四版),高等教育出版社 2016 年版。

20. 高圣平:《担保法前沿问题与判解研究》(第四卷),人民法院出版社 2019 年版。

21. 高圣平:《民法典担保制度及其配套司法解释理解与适用》,中国法制出版社 2021 年版。

22. 顾朝林、武廷海、刘宛主编:《国土空间规划经典》,商务印书馆 2019 年版。

23. 国土资源部政策法规司、国土资源部不动产登记中心编著:《不动产登记暂行条例释义》,中国法制出版社 2015 年版。

24. 国土资源部不动产登记中心编:《不动产登记暂行条例实施细则释义》,北京大学出版社 2016 年版。

25. 胡康生主编:《中华人民共和国物权法释义》,法律出版社 2007 年版。

26. 黄立主编:《民法债编各论》,中国政法大学出版社 2003 年版。

27. 黄立:《民法总则》(修订四版),元照出版有限公司 2005 年版。

28. 黄茂荣:《法学方法与现代民法》(增订七版),台湾根植法学丛书编辑室 2020 年版。

29. 黄奇帆:《结构性改革:中国经济的问题与对策》,中信出版社 2020 年版。

30. 黄薇主编:《中华人民共和国民法典释义》,法律出版社 2020 年版。

31. 江必新主编:《国有土地上房屋征收与补偿条例理解与适用》,中国法制出版社 2012 年版。

32. 江必新主编:《最高人民法院关于审理涉及农村集体土地行政案件若干问题的规定理解与适用》,中国法制出版社 2012 年版。

33. 江必新主编:《中华人民共和国行政诉讼法及司法解释条文理解

与适用》,人民法院出版社 2015 年版。

34. 蒋勇、陈枝辉编著:《中国民事诉讼裁判规则:天同八部(民事)》,法律出版社 2019 年版。

35. 蒋勇、陈枝辉编著:《中国民事诉讼裁判规则:天同八部(商事)》,法律出版社 2019 年版。

36. 兰小欢:《置身事内:中国政府与经济发展》,上海人民出版社 2021 年版。

37. 李国光、金剑锋等:《最高人民法院〈关于适用中国人民共和国担保法若干问题的解释〉理解与适用》,吉林人民出版社 2000 年版。

38. 李惠宗:《行政法要义》(第 7 版),元照出版有限公司 2016 年版。

39. 李宜琛:《日耳曼法概说》,中国政法大学出版社 2003 年版。

40. 李敏:《民法法源论》,法律出版社 2020 年版。

41. 李延荣、周珂、于鲁平:《房地产法》(第六版),中国人民大学出版社 2021 年版。

42. 林增杰、严星、谭峻主编:《地籍管理》,中国人民大学出版社 2001 年版。

43. 刘守英:《土地制度与中国发展》(第 2 版),中国人民大学出版社 2021 年版。

44. 刘哲玮:《诉的基础理论与案例研习》,法律出版社 2021 年版。

45. 楼建波主编:《域外不动产登记制度比较研究》,北京大学出版社 2009 年版。

46. 罗豪才、湛中乐主编:《行政法学》(第四版),北京大学出版社 2016 年版。

47. 潜进:《一本书看透房地产:房地产开发全流程强力剖析》,中国市场出版社 2015 年版。

48. 邱聪智:《新订债法各论》,中国人民大学出版社 2006 年版。

49. 全国人大常委会法制工作委员会经济法室、国务院法制办农业资源环保法制司、住房和城乡建设部城乡规划司、政策法规司编:《中华人民共和国城乡规划法解说》,知识产权出版社 2016 年版。

50. 冉克平:《夫妻团体法:法理与规范》,北京大学出版社 2022 年版。

51. 沈岿:《国家赔偿法:原理与案例》(第三版),北京大学出版社 2022 年版。

52. 史尚宽:《物权法论》,中国政法大学出版社 2000 年版。

53. 史尚宽:《债法总论》,中国政法大学出版社 2000 年版。

54. 史尚宽:《债法各论》,中国政法大学出版社 2000 年版。

55. 史智军编著:《建设工程合同注释书》,中国民主法制出版社 2021 年版。

56. 司伟、肖峰:《担保法实务札记 担保纠纷裁判思路精解》,中国法制出版社 2019 年版。

57. 司伟主编:《执行异议之诉裁判思路与裁判规则》,法律出版社 2020 年版。

58. 苏力:《道路通向城市:转型中国的法治》,法律出版社 2004 年版。

59. 苏力:《制度是如何形成的》(第 3 版),北京大学出版社 2022 年版。

60. 苏永钦:《走入新世纪的私法自治》,中国政法大学出版社 2002 年版。

61. 苏永钦:《寻找新民法》,北京大学出版社 2012 年版。

62. 孙宪忠:《论物权法》,法律出版社 2001 年版。

63. 孙宪忠:《中国物权法总论》(第三版),法律出版社 2014 年版。

64. 孙宪忠主编:《不动产登记条例草案建议稿》,中国社会科学出版社 2014 年版。

65. 孙宪忠、朱广新主编:《民法典评注:物权编》,中国法制出版社 2020 年版。

66. 孙佑海主编:《〈中华人民共和国城市房地产管理法〉应用手册》,机械工业出版社 1995 年版。

67. 孙森焱:《民法债编总论》,法律出版社 2006 年版。

68. 唐晓晴:《预约合同法律制度研究》,澳门大学法律学院出版社 2004 年版。

69. 王家福:《王家福法学研究与法学教育六十年文选集》,法律出版社 2010 年版。

70. 王雷:《房地产法学》,中国人民大学出版社 2021 年版。

71. 王利明:《物权法研究》(第四版),中国人民大学出版社 2016 年版。

72. 王利明:《合同法通则》,北京大学出版社 2022 年版。

73. 王世元主编:《改革记忆——当代中国城镇国有土地使用制度构建历程(1978—1998)》,中国大地出版社 2021 年版。

74. 王卫国:《中国土地权利研究》,中国政法大学出版社 1997 年版。

75. 王泽鉴:《民法总则》,北京大学出版社 2009 年版。

76. 王泽鉴:《债法原理》,北京大学出版社 2009 年版。

77. 王泽鉴:《民法物权》(第二版),北京大学出版社 2010 年版。

78. 魏莉华等:《新〈土地管理法〉学习读本》,中国大地出版社 2019 年版。

79. 魏莉华:《新〈土地管理法实施条例〉释义》,中国大地出版社 2021 年版。

80. 温铁军等:《八次危机:中国的真实经验 1949—2009》,东方出版社 2013 年版。

81. 吴次芳、叶艳妹、吴宇哲等:《国土空间规划》,地质出版社 2019 年版。

82. 吴从周:《民事实务之当前论争课题》,元照出版有限公司 2019 年版。

83. 吴香香:《请求权基础——方法、体系与实例》,北京大学出版社 2021 年版。

84. 夏磊、任泽平:《全球房地产》,中信出版社 2020 年版。

85. 向洪宜主编:《中国土地登记手册》,改革出版社 1994 年版。

86. 谢在全:《民法物权论》(修订七版),新学林出版有限公司 2020 年版。

87. 谢哲胜主编:《土地征收法律与政策》,元照出版有限公司 2016 年编印。

88. 杨代雄:《法律行为论》,北京大学出版社 2021 年版。

89. 杨合庆主编:《中华人民共和国土地管理法释义》,法律出版社 2020 年版。

90. 杨松龄:《实用土地法精义》,五南图书出版有限公司 2018 年版。

91. 姚瑞光:《民法物权论》,中国政法大学出版社 2011 年版。

92. 臧美华编:《五百年房地契证图集》,北京出版社 2012 年版。

93. 张永健:《法经济分析:方法论与物权法应用》,元照出版有限公司 2021 年版。

94. 中国土地矿产法律事务中心编:《国土资源政策法律研究成果选编(2002—2012)》,中国大地出版社 2012 年版。

95. 中央政法干部学校民法教研室编著:《中华人民共和国民法基本

问题》,中央政法干部学校民法教研室 1957 年编印。

96. 郑冠宇:《民法物权》(第五版),新学林出版股份有限公司 2015 年版。

97. 周其仁:《城乡中国》(增订版),中信出版社 2017 年版。

98. 朱晓喆:《私法的历史与理性》,北京大学出版社 2019 年版。

99. 自然资源部自然资源开发利用司编:《土地二级市场改革与探索》,中国大地出版社 2020 年版。

100. 最高人民法院民事审判第一庭编著:《最高人民法院关于审理商品房买卖合同纠纷案件司法解释的理解与适用》(第 2 版),人民法院出版社 2015 年版。

101. 最高人民法院民事审判第一庭编著:《最高人民法院国有土地使用权合同纠纷司法解释理解与适用》(第 2 版),人民法院出版社 2015 年版。

102. 最高人民法院民事审判第一庭编著:《最高人民法院建筑物区分所有权、物业服务司法解释理解与适用》(第 2 版),人民法院出版社 2017 年版。

103. 最高人民法院民事审判第一庭编著:《最高人民法院新建设工程施工合同司法解释(一)理解与适用》,人民法院出版社 2021 年版。

104. 最高人民法院民事审判第一庭编:《民事审判指导与参考》第 1—89 辑,法律出版社、人民法院出版社。

105. 最高人民法院民事审判第二庭编著:《〈全国法院民商事审判工作会议纪要〉理解与适用》,人民法院出版社 2019 年版。

106. 最高人民法院民事审判第二庭编著:《最高人民法院民法典担保制度司法解释理解与适用》,人民法院出版社 2021 年版。

107. 最高人民法院民事审判第二庭编:《商事审判工作指导》(曾用名《民商审判指导与参考》《民商审判指导》)第 1—53 辑,人民法院出版社。

108. 最高人民法院民事审判监督庭编:《审判监督指导》(曾用名《审判监督指导与参考》)第 1—70 辑,人民法院出版社。

109. 最高人民法院民事审判立案庭编:《立案工作指导》(曾用名《立法工作指导与参考》)第 1—57 辑,人民法院出版社。

110. 最高人民法院行政审判庭编著:《中华人民共和国行政诉讼法及司法解释条文理解与适用》,人民法院出版社 2015 年版。

111. 最高人民法院行政审判庭编著:《最高人民法院关于审理行政协议案件若干问题的规定理解与适用》,人民法院出版社 2020 年版。

112. 最高人民法院行政审判庭编:《行政执法与行政审判》第 1—85 辑,中国法制出版社。

113. 最高人民法院修改后民事诉讼法贯彻实施工作领导小组编著:《最高人民法院民事诉讼法司法解释理解与适用》,人民法院出版社 2015 年版。

114. 最高人民法院执行局编:《执行工作指导》(曾用名《强制执行指导与参考》)(第 1—79 辑),法律出版社、人民法院出版社。

(二)译著

115.〔德〕弗朗茨·维亚克尔:《近代私法史:以德意志的发展为观察重点》,陈爱娥、黄建辉译,上海三联书店 2006 年版。

116.〔英〕巴里·卡林沃思、〔英〕文森特·纳丁:《英国城乡规划》(第 14 版),陈闽齐、周剑云、戚冬瑾等译,东南大学出版社 2011 年版。

117.〔美〕斯图尔特·班纳:《财产故事》,陈贤凯、许可译,中国政法大学出版社 2017 年版。

118.〔德〕维尔纳·弗卢梅:《法律行为论》,迟颖译,法律出版社 2013 年版。

119.〔德〕魏德士:《法理学》,丁晓春、吴越译,法律出版社 2005 年版。

120.〔德〕迪特尔·梅迪库斯:《德国债法分论》,杜景林、卢谌译,法律出版社 2007 年版。

121.〔德〕哈特穆特·毛雷尔:《行政法学总论》,高家伟译,法律出版社 2000 年版。

122.〔德〕汉斯·J. 沃尔夫、〔德〕奥托·巴霍夫、〔德〕罗尔夫·施托贝尔:《行政法(第 2 卷)》,高家伟译,商务印书馆 2002 年版。

123.〔日〕美浓部达吉:《公法与私法》,黄冯明译,周旋勘校,中国政法大学出版社 2003 年版。

124.〔德〕卡尔·拉伦茨:《法学方法论》,黄家镇译,商务印书馆 2020 年版。

125.〔加拿大〕简·雅各布斯:《美国大城市的死与生(第 2 版)》,金衡山译,译林出版社 2006 年版。

126.〔印〕苏科图·梅塔:《孟买:欲望丛林》,金天译,上海文艺出版社 2020 年版。

127.〔以色列〕尤瓦尔·赫拉利:《未来简史》,林俊宏译,中信出版社2017年版。

128.〔美〕爱德华·格莱泽:《城市的胜利》,刘润泉译,上海社会科学院出版社2012年版。

129.〔法〕弗朗索瓦·泰雷、〔法〕菲利普·森勒尔:《法国财产法》,罗结珍译,中国法制出版社2008年版。

130.〔德〕奥拉夫·穆托斯特:《德国强制执行法》,马强伟译,中国法制出版社2019年版。

131.〔德〕马克西米利安·福克斯:《侵权行为法(第5版)》,齐晓琨译,法律出版社2006年版。

132.〔德〕康拉德·赫尔维格:《诉权与诉的可能性:当代民事诉讼基本问题研究》,任重译,法律出版社2018年版。

133.〔德〕迪特尔·梅迪库斯:《德国民法总论》,邵建东译,法律出版社2000年版。

134.〔美〕刘易斯·芒福德:《城市发展史:起源、演变与前景》,宋俊岭、宋一然译,上海三联书店2018年版。

135.〔德〕迪特尔·施瓦布:《德国家庭法》,王葆莳译,法律出版社2010年版。

136.〔德〕雷纳·弗兰克、〔德〕托比亚斯·海尔姆斯:《德国继承法(第六版)》,王葆莳、林佳业译,中国政法大学出版社2015年版。

137.〔德〕格哈德·瓦格纳:《损害赔偿法的未来——商业化、惩罚性赔偿、集体性损害》,王程芳译,熊丙万、李羽中译,中国法制出版社2012年版。

138.〔日〕我妻荣:《债权在近代法中的优越地位》,王书江、张雷译,中国大百科全书出版社1999年版。

139.〔德〕卡尔·拉伦茨:《德国民法通论》,王晓晔、邵建东、程建英等译,法律出版社2004年版。

140.〔德〕莱因哈德·波克:《德国破产法导论(第六版)》,王艳柯译,北京大学出版社2014年版。

141.〔日〕近江幸治:《民法讲义 II 物权法》,王茵译,柒涛审核,北京大学出版社2006年版。

142.〔德〕曼弗雷德·沃尔夫:《物权法(第8版)》,吴越、李大雪译,法律出版社2002年版。

143. 〔日〕南博方：《行政法》，杨建顺译，商务印书馆 2020 年版。

144. 〔德〕埃尔温·多伊奇、〔德〕汉斯-于尔根·阿伦斯：《德国侵权法——侵权行为，损害赔偿及痛苦抚慰金（第 5 版）》，叶名怡、温大军译，中国人民大学出版社 2016 年版。

145. 〔秘鲁〕赫尔南多·德·索托：《资本的秘密》，于海生译，华夏出版社 2017 年版。

146. 〔德〕鲍尔、〔德〕施蒂尔纳：《德国物权法（上册）》，张双根译，法律出版社 2004 年版。

147. 〔奥〕恩斯特·A. 克莱默：《法律方法论》，周万里译，法律出版社 2019 年版。

148. 〔德〕萨维尼：《当代罗马法体系 I》，朱虎译，中国法制出版社 2010 年版。

（三）外文

149. Assmann, Die Vormerkung(§883 BGB), Tübingen 1998.

150. Baur/Stürner, Sachenrecht, 18. Aufl., München 2009.

151. Beer, Die relative Unwirksamkeit, Berlin 1975.

152. Berger, Rechtsgeschäftliche Verfügungsbeschränkungen, Tübingen 1998.

153. Brehm/Berger, Sachenrecht, 3. Aufl., Tübingen 2014.

154. Buchholz, Abstraktionsprinzip und Immobiliarrecht, Frankfurt am Main 1978.

155. Christoph/ Peter/ Thomas, Zürcher Planungs- und Baurecht, 5. Aufl., Zürich 2011.

156. Demharter, Grundbuchordnung, 21. Aufl., München 1994.

157. Dürr/Zollinger, Zürcher Kommentar zum Schweizerischen Zivilgesetzbuch, Band/Nr. IV/2b/2, 2. Aufl., Zürich 2013.

158. Füller, Eigenständiges Sachenrecht?, Tübingen 2006.

159. Gauch, Der Werkvertrag, 6. Aufl., Zürich 2019.

160. Ghandchi, Das gesetzliche Vorkaufsrecht in Baurechtsverhält-nis, Diss. Zürich 1999.

161. Max Gmür (Hrsg.), Berner Kommentar zum ZGB, Band IV, II. Abteilung, 2. Aufl., Bern 1925.

162. Holzer/Kramer, Grundbuchrecht, München 1994.

163. Medicus/Lorenz, Schuldrecht, Bd. I, 18. Aufl., München 2008.

164. Mugdan, Die gesammten Materialen zum Bürgerlichen Gesetzbuch für das Deutsche Reich, 3. Bd., 1899.

165. Peter L. Murray, Real Estate Conveyancing in 5 European Union Member States: A Comparative Study, August 31, 2007, available at www.cnue-nouvelles.be/en/000/aclualites/murray-rcport-final.pdf.

166. Neuner, Allgemeiner Teil des Bürgerlichen Rechts, 12. Aufl., München 2020.

167. Rey, Die Grundlagen des Sachenrechts und das Eigentum, 3. Aufl., Bern 2007.

168. Victoria Sayles, Land Law, 5th Edition, Oxford University Press, 2016.

169. Deillon - Schegg, Grundbuchanmeldung und Prüfungspflicht des Grundbuchverwalters im Eintragungsverfahren, Diss. Zürich 1997.

170. Schmid/Hürlimann-Kaup, Sachenrecht, 4. Aufl., Zürich 2012.

171. Schmid/Stöckli, Schweizerisches Obligationenrecht Besonderer Teil, Zürich 2010.

172. Simonius/Sutter, Schweizerisches Immobiliarsachenrecht, Bd. I, Basel u. a. 1995.

173. von Tuhr, Der Allgemeine Teil des Deutschen Bürgerlichen Rechts, Bd. II, 1. Hälfte, Berlin 1957.

174. Tuor/Schnyder/Schmid/Rumo-Jungo, Das Schweizerische Zivilgesetzbuch, 13. Aufl., Zürich 2009.

175. Jaap Zevenbergen, Andrew Frank and Erik Stubkjær (eds.), Real Property Transactions: Procedures, Transactions Costs and Models, IOS Press 2007.

176. Zobl, Grundbuchrecht, 2. Aufl., Zürich 2004.

后 记

早些年,我对物权法基础理论问题关注较多,在探讨它们时,除了学习老师辈的经典文献和学界同人的研究成果,还主要从德国和瑞士的学术资源汲取了不少经验,逐渐形成了以体系完满性和说理通透性为导向的理论追求。这样做的好处是打好了理论方面的基本功,至少在针对相关问题进行说理时不会跑偏,但也有以理论替代实践、对实践关注不够的局限。

在2014年之后,我参加自然资源部(原为国土资源部)、住房和城乡建设部以及国家发展和改革委员会主导的相关制度建设活动较多,对房地产领域的实践问题及主管部门的决策有了直观认识,慢慢发现上述局限;其间,在法院挂职的经历,让我接触了一些房地产案件,也与其中两例突出案件的上访户有过接触,这些对于具体人和事的经验更加深了我对前述局限的认知。

有了理论认识,也有了一些切身感知和实务素材,就想着从我国的房地产法律实践出发,实实在在地弄明白其实践运作机制,看它们哪些能与我原先掌握的理论无缝衔接,哪些实际上替换了理论或使理论探讨不再有实践意义,哪些在理论盲区之外能刨出一些新理论因素。这是本书的原初想法。

人们常说要理论结合实践,真要做到这一点,并不容易。身在学界的人,首先面对的困难就是准确了解实践运作机制。值得庆幸的是,这个困难于我而言不那么难,因为工作关系认识实务部门的不少同志,熟络起来后成为朋友,遇到不明白的问题就请教他们这些实务家,疑惑随之化解。难在了解实践后,如何进行理论解读。在解读中,我发现行政法知识是不容忽略的,最好还要有一些相关联的经济学知识,而这些都是自己欠缺的,于是就边学习、边请教、边思考,现学现卖。这样一通忙活下来,就有了这本书。

本书的写作,得到学界和实务界诸多师长朋友的指教和帮助,其中部分内容的初稿也已在不少期刊上发表,有些论题在北京大学法学院研究生课程中讨论过,不少同学提供了很有意义的想法。没有这些师长、同人、同学的帮助和启发,本书定不会问世,谨对他们表示衷心感谢。

  本书的注释整理和图表勾画得到了北京大学法学院张厚东、张弘毅、石昊天、曹舒然、史默然、廖鸿宇、王嘉宁等同学的帮助,特致谢意。

  最后要特别感谢北京大学出版社蒋浩副总编辑、杨玉洁编辑、孙辉编辑、方尔埼编辑,几位老师为本书提供了出版机会,并提出了许多宝贵意见,辛劳备至,令人感佩!

  因为中国房地产规范非常复杂,实践问题更为难缠,而本人学力不深,本书谬误定当不少,请读者朋友们不吝赐教。

常鹏翱
2023 年 5 月 18 日

图书在版编目(CIP)数据

实践中的中国房地产法／常鹏翱著. —北京：北京大学出版社，2023.6
ISBN 978-7-301-34031-8

Ⅰ. ①实… Ⅱ. ①常… Ⅲ. ①房地产法—研究—中国 Ⅳ. ①D922.384

中国国家版本馆CIP数据核字(2023)第093936号

书　　　名	实践中的中国房地产法
	SHIJIAN ZHONG DE ZHONGGUO FANGDICHAN FA
著作责任者	常鹏翱　著
责任编辑	孙　辉　方尔埼
标准书号	ISBN 978-7-301-34031-8
出版发行	北京大学出版社
地　　　址	北京市海淀区成府路205号　100871
网　　　址	http://www.pup.cn　http://www.yandayuanzhao.com
电子信箱	yandayuanzhao@163.com
新浪微博	@北京大学出版社　@北大出版社燕大元照法律图书
电　　　话	邮购部 010-62752015　发行部 010-62750672
	编辑部 010-62117788
印　刷　者	涿州市星河印刷有限公司
经　销　者	新华书店
	650毫米×980毫米　16开本　32.75印张　498千字
	2023年6月第1版　2023年6月第1次印刷
定　　价	118.00元

未经许可，不得以任何方式复制或抄袭本书之部分或全部内容。
版权所有，侵权必究
举报电话：010-62752024　电子信箱：fd@pup.pku.edu.cn
图书如有印装质量问题，请与出版部联系，电话：010-62756370